天水市民政志

（1985—2015）

天水市民政局　编

图书在版编目（CIP）数据

天水市民政志 ：1985—2015 / 天水市民政局编. --
兰州 ：兰州大学出版社，2023.12
ISBN 978-7-311-06565-2

Ⅰ. ①天… Ⅱ. ①天… Ⅲ. ①民政工作－概况－天水
－1985-2015 Ⅳ. ①D632

中国国家版本馆CIP数据核字(2023)第213554号

责任编辑　宋　婷
封面设计　陈　欣

书　　名　天水市民政志(1985—2015)
作　　者　天水市民政局　编
出版发行　兰州大学出版社　(地址:兰州市天水南路222号　730000)
电　　话　0931-8912613(总编办公室)　0931-8617156(营销中心)
网　　址　http://press.lzu.edu.cn
电子信箱　press@lzu.edu.cn
印　　刷　陕西龙山海天艺术印务有限公司
开　　本　880 mm×1230 mm　1/16
印　　张　46.75(插页16)
字　　数　1086千
版　　次　2023年12月第1版
印　　次　2023年12月第1次印刷
书　　号　ISBN 978-7-311-06565-2
定　　价　298.00元

《天水市民政志（1985—2015）》编纂委员会

第一届编纂委员会（2007年2月）

主　任：郭明兴

副主任：雒建明　李　蘋　晏　平　苏宝林　李晋东　汪晓明　姚俊杰

编　委：王海峰　郭治宁　王宇平　秦定明　刘万洲　胡昌珊　陈文晓　冉松林

张彦平　魏芳伟　成根喜　郭　宏　马继德　黄进忠　杨世维　杨　林

马　力　刘琳仲　缑胜利　李　琳　王鸣岐　李仲强　成映平　逯银霞

李晓阳　苟茂同　刘志伟　马　晖

第二届编纂委员会（2014年12月）

主　任：王永祥

副主任：顾应存　李　蘋　晏　平　苏宝林　李晋东　汪晓明　王海峰

郭治宁

编　委：马继德　冉松林　牛宏斌　刘万洲　程　晨　何鹏飞　王宇平　秦定明

成根喜　孙震海　胡昌珊　杨　潇　王有文　张彦平　魏芳伟　陈亚萍

陈文晓　杨世维　缑胜利　王鸣岐　郭　宏　杨　林　马　力　刘琳仲

李　琳　任建昌　刘兆汉　王志刚　张　莉　李仲强　成映平　杨金祥

张广明　杨效林　周新华　马　晖

第三届编纂委员会（2017年8月）

主　任：谈启明

副主任：苏宝林　顾应存　尹　薇　裴子会　李　虎　郭治宁　牛宏斌

编　委：李晋东　马　刚　汪晓明　冉松林　魏芳伟　胡昌珊　张彦平　秦定明

刘万洲　王宇平　王有文　杨　潇　程　晨　赵天艳　孙震海　何鹏飞

陈亚萍　黄天東　赵立栋　成根喜　袁青松　李　琳　漆鹏程　雷瑞芳

周乐仁　高　琼　张奇正　陈文晓　杨世维　缑胜利　王鸣岐　刘琳仲

郭　宏　杨　林　马　力　李俊民　刘兆汉　任建昌　王志刚　杨君明

张　莉　唐秀成　张敬忠　冯银才　张广明　赵新全　忽会强　张世明

2004 年 12 月，天水市副市长萧菡调研救助管理工作

2007 年 2 月 15 日，市委副书记、市长张广智看望慰问困难群众

2008 年 5 月 24 日，省委书记陆浩看望慰问抗震救灾官兵

2008 年 6 月 14 日，省委常委、纪委书记蒋文兰检查救灾物资储运情况

2008 年 6 月 23 日，中央纪委副书记李玉赋检查救灾物资转运情况

2008 年 9 月 1 日，市民政局工作人员装运救灾物资

2009年1月15日，中央政治局常委、国务院副总理李克强在天水慰问灾区群众

2009年5月22日，副省长张晓兰调研天水市社会福利机构建设工作

2009年5月8日，清水县郭川乡田川村灾后重建新村全貌

2009年9月28日，省长徐守盛在麦积区马跑泉镇刘家堡村调研农村灾后重建工作

2009年9月29日，天水市民政局系统庆祝建国60周年文艺汇演

2009年11月6日，民政部部长李学举视察麦积区杨湾村灾后重建工作

2010年6月27日，民政部副部长孙绍聘视察天水市军警民训练基地

2010年11月2日，省长刘伟平慰问困难群众

2010年11月12日，青甘两省行政区域界线第二轮联检第二次联席会议召开

界桩维护

甘武礼0号界桩

2011年4月29日，天水市儿童福利院项目工程举行奠基仪式

2011年7月7日，香港特别行政区政府驻京办主任曹万泰检查麦积区综合社会福利院项目筹建情况

“五保家园”自乐班自娱自乐

2011年10月8日，省民政厅副厅长徐亚荣检查武山县社会福利中心项目建设进展情况

2012年3月15日，天水市第四次被授予全国“双拥模范城”称号

2012年7月11日，天水市社会组织先进基层党组织优秀共产党员表彰大会召开

2012年10月27日，全国政协常委、道教协会会长任法融捐建凤凰敬老院竣工典礼

2013年7月4日，副省长王玺玉调研天水市麦积区全国综合养老示范基地建设进展情况

2013年7月18日，天水市委副书记、市长王锐看望慰问受灾群众

2013年10月11日，市委副书记、代市长杨维俊看望市老年公寓入住老人

2013年10月11日，天水市老年活动中心举办系列活动

2013年12月，天水市委书记王锐调研泰山公墓建设

2014年4月15日，天水市委书记王锐调研养老项目建设工作

2014年11月17日，省民政厅厅长肖庆平到天水市儿童福利院调研

2015 年 7 月 31 日，国务院第二次地名普查领导小组办公室副主任、民政部区划地名司巡视员孙秀东督查天水市地名普查工作

2015 年 8 月 7 日，救助管理工作人员上街巡查

2015 年 12 月 5 日，天水市民政局党委书记、局长王永祥调研武警天水森林大队双拥工作

序　一

天水市人民政府党组成员、副市长　汪小娟

编史修志是中华民族的优良传统，代代相传，历久不衰。按照天水市第二轮修志工作的总体安排，市民政局组织专门力量，经过全体编纂人员的辛勤耕耘，《天水市民政志（1985—2015）》即将付梓，这是全市民政工作中的一件大事，可喜可贺！

历史是现实的累进，现实是历史的发展。本志书较全面地记载了天水市三十年来民政工作的发展、改革、变化历程。岁月悠悠，时光匆匆。三十年来，历届天水市民政局领导班子带领民政工作者，认真贯彻市委、市政府的重大决策部署，积极适应改革发展稳定的需要，紧紧围绕经济社会发展目标，坚持“以民为本、为民解困、为民服务”的民政宗旨，在社会救助、社会福利、优抚安置、社区建设、村民自治、社会行政事务管理等方面取得了显著的成绩，为促进社会公平、维护社会稳定、推进全市全面建成小康社会做出了应有的贡献，市民政局编纂出版这部志书具有重要的现实意义和深远的历史意义。

修志之要，贵在资政育人。古人说，史以时记事，志以类记事。其实，志与史同源而异流，目的都是以史鉴今。纵观这部志书，用真实准确的语言记载了几代民政人的理想与信念、执着与坚守、责任与奉献，彰显了市民政部门在保障全市人民群众的基本生活权益和民主政治权利、着力提升公共服务水平、充分发挥维护社会稳定、促进社会公平、推动社会进步等方面的一些成效。目前，天水市民政事业发展正处于关键时期，任重道远，前有所稽，后有所鉴。希望全市民政工作者能够以史为鉴，承前启后，继往开来，求真务实，奋力拼搏，为天水市民政事业的大发展再创佳绩。

从来治史不易，修志也难，千密难免一疏，万细难免一粗。这部志书也有疏漏之处、遗憾之迹，识者自会取舍、甄别。相信后来的民政工作者编纂志书时，会识陋补缺，使之益臻完善。

是为序。

2019年8月17日

序　二

天水市民政局党组书记、局长　刘海明

民为邦本，本固邦宁。民政，古谓之“民事”，民本思想，由来为兴国安邦之要，故唐有“安民立政”之说，宋有“修治民政”之论。理民以事，予民以利，当是确保一方和谐、助推精准扶贫之基础。

中华人民共和国成立后，特别是改革开放以来，天水市民政局立足“上为党和政府分忧，下为百姓解愁”的宗旨，秉承“以民为本、为民解困、为民服务”的理念，执安民之策，行利民之事，修惠民之德，排危难，扶孤弱，救贫困，保障民生权益，加强政权建设，落实社会福利，实施双拥优抚。或开门纳谏，或群策群力，每每临危受命，深入一线，体察民情，解困顿于须臾，送炭火于雪中。通过民政人的倾情奉献，把党和政府的温暖及时送到了千家万户。

修得民政方志，不期回顾民政工作者之辛劳，意在记述民政事业之历程。回看三十年，浓缩一册间。以史为鉴，照得失，补缺漏，唯愿启迪民政事业继往开来，跨步向前。

此篇方志，凡一百余万言，分救济、救灾、双拥、优抚、安置、基层组织、民间组织管理、地名管理、社会福利诸多方面，多为小事杂务，却关乎民生大计，罗列归纳，亦含接受社会各界监督批评之意。值《天水市民政志（1985—2015）》付梓之际，感而记之。

2019年8月26日

凡　例

一、本志遵循《地方志工作条例》规定，坚持求实存真，以提供全面、系统、严谨、科学的文献为宗旨，全面系统地记述30年来天水市民政事业的历史和现状，重点突出改革开放以来天水市民政事业的发展，力求做到科学性、学术性、资料性、实用性的有机统一。

二、本志遵循横排门类、纵叙史实、详今略古、以事溯源的编纂原则，采用章、节、目的编纂方法。卷首设序、凡例、概述、大事记。正志按现行民政业务设章，章以下设节，节以下设目，辅以图、表等。

三、本志记述范围为天水市民政局、内设机构直属单位的民政业务工作及全市各县（区）民政事业发展状况。

四、本志记述时限上自1985年，下迄2015年，与2001年出版的志书从时限上多有重叠，为确保本志的客观性、一致性以及与历史发展脉络的无缝对接，本志对原志所采用的部分内容不加修改和说明。

五、本志均采用记叙体，并以文示其义、以表示其详、以图示其意。其中，引用原文，不注出处；政区范围、各行政组织名称，均系当时原名（部分采用原有资料记载，仍用简称）；现辖地名，用现行标准地名。对原属民政管辖业务，后划归其他部门管辖的，均不编列。

六、本志纪年，均采用公元纪年。计量单位，以《中华人民共和国法定计量单位》为准。个别计量单位（如“斤”“亩”）等，具有明显时代特色，为尊重原有资料，以当时记载为准，不做改动。

七、本志资料来源于市档案馆、民政局档案室、有关志书、报刊、《天水年鉴》、局内各科室及口碑等，并经鉴别、筛选后入志；涉及全市的数据，则采用市统计局公布的数据。

目 录

概 述

1985年7月，天水地区行署改为市管理体制，原“天水地区民政处”变更为“天水市民政局”。30年来，全市民政系统始终秉承“上为党政分忧，下为百姓解愁”的宗旨，努力践行以民为本、为民解困、为民服务的核心理念，认真履行解决民生、维护民利、落实民权的基本职责，紧紧围绕市委、市政府的决策部署，统筹兼顾，突出重点，深化改革，创造性地开展工作，为全市经济和社会发展做出了应有的贡献。

一、社会救助体系日益完善，城乡困难群众共享经济社会发展成果

经过不懈探索和实践，天水市逐步建立了社会救助体系，有效保障了城乡困难群众的基本生活，初步实现了社会救助由传统型向现代型转变的目标，建立起以城乡低保为基础，以农村五保供养、城乡医疗救助为主要内容，以临时救助为补充，与住房、教育、司法等专项救助制度相配套的城乡社会救助体系。

其一，建立城乡最低生活保障制度，城乡困难群众不再为生活发愁。1998年1月，天水市在秦城、北道两区开展城市居民最低生活保障制度试点工作，1999年1月，在全市全面建立并实施该项保障制度。18年来，全市城市最低生活保障人数由1998年的6340人增加到2015年的84780人，占当年城镇人口总数的7.57%（其中，2011年保障人数达110443人，占当年城镇人口总数的11.18%）；月保障标准由1998年的两区100元、五县80元，提高到2015年的两区387元、五县310元；月人均补助水平由1998年的45.37元，提高到2015年的256.15元；年发放保障金由1998年的345.18万元，增加到2015年的27509.98万元（其中，2014年达30302.26万元）。2006年10月，天水市在清水县试点的基础上，全面实施农村最低生活保障制度，健全、完善了对农村特困群众救助长效机制，当年保障63000人，发放保障金189.4万元，月人均补差水平15.7元；到2015年，保障人数已达403241人，每人每月保障标准为一类对象275元、二类对象234元、三类对象84元、四类对象58元，全年发放保障金67237.8万元，月人均补差水平139元。

其二，实施农村“五保敬老”工程，不断提高特殊人群生活供养水平。1985年，甘肃省颁布《农村五保工作暂行办法》后，天水市民政局于1987年出台了《五保户供养办法》，进一步明确了五保对象条件、供养内容、供养形式、经济来源和管理体制。1994年，国务院公布实施《农村五保供养工作条例》，规定五保供养的主要内容为保吃、保穿、保住、保医、保葬（孤儿保教），供养标准为当地村民一般生活水平，供养经费从村提留或者乡统筹

中列支。2004年，为适应农村经济体制改革和农村税费改革的新形势，全市五保供养经费全部列入县（区）财政预算，实现了五保供养由农民互助共济向财政保障转变的重大目标。从2006年起，五保供养经费实行省级下拨、市县两级配套的筹措方式，全市当年有农村五保供养对象16108人，年人均供养标准1452元；到2015年，全市有农村五保供养对象14887人，年人均供养标准增加到4512元，高于全省平均水平。至2015年末，全市有农村敬老院41所，设置床位2037张，入住五保对象512人，入住率为25.14%；建成农村“五保家园”135处，设置床位1089张，入住213人，入住率为19.56%。

其三，完善减灾救灾制度，有力保障灾民的基本生活。天水市地处六盘山、陇中黄土高原和秦岭山地交接处，地跨长江、黄河两大水系；人多地少、旱多雨少、山多川少，气象灾害、地质灾害、生物灾害等自然灾害易发多发；除海洋灾害外，地震、干旱、冰雹、低温冷冻、风灾、沙尘暴、滑坡、泥石流、病虫害等均有发生，给人民生命财产造成了巨大损失。2004年，天水市制定出台了《天水市自然灾害救助应急预案》，市政府成立了抗灾救灾应急领导小组，负责领导、指挥和协调全市救灾应急工作，市抗灾救灾应急领导小组成员按照预案分工承担具体救灾工作任务。2010年，按照国家“政府主导、分组管理、社会互助、生产自救”的救灾工作方针，天水市对预案进行了修订。同时，成立了天水市减灾委员会（简称“市减灾委”），市减灾委办公室设在民政局，承办具体事务。30年来，天水市救灾应急和灾害信息员队伍不断壮大，由1985年的561人增加到2015年的3126人；救灾资金投入力度不断加大，由1985年的241.7万元增加到2015年的3126万元（其中，市级列支救灾资金由100万元增加到300万元，五县两区列支救灾资金由80万元增加到200万元）；救灾物资储备能力不断增强，省级救灾储备仓库和麦积区、秦安县、武山县、张家川回族自治县（简称“张家川县”）救灾物资储备仓库建成投入使用；灾害紧急救助能力有了很大提高，2个市级大型避难场所、4个县（区）中型避难场所已经建成，为灾区群众的生活保障和灾区社会稳定做出了重要贡献。

其四，城乡医疗救助制度建立并不断完善，有效缓解了城乡困难群众看病难、看病贵的问题。天水市农村医疗救助制度2005年在秦州区和武山县试点，当年救助患病困难群众38156人次，发放医疗救助金119.39万元，2006年在全市全面建立并实施该项救助制度。到2015年，全市共救助农村患病群众454399人，发放医疗救助金7285.11万元。其中，资助参合人数和金额由2005年的37470人、37.47万元，增加到2015年的438553人、1364.5万元。城市医疗救助制度2006年在秦州区和清水县试点，2007年在全市建立并全面实施该项救助制度，年救助人数和资金由2006年的754人、120.6791万元，增加到2015年的62666人、1231.74万元。其中，资助参合人数和金额由2007年的12000人、12万元，增加到2015年的58067人、207.13万元。

其五，建立城乡临时救助制度，解决部分群众的暂时性生活困难。以2010年制定出台的《天水市城乡居民临时救助实施办法》为标志，天水市全面建立了临时救助制度。对因遭受突发性、意外性和不可抗拒性灾难而暂时生活困难的家庭和个人，及时给予了临时救助，保障了他们的基本生活需求。6年来，救助人数逐年增加，资金投入不断加大，救助人数和资金已由2010年的27576人、1970.77万元，增加到2015年的95117人、4739.35万元。

二、双拥优抚安置工作深入扎实，谱写了天水军政、军民团结的新篇章

近年来，天水市委市政府高度重视双拥优抚安置工作，通过建立健全优抚对象抚恤补助标准增长机制，积极推进退役士兵安置改革和就业技能培训工作，广泛开展“双拥模范城”创建活动。

其一，全面建立优抚对象抚恤补助标准自然增长机制，通过多种措施、多重保障解决优抚对象生活、住房、医疗“三难”问题。近30年来，各级政府每年投入大量优抚资金，不断提高重点优抚对象的抚恤补助标准，使优抚对象的保障水平与当地人民群众生活水平同步提高。目前，民政部门资助全市重点优抚对象全部参加了城镇职工医疗保险、城镇居民医疗保险和新型农村合作医疗，并将他们优先纳入城乡低保、特困救助和大病医疗救助保障范围。1986年起，实行农村义务兵家庭优待金制度，标准为当地上年度农村人均纯收入；2011年起，全省实行兵役优待金补助制度，农村义务兵家庭优待金随之取消。

其二，推进退役士兵安置改革，使退役士兵合法权益得到保障。随着我国各项改革事业的不断深化和社会主义市场经济的不断发展，现行安置办法与市场经济条件下劳动就业制度不匹配的矛盾日益尖锐，城镇退役士兵安置出现了前所未有的困难。面对这一严峻的形势，天水市积极推进退役士兵安置改革，采取安置就业、推荐就业、自谋职业、有偿安置等多种措施安置退役士兵，积极开展退役士兵就业技能培训，较好地保障了退役士兵的合法权益。

其三，双拥工作硕果累累。多年来，天水市高度重视双拥共建工作，广泛开展创建“双拥模范城”活动，提高全民双拥意识和国防观念。坚持把支持部队全面建设作为双拥工作的重点，广泛开展科技拥军、文化拥军、智力拥军和“两新组织”拥军活动，各级党委、政府投入大量财力，帮助部队解决了营房、道路、水电基础设施等困难。2000年，天水市被民政部、解放军总政治部命名为“双拥模范城”；经过不懈努力，到2015年，天水市第5次被命名为全国“双拥模范城”；6个县（区）多次被省委、省政府、省军区命名为“双拥模范县（区）”。全市涌现出了一大批双拥工作先进单位和个人。

三、推进社会福利社会化，造福特殊困难群众

天水市坚持“扶老、助残、救孤、济困”的宗旨，适应市场经济发展要求，逐步完善社会福利工作的管理机制和运行机制，积极推进社会福利社会化，社会福利事业取得了显著成效。

其一，民政社会福利基础设施建设步伐加快。20世纪90年代后期，为适应社会发展的要求，民政社会福利基础设施建设不断加强。目前，全市已建成各类养老服务机构共984个（其中，养老社会福利中心7个，老年养护院2个，老年公寓1个，敬老院40个，城市社区日间照料中心52个，农村“五保家园”175个，农村老年人日间照料中心、互助老人幸福院707个）。积极实施“明天计划”和福康工程，对贫困家庭中患有先天性心脏病、疝气、脑

瘫的儿童实行免费医疗。天水市儿童福利院项目建成后占地27.9亩，建筑面积10686.9平方米，总投资3307万元，于2015年正常投入运营。

其二，慈善和福利彩票促进福利事业发展。自1988年以来，民政局通过组织大奖组和电脑福利彩票投注站销售，年销售量由1988年的60万元增长到2015年的2099万元。筹集公益金3514.68万元，已有2486.65万元用于“扶老、助残、救孤、济困”等社会公益事业，促进了社会福利事业发展。从1997年5月市慈善总会成立至今，共接收捐赠款物2149.15万元。积极实施“微笑列车”项目、“慈善集雨水窖”项目、支教助学项目和“四个一万工程”项目，推动了全市社会福利事业的发展。

四、推进村民自治，提升社区服务水平，扎实推进基层民主政治建设和社区建设

近年来，天水市深入推进农村基层民主政权建设，下大力度加快社区建设，村民自治和社区服务水平不断提升。

其一，村务公开，民主管理不断深入，加快了农村基层民主建设进程，促进了农村的社会稳定，调动了广大农民群众的积极性。从1989年开始试点，到1992年通过村民直接选举，每3年进行1次选举，截至2015年共进行了8次换届选举。近年来，以村委会换届选举为契机，建立、完善村民会议、村民代表会议、村务公开、村民选举、村民议事等制度，推行民主选举、民主决策、民主管理、民主监督，推动了农村基层党组织建设和农村两个文明建设。

其二，完善社区服务功能，拓展社区服务领域，提高城市居民的生活质量。目前，天水市有116个社区居委会。近年来，各级民政部门与有关部门密切配合，以发展社区服务为抓手，以加强社区环境建设为基础，以提高居民素质和文明程度为宗旨，积极探索，稳步推进，社区建设取得新进展。市财政每年投入300万元用于社区建设，使社区居委会办公条件得到很大改善。社区志愿者队伍不断扩充，“一刻钟服务圈”“四点半学校”“爱心超市”“俏夕阳”居家养老服务等项目为社区居民提供了方便、快捷、高效的服务。

（一）坚持依法行政，专项社会事务管理不断加强

近年来，天水市加大社会组织培育发展力度，稳妥推进边界平安管理，规范设立标准化地名标志，提升文明殡葬新风，专项社会事务管理依法推进，多项工作取得了突出成效。

其一，培育发展社会组织，服务经济社会发展。坚持培育发展与监督管理并重，加大农村专业经济协会、行业协会、社区社会组织和公益性社会组织的培育发展力度，积极支持和引导民办非企业单位发展。目前，全市登记注册的民间组织已达到2781个。多年来，天水市社会组织在服务全市市场经济发展、参与社会管理和服务、开展社会公益活动等方面发挥了积极作用。

其二，依法加强界线管理，维护边界稳定。各级民政部门切实履行职责，及时妥善处理界线附近地区发生的纠纷，圆满完成各项界线联检工作，行政区域界线管理进入依法治界的轨道，切实维护了界线附近地区的稳定。

其三，规范地名管理，完善地名公共服务体系。积极实施地名公共服务工程，在全市

所有的城镇设立标准化地名标志，建立了标准化地名标志数据库，为方便群众生活、改善投资环境、提升城市文化品位发挥了积极作用。

其四，深化殡葬改革，营造文明、和谐的殡葬环境。坚持宣传与执法并重的原则，加强殡葬依法行政，破除封建迷信，倡导文明祭奠。几年来，各级民政部门一手抓基础设施建设，一手抓规范管理，加大投入，改造殡仪馆、公墓设施，努力实现人与自然环境的和谐相处，殡仪服务环境得到改善，服务水平和质量进一步提高。

此外，婚姻登记和收养登记工作规范化运行，走上了规范化、法制化轨道。

（二）内强素质，外树形象，民政干部队伍建设有了新发展

多年来，全市各级民政部门立足于加强教育、深化改革、改善工作条件，狠抓自身建设，塑造了一支政治强、业务精、作风正的职工队伍，建立了办事高效、运转协调、行为规范的民政工作管理体系，较好地改善了工作条件和工作方法，保证了各项工作的完成。

其一，加强思想政治教育和业务培训，夯实民政干部队伍素质基础。在进一步加强党的路线、方针、政策学习的同时，采取“走出去”“请进来”的办法，让民政干部开阔视野，学习先进经验，不断提高业务能力和综合素质。组织干部职工及时参加全国、全省及市委党校组织的各种理论、业务培训及考察活动。通过学习教育，领导班子的凝聚力不断增强，广大干部职工的理论水平得到提升，工作效率明显提高。

其二，健全完善机关制度，努力形成用制度管权、按制度办事、靠制度管人的体制机制。为保证各项工作的顺利开展，提高工作效率，提升民政窗口服务功能，市民政局建立完善了《会议制度》《财务管理制度》《政务公开制度》《公务接待制度》《车辆管理制度》等一系列内部管理制度，以及救灾款物、优抚经费、城乡低保资金等民政经费的管理使用办法。严格按制度办事，实行刚性化管理，把工作目标与干部绩效挂钩，各项工作走上了规范化、制度化轨道。

其三，加强党风廉政建设和政风、行风评议工作，打造新时期民政行业新风尚。重视以党员干部特别是党员领导干部为重点的党性、党风、党纪教育，以先进事迹感染人，以腐败案例警示人，进一步提高了党员干部遵纪守法的自觉性和拒腐防变的能力。建立了一套法制完善、纪律严明的监督体系，坚持实行政务公开和承诺服务制度，在局机关设立投诉电话和意见箱，广泛接受群众监督。积极参加“行风热线”节目，深入开展行风评议活动，实施“阳光工程”，有效地促进了民政部门行风转变和工作效率与质量的提升。

截至2015年，天水市连续5次被授予全国“双拥模范城”称号。市民政局先后被民政部记抗震救灾集体一等功，通报表彰；被省委、省政府表彰为省级文明单位；被省总工会授予甘肃省“五一劳动奖”；连续15年被省民政厅评为民政工作目标管理一等奖和全省民政工作综合考评特等奖；连续16年被市政府评为目标管理一等奖单位。

回顾30年来天水市民政事业的发展历程，最大的亮点是民政部门自身基础能力显著增强，为各项民政工作任务的圆满完成提供了有力保证。表现在：

其一，民政队伍能力素质持续提高。民政系统先进模范人物不断涌现，“孺子牛”精神深入人心，社会工作人才和志愿者队伍建设扎实推进，民政干部职业能力建设切实加强，民政队伍的为民形象不断塑造。

其二，民政基础建设切实加强。民政法规制度不断健全，理论研究更加扎实，新闻宣传影响不断扩大，公共服务设施持续改进，科技和信息化成果广泛应用，标准化体系框架基本建立。

30年民政事业的每一个进步，各级党委、政府对民政工作给予了有力支持，及时解决了制约地方民政事业发展的困难和问题。各有关部门、社会各界和人民群众以多种形式支持和参与民政工作，为民政事业发展创造了有利环境，注入了强大动力，提供了坚强后盾。

30年民政工作的每一次推进，都离不开历届民政局党委和一代又一代民政人的团结拼搏。多年来，恪守“以民为本、为民解困、为民服务”的宗旨，切实履行“维护民利、解决民生、落实民权”的职责，发扬艰苦奋斗、无私奉献、淡泊名利的“孺子牛”精神，走百家门，知百家情，解百家难，暖百家心，竭尽全力为群众办实事，做好事，解难事，把党的温暖洒向人民群众，把政府的关怀送进千家万户，在平凡的岗位上创造了不平凡的业绩，为民政事业的发展做出了历史性贡献。

近年来，经过不懈探索和奋斗，积累了许多推进民政工作的宝贵经验：

其一，必须把“为民”作为民政工作的根本追求。民政乃为民之政，民政之要在于为民。“以民为本、为民解困、为民服务”是民政工作的永恒主题，是民政部门的核心理念，是民政干部的职业追求。

其二，必须把“围绕中心、服务大局”作为民政工作的总体要求。紧紧围绕不同时期的中心任务履行职责，始终紧密结合市委、市政府在各个阶段的重大发展战略推进工作，始终坚持在全局中谋划，在大局下行动。

其三，必须把立足实际、与时俱进作为民政工作的首要前提。深刻把握民政工作的时代特征和发展趋势，以与时俱进的精神科学谋划、积极推进工作，使民政工作始终体现时代性，把握规律性，富于创造性。

其四，必须把改革开放、开拓创新作为民政事业发展的不竭动力。主动适应不断发展变化的新形势、新情况，坚持用改革的办法、创新的思维解决民政事业发展中的困难和问题。

其五，必须把加强制度建设、推进依法行政作为民政工作的重要基点。加快建立健全民政业务管理规范和工作规程，深入推进依法行政，完善民政标准体系，加强制度的配套衔接。

其六，必须把政府主导和社会参与相结合作为民政工作的长效机制。加快推进民政领域政府职能转变，正确引导、多方发动社会组织和社会公众以各种形式参与到民政事业发展中来，丰富民政的社会资源。

其七，必须把重点突破、统筹协调、整体推进作为民政工作的基本方法。坚持重点突破、领域先行，加强对城乡、区域民政事业发展的统筹协调，加强和改进分类指导，加强与相关部门的协调配合，科学布局、合力推动民政事业发展。

其八，必须把固本强基、提升能力作为民政工作的必要保证。加强民政队伍建设，加强民政科技应用，完善民政服务设施，改进民政工作的装备条件和手段，着力强化基层、夯实基础，不断提高民政事业发展的支撑能力。

改革非一蹴而就，只有站在新的起点上，坚定不移地坚持解放思想、创新开拓，才能使民政事业得到发展和壮大。在经济体制深刻变革、社会结构深刻变动、利益格局深刻调整、思想观念深刻变化的新时期，承担民生“守护人”职责的民政工作，被推向了前所未有的新高度——充分发挥社会建设中的骨干作用。

尽管改革转型压力巨大，但这恰恰是民政工作调整发展模式的重要机遇。值此变局之际，民政工作尤其需要与时俱进。概言之，应以民生为重心，并超越单纯的服务范畴，结合对社会资源中有生命力部分的翻新与改造，通过统筹考虑、系统规划、精心设计和不断优化，来描绘这个“起于改革，兴于改革，成于改革”的民政故事，继续以改革创新为动力，以更加务实的态度、理性的执行，续写为民服务的新篇章！

大事记

1985年

5月4日　国务院批准天水地区西和县、礼县、徽县、两当县4个县划归陇南地区，漳县划归定西地区。

5月31日　中共天水地委、天水地区行署向甘肃省委作《关于撤销天水地区建制实行地改市的方案报告》。

7月8日　国务院批准天水撤销地区建制，实行市领导县体制，天水市为地级市。撤销天水县，设秦城、北道2个区，将北道区西南17个乡划归秦城区管辖。天水市辖秦城、北道2个区，武山、甘谷、秦安、清水、张家川回族自治县（简称“张家川县”）5个县。

8月12日　9时至10时，武山县桦林、鸳鸯、马力、高楼等乡突降暴雨，降水量达40毫米。其中，桦林乡桦林沟山洪汹涌，泥沙淹没天衢村。全村58户计360人，溺死81人、冲伤212人、失踪53人，溺死农畜1494只，埋没房屋408间。山丹乡清池村山洪冲垮铁路，列车停运4小时，冲毁公路干线4条290处。次日，副省长路明赶赴现场视察指导救灾工作。

9月18日　成立天水市伤残人体育协会。

10月10日　中共天水市委、天水市人民政府（筹）颁布《关于市直党政群机构设置的通知》。中共天水市委设8个工作部门，编制253人。天水市政府设28个工作部门，编制859人。天水市人大常委会设4个工作部门，编制40人。天水市政协（筹）设4个工作部门，编制32人。设5个群众团体，编制60人。

10月22日　天水市召开第一届盲人聋哑人代表会议，选举成立天水市第一届盲人聋哑人协会。

11月19日　省委副书记卢克俭、副省长年德祥等党政领导同志慰问即将开赴云南前线的天水驻军。天水成立拥军支前领导小组。

12月18日至20日　中国人民政治协商会议天水市第一届委员会第一次会议在秦城区举行。147名委员参加会议，会议选举产生27名委员组成第一届常务委员会，选举产生政协主席和副主席。

12月20日　天水市政府（筹）撤销北道镇，设立桥南、道南、道北、寨子4个街道办事处。

12月24日至27日　天水市第一届人民代表大会第一次会议在秦城区举行。446名代表出席大会，大会选举产生天水市第一届人民代表大会常务委员会，选举产生天水市人民政府市长和副市长，选举产生天水市中级人民法院院长及天水市人民检察院检察长。人大代表向大会提交议案7件、建议和意见138个。

12月27日　天水市人民政府正式成立，32个工作部门8个直属单位同时启用新印章。

1986年

1月14日　天水市第一届人民代表大会常务委员会举行会议，审议通过《天水市人民代表大会常务委员会工作条例》《天水市人民代表大会常务委员会任免国家机关工作人员暂行办法》《天水市人民代表大会常务委员会关于设立若干办事机构的决定》，会议还任命了天水市人民政府的组成人员。

3月5日　天水市区党政各界人士千余人集会追悼对越反击战中牺牲的一等功臣缑晨烈士。

5月26日　天水军分区决定在全市普遍进行兵役登记。

7月1日　甘肃省人民政府追认为抢救他人而牺牲的清水县金集乡关沟村民兵董双有为革命烈士。

7月11日　天水市开始颁发居民身份证。

7月21日　天水市人民政府决定对秦城区、北道区37条街、巷、路重新命名。

8月16日　武山县1000多人集会，追悼1933年暴动中牺牲的何处烈士。

10月5日至6日　天水市民政局和天水市体育运动委员会举办天水市第一届伤残人运动会，76名运动员参加。

10月6日　北道区工会、妇联、团委主办的天水市第一家婚姻介绍所成立。

10月25日　天水市组织19人慰问团前往云南前线进行慰问。同日，秦城区成立军队离退休干部休养所。

1987年

1月8日　甘南迭部县发生6.2级地震，全市各县（区）均有强烈震感，烈度Ⅳ～Ⅴ度。

1月13日　云南老山前线英模报告团在秦城区作英模事迹报告。

3月2日　天水市人民政府决定，天水市第一、第二人民医院和各县（区）人民医院开展婚前健康检查工作。

3月21日至25日　省长贾志杰来天水市检查指导农村抗旱救灾及扶贫工作。

4月19日　清水县暴雨成灾，溺死10人，9万多亩农田遭冰雹、洪水侵害。

5月　因春荒严重，农村出现人口外流，民政部派一名副司级干部来天水调查了解灾情并进行救灾工作指导。

6月6日　驻天水红军师炮兵团全体官兵从云南前线归来。省委副书记卢克俭、省政协副主席秦时伟、省军区司令周越池到天水火车站迎接慰问部队。

8月　天水伤残人运动员王秀芳（女）参加全国第二届伤残人运动会，获A4级100米赛跑第一名和跳高第一名。

1988年

5月6日　中国人民解放军第29医院（一三三医院）青年军医李林钦等人用气管切开术治愈四肢瘫痪、吞咽肌麻痹、自主呼吸停止96天之久的清水县西关小学女教师朱小瑛，并于当月出院。7月11日《天水日报》报道这一消息，后经香港《文汇报》转载。

6月15日　天水市社会福利有奖募捐委员会成立，开展有奖募捐工作。

7月25日　张家川县马鹿乡大滩村调解主任何思贤出席全国防止民间纠纷激化经验交流会，并获一等奖。

11月　北道区开办全市第一家戒烟所并隶属民政管理。同月，天水市成立残疾人事业领导小组，开展三项康复工作（聋哑儿培训、小儿麻痹矫治、白内障复明）。

1989年

3月2日　中共天水市委抽调308名干部分赴五县二区149个乡镇开展为期3个月的农村形势教育工作。

5月2日　天水市人民政府颁布《天水市市民文明公约》。

8月6日　中央顾问委员会委员、中国贫困地区开发基金会会长项南来天水检查指导工作。

9月22日至23日　甘肃省首届伤残人田径锦标赛在天水市举行。

9月15日至19日　省长贾志杰、省政协主席葛士英带领扶贫工作组在甘谷、武山农村调查研究，就地指导和解决问题。

9月27日　甘肃省第七届人民代表大会常务委员会第十次会议审议通过《甘肃省张家川回族自治县自治条例》。

10月　天水市成立扫除六害（卖淫嫖娼、吸毒贩毒种毒、赌博、拐卖妇女儿童、利用封建迷信骗钱害人、传播淫秽物品）领导小组。

11月7日至9日　中共中央顾问委员会委员、国务院贫困地区经济开发领导小组顾问林乎加来天水市检查指导工作。

11月18日　在全国青少年伤残人田径、游泳锦标赛上，秦安县安伏中学学生安军林以4分58秒的成绩夺得男子A6级1500米金牌。

1990年

2月　天水市召开残疾人联合会第一次代表会议，选举产生天水市残疾人联合会主席团、理事会和各个分会。

7月　秦安县伤残人运动员安军林参加在法国圣太田举办的国际伤残人锦标赛，获800米第二名、15000米第三名，实现天水市运动员在国际综合性体育竞赛中奖牌零的突破。

8月10日　驻市解放军某部志愿兵李润虎被评为全国十大杰出青年。

8月11日9时许　秦城、北道两区降特大暴雨，降水量达113毫米，道南积水1米多深，农村倒房千余间。天水锻压机床厂厂区北侧山体发生滑坡，埋没6个车间，压死7名职工，经济损失约2100万元。

9月14日　黄埔军校同学会天水分会联谊会成立。

12月7日　秦城北山椒树湾滑坡加固工程竣工，其中省市民政部门拨付该工程救灾款22万元。

本年　秦城区、北道区、甘谷县分别成立戒烟所。

1991年

5月17日至21日　省长贾志杰来天水视察，检查群众生产生活等农村工作。

7月28日　天水市佛教第一次代表会议在秦城区召开，市佛教协会成立。

7月底　天水市军民向云南灾区捐款40余万元。

12月20日　天水市道教第一次代表会议在秦城区召开，市道教协会成立。

1992年

3月27日　天水市与天津市东丽区缔结友好市区签字仪式在天水宾馆举行。随后，天津市东丽区、河北区、唐沽区、大港区、宝坻县每年定点帮扶天水市的5个县。

5月1日　甘谷县金川乡、武家河乡，武山县温泉乡等地遭受特大暴洪灾害，40分钟降雨达60毫米以上，造成28人死亡、27人重伤（其中，甘谷县17人死亡、27人重伤），62户的268间房屋被毁。

5月3日　省长贾志杰一行在市、县领导的陪同下，察看了灾情，并慰问了受灾群众。

5月　全市勘界暨地名工作会议在秦城区召开，拉开了天水市勘界工作的序幕。

1993年

1月19日至20日　天水市伊斯兰教第一次代表会议在秦城区召开，市伊斯兰教协会成立。

6月13日　武山县遭受特大雹灾，成灾粮田4万余亩，直接经济损失513万元。

6月23日　张家川、秦安、清水、甘谷等县遭受严重风雹灾害，成灾粮田12.93万亩，死亡1人，伤家畜20多头，经济损失约1290万元。

7月17日　省委书记顾金池来天水视察，检查农村工作。

9月22日至23日　省长阎海旺来天水检查工作，并看望了部分农村贫困户。

9月28日　天水市海外联谊会成立。

1994年

4月20日至23日　省委书记阎海旺来天水检查指导农村工作。

5月　复退军人精神病疗养所护理班长邓玉枝在全国第十次民政会议上被民政部、人事部授予“全国民政系统先进工作者”称号，受到江泽民、李鹏等领导人接见。

9月　在甘肃省第十二次民政会议上，市殡仪馆、市复退军人疗养所、甘谷县十里铺社会福利铸造厂等单位被评为先进单位，北道区民政局代局长崔永祥、秦城区民政局局长霍秀清、甘谷县民政局副局长丁永贤、市民政局社团科科长丁霞章被评为先进个人，受到表彰奖励。

9月18日至20日　民政部社团司办公室主任伊建年、监察处处长祖玉琴来天水检查社团管理工作。

11月14日至15日　全市第一次民政会议在秦城区召开，省民政厅李越副厅长专程来天水祝贺。市委书记刘长凯、市长王洪宾参加大会并分别作了重要讲话，局长韩岱成向大会作了《依法保障人民群众的基本生活权益　为加快天水市民政工作的改革与发展而奋斗》的工作报告。

11月15日　天水市举行纪念邓宝珊将军百年诞辰活动，由邓小平亲笔题写的“邓宝珊将军纪念亭”落成。

本年　天水市对农村住人茅草房进行全面调查摸底。

1995年

4月19日　甘谷县武家河乡发生特大矿体坍塌事故，造成10人死亡。省委副书记赵志宏在市委书记刘长凯陪同下前往现场指挥抢险救灾工作。

6月12日至14日　民政部社会事务司婚姻管理处乔学敏副处长来天水检查婚姻管理工作。

7月1日　秦城区玉泉乡发生特大山体滑坡事故，造成9名民工死亡。副省长韩修国在市长王洪宾陪同下前往现场指挥抢险救灾工作。

10月26日至27日　以马克斯特·凯恩为团长的瑞典国际开发合作署和瑞典驻华使馆官员考察团一行5人，在民政部基层政权司副司长王振耀、省民政厅副厅长李越的陪同下，对北道区村委会换届选举工作进行考察。

11月12日　为期4天的甘肃省农村基层组织建设工作会议在天水市秦城区召开，省民政厅副厅长李越就农村村民自治工作进行专题发言。

11月22日　北道区被民政部命名为“全国村民自治模范区”，北道区桥南街道办事处被命名为“全国明星街道”，甘谷县康家滩乡阳屲村村委会被命名为“全国模范村民委员会”。北道区道南街道办事处人民路委员会主任王素琴被评为“全国优秀居民委员会主任”。

12月8日至12日　美、法、德三国记者团一行6人，在民政部、外交部有关领导及省民政厅副厅长张玮的陪同下，对北道区甘泉乡、二十里铺乡的村委会换届选举进行了采访。美国《新闻周刊》记者刘哲海就农村村民自治等问题专题采访王洪宾市长。

12月26日至30日　中央电视台“东方时空”栏目记者刘俊辉、彭红军对北道区村委会换届选举工作进行了采访，并以“选‘村长’”为题，于12月28日至30日晨在中央电视台1、2、4频道“东方时空”栏目进行了专题报道。

1996年

5月20日　在大连举行的全国第四届残疾人运动会上，天水市选手伏军胜在AF5级铁饼赛中以40.18米的成绩获第二名，同时分别取得铅球、标枪项目的第四名、第六名；宋红霞在女子40发气手枪SHIC级比赛中以349环的成绩列第三名；徐天祥在男子单打乒乓球比赛中列第八名。

8月23日　市政府常务会议研究同意成立天水市社区服务中心，该单位为副县级社会福利事业单位，隶属市民政局。

9月18日　市编委批复，同意成立天水市社会福利有奖募捐委员会办公室，副局长王学锋兼任主任。本年度全市社会福利奖券销售突破千万元大关。

9月　天水市民政局被中共甘肃省委、甘肃省人民政府、省军区命名为“甘肃省双拥先进单位”。

10月22日至23日　全市农村基层组织建设暨村民自治工作经验交流会在北道区召开。市民政局局长韩岱成作题为《认真做好村民自治工作　促进农村社会稳定发展》的讲话。北道区人民政府、张家川县张家川镇人民政府、甘谷县民政局、清水县永清镇西关村委会在会上作村民自治工作典型发言。

11月4日　市人民政府对甘肃省长城电业公司等31个退伍军人安置工作先进单位、蔡金华等21名退伍军人安置工作先进个人给予表彰奖励。

12月15日　武山县洛门镇等5个乡镇、清水县红堡乡蔡湾村等11个村委会被甘肃省民政厅、人事厅分别评为“甘肃省明星乡镇”“模范村委会”，张家川县上磨乡赵阳村马敬生等19名村主任被评为“优秀乡镇长和优秀村委会主任”。

1997年

4月　在甘肃省政法工作会议上，市民政局局长韩岱成被省委、省政府授予“甘肃省政法系统先进工作者”称号。

5月　市殡仪馆被评为甘肃省殡葬管理先进单位。李太世被评为全国殡葬改革先进个人。赵美玉被评为甘肃省殡葬改革先进个人。

7月　市民政局被民政部、中国人民解放军总政治部评为“全国拥军优属先进单位”。

7月8日　民政部社会团体和民办非企业单位管理司副司长白桦来天水，市委副书记张津梁和宣传部部长刘建邦陪同检查指导社团管理工作。

9月2日至4日　民政部派救灾专员王克俭来天水视察，查看灾情。

9月16日至18日　民政部社会事务司殡葬管理处高月琴副处长来天水视察，检查指导殡葬工作。

9月　天水市遭受历史上罕见的特大干旱，夏粮大幅度减产，秋粮大面积绝收，经济作物损失惨重。市委、市政府派副市长王志荣、市民政局局长韩岱成等赴京向民政部等部委汇报灾情。

10月27日至11月2日　省委书记阎海旺、省长孙英来天水视察，深入农村了解灾情，慰问灾区群众。

10月　天水市民政系统第一届工会委员会成立，选举杨显功为主席、袁东风为副主席。

本年　市民政局因连续5年综合治理工作成绩显著，被市综合治理办公室评为社会治安综合治理先进单位。

1998年

1月　天水市城市居民最低生活保障制度建立并实施。市委常委、副市长徐怀恩发表电视讲话，市民政局局长韩岱成就低保有关政策在天水电视台和《天水日报》等媒体以答记者问的方式作了说明。1月18日和19日，市长王洪宾、副市长徐怀恩分别参加了在秦城区中城办事处和北道区桥南办事处举行的保障金首发式，亲自将保障金送到贫困居民手中。两区共有8646人享受低保。

2月　获悉天水灾情的江苏省委书记陈焕友与省政府会商，支援天水灾区并捐赠款60万元。

8月　长江、松花江、嫩江流域发生特大暴洪灾害。全市广泛开展了向“三江”地区捐赠的活动，共计捐款214.89万元。其中，市级捐款102.17万元，县区级捐款112.72万元。

8月　秦安县由中华慈善总会资助120万元，从1997年4月开始实施的“慈善雨水积蓄工程”全部完成。共建水窖2216眼，解决了西川、郭嘉、古城、刘坪、安伏5个乡29个村11204人、2000多头牲畜的饮水问题。

9月1日　中共天水市委员会文件通知，成立天水市民政局党委。韩岱成任党委书记。

9月3日至5日　天水市整顿后进村创建五好村工作经验交流会在北道区召开，市民政局局长韩岱成作《以村务公开和民主管理为重点　全面推进农村村民自治工作》的讲话。

10月12日至13日　全市敬老院建设工作经验交流会议在清水县召开，会议总结交流了农村五保供养工作，表彰了十佳敬老院和先进个人。市委副书记李世荣、副市长苏维喜出席会议并讲话。

11月13日　天水市勘定行政区域界线总结表彰会议在秦城区召开。会议回顾总结6年来的勘界工作，表彰奖励了11个先进集体和24名先进个人。各县（区）政府的分管县（区）长正式签署了边界线协议书。

12月3日　中共天水市委组织部文件批复，蔡金华、王学锋、张海锋、刘为民、杨显功、姚俊杰为市民政局党委委员。

12月18日　天水市慈善协会成立。王文华、盛先传、郑荣祖、陈华、张子芳、姚克亮、汪维善为名誉会长；邓炎喜当选为会长，韩岱成当选为常务副会长，马德荣、杨万洪、杨向荣、郭天跃当选为副会长，汪晓明当选为秘书长，孙德堂当选为副秘书长。

1999年

3月18日　秦城区公安局民警何方志为抢救3名遇难儿童以身殉职，被公安部授予“全国公安系统二级英雄模范”称号，遗体安葬在秦城区烈士陵园。

5月24日　北道区、秦安县、清水县遭受冰雹袭击，造成经济损失约3314万元。

7月　天水市组成以市长张津梁为团长的党政代表团赴天津市回访，以感谢天津市自1993年以来对天水市的支援（其间，天津市向天水市捐赠衣被167.42万件，给对口帮扶县捐款70万元，协作项目总额1400万元）。天水市民政局局长韩岱成随团赴津，并以市委、市政府的名义向天津市民政局赠送了牌匾，天津市民政局局长董浩然、副局长王崇喜、韩德功等参加了接匾仪式。

8月　市民政局办公室主任袁东风被民政部评为“全国民政信访先进工作者”。

8月23日至26日　全市乡村干部队伍思想政治建设工作座谈会在张家川县召开。市民政局局长韩岱成作了《全面推进农村村民自治工作　大力加强基层民主政治建设》的发言。

9月9日　市政府天政发〔1999〕92号文批复五县二区324条总计3123.5千米的乡镇际行政区域界线，天水市的乡镇际行政区域界线首次成为法定界线。

10月21日至23日　民政部优抚安置局局长姜力一行4人，在省民政厅人员的陪同下，深入秦安县优抚对象家中，对天水优抚安置工作进行调研，并主持召开天水、平凉、庆阳、定西四地市民政局局长座谈会，对甘肃东部搞好优抚安置工作发表了意见。

10月　天水市响应江泽民总书记“献爱心，送温暖”捐助活动，共向全市部分受灾地区捐款105.95万元，捐衣物18822件、地膜10955斤、化肥16.62吨，送水3064吨。

11月14日至18日　兰州军区科技练兵成果观摩暨四级军事主官集训活动在驻市某红军师举行，中国人民解放军副总参谋长吴铨叙和兰州军区及西北各省军区的团以上军事主官全部参训。天水市委、市政府成立以市长张津梁为组长的协助保障领导小组。

12月20日至23日　民政部救灾救济司司长李本公一行3人，在省民政厅副厅长蒙炯明的陪同下，深入武山、甘谷两县乡村视察，检查农村灾区群众生活安排工作。

12月29日　在甘肃省双拥模范城命名表彰大会上，天水市秦城区、北道区、清水县、秦安县、甘谷县、武山县等六县（区），被省委、省政府、省军区评为“双拥模范县（区）”。同时，天水市双拥办被省双拥领导小组表彰为“甘肃省先进双拥办公室”。

12月30日　天水市2983个行政村实现村村通农机路。

2000年

1月12日　在北京召开的全国双拥模范城（县）表彰命名大会上，天水市被评为全国“双拥模范城”。

1月13日　中共天水市委、天水市人民政府和天水军分区在解放军驻市某师召开“天水军地深入进行国防教育　开创双拥工作新局面”动员大会。市四大班子主要领导、驻市部队团以上单位军官、全市各县（区）委书记和150个乡镇党委书记参加了大会。

3月10日至12日　中央财经领导小组办公室副局长王石奇一行受国务院委托，在省民政厅厅长黄续组的陪同下，深入武山、甘谷两县视察，调查农村群众生活情况。

6月3日　天水市与邯郸市结为“友好城市”。

6月22日至26日　省民政厅组成“纪念抗美援朝五十周年访问团”赴朝鲜平壤、开城和板门店参观，并吊唁为抗美援朝英勇捐躯的英烈，市民政局局长韩岱成随团前往。

7月16日　天水市与新疆维吾尔自治区昌吉州结为“友好城市”。

8月27日　民政部常务副部长范宝俊一行到天水调研视察。市委副书记李世荣、常务副市长徐怀恩和市民政局局长韩岱成陪同前往秦安县王尹乡草堡村进行调研，并看望村里的特困户。

8月28日　民政部副部长范宝俊听取了天水市委、市政府关于全市城市居民最低生活保障工作及农村群众生活安排的汇报，市委书记王洪宾、市长张津梁参加会议。

8月　天水市慈善协会根据市委书记王洪宾的倡议，支出善款3.65万元，对全市五县二区本年高考录取的19名贫困大学生进行了资助。

10月25日　中共天水市委、天水市人民政府召开纪念抗美援朝五十周年座谈会。市委副书记乔正风、宣传部部长刘建邦和副市长王志荣与当年参加抗美援朝的“侦察英雄”任来宝等多名老同志座谈。

11月27日　由省慈善总会组织的首次天水慈善募捐动员会在天水宾馆举行，省慈善总会会长饶风翥、副会长张国定和吴锡达，市人民政府常务副市长徐怀恩，市民政局局长韩岱成参加会议并讲话。全市热心慈善事业的各界人士50余人参加会议，共有18个企业（个人）当场为天水慈善事业捐赠善款17.33万元。

12月12日　全国民间组织管理工作会议在广东肇庆召开，市民政局作为全国民间组织工作试点先进单位应邀参加会议，并作大会发言。

12月15日　由中华慈善总会组织实施，美国慈善组织“微笑列车”资助，从7月间开始实施的旨在为贫困地区患有唇腭裂的青少年进行免费手术的“微笑活动”结束。全市共有203名青少年在市第一人民医院接受了免费手术。

2001年

2月　市民政局被市委、市政府表彰为2000年度实施党风廉政建设责任制先进集体。

3月5日　全市民政工作会议召开，总结2000年全市民政工作，安排部署2001年全市民政工作任务。副市长王志荣出席会议并讲话，市政府副秘书长苏定武主持会议，市民政局党委书记、局长韩岱成作民政工作报告。

4月　全市社区建设领导小组成立。市政府代市长赵春任组长，市人大常委会副主任杜明富、市政府副市长马正录、天水军分区副政委张军任副组长，民政、财政、公安、卫生、工商、税务等相关部门负责人为成员。

5月　全市社区建设工作试点在秦城区和北道区组织开展。

9月　全市社区建设工作会议召开，总结两区试点经验。全市社区居委会由115个调整为46个。

9月　天水市召开创建全国双拥模范城“二连冠”动员大会，市委书记张津梁、市政府代市长赵春、市委副书记王玺玉出席会议。

11月　市民政局被市委、市政府表彰为全市帮扶开发工作先进集体。

12月　市民政局被省民政厅表彰为甘肃省民政系统先进单位。全市第四次村委会换届选举工作启动。

2002年

2月28日　全市民政工作会议召开，总结2001年全市民政工作，安排部署2002年全市民政工作任务。省民政厅副厅长王培尧、市政府副市长马正录出席会议并讲话，市委常委、政法委书记韩岱成，市人大常委会副主任杜明富，市政协副主席王一出席会议，市民政局局长张续善作民政工作报告。

5月　全市第四次村委会换届选举工作圆满完成。3004个村委会换届完成，连选连任的村干部有11612人，其中，党员有5296名，初中以上文化程度的有9571名，村主任平均年龄为38.2岁。天水市与浙江省舟山市正式缔结为"双拥友好城市"。

9月　天水市老龄工作委员会办公室正式设立。

11月　市民政局被省民政厅表彰为甘肃省民政系统先进单位。

2003年

2月　市民政局被市政府评为2002年度目标管理一等奖。

3月　市民政局被市委、市政府表彰为全市社会治安综合治理委员会先进成员单位。

4月　《天水市救灾工作应急预案》正式出台。市民政局被甘肃省第二次全国基本单位普查领导小组表彰为甘肃省第二次全国基本单位普查先进集体。

6月10日　第二次全市民政会议召开，市委书记张津梁出席并讲话，市委副书记、市长赵春主持会议，省民政厅副厅长蒙炯明致辞，市委副书记张和平宣读表彰决定，副市长马青林作民政工作报告，市民政局局长张续善传达第十三次甘肃省民政会议精神。

9月　市民政局被市委组织部、市委宣传部、市人事局、市教育局、市文明办评为天水市第三届网通"华语杯"暨《国家公务员暂行条例》颁布十周年普通话演讲比赛组织奖。

10月　市民政局被市政府表彰为2002年度全市信息工作先进单位。市民政局被市委表彰为全市农村保持共产党员先进性教育活动先进集体。

11月　市民政局被市政府表彰为现代机关公文规范化先进单位。

12月　市民政局被天水市献血领导小组表彰为无偿献血先进单位。天水市第二次被授予全国"双拥模范城"称号。

2004年

2月　市民政局被市社会治安综合治理委员会表彰为2003年度全市社会治安综合治理先进单位。市民政局被市政府评为2003年度目标管理一等奖。市民政局被省民政厅评为2003年度甘肃省民政工作目标管理先进单位。

3月1日　全市民政工作会议召开，总结2003年全市民政工作，安排部署2004年全市民政工作任务。市委副书记张和平主持会议，市民政局局长张续善作民政工作报告。

4月　市民政局被民政部表彰为全国民政政务信息工作先进单位。市政府制定出台了《天水市殡葬管理实施细则》。

5月　天水市召开双拥工作暨“天兰双拥文明线”动员大会。

9月　秦城区、北道区经国务院正式批复更名为秦州区、麦积区。市民政局被民政部政策研究中心命名为全国民政政策理论研究基地。全市第五次村委会换届选举工作启动。

10月　市民间组织联合会被民政部评为全国先进社会团体。天水市召开老龄工作暨老龄工作委员会第一次会议。

12月　市复退军人精神病疗养院被民政部评为全国民政系统行风建设先进单位。

2005年

2月　市民政局被市政府评为2004年度目标管理一等奖。市民政局被省民政厅评为2004年度甘肃省民政工作目标管理一等奖。

3月8日　全市民政工作会议召开，总结2004年全市民政工作，安排部署2005年全市民政工作任务。市委常委、副市长张为和主持会议，市委副书记张和平作重要讲话，市民政局局长张续善作民政工作报告。

5月　市民政局团总支被共青团省委表彰为甘肃五四红旗团支部（总支）。全市第五次村委会换届选举工作圆满完成，共选举产生村委会主任2614人、副主任3144人、委员6069人。

6月　全市农村医疗救助试点工作在秦州区、武山县开展。

7月　市民政局党委被市委组织部、市直机关工委、市委保持共产党员先进性教育活动领导小组办公室表彰为先进基层党组织。甘肃省“双四好”经验交流会在天水市召开。

9月　全市行政村由3012个撤并为2592个。

9月5日　省政府副省长罗笑虎一行调研清水县政法综治、民政、民族宗教工作。

10月　《天水市行政区划图》正式出版。市民政局被市委、市政府表彰为全市老干部工作先进单位。

2006年

2月　市民政局被市政府评为2005年度目标管理一等奖。市民政局被省民政厅评为2005年度甘肃省民政工作目标管理一等奖。市民政局被省民政厅评为甘肃省民政政务信息工作先进单位。

3月　市民政局被市委、市政府评为2005年度全市社会治安综合治理先进单位。

3月21日　全市民政工作会议召开，总结2005年全市民政工作，安排部署2006年全市民政工作任务。市民政局局长张续善主持会议，市委副书记张和平作重要讲话，市人大常委会副主任朱政英、副市长萧菡出席会议，市民政局副局长马万有作民政工作报告。

4月 《天水民政事业发展第十一个五年规划》编制完成。市民政局被市人大常委会、市政府、市政协表彰为2003—2005年度市人大代表建议和政协提案办理工作先进单位。

6月 市民政局举办"全市社区减灾平安行"应急知识电视大赛。市民政局被《中国民政》评为宣传工作先进单位，被《中国社会报》评为宣传工作先进单位。

6月24日 省民政厅副厅长张和平带领工作组考核验收天水市双拥模范城创建工作，市委常委、政法委书记韩岱成，天水军分区政委张军，市民政局党委书记、局长马万有陪同。

6月30日 市民政局获天水市庆"七一"贺"节会"迎"省运"健身操（舞）比赛一等奖。

7月 市民政局党委被中共天水市委表彰为先进基层党组织。天水市农村医疗救助工作全面开展。

8月 《天河鱼水情——天水双拥工作纪实》一书出版。天水市被省委、省政府、省军区授予"双拥模范城"荣誉称号。

9月 《天水市"十一五"社区服务发展规划》编制完成。

10月 市政府召开常务会议专题研究全市农村五保供养工作，确定从2007年开始，市县财政每年按要求列支经费用于五保供养。

12月 市民间组织管理局被民政部表彰为全国民间组织登记管理工作先进单位。

2007年

1月 市民政局被甘肃省社会治安综合治理委员会、甘肃省人事厅表彰为甘肃省社会治安综合治理先进集体。

2月 市民政局被市政府评为2006年度目标管理一等奖。市民政局被省民政厅评为2006年度甘肃省民政工作目标管理先进单位。

3月 市民政局被市委、市政府评为2006年度全市社会治安综合治理先进单位。市社会福利有奖募捐办公室被省民政厅评为甘肃省民政系统先进单位。

4月 全市第三次民政会议召开，总结前5年及2006年全市民政工作，安排部署今后五年及2007年全市民政工作任务。市委常委、统战部部长李美华、副市长萧菡出席会议并讲话，省民政厅副巡视员张忠健致辞，市人大常委会副主任朱政英、市政协副主席王凤保出席会议，市民政局党委书记、局长郭明兴作民政工作报告。市民政局被民政部评为全国民间组织管理先进单位。市民政局被市委、市政府评为2004—2007年度社会帮扶工作先进单位。

5月 市政府制定出台《关于实施全市农村医疗救助的意见》。市民政局获天水市庆"五一"暨第三届职工文艺调演优秀组织奖。天水市召开老龄工作委员会第三次会议。全市地名公共服务体系和地名数据库建设工作启动。

6月 市政府成立落实军队退役人员有关政策工作联席会议领导小组。市儿童福利院和市流浪未成年人救助保护中心新建项目选址确定。

9月 第六次村委会换届选举工作全面启动。市民政局被民政部救灾救济司、民政部国家减灾中心评为2007年全国减灾宣传先进单位。

10月 天水市召开甘陕线天水—宝鸡段边界联检工作联席会议。

12月 市民政局被市委、市政府评为全市“万名干部下基层集中排查调处矛盾纠纷”活动先进集体。市民政局被省民政厅评为甘肃省民政财务统计一等奖。

2008年

1月 市民政局被省民政厅评为2007年度甘肃省民政工作目标责任一等奖。

2月 市民政局被市委、市政府评为2007年度全市社会治安综合治理先进单位。市民政局被市委、市政府评为文明单位标兵。市民政局被省民政厅评为“2007年度甘肃省民政事业统计年报审汇总”一等奖。市民政局被评为2007年市政府目标管理一等奖。

3月 市民政局被市委、市政府评为2007年全市信访工作先进单位。

3月28日 全市民政工作会议召开，总结2007年全市民政工作，安排部署2008年全市民政工作任务。市委常委、统战部部长李美华、副市长杨维俊出席会议并讲话；市人大常委会副主任朱政英、市政协副主席王凤保出席会议。市民政局党委书记、局长郭明兴作民政工作报告。

4月 天水市召开农村特困群众危房改造会议，2600户农村特困群众危房改造工作正式启动。

5月 市民政局被市人大常委会、市政府、市政协评为2006—2007年度市人大代表建议和政协提案办理先进单位。

5月12日 汶川特大地震波及天水市，造成113个乡镇（街道）不同程度受灾，因灾死亡10人，受伤1613人，受灾人口达到171.59万人，紧急转移安置受灾人口4.6万户、22.7万人，倒塌房屋7.59万户、17.55万间，损坏房屋3.37万户、10.11万间，造成直接经济损失57.53亿元。

5月13日 市民政局成立抗震救灾工作领导小组，下设灾害信息组、紧急救援组、物资捐赠接收组、后勤保障接待组和协调联络组5个工作组，明确职责，实行24小时值班制度，组织实施全市抗震救灾工作。

5月14日 市民政局印发《关于进一步加强救灾物资管理使用的通知》。

5月21日 市民政局印发《天水市“5·12”震灾专项救灾款物使用管理办法》。

5月24日 省委书记、省人大常委会主任陆浩，省委常委、省委秘书长姜信治视察天水抗震救灾物资转运工作，并到抗震救灾物资天水中转站麦积接待处看望转运抗震救灾物资的部队官兵和工作人员。

5月27日 市委副书记、市长、市灾后重建指挥部总指挥李文卿主持召开灾后重建指挥部第一次会议，研究部署灾后恢复重建工作的有关事宜。市领导宋敬国、马湘贤、柴金祥、杨维俊、萧菡、郭奇若、赵卫东参加了会议。

5月29日 来自印度尼西亚和巴基斯坦的国际医疗救援队50名队员，在省卫生厅厅长刘维忠的陪同下途经天水市，赶赴陇南地震灾区进行医疗救援服务。副市长郭奇若接见了国际医疗救援队队员。

5月31日　阿拉伯联合酋长国迪拜政府酋长基金会主任阿布杜一行考察天水市灾情，并为张家川县捐资421万元帮助实施灾后恢复重建。市委书记、市人大常委会主任张景辉，市委副书记、市长李文卿会见了阿联酋迪拜政府客人。

6月2日　阿拉伯联合酋长国酋长基金会阿不多·热黑曼先生一行看望天水市特殊教育学校师生，并向学校捐资30万元。市委书记、市人大常委会主任张景辉，市委副书记、市长李文卿等市领导出席捐赠仪式。

6月3日　市委书记、市人大常委会主任、市抗震救灾（恢复重建）领导小组组长张景辉主持召开市抗震救灾（恢复重建）领导小组第四次会议，审议、研究、部署天水市灾后重建工作。市抗震救灾（恢复重建）领导小组副组长李文卿、冯沙驼等市领导出席会议。会议讨论并审定了《天水市灾后重建工作指挥部关于灾后重建工作若干问题的意见》。

6月4日　市民政局被市人大常委会、市政协委员会评为市人大代表建议和政协提案办理先进单位。

6月11日　省委副书记刘伟平在天水市察看灾情，指导灾后重建和生产发展工作。

6月14日　省委常委、省纪委书记、省抗震救灾资金物资监督检查领导小组组长蒋文兰带领省督查组察看天水市抗震救灾中救灾款物的管理使用情况。副市长杨维俊，市民政局党委书记、局长郭明兴及副局长李晋东陪同检查。

6月17日　斯里兰卡共和国驻华大使阿穆努加马在省政府副秘书长李志勋、省民政厅巡视员刘柏林、省外办主任郭颖纯、省外办副主任赵生兰、天水市副市长杨维俊、副秘书长谈启明陪同下向灾区捐赠帐篷1000顶。

6月23日　中纪委副书记李玉赋在省委书记、省人大常委会主任陆浩，省委常委、纪委书记蒋文兰，省委常委、秘书长姜信治，省纪委副书记、监察厅厅长张光义陪同下来天水市检查救灾物资转运工作。市领导张景辉、李文卿、杨维俊，市民政局党委书记、局长郭明兴及副局长李晋东陪同。

6月25日　市民政局印发《天水市“5·12”震灾救灾专用帐篷使用管理办法》。

6月　市民政局被民政部记抗震救灾集体一等功。

7月　市慈善总会被省民政厅评为甘肃省社会组织抗震救灾先进集体。

8月　市民政局被甘肃省总工会颁发五一劳动奖状。全市第六次村委会换届选举工作完成，全市2505个行政村选举产生村委会干部9982人，其中，妇女干部有1079人，大专以上文化程度有964人，平均年龄为39.8岁。

9月　完成天水与平凉线4条166千米边界线联检工作，同时制定出台了两市《关于开展平安边界建设意见》。

9月26日　市委书记、市人大常委会主任、市抗震救灾（恢复重建）领导小组组长张景辉主持召开市抗震救灾（恢复重建）领导小组第八次会议。市抗震救灾（恢复重建）领导小组副组长李文卿、冯沙驼、宋敬国、任伯年，领导小组成员韩岱成、张健、郭奇若等出席会议。

10月9日　天津市慈善协会向秦安县兴国镇中学捐资100万元，用于学校灾后重建。

11月26日　中华慈善总会向甘肃地震灾区捐赠物资发放仪式在秦州区玉泉镇冯家山村举行。中华慈善总会为天水市捐赠1000条毛毯。中华慈善总会会长、民政部原副部长范宝俊，省慈善总会会长、省政协原副主席杜颖出席发放仪式。

12月　市民政局被评为甘肃省地名理论研讨组织奖。

2009年

2月　市民政局被省民政厅评为2008年度甘肃省民政工作特等奖获得者。市民政局被市政府评为2008年度全市信访工作先进单位。市民政局被市安委会评为2008年全市安全隐患排查治理先进单位。市民政局被评为2008年市政府目标管理一等奖。

3月18日　省民政厅厅长田宝忠调研全市民政工作，市委副书记、市长李文卿，市委常委、纪委书记、副市长杨维俊，市民政局党委书记、局长郭明兴陪同调研。

3月19日　省民政厅副厅长阿布带领工作组检查灾后重建工作，副市长萧菡，市民政局党委书记、局长郭明兴及副局长马勤学陪同检查。

3月27日　全市民政工作会议召开，市委常委、纪委书记、副市长杨维俊出席会议并讲话，市委常委、统战部部长李美华，市人大常委会副主任朱政英，市政协副主席王凤保参加会议。市民政局党委书记、局长郭明兴作民政工作报告。市委书记、市人大常委会主任张景辉，市委副书记、市长李文卿对民政工作作重要批示。

4月16日　天水、陇南、定西边界联检工作会议在天水宾馆召开。

5月12日　天水市举办首个“防灾减灾日”宣传活动。

5月22日　副省长张晓兰视察天水市社会福利院建设情况，副市长萧菡，市民政局党委书记、局长郭明兴及副局长李晋东陪同。

6月1日　市领导张景辉、李文卿、杨维俊、蒋晓强、安永到天水市社会福利院慰问孤残儿童并检查社会福利机构建设情况，市民政局党委书记、局长郭明兴陪同。

6月　天水市民政局被评为甘肃省扶残助残先进集体。

7月19日　省民政厅副厅长沙仲才检查天水市城乡低保工作，市民政局党委书记、局长郭明兴陪同检查。

8月11日　省民政厅副厅长王学居检查天水市福利彩票发行工作，市民政局党委书记、局长郭明兴陪同检查。

8月16日　省民政厅副厅长张和平检查天水受灾群众生活安排情况，市民政局党委书记、局长郭明兴陪同检查。

9月25日　《天水社会赈灾志》《天水灾区生活志》编纂完成。

9月28日　市民政局举办局系统庆祝建国60周年文艺晚会。

10月13日　天水市举行殡仪馆灾后重建项目奠基仪式，市委常委、政法委书记韩岱成，市人大常委会副主任朱政英，副市长雷鸣，市政协副主席王凤保出席，市政府副秘书长杨胜利主持奠基仪式，市民政局党委书记、局长郭明兴介绍项目概况。

11月6日　中央委员、民政部党组书记、部长李学举视察天水市农村灾后重建工作，副省长张晓兰，省民政厅厅长田宝忠，市委副书记、市长李文卿，市委常委、政法委书记韩岱成，副市长萧菡，市民政局党委书记、局长郭明兴等陪同。

12月1日　天水市农村居民住房恢复重建工作基本完成。

12月15日　省民政厅副厅长阿布带领考核组对天水市民政工作目标管理完成情况进行考核。副市长雷鸣，市民政局党委书记、局长郭明兴陪同。

12月　市民政局被省双拥工作领导小组评为“军民共建天兰双拥文明线活动”先进单位。

2010年

2月　市民政局被省民政厅评为2009年度甘肃省民政工作先进单位。市民政局被评为2009年度全市社会治安综合治理先进单位。

3月　市民政局被评为2009年度全市信访工作先进集体。市民政局被省民政厅评为2009年度福利彩票销售组织工作奖。市社会福利有奖募捐办公室被省民政厅评为2009年度福利彩票销售总量奖一等奖。市民政局被市委防范和处理邪教问题领导小组评为2009年度全市防范处理邪教工作先进单位。

3月29日　全市民政工作会议召开，市委书记、市人大常委会主任张景辉，市委副书记、市长李文卿对民政工作作重要批示，副市长雷鸣出席会议并讲话，市人大常委会副主任朱政英，市政协副主席王凤保，市政府副秘书长杨胜利出席会议。市委副秘书长王祥林主持会议，市民政局党委书记、局长郭明兴作民政工作报告。

5月　市民政局工会被市委宣传部、文化局、市总工会评为庆祝五一暨第四届职工文艺演出优秀组织奖。

5月13日　省民政厅巡视员季文平检查天水市民政事业发展“十一五”规划完成情况，市民政局党委书记、局长郭明兴陪同检查。

6月23日　省委巡视组专员周有信检查天水民政工作，市政府副市长雷鸣，市民政局党委书记、局长郭明兴陪同检查。

6月26日至27日　民政部副部长孙绍骋在出席西北五省区伤病残军人退役安置工作座谈会期间，深入天水市调研。省民政厅厅长田宝忠，省民政厅副厅长张和平及天水市委常委、政法委书记韩岱成，市委常委、天水军分区司令员郑黎，副市长雷鸣，市民政局党委书记、局长郭明兴，市民政局副局长、市双拥办主任王燕陪同调研。

7月19日　市民政局召开创建省级文明单位动员大会，党委书记、局长郭明兴作动员讲话。

8月12日　天水市遭受特大暴洪灾害，全市113个乡镇208.3万人受灾，农作物受灾面积365.82万亩，绝收面积37.19万亩，因灾死亡7人，倒塌房屋4162户、18728间，造成直接经济损失约18040万元。

8月17日　副省长张晓兰赴天水娘娘坝灾区救灾一线看望慰问受灾群众和救灾官兵，检查指导救灾工作。省政府副秘书长唐晓明，天水市委常委、秦州区委书记张明泰，天水军分区政委李治林，副市长雷鸣陪同。

8月22日　中共中央政治局委员、国务院副总理回良玉在视察甘南舟曲和陇南灾情后，深入天水市视察灾情和抗洪救灾工作，看望受灾群众和抢险救灾人员。省委书记、省人大常委会主任陆浩，天水市委书记、市人大常委会主任张景辉，市委副书记、市长李文卿陪同视察。

9月2日　中国道教协会会长任法融先生捐资100万元资助天水市特殊教育学校重建工程。

9月10日　省民政厅副厅长徐亚荣检查天水市社会福利工作。市民政局党委书记、局长郭明兴及副局长李晋东陪同检查。

9月28日　天水市组织的参赛舞蹈《才女怨》在第二届中国老年文化艺术节舞蹈大赛中获金奖。

10月14日　副省长张晓兰检查天水受灾群众过冬生活安排情况，省民政厅厅长田宝忠，市政府副市长雷鸣，市民政局党委书记、局长郭明兴陪同检查。

10月15日　《天水市“十二五”综合防灾减灾发展规划》编制完成。《天水市“十二五”社会福利事业发展规划》编制完成。

11月2日　省委副书记、代省长刘伟平深入秦州区娘娘坝镇李子村上店组，检查指导受灾群众越冬安置工作。副省长泽巴足，省政府秘书长李沛文，省民政厅厅长田宝忠，市委副书记、市长李文卿，市委常委、秦州区委书记张明泰，市长助理、市政府秘书长安永陪同检查。

11月3日　省民政厅厅长田宝忠检查甘肃省救灾物资储备东部区域中心仓库项目建设情况，市民政局党委书记、局长郭明兴及副局长马勤学陪同检查。

11月4日　省民政厅厅长田宝忠一行在市民政局党委书记、局长郭明兴陪同下，检查指导甘谷县敬老院建设工作。省民政厅厅长田宝忠带领市社会福利和慈善事业促进处处长何长发、救灾处副处长罗立农赴武山调研社会福利工作。市民政局党委书记、局长郭明兴陪同调研。

11月13日　青甘两省行政区域界线第二轮联检第二次联席会议在天水市召开。民政部区划地名司副司长赵满礼、青海省民政厅副厅长景占荣、甘肃省民政厅副厅长阿布、天水市政府副市长雷鸣出席会议。民政部、青甘两省民政厅、两省行政区域界线有关市州民政局负责人参加会议。

11月26日　省民政厅副厅长张和平带领工作组对天水市民政工作进行检查考核，市政府副市长雷鸣，市政府副秘书长杨胜利，市民政局党委书记、局长郭明兴陪同检查。

12月28日　《天水市“十二五”民政事业发展规划》编制完成。

12月　市民政局被省委、省政府评为精神文明建设先进单位。

2011年

1月　市民政局被市委、市政府评为2010年市直机关效能管理年活动先进单位。市民政局工会被市总工会评为2010年度重点工作目标责任制考核一等奖单位。

2月　市民政局被省民政厅评为2010年度甘肃省民政工作先进单位。市民政局被省民政厅评为2010年度甘肃省民政事业统计报表会审汇总优秀奖。市民政局被市委、市政府表彰为2010年市社会治安综合治理先进单位。

3月　市民政局被市委办公室评为2010年度全市党委系统信息工作先进单位。市民政局被市政府评为2010年全市政务信息工作先进单位。

3月18日　秦安县民政局被评为"全国农村五保供养工作先进单位"，市民政局低保办副主任陈亚萍同志被评为"全国农村五保供养先进个人"。

3月31日　全市民政工作会议召开，市委常委、政法委书记韩岱成，市委常委、组织部部长杨继军，副市长萧菡出席会议并讲话，市人大常委会副主任朱政英，市政协副主席何道华，市委副秘书长张彤，市政府副秘书长杨胜利参加会议。市民政局党委书记、局长郭明兴作民政工作报告。

4月10日至11日　省民政厅在天水市召开天水麦积全国综合养老示范基地建设商谈会，并与市政府签署了阶段性工作协议，初步确定全国综合养老示范基地选址为麦积区甘泉镇八槐村和麦积镇街亭村两村交界处。省民政厅领导田宝忠、沙仲才、张和平、徐亚荣、阿布、窦原坪、张柯兵、李占礼，天水市委常委、政法委书记韩岱成，市委常委、常务副市长柴金祥出席会议。市直相关部门和单位负责人，麦积区委、区政府领导及相关部门和单位负责人参加会议。

4月26日　市儿童福利院项目举行开工奠基仪式。省政协副主席、市委书记张景辉，市人大常委会主任任伯年，市委副书记、市长李文卿，市人大常委会副主任朱政英，市政协副主席何道华，市政府秘书长王子生出席奠基仪式。市委常委、常务副市长柴金祥主持奠基仪式。市民政局党委书记、局长郭明兴介绍项目概况，局领导班子成员、机关科（室、局）和局属单位负责人参加奠基仪式。

5月5日　全市城乡低保规范宣传年活动正式启动。

5月　市民政局被市政府表彰为2010年全市电子政务工作先进单位。

6月29日　市民政局党委召开庆祝中国共产党建党90周年暨表彰大会，对2010年涌现出的4个先进党支部、30名优秀共产党员和8名优秀党务工作者进行表彰。市委常委、市委政法委书记韩岱成，市人大常委会副主任朱政英，市政协副主席何道华，市委副秘书长张彤及有关部门领导出席大会，为受表彰的先进集体和个人颁奖，并观看了文艺演出。市民政局系统全体党员和职工代表参加表彰大会。

7月6日　香港特区政府驻京办主任曹万泰一行对捐建的麦积区综合社会福利院项目建设进行了实地考察。省民政厅副厅长徐亚荣，市委常委、政法委书记韩岱成，市委常委、副市长郭奇若，副市长雷鸣，市民政局党委书记、局长郭明兴和麦积区主要领导陪同考察。

7月20日　天水市第七次村民委员会换届选举工作全面完成。选举产生村委会干部11769人，其中，村主任2491人，副主任及委员9278人。村委会中有妇女干部1654人，占村干部总数的14.05%，其中，担任村主任的有17人。选派的212名大学生“村官”中担任村党支部书记的1人、任副书记的17人、任副主任的20人。村干部平均年龄为44.2岁。

7月29日　由市国防教育委员会、市双拥工作领导小组和市委宣传部承建的天水市国防教育中心展馆正式开馆。省政协副主席张景辉，省委宣传部副部长、省社科院党委书记管钰年，市领导李文卿、宋敬国出席开馆仪式并揭牌。天水市军警民综合训练基地在麦积区甘泉镇白石村落成。省政协副主席张景辉，省委宣传部副部长、省社科院党委书记管钰年以及天水市党政军领导李文卿、宋敬国、韩岱成、李美华、杨维俊、王光庆、郭奇若、张明泰、郑黎、李治林、韩一兵、黄郁、萧菡、赵卫东、彭鸿嘉、安志宏、杨发元、窦正安，市检察院检察长钟智录，市长助理、市公安局局长吕淙江，市民政局党委书记、局长郭明兴出席落成典礼。市委常委、政法委书记韩岱成主持落成典礼，市委常委、天水军分区司令员郑黎介绍军警民综合训练基地概况。

8月1日　市委书记马世忠，市委副书记张应华，市委常委、政法委书记韩岱成，市委常委、秘书长蒋晓强前往天水军分区看望慰问官兵。市委常委、天水军分区司令员郑黎，天水军分区政委李治林和部分驻市部队主官，市民政局党委书记、局长郭明兴，市双拥办负责同志参加了慰问座谈活动。

8月16日　市人大常委会副主任朱政英带领市人大法工委、市政府督查室、市民政局有关负责同志以及市人大有关建议代表深入甘谷县社会福利综合服务中心、甘谷县中心敬老院、甘谷县谢家湾乡敬老院、武山县社会福利综合服务中心、武山县中心敬老院，实地督查了市人大《关于建设养老院的建议》文件的办理情况。

9月14日　天水市推荐的大型舞蹈《映山红》在甘肃省第十四届中老年人文艺汇演中获一等奖。

9月20日　市民政局召开了全市村级灾害信息员队伍建设工作会议。市民政局副局长、市慈善总会专职副会长晏平同志主持会议，会议传达了甘肃省村级灾害队伍建设工作安排部署会议精神，下发了《天水市关于组建村级灾害信息员队伍的通知》。市民政局党委书记、局长郭明兴就村级灾害信息员队伍建设工作进行了安排部署。会议邀请了市气象局、市地震局、市国土资源局相关部门的同志参加，并就如何加强村级灾害信息员队伍建设工作进行了大会交流。

9月25日至28日　天水市灾害信息员职业技能培训班在秦州区举办，市民政局党委书记、局长郭明兴作动员讲话。省民政厅专门派出考评鉴定组指导这次培训，并在培训结束后组织了职业鉴定考试。各县（区）民政局救灾工作骨干，各乡镇、街道办事处民政助理员共134人参加了本次培训。至此，天水市灾害信息员职业技能培训延伸到全部乡镇（街道），覆盖率和培训率达到100%。

10月5日　天水市重阳节老年书画展开幕式在市文化馆举行。市政协副主席何道华致辞，市政府副秘书长杨胜利主持。副市长萧菡，部分正地级离退休老领导，市民政局党委书记、局长、老龄办主任郭明兴出席开幕式。市老年书画研究会会员和各界书画爱好者参观了画展。

10月9日　市民政局被省委、省政府、省军区表彰为拥军优属工作先进单位。

10月14日　市委书记马世忠，市委副书记、代市长王锐走访慰问了某部队。市委副书记杨维俊，市委常委、市委秘书长蒋晓强，市委常委、天水军分区司令员郑黎，天水军分区政委李治林以及市民政局党委书记、局长郭明兴，市双拥办负责人陪同走访。

10月22日　省委常委、常务副省长刘永富深入麦积区，对天水麦积全国综合养老示范基地选址和项目建设进展情况进行督查。省政府副秘书长唐晓明，省民政厅厅长田宝忠、副厅长郭华峰，市委书记马世忠，市委常委、副市长郭奇若，市委常委、秘书长蒋晓强，副市长萧菡，市民政局党委书记、局长郭明兴陪同检查。

10月23日至24日　省政府、省军区在天水市举行以“整合军地资源，发挥基地效能，努力提升民兵预备役部队训练水平”为主题的天水军警民综合训练基地现场观摩活动。省委常委、常务副省长刘永富，省委常委、省军区司令员陈知庶，兰州军区司令部动员部部长张黎鸿，省军区参谋长李林，省政府副秘书长唐晓明出席活动。市委书记马世忠，市委副书记、代市长王锐，市委常委、副市长郭奇若，市委常委、秘书长蒋晓强，市委常委、天水军分区司令员郑黎，天水军分区政委李治林，市民政局党委书记、局长郭明兴，市双拥办负责人参加会议。

10月27日　市委书记马世忠，市委副书记、代市长王锐一行来到某部队，看望慰问了部队官兵。市党政军领导杨维俊、蒋晓强、郑黎、李治林和市民政局党委书记、局长郭明兴，市双拥办负责人陪同走访。

11月24日　按照市委在“进一步推动为民服务创先争优和破解难题”主题活动中，开展“服务基层，解决难题，帮办实事，促进工作”为主要内容的机关事业单位党员干部“下基层　访民声　促发展”活动和省民政厅在甘肃省民政系统开展“百名民政局局长下基层”活动的要求，市民政局组织党员干部在副局长李晋东、党委副书记刘颖的带领下，深入甘谷县武家河乡黑吓沟村帮扶对象家中，了解帮扶对象家庭基本情况和目前存在的困难，县、乡、村组干部、帮扶对象一起共商发展措施。探视慰问帮扶对象，为帮扶的困难对象送去局系统干部职工捐助的现金9630元、棉被20床、棉衣20套。

12月14日　甘肃省村级灾害信息员队伍建设现场会在秦安县召开。省政府应急办、省民政厅、省国土厅、省水利厅、省气象局、省地震局有关领导，兰州、白银、平凉等14个市、州分管领导、民政局局长，以及秦安县四大班子主要领导和分管领导出席了会议。会议由省民政厅党组成员、副厅长郭华峰主持，天水市副市长王钧参加会议并致辞，部分市、县先进单位和个人作了交流发言，全体与会人员观看了秦安县村级灾害信息员队伍建设专题片，并围绕村级灾害救援及灾害信息员队伍建设情况进行了分组讨论，省民政厅党组成员、副厅长张柯兵作总结讲话。

12月18日　市委副书记、市长王锐带领市人大常委会副主任、市政府秘书长王子生，市民政局党委书记、局长郭明兴及市直有关部门负责人深入武山县社会福利综合服务中心调研。

12月30日 市民政局召开全市民政局局长会议。会议全面贯彻落实国务院办公厅《关于加强和改进流浪未成年人救助保护工作意见》和甘肃省流浪未成年人救助保护工作会议精神，对做好冬日救助专项行动进行了具体的安排和部署。局党委书记、局长郭明兴参加会议并作重要讲话。

12月 天水市被民政部、解放军总政治部评为全国“双拥模范城”。

2012年

1月 市民政局被市统筹人口问题领导小组评为2011年度落实人口和计划生育目标管理责任书先进单位。

2月 市民政局被省民政厅评为2011年度甘肃省民政工作目标责任制考核先进单位。市民政局被市政府评为2011年度目标管理责任书考核一等奖单位。市民政局被市委、市政府评为2011年度市综治工作先进单位。市民政局被市委、市政府评为2011年度全市信访工作先进单位。

2月14日 省民政厅副厅长、省双拥办副主任张和平，省双拥办副主任王世英一行赴武山调研。天水市军分区政委李治林，市民政局党委书记、局长郭明兴陪同调研。

2月27日 全国双拥工作命名表彰大会在北京人民大会堂召开，天水市被全国双拥工作领导小组、民政部、解放军总政治部评为全国“双拥模范城”。中共天水市委副书记、市政协主席杨维俊代表中共天水市委、天水市人民政府、天水军分区参加会议并领取奖牌。市民政局党委书记、局长郭明兴一同赴京参加会议。会前，中共中央总书记、国家主席胡锦涛接见了与会代表并合影留念。

3月15日 天水市第四次被授予全国“双拥模范城”称号迎牌仪式在龙城广场隆重举行。市委副书记、市长王锐主持迎牌仪式，副市长雷鸣宣读了全国双拥工作领导小组、民政部、解放军总政治部关于命名天水市为全国“双拥模范城”的表彰决定，天水军分区司令员李建中致辞，市委书记马世忠发表讲话。市四大组织主要领导、各县（区）党政主要领导、驻市部队团级以上单位军政主官，被授予省级双拥模范城（县）和双拥模范代表、先进单位代表、先进个人代表荣誉称号。市双拥工作领导小组成员单位机关干部代表、驻市部队官兵代表、学生代表、群众代表共约5000人参加了迎牌仪式。

同日 市委在天水迎宾馆召开议军会议。会议总结了2011年党管武装工作，安排部署了2012年党管武装工作。市领导柴金祥、李美华、王光庆、郭奇若、张明泰、蒋晓强、赵卫东、雷鸣，以及驻市天水军分区、某部队、天水预备役旅等部队首长出席会议。市双拥工作有关单位主要负责人、驻地部队团级以上单位军政主官以及荣获省级表彰的双拥模范和先进代表、市级表彰的基层武装先进代表参加会议。

3月16日 全市民政工作会议召开，总结2011年全市民政工作，安排部署2012年民政工作任务。市委常委、政法委书记赵卫东主持会议，副市长雷鸣讲话，市政协副主席何道华、市政府副秘书长汪杰刚出席会议。市民政局党委书记、局长郭明兴作民政工作报告。

4月15日　全国政协常委、中国道教协会会长任法融，对凤凰山灾后重建工程和新阳镇凤凰山文化活动广场建设情况进行了视察，并就拟建的凤凰养老院及席寨村五眼泉饮水工程进行实地考察。市民政局党委书记、局长郭明兴陪同视察。

4月17日　省民政厅副厅长徐亚荣带领省厅相关处室负责人，对市儿童福利院、麦积区综合社会福利院和老年活动中心项目建设和市救助站工作进行了检查指导。

4月23日　省民政厅副厅长郭华峰、社会救助处处长杨达一行对天水市为民办实事工作进展情况进行了检查指导。市民政局党委书记、局长郭明兴陪同检查。

4月26日　市民政局召开全市民政系统反腐倡廉工作会议。市纪委副书记潘春久，局党委书记、局长郭明兴出席会议并作了讲话。各县（区）民政局局长、局机关科级以上干部、局属单位主要负责人参加会议。

5月13日　甘肃省防灾减灾工作电视电话会议在兰州召开，部署当前和今后一个时期防灾减灾工作。天水市副市长雷鸣、温利平、霍卫平，市长助理吕淙江出席会议，市直各单位领导、县（区）负责同志、乡镇党委政府主要负责同志在天水分会场收看收听了会议。会后，天水市召开了全市防灾减灾电视电话会议，市政府副市长雷鸣对全市防汛减灾工作进行了全面的安排部署。

5月21日　天水市组织的大型舞蹈《沂蒙情》在第三届中国老年文化艺术节舞蹈大赛中获银奖。

5月25日　甘肃省救灾物资储备东部区域中心仓库项目工程举行开工奠基仪式。市委副书记、市长王锐，市委副书记、市政协主席杨维俊，市委常委、政法委书记赵卫东，市人大常委会副主任黄孝荣，副市长雷鸣，市政协副主席何道华，市中级人民法院院长马忠福，市政府秘书长逯克宗出席奠基仪式。市委副书记、市政协主席杨维俊主持奠基仪式。市委常委、政法委书记赵卫东宣读了省民政厅发来的贺电，市民政局党委书记、局长郭明兴介绍了项目概况，项目施工、监理方代表作了表态发言，市委副书记、市长王锐宣布项目奠基开工。

6月1日　市委书记马世忠，市委常委、组织部部长王光庆，市委常委、秦州区委书记张明泰，市委常委、秘书长蒋晓强，市人大常委会副主任韩一兵，市政府副市长霍卫平，市政协副主席萧菡，市委副秘书长崔玉军等，在市民政局党委书记、局长郭明兴及相关人员陪同下赴市儿童福利院看望孤残儿童，为他们送去慰问金和慰问品。

6月15日　省民政厅副厅长张柯兵一行，对麦积区救灾物资储备库、自然灾害应急避难场所等重点民政项目实施情况进行考察调研。市民政局党委书记、局长郭明兴陪同调研。

6月16日至18日　省民政厅副厅长张柯兵就天水市当前在防灾救灾工作方面所存在的热点、难点、重点问题进行了全面考察调研。市政府副秘书长汪杰刚，市民政局党委书记、局长郭明兴及相关人员陪同调研。

7月　市民政局被省人社厅、省民政厅表彰为甘肃省民政系统先进集体。

7月5日　市民政局系统召开效能风暴行动动员暨创先争优活动表彰大会，全面安排部署全市民政局系统开展效能风暴行动。市民政局党委书记、局长郭明兴作了重要讲话。市民政局机关全体干部职工、局属单位班子成员参加了会议。

7月7日　天水市流浪未成年人救助保护中心项目奠基。

7月11日　天水市召开社会组织创先争优活动先进基层党组织和优秀共产党员表彰大会。市社会组织创先争优活动领导小组组长、市民政局党委书记、局长郭明兴在会上总结了前段全局社会组织开展创先争优活动和基层组织建设年情况并对今后工作进行了部署。市委创先争优活动领导小组办公室副主任、市委组织部副部长王鸿岳作了讲话。市社会组织业务主管单位领导、县（区）民政局局长、民间组织管理局（办）负责人、市属社会组织负责人和受表彰的县市区社会组织先进基层党组织，以及优秀共产党员代表共150人参加了会议。

7月27日　市委书记马世忠，市人大常委会主任柴金祥，市委副书记、市长王锐，市委副书记、市政协主席杨维俊，市委常委、纪检委书记李美华，市委常委、组织部部长王光庆，市委常委、常务副市长郭奇若，市委常委、市委秘书长蒋晓强，市委常委、宣传部部长彭鸿嘉，市委常委、天水军分区政委李治林，天水军分区司令员李建中，兰州军区联勤二十七分部政治部主任朱建国，某部队副参谋长马永平，某部队副政委吴启华，天水陆军预备役步兵旅旅长李军和政治部主任钮庆伟等市党政军领导赴武山，走进这些驻县部队开展“军事日”活动，市民政局党委书记、局长郭明兴，市双拥办负责人一同参加“军事日”活动。

7月30日　市委书记马世忠，市委副书记、市长王锐带领天水市党政军慰问团，赴宝鸡市慰问21集团军。市委副书记、市政协主席杨维俊，市委常委、秘书长蒋晓强，市委常委、天水军分区政委李治林，副市长雷鸣，市政府秘书长逯克宗，市民政局党委书记、局长郭明兴参加慰问活动。

8月1日　市委副书记、市政协主席杨维俊，市委常委、天水军分区政委李治林，市人大常委会副主任黄孝荣，市政协副主席张克强，市长助理吕淙江，市民政局党委书记、局长郭明兴带领天水市党政军慰问团赴宁夏慰问某部队官兵。

8月6日　省民政厅厅长田宝忠带领厅办公室、社会救助处负责人调研秦安县社会福利等工作。

8月15日　《中华人民共和国政区大典·甘肃卷（天水部分）》的编纂工作完成，共收集市、县（区）和乡（镇）三级政区约50万字的词条。

同日　副市长雷鸣主持召开天水麦积全国综合养老示范基地建设协调领导小组会议。会议传达了省委、省政府领导关于对养老示范基地建设的批示，听取了项目建设的进展情况，讨论了《天水麦积全国综合养老示范基地项目建设资金管理办法》和示范基地商业名称，研究了示范基地有关招商引资事宜。省民政厅社会福利和慈善事业促进处处长何长发应邀出席会议，协调领导小组成员等单位负责人参加了会议。

8月25日　天水市举行“福彩助学”活动助学金发放仪式，副市长雷鸣出席并讲话，市民政局党委书记、局长郭明兴主持发放仪式。来自全市的40名成绩优异、家庭贫困的大学新生得到了资助，共发放资助金10万元。

8月29日　省民政厅副厅长张和平，省军区、民政厅、公安厅、省人大财经委相关处室负责人检查调研天水市征兵工作情况。副市长、市征兵工作领导小组组长雷鸣，天水军分区司令员李建中，市民政局党委书记、局长郭明兴参加调研活动。

10月9日　副市长雷鸣带领市直相关部门负责人就天水市救灾物资储备仓库建设工作进行现场督办。当日，雷鸣一行先后查看了甘肃省救灾物资储备东部区域中心仓库、天水市大型应急避难场所等建设工作进展情况。市民政局党委书记、局长郭明兴陪同检查。

10月23日　市委老干部局、市老龄办和市体育局联合举办天水市第26届重阳节老年人登山活动。市委常委、政法委书记赵卫东，市人大常委会副主任谢简平、黄孝荣，市政府副市长雷鸣，市政协副主席何道华和部分离退休老领导出席活动。市民政局党委书记、局长郭明兴及市民政局职工参加登山活动。

10月24日至31日　市民政局党委书记、局长郭明兴带领市民政局党委委员、局机关各科（室、局）负责人及各县（区）民政局局长，通过采取“查、看、听、评”的形式，对全市五县两区的民政工作进行了观摩督查，行程1800多千米，观摩民政重点工作点65个。

11月1日　天水市组织召开民政工作观摩督查总结会议，会议由市政府副秘书长汪杰刚主持，市政府副市长雷鸣应邀出席会议并作了重要讲话。市民政局党委书记、局长郭明兴对民政工作观摩督查活动进行了总结。各县（区）政府分管民政工作的领导、县（区）民政局局长、市民政局党委委员、局机关科级以上干部及局属单位负责人参加会议。

12月　市民政局被授予“省级文明单位”荣誉称号。市民政局被评为2011—2012年度《中国社会报》民政宣传工作先进单位。

12月6日至7日　天水市举办全市社区居民委员会主任培训班。全市105个城市社区居委会主任和五县两区民政局分管副局长、基层政权和社区建设股股长共计120多人参加了培训。市民政局党委书记、局长郭明兴出席开班式并作了动员讲话。

12月24日　天水市退伍军人康复医院易地搬迁项目奠基开工。甘肃省民政厅副厅长张和平、天水市政府副市长雷鸣出席并致辞，市人大常委会副主任谢简平、市政协副主席何道华出席奠基开工仪式。市民政局党委书记、局长郭明兴介绍了项目概况。

2013年

1月　市民政局被省民政厅评为2012年度甘肃省民政工作一等奖单位。

1月12日　天水市召开全市民政局局长会议，专题安排部署社会救助管理工作。会议由局党委书记、局长郭明兴主持，局党委班子成员，各县（区）民政局局长，局机关各科（室）、局属单位负责人参加了会议。

1月25日　第三届中国老年文化艺术节“2012年全国书画大赛”获奖名单公布。天水市共有孙亚平的《春江水暖》、陈定卓的《秋菊》等12件老年书画作品荣获金奖，同时，有

17件作品获银奖，有17件作品获铜奖。

1月30日　第五届全国敬老爱老助老主题教育活动评选的“全国孝亲敬老之星”名单揭晓。天水市唐秀成、张映红、王政、王万定、丁进义、王义、李爱林7名同志被授予“全国孝亲敬老之星”荣誉称号。

2月　市民政局被市政府评为2012年政府目标管理一等奖。市民政局被省妇联授予甘肃省妇女“两癌”检查工作先进集体。市民政局被市委、市政府评为2012年度全市社会管理综合治理先进单位。

2月22日　中共天水市委召开议军会议，传达省委议军会议精神，总结去年全市国防后备力量建设工作，安排部署今年的工作任务，研究解决全市党管武装工作中的有关问题。市委副书记、市长王锐主持会议。市领导柴金祥、杨维俊、王光庆、张明泰、蒋晓强、赵卫东、彭鸿嘉、李治林及天水军分区副司令员张瑜出席会议。

3月3日　天水麦积全国综合养老示范基地项目开工建设。市委副书记、市长王锐出席奠基仪式并宣布工程开工。省民政厅副厅长郭华峰，市人大常委会副主任黄孝荣，副市长雷鸣，市政协副主席何道华，市政府秘书长逯克宗，河南省驻马店市平舆县人大常委会副主任商根喜、副县长马林，麦积区四大组织领导出席开工仪式。市民政局、发改委、建设局、规划局、国土局、环保局负责人，麦积区区直有关部门、单位和乡镇，当地群众代表及河南商会等商业界嘉宾共同参加开工仪式。

3月20日至23日　省老龄办副主任张忠健、调研处处长李明远、权益处副处长郑晓锋一行，赴天水市调研农村互助老人幸福院建设工作。

3月28日　省委相关领导带领省直农业、水务、畜牧等部门负责人，来天水市武山县就抗旱工作进行调研。省委常委、省委秘书长李建华，天水市委书记马世忠，市委副书记、市长王锐，市委副书记、市政协主席杨维俊，副市长王钧，市民政局党委书记、局长郭明兴，武山县委书记张建杰、县长索鸿宾参加调研活动。

4月11日　市委常委、政法委书记赵卫东一行，来市民政局调研加强和创新社会管理工作及城市社区建设工作，并就有关问题进行了座谈。市民政局党委书记、局长郭明兴陪同调研。市政协副主席何道华在市政协学习宣传社会法制委员会主任于国祥和市民政局党委副书记、社会组织党工委副书记苏宝林陪同下，赴甘谷县调研农村互助老人幸福院建设工作。

4月19日　第四次全市民政会议在天水迎宾馆召开，市委书记马世忠、省民政厅副厅长郭华峰出席会议并讲话。市委副书记、市长王锐主持会议。市人大常委会副主任黄孝荣、市政协副主席王钦锡出席会议。副市长雷鸣代表市政府作全市民政工作报告。市民政局党委书记、局长郭明兴参加会议。全市民政工作会议召开，总结2012年全市民政工作，安排部署2013年民政工作任务。市民政局党委书记、局长郭明兴作工作报告。

5月26日　省民政厅副厅长张柯兵一行来武山县检查春荒救助资金和旱灾生活救助资金管理使用情况。市民政局党委书记、局长郭明兴陪同检查。

6月3日　市委副书记、市政协主席、市双拥工作领导小组常务副组长杨维俊主持召开全市双拥工作领导小组会议。副市长徐庆宏及市双拥工作领导小组成员单位负责人和各县（区）政府分管领导参加会议。会议就开展全市双拥模范城（县）届中检查评估工作进行了安排部署。

6月6日　省民政厅厅长肖庆平一行赴麦积区调研天水麦积全国综合养老基地项目建设情况。副市长雷鸣，副秘书长汪杰刚，市民政局党委书记、局长郭明兴陪同调研。

6月9日　天水市以“传递温暖，关爱救助”为主题的流浪人员救助管理工作宣传月活动启动仪式在火车站广场举行。市民政局副局长李晋东，麦积区民政局、市救助管理站、秦州区救助管理站全体工作人员，以及麦积区社区及群众代表共计200人参加活动。

6月13日至15日　省双拥模范城（县）届中检查评估工作组先后深入武山县、甘谷县、秦州区的村镇、学校、县（区）人武部及部分驻市部队，就天水市双拥创建工作进行了检查评估。市委副书记、市政协主席、市双拥工作领导小组常务副组长杨维俊，市委常委、纪委书记李美华，市委常委、天水军分区政委、市双拥工作领导小组副组长李治林，副市长、市双拥工作领导小组副组长雷鸣，市政协副主席、市双拥工作领导小组副组长何道华，市民政局党委书记、局长郭明兴，市民政局副局长、市双拥办主任李蘋参加检查评估活动。

6月20日　市委、市政府召开紧急会议，专题研究部署当前防汛救灾工作。市委书记马世忠主持会议并讲话，市委副书记、市长王锐，市委副书记、市政协主席杨维俊，市委常委、常务副市长郭奇若，市委常委、秘书长蒋晓强，市委常委、宣传部部长彭鸿嘉，副市长霍卫平、王钧出席会议。

6月25日　市委副书记、市政协主席杨维俊，副市长王钧带领市民政局负责人，就天水市“6·20”特大暴洪灾害受灾情况向省民政厅作了专题汇报，争取省民政厅在救灾资金安排方面给予天水倾斜支持。省民政厅党组书记、厅长肖庆平，副厅长张柯兵和有关处室负责人参加。

6月28日　市民政局党委组织召开“局系统党的建设暨干部教育监督和约束管理专项攻坚整治行动推进会议”，局党委书记、局长郭明兴作总结讲话，表彰了3个先进党支部、13名优秀共产党员和8名优秀党务工作者。

7月2日　副省长王玺玉带领省政府副秘书长白文晖、省民政厅副厅长郭华峰、省公安厅政治部主任李晓林等，就天水市城乡低保、养老等民政工作情况及天水麦积全国综合养老基地项目建设情况进行调研。副市长雷鸣，市政府副秘书长米万平，市民政局党委书记、局长郭明兴，以及秦州区、麦积区、甘谷县政府领导陪同调研。省政协主席冯健身深入麦积区受灾乡镇现场察看“6·19”特大暴雨灾情，并对灾后重建工作进行调研指导。省政协秘书长石晶及省政协相关处室负责人，市委副书记、市政协主席杨维俊陪同调研。

7月15日　省民政厅副厅长张柯兵来到秦州区娘娘坝镇，先后赴望天、马家坝两个受灾较重的村和驮阳、李子园两个安置点，实地查看灾情，看望受灾群众，指导救灾安置工作。

7月17日至18日　由国家减灾中心副主任张晓宁带领的民政部救灾工作组，在甘肃省民政厅厅长肖庆平的陪同下，在天水查看因暴洪造成的灾情，指导防汛救灾工作。在18日上午召开的甘肃省暴洪灾害天水汇报会上，工作组观看了天水、陇南两市灾情汇报片，听取了甘肃省民政厅副厅长张柯兵，天水市委副书记、市长王锐，陇南市委副书记、市长陈青有关天水和陇南的灾情汇报。省民政厅厅长肖庆平主持汇报会，市委常委、秦州区委书记张明泰，副市长雷鸣、王钧，市政府秘书长逯克宗参加了汇报会。

7月23日　市委副书记、市长王锐主持召开全市抗灾救灾工作紧急会议，听取全市暴雨洪涝灾害和岷县漳县6.6级地震波及受灾情况汇报，安排部署受灾群众生活安排及灾后住房重建工作。副市长蔡建明、雷鸣、温利平、王钧、徐庆宏，市长助理丑永魁、王海峰，市政府秘书长逯克宗出席会议。市委副书记、市长王锐带领民政、国土、交通、水务等部门负责人深入秦州区、清水县和甘谷县，深入察看7月21日以来的暴雨毁坏路段和地震灾害情况，慰问受灾群众，现场指导抢险救灾工作。市委常委、秦州区委书记张明泰，副市长雷鸣、王钧，市政府秘书长逯克宗，市民政局党委书记、局长郭明兴一同查看灾情。

7月31日　市委副书记、市长王锐到部分驻市部队驻地开展了八一建军节慰问活动，天水军分区司令员李建中、市人大常委会副主任王子生、市政府秘书长逯克宗参加慰问活动。

8月1日　市委副书记、市政协主席杨维俊、副市长雷鸣等分别慰问了天水警卫处、某部队和武警天水森林大队等驻市部队官兵。

8月27日　天水市举行“福利彩票助学”活动暨福利彩票“快3”游戏收发仪式。副市长雷鸣出席发放仪式并致辞，市政府副秘书长汪杰刚主持仪式，市民政局党委书记、局长郭明兴介绍了“福利彩票助学”活动暨福利彩票“快3”游戏有关情况，全市的29名贫困家庭大学新生每人获得2000元助学金。

9月13日　市委副书记、市长王锐，市委副书记、市政协主席杨维俊，市委常委、天水军分区政委李治林一行，远赴宁夏戈壁滩，看望慰问参加外训的驻市某部队和天水预备役旅全体官兵，送去了慰问品，并与外训部队官兵座谈。市委副秘书长仙松涛，市政府秘书长逯克宗，市民政局党委书记、局长郭明兴，市民政局副局长、市双拥办主任李蘋陪同慰问。

10月11日　市委书记王锐和市委副书记、代市长杨维俊分别带领由市四大组织领导组成的两个慰问组，在秦州、麦积两区四大组织领导和市区两级民政、老龄部门主要负责人的陪同下，深入秦州区老年人日间照料中心、太京镇敬老院、天水市老年公寓等养老机构和部分老年人家庭，走访慰问了一批高龄老人、金婚家庭老人和老复员军人。

10月12日　市委、市政府召开了全市村党组织和第八次村民委员会换届选举工作视频会议，对村“两委”换届选举工作进行了安排部署。市委常委、组织部部长王光庆、市人大常委会副主任萧菡、市政府副市长雷鸣、市政协副主席何道华出席会议，县（区）委书记、市村党组织和第八次村民委员会换届选举工作领导小组成员负责人，市委组织部、市民政局班子成员及部分科室负责人在主会场参加会议。

10月13日　天水市第27届重阳节老年人登山活动在南郭寺风景区举行。雷鸣副市长出席仪式并作了重要讲话。市人大常委会副主任谢简平，市政协副主席何道华，市民政局、市体育局、市委老干部局、市老龄办、市体育总会主要负责人出席活动仪式。近万名老年人参加了登山活动和文体健身节目表演。

10月16日　市委副书记、代市长杨维俊主持召开全市灾后重建工作会议。

10月25日　市民政局党委书记、局长郭明兴带领局党委领导班子对全市殡葬改革及规划建设工作开展调研。

11月5日　天水市在秦州区皂郊镇贾家寺村委会举行村两委换届选举工作手册和系列宣传画发放仪式。市委常委组织部部长王光庆、副市长雷鸣同志出席仪式，市区两级组织部和民政局的负责同志、秦州区部分乡镇领导、村干部和党员群众代表参加了这项活动。

11月19日　天水市在甘谷县磐安镇召开村两委换届选举工作座谈会，市委常委、组织部部长王光庆出席会议并作重要讲话，副市长雷鸣主持会议。市民政局党委书记、局长郭明兴和市委组织部、市民政局有关领导，甘谷县委书记，各县（区）委组织部部长、民政局局长，甘谷县各乡镇党委书记，其他县（区）重点乡镇党委书记，以及市村两委换届领导小组办公室相关人员共50余人参加了会议。

12月21日　由省民政厅副厅长郭华锋带领的考核组，来天水市考核农村低保清理和规范工作及城乡低保目标责任完成情况。市民政局党委书记、局长郭明兴陪同检查考核。

2014年

1月3日　市委副书记、市长杨维俊主持召开全市灾后重建暨受灾群众生活安排工作会议。副市长雷鸣、王钧，市政府秘书长逯克宗出席会议。

1月21日　民政部社会事务司杨宗涛副巡视员一行来天水市检查验收全国殡葬改革示范单位创建工作，省民政厅副厅长徐亚荣、副市长霍卫平陪同检查。

2月21日　全市民政工作会议召开，总结2013年全市民政工作，安排部署2014年民政工作任务。副市长雷鸣出席会议并讲话，市人大常委会副主任黄孝荣、市政协副主席白小玲出席会议，市政府副秘书长汪杰刚主持会议。

2月23日　市民政局召开党的群众路线教育实践活动动员大会，联系领导市政协党组副书记、副主席宋博华出席会议。

4月29日　省民政厅厅长肖庆平调研天水麦积全国综合养老示范基地建设情况。

5月22日　省民政厅党组成员、老龄办主任徐亚荣一行调研秦安县养老服务业发展情况。

6月11日　市民政局党委书记、局长，党的群众路线教育实践活动领导小组组长郭明兴主持召开党的群众路线教育实践活动查摆问题、开展批评环节工作会议，安排部署教育实践活动第二环节工作任务。市委党的群众路线教育实践活动第十四督导组组长宋旺喜，副组长王海峰，成员汪应田、闫石荣、杨栋、魏超到会指导。

6月12日　全市优抚工作现场会暨优抚对象医疗保障“一站式”服务现场会在秦州区魏

氏骨伤医院举行。

6月20日　省民政厅副厅长郭华峰调研秦安县居民家庭经济状况核对机制建设情况。

7月1日　省民政厅巡视员张和平调研秦州区双拥工作。

7月2日　市委常委、组织部部长，市委党的群众路线教育实践活动领导小组副组长兼办公室主任王光庆深入市民政局检查指导局系统和社会组织教育实践活动。

7月15日　市民政局党委书记、局长郭明兴主持召开民政局党委班子教育实践活动专题民主生活会。市政协党组副书记、副主席宋博华指导会议。

7月29日　市委书记王锐、市委副书记、市长杨维俊带领市四大组织领导走访慰问了天水军分区、某部队、天水预备役旅、武警天水市支队、天水消防支队、天水警卫处、省军区干休所、天水预备役旅炮兵团、森林武警大队，向他们致以节日的祝贺和亲切的慰问。

7月30日至31日　市军干所举办第28届庆八一运动会，庆祝中国人民解放军建军87周年。

8月16日　市委副书记、市政协主席宋尚有，副市长雷鸣，天水军分区参谋长杨巨伟，市民政局党委书记、局长郭明兴一行赴青海慰问某部队驻外训练部队，为外训部队送去慰问品。

9月2日　市委常委、组织部部长王光庆带领市党政军慰问团赴金昌市，慰问外训的天水预备役旅官兵。天水军分区司令员李建中，副市长雷鸣，市民政局党委书记、局长郭明兴，以及市双拥办负责人参加了慰问活动。

9月10日　关天经济区第二届老年书画联展开幕式在市文化馆举行。市委常委、市委组织部部长、市老龄委主任王光庆致辞，市政府副市长、市老龄委常务副主任雷鸣主持开幕式。市人大常委会副主任黄孝荣，市政协副主席何道华，市老龄委副主任、市民政局局长、市老龄办主任郭明兴，陕西省老年书画协会副秘书长景积稳，关天经济区七市一区老年书画协会（研究会）会长、副会长出席。

9月16日　省民政厅社会事务处处长陈成军带领调研组，就甘谷县社会事务工作进行调研。

9月29日　市委书记王锐，市委常委、秦州区委书记张明泰，市政府副市长雷鸣等赴秦州区盛源社区老年人日间照料中心进行慰问活动。

11月17日至19日　省民政厅厅长肖庆平在天水考察调研，副市长雷鸣陪同调研。先后赴武山、张川、清水三县考察调研，实地察看了社区建设、运行管理情况，详细询问了社区低保、医保养老、社会救助等民政重点工作开展情况。

12月31日　天水市地名普查办联合秦州区地名普查办，在秦州区龙城广场开展了以“开展地名普查，弘扬地名文化”为主题的宣传活动，市民政局党委书记、局长、市第二次全国地名普查领导小组副组长王永祥陪同雷鸣副市长出席并指导宣传活动。

2015年

1月3日　市委宣传部、市双拥办联合下发《关于组织开展“百日双拥宣传活动”的通知》。

1月16日　某部队政委时镇一行深入清水县丰望乡开展“联村联户、为民富民”活动，并为当地困难群众送去慰问金和价值11万元的化肥、地膜、食用油、面粉、大米等慰问品。

2月6日　天水市居民家庭经济收入核对中心正式成立。

2月11日　天水市第二次全国地名普查专家咨询委员会第一次全体会议召开。

3月10日　省民政厅卢琼华副厅长一行，在市殡仪馆、殡葬管理所进行工作调研。

3月11日　市双拥办组织开展“送健康进军营”活动。特邀天水师范学院教育学院院长李艳红在武警天水支队举办“心理健康，你我同行”专题讲座。

3月23日　依据《甘肃省民政厅关于天水市秦州区中梁乡等9个乡撤乡改镇的批复》（甘民复〔2015〕12号），天水市秦州区等五县两区9个乡进行了撤乡改镇。

4月8日至15日　省军区政治部副主任、省双拥办副主任王军营带领省军区政治部秘群处处长、省双拥办副主任贾康太等省双拥考核验收组，对天水市新一轮双拥模范城创建工作进行全面检查验收。市委书记、市双拥工作领导小组组长王锐，市委副书记、市政协主席、市双拥工作领导小组常务副组长宋尚有，市委常委、副市长张明泰，市委常委、统战部部长蒲军，市委常委、天水军分区司令员李建中，市委常委、秦州区委书记雷鸣，副市长许强及天水军分区政委袁敬伟陪同验收。

4月23日　市民政局举办了第一期全市社区组织书记培训班，党委书记、局长王永祥进行了授课。

4月27日　市民政局协调16个相关责任单位组成联合调研组，对某部队提出的4个方面的军事安全保密问题进行实地调研，并就存在的问题提出具体解决方案。

4月28日　市民政局根据国务院和省、市地名管理的相关规定，与市发改委、住建局、交通运输局、规划局、国土资源局联合制定下发了《天水市地名命名更名工作规程》。

5月6日至12日　省民政厅领导对天水市秦州区、武山县、清水县的农村社区工作进行了调研。

5月11日　市民政局与社会组织党工委联合下发了《关于进一步支持社会组织开展党建工作的意见》，完善了社会组织成立登记与同步建立党组织制度。

5月12日　市减灾委员会办公室组织成员单位和各县（区）减灾委员会开展“防灾减灾日”宣传活动。

5月14日　全国政协常委、中国道教协会会长任法融先生受邀实地踏勘了天水市拟建公墓地址。

5月21日　副市长霍卫平带领市民政局局长王永祥、副局长晏平等有关部门负责人深入张家川县张川、恭门等乡镇实地察看冰雹灾情，指导抗灾减灾及生产自救工作。

5月25日　市民政局党委书记、局长王永祥以《以‘三严三实’正己修身干事业，争当

‘忠诚干净担当’的好干部》为题，为局机关全体党员干部职工作党课辅导，启动“三严三实”专题教育活动。

5月28日　市编办批复成立天水市儿童福利院、天水市救灾物资储备中心。

5月30日　省民政厅在甘谷县召开甘肃省基层老年协会与日间照料中心协同发展现场推进会。

5月31日　副市长霍卫平带领市民政局局长王永祥等有关部门负责人，深入秦安县安伏等乡镇村组实地查看暴雨冰雹灾害情况，指导抗灾减灾和生产自救工作。

6月1日　市委副书记、市政协主席宋尚有带领市直有关部门负责人深入秦州区藉口镇，实地察看冰雹灾害情况，指导抗灾减灾及生产自救工作，市委常委、秦州区委书记雷鸣陪同。省民政厅救灾处副处长权保社一行深入秦安县魏店、安伏两乡镇，查看冰雹灾情，指导灾情评估和救灾工作。

6月2日　天水市举办地名普查数据建库和管理软件培训工作。市民政局党委副书记、市第二次全国地名普查领导小组副组长、办公室主任苏宝林及各县（区）民政局分管领导和业务骨干30余人参加了培训。

6月4日　市级优抚对象医疗保障“一站式”服务平台正式建成运行。省民政厅事务处处长崔蓓一行在市殡仪馆、殡葬管理所进行工作调研。

6月12日至13日　省民政厅副厅长郭华锋带领工作组就天水市社会救助工作进行专题督查调研。市民政局党委书记、局长王永祥陪同调研。

6月27日　市民政局党委被市直机关工委评为“全市先进基层党组织”。

6月29日　市民政局召开局系统庆祝建党94周年暨表彰大会。局党委书记、局长王永祥同志作了讲话。市军队离退休干部休养所党支部、市殡葬管理所党支部被评为“先进党支部”，杨林同志被评为“优秀党务工作者”，焦宝泉、雷瑞芳、蔡建祥、黄亮、洪绍卿（军休干部）、赵凤翔（军休干部）、孙军红、蒋炬生、刘五合、孙小林等10名同志被评为“优秀共产党员”。

7月6日　市民政局党委研究拟平职交流科级干部9名，报市委组织部平职调任科级干部1名。9月、10月两次研究选拔任（聘）用科级干部13名。

7月10日　市民政局党委书记、局长王永祥带领局系统中层人员在局属单位进行观摩交流。

7月20日　省民政厅社会事务处赵峰副处长带领公墓年检和殡葬管理服务专项整治活动检查组一行来天水市检查指导全市公墓年检和殡葬管理工作。

7月23日　天水市第二次全国地名普查推进会议圆满结束。天水市第二次全国地名普查领导小组副组长、市民政局局长王永祥，各县（区）民政局局长，以及江苏速度信息科技有限公司负责人和工作人员共17人参加了会议。

7月30日　市委、市政府、天水军分区召开天水市双拥模范乡镇（街道）命名暨双拥工作先进单位先进个人表彰大会。命名表彰了59个双拥模范乡镇街道，44个拥军优属先进单位，20个拥政爱民先进单位，45名拥军优属先进个人，20名拥政爱民先进个人。下午，市党政军领导慰问驻市部队12个团级单位。

7月31日　市党政军领导参加八一“军事日”活动。市委书记王锐，市人大常委会主任柴金祥，市委副书记、市政协主席宋尚有在天水市军警民综合训练基地与部队官兵共同体验军营生活，接受国防教育，共同庆祝八一建军节。市党政军领导蒋晓强、李建中、袁敬伟、何道华等人参加了“军事日”活动。国务院第二次全国地名普查领导小组办公室副主任、民政部区划地名司巡视员孙秀东率督查组对天水市地名普查工作进行督查。在秦安县召开国务院地名普查督查天水汇报座谈会，市民政局党委书记、局长、市第二次全国地名普查领导小组副组长王永祥详细介绍了天水市地名普查工作进展情况及遇到的问题。

8月　市委研究室和市民政局对秦安、甘谷两县撤县改市工作进行了调研。

8月5日至11日　市居民家庭经济收入核对中心对全市五县两区开展核对工作并进行了为期5天的深入调研，形成题为《突出重点深入调研，全面推进天水市核对工作》的调研报告。

8月7日　省民政厅优抚处处长田春带领优抚安置工作专项检查组，对全市优抚安置政策落实和专项资金管理使用情况进行全面检查。

8月22日　市委副书记、市长杨维俊赴武山县四门镇，代表市委、市政府和天水军分区，看望慰问了外训的天水陆军预备役步兵旅全体官兵。

9月9日　市委副书记、市政协主席宋尚有，天水军分区政委袁敬伟，副市长许强带领天水市党政军慰问团赴酒泉慰问某部队外训官兵。

9月16日　天水市在民政局六楼会议室设立分会场，组织收看了国务院第二次全国地名普查领导小组办公室召开的第二次全国地名普查工作交流促进视频会议。天水市第二次全国地名普查领导小组各成员单位联络员，秦州区各成员单位，乡镇、街道办事处联络员及办公室成员共70余人参加了会议。

9月25日　市民政局召开局系统效能风暴行动民主评议政风行风和机关作风动员大会。市直机关工委书记雒建明参加会议。

9月28日　市民政局党委书记、局长王永祥参加了甘肃省民政系统在张掖市临泽县举办的农村社区建设试点工作现场观摩会议。

9月30日　市政府隆重举行全市第二个烈士纪念日公祭活动。市民政局与市人社局衔接，协调新疆生产建设兵团库尔勒农二师在天水市2014—2015年度的退役士兵中遴选89名自愿赴疆工作的退役士兵到新疆农二师就业。

10月9日　依据《甘肃省民政厅关于天水市秦州区齐寿乡等22个乡撤乡改镇的批复》，对天水市秦州区等五县两区22个乡进行了撤乡改镇。

10月10日至12日　由省民政厅社会救助处处长李剑、副处长朱端品等处室领导组织的省厅联合工作组，督查天水市社会福利事业。

10月14日　市委书记王锐、秦州区委书记雷鸣前往皂郊镇周集寨村，调研公益性公墓建设和殡葬管理所搬迁选址工作。

10月19日至21日　市民政局组织局系统离退休干部参观市救灾物资储备中心、市儿童福利院、市复退军人精神病疗养院、市救助管理站、清水县儿童福利院、张家川县敬老院等民政重点建设项目。

10月21日　市老龄办和市老年书画研究会联合承办了天水市老人节（重阳节）老年书画展，市委常委、副市长张明泰和市四大组织相关领导前往市社会福利院和秦州区老年人护理院看望慰问了在院老年人，并为老年人送上节日的祝福。

10月30日　市居民家庭经济收入核对中心举办了为期1天的专题培训班，培训全市各县（区）工作人员20余名。

11月6日　市政府第47次常务会议审议通过了秦州、麦积两区部分标准地名处理方案，共审定街路巷、桥梁、居民住宅、高层建筑物、城市公交站点五大类标准地名735条。

11月12日　依据省民政厅《甘肃省四类社会组织直接登记管理暂行办法》，市民政局制定出台了《天水市四类社会组织直接登记管理规程》，真正实现了社会组织登记管理体制的新突破。

11月17日至18日　市民政局举办了由全市社会组织负责人、社会组织党组织负责人、各县（区）社会组织党工委书记、民间组织管理局局长参加的理论政策业务管理培训班，培训240人次。

11月18日　市委常委、政法委书记赵卫东赴秦州区调研精准扶贫工作，并听取了市民政局《关于全市社会救助支持精准扶贫工作情况的汇报》。

11月26日　天水市委组织部、市人社局、市委编办联合下发人员划转通知，从市社会福利院等单位划转工作人员14名到市儿童福利院工作，从市低保办等单位划转3名工作人员到市救灾物资储备中心工作。

12月7日　副市长霍卫平到市民政局调研精准扶贫工作，听取市民政局《关于全市社会救助支持精准扶贫工作情况的汇报》，市民政局党委书记、局长王永祥参加座谈汇报会。

12月8日　由省民政厅、省公安厅消防总队组成的消防安全工作检查组，对市民政局下属单位进行安全检查和业务指导工作。

12月11日　市民政局召开局系统效能风暴行动民主评议政风行风和机关作风质询大会。市直机关工委副调研员周进录，市第二民评组，以及局聘效能监督员代表参加会议。市政府第48次常务会议讨论并通过了《天水市城乡居民医疗救助实施办法》《天水市城乡居民临时救助实施办法》。

12月15日　由市安监局纪检书记王铁军等同志组成的全市安全生产工作组，考核市民政2015年度安全生产目标责任落实情况。

12月16日至17日　甘肃省灾害信息员第三期师资培训班在天水市举办，厅党组成员、省减灾委专职副主任蔡仲爱，省民政厅救灾处处长辛广楠，天水市民政局局长王永祥出席开班仪式。天水、定西、平凉、庆阳、陇南五市民政局的分管副局长、救灾科科长、灾害信息员，所辖县（区）民政局分管副局长、灾害信息员和重灾乡镇领导参加了培训。

12月26日　市政府办印发市民政局等部门《关于在精准扶贫精准脱贫工作中切实完善城乡医疗救助制度的意见》。

12月31日　市政府召开第49次常务会议，听取了市民政局《天水市关于进一步做好农村特殊困难群体关爱救助工作的实施意见》。市委双联办、市民政局、市卫生计生委、市老龄办、共青团天水市委、市妇女联合会、市残疾人联合会7家单位联合印发《关于做好两节期间特殊困难群体关爱救助工作的通知》。

12月30日　市民政局建立了天水市“十三五”民政项目储备库。

第一章 机构设置

第一节 内设机构

1985年，市民政局设1室5科：办公室、社会救济科（福利企业办）、优抚科（双拥办）、安置科（军地两用人才办）、民政科、扶贫科。

1990年，增设社会团体科、基层政权建设科。代管市残疾人联合会。

1995年，设立农村社会养老保险科、边界办公室。1996年，市残疾人联合会独立办公。

2002年，市老龄办整建制划入市民政局，撤销农村社会养老保险科、边界办公室。社会团体科更名为天水市民间组织管理局。市民政局（老龄办）设1室1局6科：办公室、市民间组织管理局、优抚科（双拥办）、安置科、救灾救济科、基层政权和社区建设科、社会福利和社会事务科、区划地名管理科。

2009年，增设规划财务统计科、人事教育科。

2010年，全市机构改革。市民政局（老龄办）设1室1局9科：办公室、市民间组织管理局、优抚科（双拥办）、安置科、救灾科（减灾办）、基层政权和社区建设科、社会事务科、社会福利和慈善事业促进科、区划地名科、规划财务统计科、人事教育科。

2011年，增设市老龄办综合科、权益科、宣传教育科、军地联络科（双拥办）。

2012年，成立中共天水市社会组织工作委员会，与市民政局合署办公。

至2015年底，市民政局（老龄办）内设机构为1室1局13科。

第二节 下属事业单位及党群、社团组织

一、市民政局下属事业单位

1990年，天水市民政局下属5个事业单位：市社会福利院、市复退军人精神病疗养所、市收容遣送站、市殡仪馆、市墁坪安置农场。

1996年，成立天水市社区服务中心、天水市社会福利有奖募捐办公室。

1999年，秦城区军队离退休干部休养所移交市民政局管理。7月，成立天水市殡葬管理所。

2003年，成立天水市城市居民最低生活保障办公室（正科级）、天水市社会捐助接收站（正科级）。天水市收容遣送站职能取消，更名为天水市救助管理站（2007年升格为副县级建制）。

2006年，成立天水市慈善总会（正县级）。

2012年，天水市军队离退休干部休养所内设1室2科：办公室、医保财务科、后勤科。天水市救助管理站内设1室3科：办公室、救助管理科、流浪未成年人救助科、安全保卫科。

2013年，天水市民政局下属12个事业单位：市慈善总会、市军队离退休干部休养所（2012年升格为副县级建制）、市救助管理站、市社区服务中心（副县级）、市城市居民最低生活保障办公室、市社会福利院、市复退军人精神病疗养院、市捐助接收站、市殡仪馆、市殡葬管理所、市社会福利有奖募捐办公室（市福利彩票发行中心）、市墁坪安置农场。

2014年，成立天水市居民家庭经济状况核对中心（正科级）。

2015年，成立天水市儿童福利院（正科级）、天水市救灾物资储备中心（正科级）。天水市民政局下属事业单位共15个。

二、市民政局党群、社团组织

天水市民政局党委下设11个党支部：局机关党支部、市救助管理站党支部、市军队离退休干部休养所党支部、市社会福利院党支部、市复退军人精神病疗养院党支部、市殡葬管理所党支部、市社会福利有奖募捐办公室党支部、市殡仪馆党支部、市墁坪安置农场党支部、市儿童福利院党支部和局机关离退休干部党支部。

群众团体3个：市民政局系统工会委员会、共青团天水市民政局委员会、市民政局妇女委员会。

社会团体3个：市民政学会、市婚姻管理协会、市殡葬协会。

第三节 队伍概况

一、市民政局系统队伍状况

（一）天水市民政局

1985年，编制25名，实有人数25名。

1990年，编制30名，实有人数30名。

2000年，编制41名，实有人数41名。

2002年，编制43名，其中，行政编制25名、事业编制14名、后勤服务事业编制4名。

核定部门领导6名、科级领导13名。实有人数43名，其中，行政人员36名、工勤人员7名。实有县级领导6名、科级领导13名。当年，市老龄办划转5名工作人员，市民政局（市老龄办）实有人数48名。

2010年，全市机构改革。市民政局核定行政编制38名，后勤服务事业编制7名。其中，局长1名、副局长3名、专职副书记1名、纪委书记1名，科级领导职数19名、兼职科级纪检员职数1名。市老龄办核定行政编制6名、后勤服务事业编制1名。其中，主任由市民政局局长兼任，副主任（副县级）1名。至年底，市民政局（市老龄办）实有人数47名（男36名、女11名），其中，行政管理人员38名、工勤人员9名。

2012年8月，中共天水市社会组织工作委员会核定领导职数3名，其中，书记1名（兼市民政局副局长）、副书记1名、纪委书记1名（由市民政局纪委书记兼任）。至年底，市民政局核定行政编制39名、后勤服务事业编制7名。市老龄办核定行政编制6名、后勤服务事业编制1名。核定县级领导职数9名、科级领导职数20名。实有人数49名（男38名、女11名），其中，行政管理人员41名、工勤人员8名。实有县级干部14名、科级干部25名。

2014年，增加行政编制1名，编制总数为54名（行政编制46名、后勤事业编制8名）。

至2015年底，实有人数46名（男36名、女10名），其中，行政管理人员39名、工勤人员7名。39名行政管理人员中，在职研究生学历2名、本科学历30名、大专学历7名，30岁以下2名、31岁至35岁5名、36岁至40岁5名、41岁至45岁5名、46岁至50岁5名、51岁以上17名。

（二）天水市城市居民最低生活保障办公室

2003年，天水市城市居民最低生活保障办公室成立，核定编制3名，其中，科级领导职数1名。实有人数4名。2006年，增加编制4名，实有人数7名（男5名、女2名）。2007年，列为参照公务员法管理的正科级事业单位。2008年，增加科级领导职数1名。2010年增加编制3名。2011年增加编制1名，增加领导职数1名。2012年，增加编制2名（用于社会组织党工委）。2013年增加编制1名。共有编制14名，实有人数9名（男6名、女3名），其中，主任1名、副主任2名、科级干部3名。截至2015年底，实有人数9名（男5名、女4名），全部为参公管理人员。其中，主任1名、副主任1名、科级干部4名，本科6名、大专2名、高中1名，30岁以下2名、31岁至35岁2名、36岁至40岁2名、50岁以上3名。

（三）天水市慈善总会

2006年，市慈善总会由民间组织正式批准为正县级全额拨款事业单位，核定编制3名，设专职副会长(正县级)1名,会长、副会长按有关章程选举产生。

2009年，核定秘书长（正科级）领导职数1名。2011年，增加编制1名。2012年，实有人数6名（男3名、女3名），专职副会长由市民政局副局长兼任，科级干部1名。在职研究生1名、本科5名。30岁以下3名、40岁至46岁3名。至2015年底，实有人数3名（男1名、女2名），科级干部1名，30岁至35岁2名，55岁以上1名。

（四）天水市军队离退休干部休养所

1986年，天水市军队离退休干部休养所成立。1999年2月，由秦城区移交市民政局管理。2007年列为参照公务员法管理的正科级事业单位。2012年升格为副县级，设所长1名、副所长1名，核定编制8名。内设1室2科：办公室、医保内务科、后勤科。核定科级领导职数3名，增设副所长（正科级）1名。2013年，增加编制2名。2014年，增加编制3名，编制总数为22名。至2015年底，实有人数17名（男8名、女9名），其中，管理人员9名（县级1名、科级5名、科员3名）、工勤人员7名。在职研究生1名、本科8名、大专2名、中专3名、高中3名。30岁以下3名、31至35岁3名、36岁至44岁2名、45岁至54岁5名、55岁以上4名。

（五）天水市救助管理站（原天水市收容遣送站）

1958年，天水市收容遣送站成立，时为北道埠外流农民劝阻站。2003年，更名为市救助管理站。2007年，市救助管理站升格为副县级事业单位，设站长1名、副站长1名，核定编制25名。2012年，内设1室3科：办公室、救助管理科、流浪未成年人救助科、安全保卫科。核定科级领导职数4名。至2015年底，实有人数38名（男29名、女9名），其中，管理人员15名（县级1名、科级3名、职员11名）、专业技术人员2名、工勤人员21名。本科10名、大专13名、中专2名、高中9名、初中4名。30岁以下4名、31至35岁7名、36岁至44岁7名、45岁至54岁19名、55岁以上1名。

（六）天水市社区服务中心

1996年，天水市社区服务中心成立，为自收自支副县级事业单位，核定编制5名。2002年，实有人数6名，其中，管理人员5名、工勤人员1名。至2009年，实有人数4名（均为女性），其中，行政管理人员2名、工勤人员2名。本科2名、高中2名。30岁至35岁2名、45岁至50岁2名。2010年，4名职工分流，实有兼职主任1名。至2015年底，实有主任1名（副县级）。

（七）天水市社会福利院

1949年，天水市生产教养院成立。1985年，更名为天水市社会福利院，为全额拨款正科级事业单位。1990年，核定编制30名，实有人数31名。2009年，核定领导职数4名（院长1名、副院长3名）。2012年，实有人数48名（男20名、女28名），其中，行政管理人员8名（科级3名、职员5名）、专业技术人员9名、工勤人员31名。2015年，部分人员划转市儿童福利院，实有人数36名（男21名、女15名），其中，管理人员6名（科级2名、职员4名）、专业技术人员11名、工勤人员19名。本科8名、大专10名、中专4名、高中以下14名。30岁以下7名、31岁至35岁2名、36岁至44岁12名、45岁至54岁13名、55岁以上2名。

（八）天水市复退军人精神病疗养院

1981年，天水市复退军人精神病疗养院成立（2009年，加挂“天水市精神病康复医院”牌子），为全额拨款正科级事业单位。至2002年，核定编制31名。2009年，核定领导职数4名（院长1名、副院长3名）。2012年，实有人数38名（男22名、女16名）。至2015年底，实有人数36名（男22名、女14名），其中，管理人员8名（科级3名）、专业技术人员15名、工勤人员13名。本科11名、大专13名、中专4名、高中以下8名。30岁以下2名、31岁至35岁6名、36岁至44岁11名、45岁至54岁14名、55岁以上3名。

(九)天水市社会捐助接收站

2003年，天水市社会捐助接收站成立，为全额拨款正科级事业单位，核定编制5名，核定领导职数1名（站长1名）。2012年，实有人数6名（男3名、女3名）。至2015年底，实有人数6名，其中，管理人员5名（科级1名）、工勤人员1名。研究生1名、本科4名、大专1名。30岁以下1名、31岁至35岁4名、36岁至44岁1名。

(十)天水市殡仪馆

1969年，天水市殡仪馆成立，为差额拨款正科级事业单位，核定编制13名。2009年，核定领导职数3名。2011年，增加副馆长领导职数1名。2012年，实有人数22名（男13名、女9名）。至2015年底，实有人数19名（男13名、女6名），其中，管理人员11名、工勤人员8名。本科6名、大专5名、高中以下8名。30岁以下3名、31岁至35岁2名、36岁至44岁5名、45岁至54岁4名、55岁以上5名。

(十一)天水市殡葬管理所

1999年，天水市殡葬管理所成立，为差额拨款正科级事业单位，核定编制5名。当年实有人数5名。2009年，核定领导职数2名（所长1名、副所长1名）。2012年，增加编制4名，增加副所长领导职数1名。实有人数12名（男7名、女5名）。至2015年底，实有人数12名（男8名、女4名），其中，管理人员6名（科级3名）、工勤人员6名。本科5名、大专4名、中专1名、高中2名。30岁以下4名、31岁至35岁1名、36岁至44岁1名、45岁至54岁5名、55岁以上1名。

(十二)天水市社会福利有奖募捐办公室(市福利彩票发行中心)

1996年，天水市社会福利有奖募捐办公室成立，为自收自支正科级事业单位。核定编制5名，核定领导职数1名。2002年，实有人数2名。2012年，实有人数5名（男2名、女3名）。2015年，增加副主任领导职数1名，实有人数6名，其中，管理人员3名、工勤人员3名。本科3名、大专3名。30岁以下3名、31岁至35岁1名、36岁至44岁1名、44岁至54岁1名。

(十三)天水市墁坪安置农场

1981年，天水市墁坪安置农场成立，为差额拨款正科级事业单位。核定编制11名，核定领导职数2名。2009年，增加副场长领导职数1名。2012年，实有人数9名（男6名、女3名）。至2015年底，实有人数8名（男4名、女4名），其中，管理人员7名、工勤人员1名。本科6名、大专2名。30岁以下5名、31岁至35岁1名、45岁至54岁2名。

(十四)市救灾物资储备中心

2015年，市救灾物资储备中心成立，为全额拨款正科级事业单位。核定编制6名，核定领导职数2名（主任1名、副主任1名）。实有人数3名（男2名、女1名），其中，管理人员3名。本科3名。30岁以下1名、35岁至44岁1名、45岁至54岁1名。

(十五)市儿童福利院

2015年，市儿童福利院成立，为全额拨款正科级事业单位。核定编制15名，核定领导职数4名（院长1名、副院长3名）。实有人数14人（男7名、女7名），其中，管理人员3名、技术人员3名、工勤人员8名。本科6名、大专8名。30岁以下2名、31岁至35岁3名、

36岁至44岁3名、45岁至54岁6名。

（十六）市居民家庭经济状况核对中心

2014年，市居民家庭经济状况核对中心成立，为全额拨款正科级事业单位。核定编制7名，核定领导职数2名（主任1名、副主任1名）。至2015年底，实有人数6名（男4名、女2名），其中，管理人员6名。在职研究生1名、本科4名、中专1名。30岁以下3名、36岁至44岁1名、45岁至54岁2名。

至2015年底，天水市民政局系统共有干部职工369名，其中，在职职工260名（男166名、女94名）、离退休人员109名。共有党员329名，其中，在职党员176名、离退休党员153名（含97名移交管理的军队离退休党员）。

二、天水市民政局历任局长、副局长（1985年9月至2015年12月）任职情况

1985年9月至2015年12月，天水市民政局历任局长、副局长任职情况见表1-1。

表1-1 天水市民政局历任局长、副局长一览表

职务	姓名	任职时间
局长	李升桂	1985年9月—1986年11月
	马　铭	1986年11月—1994年2月
	韩岱成	1994年3月—2001年4月
	张续善	2001年4月—2006年4月
	马万有（回）	2006年4月—2007年2月
	郭明兴	2007年2月—2014年12月
	王永祥	2014年12月—2015年12月
副局长	柳勤珍（女）	1985年9月—1995年6月
	杨向荣	1985年9月—1991年6月
	薛志礼	1985年9月—1992年4月
	蔡金华（女）	1990年10月—2000年9月
	韩岱成	1991年6月—1994年3月
	石　鉴	1991年11月—1993年12月
	王学锋	1994年4月—2002年3月
	张海锋	1995年6月—2004年2月
	韩　莉（女）	2001年6月—2007年5月
	马勤学	2002年3月—2010年12月
	张吉堂	2004年2月—2005年8月

续表1-1

职务	姓名	任职时间
副局长	马万有（回，兼）	2005年6月—2006年4月
	李晋东	2005年10月—2015年12月
	王燕（女）	2008年1月—2011年12月
	吴晓萍（女，回，兼）	2010年7月—2013年2月
	晏　平	2010年12月—2015年12月
	雒建明（兼）	2013年3月—2014年11月
	李　蘋（女）	2013年3月—2015年12月
	顾应存	2015年12月—2015年12月

注：任职截止时间为“2015年12月”的，仅以本志书编纂截止时间“2015年12月”为准，后续任职时间体现未尽。表1-2至表1-6均同。

三、中共天水市民政局委员会（党组）历任书记、副书记、党委委员（1985年9月至2015年12月）任职情况

1985年9月至2015年12月，中共天水市民政局委员会（党组）历任书记、副书记、党委委员任职情况见表1-2。

表1-2　中共天水市民政局委员会（党组）历任书记、副书记、党委委员一览表

职务	姓名	任职时间
党组书记	马　铭	1991年5月—1994年2月
	马德荣(回)	1994年2月—1998年2月
	韩岱成	1998年2月—1998年9月
党委书记	韩岱成	1998年9月—2001年4月
	张续善	2001年4月—2002年3月
	花映水	2002年3月—2005年6月
	马万有(回)	2005年6月—2006年11月
	郭明兴	2006年11月—2014年11月
	王永祥	2014年11月—2015年12月
副书记	张续善	2002年3月—2006年4月
	曹全成	2002年3月—2003年3月
	刘　颖	2008年9月—2011年12月

续表1-2

职务	姓名	任职时间
副书记	苏宝林	2012年12月—2019年12月
	雒建明	2013年3月—2014年11月
党委委员	柳勤珍(女)	1985年9月—1995年6月
	杨向荣	1985年9月—1991年6月
	薛志礼	1985年9月—1992年4月
	蔡金华(女)	1990年10月—2000年9月
	韩岱成	1991年6月—1994年3月
	石　鉴	1991年11月—1993年12月
	王学锋	1994年4月—2002年3月
	张海锋	1995年6月—2004年2月
	刘为民	2000年8月—2003年3月
	杨显功	2000年8月—2005年6月
	姚俊杰	2000年8月—2015年6月
	韩　莉(女)	2001年6月—2007年5月
	马勤学	2002年3月—2010年12月
	张吉堂	2004年2月—2005年8月
	王燕(女)	2008年1月—2011年12月
	吴晓萍(女,回)	2002年12月—2013年2月
	刘　颖	2003年3月—2008年9月
	李晋东	2005年10月—2015年12月
	汪晓明	2008年8月—2015年12月
	晏　平	2010年12月—2015年12月
	李　蘋(女)	2013年3月—2015年12月
	王海峰	2015年2月—2015年12月

四、中共天水市民政局纪律检查委员会历任书记（纪检组长）（1992年8月至2015年12月）任职情况

1992年8月至2015年12月，中共天水市民政局纪律检查委员会历任书记（纪检组长）任职情况见表1-3。

表1-3　中共天水市民政局纪律检查委员会历任书记（纪检组长）一览表

职务	姓名	任职时间
组长	刘为民	1992年8月—2000年8月
书记	刘为民	2000年8月—2003年3月
	刘　颖	2003年3月—2008年9月
	汪晓明	2008年9月—2015年12月

五、天水市老龄工作委员会办公室历任主任、副主任（1986年6月至2015年12月）任职情况

1986年6月至2015年12月，天水市老龄工作委员会办公室历任主任、副主任任职情况见表1-4。

表1-4　天水市老龄工作委员会办公室历任主任、副主任一览表

职务	姓名	任职时间
主任	高　瑞	1986年6月—1990年6月
	薛志礼	1990年6月—1992年12月
	王海潮	1992年12月—1994年1月
	曹建植	1994年1月—1996年9月
	曹全成	1997年4月—2002年4月
	张续善	2002年4月—2006年4月
	马万有	2006年11月—2014年12月
	郭明兴	2006年11月—2014年12月
	王永祥	2014年12月—2015年12月
副主任	孟捷音	1986年6月—1997年8月
	牛金科	1990年7月—1994年5月
	魏兆年	1994年5月—1997年8月
	海安明	1996年9月—1999年9月
	杨国元	1999年11月—2002年4月
	吴晓萍（女、回）	2002年12月—2013年2月
	王海峰	2014年8月—2015年12月

六、中共天水市社会组织工作委员会书记、副书记（2012年8月至2015年12月）任职情况

2012年8月至2015年12月，中共天水市社会组织工作委员会书记、副书记任职情况见表1-5。

表1-5　中共天水市社会组织工作委员会书记、副书记一览表

职务	姓名	任职时间
书记	雒建明（兼）	1992年8月—2000年8月
	晏　平（兼）	2015年2月
副书记	苏宝林（兼）	2012年12月—2015年11月
	郭治宁	2015年11月
纪工委书记	汪晓明（兼）	2014年8月—2015年12月

七、天水市双拥工作领导小组办公室主任（1990年11月至2015年12月）任职情况

1990年11月至2015年12月，天水市双拥工作领导小组办公室主任任职情况见表1-6。

表1-6　天水市双拥工作领导小组办公室主任一览表

职务	姓名	任职时间
主任	杨向荣（兼）	1990年11月—1996年7月
	蔡金华（女）	1996年7月—2000年8月
	韩　莉（女）	2002年12月—2007年11月
	王　燕（女）	2007年11月—2011年12月
	李　蘋（女）	2013年2月—2015年9月

第二章　行政区划

第一节　行政区划的调整与变更

一、市、县行政区划

1985年7月8日，撤销天水地区，实行市管县体制。天水升为地级市，撤销天水县，将其行政区域并入天水市。天水市设立秦城区、北道区。以天水县西南17个乡及原天水市（县级）辖区设秦城区，以天水县东南、西北22个乡和北道镇设北道区。天水市人民政府驻秦城区。将原天水地区的徽县、两当、西和、礼县划归新成立的陇南地区，漳县划归定西地区。天水市辖秦城、北道2个区，以及秦安、清水、甘谷、武山、张家川回族自治县5个县。

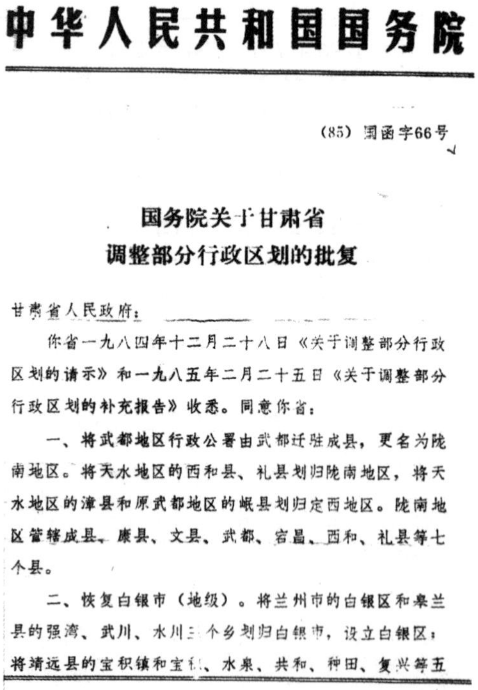

中华人民共和国国务院

（85）国函字66号

国务院关于甘肃省
调整部分行政区划的批复

甘肃省人民政府：

你省一九八四年十二月二十八日《关于调整部分行政区划的请示》和一九八五年二月二十五日《关于调整部分行政区划的补充报告》收悉。同意你省：

一、将武都地区行政公署由武都迁驻成县，更名为陇南地区。将天水地区的西和县、礼县划归陇南地区，将天水地区的漳县和原武都地区的岷县划归定西地区。陇南地区管辖成县、康县、文县、武都、宕昌、西和、礼县等七个县。

二、恢复白银市（地级）。将兰州市的白银区和皋兰县的强湾、武川、水川三个乡划归白银市，设立白银区；将靖远县的宝积镇和宝[illegible]、水泉、共和、种田、复兴等五

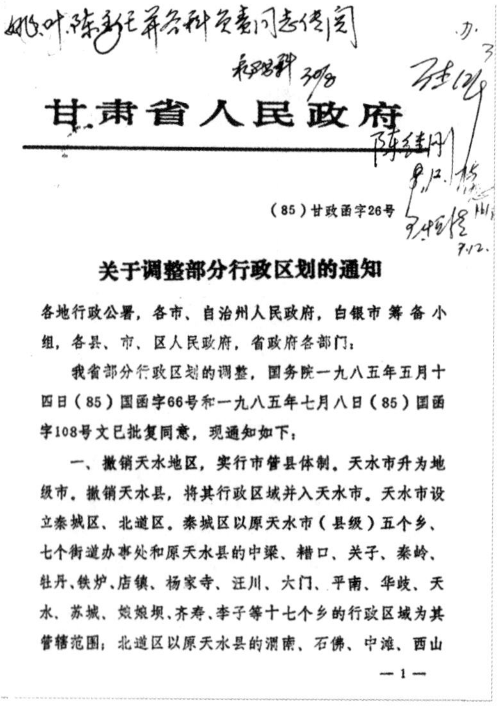

甘肃省人民政府

（85）甘政函字26号

关于调整部分行政区划的通知

各地行政公署，各市、自治州人民政府，白银市筹备小组，各县、市、区人民政府，省政府各部门：

我省部分行政区划的调整，国务院一九八五年五月十四日（85）国函字66号和一九八五年七月八日（85）国函字108号文已批复同意，现通知如下：

一、撤销天水地区，实行市管县体制。天水市升为地级市。撤销天水县，将其行政区域并入天水市。天水市设立秦城区、北道区。秦城区以原天水市（县级）五个乡、七个街道办事处和原天水县的中梁、藉口、关子、秦岭、牡丹、铁炉、店镇、杨家寺、汪川、大门、平南、华歧、天水、苏城、娘娘坝、齐寿、李子等十七个乡的行政区域为其管辖范围；北道区以原天水县的渭南、石佛、中滩、西山

—1—

图2-1　1985年甘肃省调整部分行政区划的函

中共天水地委文件

地委发〔1985〕25号

关于撤销天水地区建制
实行地改市的方案报告

省委、省政府：

为搞好城市经济体制改革，尽快地把我区国民经济搞上去，充分发挥城市带动农村经济发展的中心作用，经地委、行署研究，撤销天水地区建制，实行地改市、市管县的领导体制，现将地改市的具体方案报告于后。

一、地改市后的区划问题

1、地改市后，为了减轻城市农业比重过大的压力，将现在隶属天水地区的西和县、礼县、徽县、两当县划归武都地区，漳县划归定西地区。五个县划出后，天水市领导秦城区（原天水市区）、北道区（原天水县辖区），两个区和张川、清水、秦安、甘谷、武山

—1—

中华人民共和国国务院

（85）国函字108号

国务院关于甘肃省撤销
天水地区、实行市管县的批复

甘肃省人民政府：

你省一九八五年五月二十五日《关于将天水地区改设为天水市的报告》收悉。同意你省：

一、撤销天水地区，实行市管县体制。

二、天水市升为地级市。撤销天水县，将其行政区域并入天水市。天水市设立秦城区、北道区。以原天水市和天水县的中梁等十七个乡的行政区域为秦城区的行政区域；以原天水县的渭南等二十二个乡和北道镇的行政区域为北道区的行政区域。天水市人民政府驻秦城区。

三、将原天水地区的秦安、武山、甘谷、清水县和张家川回族自治县五县划归天水市管辖。

图2-2　1985年撤销天水地区建制的函

2004年9月30日，经国务院批准，民政部民函〔2004〕244号文件批复，同意两区更名。11月2日，省政府转发《民政部关于甘肃省天水市秦城区更名为秦州区、北道区更名为麦积区批复的通知》（甘政函〔2004〕99号），秦城区更名为秦州区，北道区更名为麦积区，更名后两区行政区划不变。2005年12月至2015年12月，行政设置无变动。

至2015年，天水市共辖五县两区，78个镇、35个乡、10个街道、116个社区居民委员会、2491个村民委员会、11409个村民小组。见表2-1。

表2-1　2015年天水市行政区划一览表

市、县、区	镇（个）	乡（个）	街道（个）	社区居民委员会（个）	村民委员会（个）	村民小组（个）
天水市	78	35	10	116	2491	11409
秦州区	14	2	7	41	420	1941
麦积区	15	2	3	35	379	1946
清水县	10	8	0	5	260	1118
秦安县	12	5	0	8	428	1318
甘谷县	10	5	0	10	405	2207
武山县	11	4	0	10	344	1604
张家川回族自治县	6	9	0	7	255	1275

二、乡镇行政区划

（一）撤乡建镇

2001年9月25日，经市民政局申报，甘肃省民政厅甘民地复字〔2001〕35号文件批复，同意天水市秦城区皂郊、娘娘坝、关子、牡丹、平南，北道区东岔、渭南、二十里铺，秦安县莲花、西川，清水县金集，甘谷县刘峰、安远，武山县滩歌、四门15个乡撤乡建镇；同意北道区二十里铺乡撤乡建镇后更名为花牛镇。

2002年6月25日，经市民政局申报，甘肃省民政厅甘民区复字〔2002〕59号文件批复，同意天水市秦城区天水、藉口、太京、汪川，北道区麦积、中滩、元龙、新阳、伯阳，秦安县郭嘉、陇城，甘谷县渭阳，武山县马力，清水县山门，张家川回族自治县恭门15个乡撤乡建镇。

2011年9月，根据天水市人民政府《关于天水市麦积区石佛乡撤乡建镇的批复》（天政发〔2011〕101号）精神，2011年11月2日，经区政府研究，撤销石佛乡，建立石佛镇。

2015年3月，根据甘肃省民政厅《关于天水市秦州区中梁乡等9个乡撤乡改镇的批复》（甘民复〔2015〕12号）精神，同意天水市秦州区撤销中梁乡，设立中梁镇；麦积区撤销三岔乡，设立三岔镇；清水县撤销白沙乡，设立白沙镇；秦安县撤销五营乡、魏店乡、叶堡乡，设立五营镇、魏店镇、叶堡镇；甘谷县撤销金山乡，设立金山镇；武山县撤销山丹乡，设立山丹镇；张家川县撤销马鹿乡，设立马鹿镇。

2015年10月，根据甘肃省民政厅《关于天水市秦州区齐寿乡等22个乡撤乡改镇的批复》（甘民复〔2015〕113号）精神，同意天水市秦州区撤销齐寿乡、杨家寺乡、大门乡，设立齐寿镇、杨家寺镇、大门镇；麦积区撤销利桥乡、琥珀乡，设立利桥镇、琥珀镇；清水县撤销黄门乡、郭川乡、王河乡，设立黄门镇、郭川镇、王河镇；秦安县撤销安伏乡、千户乡、王尹乡、兴丰乡，设立安伏镇、千户镇、王尹镇、兴丰镇；甘谷县撤销大石乡、礼辛乡、大庄乡、武家河乡，设立大石镇、礼辛镇、大庄镇、武家河镇；武山县撤销温泉乡、桦林乡、龙台乡、榆盘乡，设立温泉镇、桦林镇、龙台镇、榆盘镇；张家川县撤销梁山乡、马关乡，设立梁山镇、马关镇。

（二）乡镇规模调整与合乡并镇

2003年12月8日，经市民政局申报，甘肃省民政厅甘民区复字〔2003〕47号文件批复，同意：

1.秦城区

撤销吕二、环城、玉泉3个乡，合并组建玉泉镇，新组建的玉泉镇政府驻地仍在原吕二乡政府驻地。撤销李子乡，并入娘娘坝镇。撤销铁炉乡，并入藉口镇。撤销店镇乡，并入皂郊镇。撤销苏城乡，并入汪川镇。

2.北道区

撤销西山坪乡，将该乡的雷尧、陈山、陈湾、王嘴、强庄、常渠、小李、汪家山、张家沟、王尧、泉坡、中庄、种田13个村并入五龙乡；将杨成、文沟、刘阳、刘阴、文岔、杨岘、丁家坪、赵家湾、漆家坪、李家坪、霍家坪、谢家坪、赵崖13个村并入中滩镇。撤销凤凰乡，将该乡坚家山、硬山、肖王、廖家岘、姚家沟、桥子沟、席西、席东、杨山9个村并入新阳镇；将庆胡、赵胡、郭寨、能干、温缑、杨家湾、新军、蒋家坡8个村并入琥珀乡。撤销南河川乡，将该乡窦家峡、刘家庄、营房、能干、缑家、麻家坪、西胡湾、渭红8个村并入渭南镇；将该乡师白、河湾、八土河、白家河、沈家河、东缑、杨家河、巧河8个村并入花牛镇；将该乡马家山、樊家湾、董家河3个村并入石佛乡。撤销立远乡，将该乡龙凤、盘龙、立远、交川、腰庄、大沟6个村并入东岔镇；将其嘴头、关庄、集村3个村并入吴砦乡，并拟将吴砦乡更名为三岔乡。撤销街子乡，将该乡滩子、冯王、永庆、金胡、董家湾、街亭、宏罗、杨河、北湾9个村并入麦积镇；将该乡窖庄、吴家寺、八槐、朝阳、毛集5个村并入甘泉镇。撤销寨子街道办事处，并入道北街道办事处，办公地址设在原寨子街道办事处驻地。

3.秦安县

撤销郭集乡，将该乡并入王铺乡。撤销郑川乡，将该乡并入兴国镇。撤销古城乡，将该乡康坡、孙蔡、腰崖、蔚林、蔡小、贾川、小湾、李河8个村并入兴国镇；将该乡那坡、郑峡、何杨、张庄、大庄5个村并入兴丰乡；将该乡草湾、孟河2个村并入王尹乡；将该乡后沟、胡崖、缑湾、吊坪、何山、郭洼6个村并入中山乡。撤销好地乡，将该乡好地、双庙、董家新庄、安台、马曲、姚洼、吴湾7个村并入莲花镇；将该乡李河、杨峡、宋湾、杜湾里、大庄、阳山、魏坟7个村并入安伏乡；将该乡武庄、程家崖湾、程沟、窦家沟、王沟、吴沟6个村并入叶堡乡。撤销吊湾乡，将该乡孙坡、背后沟、河滩、胡河、刘湾、吊湾、陈沟、把龙、月阳、王家阴洼、段坡、朱沟、下庄、何湾14个村并入郭嘉镇；将该乡张坡、辛洼、员湾、任学、蒋台、张家坪6个村并入魏店乡。

4.甘谷县

撤销十里铺乡，将该乡并入城关镇，同时，合并后的城关镇更名为“大像山镇”。撤销渭阳镇，并入新兴镇。撤销金坪乡，并入六峰镇。撤销金川乡，并入磐安镇。撤销康家滩乡，将该乡孙家坪、半岻、芦家山、上阳岻、侯家沟、康家滩、姚家沟、牛家坪、雒家坪、衡家坪10个村并入新兴镇；将该乡阴坡、阳坡、李家堡、何家坪、阳赛、山庄川、何家山、老庄、庙滩、马坪10个村并入安远镇。

5.武山县

撤销袁河乡，将该乡并入马力镇。撤销东顺乡，将该乡并入城关镇，镇政府驻地迁至原东顺乡政府。撤销草川乡，将该乡并入温泉乡。撤销龙泉乡，将该乡下康、曲里、新龙、罗山、塔麻、马村、石坪、贾庄、东康、西康、宋东、宋西、石岭、石堡、百泉、李堡、刘坪17个村并入洛门镇；将坪塬村并入城关镇。撤销郭槐乡，将该乡赵碾、王庄、郭庄、金刚、史庄、蓼阳、郭台、汪沟、焦山、雷山、西坪、邓湾、候山、林坪、上文寺、下文寺16个村并入洛门镇；将上湾、下湾、嘴儿、谢沟、常湾、罗诺湾6个村并入四门镇；将何湾村并入温泉乡。

6.清水县

撤销玉屏乡、白驼乡，合并组建为白驼镇，新建的白驼镇政府驻地为原白驼乡政府驻地。撤销小泉乡、太坪乡、红堡乡，合并组建为红堡镇，新建的红堡镇政府驻地为原红堡乡政府驻地。撤销百家乡、秦亭乡，合并组建为秦亭镇，新建的秦亭镇政府驻地为原秦亭乡政府驻地。撤销旺兴乡，并入山门镇。撤销上邽乡，并入永清镇。

7.张家川县

撤销四方乡，将该乡马堡、韦沟、东山3个村并入马关乡；将榆树、马河、连柯、四方、韩川、李山6个村并入龙山镇。撤销上磨乡，将该乡并入张川镇。撤销张良乡，将该乡纳沟、上沟、大堡、杨店4个村并入张川镇；将阴山、袁家、张巴、海河、毛山、袁河、仁湾7个村并入恭门镇。撤销渠子乡，将该乡水滩、下渠、东沟、双庙、吴家、高沟、寨子、陈阳8个村并入大阳乡；将大地、园树2个村并入张川镇；将上渠、八卜2个村并入木河乡；将深柯、后湾2个村并入胡川乡。

2015年天水市乡、镇、街道情况统计见表2-2。

表2-2 2015年天水市乡、镇、街道情况统计表

县（区）名称	乡、镇、街道名称	备注
秦州区	石马坪街道、天水郡街道、东关街道、大城街道、中城街道、七里墩街道、西关街道，玉泉镇、太京镇、藉口镇、关子镇、天水镇、汪川镇、娘娘坝镇、皂郊镇、牡丹镇、平南镇、中梁镇、齐寿镇、杨家寺镇、大门镇，秦岭乡、华岐乡	街道：7个 镇：14个 乡：2个
麦积区	道北街道、桥南街道、北道埠街道，马跑泉镇、社棠镇、渭南镇、花牛镇、东岔镇、新阳镇、中滩镇、伯阳镇、元龙镇、甘泉镇、麦积镇、石佛镇、三岔镇、琥珀镇、利桥镇，五龙乡、党川乡	街道：3个 镇：15个 乡：2个
清水县	永清镇、红堡镇、白驼镇、金集镇、秦亭镇、山门镇、白沙镇、郭川镇、王河镇、黄门镇，新城乡、远门乡、土门乡、贾川乡、丰望乡、草川铺乡、陇东乡、松树乡	镇：10个 乡：8个
秦安县	兴国镇、陇城镇、莲花镇、郭嘉镇、西川镇、五营镇、叶堡镇、魏店镇、千户镇、兴丰镇、安伏镇、王尹镇，刘坪乡、中山乡、王铺乡、王窑乡、云山乡	镇：12个 乡：5个
甘谷县	大像山镇、新兴镇、磐安镇、六峰镇、安远镇、金山镇、武家河镇、大庄镇、大石镇、礼辛镇，古坡乡、谢家湾乡、八里湾乡、西坪乡、白家湾乡	镇：10个 乡：5个
武山县	城关镇、洛门镇、四门镇、马力镇、滩歌镇、鸳鸯镇、山丹镇、温泉镇、桦林镇、龙台镇、榆盘镇，嘴头乡、高楼乡、杨河乡、沿安乡	镇：11个 乡：4个
张家川回族自治县	张家川镇、龙山镇、恭门镇、马鹿镇、马关镇、梁山镇，刘堡乡、平安乡、木河乡、大阳乡、连五乡、川王乡、张棉驿乡、闫家乡、胡川乡	镇：6个 乡：9个

三、村级行政区划

2004年至2010年，天水市各县（区）人民政府陆续通过研究，对辖区内部分行政村予以撤并。

（一）清水县

2004年12月2日，经清水县人民政府研究，决定将全县部分乡镇的部分行政村予以撤并。

1.永清镇

原上报19个行政村，实际有23个行政村。其中，1993年原上邽乡政府决定将李崖村分设为李崖、河北、樊峡3个村。1997年又将苏凸村分设为苏凸、窟坨、白崖3个村。这次撤并将李崖、河北、白崖3个村合并为李崖村，苏凸、窟坨2个村合并为苏凸村，瓦沟村并入西关村，保留樊峡村、五里铺村、李沟村。调整后的永清镇设19个行政村，即西关、义坊、丰盛、原泉、东关、张杨、暖湾、杜沟、温沟、马沟、南峡、双场、苏凸、常杨、李崖、樊峡、五里铺、李沟、雍陈。

2.红堡镇

原有33个行政村，撤销9个村，新成立2个村。撤销刘沟、崔家2个村，设立崔刘村；撤销余川村，将其合并到西城村；撤销徐家、毕家、倪家3个村，设立倪徐村；撤销王堡村，将其合并到太阳村；撤销半山村，将其合并到杜川村；撤销北坡村，将其合并到李店村。调整后的红堡镇设26个行政村，即贾湾、蔡湾、吴湾、红堡、安坪、杜川、嘴头、后川、李店、刘谢、崔刘、西城、潘河、小泉、周家、清泉、唐杨、倪徐、古道、恒吴、曹冯、高沟、太阳、麻池、麦牛、新坪。

3.白驼镇

原有31个行政村，撤销11个村。撤销邹沟村，将其合并到塘城村；撤销石沟村，将其合并到刘坪村；撤销罗家村，将其合并到袁沟村；撤销上邹村，将其合并到永安村；撤销上姚村，将其合并到姚黄村；撤销盘道村，将其合并到杨坪村；撤销张马村，将其合并到梨湾村；撤销阳凸村，将其合并到路山村；撤销吉山村、西沟村，将其合并到万安村；撤销阳湾村，将其合并到林凸村。调整后的白驼镇设20个行政村，即白驼、申川、唐城、刘坪、袁家、高峰、永安、童堡、姚黄、化岭、林凸、杨坪、玉屏、芦花、折湾、梨湾、路山、鲁家、山湾、万安。

4.金集镇

原有18个行政村，撤销3个村。撤销杨沟村，将其合并到马庙村；撤销三湾村，将三湾村一组并入连珠村，三湾村二组并入观沟村，三湾村三、四组并入铁刘村；撤销刘沟村，将其合并到潘山村。调整后的金集镇设15个行政村，即瓦渣、槐树、张山、陈湾、城科、连珠、张牛、观沟、水清、铁刘、桑寨、曹沟、马庙、杨郝、潘山。

5.山门镇

原有24个行政村，撤销5个村。撤销苗山村，将其合并到罗垣村；撤销李山村，将其合并到南山村；撤销草滩村，将其合并到玄头村；撤销白沟村，将其合并到白杨树村；撤销化川村，将其合并到观音村。调整后的山门镇设19个行政村，即马堡、刘崖、什字、南山、山门、高桥、大集、关山、白河、薛家、罗垣、玄头、观音、白杨树、腰套、旺兴、吊山、金柳、史沟。

6.秦亭镇

原有22个行政村，撤销2个村。撤销南沟村，将其合并到长沟村；撤销秦磨村，将秦磨村王磨组并入乔李村，将秦磨村秦庄组并入全庄村。调整后的秦亭镇设20个行政村，即柳林、赵尧、樊下、秦亭、刘峡、店子、长沟、乔李、董河、薛赵、李岘、百家、麦池、前庄、张吕、站沟、盘龙、全庄、党河、年庄。

7.白沙乡

原有16个行政村，撤销1个村。撤销周岭村，将其合并到太石村。调整后白沙乡设15个行政村，即汤浴、温泉、鲁湾、程沟、马沟、代沟、太石、赵沟、箭峡、化川、元坪、桑园、唐青、鲁沟、白沙。

8.松树乡

原有21个行政村，撤销6个村。撤销前湾村，将其合并到下曹村；撤销史峡村，将其合并到代王村；撤销上曹村，将其合并到椅山村；撤销洪王村，将其合并到堡子村；撤销红岻村，将其合并到文寨村；撤销张家村，将其合并到友爱村。调整后的松树乡设15个行政村，即时家、下曹、椅山、文湾、代王、文寨、友爱、堡子、左李、东庄、大柳、杏林堡、邵湾、大庄、松树。

9.王河乡

原有14个行政村，撤销2个村。撤销阳岻村，将其合并到成寺村；撤销樊家村，将其合并到王马村。调整后的王河乡设12个行政村，即成寺、后坪、全寨、魏湾、李沟、王马、西李、响水、吉山、南湾、水刘、王河。

10.远门乡

原有16个行政村，撤销2个村。撤销陈新村，将其合并到新石村；撤销大湾村，将其合并到王付村。调整后的远门乡设14个行政村，即远门、夜明、刘寨、单魏、庙台、安林、林峡、梨林、赵瞿、王付、铁炉、新石、后沟、团庄。

11.土门乡

原有15个行政村，撤销2个村。撤销金蔡村，将其合并到仓下村；撤销张上村，将其合并到西坡村。调整后的土门乡设13个行政村，即土门、刘湾、周山、梁山、下赵、新义、丰盛、云山、小庄、高庙、朱王、仓下、西坡。

12.草川铺乡

原有16个行政村，撤销5个村。撤销南寺村，将其合并到水泉村；撤销二坊村、下尧村，将下尧村上尧组，下尧一、二组，二坊村合并到兴坪村；撤销段山村，将段山村碾子湾组合并到冯山村，将段山村黑麦沟组、勿驮组、段山组及下尧村韩河组、磨沟组并入草川村；撤销谢山村，将其合并到腰林村。调整后的草川铺乡设11个行政村，即水泉、兴坪、刘庄、磨儿、冯山、腰林、九龙、黄崖、草川、火石、教化。

13.陇东乡

原有18个行政村，撤销4个村。撤销旧尧村，将其合并到石李村；撤销张沟村，将其合并到崔杨村；撤销店子村，将其合并到安儿村；撤销土寨村，将其合并到谢沟村。调整后的陇东乡设14个行政村，即梁庄、丰台、坪道、崔杨、谢沟、庙湾、赵峡、朱湾、田湾、邱寺、安儿、朱河、贾集、石李。

14.黄门乡

原有18个行政村，撤销4个村。撤销上成村，将其合并到下成村；撤销陈王村，将其合并到长谷村；撤销安庄村，将其合并到黄湾村；撤销左沟村，将其合并到小河村。调整后的黄门乡设14个行政村，即元川、下成、小河、台子、峡口、长谷、薛堡、王店、杨李、马什、王峡、樊家、后坡、黄湾。

15.新城乡

原有16个行政村，撤销4个村。撤销秦地村，将其合并到李湾村；撤销柳湾村，将其合并到四合村；撤销赵湾村，将其合并到方湾村；撤销黑左村的下山组、吴豁锣组，将其合并到大陆村，将黑左村的左湾组、黑壳组、顿湾组并入杨河村。调整后的新城乡设12个行政村，即张河、杨河、王尧、大陆、方湾、李湾、四合、蒲魏、黄梁、新城、闫川、谢山。

16.郭川乡

原有21个行政村，撤销2个村。撤销黄嘴村，将其合并到郭山村；撤销金坪村，将其合并到田川村。调整后的郭川乡设19个行政村，即孙山、平定、川儿、西山、刘杏尧、吊湾、黄小、黄大、赵那、郭川、郭山、高湾、宋川、田川、马蹄、青莲、韩坪、石嘴、挂丹。

17.丰望乡

原有15个行政村，撤销1个村。撤销后尧村，将其合并到红湾村。调整后的丰望乡设14个行政村，即红湾、邢来、新河、磨上嘴、徐山、付崖、车河、柏树、甘涝池、南家铺、王杨、陈马、槐树、高何。

18.贾川乡

行政村不做调整，仍设11个村，即贾川、林河、崖湾、梅江、吊坪、上湾、韩沟、阳湾、白坡、董湾、刘山。

（二）麦积区

2005年2月24日，经天水市麦积区人民政府同意，决定将全区15个乡镇的部分行政村予以撤并。

1.琥珀乡

将郭家窑与文家山、关家嘴合并，合并后为郭文关村；高家村与方家村合并，合并后为高家村。

2. 新阳镇

将上蒲池与下蒲池合并，合并后为蒲池村；将王家坡与田家坡合并，合并后为王田村；将霍家坪与胡大合并，合并后为胡大村；将下曲与胡家湾合并，合并后为沿河村；将郭家寨子与能干、蒋家坡合并，合并后为新寨村；将肖王与硬山合并，合并后为肖王村；将杨山与廖家岘合并，合并后为杨岘村；将席东与席西合并，合并后为席寨村。

3. 石佛乡

将杨庄与郭家寺合并，合并后为杨庄村；将西石、东石、中石与田庄合并，合并后为石佛村；将团庄与半坡合并，合并后为团半村；将西坡与黄新合并，合并后为黄新村；将郭老与三阳合并，合并后为三阳村；将陶新与陶老合并，合并后为陶家村。

4. 五龙乡

将小窑与裴家老湾合并，合并后为小窑村；将安家湾里与安家坪合并，合并后为安家山村；将孟家沟与中石沟合并，合并后为中石沟村；将合上石沟、巩家沟与刘家窑合并，合并后为上石沟村；将石洞沟与蒲李家合并，合并后为石洞沟村；将泉坡与王家窑、汪家山合并，合并后为汪家山村；将陈家山与陈家湾合并，合并后为陈家湾村；将强家庄与张家沟合并，合并后为张强村；将小李家与常家渠合并，合并后为常家渠村；将山王家与岳家嘴合并，合并后为岳王村；将雷上村与雷下村合并，合并后为雷家湾村。

5. 中滩镇

将漆家坪与李家坪合并，合并后为漆李村；将杨岘与刘阳合并，合并后为刘阳村；将陈窑与后川合并，合并后为后川村；将渠刘与张沟合并，合并后为渠刘村；将蒲甸与樊枣合并，合并后为蒲甸村；将高家磨与熊家庄合并，合并后为演营村；将牛家与毛家合并，合并后为毛家村；将陈那与汪李合并，合并后为汪李村；将赵湾与丁家坪合并，合并后为丁家湾。

6. 渭南镇

将蒲湾与石山合并，合并后为蒲石村；将柳滩与马营合并，合并后为张石村；将汝季与刘山合并，合并后为汝季村；将富坪与景山合并，合并后为苏景村；将崔集与范湾合并，合并后为崔范村；将霍岘与王家新庄合并，合并后为王李村；将苏屲与王旗合并，合并后为王旗村。

7. 花牛镇

将赵集与高集合并，合并后为高集村；将九峪与郭家窑合并，合并后为九峪村；将杨集与纸碾合并，合并后为纸碾村；将崔山与陈庄合并，合并后为崔家山村；将杨家河与八土河村合并，合并后为杨家河村；将巧河与白家河合并，合并后为白家河村。

8. 马跑泉镇

将红花嘴与幕滩合并，合并后为幕滩村；将大沟与刘家堡合并，合并后为大沟村；将石嘴与孟家山合并，合并后为石嘴村；将莫家寺与韩家庄合并，合并后为东柯村；将漫湾与李家湾合并，合并后为龙槐村。

9.伯阳镇

将南阳与伯阳合并，合并后为伯阳村；将下坪与下河合并，合并后为下坪村；将湾岘与西坪合并，合并后为西坪村；将梁子树与红崖合并，合并后为红崖村；将刘沟与南河合并，合并后为南河村。

10.社棠镇

将税湾与柳沟合并，合并后为税柳村；将槐荫与新堡合并，合并后为槐荫村；将石嘴与柏林合并，合并后为柏林村。

11.三岔乡

将吴砦与合丰合并，合并后为吴寨村；将黄龙与桑家门合并，合并后为黄龙村；将史家匆、松木台并入太碌，合并后为太碌村；将野岔村更名为新岔村。

12.元龙镇

将腰崖与格牙合并，合并后为花石崖村；将下石嘴与园子合并，合并后为园子村；将涝池与堡坪合并，合并后为桑渠村；将兴坪与井儿合并，合并后为井儿村；将杜家坪与刘家坪合并，合并后为杜家坪村；将后庄与王家沟合并，合并后为后庄村。

13.东岔镇

将割漆与东岔合并，合并后为东岔村。

14.甘泉镇

将化岭与峡门合并，合并后为峡门村；将胡沟村二、三组与架岭合并，合并后为胡沟村；将中庄与黄庄合并，合并后为黄庄村；将甘江与安家庄合并，合并后为甘江村；将胡庄与云雾合并，合并后为云雾村；将白石与吴家河合并，合并后为吴河村；将包家沟与梁山合并，合并后为包沟村；将赵河、阳湾与文庄合并，合并后为阳湾村；将邓河、西湾与归凤合并，合并后为庙沟村；将胡沟村一组与高庄村合并，合并后为高家村。

15.麦积镇

将贾河、文河、孟家山合并，合并后为贾河村；将康崖与后川合并，合并后为后川村；将杨何与董湾合并，合并后为杨何村。

（三）武山县

2004年12月31日，经武山县人民政府研究，决定对温泉乡部分村组进行撤并，同意将李子沟村与周廖村合并，合并后为李子沟村；将双碌村、偏沟村、谢庄村三村合并，合并后为双碌村；将东梁村、白湾村、旧庄村三村合并，合并后为东梁村；将盘坡村与虎山村二村合并，合并后为盘坡村；将马峪村的一组（葛峪沟）并入赵庄村，二组（马场庄）并入大坪村，撤销马峪村；赵庄村的二组（火绍）、三组（王家河湾）并入聂河村。

2005年3月10日，经武山县人民政府批复，决定将全县10个乡镇的部分行政村予以撤并。

1.四门镇

将新庄村并入尧儿村，合并后为尧儿村；将大湾村并入岗头村，合并后为岗头村；将韩山村并入周湾村，合并后为周湾村；将盘山村并入草坪村，合并后为草坪村；将马泉村并入麦山村，合并后为麦山村；将谢沟村并入常湾村，合并后为常湾村。

2.城关镇

将于坪、林泉合并到北山村，合并后为北山村；将庙峪村合并到君山村，合并后为君山村；将坡根村合并到红沟村，合并后为红沟村；将山坪村合并到黑沟村，合并后为黑沟村；将黎坪村合并到邓堡村，合并后为邓堡村；将康坪村与瓦坪村合并，合并后为康瓦坪村。

3.马力镇

将北堡、北九合并到北顺村，合并后为北顺村；将花崖村合并到王门村，合并后为王门村；将三台村合并到年坪村，合并后为年坪村；将曾河村合并到袁河村，合并后为袁河村；将大山村合并到钟山村，合并后为钟山村。

4.鸳鸯镇

将杨店、李门合并到砚峰村，合并后为砚峰村；将新庄村合并到丁门村，合并后为丁门村；将安嘴村合并到盘古村，合并后为盘古村。

5.洛门镇

将宋东、宋西合并，合并后为宋庄村；将张坪、牟坪合并，合并后为牟坪村；将马村、塔麻合并，合并后为塔麻村；将石坪、贾庄合并，合并后为北街村；将减庄，董庄合并，合并后为董庄村；将新观、杜庄合并，合并后为新观村；将林坪、候山合并，合并后为林坪村；将雷山、西坪合并，合并后为西坪村；将汪沟、焦山合并，合并后为汪沟村；将王庄、赵碾合并，合并后为赵碾村；将上文寺、下文寺合并，合并后为文家寺村；将西街、吉庄合并，合并后为西街村。

6.榆盘乡

将刘山村斗沟、白土坡、刘家山3个自然村，四寺湾村的刘山、宋山、崖岔3个自然村并入鲁班村，合并后为鲁班村；将坪道村并入盘龙村，合并后为盘龙村；将店子村并入马寨村，合并后为马寨村；将马寨村的林家地、七家岘、曲湾3个自然村并入徐黄村。

7.嘴头乡

将赵山村并入李尧村，合并后为李尧村；将夏山村并入管沟村，合并后为管沟村；将米市村并入管山村，合并后为管山村；将何尧村并入多家村，合并后为多家村。

8.山丹乡

将刘庄村并入周庄村，合并后为周庄村；将唐沟村并入堡子村，合并后为堡子村；将大山村并入刘岴村，合并后为刘岴村；将魏沟村并入任门村，合并后为任门村；将顾山村并入任山村，合并后为任山村。

9.沿安乡

将交河村并入中川村，合并后为中川村；将桥子村并入冯山村，合并后为冯山村；将竹子沟村并入南川村，合并后为南川村；将仁峪村并入草滩村，合并后为草滩村。

10.杨河乡

将水沟村并入牛山村，合并后为牛山村；将四沟、白玉2个村并入芦河村，合并后为芦河村；将白湾、范山2个村并入中梁村，合并后为中梁村。

（四）秦州区

2005年5月12日，经天水市秦州区人民政府批复，决定将全区16个乡镇的部分行政村予以撤并，且新成立54个村。

1. 玉泉镇

撤销多家庄村，并入冰凌寺村；撤销水家沟村，并入李官湾村；撤销县家路村，并入孙家坪村；撤销上河村，并入闫河村；撤销红旗山村，并入枣园村；撤销周家山村，并入皇城村；撤销赵家嘴村、陈家窑村，并入马兰村；撤销吴家崖村，并入王家磨村；撤销金家庄村，并入东方红村；撤销肖家沟村，将该村的肖家沟组和四方堡组并入杨何村；撤销半坡寨村，将该村和肖家沟村新窑小组并入石马坪村。全镇原有42个村，撤销12个村，撤并后共辖30个村，即王家坪、东团庄、石马坪、天水郡、暖和湾、李官湾、曹家崖、莲亭、孙家坪、瓦窑坡、左家场、徐家山、王家磨、七里墩、东方红、西团庄、西十里、刘家庄、东十里、冰凌寺、杨何、闫河、枣园、皇城、烟铺、马兰、玉泉、盐池、伏羲路、闫新。

2. 太京镇

撤销丁家门村，并入唐家窑村；撤销马家窑村，并入郑家磨村；撤销窑湾村，将该村的南沟自然村并入韦家沟村；将窑湾村的窑湾自然村并入郭家坪村；撤销青杏沟村，并入西山坪村；撤销尹家庄村，并入银坑村；撤销大草坪村、何家庙村、盘头山村，将大草坪村的余家湾自然村并入庙子村，将何家庙村、盘头山村、大草坪村的化里自然村、大草坪自然村合并成立盘龙村。全镇原有33个村，撤销8个村，新成立1个村，撤并后共辖26个村，即唐家窑、郑家磨、韦家沟、郭家坪、西山坪、银坑、庙子、盘龙、湾子、北崖、甸子、董家磨、东山、庞家沟、田家庄、廿铺、川口、年集、台子、窝驼、靳家崖、师家崖、刘家庄、席范、张吴山、马岐山。

3. 藉口镇

撤销杨家尧村，并入上磨村；撤销朱家庙村、芦子湾村，合并成立朱芦村；撤销下庄村，并入上寨村；撤销双沟乢村，并入半坡村；撤销刘河村、庙坝村，并入缑家庄村；撤销祁家湾村，并入吴家崖村；撤销崔家坡村，并入栖子滩村；撤销候集寨村，并入放牛村；撤销赵庄村，并入马庄村；撤销陈石村，并入南寨村；撤销赵尧村、何家尧村，合并成立何赵村；撤销牛尧村、中灵村，合并成立中牛村；撤销东寨村、林家湾村，合并成立东林村；撤销杜尧村、曹山村，合并成立曹杜村；撤销后山村，并入郑集寨村；撤销史家沟村、崔家磨村、杨家湾村，合并成立三合村。全镇原有58个村，撤销24个村，新成立6个村，撤并后共辖40个村，即上磨、朱芦、上寨、半坡、缑家庄、吴家崖、栖子滩、放牛、马庄、四十铺、白草滩、前坡、南寨、何赵、中牛、东林、曹杜、郑集寨、三合、北灵、许家河、新尧、南灵、石泉、船北、董家崖、刘宋、湾合、安集、杜家山、高庙、寨子、王家河、埂子、寨柯、南峪、铁炉、五十铺、小寨、下磨。

4. 关子镇

撤销高家磨村、新庄村，合并成立东川村；撤销柳家沟村，并入西沟村；撤销东北村、西北村、西南村、南街村，合并成立关子村；撤销上岸峪村、下岸峪村，合并成立岸峪村；撤销石耀村、沟门村，合并成立藉源村。全镇原有36个村，撤销11个村，新成立4个村，撤并后共辖29个村，即后沟、刘家山、松树、梨尧、冯集、韩安、杨柳、西宛、朱槽沟、朱堡、潘时、石嘴、董家山、东川、关子、白石、石川、西沟、西华、唐家山、七十铺、寨子、大湾、孙家坡、流水、严家河、岸峪、藉源、高炉子。

5.牡丹镇

撤销赵家坪村，并入高磨村；撤销白家湾村、杜杨村，合并成立杜白村；撤销新阳村、木门村、王家山村，合并成立王家铺村；撤销辛中庄村、辛下庄村、王家嘴村，合并成立辛家沟村；撤销马家尧村，并入大柳树村；撤销刘宋村、王家寨子村，合并成立王宋村；撤销翟家门村，并入牡丹村。全镇原有40个村，撤销13个村，新成立4个村，撤并后共辖31个村，即高磨、杜白、王家铺、辛家沟、大柳树、王宋、牡丹、杜集寨、张家寨、河脉、万家山、红土坡、王家大山、草川、石嘴、李官仁湾、任家堡、辛兆坡、谢家岭、李家门、吴集寨、邵集寨、缑家沟、刘家沟、姚家团庄、篆嘴、辛家山、陈石、马家堡子、梁家大湾、邓家门。

6.皂郊镇

撤销慕水沟村，并入周集寨村；撤销竹园村，并入袁家河村；撤销唐家沟村、野雀湾村，并入杨家沟村；撤销芦子庄村、堡子山村，并入皂郊村；撤销石家山村、安子沟村，并入老湾里村；撤销嘴头村、下蒋村，并入榆林村；撤销张家山村，并入东沟村；撤销他子山村，并入徐家店村；撤销林口村，并入田家山村；撤销寺坡村，并入店镇村；撤销侯家山村、何家庄村，并入硖门村；撤销崔王山村，并入冯家坪村；撤销张家湾村，并入杨川村；撤销张家庄村，并入谢家庄村；撤销核桃湾村，并入杨湾村；撤销董家庄村、张家尧村，合并成立张董村；撤销冰滩村，并入马家河村；撤销热寺湾村，并入白家山村。全镇原有59个村，撤销24个村，新成立1个村，撤并后共辖36个村，即贾家寺、董家坪、杨家沟、新庄、周集寨、刘家沟、下寨子、皂郊、王家湾、榆林、老湾里、孙家河、虎皮沟、袁家河、徐家店、东沟、兴隆、高家庄、王家店、田家山、杨川、店镇、杨湾、冯家坪、杨集、闫家庄、谢家庄、水泉、张董、硖门、潘集寨、马家河、白家山、池金、谢崖、浮托子。

7.娘娘坝镇

撤销望天村，并入沟门村；撤销陶家庄村、缑家庄村，并入花园村；撤销河口村，并入李子村；撤销刘河村，并入南峪村；撤销土桥村，并入西峪村；撤销杜家山村，并入中寨村；撤销池家庄村，并入上寨村；撤销山王村，并入赵峡村；撤销杨集村、石花沟村，将杨集村的后梁小组并入沿川村，将石花沟村和杨集村的前梁小组、杨家庵子小组并入娘娘坝村。全镇原有39个村，撤销11个村，撤并后共辖28个村，即柳林、沟门、杜家庄、长河、白音、花园、李子、柴家庄、马家坝、云光、金池、沿川、娘娘坝、南峪、钱家坝、舒家坝、庙川、小南峪、牛峡、孙集、张家山、西峪、中寨、曹王、许家庄、上寨、小峪、赵峡。

8. 平南镇

撤销秦大村、任家山村、何家梁村，合并成立孙集村；撤销张家庄村、张家崖村，并入于家庄村；撤销陈家庄村、大湾村，并入韩家山村；撤销丁家尧村、阳阴村，并入邢家山村；撤销大庄村、庄子村、渡湾村，并入梨树村；撤销全家庄村、聂家湾村、罗集村，合并成立三联村；撤销石沟村，并入关同村。全镇原有43个村，撤销16个村，新成立2个村，撤并后共辖29个村，即孙集、万家庄、王坡窑、处关、大柳树、平南、白家庄、落地沟、于家庄、韩家山、丁家川、刘家沟、松林、瓦资、上沟、百姓、邢家山、富阳、黑林、公主、顾店、下集、高楼、苏家湾、赵家窑、梨树、三联、何家山、关同。

9. 天水镇

撤销龙头村、刘磨村，合并成立双闫村；撤销蒲尧村、后沟村，合并成立蒲后村；撤销孙庄村、陈家湾村，合并成立孙陈村；撤销安新村、安老村，合并成立安家村；撤销石峡村、徐峡村，合并成立石徐村；撤销苏家村、寨子村，合并成立苏寨村；撤销牙合村、张家峡村，合并成立铁堂峡村；撤销大庄村，并入杨湾村。全镇原有34个村，撤销15个村，新成立7个村，撤并后共辖26个村，即嘴头、双闫、杨集、蒲后、孙陈、元树、杏沟、王庄、董家坪、焦李、安家、庙坪、胡沟、天水、青年、杨湾、古集、石徐、柴家山、上游、苏寨、李尧、东风、大山、铁堂峡、石滩。

10. 汪川镇

撤销上斜村、下斜村，合并成立斜坡村；撤销苍坪村，并入万庄村；撤销西堡村、阳坡村、马山村，将西堡村、阳坡村和石沟村的黄庄自然村并入汪川村，将马山村和石沟村的其他小组合并为石沟村；撤销下闫村，并入杏树村；撤销陈王村、张那村，合并成立糜川村；撤销周集村、唐集村，合并成立双集村；撤销老庄村、山庄村，合并成立新寨村；撤销独庄村，并入柏阳村；撤销温沟村，并入刘斜村；撤销团庄村、段河村，合并成立汪团村；撤销翟山村、马湾村，并入朱山村，撤销刘沟村、成沟村，合并成立成刘村；撤销张沟村、汪河村，并入成河村；撤销温陈村，并入黄柏村；撤销珍珠村，并入银河村；撤销罗坡村、苏庄村、陈庄村，合并成立苏成村；撤销庄子村，并入郭山村；撤销吕坡村，并入刘骆村；撤销母家峡村，并入柏母村。全镇原有52个村，撤销31个村，新成立7个村，撤并后共辖28个村，即万庄、闫沟、斜坡、柏沟、杏树、汪川、闫集、糜川、双集、刘骆、棉虎、柏母、石沟、新寨、郑山、柏阳、大吕、刘斜、汪团、朱山、成刘、成河、黄柏、柏磨、银河、苏成、郭山、旗沟。

11. 中梁乡

撤销杨潘村、滴水崖村，合并成立红卫村；撤销兄集村、上韩村，合并成立龙凤村；撤销何家湾村、南家湾村、师家湾村，合并成立三湾村；撤销下韩村、苟山村，合并成立向阳村；撤销上金村，并入座崖村；撤销董家湾村，并入何家庙村。全乡原有25个村，撤销11个村，新成立4个村，撤并后共辖18个村，即金李、马周、茹家湾、赵家河、唐家河、马家庄、刘家河、马窑、草胡、杨家山、麦王山、李家庄、红卫、龙凤、三湾、向阳、座崖、何家庙。

12.秦岭乡

撤销郭家河村，并入罗家河村；撤销任家尧村，并入虎林村；撤销台子村，并入梁家门村；撤销郭家沟村，并入中心村；撤销杨家嘴村，并入竹林村；撤销蒿坪子村，并入胡家山村。全乡原有25个村，撤销6个村，撤并后共辖19个村，即关砚、中心、新民、虎林、龙集寨、梁家门、大庄、中玉、斜坡、罗家河、梨树、麻山头、董集寨、马安山、白集寨、石家河、胡家山、竹林、黄集寨。

13.杨家寺乡

撤销上白村、下白村，合并成立白家沟村；撤销文家庄村、彭家庄村，合并成立彭文村；撤销大湾村、小湾村、菜子湾村，合并成立三湾村；撤销赵家山村、王家庄村、阴湾村、新庄村，合并成立王赵村；撤销白杨村，并入土盆村；撤销跃子崖村、马河湾村，合并成立跃马村；撤销石图村、马家山村，合并成立石马村。全乡原有30个村，撤销16个村，新成立6个村，撤并后共辖20个村，即白家沟、彭文、三湾、王赵、土盆、跃马、石马、杨家寺、黑引坡、煤湾、松树、中川、士子、田家庄、立志、大庄、北具、郑宋、芦子滩、水滩坪。

14.齐寿乡

撤销董川村，并入廖集村；撤销阳湾村、阴湾村，合并成立九源村；撤销彭家村、马家村，合并成立彭马村；撤销李家村、松树村，合并成立松李村；撤销兴荣村、周坪村，合并成立火焰村。全乡原有21个村，撤销9个村，新成立4个村，撤并后共辖16个村，即廖集、九源、彭马、松李、火焰、坚山、曹集、柳沟、张赵、杨家山、鲁沟、稍子、黑沟、后寺、肖崖、铁佛。

15.华岐乡

撤销李山村、白山村，合并成立李白村；撤销宋湾村、白庄村，合并成立白宋村；撤销刘河村、杜新村、杜老村，合并成立刘杜村；撤销上王村、下王村，合并成立双王村；撤销勿驮村，并入火石村；撤销文集村、文石村，合并成立文庄村；撤销北山村、杨沟村，合并成立北杨村；撤销谢山村、小岭村，合并成立谢小村；撤销李集村、秦沟村，合并成立李秦村。全乡原有36个村，撤销18个村，新成立8个村，撤并后共辖26个村，即刘坪、海头、余坪、崖湾、安集、李白、白宋、下马、梁山、董湾、火石、韩山、辛大、汪团、文庄、草滩、罗台、李沟、北杨、范山、谢小、李秦、常沟、姚宋、刘杜、双王。

16.大门乡

撤销黄山村，并入郭陈村；撤销苏河村，并入王沟村；撤销易台村，并入长官村；撤销徐小村，并入上街村；撤销田河村，并入田于村。全乡原有23个村，撤销5个村，撤并后共辖18个村，即郭陈、袁寨、王沟、长官、白寨、于山、南山、上街、彭寨、柴山、阴湾、关峡、田于、下街、穆沟、张湾、三合、高坪。

（五）秦安县

2006年11月9日，经天水市秦安县人民政府批复，决定将全区17个乡镇的部分村予以撤并，且新成立1个村。

1.兴国镇

撤销杨坪村、十里铺村，并入蔡店村；撤销宋洼村、张磨村，将宋洼村和张磨村的张家磨自然村并入王新村，将张磨村的周家庄自然村并入凤山村；撤销小湾村，并入贾川村；撤销蔡山村，将蔡山村的蔡家山自然村并入邢泉村，将蔡山村的彭家坪自然村并入何川村。全镇原有34个村，撤销6个村，撤并后共辖28个村，即丰乐、南关、凤山、北大、茂林、依仁、贤门、映南、蔡店、郑川、庙嘴、王坪、邢湾、李山、康湾、枣滩、赵湾、高坪、何川、邢泉、王新、康坡、孙蔡、腰崖、蔚林、蔡小、贾川、李家河。

2.莲花镇

撤销安台村，并入董家新庄村；撤销七图村，并入高楼村。全镇原有28个村，撤销2个村，撤并后共辖26个村，即莲花、上河、姜寨、仁义、桑川、郭河、袁山、冯沟、曾梁、大庄梁、槐龙、新庄湾、湫果、高楼、小户、范墩、阳湾、湾儿、董湾、曹家川、好地、双庙、董家新庄、马曲、姚岻、吴湾。

3.西川镇

撤销曹家洼村，并入郑桥村；撤销鸭儿沟村，并入张新村；撤销吴洼村，并入雒川村；撤销周家峡口村，并入王峡村；撤销刘家沟村，并入小寨村；撤销孙嘴村、郭家山村，并入姜湾村；撤销梁山村、安家湾村，并入王家小庄村；撤销进马山村，并入焦山村；撤销黑龙洼村，并入李洼村；撤销上高堡村，并入姜堡村；撤销冯家山村，将冯家山村的冯家山自然村并入雒堡村，将冯家山村的歹家窑自然村并入宋峡村。全镇原有43个村，撤销13个村，撤并后共辖30个村，即王家小庄、下王峡、侯辛、姜堡、王堡、何湾、鸦湾、李洼、宋峡、王湾、李堡、雒堡、宋场、张坡、王峡、折桥、雒川、焦山、水沟、王家牌楼、小寨、川口、姜湾、张新、神明川、安坪、张坪、高堡、郑桥、吴川。

4.陇城镇

撤销李家庄村，并入略阳村；撤销石堡村、张傅村，并入南七村；撤销梨园村、常家坪村，并入常营村；撤销中庄村，并入阴坡村；撤销赵山村，并入崇仁村；撤销头图村，并入王李村。全镇原有30个村，撤销8个村，撤并后共辖22个村，即张家沟、张湾、娲皇、山王、张赵、陈村、凤尾、王家湾、常营、西关、龙泉、略阳、上袁、南七、王李、阴坡、朱魏、范吕、上魏、许墩、金泉、崇仁。

5.郭嘉镇

撤销黄湾村，并入刘家上沟村；撤销赵河村，并入槐庙村；撤销朱沟村，并入段坡村；撤销河滩村，并入胡河村；撤销下庄村，并入月阳村；撤销柏集村，并入高崖村；撤销何湾村，并入刘湾村。全镇原有42个村，撤销7个村，撤并后共辖35个村，即郭嘉、邵嘴、暖泉、刘家上沟、洛泉、下山、耀紫、马峡、宋沟、寺嘴、胥堡、涡沱、元川、槐庙、负王、高崖、邵堡、槐川、车坪、西山、上川、朱湾、邵沟、张河、瓦坪、孙坡、背后沟、胡河、刘湾、吊湾、陈沟、把龙、月阳、王家阴岻、段坡。

6. 刘坪乡

撤销关新村，并入杨家大湾村。全乡原有22个村，撤销1个村，撤并后共辖21个村，即寺坪、秦冚、杜寨、树庄、陈家寨、任沟、川子、墩湾、赤山、老湾、崔河、何家湾、邓坪、刘坪、周家湾、任吴、彭冚、乔沟、黄家湾、张寨、杨家大湾。

7. 五营乡

撤销安山村，并入赵王村。全乡原有32个村，撤销1个村，撤并后共辖31个村，即邵店、赵宋、马川、罗湾、胜利、焦沟、王冚、西坡、何洼、杨湾、敦厚、腰庄、鱼尾、袁庄、雒塬、张塬、杨山、北坡、王店、蔡河、薛李、陈峡、赵王、麻沟、蔡仁、阎沟、花双、马小、魏山、徐冚、王家阳冚。

8. 中山乡

撤销渠子村，并入酸刺坡村；撤销张麻村，将张麻村的张麻家自然村并入东寨村，将张麻村的贾家山自然村、张家湾自然村并入宋坡村；撤销九龙村、武坡村，并入北庄村；撤销刘箕村，并入中山村；撤销观音村，并入下陈村。全乡原有34个村，撤销6个村，撤并后共辖28个村，即中山、车山、山后、北庄、香山、宋坡、佘王、郭箕、肖渠、簸箕、蔚文、东寨、苏峡、牛杨、河湾、姚沟、下陈、元锋、孙赵、县家湾、酸刺坡、景家、后沟、胡家崖湾、缑湾、吊坪、何山、郭冚。

9. 叶堡乡

撤销王坡村，并入蔡家牌楼村；撤销殷沟村，并入李坪村；撤销张武村，并入钱坪村。全乡原有25个村，撤销3个村，撤并后共辖22个村，即叶堡、钱坪、李坪、东升、马庙、何李、新阳、金城、侯滩、新区、师河、庞宋、何坪、新联、三棵树、蔡家牌楼、武庄、程家崖湾、程沟、窦家沟、王沟、吴沟。

10. 安伏乡

撤销温湾村，并入麻湾村；撤销大坪村、集贤村，并入龚川村；撤销水泉村，并入剪湾村。全乡原有28个村，撤销4个村，撤并后共辖24个村，即安伏、陈河、伏湾、姬峡、姬洼、杜家岘、朱峡、麻湾、新湾、杨寺、沟门、刘沟、伏洼、安川、刘洼、龚川、剪湾、李河、杨峡、宋湾、杜湾里、大庄、阳山、魏坟。

11. 魏店乡

撤销辛冚村，并入张家坡村；撤销田山村，并入龙王庙村。全乡原有33个村，撤销2个村，撤并后共辖31个村，即刘家四嘴、梨树梁、龙王庙、孙庄、陇滩、庞沟、康家坡、刘岔、焦湾、化冚、武华、魏坡、魏南、董家湾、陈寨、张家寨、伏峡、孙阴冚、侯坪、双石、王家窑、大湾、伏河、陈庄、山上湾、吊川、张家坡、负湾、任学、蒋台、张家坪。

12. 王铺乡

撤销罗门村，并入贾岔村；撤销吴家河村，并入高湾村；撤销阳坡湾村，并入大寺村；撤销水滩村，并入榆木村；撤销马林村，并入梁岘村。全乡原有35个村，撤销5个村，撤并后共辖30个村，即王铺、梁岘、马庄、五营、半墩、冯负、曹家湾、冯家沟、罗店、罗孟、岳谢、冯堡、贾岔、杨崖、卢胡家、崔岔、郭岔、阳屲、郭集、高湾、周岔、连湾、坡洼、榆木、邵庄、庞河、大寺、张嘴、青林、师家山。

13. 千户乡

撤销王嘴村，并入王岭村；撤销胡家渠村，并入曹湾村；撤销成家大湾村，并入天城堡村；撤销任张村，并入永安村；撤销董家湾村、何陈家村，并入周湾村；撤销铧尖村，并入六图村；撤销姚沟里村，并入卢沟村；撤销永乐村，并入四坪村；撤销王家吊湾村、汪家山村，并入田家山村；撤销右树村，并入何吕村；撤销周张家村，并入徐王村；撤销积淤村，并入出食村；撤销上寨村、任汪村，并入川珠村；撤销赵家沟村，并入刘庄村。全乡原有34个村，撤销17个村，撤并后共辖17个村，即千户、卢沟、刘庄、曹湾、老山、六图、永安、周湾、天城堡、王岭、田家山、出食、四坪、川珠、徐王、何吕、王家新庄。

14. 王窑乡

撤销郭老村，并入漆老村；撤销崖湾村、蔺家村，合并成立罐岭村。全乡原有25个村，撤销3个村，新成立1个村，撤并后共辖23个村，即杨何、高洼、石沟、彭家、何沟、堡子、下湾、吕山、丁山、高庙、魏湾、山场、乔庙、刘窑、王窑、阴湾、小湾河、张洼、漆老、杜湾、阎山、雨伯、罐岭。

15. 兴丰乡

撤销董家大庄村，并入何杨村。全乡原有23个村，撤销1个村，撤并后共辖22个村，即兴丰、古湾、震霖、三图、傅寨、范山、拔湾、槐阳、石屲、槐树、阳坡、上陈、阴屲、燕湾、安湾、李家山、朱李、褚湾、那坡、郑峡、何样、张庄。

16. 云山乡

撤销李川村，并入卢坪村。全乡原有21个村，撤销1个村，撤并后共辖20个村，即云山、兴隆、上姚、下寨、背洼、卢坪、潘河、西庄、张沟、高党、南沟、徐张、张家湾、葛赵、霍李、康崖、吴大、杨吴、谢马、蒲家山。

17. 王尹乡

撤销草湾村，并入胡家坪村；撤销全家窑村，并入西王村；撤销成小村，并入南瓦村；撤销郭湾村，并入姚家沟村；撤销马山村，并入马河村；撤销包全村，并入赵梁村；撤销总门村，并入李磨村；撤销孟河村，并入郭山村。全乡原有26个村，撤销8个村，撤并后共辖18个村，即尹川、王川、胡家坪、郭山、张底、南瓦、郝康、陶杨、姚家沟、王庙、李庄、王新庄、西王、赵梁、马河、孙湾、傅山、李磨。

（六）张家川回族自治县

2009年，张家川县根据张家川县人民政府《关于张家川镇等乡镇村组行政区划调整的批复》（张政发〔2008〕77号）文件精神，对张家川镇、木河乡、马关乡3个乡镇的行政村组进行了调整。

1.张家川镇

撤销崔𡸣村，整体并入南川村；撤销南沟村，整体并入孟寺村；撤销阳洼沟村，整体并入瓦泉村；撤销仁沟村，整体并入袁川村；撤销大地村，整体并入圆树梁村；撤销上沟村，将一组并入杨店村，二组并入背武村，三、四组并入赵阳村，五、六组并入纳沟村。全镇原有35个村，调整后共辖29个村，即东关、东街、西关、西街、西窑、赵川、上川、袁川、阳上、圆树、堡山、查湾、前山、硖口、崔家、刘家、下仁、上磨、杨川、沟口、背武、大堡、杨店、赵阳、纳沟、南川、瓦泉、崔湾、孟寺村。

2.木河乡

撤销下河村，整体并入下庞村；撤销水沟村，整体并入店子村。全乡原有15个村，撤销2个村，调整后共辖13个村，即店子、下庞、庄河、李沟、平王、秋木、毛家、马坪、桃园、杜渠、高山、上渠、八卜村。

3.马关乡

撤销庙儿村，整体并入上豆村；撤销阴洼村，整体并入西庄村；撤销二房村，整体并入草湾村。全乡原有20个村，调整后共辖17个村，即新义、庙湾、八杜、石川、上豆、上河、小庄、西台、黄花、东庄、西庄、赵沟、西山、草湾、韦沟、马堡、东山村。

2010年11月，张川县平安乡又有3个村整体搬迁到新疆境内，分别是赵安村、大麻村和牛曲河村。截至2015年，张家川县共有255个行政村。

2015年天水市各县（区）村民委员会情况见表2-3。

表2-3 2015年天水市各县（区）村民委员会一览表

县（区）名称	乡镇（街道办）		村民委员会		村民小组（个）
	名称	驻地	个数	名称	
秦州区	玉泉镇	玉泉村	30	王家坪、东团庄、石马坪、天水郡、暖河湾、李官湾、曹家崖、莲亭、孙家坪、瓦窑坡、左家场、徐家山、王家磨、七里墩、东方红、西团庄、西十里、刘家庄、东十里、冰凌寺、杨何、闫河、枣园、皇城、烟铺、马兰、玉泉、盐池、伏羲路、闫新村民委员会	113
	太京镇	太京村	26	唐家窑、郑家磨、韦家沟、郭家坪、西山坪、银坑、庙子、盘龙、董家磨、东山、庞家沟、田家庄、廿铺、川口、年集、台子、窝驼、靳家崖、师家崖、刘家庄、席范、张吴山、马岐山、湾子、北崖、甸子村民委员会	121

续表2-3

县（区）名称	乡镇（街道办）		村民委员会		村民小组（个）
	名称	驻地	个数	名称	
秦州区	藉口镇	藉口村	40	上磨、朱芦、上寨、半坡、缑家庄、吴家崖、栖子滩、放牛、马庄、四十铺、白草滩、前坡、南寨、何赵、中牛、东林、曹杜、郑集寨、三合、北灵、许家河、新尧、南灵、石泉、船北、董家崖、刘宋、湾合、安集、杜家山、高庙、寨子、王家河、埂子、寨柯、南峪、铁炉、五十铺、小寨、下磨村民委员会	179
	关子镇	关子村	29	后沟、刘家山、松树、梨尧、冯集、韩安、杨柳、西宛、朱槽沟、朱堡、潘时、石嘴、董家山、东川、关子、白石、石川、西沟、西华、唐家山、七十铺、寨子、大湾、孙家坡、流水、严家河、岸峪、藉源、高炉子村民委员会	136
	天水镇	天水村	26	嘴头、双闫、杨集、蒲后、孙陈、元树、杏沟、王庄、董家坪、焦李、安家、庙坪、胡沟、天水、青年、杨湾、古集、石徐、柴家山、上游、苏寨、李尧、东风、大山、铁堂峡、石滩村民委员会	132
	汪川镇	汪川村	28	闫沟、斜坡、柏沟、杏树、汪川、郭山、闫集、糜川、双集、刘骆、棉虎、万庄、柏母、石沟、新寨、郑山、柏阳、旗沟、大吕、刘斜、汪团、朱山、成刘、苏成、成河、黄柏、柏磨、银河村民委员会	196
	娘娘坝镇	娘娘坝村	28	柳林、沟门、杜家庄、长河、白音、花园、李子、柴家庄、马家坝、云光、金池、沿川、娘娘坝、南峪、钱家坝、舒家坝、庙川、小南峪、牛峡、孙集、张家山、西峪、中寨、曹王、许家庄、上寨、小峪、赵峡村民委员会	129
	皂郊镇	皂郊村	36	贾家寺、董家坪、杨家沟、新庄、周集寨、刘家沟、下寨子、皂郊、王家湾、榆林、老湾里、孙家河、虎皮沟、袁家河、徐家店、东沟、兴隆、高家庄、王家店、田家山、杨川、店镇、杨湾、冯家坪、杨集、闫家庄、谢家庄、水泉、张董、硖门、潘集寨、马家河、白家山、池金、谢崖、浮托子村民委员会	150
	牡丹镇	牡丹村	31	高磨、杜白、王家铺、辛家沟、大柳树、王宋、牡丹、杜集寨、张家寨、河脉、邓家门、万家山、红土坡、王家大山、草川、石嘴、李官仁湾、任家堡、辛兆坡、谢家岭、李家门、吴集寨、邵集寨、缑家沟、刘家沟、姚家团庄、篆嘴、辛家山、陈石、马家堡子、梁家大湾村民委员会	118

续表2-3

县（区）名称	乡镇（街道办）		村民委员会		村民小组（个）
	名称	驻地	个数	名称	
秦州区	平南镇	平南村	29	万家庄、王坡窑、处关、大柳树、平南、白家庄、落地沟、于家庄、韩家山、丁家川、刘家沟、松林、瓦资、孙集、黑林、上沟、百姓、邢家山、富阳、关同、公主、顾店、下集、高楼、苏家湾、赵家窑、梨树、三联、何家山村民委员会	134
	中梁镇	何家湾村	18	红卫、龙凤、三湾、李家庄、向阳、麦王山、座崖、何家庙、金李、马周、茹家湾、赵家河、唐家河、马家庄、刘家河、马窑、草胡、杨家山村民委员会	83
	齐寿镇	廖集村	16	廖集、九源、彭马、松李、火焰、坚山、曹集、柳沟、张赵、杨家山、鲁沟、稍子、黑沟、后寺、肖崖、铁佛村民委员会	86
	杨家寺镇	杨家寺村	20	白家沟、彭文、三湾、王赵、土盆、跃马、石马、杨家寺、黑引坡、煤湾、松树、中川、士子、田家庄、立志、大庄、北具、郑宋、芦子滩、水滩坪村民委员会	77
	大门镇	上街村	18	郭陈、彭寨、王沟、长官、白寨、于山、南山、上街、彭寨、柴山、阴湾、关峡、田于、下街、穆沟、张湾、三合、高坪村民委员会	100
	秦岭乡	中心村	19	梁家门、大庄、中玉、斜坡、罗家河、新民、虎林、梨树、麻山头、董集寨、马安山、白集寨、龙集寨、石家河、胡家山、竹林、黄集寨、关砚、中心村民委员会	75
	华岐乡	汪团村	26	刘坪、海头、余坪、崖湾、安集、李白、白宋、下马、梁山、董湾、火石、韩山、辛大、汪团、文庄、草滩、罗台、李沟、北杨、范山、谢小、李秦、常沟、姚宋、刘杜、双王村民委员会	112
麦积区	马跑泉镇	什字坪村	27	黑王、余刘湾、胡王、潘集寨、马跑泉、南崖、大沟、团庄、慕滩、什字坪、兴胜、崖湾、杨湾、东山、石嘴、龙槐、闫家庄、东柯、傲子坡、阮山、吴家崖、李家坪、余家山、大穆湾、大柳树、三十甸子、王家沾沱村民委员会	164
	社棠镇	向阳村	17	社棠、白家庄、石岭、下曲、向阳、嘴头、俊林、郭坪、东山、绵诸、步沟、李家渠、税柳、刘窑、槐荫、半山、柏林村民委员会	70
	渭南镇	渭西村	40	杨王、张元、王新、渭东、渭西、沈家村、崔范、程家村、曹村、吴村、汝季、霍卢、青宁、张新、苏景、杨赵、营房、于元村、黄坪、刘沟、马王、左窑、王集、雷尹、蒲石、马嘴、左李、景湾、王李、雷下、毛村、张石、能干、渭红、西湖湾、缑家庄、刘家庄、麻家坪、团庄、窦家峡村民委员会	179

续表2-3

县（区）名称	乡镇（街道办）		村民委员会		村民小组（个）
	名称	驻地	个数	名称	
麦积区	花牛镇	廿里铺村	38	董沟、兴旺山、罗家沟、高家湾、曹家埂、肖庄、邓庄、阳坡、董塬、高集、水眼寨、靳庄、吴庄、峡口、白崖、赵崖、安坪、花牛、九峪、张家河、卜王、田窑、纸碾、元柳、巷口、罗集、崖山、上湾、毛集、翟家山、二十里铺、叶家沽沱、东缑、沈家河、杨家河、师白、白家河、河湾村民委员会	166
	东岔镇	码头村	14	码头、月林、乍岭、东岔、曹家坪、土桥、牛背、桃花坪、龙凤、大沟、盘龙、交川、立远、腰庄村民委员会	88
	新阳镇	温家集村	24	温家集、周家湾、沿河、凌家窑、蒲池、王田、石家坡、赵家庄、王家庄、裴家峡、张家坪、蛐蜒嘴、郭王、张家阳山、胡家大庄、新寨、肖王、杨岘、席寨、姚家沟、桥子沟、温缑、坚家山、赵胡村民委员会	155
	中滩镇	雷王村	23	雷王、渠刘、背湾、汪李、后川、四合、陈大、毛家、演营、缑杨、张白、蒲甸、漆李、刘阳、丁湾、杨成、霍坪、赵崖、文岔、文沟、谢坪、种田、余家峡村民委员会	86
	伯阳镇	伯阳村	21	伯阳、复兴、虎头、保安、兴仁、半坡、南集、下坪、西坪、韩河、曹石、马岘、穆湾、巩坪、高坪、王坪、花南、石门、红崖、范河、南河村民委员会	85
	元龙镇	元龙村	22	青崖、渭滩、白家庄、上崖、后庄、李家沟、杜家坪、石谷川、花石崖、冯川、佃儿下、园子、底川、码头、关峡、石家湾、井儿、红星、青龙、和平、元龙、桑渠村民委员会	91
	甘泉镇	玉兰村	24	甘泉、廖家庄、高家庄、西枝、峡门、胡沟、石家沟、黄庄、屈家坪、吴家河、谢家崖、庙沟、包家沟、阳湾、归凤山、甘江、云雾、玉兰、朝阳、吴家寺、窑庄、毛集、八槐、金胡村民委员会	163
	麦积镇	贾河村	15	贾家河、陈山、刘坪、草滩、卧虎、麦积、红崖、朱家后川、冯王、滩子、宏罗、北湾、杨河、永庆、街亭村民委员会	88
	石佛镇	石佛村	34	石崖、夏家、陶崖、嘴王、峪口、张湾、张坪、严山、王窑、陶小、石佛、三阳、涧沟、裴滩、杨庄、于堡、大坪、龙池、黄庄、刘庄、赵沟、黄新、周半、赵家窝驮、曳山、董河、黄堡、陶家、康庄（陶家康庄）、腰庄、朱河、团半、马家山、樊家湾村民委员会	203

续表2-3

县（区）名称	乡镇（街道办）		村民委员会		村民小组（个）
	名称	驻地	个数	名称	
麦积区	三岔镇	吴寨村	17	太碌、北峪、吴寨、闫西、新岔、王山、葡萄、黄龙、水关、秦岭、墁坪、佘家门、小坪、前进、集村、关庄、嘴头村民委员会	85
	琥珀镇	罗家村	13	罗家、霍家川、马家坡、高家、西山、张家寺、唐温、郭文关、康李、霍家沟、庆胡、杨家湾、新郡村民委员会	75
	利桥镇	利桥村	8	利桥、三岔、秦岭、墁坪、杨河、蔚民、百花、吴河村民委员会	54
	五龙乡	凌温村	28	温家坪、凌温、中石沟、安家山、杨王、岳家湾、舍安子、周山、石洞沟、温家湾、刘家湾、雷家窑、小窑、大窑、梁家庄、王家嘴、陈山、上石沟、柏树王、谢家嘴、岳王、张家湾、陈家湾、常家渠、中庄、雷家湾、汪家山、张强村民委员会	127
	党川乡	党川村	10	党川、石嘴、花庙、火吉、夏家坪、马坪、新庄、观音、刘坪、冷水河村民委员会	53
	道北街道	寨子社区	4	张家、吕家、何家、寨子村民委员会	14
清水县	永清镇	义坊村	18	张杨、暖湾、杜沟、温沟、马沟、南峡、双场、李沟、苏亓、常杨、樊峡、李崖、雍陈、东关、丰盛、原泉、义坊、西关村民委员会	83
	红堡镇	红堡村	23	贾湾、蔡湾、红堡、安坪、杜川、后川、李店、刘谢、崔刘、西城、小泉、周家、清泉、唐杨、倪徐、古道、衡吴、曹冯、高沟、太阳、麦牛、麻池、新坪村民委员会	92
	白驼镇	白驼村	19	白驼、申川、刘坪、罗袁、高峰、永安、童堡、姚黄、化岭、林亓、杨坪、玉屏、芦花、折湾、梨湾、路山、鲁家、山湾、万安村民委员会	79
	金集镇	连珠村	12	连珠、瓦寨、槐树、张山、陈湾、城科、张牛、水清、桑寨、曹沟、杨郝、潘山村民委员会	51
	山门镇	山门村	17	薛家、马堡、刘崖、南山、什字、山门、高桥、大集、白河、关山、白杨树、观音、旺兴、史沟、玄头、腰套、吊山村民委员会	75
	秦亭镇	柳林村	19	柳林、赵尧（赵窑）、樊夏、秦亭、刘峡、店子、长沟、乔李、董河、百家、李岘、薛赵、麦池、张吕、站沟、盘龙、全庄、年庄、党河村民委员会	95

续表 2–3

县（区）名称	乡镇（街道办）		村民委员会		村民小组（个）
	名称	驻地	个数	名称	
清水县	白沙镇	白沙村	14	汤浴、温泉、鲁湾、程沟、马沟、代沟、太石、赵沟、箭峡、桦川、元坪、桑园、鲁沟、白沙村民委员会	78
	郭川镇	郭川村	17	孙山、刘窑、平定、川儿、鸾湾、黄大、赵那、郭川、郭山、高湾、宋川、田川、马蹄、青莲、韩坪、石嘴、卦丹村民委员会	51
	王河镇	王河村	11	成寺、全寨、魏湾、李沟、王马、西李、吉山、响水、南湾、水刘、王河村民委员会	48
	黄门镇	小河村	13	圆川、下成、小河、台子、硖口、长谷、薛堡、王店、杨李、马什、樊家、黄湾、后坡村民委员会	59
	松树乡	松树村	14	松树、大庄、大柳、左李、邵湾、友爱、堡子、洪王、文湾、文寨、代王、椅山、下曹、时家村民委员会	31
	远门乡	远门村	12	远门、后沟、梨林、赵瞿、单魏、夜明、安业、庙台、林峡、王付、铁炉、新石村村民委员会	51
	土门乡	土门村	13	土门、刘湾、周山、梁山、下赵、新义、丰盛、云山、小庄、仓下、西坡、高庙、朱王村民委员会	56
	贾川乡	林河村	9	贾川、林河、董湾、阳湾、韩沟、上湾、鸾坪、梅江、崖湾村民委员会	32
	丰望乡	槐杨村	13	红湾、邢来、磨上嘴、徐山、付崖、高何、车河、甘涝池、南家铺、柏树、陈马、王杨、槐杨村民委员会	40
	草川铺乡	草川村	11	水泉、兴坪、教化、刘庄、磨儿、冯山、腰林、九龙、火石、黄崖、草川村民委员会	68
	陇东乡	赵峡村	13	风台、坪道、崔杨、安儿、谢沟、庙湾、赵峡、朱湾、田湾、朱河、石李、梁庄、贾集村民委员会	59
	新城乡	新城村	12	新城、张河、杨鏊、王窑、大陆、方湾、李湾、四合、蒲魏、黄粱、闫川、谢山村民委员会	70
秦安县	兴国镇	北关社区	28	丰乐、南关、凤山、北大、茂林、依仁、贤门、映南、蔡店、郑川、庙嘴、王坪、邢湾、李山、康湾、枣滩、赵湾、高坪、何川、邢泉、王新、康坡、孙蔡、腰崖、蔚林、蔡小、贾川、李家河村民委员会	90
	西川镇	侯辛村	30	王家小庄、下王峡、侯辛、姜堡、王堡、何弯、鸦湾、李洼、宋峡、王湾、李堡、雒堡、宋场、张坡、王峡、折桥、雒川、焦山、水沟、王家牌楼、小寨、川口、姜湾、张新、神明川、安坪、张坪、高堡、郑桥、吴川村民委员会	22

续表2-3

县（区）名称	乡镇（街道办）		村民委员会		村民小组（个）
	名称	驻地	个数	名称	
秦安县	莲花镇	上河村	26	莲花、上河、姜寨、仁义、桑川、郭河、袁山、冯沟、曾梁、大庄梁、槐龙、新庄湾、湫果、高楼、小户、范墩、阳湾、湾儿、董湾、曹家川、好地、双庙、董家新庄、马曲、姚洼、吴湾村民委员会	22
	陇城镇	娲皇村	22	张家沟、张湾、娲皇、山王、张赵、陈村、凤尾、王家湾、常营、西关、龙泉、略阳、上袁、南七、王李、阴坡、朱魏、范吕、上魏、许墩、金泉、崇仁村民委员会	68
	郭嘉镇	郭嘉村	35	郭嘉、邵嘴、暖泉、刘家上沟、洛泉、下山、耀紫、马峡、宋沟、寺嘴、胥堡、涡坨、元川、槐庙、负王、高崖、邵堡、槐川、车坪、西山、上川、朱湾、邵沟、张河、瓦坪、孙坡、背后沟、胡河、刘湾、吊湾、陈沟、把龙、月阳、王家阴洼、段坡村民委员会	111
	五营镇	邵店村	31	邵店、赵宋、马川、罗湾、胜利、焦沟、王洼、西坡、何洼、杨湾、敦厚、腰庄、鱼尾、袁庄、雒塬、张塬、杨山、北坡、王店、蔡河、薛李、赵王、陈峡、麻沟、蔡任、阎沟、花双、马小、魏山、徐洼、王家阳洼村民委员会	96
	魏店镇	魏南村	31	魏南、魏坡、孙庄、陇滩、庞沟、员湾、任学、蒋台、刘岔、焦湾、化洼、武华、陈寨、伏峡、侯坪、双石、大湾、伏河、陈庄、吊川、张家寨、董家湾、王家窑、山上湾、康家坡、孙阴洼、张家坡、梨树梁、龙王庙、张家坪、刘家四嘴村民委员会	108
	叶堡镇	叶堡村	22	叶堡、钱坪、李坪、东升、马庙、何李、新阳、金城、侯滩、新区、师河、庞宋、何坪、新联、三棵树、蔡家牌楼、武庄、程家崖湾、程沟、窦家沟、王沟、吴沟村民委员会	103
	安伏镇	安伏村	24	安伏、陈河、伏湾、姬峡、姬洼、杜家岘、朱峡、麻湾、新湾、杨寺、沟门、刘沟、伏洼、安川、刘洼、龚川、剪湾、李河、杨峡、宋湾、杜湾里、大庄、阳山、魏坟村民委员会	49
	千户镇	千户村	17	千户、卢沟、刘庄、曹湾、老山、六图、永安、周湾、天城堡、王岭、田家山、出食、四坪、川珠、徐王、何吕、王家新庄村民委员会	44

续表2-3

县（区）名称	乡镇（街道办）		村民委员会		村民小组（个）
	名称	驻地	个数	名称	
秦安县	王尹镇	尹川村	18	尹川、王川、胡家坪、郭山、张底、南瓦、郝康、陶杨、姚家沟、王庙、李庄、王新庄、西王、赵梁、马河、孙湾、傅山、李磨村民委员会	89
	兴丰镇	兴丰村	22	兴丰、古湾、震霖、三图、傅寨、范山、拔湾、槐阳、石洼、槐树、阳坡、阴洼、上陈、燕湾、安湾、李家山、朱李、褚湾、那坡、郑峡、何杨、张庄村民委员会	90
	王窑乡	杨何村	23	杨何、高洼、石沟、彭家、何沟、堡子、下湾、吕山、丁山、高庙、魏湾、山场、乔庙、刘窑、王窑、阴湾、小湾河、张洼、漆老、罐岭、杜湾、阎山、雨伯村民委员会	97
	中山乡	中山村	28	中山、车山、山后、北庄、香山、宋坡、佘王、郭箕、肖渠、簸箕、蔚文、东寨、苏峡、牛杨、河湾、姚沟、下陈、元峰、孙赵、县家湾、酸刺坡、景家、石沟、胡家崖湾、缑湾、吊坪、何山、郭洼村民委员会	106
	刘坪乡	杜寨村	21	寺坪、秦洼、杜寨、树庄、陈家寨、任沟、川子、墩湾、赤山、老湾、崔河、何家湾、邓坪、刘坪、周家湾、任吴、彭洼、黄家湾、乔沟、张寨、杨家大湾村民委员会	46
	王铺乡	王铺村	30	王铺、梁岘、马庄、五营、半墩、冯员、曹家湾、冯家沟、罗店、罗孟、岳谢、冯堡、贾岔、杨崖、卢胡家、崔岔、郭岔、阳洼、郭集、高湾、周岔、连湾、坡洼、榆木、邵庄、庞河、大寺、张嘴、青林、师家山村民委员会	115
	云山乡	云山村	20	云山、兴隆、上姚、下寨、背洼、卢坪、潘河、西庄、张沟、高党、南沟、徐张、张家湾、葛赵、霍李、康崖、吴大、杨吴、谢马、蒲家山村民委员会	62
甘谷县	大像山镇	任家庄	25	东关、西关、南街、北街、北关、高桥、杨场、模范、李家新庄、沙石坡、樊家庄、五里铺、白云、马鞍山、杨赵、史家庄、王家庄、狄家庄、李家庄、张家井、黄家庄、艾家庄、土堆、二十里铺、马务沟民委员会	138
	新兴镇	姚家庄	46	姚家庄、头甲庄、令甲庄、七甲庄、永安、王家庄、雒家庄、卢家崖湾、西王庄、魏家庄、崔家庄、移家庄、马家磨、苟家庄、韩家墩、椿树坪、谢家、磐石、皂角树、史家坪、柏林沟、柏林峪、颉家庄、渭水峪、蔡家寺、小王家、三合、坡下王、十甲庄、刘家、十字道、李家大坪、大王、豹子坪、槐沟、杨家庄、康家滩、雒家坪、姚家沟、孙家坪、半屲、芦家山、阳屲、侯家沟、牛家坪、衡家坪村民委员会	266

续表2-3

县（区）名称	乡镇（街道办）		村民委员会		村民小组（个）
	名称	驻地	个数	名称	
甘谷县	六峰镇	蒋家寺	29	六峰、黄家新庄、中洲、总门、蒋家寺、苍耳王、姜家庄、东张家庄、巩家石滩、牛家庄、觉皇寺、麦堆坪、周家川子、巩家庄、在城王、金坪、程家窑、武家湾、黄家湾、李家坪、红崖沟、蒋家坪、张窑、蒋家窑、黑窑、白家窑、巩家窑、铁坡山、半沟村民委员会	143
	磐安镇	北街村	52	东街、上南街、西街、上北街、大庄、新庄、东堡、西三十铺、东崖、东坪、杨家大庄、汪家庄、石家庄、燕家庄、四十铺、玉皇殿、李家窑、严家庄、土寨、潘家山、毛家坪、刘家墩、东坡峪、西张家沟、尉家峪、十甲坪、五甲坪、裴家坪、西李家坪、谢家坪、北坡寺、南坡寺、张家山、毛家河、张家窑、侯家山、洪家湾、山庄、郭家山、榆林坪、原家庄、莫周南、田家庄、董家坪、李家石沟、新窑、尉家庄、甄家庄、庄儿沟、好稍科、马家滩、西坪村民委员会	263
	安远镇	北城村	36	大城、北城、南城、西城、北川、蔺家店子、麻池窑、杨正寺、黄鹤、安坡、后川沟、王马、苏家沟、蒋家山、王台、史家川、巩家川、韩家湾、厚家坪、任家山、沙滩、董川、菜子山、王窑、石坊、张家河湾、阴坡、阳坡、李家堡、何家坪、阳赛、山庄川、何家山、老庄、庙滩、马坪村民委员会	167
	金山镇	金山村	30	金山、下店子、谢家湾、王家曲、蒲家山、张家岔、邓家嘴、常家庙、七家山、东谢家湾、颉家山、移家湾、魏家山、半山、二家坪、刘家山、李家沟、下山庄、上滩子、吕家湾、二家湾、田家山、东张家沟、段家沟、苏家山、郑家山、红岘、王家山、水家岔、糜谷篙村民委员会	193
	大石镇	大石村	25	永兴、贯寺、黄家坪、榆树川、南山、北山、王家川、冰滩、赵坡、马窑、温家岘、中庄、汪家下山、武家㽏、王家湾、李家川、曲家坪、丁家窑、咸川、河南、李家湾、麻杆坪、马家川、牛川、梨沟村民委员会	135
	礼辛镇	上街村	20	下街、上街、陈家庄、侯家寨子、高家湾、倪家山、魏家窑、石岘子、冯山、水泉湾、贾家山、柏林寺、董家岘、徐家坡、尉家坪、上马坡、董渠、杨家湾、李家门、陈家河沟村民委员会	106
	大庄镇	席家大庄	18	席家大庄、朱权家、王家河、付家河、杨家坡、苏家湾、蔺家坪、碌碡滩、小河口、松树岔、苍王山、席家沟、魏家峡、巩家山、芦家湾、小庄、城子、席家山村民委员会	109

续表2-3

县（区）名称	乡镇（街道办）		村民委员会		村民小组（个）
	名称	驻地	个数	名称	
甘谷县	武家河乡	武家河村	17	武家河、武家堡、吕家岘、关家庄、王家窑、姚家湾、秦家坪、石庙嘴、黑吓沟、尚家山、杨河、周原坪、格板峪、原高山、石家大山、艾家坪、秦家湾村民委员会	78
	谢家湾乡	谢家湾村	26	谢家湾、白家曲、窝铺岘、丁家沟、马家沟、麻柳湾、鲜家坪、赵家窑、年家湾、地儿湾、李家沟、张家沟、刘家河湾、马家窑湾、汪家山庄、汪家沟滩、韩家窑湾、张家大坪、西崖、西庄、东庄、阳屲、茨坪、转地、汪坪、永丰村民委员会	130
	八里湾乡	八里湾村	27	八里湾、赵家湾、马耳峪、张家庄、金岘、冯坡、魏家岔、上坪、马家岘、嘴头、红土坡、张家坪、上岔、大塔坪、徐家岔、寨子山、唐家湾、谢家曲、谢家沟、椿树岘、城峪沟、杨家沟、金家湾、陡湾、王家沟、中岔、阴湾村民委员会	187
	西坪乡	西坪村	21	石坪、郭家湾、鸡毛峡、姚家山、红凡沟、马家山、马家河、陈家湾、朱阳屲、四方嘴、海子湾、莲花台、颉刘家、燕珍、冯寨、上硬王、董堡、柴家湾、马家湾、湾儿河、石沟村民委员会	120
	白家湾乡	白家湾村	21	白家湾、刘家湾、尹家湾、蒜黄嘴、李家湾、小沟门、蒋家湾、安家湾、狄家山庄、苟家岘、梁家庄、马耳湾、王家新庄、廉家庄、东三十铺、宋家岔、斜坡、李家大山、马家河沟、宋家庄、康家坪村民委员会	109
	古坡乡	古坡村	12	大坪、杨家坪、麻岔子、古坡、樊家寺、深岘子、大卜峪、店子、上店子、沟门、瓦泉峪、羌安峪村民委员会	63
武山县	城关镇	陈门村	38	陈门、红沟、上街、史庄、下街、邓堡、雷口、雷山、家坡、刘湾、花坪、君山、东关、南关、奎阁、西关、何沟、侯山、杜塄、石岭（周家石岭）、清池、下庄、韩川、北山、坡儿、令川、腰庄、老庄、坪塬、韦庄、康瓦坪、杨坪、磨儿、上沟、南峪、西岔、黄河、黑沟村民委员会	156
	洛门镇	西街村	45	旱坪、金川、裴庄、大柳树、董庄、营儿、冶扶、赵碾、关山、郭台、汪沟、蓼阳、史庄、西坪、林坪、邓湾、金刚、郭庄、文家寺、北街、南街、东街、西街、孟庄、林庄、新观、高桥、刘坪、石堡、李堡、百泉、石岭、宋庄、西康、龙泉、塔麻、罗屲、新龙、曲里、下康、牟坪、阳坡、杨场、响河、改口村民委员会	247

续表2-3

县（区）名称	乡镇（街道办）		村民委员会		村民小组（个）
	名称	驻地	个数	名称	
武山县	鸳鸯镇	鸳鸯村	13	广武、颉门、包坪、盘古、李山、麻山、丁门、苟山、大林、鸳鸯、砚峰、费山、焦寺村民委员会	61
	滩歌镇	上街村	29	上街、下街、关庄、王磨、沟门、代磨、代沟、魏峃、漆庄、卢坪、董坪、黑池殿、柳坪、兴城、本深沟、南沟、元崖、樊庄、赵沟、郭地、阴峃、费庄、黄山、野峪、松山、北山、漆湾、杏湾、大麻村民委员会	141
	四门镇	四门村	24	四门、尧儿、大蒿、侯堡、水洞沟、孙白、松树、上湾、下湾、录坪、兰峃、南坪、西堡、西川、硬湾、周嘴、常湾、嘴儿、罗湾、周湾、三衙、草坪、麦山、岗头村民委员会	116
	马力镇	马力村	28	付门、王门、杨坪、苗丰、柴庄、北顺、王沟、姚丰、远钟、石峰、黎堡、余寨、马力、民武、南阳、榜沙、双场、钟山、年坪、石坪、袁河、干扎、张坪、高山、堡子、杨沟、山庄、暖水村民委员会	160
	山丹镇	山丹村	22	山丹、贺店、周庄、堡子、渭河、车岸、车川、任门、贾河、漆河、漆窑、杆树、明山、丁湾、苏嘴、阴山、龚山、赵山、任山、阳山、崔山、刘峃村民委员会	89
	温泉镇	温泉村	21	斜坡、大庄、东梁、何湾、柏山、英嘴、冯河、田河、温泉、盘坡、小南、杜沟、大坪、赵庄、聂河、棋盘、中坝、马皇寺、李子沟、双录、草川村民委员会	97
	桦林镇	赵坪村	17	赵坪、兰沟、谢坡、上沟、郝山、陈嘴、牛庄、天衢、孙堡、高崖、马滩、寨子、鲍湾、朱湾、高河、包门、柒坪村民委员会	60
	龙台镇	山羊坪村	13	山羊坪、青山、沟门、董庄、杨庄、东沟、贾山、龙山、王山、马年、大庄、阳峃、杨嘴村民委员会	57
	榆盘镇	榆盘村	15	康沟、河程、梁沟、堡东、榆盘、徐黄、马寨、关儿、钟楼、鲁班、四湾、马河、下河、盘龙、苏家村民委员会	89
	嘴头乡	嘴头村	23	嘴头、张沟、吴庄、王山、管山、宋坡、多家、金银、尹沟、何去、杜井、彭坡、李尧、管沟、元树、罗坡、党口、鸣鼓、白湾、吴山、白尧、新泉、库洞村民委员会	105

续表2-3

县（区）名称	乡镇（街道办）		村民委员会		村民小组（个）
	名称	驻地	个数	名称	
武山县	高楼乡	刘川村	21	陈门、刘川、护林、柴坪、秦湾、纸碾、八院、高楼、高尧、常坪、李坪、吴坪、玉林、八营、斗敌、大坪、张门、泄兵、柳滩、马跛、独岭村民委员会	67
	杨河乡	杨河村	19	杨河、杨楼、安沟、广元、芦河、中梁、王河、赵河、张山、夏庄、河东、刘强、小庄、现头、军民、西山、闫山、牛山、庄科村民委员会	82
	沿安乡	李庄村	16	李庄、西沟、汪庄、苟具、南川、草滩、泉峪、中川、马蹄沟、沿安、川儿、冯山、郭山、白山、高九、九棵树村民委员会	77
张家川回族自治县	张家川镇	东关村	29	东关、西关、东街、西街、西夭、前山、查湾、堡山、赵川、杨上、上川、上磨、刘家、硖口、崔家、下仁、杨川、沟口、背武、赵阳、南川、瓦泉、崔湾、孟寺、袁川、大堡、园树梁、纳沟、杨店村民委员会	168
	龙山镇	西门村	20	马黑曼、郑家、卢塬、北河、北街、官泉、南街、西门、树坡、南梁、冯塬、西沟、西川、汪堡、榆树、马河、连柯、四方、李山、韩川村民委员会	106
	恭门镇	恭门村	27	西关、天河、麻山、毛磨、河北、杨坡、水池、柳沟、张窑、麻崖、灵台、城子、许湾村、西坡村、梁湾、团庄、付川、古土、河峪、恭门、海河、毛山、阴山、张巴、仁湾、袁河、袁家村民委员会	137
	马鹿镇	金川村	16	康王、草川、长宁、韩河、寺湾、堡梁、大滩、龙口、牌楼、陡崖、白杨、林峰、宝坪、石庄科、花园、金川村民委员会	67
	马关镇	石川村	17	石川、西山、新义、东庄、黄花、上河、八杜、西台、西庄、草湾村、上豆、小庄、庙湾、赵沟、马堡、东山、韦沟村民委员会	92
	梁山镇	梁山村	12	梁山、五方、斜头、唐刘、高营、杨渠、樱桃沟、杨崖、吕湾、丹麻、阳洼、岳山村民委员会	72
	刘堡乡	刘堡村	18	刘堡、夭儿、罗湾、王家、芦科、五星、郑沟、赵湾、硖里、冯营、王山、小湾、李山、梨园、董家、米家、杜家、高家村民委员会	82

续表2-3

县（区）名称	乡镇（街道办）		村民委员会		村民小组（个）
	名称	驻地	个数	名称	
张家川回族自治县	张棉驿乡	张棉驿村	11	张棉驿、田湾、庙川、和平、上蒋、东硖、周家、喜湾、马窑、盘山、先马村民委员会	58
	木河乡	店子村	13	店子、毛家、庄河、李沟、坪王、桃园、高山、马坪、下庞、楸木、杜渠、上渠、八卜村民委员会	64
	闫家乡	闫家	14	闫家、朝阳、王坪、丁河、付堡、后山、三友、大场、草川、神树、花山、车古、陈庙、操场村民委员会	61
	大阳乡	小杨村	24	小杨、大杨、南山、刘沟、中庄、豁岘、汪洋、阳沟、侯吴、梁堡、河李、闫庄、太原、刘山、下李、阳湾、双庙、东沟、下渠、高沟、水滩、吴家、寨子、陈阳村民委员会	95
	川王乡	小河村	16	小河、石峡口、铁洼、海湾、哈沟、冯家、河湾、关河、松树湾、川王、大庄、范湾、马达、毛寨、西崖、王沟村民委员会	71
	连五乡	高庄村	14	高庄、黄家、张家、中心、中渠、连五、马嘴、腰庄、四合、陈家、兰家、三合、李家、贠家村民委员会	68
	平安乡	磨马村	8	磨马、马源、铁古、包梁、大湾、梨树、新庄、水泉村民委员会	42
	胡川乡	张堡村	16	张堡、潘峪、刘塬、祁沟、阳屲、宁马、胡川、前梁、夏堡、蒲家、柳湾、窑上、仓下、王安、后湾、深柯村民委员会	92

注：乡镇名称为2015年12月统计数据。

四、社区居民委员会行政区划

2001年，北道区政府研究决定：

撤销团结、锻压、劳动、滨河居委会，组建成立滨河路社区居委会；撤销红旗、道北、机务居委会，组建成立红旗路社区居委会；撤销同乐、新工房居委会，合并组建北山路社区居委会；撤销六工房、老二院、老工房3个居委会地域；撤销建东、建西2个居委会地域；重新组建铁西园社区居委会，管辖铁西园小区居民。

北道埠街道撤销新一院居委会、铁路新村居委会，设立铁路社区居委会；撤销西货场居委会、东北大院居委会，组建成立渭滨社区居委会；撤销一马路居委会、自由路居委会，组建成立羲皇社区居委会；撤销二马路居委会、人民路居委会，组建成立商埠社区居委会；

撤销新桥居委会、东工房居委会，组建成立大桥社区居委会；撤销东方居委会、下曲居委会，组建成立工业园社区居委会；撤销天托居委会，组建成立工业园社区居委会。

桥南街道办事处，撤销花牛居委会、建新居委会、建南居委会，组建成立花牛社区居委会；撤销陇林居委会、分路口居委会、育才居委会，组建成立陇林社区居委会；撤销林水居委会、渭西居委会、桥南居委会，组建成立埠南居委会；撤销渭东居委会、桥头居委会，组建成立天河社区居委会；撤销商场居委会、开发区居委会，组建成立龙园社区居委会。

2001年12月13日，经秦安县人民政府批复同意：在兴国镇设立大城社区居委会、映南社区居委会、北关社区居委会、南关社区居委会、蔡店社区居委会。

2009年2月18日，经武山县人民政府批复同意：将洛门镇原社区居民委员会更名为洛门镇乐善社区居民委员会，成立洛门镇富源社区居民委员会。

2015年天水市社区居民委员会情况见表2-4。

表2-4 2015年天水市社区居民委员会一览表

县(区)	社区数(个)	街道办事处名称	社区名称
秦州区	41	中城街道办事处	自治巷社区居委会、重新街社区居委会、绿色市场社区居委会、伊民巷社区居委会
		大城街道办事处	进步巷社区居委会、向阳社区居委会、共和巷社区居委会、光明巷社区居委会、奋斗巷社区居委会、罗玉新村社区居委会
		东关街道办事处	仁和里社区居委会、盛源社区居委会、忠武港社区居委会、尚义巷社区居委会、十方堂社区居委会
		西关街道办事处	自由路社区居委会、解放路社区居委会、环城西路社区居委会、西站社区居委会、永庆路社区居委会、聚宝盆社区居委会
		石马坪街道办事处	藉河南路第一社区居委会、籍河南路第二社区居委会、石马坪社区居委会、东团庄社区居委会、莲园社区居委会
		天水郡街道办事处	莲亭社区居委会、瀛池社区居委会、西十里社区居委会、暖和湾社区居委会（锦绣苑社区）、王家磨社区居委会、皂郊路社区居委会
		七里墩街道办事处	长开社区居委会、长控社区居委会、罗玉小区第一社区居委会、罗玉小区第二社区居委会、东十里社区居委会、七里墩社区居委会、海林社区居委会、五里铺社区居委会、岷山社区居委会

续表2-4

县(区)	社区数(个)	街道办事处名称	社区名称
麦积区	35	北道埠街道办事处	工业园社区居委会、羲皇社区、大桥社区、商埠社区、铁路社区、渭滨社区、天丰社区
		道北街道办事处	滨河路社区、铁西园社区、红旗路社区、北山路社区、前进社区、道北社区、育才社区、寨子社区
		桥南街道办事处	龙园社区、天河社区、埠南社区、林苑社区、书苑社区、新苑社区、兴陇社区、泉湖社区、陇林社区、瑞苑社区
		—	地质队社区、地校社区、219社区、向阳社区、甘棠社区、星火社区、成纪社区、马跑泉社区、柳林社区、瑞欣社区
武山县	10	—	渭北社区、东关社区、西关社区、南关社区、富源社区、乐善社区、滩歌社区、鸳鸯社区、马力社区、四门社区
甘谷县	10	—	康庄社区、富强社区、西关社区、油墨社区、磐安社区、姚庄社区、甘摩社区、六峰社区、安远社区、东关社区
秦安县	8	—	大城社区、南关社区、北关社区、映南社区、凤山社区、杨坪社区、何川社区、蔡店社区
清水县	5	—	永靖镇东关社区、西关社区、北城社区、城南社区、金集镇金集社区
张家川回族自治县	7	—	东城社区、西城社区、南城社区、北城社区、中城社区、龙山镇南街社区、恭门镇社区

第二节　行政区域界线的勘界和管理

一、行政区域界线的全面勘界

1990年3月，天水市人民政府成立天水市勘界领导小组，由副市长陈华任组长，市民政局局长马铭、市土地管理局局长莫志杰任副组长，市计委副主任吕慧敏、市财政局副局长赵安荣、市民族宗教事务局副局长刘瑜、市公安局副局长许永杰、市民政局副局长柳勤珍、市农委副主任杨义仁、市林果中心副主任王治立、市农业中心副主任韩礼源、市水利水保中心主任金广生为成员，由市民政局负责处理有关日常工作。在勘定市内边界时，涉及哪个县区所属边界，哪个县区负责勘界工作的领导即成为小组成员。领导小组办公室设在市民政局。

1992年3月，召开甘肃省勘界工作会议，部署勘界工作。据甘肃省人民政府办公厅关于印发《甘肃省勘定省内行政区域界线规划》和《甘肃省县、乡两级行政区域界线勘定办法》

的通知，要求天水市：

1992年完成市内县级界线404千米，分别为：秦城区—北道区（139千米），秦城区—甘谷县（32千米），清水县—秦安县（40千米），北道区—清水县（86千米），北道区—甘谷县（21千米），清水县—张家川县（86千米）；

1993年完成市内县级界线194千米，分别为：甘谷县—秦安县（48千米），甘谷县—武山县（86千米），北道区—秦安县（35千米），张家川县—秦安县（25千米）；

1993年完成定西市—天水市县级界线330千米，分别为：通渭县—秦安县（70千米），通渭县—武山县（13千米），漳县—武山县（77千米），通渭县—甘谷县（85千米），陇西县—武山县（47千米），岷县—武山县（38千米）；

1994年完成平凉—天水界线168千米，分别为：静宁县—秦安县（39千米），庄浪县—秦安县（19千米），庄浪县—张家川县（80千米），华亭县—张家川县（30千米）；

1995年完成天水—陇南界线311千米，分别为：武山县—礼县（28千米），甘谷县—礼县（10千米），秦城区—礼县（90千米），秦城区—徽县（58千米），北道区—徽县（40千米），北道区—两当县（80千米），秦城区—西和县（5千米）。

1992年5月7日，市政府批转《关于天水市勘定行政区域界线的实施方案》（天政发〔1992〕36号）。12日，召开天水市勘界工作会议，分解工作，明确任务，相继成立县（区）工作机构，负责勘界工作。

1992年6月，根据《天水市勘定行政区域界线实施方案》，将勘定秦城区与甘谷县、北道区与甘谷县、秦安县与清水县、北道区与清水县、清水县与张家川县、秦州区与北道区之间总长度为404千米的行政区域界线。年底基本完成了省上安排的市内县级界线404千米的勘定任务。

1993年2月15日，天水市勘定行政区域界线领导小组在《关于一九九三年勘定市内乡镇界线有关事宜的通知》中，根据省级部门要求、《天水市勘定行政区域界线的实施方案》对勘定乡镇界线的任务安排、市勘发〔1992〕03号《天水市勘界领导小组关于印发〈张长生副市长在甘秦北三县区联合勘界会议上的讲话〉的通知》中加快勘界步伐的要求，确定1993年三县两区的乡镇界线的勘定任务是：北道区完成区内41条430千米，秦城区完成区内42条442千米，甘谷县完成县内43条400千米，清水县完成县内54条472千米，秦安县完成县内47条400千米。总计1993年要求完成227条2144千米的乡镇界线勘定任务。

1993年5月20日，天水市勘定行政区域界线领导小组办公室在《关于召开市内相邻县区联合勘界领导小组第一次会议的通知》中，要求秦安、甘谷、武山、张家川、北道五县（区）勘界领导小组办公室，根据《天水市人民政府批转市民政局关于天水市勘定行政区域界线实施方案的通知》和天水市勘界领导小组下发的《一九九三年勘定县级界线的安排意见》，抓紧有利时机，推动勘界工作的顺利进行。并召开了市内相邻县区联合勘界领导小组第一次会议，安排主要任务。

1993年6月14日，在《定西地区与天水市、定西地区与兰州市、平凉地区与白银市开展联合勘界工作》中，对联合勘界工作作了具体的安排。定西地区与天水市之间县级界线

330千米，涉及7个县（区），联合勘界工作于5月5日正式展开，9月20日以前全面完成，9月下旬在定西召开总结会议。

1993年6月29日，为了做好天水市秦城区与陇南地区徽县的勘界工作，根据《甘肃省县、乡两级行政区域界线勘定办法》和《甘肃省勘定县级行政区域界线测绘技术规定》，制定了《天水市、陇南地区联合勘界领导小组勘界实施方案》。

1993年7月20日，为了做好甘谷、武山两县的勘界工作，根据《甘肃省县、乡两级行政区域界线勘定办法》《甘肃省勘定县级行政区域界线测绘技术规定》和《天水市勘定行政区域界线的实施方案》，制定了《甘谷县、武山县联合勘界领导小组勘界实施方案》。

1994年4月17日，天水市人民政府、平凉地区行政公署关于印发《天水市、平凉地区联合勘定行政区域界线走向原则和实施方案》的通知：秦安、张家川、静宁、庄浪、华亭县人民政府，天水市、平凉地区于4月16日至17日在天水市召开了联合勘界领导小组首次会议。

1995年3月21日，在《天水市一九九五年勘界工作安排意见》中，天水勘界任务是与陇南勘定311千米（已定46千米）界线，这条界线是省内毗邻地区之间的最后界线。全线7条县级界线涉及秦城、北道、甘谷、武山四县（区）。其中，秦城与徽县58千米（已定46千米），秦城与礼县90千米，秦城与西和县5千米；北道与徽县40千米，北道与两当县80千米；甘谷与礼县10千米；武山与礼县28千米。

1996年3月15日，在《天水市一九九六年勘界工作安排意见》中提出，1996年，是天水市全面勘定地市界线与市内县界、乡镇界线的最后一年，地市界线755千米、市内县界线586千米、乡镇界线2981千米的外业工作基本全面完成。对地市界线遗留的60千米争议界线，即张川与华亭30千米、与庄浪30千米，在省边办的指导与协调下，本着顾全大局、互谅互让的精神，力争年内联合上报天水与平凉勘界成果资料。

1998年2月23日，甘肃省边界工作办公室发布《关于印发〈一九九八年边界工作安排意见〉的通知》，同年开展甘肃省与陕西省的联合勘界工作。宝鸡市与天水市的张家川、清水、北道三县（区）涉及244千米的界线。3月10日以前完成边界实地调查和有关资料收集整理等准备工作；4月上旬召开两省勘界领导小组联席会议；4月下旬至5月底结合实地调查协商解决争议线，达到全线贯通；6月至7月埋桩测绘；8月汇总资料，签字上报，全面完成陕甘联合勘界工作。

1999年3月11日，甘肃省边界工作办公室在《关于印发〈一九九九年甘肃省边界工作安排意见〉的通知》中说明，截至1998年底，天水市与平凉地区尚有60千米界线未勘定下来，即庄浪县与张家川县30千米、华亭县与张家川县30千米未勘定。根据国勘办的要求，努力在年内全面完成省内勘界任务。

2000年，省、县界线已经勘定，省、县行政区域界线的总体框架已经奠定。

二、全面勘界的主要成果

天水市行政区域界线勘界工作从1992年开始，于2001年全面完成勘界任务，形成了历史上第一次具有法定意义的边界线。

（一）县区、乡镇界线

全市共勘定县级行政区域界线10条667千米，分别为：秦城—麦积段（148.1千米），秦城—甘谷段（35.7千米），麦积—秦安段（39.6千米），麦积—甘谷段（21千米），麦积—清水段（94.1千米），秦安—清水段（64.1千米），秦安—张川段（25.6千米），秦安—甘谷段（62.3千米），甘谷—武山段（84.3千米），张家川—清水段（92.2千米）。埋设三面界桩4颗、两面界桩57颗，标绘边界线地形图209幅，填制界桩登记表50份、界桩成果表305份，形成了数十万字的文字资料，共设立卷宗105个。

勘定乡镇界线324条3691千米，共形成56个卷宗。

（二）市际界线

天水北靠平凉，南邻陇南，西接定西，市际界线3条783千米。

天水与平凉线县级行政区域界线有4条，全线166千米，分别为：秦安—静宁段（48千米），秦安—庄浪段（24千米），张家川—华亭段（30千米），张家川—庄浪段（64千米）。

天水与陇南县级行政区域界线有7条，全线287千米，分别为：秦州—礼县段（90千米），秦州—西和段（4千米），秦州—徽县段（58千米），麦积—徽县段（30千米），麦积—两当段（68千米），甘谷—礼县段（11千米），武山—礼县段（26千米）。

天水与定西线县级行政区域界线有6条，全线330千米，分别为：秦安—通渭段（70千米），武山—通渭段（13千米），武山—漳县段（77千米），甘谷—通渭段（85千米），武山—陇西段（47千米），武山—岷县段（38千米）。

（三）省际边界线

天水与陕西省宝鸡市接壤，省际界线1条244千米。陕甘线宝鸡与天水段行政区域界线中，陇县—张家川段（57千米），陇县—清水段（18千米），陈仓—清水段（33千米），陈仓—麦积段（88千米），凤县—麦积段（48千米）。

天水市县级行政区域界线界桩管护统计情况见表2-5。

表2-5 天水市县级行政区域界线界桩管护统计表

界线名称	县级界线名称	界线长度（千米）	界桩数量及编号	界桩分工管护数量、编号
陕甘线宝鸡与天水段	陇县—张家川段	57	无	无
	陇县—清水段	18	无	无
	陈仓—清水段	33	无	无
	陈仓—麦积段	88	2颗：（15-16）	均由宝鸡陈仓区负责管护
	凤县—麦积段	48	无	无

续表2-5

界线名称	县级界线名称	界线长度（千米）	界桩数量及编号	界桩分工管护数量、编号
天水与平凉线	秦安—静宁段	48	3颗：（1-2-0）	静秦1号和静秦2号界桩由静宁县管护，秦庄静0号界桩由秦安县管护
	秦安—庄浪段	24	2颗：（0-1）	秦庄静0号至秦庄1号界桩由秦安县管护，秦庄1号（不含桩）至秦庄张0号界桩及界线由庄浪县管护
	张家川—华亭段	30	无	无
	张家川—庄浪段	64	1颗：（0）	秦庄张0号界桩及至后湾里东侧界线由张家川县管护，后湾里东侧至张庄华交会点之间界线由庄浪县管护
天水与定西线	秦安—通渭段	70	9颗：(0-1-2-3-4-5-6-7-8)	秦甘通0号-秦通1（不含桩）-2-3-4-5号界桩由秦安县管护，秦通1和5号（不含桩）-6-7-8-静通秦0号界桩由通渭县管护
	武山—通渭段	13	5颗：（0-1-2-3-0）	陇武通0号，武通1-2号（不含桩）界桩由通渭县管护，武通2-3号武甘通0号（不含桩）界桩由武山县管护
	武山—漳县段	77	6颗：（0-1-2-3-4-0）	漳武1号和漳武2号界桩由漳县管护，漳武3号和漳武4号界桩由武山县管护
	甘谷—通渭段	85	10颗：(0-1-2-3-4-5-6-7-8-9)	武甘通0号和甘通1-2-3-4号界桩由甘谷县管护，甘通5-6-7-8-9界桩由通渭县管护
	武山—陇西段	47	5颗：（0-1-2-3-0）	陇武1号界桩由陇西县管护，陇武2号和陇武3号界桩由武山县管护
	武山—岷县段	38	5颗：（0-1-2-3-0）	武岷漳0号和武岷1号界桩由武山县管护，武岷2号和武岷3号界桩由岷县管护
天水与陇南线	武山—礼县段	26	3颗：（0-1-0）	礼武岷0号和礼武1号界桩由武山县管护，礼武1号和礼武甘0号界桩由礼县管护，礼武1号界桩由两县共同管护
	甘谷—礼县段	11	2颗：（0-0）	甘武礼0号界桩由礼县管护，礼甘秦0号界桩由甘谷县管护
	秦州—礼县段	90	5颗：（0-1-2-3-4）	秦礼1号和秦礼2号界桩由礼县管护，秦礼3号和秦礼4号界桩由秦州区管护

续表 2-5

界线名称	县级界线名称	界线长度（千米）	界桩数量及编号	界桩分工管护数量、编号
天水与陇南线	秦州—西和段	4	2颗：（0-0）	秦礼西0号界桩由西和县管护，秦西徽0号界桩由秦州区管护
	秦州—徽县段	58	7颗：（0-1-2-3-4-5-0）	秦西徽0号和秦徽3号及4号由秦州区管护，秦麦徽0号和秦徽1号、2号、5号界桩由徽县管护
	麦积—徽县段	30	4颗：（0-1-2-0）	北徽1号界桩由麦积区管护，北徽2号界桩由徽县管护
	麦积—两当段	68	6颗：（0-1-2-3-4-5）	北两1号和北两2号界桩由麦积区管护，北两3号和北两4号及北两5号界桩由两当县管护

三、行政区域界线档案管理

2010年，天水市民政局严格按照国家档案局和民政部印发的《勘界档案管理暂行规定》，在档案局工作人员的指导和帮助下，对1992年勘界工作开始到结束以来近10年的勘界档案（勘定行政区域界线活动中形成的具有保存价值的各种文字、图表、音像）进行了收集、鉴定、销毁、归档、立卷等。涉及省级边界（宝鸡与天水线）1条244千米、市际界线（天水与平凉线、天水与定西线、天水与陇南线）3条783千米，县级界线10条667千米、乡镇界线324条3691千米，同时销毁了部分无法利用的遗存文字资料，确保了勘界成果的有效性和完整性。

四、行政区域界线管理

按国务院《行政区域界线管理条例》的有关规定，加强行政区域界线管理，建立行政区域界线联检制度，并从2003年开始实施5年一次的联合检查。检查的内容有行政区域界线和界桩。

（一）行政区域界线

着重检查行政区域界线及其两侧地貌、地物有无明显变化，界线实地位置是否清晰易认。如地貌、地物有明显变化，致使行政区域界线位置模糊不清不能辨认时，要详细记载地貌、地物变化情况，并组织力量进行行政区域界线两侧地形的修测或补调，以保证行政区域界线实地走向清楚易认。

（二）界桩

检查界桩是否丢失、损坏。对丢失、损坏的界桩，由管理一方重新制作并与毗邻方在原地重新竖立；可修复的，由管理一方在原地修复。完好无损的界桩，需清除周围杂草等遮挡物，并用红漆对文字进行重新描绘。若发现界桩有移动的，管理方要与毗邻方将界桩恢复到原位。因生产生活需要，需增设界桩、边界线标志，或界桩位置需移位、界桩需报废时，双方要联合上报民政部并征得同意后再行实施。增设界桩、边界线标志或界桩移位，双方要在协议书附图上选定点位，经测定后将图上点位确定在实地，以确保新设或移动的界线标志准确无误。同时，填写界桩登记表。清除单方在界线附近设立的界线标志物，避免当地群众对边界线的走向产生错误认识。如需设立界桩、边界线标志，应按增设的程序和方法设立。

（三）边界联检工作

自2003年开展界线联检工作以来，天水市按照省政府统一安排部署，截至2015年底，已经进行了三轮联合检查工作。

1.第一轮联合检查

（1）省际界线

根据甘肃省民政厅、陕西省民政厅印发的《甘肃省与陕西省行政区域界线联合检查实施方案》（甘民发〔2007〕22号）及2007年4月11日召开的陕甘线第一轮联合检查第一次联席会议精神，宝鸡、天水两市民政局及陈仓区、麦积区、陇县、凤县、张家川县、清水县等六县（区）民政局主管领导和业务人员于2007年4月至8月底实施了勘界以后陕甘线宝鸡—天水段244千米第一轮联检工作。

图2-3　天水市秦州—甘谷段2号、3号界桩

（2）市际界线

根据省民政厅《关于认真做好天水、平凉、庆阳三市内部及相互间县级行政区域界线联合检查工作的通知》精神，天水、平凉两市从2003年11月24日至12月24日，开展并完成了天水平凉线4条166千米的首次联检工作。

根据省民政厅《关于开展省内县级行政区域界线联合检查加强行政区域界线管理工作的通知》（甘民边〔2004〕32号）要求，自2004年3月起进行了天水—陇南、天水—定西的县级行政区域界线联合检查工作。

2004年8月12日至12月2日，开展并完成了天水—陇南线7条287千米的首次联检工作。

2004年7月，定西市、天水市从2004年7月26日至8月26日，开展并完成了天水—定西线6条330千米的首次联检工作。

（3）县区、乡镇际界线

根据省民政厅关于做好县级行政区域界线联检工作的通知精神，天水市制定印发了《天水市内部县际界线首次联合检查实施方案》（天市民地发〔2003〕183号），从2003年12月1日至12月30日，对全市10条总长667千米的县级行政区域界线及324条总长3691千米的乡镇界线进行了联合检查。

2.第二轮联合检查

（1）省际界线

根据陕西省民政厅、甘肃省民政厅印发的《陕甘两省行政区域界线第二轮联合检查实施方案》精神，于2011年7月20日至31日开展并完成了陕甘线宝鸡—天水段总长244千米的第二轮联检工作。启动了平安边界建设创建活动。

（2）市际界线。

根据省政府办公厅《关于做好第二轮县级行政区域界线联合检查工作的通知》（甘政办发〔2008〕7号）要求，自2008年3月起进行了天水—平凉、天水—陇南、天水—定西的县级行政区域界线联合检查工作。

2008年3月至10月，开展并完成了天水—平凉线4条总长166千米的第二轮联检工作。启动了平安边界建设创建活动。

2010年4月至10月，开展并完成了天水—陇南线7条总长287千米的第二轮联检工作。启动了平安边界建设创建活动。除秦礼3号、秦徽1号界桩丢失外，其他21颗界桩均完好无损、无移位现象。

天水定西线2009年4月至10月，开展对天水与定西县级行政区域界线6条330千米的第二轮联检工作。对于丢失的秦通3号、秦通5号界桩，按照协议规定，由秦安县民政局按照《行政区域界线界桩管理办法》有关技术规定重新制作，于8月6日在原址进行了补栽；武漳1号界桩，两县联合检查组于9月8日在原址补栽。11月17日，两市民政局在定西市组织召开了第二次联席会议，审定通过了联检报告及相关资料，启动了平安边界建设创建活动。

（3）县区、乡镇际界线

根据省政府办公厅《关于做好第二轮县级行政区域界线联合检查工作的通知》（甘政办发〔2008〕7号）要求，天水市从2008年3月至10月，对全市10条总长667千米的县级行政区域界线及324条总长3691千米的乡镇界线进行了联合检查。启动了平安边界建设创建活动。

3.第三轮联合检查

（1）市际界线

根据省政府办公厅《关于做好第三轮县级行政区域界线联合检查工作的通知》（甘政办发〔2013〕46号）要求，天水与平凉线联检工作于2013年5月23日启动，完成天水与平凉线4条总长166千米边界线联检工作，对丢失的1颗界桩（秦张庄0号界桩），经庄浪、秦安县民政局协商，已由管护方秦安县民政局负责重新制作补栽，并进一步明确双方界桩管护协议，加强界桩日常管护工作。

2014年4月至10月，完成了天水与陇南的县级行政区域界线7条总长287.30千米的联检任务。对丢失的秦西礼0号界桩，由管护方西和县民政局重新制作补栽；对丢失的秦徽1号界桩，由管护方徽县民政局重新制作补栽；对因暴雨冲刷损坏的秦北徽0号、北徽两0号、北两5号界桩，经协商，由麦积区民政局重新制作，分别在原址栽立。

2014年5月至10月，完成了天水与定西线县级行政区域界线6条总长330千米的联检任务。对丢失的通甘9号、通秦7号界桩，由通渭县民政局负责重新制作并委托沿线乡镇人民政府予以管理。

（2）县区、乡镇际界线

根据国务院《行政区域界线管理条例》和省政府办公厅《关于做好第三轮县级行政区域界线联合检查工作的通知》（甘政办发〔2013〕46号）要求，天水市从2013年6月至11月，对全市10条总长667千米的县级边界线进行了联合检查。对麦秦线被埋的2号界桩、断裂的3号界桩，经秦州、麦积区民政局协商，由管护方麦积区民政局负责重新制作补栽；对麦清线被埋4号界桩，由管护方清水县民政局负责重新制作补栽；对甘麦1号界桩、3号界桩，由麦积区、甘谷县民政局协商，进行了重新制作补栽。除此之外，其他界桩均完好无损，界线走向明确。

2015年11月，市民政局承办了甘青界线第三轮联检总结暨平安和谐边界创建活动经验交流会。

第三章　地名管理

第一节　地名命名与更名

一、秦州区、麦积区

2001年6月5日，天水市民政局向市政府上报了关于加强地名管理和对部分城市地名命名、更名的报告。经市政府2001年6月15日第三次常务会议研究，同意市民政局《关于对市区部分城市地名命名、更名的方案》，决定对秦城、北道两区以下城市地名予以命名、更名。

（一）对连接秦城、北道两区东西走向道路的命名与更名

其一，将秦城区天水郡十字路口东端至北道区潘集寨接310国道处在建道路命名为“羲皇大道”。以分路口和七里墩为界，分为东路、中路、西路三段。

其二，将秦城区天水郡藉河大桥北端至北道区社棠镇柏林村大坝头处的道路命名为“成纪大道”。秦城区现北外环路为西路，北道区现建成段为东路，峡口至罗玉河北桥处为中路。

其三，将现天北高速公路更名为“秦北高速公路”（东起高速公路北道收费站，西至七里墩大桥）。

（二）对秦城区地名的命名与更名

1.对新建、在建和改建后的道路的命名与更名

（1）东西走向的道路

1）将原滨河路更名为“藉河南路”（东起现迎宾路藉河大桥南端，西至藉河西大桥南端东侧）。

2）将原环城路更名为“藉河北路”（东起七里墩藉河大桥西端南侧，西至樱花公园门口）。

3）将罗玉小区市乡镇企业局大门与岷玉路相交处向东与迎宾路相交的路段命名为“三星路”。

4）将甘绒二分厂门口向东的路段命名为“春风路”。

（2）南北走向的道路

1）将天水师范学院东侧南接现南外环路，北至原滨河路的道路命名为“师院路”。

2）将双桥路延伸（北起现北外环路聚宝盆居住小区西侧，向南过藉河人行便桥接现南外环路），原双桥北路不变，原双桥南路更名为“双桥中路”，新延伸的便桥南端路段命名为“双桥南路”。

3）将工农路并入大众路，命名为“大众北路”，原大众北路更名为“大众中路”，南大桥南端与南外环路相交的路段命名为“大众南路”。

4）将合作路延伸（北端起点不变，向南过东团庄藉河大桥，接现南外环路），原合作北路不变，原合作南路更名为“合作中路”，延伸路段更名为“合作南路”。

5）将罗玉路顺河延伸至罗玉河南桥东端与藉河北路东段相交处。

6）将岷山厂文化宫西侧岷山路至藉河人行便桥北端的道路命名为“岷玉路”。

7）将原泰山路缩短，现殡仪馆大门顺山而下向南交接现北外环路处。

8）将青年北路延伸至与北外环路相交处，公园路并入青年南路。

2.对新建、已建桥梁和居民小区的命名与更名

将藉河南大桥更名为“石马坪藉河大桥”。

将藉河西大桥更名为“天水郡藉河大桥”。

将藉河连接迎宾路与南外环路的大桥命名为“迎宾路藉河大桥”。

将藉河连接双桥路的人行便桥命名为“双桥藉河便桥”。

将藉河连接岷玉路与藉河南路的人行便桥命名为“岷玉路藉河便桥”。

将罗玉河连接藉河北路的桥梁命名为“罗玉河南桥”。

将东团庄居民小区命名为“东团庄小区”。

将豹子沟居民小区命名为“莲园小区”。

（三）对北道区内相关地名的命名与更名

将原一马路更名为“陇昌路”。东起区建三公司，西立西货场。

将原二马路更名为“商埠路”。东起排洪渠，西至区文化馆。

将原红旗路、建设路合并更名为“红旗路”。东起天水粮食储运站，西至锻压厂后门。

将原渭河南路更名为“埠南路”。北起渭河人行便桥南端，南至分路口。

将原解放路更名为“埠北路”。北起火车站广场，南至渭河人行便桥北端。

将原前进北路、前进南路统称为“前进路”。北起吕家村，南至渭滨北路。

将原渭滨南路延伸。东起原泉湖路北口，西沿原天北高速公路辅道至立交桥收费处，并更名为“兴陇路”。

将连接埠南、埠北路渭河人行便桥命名为“渭埠便桥”。

将原泉湖路更名为“马跑泉路”。

将交通路更名为“天河北路”。

将正在建设中的市二中门口至渭河大桥处的道路命名为“天河南路”。

从陇昌路与社棠路相交的火车涵洞处起，向北、向西新修路段至与北山路相交的路段

命名为“环城北路”。

将渭河大桥命名为“北道渭河大桥”。

（四）对天水经济技术开发区地名的命名与更名

渭南路：北道区政府已命名该路为“渭滨南路”，更名为“兴陇路”。

仿古商业街：更名为“伯阳中路”。

铁路新村：更名为“开发区铁路新村”。

吉祥花园：该居住区与锦绣花园小区毗邻，与锦绣花园合并，统称“锦绣花园”。

开发区其他原有街、路名称维持不变。

2006年8月9日，天水市民政局上报了关于秦州、麦积两区部分地名命名与更名的请示。2006年11月8日，天水市政府第79次常务会议审议通过。

秦州、麦积两区广场、道路、住宅区标准地名统计情况（截至2015年12月）见表3-1至表3-3。

表3-1　秦州区广场标准地名

序号	原名称	审定标准名称	命名含义	坐落位置	占地面积（m^2）	绿化休闲面积（m^2）
1	中心广场	龙城广场	弘扬伏羲文化和龙文化，彰显“龙城飞将”李广故里之意蕴	大众中路	22000	6600
2	玉泉广场	玉泉广场	因玉泉观得名，打造旅游品牌	成纪大道	4000	2000
3	天河广场	天河广场	取“天河注水”之意，提升天水知名度	七里墩	26664	—
4	樱花园	樱花园	因种植樱花而得名	藉河北路	19731	19731
5	伏羲广场	伏羲广场	因坐落在伏羲庙南侧而得名，弘扬伏羲文化	伏羲路	10000	6500
6	天水郡花园	瀛池广场	因瀛池是“天水”一名之根而得名	瀛池路	1000	—

表3-2　秦州区、麦积区街、路、巷标准地名

序号	原名称	审定标准名称	命名含义	走向	长度（m）	宽度（m）	起止点
1	上庵沟	玉泉路	登玉泉观必经之路，彰显历史文化名城的特色	南北	290	8	北起玉泉观，南至成纪大道
2	广裕路	广裕路	取“共同富裕”之意	南北	300	8.8	北起廖家磨锅炉厂西侧，南至吕二北路花苑小区西侧

续表3-2

序号	原名称	审定标准名称	命名含义	走向	长度（m）	宽度（m）	起止点
3	友好路	友好路	原“友好”大队所在地，取和谐、友好之意	南北	465	8.2	北起伏羲路三角地，沿防洪渠东侧向南延伸至藉河北路
4	永庆路	永庆路	此路因跨经永红、庆华二厂而得名	东西	1578	9.5	东起樱花园西端与藉河北路交会处，经407医院、天光厂，向西直至坚家河防洪渠
5	无名	天惠巷	此路跨经天光家园，北接惠民巷口，“天惠”寓意安康富有	南北	220	5.5	北起南明路惠民巷口对面，南至永庆路
6	无	桃园路	已被群众广泛使用并认同	南北	157	8	北起职中对面，经区建设局，向南至永庆路
7	东兴路	东兴路	因毗邻东团庄，取兴旺发达之意	南北	465	8	北起藉河南路税校西侧，南至羲皇大道
8	无	天庆路	因天庆嘉园而得名	南北	470	8	北起藉河南路检察院西侧，南至羲皇大道
9	无	兴庆巷	此路因连接“东兴路”“东庆路”而取名	东西	400	7	东起东庆路，西至合作南路（二幼西侧）
10	无	安居路	寓意安居乐业	南北	500	8	北起岷山厂招待所，南至岷山路国税局
11	廖家磨路	廖家路	传承老地名“廖家磨”，被群众广泛使用并认同	东西	750	3～4	东起团庄路工会家属楼南侧，西至大众南路建行家属楼北侧
12	皂郊路	皂郊路	原有路，被群众广泛使用并认同	南北	9500	14	北起红山厂南围墙小桥处，南至皂郊村
13	无	军垒巷	因诸葛军垒原址而得名	东西	700	4	东起市林业局对面，西至罗玉路
14	无	乐园路	因儿童乐园和少年文化活动中心而取名	南北	500	8	北起新华路，南至民主路天水日报社
15	无	女娲路	与伏羲路相对应，弘扬伏羲文化	东西	600	8	东起双桥中路，西至伏羲路（食品厂对面）

续表3-2

序号	原名称	审定标准名称	命名含义	走向	长度（m）	宽度（m）	起止点
16	铁工巷	铁工巷	因铁路职工多居住于该路段而得名	南北	200	7	南起铁路职工家属院，北与红旗路接壤
17	同乐路	同乐路	寓意与民同乐	南北	280	8	南起红旗路，北与北山路接壤
18	北山路	北山路	因位于北山根而取名	南北	260	7	南起红旗路，北至环城北路西端
19	林水西路	林水西路	已使用多年，并被群众认同	东西	500	15	东起埠南路，西与建新路接壤
20	林水东路	林水东路	已使用多年，并被群众认同	东西	500	15	东起天河南路，北与埠南路接壤
21	拥军路	拥军路	因军地双方共建而取名	南北	860	6	南起空军天水厂站，北至羲皇大道
22	建新路	书苑路	因新华书店而得名，被群众广泛使用并认同	南北	150	8	南起新华书店家属院，北与兴陇路接壤
23	健康巷	健康巷	因有体育场而得名，被群众广泛使用并认同	南北	500	7	南起建材市场北门，北与兴陇路接壤
24	影院巷	影院巷	因原电影院而得名，被群众广泛使用并认同	南北	300	4	南起红旗路，北与同乐路接壤
25	文武巷	文武巷	因七中、武装部而取名，被群众广泛使用并认同	南北	120	8	南起育才路，北至吕家村便桥
26	地质巷	地质巷	因此路段有地质二队而取名	南北	300	6	南起地质二队，北与羲皇大道接壤
27	新建巷	新建巷	被群众广泛使用并认同	南北	450	6	南起新建巷住宅小区，北与兴陇路接壤
28	臭水沟	安宁巷	取平安、宁静之意	南北	100	6	南起成纪大道东路，北与陇昌路接壤
29	无	东环路	因连接两条主街道的东端而得名	南北	450	12	南起成纪大道东路，北至铁路立交桥西

续表3-2

序号	原名称	审定标准名称	命名含义	走向	长度（m）	宽度（m）	起止点
30	无	天风路	此路因紧挨天水风动厂而得名	南北	480	8	南起成纪大道东路，北至铁路立交桥东
31	陇林路	陇林路	取小陇山“陇林”二字	南北	1200	6	南起小陇山职工医院，北与羲皇大道接壤
32	环城北路	环城北路	因环绕城区北面而取名	东西	1500	12	东起红旗路粮食转运站，西至北山路北端
33	为民路	为民路	取“为民服务”之意，已被群众广泛使用并认同	南北	200	8	南与前进路接壤，北至检察院
34	育才路	育才路	此处有七中和道北小学，寓意培育人才	东西	500	8	东起道北小学门口，西与前进路接壤

表3-3 秦州区、麦积区居民住宅区标准地名

序号	原名称	审定标准名称	命名含义	坐落位置	占地面积（m^2）	建筑面积（m^2）	楼层（层）	楼栋数（栋）	住户数（户）
1	坚家河小区	坚家河家园	因地处坚家河而得名	坚家河	14670	33182	6	9	512
2	春风小区	春风小区	取“春暖花开、风调雨顺”之意	春风路	10000	116000	6	16	1000
3	安居小区	安居小区	取“安居乐业”之意	安居路	87377	138000	7	27	1217
4	天光小区	天光家园	天光厂职工住宅区，因此取名	南明路	35873	67994	4～15	24	856
5	盛源小区	盛源家园	取“兴旺长久”之意	新华路	12372	41500	6	10	400
6	向阳小区	向阳家园	寓意生活充满阳光	罗玉路	9800	21550	2～6	8	380
7	罗玉西村	罗玉西村西	因地处罗峪河畔而得名	罗玉路西端	8600	10200	庭院式		199
8	罗玉东村	罗玉东村东	因地处罗峪河畔而得名	罗玉路西端	13600	15600	庭院式		339
9	庆华庭居	庆华兴居	庆华厂职工住宅区，因此取名	永庆路	57700	71099	6	27	1027

续表3-3

序号	原名称	审定标准名称	命名含义	坐落位置	占地面积（m^2）	建筑面积（m^2）	楼层（层）	楼栋数（栋）	住户数（户）
10	天河家园	天河家园	因毗邻天河广场而得名	羲皇大道	93240	200000	9～18	44	2500
11	永红家园	永红家园	永红厂职工住宅区	永庆路	49802	108000	6	18	890
12	金宇盛世桃园	盛世桃园	取“繁荣昌盛”之意	东兴路	22073	47035	7～11	7	553
13	金宇花苑	金宇花园	金，金色，寓意家庭富裕。指可供人们居住生活的美好家园	大众南路	27109	53569	7～14	11	626
14	方宇花园	方宇花园	取“宽敞舒适”之意	解放路	2526	6400	7	2	74
15	天庆嘉园	天庆嘉园	取“普天同庆”之意	天庆路	51657	127570	7～26	17	854
16	兰天嘉园	兰天嘉园	兰天集团建居民住宅区，因此取名	新华路	12231	38900	7～14	5	300
17	新华苑	新华苑	寓意日新月异、荣华富贵	建新路东端	20069	68900	7-12	9	440
18	兰天花苑	兰天花园	兰天集团建居民住宅区，因此取名	光明巷官泉	1434	9249	12	1	72
19	阳光花苑小区	阳光花园	象征温暖祥和	自由路	5353	40918	6～8	9	280
20	康苑小区	永康苑	寓意幸福安康永驻	光明巷	4429.19	2381594	6～7	5	210
21	尚新小区	尚新苑	位于尚义巷，寓意日新月异	民主路东头	5180	17297	7～9	4	180
22	尚方苑	尚方苑	与尚新苑毗邻	建设路西头	4250	27000	16	2	138
23	天创花园	天创花园	寓意天道酬勤、创造不息	自由路	8150	33628	8	6	272
24	毓秀园小区	毓秀苑	寓意自然环境优美、人才辈出的地方	解放路中段	4699	18714	7	3	120
25	华苑小区	天华苑	寓意富贵、兴旺	交通巷	11928	28717	7～8	6	218
26	金华苑小区	金华苑	美好的人居环境	市一中东侧	4623	19360	5～8	4	106

续表3-3

序号	原名称	审定标准名称	命名含义	坐落位置	占地面积（m^2）	建筑面积（m^2）	楼层（层）	楼栋数（栋）	住户数（户）
27	共和巷小区	秦都家居	以古地名“秦州”命名	共和巷	6091	13944	7	3	126
28	秦苑小区	秦泰苑	寓意秦州大地康泰美好	进步巷	9660	40000	8	7	416
29	东达大厦	东达大厦	取“紫气东来、兴旺发达”之意	中华西路	3009	25846	20	1	120
30	金地花苑	金地花园	美好的居住地	大众南路	10045	42000	6～10	4	300
31	园丁苑小区	园丁苑	师院教师住宅区	奶粉厂东侧	6912	18835	5～12	4	148
32	成纪花园	成纪花园	以古地名“成纪”命名	解放路	13913	19300	6	4	150
33	嘉秀花园	嘉秀花园	寓意吉祥、秀丽	成纪大道	11072	34669	7～8	5	218
34	都市花园	都市花园	寓意最佳的人居环境	奋斗巷	4933	33000	7～22	4	168
35	金桥小区	金桥花园	寓意走上小康和谐之路	尚义巷	7160	11496	8	4	206
36	金怡园	金怡园	寓意富贵、舒适、安逸	解放路中段	10637	26605	7	5	171
37	博爱居	博爱居	寓意博爱为怀、人际和谐、相互关爱	羲皇大道西段	2234	15000	6～11	4	178
38	宝鼎花苑	宝鼎花苑	寓意风水宝地	成纪大道中段	4310	12800	6	3	110
39	峪河兴居	峪河兴居	与罗峪河相毗邻，寓意安康兴旺	罗玉路	10625	19550	6	4	19550
40	南山家园	南山家园	因地处南山而得名	吕二北路南段	17760	32572	6	11	480
41	怡园小区	欣怡园	取“欣欣向荣、舒适安逸”之意	羲皇大道	8482	11000	6	7	178
42	华港馨居	华港兴居	寓意温馨的居住家园	羲皇大道	10470	32000	6	7	230
43	南溪苑小区	南溪苑	面向南山，吕二沟小溪从西北方向流过，因此取名	石马坪	2184	10730	8	2	85

续表3-3

序号	原名称	审定标准名称	命名含义	坐落位置	占地面积（m²）	建筑面积（m²）	楼层（层）	楼栋数（栋）	住户数（户）
44	正大花苑	正大花园	寓意光明正大、不断发展壮大	岷山厂办公楼东侧	3092	29427	7	6	333
45	嘉乐广场	嘉乐广场	寓意吉祥欢乐	成纪大道西段	12447	47652	12～14	4	230
46	华泰苑小区	华泰苑	寓意幸福、安泰	广裕路	2400	16074	7	3	210
47	梧林苑	梧林苑	取“凤凰非梧桐不栖”之意	解放路	11188	29000	7	6	198
48	天润苑	天润苑	取“天润斯苑、水泽福地”之意	瀛池路	11322	30000	7	7	328
49	宝泰花园	宝泰花园	取“家泰、民乐”之意	自由路东端	6883	20000	7	5	120
50	皇城小区	皇城兴居	因地处皇城路而得名	皇城路东头	4000	9000	2～4	5	81
51	东苑花园	东源兴居	寓意紫气东来、源远流长	古风巷	15333.41	58000	6～8	11	371
52	东升花园	东升花园	取“旭日东升”之意	建设路东端	8156	27953	6～14	6	100
53	玉兰居家	玉兰嘉苑	小区绿化以玉兰树为主，因此取名	忠武巷	16666	37636	6～11	7	732
54	天府华庭小区	天府兴居	象征富丽堂皇、高贵典雅	藉河南路	8421	23614	12	3	188
55	乾源名居小区	乾源名居	位于伏羲庙东侧，以伏羲定乾坤，因此取名	双桥北路	10160	20000	庭院式	—	78
56	天府东升小区	天府名居	象征富丽堂皇、高贵典雅	建设路东头	4620	26000	7～15	3	106
57	天府共和巷小区	天府嘉居		共和巷	1800	8000	8	2	93
58	天府十方堂小区	十方堂兴居	以老地名命名	建设路	2473.3	8500	8～10	2	53
59	今天花园	今天花园	寓意明日梦想从今日开始	新华路	7951	33000	6～8	3	150
60	新华园小区	新华居	寓意日新月异、荣华富贵	新华路	6813	20393	26	5	174
61	书香花苑	书香苑	因住户以教师为主，故名“书香苑”	羲皇大道	7152	17880	7	3	215

续表3-3

序号	原名称	审定标准名称	命名含义	坐落位置	占地面积（m^2）	建筑面积（m^2）	楼层（层）	楼栋数（栋）	住户数（户）
62	泰山路底商住宅楼	泰鑫家居	取“财富兴旺”之意	泰山路北口	3260	13270	8	4	112
63	织锦园小区	织锦苑	因地处“织锦台”而得名	育生巷	12044	18999	7	5	144
64	中东小区	双槐居	因有两棵国槐而取名	中华东路	17131	15598	4	9	134
65	共和花园	共和花园	因地处共和巷而得名	共和巷	1798	11286	9	3	87
66	东团庄小区/秦宇小区	华宇家居	取天华公司的“华”和秦宇公司的“宇”而命名	东兴路	6246	20647	6	7	248
67	宏达小区	宏达家居	取“大气、通达”之意	五龙路	5600	11000	6	3	82
68	天乐苑小区	天乐苑	寓意欢乐、吉祥	北山路	11603	73488	5～18	31	1398
69	铁西园小区	铁西园	铁路职工住宅家园	红旗路	28850	60000	6	15	580
70	天禧苑小区	天禧苑	寓意安乐、吉祥	北山路	30000	70000	6	16	704
71	开发区铁路新村	铁路新村	以行业名称命名	甘泉路	32000	62000	6	19	905
72	锻压厂家属区	锻压家园	锻压厂职工住宅区	成纪大道东路	11000	54010	6	23	943
73	新建巷住宅小区	新建巷小区	因位于新建巷而得名	新建巷	17926	60000	6	12	514
74	渭水源住宅小区	渭水源小区	麦积城区临渭水第一个住宅小区，因此取名	成纪大道东路	74994	130000	6～12	28	1400
75	金兴家园	金兴家园	寓意康乐、兴旺	羲皇大道	14000	40000	5～8	5	280
76	世纪花园	世纪花园	以世纪初立项建造得名	石佛路	5450	24906	6～16	3	112
77	陇林佳园	陇林家园	取小陇山林业局“陇林”二字	花牛路	7870	22977	3～6	4	210
78	陇林南园	陇林南园		陇林路	8840	11092	6	6	210
79	陇林西园	陇林西园		花牛路	18740	22567	6	8	360

续表3-3

序号	原名称	审定标准名称	命名含义	坐落位置	占地面积（m^2）	建筑面积（m^2）	楼层（层）	楼栋数（栋）	住户数（户）
80	林校家属院	桃李园	取“桃李满天下”之意	新建巷	9042	11020	6	4	78
81	清源小区	清源家居	取“清如源头之水”之意	埠南路	10000	21200	6	7	200
82	地质总队家属院	地勘兴居	地勘职工住宅区	甘泉路	10800	13200	7	4	124
83	盛源新区	盛源兴居	取“兴旺长久”之意	天河南路	12666	33000	6	13	230
84	213家属院	金色家园	取“有色金属”中“金”“色”二字命名	党川路	9000	15000	6	5	168
85	华龙小区	华龙家居	取“美好、崛起”之意	兴陇路	12020	21000	7	5	202
86	厂坝家属院	厂坝家居	厂坝职工住宅区	琥珀路	12000	15000	7	5	139
87	天工小区	天工兴居	取天水工务材料段“天”与“工”二字命名	工人巷	8886	29936	6	4	228
88	滨河路小区	溪水家园	因临渭河水而得名	成纪大道东路	8000	20000	4	9	336
89	医药站家属院	安康家园	取“平安、健康”之意	前进路	26700	17599	4～6	5	248
90	华辰小区	华辰家居	取“最佳居住地”之意	新建巷	8000	16792	6	4	180
91	宏达新区	宏达兴居	取“大气、通达”之意	新建巷	7000	16400	6	4	116
92	渭水家园小区	渭水家园	因临近渭水而得名	成纪大道东路	3600	60000	6	16	538
93	景园大厦	景园大厦	取“春和景明”之意	埠北路	4807	28991	14	1	126
94	为民园小区	为民兴居	因地处为民路而得名	为民路	4265	8080	6	3	96
95	欣荣住宅小区	欣荣名居	寓意欣欣向荣	育才路	4936	12000	6	4	125
96	市二中家属院	育才花园	此楼为教师住宅区，取“教书育人”之意	羲皇大道	5333	10118	4～6	4	154

续表3-3

序号	原名称	审定标准名称	命名含义	坐落位置	占地面积（m^2）	建筑面积（m^2）	楼层（层）	楼栋数（栋）	住户数（户）
97	林水小区	林水苑	以路名命名	林水东路	19804	32000	6	8	408
98	饮食公司家属院	滨河园	因临近滨河饭店而得名	埠南路	7893	10040	6	4	156
99	恒利小区	恒利兴居	取“恒久、顺利”之意	新建巷	8000	11138	6	4	120
100	地勘家属院	地勘家园	地勘职工住宅区	羲皇大道	50137	42656	6	12	628
101	金穗大厦	金穗名居	金穗寓意丰收。该小区为粮食局职工家属楼，故而得名	前进路	10000	11040	6	4	138
102	区建一公司家属院	建安名居	“建筑安装”的简称	商埠路	11000	13000	8	4	156
103	土特产公司家属院	金果家园	取麦积各种水果的引申义	商埠路	13500	25600	5	5	236
104	新秀花园	新秀花园	取“最新、最美”之意	商埠路	21200	31100	6	12	282
105	十栋楼	十栋楼	沿用民间惯用叫法	商埠路	12800	23330	6	5	217
106	兴中小区	兴中名居	取“兴旺、恰好”之意	渭滨北路	10000	12000	6	4	122
107	民贸小区	民茂家居	象征居民生活富足	陇昌路	11000	18000	6	4	177
108	前进小区	前进家居	以路名命名	前进路	11020	12300	6	4	120
109	天烟家园	润天家园	取“滋润、惠泽天水人民”之意	三十甸子	48883	69790	6	11	505
110	天水卷烟厂家属区	润景花园	取“滋润、惠泽”之意	羲皇大道	20296	18000	5	6	200

2015年8月21日至9月8日期间，《天水日报》及其微信公众号、天水市政府网站、天水在线网站、天水生活网站等多家媒体公示道路、街巷名称92条，桥梁名称16条，居民住宅名称195条，高层建筑物名称64条，城市公交站点名称365条，共732条地名。同时，广泛听取征求了社会各界人士、专家学者、广大市民和申报单位的意见和建议。市民政局对征集到的87条意见建议逐项进行了讨论和评审，共采纳了45条合理的意见建议，采纳率达52%。

2015年11月6日，天水市民政局在市政府第47次常务会议上对秦州、麦积两区部分地名标准化处理情况作了汇报，已审议通过。审定表见表3-4至表3-8。

表 3-4　天水市秦州区、麦积区道路、街巷标准地名审定表

序号	原名称	审定标准名称	审定读音	命名含义	宽度（m）	长度（m）	起止点	路段著名地标	申报单位
1	秦州大道	秦州大道	QINZHOU ADAO	以秦州古地名命名，因其历史悠久，应传承此名	50	15000	东起天水郡赤峪路东端，西止藉口	北有天定高速，南有213厂、大唐人家、田家庄、太京山	市交通局
2	无	藉水北路	XISHUI BEILU	《水经注》：“藉水即洋水也。”藉河古名洋水。藉水是藉河的老名称，历史悠久，存续时间长。同时，“水”是“天水”大地名的二号字，此路因位于藉河南北两岸得名	20	2500	东起成纪大道西路西端，西止天靖山藉河大桥	北有王家磨、山水家园，南有藉河	秦州区建设局
3	无	藉水南路	XISHUI NANLU		20	1200	东起南沟河西岸，西止天靖山藉河大桥	北有藉河，南有山水新城	秦州区建设局
4	无	平峪路	PINGYU LU	此路依平峪沟东岸而建，因此得名	24	709	北起藉水南路，南止秦州大道	东有山水新城，西有平峪沟	秦州区建设局
5	无	池水路	CHISHUI LU	此路东临池滩，横穿山水新城，取池和水而得名	24	700	东起池滩村，西止平峪路	南有省机械工业职业技术学院	秦州区建设局
6	无	颐养路	YIYANG LU	此路通往区养老福利中心而得名	6	440	北起区养老中心，南止藉水北路	东有王家磨村，西有山水嘉园	秦州区建设局
7	无	老君庙路	LAOJUNMIAO LU	此路通往老君庙而得名	5	850	北起秦州大道，南止老君庙	东临南沟河，西有老君庙	秦州区建设局
8	无	莲园巷	LIANYUAN XIANG	因石马坪街道莲园社区所在地而得名	6	200	北起藉河南路，南止广播电视转播塔	东有天水市预备役师家属院，西有石马坪中学	秦州区建设局

续表 3-4

序号	原名称	审定标准名称	审定读音	命名含义	宽度（m）	长度（m）	起止点	路段著名地标	申报单位
9	陵园路	燕林北路	YANLIN BEILU	此路因通往燕坞山脚，位于羲皇大道西路之北而得名	4	270	北起藉河南路，南止羲皇大道西路	东有天宝塑业，西有国家电网	秦州区石马坪街道
10	陵园路	燕林南路	YANLIN NANLU	此路因通往燕坞山脚，位于羲皇大道西路之南而得名	4	250	北起羲皇大道西路，南止烈士陵园	东有天宝塑业，西有供电公司、石马坪街道办事处	秦州区石马坪街道
11	无	万寿宫巷	WANSHOUGONG XIANG	因毗邻“万寿宫”而得名	4	200	北起市卫生局家属楼，南止民主东路	东有万寿宫、市农业局，西有市粮食局	秦州区东关街道
12	东庆路	天庆路	TIANQING LU	此路因从天庆嘉园而过得名	6	450	北起藉河南路，南止羲皇大道西路	东有市法院和天府家居，西有天庆嘉园和兴庆巷	天庆房产
13	无	南郭寺路	NANGUOSI LU	此路因通往南郭寺而得名	6	2000	北起羲皇大道西路，南止南郭寺	东有南郭寺、成纪博物馆，西有邓宝珊纪念馆、南苑山庄	秦州区石马坪街道
14	无	东方红路	DONGFANG HONG LU	此路因毗邻东方红村而得名	2	400	东起岷玉路，西止罗玉路	南有市公安局，北有东方红村	秦州区七里墩街道
15	秦中纬九路	教场路	JIAOCHANG LU	此路因位于老地名“教场”而得名	5	3000	东起枣园庄东侧（藉河北岸），西止罗玉路中	北有正大花园、南有安居小区和国土资源大厦	秦州区七里墩街道
16	秦中经十七路	永安路	YONGAN LU	因原地在唐朝有永安寺而得名，寓“永远安定”之意	15	591	北起皇城路、南止岷山路	东有国土资源大厦、交警支队办公楼，西有岷山厂居民区	秦州区七里墩街道
17	无	兴玉巷	XINGYU XIANG	此路因位于罗玉小区内而得名，寓“兴旺发达”之意	5	350	北起三星路，南止藉河北路	东有罗玉小区11号楼，西有计算机专修学院	秦州区七里墩街道

续表 3-4

序号	原名称	审定标准名称	审定读音	命名含义	宽度（m）	长度（m）	起止点	路段著名地标	申报单位
18	无	金家庄路	JINJIAZHUANG LU	此路因位于金家庄村而得名	30	630	北起岷山路，南止藉河北路	东有政务中心，西有春风小区和春风佳苑	秦州区七里墩街道
19	无	长城巷	CHANGCHENG XIANG	此路因绕长城家园而得名	6	650	北起水家沟便桥，南止岷山路	北有干休所，南有长城家园、长城中学、长城幼儿园	秦州区七里墩街道
20	无	科研路	KEYAN LU	此路因通往甘肃电器科学研究院（简称“科研”）而得名	10	550	北起天北高速公路，南止羲皇大道中路	东有电器检测中心，西有岐黄药业	秦州区七里墩街道
21	无	长城路	CHANGCHENG LU	因长城电器集团得名	8	1100	东起西电长城，西止电科路	北有秦北高速公路，南有长城开关厂、电科院	秦州区七里墩街道
22	无	天河路	TIANHE LU	此路因通往天河家园而得名	8	525	北起羲皇大道中路，南到天河家园向东延止东十里村	东有东十里新农村，西有天河家园、派尔印刷公司	秦州区七里墩街道
23	无	飞天路	FEITIAN LU	此路段因有天水飞天雕漆工艺厂（简称“飞天”）而得名	10	450	北起长城路，南止羲皇大道中路	东有西电长城合金厂，西有飞天雕漆公司	秦州区七里墩街道
24	无	鸿业路	HONGYE LU	寓意走鸿运、创大业	10	450	北起长城路，南止羲皇大道中路	东有污水处理厂，西有飞鸿医疗电器厂	秦州区七里墩街道
25	无	和谐路	HEXIE LU	此路段因有和谐家园而得名	7	545	北起秦麦高速公路，南止羲皇大道中路	东有和谐家园，西有特殊学校、儿童福利院	秦州区七里墩街道
26	无	孙家坪路	SUNJIAPING LU	此路因通往孙家坪村得名	7	700	北起孙家坪村，南止羲皇大道中路	东有和煦家园，西有和谐家园	秦州区七里墩街道

续表 3-4

序号	原名称	审定标准名称	审定读音	命名含义	宽度（m）	长度（m）	起止点	路段著名地标	申报单位
27	红旗路	区府西路	QUFU XILU	因麦积区的国家行政机关位于此路而得名	15	2000	东起前进路，西止成纪大道东路	北有区委区政府，南有铁西苑	麦积区建设局
28	红旗路	区府东路	QUFU DONGLU		15	1500	东起社棠西路西端，东止前进路	北有实验小学，南有道北社区卫生中心	麦积区建设局
29	无	铁龙路	TIELONG LU	北道埠因铁路兴起，陇海铁路如巨龙穿越其境，此路依陇海铁路北边平行而建，因此取名	15	1300	北起区府西路，经铁西苑至天水锻压机床厂北厂区，沿铁道向西至成纪大道东路	东有天怡园，西有铁西苑，北有锻压北厂区，南有铁道	麦积区道北街道
30	无	西环路	XIHUAN LU	此路因位于北道埠老城西端而得名	16	270	北起陇昌路，南止成纪大道东路	东有西河苑，西有典盛热力	麦积区北道埠街道
31	无	农丰路	NONGFENG LU	因沿路的企业经营农机、化肥等涉农物资，因此取名，寓意丰收	6	120	北起社棠西路，经祥丰公司，南止小陇山林供站	东有煤建公司，西有祥丰公司	麦积区北道埠街道
32	社棠路	社棠西路	SHETANG XILU	此路因通往社棠而得名，社棠取“社树坪”的“社”字和《诗经·甘棠》一诗所咏“甘棠遗爱”故事中的“棠”字	15	4300	东起成纪大道东路，西止陇昌路东端立交桥	北有陇海铁路，南有妇幼保健所	麦积区社棠镇政府
33	社棠路	社棠中路	SHETANG ZHONGLU		15	2000	东起开发区瑞达路西端，西止社棠东路东端	北有陇海铁路，南有柏林村和社棠工业园	麦积区社棠镇政府
34	社棠路	社棠东路	SHETANG DONGLU		15	2700	东起甘棠路东端，西止甘棠西路	北有星火家园，南有陇海铁路	麦积区社棠镇政府

续表 3-4

序号	原名称	审定标准名称	审定读音	命名含义	宽度（m）	长度（m）	起止点	路段著名地标	申报单位
35	无	晒经路	SHAIJING LU	据《麦积志》载，“唐僧师徒行至三江口（今渭河、永川河、牛头河交汇处），所取经卷跌入江中，在江北岸口一平台上晒干经卷”，因此取名	8	2500	北起渠里村，南止绵诸路	东有向阳村，西有俊林村	麦积区社棠镇政府
36	无	绵诸路	MIANZHU LU	此路因通往绵诸村而得名，绵诸地名已有2400多年历史	14	2300	北起步沟村北，南止社棠中路	东有中等专业学校，西有绵诸村	麦积区社棠镇政府
37	社棠路	甘棠西路	GANTANG XILU	语出“甘棠遗爱”故事，因此取名	14	1100	西起绵诸路，东止甘棠中路	北有社棠铁通营业所，南有白庄村	麦积区社棠镇政府
38	社棠路	甘棠中路	GANTANG ZHONGLU		14	300	北起甘棠西路，南止甘棠东路	东有第五人民医院，西有白庄村	麦积区社棠镇政府
39	社棠路	甘棠东路	GANTANG DONGLU		14	1300	西起甘棠中路，东止社棠东路东端	北有社棠家园，南有陇海铁路	麦积区社棠镇政府
40	无	天飞北路	TIANFEI BEILU	此路因通往天水飞机工业公司（简称“天飞”）而得名	14	368	北起成纪大道中路，南止羲皇大道中路	东有天水鹏源商贸，西有二十里铺村村地	麦积区花牛镇政府
41	无	天飞南路	TIANFEI NANLU		14	900	北起羲皇大道中路，南止董沟村，向东至中航天水公司家属区	东有中航天水飞机工业公司，西有天飞家园、电传所	麦积区花牛镇政府

续表 3-4

序号	原名称	审定标准名称	审定读音	命名含义	宽度（m）	长度（m）	起止点	路段著名地标	申报单位
42	无	天航路	TIANHANG LU	此路因东边是天水民航机场（简称“天航”）而得名	14	315	北起成纪大道中路，南止羲皇大道中路	东有天水机场，西有天水鹏源商贸	麦积区花牛镇政府
43	无	陇右西街	LONGYOU XIJIE	“陇右”由陇山而来，最早出现于汉末。麦积区是陇右重镇、丝绸之路的必经之地，自古以来当地人民创造了丰富、独特的丝绸之路陇右地域文化，为传承和发扬陇右文化，因此取名	44	4800	西起天航路，东止埠南路	北有秦北高速，南有羲皇大道中路	天水城投公司
44	无	陇右中街	LONGYOU ZHONGJIE		44	2200	西起埠南路，东止永川河西路	北有桥南物流中心，南有恒顺江山悦城	天水城投公司
45	无	陇右东街	LONGYOU DONGJIE		44	3400	西起永川河东路，东止潘集寨大桥	北有国道310，南有羲皇大道东路	天水城投公司
46	213巷	陇鑫路	LONGXIN LU	甘肃省核地质二一三大队主要从事铀、金及多金属普查、勘探工作。《篇海类编》中讲“鑫，金长”，取其“金多兴旺”之意	6	470	北起羲皇大道中路，南止南山路	东有烟草配送中心，西有烟草麦积分公司	麦积区桥南街道
47	书苑路	书苑路	SHUYUAN LU	因区委党校及新华书店家属院位于此路而得名，寓意书香荟萃之处	25	1400	北起兴陇路，南止羲皇大道中路	东有陇林佳园，西有区委党校	麦积区桥南街道
48	南山巷	南山巷	NANSHAN XIANG	此路因通往南山脚下而得名	8	580	东起陇林路，西止矿院路	北有小陇山子弟学校，南有骨科医院	麦积区桥南街道

续表 3-4

序号	原名称	审定标准名称	审定读音	命名含义	宽度（m）	长度（m）	起止点	路段著名地标	申报单位
49	无	林苑路	LINYUAN LU	此路因两旁为陇林佳园而得名	14	450	北起桥南建材市场，南起羲皇大道中路	东有小陇山医院，西有陇林佳园	麦积区桥南街道
50	103 路	龙园西路	LONGYUAN XILU	以中华民族的图腾——龙命名，弘扬伏羲文化，纪念天水历代名人，宣传天水悠久历史文化	18	2100	东起永川河西路，西止天河南路	北有恒顺江山悦城，南有天庆国际城	麦积区城投公司
51	113 路	龙园东路	LONGYUAN DONGLU		24	3200	东起 310 国道，西止永川河东路	南北均为耕地	麦积区城投公司
52	伯阳西路	伯阳西路	BOYANG XILU	相传老子曾在麦积区渭河北岸著书立说，以他的字“伯阳”命名，以示纪念	14	410	东起石佛路，西止天河南路	北有龙园中学，南有综合执法局	麦积区桥南街道
53	伯阳路	伯阳中路	BOYANG ZHONGLU		14	360	东起甘泉路，西止石佛路	北有检疫局，南有农发行麦积支行	麦积区桥南街道
54	伯阳路	伯阳东路	BOYANG DONGLU		14	370	东起永川河西路，西止甘泉路	北有地税局，南有龙园	麦积区桥南街道
55	107 路	马跑泉路	MAPAOQUAN LU	相传唐代尉迟敬德与番将作战，西征路过此地，天热干旱，军中苦无水，人渴马乏，将军战马前蹄跑地，一股泉水喷涌而出，故名马跑泉。此路即以马跑泉命名	24	2100	东起泉湖路，西止书苑路	北有宏达新花苑，南有天庆新城	麦积区国投公司

续表 3-4

序号	原名称	审定标准名称	审定读音	命名含义	宽度(m)	长度(m)	起止点	路段著名地标	申报单位
56	石佛路	石佛北路	SHIFO BEILU	后周时期有石雕佛像一尊，后修石佛寺而得名石佛镇，自古为商埠重镇。此路以石佛镇命名	12	700	北起兴陇路，南止陇右中街	西有青牛园，东有兴旺楼	麦积区国投公司
57	无	石佛中路	SHIFO ZHONGLU		12	740	北起陇右中街，南止羲皇大道东路	西有麦积公安分局	麦积区国投公司
58	无	石佛南路	SHIFO NANLU		12	500	北起羲皇大道东路，南止南山路	西有广济医院，东有胡王村	麦积区国投公司
59	甘泉路	甘泉北路	GANQUAN BEILU	唐代诗人杜甫创作的《太平寺泉眼》中以“香美胜牛乳”赞美太平寺泉的神奇以及泉水的清与美。因此，将太平寺更名为“甘泉寺”。此路以甘泉镇而得名	24	701	北起兴陇路，南止陇右中街	东有仿古街，西有供电公司	麦积区国投公司
60	无	甘泉中路	GANQUAN ZHONGLU		24	710	北起陇右中街，南止羲皇大道东路	东西两边均为马跑泉耕地	麦积区国投公司
61	无	甘泉南路	GANQUAN NANLU		24	310	北起羲皇大道东路，南止南山路	东西两边均为马跑泉胡王村	麦积区国投公司
62	琥珀路	琥珀北路	HUPO BEILU	此路以琥珀镇命名，相传以前镇境内河道发现琥珀，故得名琥珀沟。此路因此而得名	12	715	北起兴陇路，南止陇右中街	东有金都家园，西有铁路新村	麦积区国投公司
63	无	琥珀中路	HUPO ZHONGLU		12	677	北起陇右中街，南止羲皇大道东路	东西两边均为马跑泉耕地	麦积区国投公司
64	无	琥珀南路	HUPO NANLU		12	327	北起羲皇大道东路，南止南山路	东西两边均为马跑泉胡王村	麦积区国投公司

续表 3-4

序号	原名称	审定标准名称	审定读音	命名含义	宽度（m）	长度（m）	起止点	路段著名地标	申报单位
65	马跑泉路	泉湖路	QUANHU LU	因泉水喷涌而出，得马跑泉之名，修造人工湖。此路位于泉湖西边，得泉湖路之名	40	740	北起兴陇路，南至羲皇大道东路	东有马跑泉公园，西有龙园	麦积区国投公司
66	无	永川河西路	YONGCHUANHE XILU	境内四河汇合、形如篆文“永”字而得名永川河。此路因毗邻永川河西岸而得名	15	900	北起310国道，南至羲皇大道东路	西有紫御润园、龙泉家园，东有永川河	麦积区国投公司
67	无	永川河东路	YONGCHUANHE DONGLU	境内四河汇合、形如篆文“永”字而得名永川河。此路因毗邻永川河西岸而得名	15	900	北起310国道，南至羲皇大道东路	东有顺达驾校，西有永川河	麦积区国投公司
68	司法巷	天泉巷	TIANQUAN XIANG	因天泉佳园而得名，并寓雨水和雪水之意	14	297	东起龙泉家园门口，西至马跑泉路	北有司法局、司法家园，南有天泉佳苑	麦积区桥南街道
69	麦贾公路	麦积大道	MAIJI DADAO	此路因通往国家5A级旅游风景区麦积山区而得名	40	23000	北起麦贾公路与羲皇大道东路交汇处，南至麦积山石窟	北有东山村，南有吴家河、甘肃林业职业技术学院	市交通局
70	一号路	荟英路	HUIYING LU	寓意汇聚英才之意	13	2300	东起润天路，西止科技北路	北有陇海铁路，南有宝兰高铁、瑞达体育	开发区管委会
71	三号路东段	华圆东路	HUAYUAN DONGLU	因华圆制药设备公司位于该路段而得名，寓意繁盛华美、圆满成功	24	925	东起创业路，西止华圆西路	北有华圆制药，南有长城工业园	开发区管委会
72	三号路西段	华圆西路	HUAYUAN XILU	因华圆制药设备公司位于该路段而得名，寓意繁盛华美、圆满成功	24	1400	东起华圆东路，西止潘集寨渭河大桥东端	北有华洋电子、黄河电气，南有卷烟厂、胜华电缆	开发区管委会

续表 3-4

序号	原名称	审定标准名称	审定读音	命名含义	宽度（m）	长度（m）	起止点	路段著名地标	申报单位
73	五号路东段	润天东路	RUNTIAN DONGLU	寓意润泽天水经济开发区	24	2388	东起刘尧渭河大桥，西止社棠渭河大桥北端	北有星火园区，南有渭河	开发区管委会
74	五号路西段	润天西路	RUNTIAN XILU		24	2328	东起社棠渭河大桥北端，西止潘集寨渭河大桥东端	北有长城电工集团、卷烟厂，南有渭河	开发区管委会
75	七号路	渭水路	WEISHUI LU	因位于渭水南岸而得名	24	3088	东起刘尧渭河大桥南端，西止310国道	北有渭河，南有金岳银锋公司、凯迪电厂	开发区管委会
76	九号路东段	燎原东路	LIAOYUAN DONGLU	因新能源而得名，寓意星星之火，可以燎原	15	253	东起新源路，西止昌盛路	北有建设用地，南有电科院	开发区管委会
77	九号路西段	燎原西路	LIAOYUAN XILU		15	525	东起昌盛路，西止尚义路	北有建设用地，南有电科院	开发区管委会
78	无	庆华路	QINGHUA LU	因庆华电子科技公司位于该路而得名，寓意福泽	15	708	东起经开北路，西止信义路	北有庆华电子科技公司，南有魏氏骨贴	开发区管委会
79	中五路北延段	信义路	XINYI LU	寓意诚实守信、崇尚正义	24	991	北起社棠东路，南止潘集寨渭河大桥东端	东有华中杜仲生物公司，西有渭河	开发区管委会
80	中规划路北延段	经开北路	JINGKAI BEILU	寓意经济技术开发区创新发展	24	682	北起社棠东路，南止华圆西路	东有华洋电子公司，西有庆华电子科技公司	开发区管委会

续表 3-4

序号	原名称	审定标准名称	审定读音	命名含义	宽度（m）	长度（m）	起止点	路段著名地标	申报单位
81	中规划路	经开南路	JINGKAI NANLU	寓意经济技术开发区创新发展	24	685	北起华圆西路，南止润天西路	东有卷烟厂，西有开发区商务区	开发区管委会
82	二号路北段	科技北路	KEJI BEILU	寓意崇尚科学技术，以科技推动开发区跨越发展	24	278	北起荟英路，南止华圆西路东端	东有华圆制药，西有隆源轻钢	开发区管委会
83	二号路南段	科技南路	KEJI NANLU		24	520	北起华圆西路东端，南止润天西路	东有长城电工集团，西有天水卷烟厂	开发区管委会
84	中四号路北段	创业路	CHUANGYE LU	因星火机械制造公司得名，寓意星星之火，可以燎原	24	797	北起荟英路，南止社棠渭河大桥北端	东有星火产业园，西有上海胜华电缆公司	开发区管委会
85	中四号路南段	创新路	CHUANGXIN LU	寓意开拓创新、锐意进取	24	446	北起社棠渭河大桥，南止310国道	东有金岳银峰，西有扬州科宇	开发区管委会
86	中六号路	星火路	XINGHUO LU	因星火机产业园而得名	24	593	北起荟英路，南止润天东路	东有友联工贸公司，西有星火产业园	开发区管委会
87	中十号路	碧水路	BISHUI LU	因污水处理厂位于该路段得名，寓意绿水、清水	15	525	北起荟英路，南止润天东路	东有污水处理厂，西有高盛纺织公司	开发区管委会
88	南二号路	花南路	HUANAN LU	因道路位于花南村而得名	15	296	北起渭水路，南止310国道	东有华建新材料，西有中航	开发区管委会

续表 3-4

序号	原名称	审定标准名称	审定读音	命名含义	宽度（m）	长度（m）	起止点	路段著名地标	申报单位
89	南六号路	尚义路	SHANGYI LU	寓意诚实守信、崇尚正义	15	541	北起渭水路，南止310国道	东西均为建设用地	开发区管委会
90	南八号路北段	昌盛北路	CHANGSHENG BEILU	寓意建设一个繁荣昌盛的国家级经济开发区	15	312	北起渭水东路，南止燎原西路东端	东西均为建设用地	开发区管委会
91	南八号路南段	昌盛南路	CHANGSHENG NANLU		15	368	北起燎原西路东端，南止310国道	东西均为建设用地	开发区管委会
92	南十号路	新源路	XINYUAN LU	因新材料、新能源产业园而得名	15	692	北起银峰东路，南止花南村	东有凯迪电厂，西有电科院	开发区管委会

注：本表部分名称为表述简便，使用简称。

表3-5 天水市秦州区、麦积区桥梁标准地名审定表

序号	原名称	审定标准名称	审定读音	命名含义	宽度(m)	长度(m)	起止点	申报单位
1	山水1号大桥	天靖山藉河大桥	TIANJINGSHAN XIHE DAQIAO	因大桥位于天靖山的藉河之上而得名	28.6	1254.5	北起藉河北路，南止藉河南路	秦州区建设局
2	无	坚家河藉河人行桥	JIANJIAHE XIHE RENXINGQIAO	因人行桥位于坚家河处的藉河之上而得名	3	184	北起藉河北路，南止藉河南路	天水城投公司
3	双桥便桥	双桥藉河大桥	SHUANGQIAO XIHE DAQIAO	因大桥位于老地名双桥处的藉河之上而得名	24	484	北起藉河北路，南止藉河南路	天水城投公司
4	藉河便桥	廖家磨藉河人行桥	LIAOJIAMO XIHE RENXINGQIAO	因人行桥位于廖家磨北侧而得名	3	180	北起藉河北路，南止藉河南路	秦州区建设局
5	东团庄大桥	东团庄藉河大桥	DONGTUANZHUANG XIHE DAQIAO	因大桥位于东团庄小区处的藉河之上而得名	14	194	北起藉河北路，南止藉河南路	秦州区建设局
6	藉河大桥	天庆藉河大桥	TIANQING XIHE DAQIAO	因大桥位于天庆嘉园附近的藉河之上而得名	30	190	北起藉河北路的居民住宅金水湾，南止藉河南路居民区天庆嘉园	市建设局
7	左家场桥	左家场罗玉河人行桥	ZUOJIACHANG LUOYUHE RENXINGQIAO	因人行桥位于左家场处的罗玉河之上而得名	15	41	东北起罗玉路，西南止罗玉河南岸	秦州区建设局
8	五里铺大桥	五里铺藉河大桥	WULIPU XIHE DAQIAO	因大桥位于五里铺处的藉河之上而得名	17	264	西起藉河北路，东止岷山路	秦州区建设局
9	无	孙家坪藉河大桥	SUNJIAPING XIHE DAQIAO	因大桥位于孙家坪处的藉河之上而得名	25	305	北起孙家坪村，南止和谐家园和乌金紫郡	天水城投公司

续表 3-5

序号	原名称	审定标准名称	审定读音	命名含义	宽度（m）	长度（m）	起止点	申报单位
10	无	峡口渭河大桥	XIAKOU WEIHE DAQIAO	因大桥位于峡口村以东的渭河之上而得名	24	660	西起北山路，东与渭滨北路相接	天水城投公司
11	渭埠便桥	北道埠渭河人行桥	BEIDAOBU WEIHE RENXINGQIAO	因此桥是最早通往北道埠的渭河便桥而得名	7	366	北起成纪大道东路，南止兴陇路	市建设局
12	渭河大桥	马跑泉渭河大桥	MAPAOQUAN WEIHE DAQIAO	因大桥位于马跑泉的渭河之上而得名	23	410	北起成纪大道东路，南止马跑泉路	市建设局
13	无	柏林渭河大桥	BAILIN WEIHE DAQIAO	因大桥位于柏林村以南的渭河之上而得名	24	415	北起柏林村，南止310国道	天水城投公司
14	一号大桥	潘集寨渭河大桥	PANJIZHAI WEIHE DAQIAO	因大桥位于潘集寨以东的渭河之上而得名	24	646	东起华圆西路，西止潘集寨	开发区管委会
15	二号大桥	社棠渭河大桥	SHETANG WEIHE DAQIAO	因大桥位于社棠经济开发区内的渭河之上而得名	24	330	北起星火北路，南止星火南路	天水城投公司
16	星火渭河大桥	刘家尧渭河大桥	LIUJIAYAO WEIHE DAQIAO	因大桥位于刘家尧村以南的渭河之上而得名	15	206	北起刘尧村，南止渭河南岸	市建设局

注：本表部分名称为表述简便，使用简称。

表 3-6 天水市秦州区、麦积区居民住宅标准地名审定表

序号	原名称	审定标准名称	审定读音	命名含义	地理位置	栋数	楼层(层)	户数(户)	用途	用地面积(m^2)	总建筑面积(m^2)	申报单位
1	佳·水岸小镇	佳·水岸小镇	JIA SHUIAN XIAOZHEN	天祺集团临藉河北岸兴建的集商住、休闲、娱乐为一体的多功能区。取“至德玄感、受天之祺”之意	东起山水嘉园，西至天靖山藉河大桥，北起天靖山脚，南至藉水北路	20	3～24	706	商住	74900	238825	天祺集团
2	山水嘉园	山水嘉园	SHANSHUI JIAYUAN	北依中梁山麓，南邻藉水的宜居家园	东起颐养路，西至佳·水岸小镇，北起福利养老中心，南至藉水北路	24	24	2260	住宅	25000	840000	秦州区国投公司
3	精表小区	精表家园	JINGBIAO JIAYUAN	精表厂兴建的职工家园。寓意至诚至精，仁者，天下之表也	东起安民家园，西至王家磨村，北起王家磨村地，南至天水市卫生学校	40	6	1018	住宅	130729	68000	精表厂
4	安民家园	安民家园	ANMIN JIAYUAN	寓安居乐业和安国富民之意	东起五公司住宅楼，西至桥二沟，北起天靖山脚，南至精表路	16	18	1200	住宅	35400	109100	秦州区国投公司
5	五公司家属楼	陇泰家园	LONGTAI JIAYUAN	寓意隆昌富贵、平安和谐	东起三院，西至安民家园，北起天靖山，南至精表路	8	2～6	387	住宅	6800	8000	甘肃五建集团
6	市三院家属楼	怡心居	YIXIN JU	寓和悦心情、怡然自得、心旷神怡之意	东起桥一沟，西至安民家园，北起天靖山麓，南至五公司住宅区	6	3～6	240	住宅	3333	17511	市三院

续表 3-6

序号	原名称	审定标准名称	审定读音	命名含义	地理位置	栋数	楼层(层)	户数(户)	用途	用地面积(m^2)	总建筑面积(m^2)	申报单位
7	福门财富广场	财富家园	CAIFU JIAYUAN	福门房产开发的集商住、酒店为一体的多功能区，寓意汇集财富的家园	东起瀛池路，西至闫新村耕地，北起藉河南路，南至天水郡办事处家属楼	7	16～26	838	商住	35683	100000	福门地产
8	红山厂住宅区	红山家园	HONGSHAN JIAYUAN	因赤峪山麓的红山公司为职工兴建的住宅而得名	东起山脚，西至红山路，北起红山家属区丰收楼，南至红山厂区	3	6	198	住宅	3700	12000	红山公司
9	星光世纪城	星光世纪城	XINGGUANG SHIJI CHENG	因星光公司兴建的集休闲、商住为一体的多功能区，寓意商户、住户的人生如星光熠熠	东起红山路，西至三和名居，北起暖河湾新居，南至锦绣园	15	30	2398	商住	95121	323156	星光房产
10	锦绣园	锦绣园	JINXIU YUAN	寓意环境秀丽宜人	东起红山路，西至宝天高速，北起星光世纪城，南至6913新厂房	22	26	4470	住宅	98820	318705	秦州区国投公司
11	6913厂家属院	6913家属院	6913 JIASHUYUAN	天水6913电子科技有限公司兴建的职工居住大院	东起皂郊路，西至宝天高速，北起田家新庄，南至慕水沟	27	6	570	住宅	10000	34200	6913电子科技公司
12	暖和湾新村	暖和湾新居	NUANHUOWAN XINJU	因暖和湾村兴建的新住宅而命名	东起红山路，西至天定高速公路，北起元通公司，南至汽车检测站	8	5～6	400	住宅	27433	41300	玉泉镇暖和湾村委会

续表 3-6

序号	原名称	审定标准名称	审定读音	命名含义	地理位置	栋数	楼层(层)	户数(户)	用途	用地面积(m^2)	总建筑面积(m^2)	申报单位
13	三和小区	三和名居	SANHE MINGJU	寓意家庭和睦、邻里亲和、社会和谐	东起星光世纪城，西至宝天高速，北起暖河湾村，南至锦绣园	3	7	282	住宅	9691	22936	正大房产
14	宝泰雅苑	宝泰雅苑	BAOTAI YAYUAN	取“聚宝、平安”之意	东起红山路，西至68202部队，北起秦州大道，南至公路段办公楼	3	18	355	商住	9209	38300	宏昇房产
15	鸿泰家园	鸿泰家园	HONGTAI JIAYUAN	寓意鸿福满堂、隆昌富贵、平安和谐	东起红山路，西至天宝高速，北起昌盛装潢公司，南至诚发泡沫公司	7	2～7	318	商住	16638	23000	甘肃五建集团
16	山水新城一、二、三期	山水新城	SHANSHUI XINCHENG	依南山、邻藉水而建成的保障性商住多功能区	东起天定高速出口段，西至平峪沟，北起天定高速公路，南至秦州大道	50	27	8329	住宅	241160	691923	秦州区国投公司
17	华天家园	华天家园	HUATIAN JIAYUAN	天水华天科技股份有限公司兴建的职工居住区。寓意豪华富丽、华贵之家	东起华天科技园，西至天水高速收费西站，北起天定高速公路，南至秦州大道	4	6～26	917	住宅	63200	61936	华天科技
18	新华家园	新华家园	XINHUA JIAYUAN	因新华印刷厂兴建的职工住宅而得名	东起西十里村，西至机电学院，北起秦州大道，南至宝天高速公路	13	6	540	住宅	20194	44156	新华印厂

续表 3-6

序号	原名称	审定标准名称	审定读音	命名含义	地理位置	栋数	楼层(层)	户数(户)	用途	用地面积(m^2)	总建筑面积(m^2)	申报单位
19	新华书店小区	书林雅苑	SHULIN YAYUAN	取“亲幸东观、览书林、阅篇籍”之意，言其书之多	东起区医院，西至农科所，北起西十里村，南至秦州大道	3	26	208	住宅	8700	23800	新华书店储运公司
20	大唐人家	大唐人家	DATANG RENJIA	寓意大唐盛世再现、职工兴旺发达	东起天坛医院，西至西团庄村地，北起秦州大道，南至西团庄村	7	14	396	住宅	26000	51300	大唐电厂
21	天水新天坛小区	天坛新苑	TIANTAN XINYUAN	因天坛医院兴建的职工住宅得名	东起二一三电器公司，西至大唐人家，北起秦州大道，南至西团庄村	4	3～7	122	商住	3330	8000	新天坛医院
22	二一三家园	二一三家园	ERYISAN JIAYUAN	二一三电器公司为职工兴建的住宅家园。因1958年2月13日毛泽东视察该厂而得名	东起西团庄村路，西至西团庄，北起秦州大道，南至石林	19	19	880	住宅	15200	75000	二一三电器公司
23	公路段北家属区	公路段家属北院	GONGLUDUAN JIASHU BEIYUAN	天水公路段为职工兴建的住宅楼	东起红山路，西至68202部队，北起宝泰雅苑，南至天信西院	5	5～6	156	住宅	8038	13720	天水公路管理局
24	公路段南家属区	公路段家属南院	GONGLUDUAN JIASHU NANYUAN		东起长仪家属东院，西至长仪家属西院，北起长仪路，南至南山山脚	12	3～6	465	住宅	26520	38229	天水公路管理局

续表3-6

序号	原名称	审定标准名称	审定读音	命名含义	地理位置	栋数	楼层(层)	户数(户)	用途	用地面积(m²)	总建筑面积(m²)	申报单位
25	长仪厂家属院	长仪家属东院	CHANGYI JIASHU DONGYUAN	天水长城电工仪器有限公司兴建的职工居住大院	东起长仪厂区，西至公路段家属南院，北起长仪路，南至南山山脚	20	6	645	住宅	40492	39493	天水长城电工仪器有限公司
26	长仪厂家属院	长仪家属西院	CHANGYI JIASHU XIYUAN		东起公路段家属南院，西至煤建公司，北起红山路，南至南山山脚	5	3	120	住宅	4662	4485	天水长城电工仪器有限公司
27	天信家属区东院	天信东院	TIANXIN DONGYUAN	寓意以人为本、诚信立业，职工明智而忠信、真心诚意，惜缘、知责、敬业	东起信号电力公司库房，西至红山路，北起信号电力公司南墙，南至长仪路	14	7～3	622	住宅	36638	44298	天水铁路信号电力有限公司
28	天信家属区西院	天信西院	TIANXIN XIYUAN		东起红山路，西至84802部队，北起天水公路总段家属区，南至邮政所	11	6～3	472	住宅	27534	27534	天水铁路信号电力有限公司
29	正大·世纪华都(南区)	世纪华都（南区）	SHIJIHUADU（NANQU）	正大房产在新时期兴建的繁盛、华丽的商住多功能区	东起莲亭驾校，西至长仪厂围墙，北起羲皇大道西路，南至南山山脚	15	4～30	1338	商住	50011	177221	正大房产
30	正大世纪华都(北区)	世纪华都（北区）	SHIJIHUADU（BEIQU）		东起师院路，西至四中，北起天水师院，南至羲皇大道西路	2	21～30	546	商住	6704	85749	正大房产

续表 3-6

序号	原名称	审定标准名称	审定读音	命名含义	地理位置	栋数	楼层(层)	户数(户)	用途	用地面积(m^2)	总建筑面积(m^2)	申报单位
31	师范学校家属院	文昌庭院	WENCHANG TINGYUAN	师范学校兴建的教师住宅。取紫微斗数之“文昌星”三字，寓天水师范人才辈出、繁荣昌盛之意	东起体育场，西至双桥南路，北起藉河南路，南至羲皇大道西路	12	1～7	138	住宅	22266	29000	天水市职业技术学校
32	天安东苑	天安东苑	TIAN’AN DONGYUAN	寓意天佑人安的住宅	东起农行家属院，西至塑料厂家属院，北起工商庭居，南至羲皇大道西路	4	6	240	住宅	1600	12560	天安物业
33	天安西苑	天安西苑	TIAN’AN XIYUAN		东起塑料厂家属院，西至南山体育场，北起藉河南路，南至羲皇大道西路	2	14	188	住宅	2000	20600	天安物业
34	滨西居民楼	滨西名居	BINXI MINGJU	藉河南滨之西兴建的居民住宅楼	东起区工商局，西至地质勘探家属院，北起藉河南路，南至塑料厂家属院	7	6	340	住宅	16942	22266	秦州区石马坪街道
35	轴仪厂家属院	莲亭家园	LIANTING JIAYUAN	海辰轴承公司兴建的位于莲亭的职工住宅	东起城南小学，西至莲园小区，北起羲皇大道西路，南至南山山脚	7	3	400	住宅	9500	8941	海辰轴承公司
36	轴仪厂家属楼	海辰家园	HAICHEN JIAYUAN	海辰轴承公司为职工兴建的住宅区。象征聚集所有的良辰、美景的居处	东起大众中路保险大厦，西至燕林南路，北起藉河南路，南至海辰轴承公司	9	6	480	住宅	20666	28700	天水市鸿瑜物业

续表 3-6

序号	原名称	审定标准名称	审定读音	命名含义	地理位置	栋数	楼层(层)	户数(户)	用途	用地面积(m^2)	总建筑面积(m^2)	申报单位
37	工商局家属院	工商庭居	GONGSHANG TINGJU	区工商分局为职工兴建的住宅区	东起第一驾校，西至城建开发公司，北起秦州区工商分局办公楼，南至天塑欣居	3	6～8	168	住宅	3681	10507	秦州工商分局
38	天塑家属院	天塑欣居	TIANSU XINJU	天水天宝塑业公司（简称“天塑”）为职工兴建的住宅区	东起供电局家属院，西至天安东苑，北起滨西名居，南至羲皇大道西路	6	6	294	住宅	9990	19463	天水天宝塑业
39	天塑旧家属院	天塑佳居	TIANSU JIAJU	天水天宝塑业公司（简称“天塑”）为职工兴建的住宅区	东起供销大厦，西至天宝塑业，北起羲皇大道西路，南至南山山脚	3	3～6	190	住宅	5994	6465	天水天宝塑业
40	鸿源新居A座	鸿源新居	HONGYUAN XINJU	取意鸿儒的发源地，寓意鸿福满堂、家族旺盛、源远流长	东起区绿化站，西至刃具厂，北起廖家路，南至吕二北路	22	2～18	1586	住宅	57089	158857	鸿源实业
41	长材家园新区	长材家园	CHANGCAI JIAYUAN	长城电工器材料厂兴建的职工居住家园	东起光华建筑，西至天庆嘉园，北起藉河南路，南至羲皇大道中路	5	7	232	住宅	12090	22981	长城电工器材料厂
42	长通厂家属院	长通家园	CHANGTONG JIAYUAN	长城通用电器公司（简称“长通”）兴建的职工居住家园	东起合作南路，西至材改家属院，北起吕二北路，南至羲皇大道西路	19	3～14	790	住宅	14986	83916	长城通用电器公司

续表 3-6

序号	原名称	审定标准名称	审定读音	命名含义	地理位置	栋数	楼层(层)	户数(户)	用途	用地面积(m^2)	总建筑面积(m^2)	申报单位
43	家园小区	金冠家居	JINGUAN JIAJU	尊贵的居家住宅	东南临吕二北路，西北临鸿源新居	2	6	118	住宅	4324	10557	金冠房产
44	金龙小区	金龙祥居	JINLONG XIANGJU	金融业（建设银行）才俊居住的吉祥宝地	东起天庆嘉园，西至华宇家居，北起兴庆巷，南至东团庄新村	2	7	114	住宅	5800	10400	益建物业
45	电缆厂小区	天缆家园	TIANLAN JIAYUAN	天水电缆厂（简称“天缆”）兴建的职工住宅区	东起张家沟，西至电缆厂厂区，北起北山，南至成纪大道西路	28	2～16	2018	住宅	110000	136826	寰通物业公司
46	正大水岸都市	正大水岸都市	ZHENGDA SHUIAN DUSHI	正大公司依藉水北岸而建的多层次、多样化的居民住宅	东起景园水岸都市，西至伏羲新村，北起坚家河民宅，南至藉河北路	4	9～19	389	商住	15832	65464	正大房产
47	景园水岸都市	景园水岸都市	JINGYUAN SHUIAN DUSHI	景园公司依藉水北岸而建的多层次、多样化的居民住宅	东起友好路，西至正大水岸都市，北起天光家园，南至藉河北路	7	19	765	住宅	32000	118200	景园房产
48	铁塔厂家属院	铁塔福苑	TIETA FUYUAN	天水铁塔厂（简称“铁塔”）兴建的职工住宅	东起庆华新居，西至友好路，北起伏羲路，南至永庆西路	3	6～8	148	住宅	5328	14673	天水铁塔厂

续表 3-6

序号	原名称	审定标准名称	审定读音	命名含义	地理位置	栋数	楼层(层)	户数(户)	用途	用地面积(m^2)	总建筑面积(m^2)	申报单位
49	聚宝盆小区	聚宝盆兰庭	JUBAOPEN LANTING	因在老地名聚宝盆处兴建的住宅而得名	东起宝鼎花园，西至双桥北路，北起成纪大道西路，南至北店子巷	3	7	244	商住	7360	19520	聚宝房产
50	高达佳苑	高达佳苑	GAODA JIAYUAN	寓意高雅、贤达之人的居住地	东起女娲路，西至友好路，北起伏羲路，南至庆华新居	2	5	98	住宅	4897	10000	高桥建筑
51	华天小区	华天南园	HUATIAN NANYUAN	华天集团兴建在华天电子集团厂区以南的生活区。北有伏羲之灵佑，南有藉河之秀美，此家园胜似陇上“小江南”	东起双桥南路，西至供热公司，北起华天厂区，南至藉河北路	3	18	444	住宅	6897	41120	华天科技
52	羲泽园	羲泽园	XIZE YUAN	地处伏羲城，寓意伏羲润泽万民	东起女娲路，西至友好路，北起伏羲路，南至淹面磨	3	4	46	住宅	3266	5893	鑫厦房产
53	兰天羲和园	羲和园	XIHE YUAN		东起伏羲广场，西至女娲路，北起伏羲城步行街，南至女娲路	5	4	84	住宅	7435	9557	华茂物管
54	凤凰苑	凤凰苑	FENGHUANG YUAN	象征祥瑞、美好的仿古民居	东起胡家书房，西至榆树巷，北起御园名居，南至伏羲城步行街	5	1	5	民居	1800	2400	聚宝房产

续表 3-6

序号	原名称	审定标准名称	审定读音	命名含义	地理位置	栋数	楼层(层)	户数(户)	用途	用地面积(m^2)	总建筑面积(m^2)	申报单位
55	金信御园名居	金信御园	JINXIN YUYUAN	金信房产兴建的有古代皇家风格的居民住宅名居	东起双桥北路，西至榆树巷，北起成纪大道西路，南至胡家书房	21	1～4	108	商住	21316	24489	金信房产
56	鑫海城市广场	鑫海商城	XINHAI SHANGCHENG	寓意汇集财富的综合性、多功能区	东起三新巷，西至双桥北路，北起聚宝盆兰庭，南至解放路	5	6	90	商住	11580	17860	天鑫房产
57	宏达新都市	宏达新都市	HONGDA XINDUSHI	宏达兴建的多层次、多样化居民住宅	东起小南门，西至功茂家属楼，北起南明路，南至永庆东路	8	12	528	住宅	19560	53286	宏达房产
58	忠义巷家属楼	忠义巷居民楼	ZHONGYIXIAN G JUMINLOU	因位于忠义巷而得名	东起建设路，西至忠义巷，北起解放路，南至南明路	7	6	372	住宅	4314	23184	秦州区中城自治巷社区
59	欣和苑小区	欣和苑	XINHE YUAN	寓意欣欣向荣、和谐宜居	东起城区交警大队，西至坚家河小区，北起庆华厂，南至藉河北路	2	18	252	住宅	4974	26234	甘肃博泰物业天水分公司
60	依河园	依河园	YIHE YUAN	依藉河而建的住宅园	东起藉河北路与永庆东路交叉口，西至食品公司家属楼，北起永庆东路，南至藉河北路	1	16	140	商住	4296	18643	昊业房产

续表 3-6

序号	原名称	审定标准名称	审定读音	命名含义	地理位置	栋数	楼层(层)	户数(户)	用途	用地面积(m^2)	总建筑面积(m^2)	申报单位
61	福门水晶悦城	水晶悦府	SHUIJING YUEFU	寓意建筑外观晶莹似水晶，令人赏心悦目	东起市图书馆，西至市建委规划地块，北起区市政管理处，南至藉河北路	1	16	78	商住	2058	9413	福门地产
62	玉泉花园	玉泉花园	YUQUAN HUAYUAN	因地处“玉泉观”而得名	东起玉泉路，西至西湖车站，北起玉泉观，南至玉泉广场	3	6	193	住宅	4185	12850	宝鼎房产
63	供电局家属院	供电家居	GONGDIAN JIAJU	因天水供电公司职工居住区而得名	东起重新街，西至清真寺，北起成纪大道西路，南至天辰酒店	3	8～22	408	住宅	12560	43500	天水天安物业公司
64	世纪金花小区	世纪金花园	SHIJIJIN HUAYUAN	寓意尊贵华丽的居民住宅家园	东起自治巷，西至移动公司，北起解放路，南至自治巷居民区	2	19	198	商住	5307	36600	市场开发公司
65	飞天家园小区	飞天家园	FEITIAN JIAYUAN	因飞天商贸公司（简称“飞天”）兴建的商住楼而得名	东起坟门巷，西至连家巷，北起山脚，南至广源嘉乐广场	2	18	182	商住	8740	23334	飞天房产
66	世纪豪庭	世纪豪庭	SHIJI HAOTING	寓意品质高雅的豪华居住区	东起巷子后店，西至中和巷，北起中和巷，南至成纪大道西路	3	8～17	288	住宅	9326	40052	宝泰房产

续表 3-6

序号	原名称	审定标准名称	审定读音	命名含义	地理位置	栋数	楼层(层)	户数(户)	用途	用地面积(m²)	总建筑面积(m²)	申报单位
67	正大东方名城	东方名城	DONGFANG MINGCHENG	具有东方文化特色的著名多功能区	东起双润苑，西至绿色市场，北起白家堡子，南至绿色市场	9	5～34	1349	商住	38563	205992	正大房产
68	广源 A3 区	广源新居	GUANGYUAN XINJU	寓意广聚财源和人气之地	东起名远大酒店、西至人民路，北起火柴厂，南至成纪大道西路	5	8	182	商住	6667	24299	广源房产
69	重新街居民小区	重新街居民楼	CHONGXINJIE JUMINLOU	因位于重新街而得名	东起大众北路，西至重新街，北起成纪大道，南至民主西路	7	6～7	332	住宅	20000	24400	秦州区中城街道重新街社区
70	火柴厂家属楼	星辰家院	XINGCHEN JIAYUAN	天水火柴厂兴建的职工住宅。取杜甫诗“新欢继明烛，梁栋星辰飞”，寓意辉煌	东起泰山路，西至人民路，北起白家堡子，南至广源小区	5	4～6	224	住宅	8900	16320	秦州区中城街道绿色市场社区
71	一四九大队家属楼	乌金家院	WUJIN JIAYUAN	因一四九煤田普查队职工居住而得名。取于谦的《咏煤炭》“凿开混沌得乌金，藏蓄阳和意最深”之寓意	东起向阳小区，西至干休所，北起瓦窑坡村，南至皇城路	6	4～8	256	住宅	4500	13000	一四九队天水物业中心
72	峪河兴居	枣园兴居	ZAOYUAN XINGJU	寓意安康兴旺、心想事成	东起天巉公路，西至罗玉新村，北起天巉公路，南至罗玉路	10	7	536	住宅	12366	45000	兴源房产

续表 3-6

序号	原名称	审定标准名称	审定读音	命名含义	地理位置	栋数	楼层(层)	户数(户)	用途	用地面积(m^2)	总建筑面积(m^2)	申报单位
73	润苑小区	双润苑	SHUANGRUN YUAN	取“润泽住户、分润商户”之意	东起泰山路，西至绿色市场，北起区交通局，南至绿色市场	4	5～8	137	商住	3810	13148	市场开发公司
74	一中家属院	文华家居	WENHUA JIAJU	语出“茂苑文华地，流水古僧居”，寓意期望培养德、智、体、美、劳的复合型人才	东起市一中，西至清华苑，北起罗玉河，南至军分区家属院	7	5～8	290	住宅	17816	26614	天水一中
75	清华苑小区	清华苑	QINGHUA YUAN	因景色清朗华美得名	东起一中、西至泰山路，北起周家园子统建楼、南至成纪大道西路	1	6	74	商住	5820	13121	市场开发公司
76	天嘉运输公司家属楼	天运家园	TIANYUN JIAYUAN	天嘉运输公司建造的员工住宅家园。寓意天天有好运	东起合作北路北端，西至弥陀寺巷，北起成纪大道西路，南至新华路	7	6	258	住宅	3389	13842	天嘉交通运输集团有限公司
77	天水活塞厂家属楼	活力家园	HUOLI JIAYUAN	天水腾跃活塞汽修公司兴建的住宅区。寓意朝气蓬勃、刚劲有力	东起盛源小区，西至今天花园，北起罗玉河，南至成纪大道西路	6	2～5	272	住宅	8671	15000	天水腾跃活塞汽修公司
78	物资局家属楼	物资局家属楼	WUZIJU JIASHULOU	因物资局家属居住而得名	东起天伦嘉园，西至区防疫站，北起新华路，南至北园子	5	6～8	209	住宅	10000	20000	天水汇洲物资实业有限公司

续表 3-6

序号	原名称	审定标准名称	审定读音	命名含义	地理位置	栋数	楼层(层)	户数(户)	用途	用地面积(m^2)	总建筑面积(m^2)	申报单位
79	皇城名苑住宅小区	皇城名苑	HUANGCHENG MINGYUAN	因在皇城路北兴建的住宅区而命名	东起瓦窑坡村，西至加油站，北起瓦窑坡村，南至皇城路	2	13	170	住宅	3655	19015	金达房产
80	景茂苑	景茂苑	JINGMAO YUAN	因周围景色宜人、树木茂盛而命名	东起加油站，西至向阳小区，北起瓦窑坡村，南至皇城路	2	18	102	住宅	2200	18500	功茂公司
81	丽景花园	丽景花园	LIJING HUAYUAN	寓意美丽静雅、景致宜居	东起罗玉沟，西至五中，北起城建综合楼，南至官墙里	5	8～16	243	住宅	6138	12605	恒基物业
82	金河小区	金河居	JINHE JU	依罗玉河而建的住宅，象征财富像河水般源远流长	东起罗玉河人行桥，西至加油站，北起罗玉河，南至新华路	2	6～12	108	住宅	3000	8500	恒基物业
83	天伦嘉园	天伦嘉园	TIANLUN JIAYUAN	寓意天伦之乐和美好之意	东起五中后门，西至物资局家属楼，北起新华路，南至东关供热公司	1	18	127	商住	3430	51800	天伦物业
84	光明小区	光明苑	GUANGMING YUAN	因邻光明巷而命名	东起青年南路，西至进修学校，北起阳光饭店，南至光明巷	6	6	146	住宅	9530	12000	光明物业

续表 3-6

序号	原名称	审定标准名称	审定读音	命名含义	地理位置	栋数	楼层(层)	户数(户)	用途	用地面积(m^2)	总建筑面积(m^2)	申报单位
85	商业城公寓楼	商业城公寓	SHANGYECHENG GONGYU	市场建设公司开发的住宅公寓	东起永康房产，西至商业城，北起中华西路，南至光明巷	4	4～6	112	住宅	4795	11654	市场开发公司
86	马廊巷农行家属院	融鑫园	RONGXIN YUAN	农业银行为职工兴建的家园，寓意财富汇通	东起东达大厦，西至步行街，北起新华书店，南至中华西路	2	4～6	54	住宅	3274	6557	市场开发公司
87	公园高层楼	公园名庭	GONGYUAN MINGTING	因位于人民公园而得名	东起水务局家属楼，西至青年南路，北起公园路，南临藉河北路	1	24	126	住宅	4800	20284	泰和物业
88	金宇盛世年华	盛世庭居	SHENGSHI TINGJU	寓意能享受幸福美好生活的高贵豪宅	东起市委2号楼，西至青年南路，北起胜利巷，南至公园路	1	26	119	商住	2751	22859	金宇房产
89	阳光新天地	阳光新天地	YANGGUANG XINTIANDI	在阳光明媚、景色秀丽之地新建的宜居建筑物。寓意生活像阳光一样灿烂、幸福	东起青年南路，西至阳光饭店，北起中华西路，南至光明巷	1	23	86	商住	1200	21600	永康物业
90	阳光丽景湾	阳光丽景湾	YANGGUANG LIJING WAN	寓意在阳光明媚、景色秀丽之地兴建的宜居住宅	东起人民公园，西至兰天广场，北起光明巷，南至藉河北路	3	30	512	商住	11709	87000	永康物业

续表 3-6

序号	原名称	审定标准名称	审定读音	命名含义	地理位置	栋数	楼层(层)	户数(户)	用途	用地面积(m^2)	总建筑面积(m^2)	申报单位
91	天麟龙城明珠	龙城明珠大厦	LONGCHENG MINGZHU DASHA	天麟房产在秦州（龙城）兴建的宝贵大厦。寓意忠良之人的宜居地	东起尚义巷，西至市委大院，北起供热公司，南至藉河北路	1	24	140	商住	5318	25000	天麟房产
92	天湖名府	天湖名府	TIANHU MINGFU	天水湖北岸兴建的高档商住建筑	东起合作南路，西至尚义巷，北起电视台，南至藉河北路	3	16～26	364	商住	11656	55321	金都房产
93	八建家园	八建家园	BAJIAN JIAYUAN	省八建公司兴建的职工家园	东起合作中路，西至地毯厂，北起宏业大厦，南至南城根	1	26	206	商住	2152	21000	省八建集团
94	北园子大院	北园子大院	BEIYUANZI DAYUAN	因古秦州周公完颜氏家族富豪私宅北面的菜园子得名	东起忠武巷，西至合作北路，北起北园子，南至市迎宾馆	9	6	424	住宅	30000	24000	秦州区忠武巷社区
95	天合康居	天合康居	TIANHE KANGJU	寓意夫妻天作之合、家庭康泰	东起市政公司，西至规划地块，北起市医院，南至藉河北路	1	17	72	商住	3000	16000	联众房产
96	天麟金水湾	金水湾	JINSHUI WAN	在罗玉河与天水湖交汇处兴建的住宅区。象征财富如河水般源远流长	东起罗玉河，西至市政公司，北起天嘉公司，南至藉河北路	7	32	450	商住	24100	126000	天麟房产

续表 3-6

序号	原名称	审定标准名称	审定读音	命名含义	地理位置	栋数	楼层(层)	户数(户)	用途	用地面积(m^2)	总建筑面积(m^2)	申报单位
97	南山1号	南山壹号郡	NANSHANYIHAO JUN	福迪房地产开发的商业住宅。因位于南山脚下，寓意家居天湖旁，悠然见南山，步行入南郭，寿辰比南山，幸福八百家	东起龙王沟，西至天庆嘉园，北起长材厂家属院和三义路桥工程有限公司，南至羲皇大道西路	11	3～33	756	商住	35998	189171	福迪房产
98	第一人民医院家属楼	天医仁家	TIANYI RENJIA	天水市第一人民医院为仁爱、仁慈、笃厚的医务工作者兴建的住宅	东起天嘉运输公司，西至市人民医院，北起建设路，南至天麟金水湾	7	4～8	278	住宅	10102	23008	天水市第一人民医院
99	三监狱家属楼	阳明苑	YANGMING YUAN	阳为乾，乾为天，日月同辉，象征万物茂盛	东起干休所家属院，西至罗玉路加油站，北起瓦窑坡村，南至皇城路	8	4	270	住宅	4000	23700	秦州区大城街道向阳社区
100	畅和居	畅和居	CHANGHE JU	取《兰亭序》天朗气清、惠风和畅之意。象征空气清新、微风和暖	东起工行家属院，西至罗玉路，北起福门豪景公馆，南至东方红村	5	6～13	320	住宅	8500	28641	天水安厦物业公司
101	华府豪景公馆	豪景公馆	HAOJING GONGGUAN	景致豪华，具有欧式建筑风格的商住两用建筑	东起华辰大厦，西至罗玉路，北起岷山路，南至畅和居	2	19～24	496	商住	6374	47636	福门地产
102	天水市林业局家属楼	林业人家	LINYE RENJIA	天水市林业局兴建的职工聚居的小院子	东起罗玉小区住宅区，西至岷玉路，北起永昌家园，南至水泥厂家属院	4	6	120	住宅	7992	6000	天水市林业局

续表 3-6

序号	原名称	审定标准名称	审定读音	命名含义	地理位置	栋数	楼层(层)	户数(户)	用途	用地面积(m²)	总建筑面积(m²)	申报单位
103	东方红尚城	宏安英郡	HONG'ANYING JUN	寓意建造外形宏伟气派的住宅楼，以实现住户最美好的安居梦	东起罗玉小区，西起岷玉路，北起三星路，南至妇幼保健院	3	24～26	606	商住	6991	53434	宏安房产
104	东方红小区	东方红大院	DONGFANG HONG DAYUAN	东方红村委会兴建的多户居民聚居的院子	东起东方红村，西至罗玉路，北起东方红村，南至东方红路	4	7～14	277	住宅	10066	34179	天水嘉宸物业公司
105	岷山小区	岷山北小区	MINSHAN BEIXIAOQU	1969年，为响应毛主席号召，原黑龙江庆华机械厂搬迁至天水，取毛泽东《七律·长征》“更喜岷山千里雪，三军过后尽开颜”中的“岷山”而命名。寓意自强不息、不忧不惧，长久稳固、永远安定	东起岷山厂生产区，西至安居路延至教场路及罗玉中路，北起皇城路，南至岷山路	49	6～26	2557	住宅	160000	210000	岷山厂
106	岷山小区	岷山南小区	MINSHAN NANXIAOQU		东起迎宾路，西至岷玉路，北起岷山路，南至市林业局	9	5	478	住宅	26208	26240	岷山厂
107	春风佳苑	春风佳苑	CHUNFENG JIAYUAN	春风集团在春风路兴建的职工住宅。寓意恩泽、和谐、喜悦。语出“伏惟德象天地，恩隆父母，施畅春风，泽如时雨”	东起春风物流公司，西至春风集团办公区，北起春风路，南至春风物流公司	6	18～25	831	住宅	19550	103168	春风集团
108	华府香榭丽舍	枣园丽舍	ZAOYUAN LISHE	在枣园庄兴建的环境优雅、邻里和睦、祥和文明、康乐和谐的住宅	东起清水湾，西至枣园庄巷，北起枣园庄，南至海林福家	7	12～26	636	商住	16116	58337	福门地产

续表 3-6

序号	原名称	审定标准名称	审定读音	命名含义	地理位置	栋数	楼层(层)	户数(户)	用途	用地面积(m^2)	总建筑面积(m^2)	申报单位
109	畅和新城	畅和新城	CHANGHE XINCHENG	取《兰亭序》“天朗气清、惠风和畅”之意，象征空气清新、微风和暖，畅通和谐	东起海林福园，西至王家坪村路，北起羲皇大道西路，南至王家坪村	13	6～26	650	商住	29163	64685	市城建开发公司
110	海林第三福利区	海林福园	HAILIN FUYUAN	海林公司兴建的职工住宅。寓意海纳百川、四海为家，住户前途似锦	东起长控公司，西至畅和新城，北起海林南厂厂区，南至南山山脚	12	5	430	住宅	10000	18900	海林轴承公司
111	海林第四福利区	海林福居	HAILIN FUJU		东起天河广场，西至长控医院，北起藉河河堤，南至羲皇大道西路	26	6	1700	住宅	74200	85000	海林轴承公司
112	海林第一福利区	海林福家	HAILIN FUJIA		东起藉河，西至第一粮库，北起枣园丽舍，南至岷山路	12	3～5	520	住宅	13400	23410	海林轴承公司
113	长控三角地家属区	长控紫苑	CHANGKONG ZIYUAN	长控厂为职工兴建的住宅区。寓意紫气东来、祥瑞降临	东起七里墩新居，西至长控厂厂区，北起消防支队，南至七里墩村	6	6	264	住宅	15000	25098	长控电器公司
114	长控七里墩家属区	长控景苑	CHANGKONG JINGYUAN	长控厂为职工兴建的住宅区，寓意景色美好	东起长控厂厂区，西至海林厂厂区，北起七里墩建材市场，南至南山	11	6	450	住宅	16800	27000	长控电器公司

续表 3-6

序号	原名称	审定标准名称	审定读音	命名含义	地理位置	栋数	楼层(层)	户数(户)	用途	用地面积(m^2)	总建筑面积(m^2)	申报单位
115	长控靶场家属区	长城家园(长控区)	CHANGCHENG JIAYUAN （CHANGKONG QU）	长控厂为职工兴建的高品质住宅区。象征住户有坚不可摧的意志、毅力及无穷的智慧	东起长城家园长开区，西至长城巷，北起秦北高速，南至岷山路	16	6	809	住宅	19000	56000	长控电器公司
116	长开西小区	长城家园(长开区)	CHANGCHENG JIAYUAN （CHANGKAI QU）	长开厂为职工兴建的高品质住宅区。象征住户有坚不可摧的意志、毅力及无穷的智慧	东起水家沟，西至长城家园长控区，北起干休所，南至长城中学	21	7	923	住宅	50000	60000	长开物业公司
117	长开东小区	长开家居	CHANGKAI JIAJU	长开厂兴建的职工住宅区。寓意开创新时代、开拓新领域、拓展新产品	东起森美家具城，西至格瑞电器，北起长开低压成套公司，南至森美家具城	3	7	114	住宅	6500	9000	长开物业公司
118	长开中小区	长开康庭	CHANGKAI KANGTING	长开厂为职工兴建的住宅区。寓意开放开发、阳气复生、健康长寿	东起甘肃电器研究院，西至水家沟，北起秦北高速，南至岐黄药业	9	6	430	住宅	17000	30000	长开物业公司
119	长城住宅小区	长城花园	CHANGCHENG HUAYUAN	长城电器公司为职工兴建的高品质住宅区。象征坚不可摧的意志、毅力及无穷的智慧	东起水家沟，西至七里墩加油站，北起羲皇大道西路，南至七里墩新居	12	3～8	392	住宅	15660	31121	长城电器公司

续表 3-6

序号	原名称	审定标准名称	审定读音	命名含义	地理位置	栋数	楼层(层)	户数(户)	用途	用地面积(m^2)	总建筑面积(m^2)	申报单位
120	七里墩天河新村	七里墩新居	QILIDUN XINJU	七里墩村开发兴建的具有新楼房、新设施、新环境、新居民、新风尚的新住宅	东起水家沟，西至消防队，北起长城花园，南至七里墩小学	8	7	168	住宅	25333	36951	秦州区七里墩村委会
121	长低魁星阁	长低魁星阁	CHANGDI KUIXING GE	寓意魁星点斗、金榜题名	东起天河家园，西至长城家园，北起羲皇大道中路，南至水家沟村	7	6	380	住宅	16682	40256	天水长城高端电器股份公司
122	长低厂后山	长城南苑	CHANGCHENG NANYUAN	因天水长城高端电器股份公司兴建的员工住宅位于南山脚下而得名	东起东十里村，西至变电所，北起长城高端电器股份公司，南至南山脚	10	27	1080	住宅	127900	40921	天水长城高端电器股份公司
123	电传所家属楼	天传家园	TIANCHUAN JIAYUAN	天水电传所兴建的员工住宅。寓意技精心诚、自强不息的精神薪火相传，传承“博爱、诚信、敬业”的价值观	东起长低厂，西至天河家园，北起职业技术学校，南至变电所	11	3～11	410	住宅	28207	43144	天水天传物业服务有限公司
124	佳水豪庭	佳水豪庭	JIASHUI HAOTING	佳瑞房地产公司开发兴建的住宅，寓意天水生就美佳人，豪庭天然成佳境	东起飞天雕漆，西至七里墩街道办事处，北起污水处理厂，南至羲皇大道中路	5	15～18	568	商住	20393	61179	甘谷佳瑞房地产公司

续表 3-6

序号	原名称	审定标准名称	审定读音	命名含义	地理位置	栋数	楼层(层)	户数(户)	用途	用地面积(m^2)	总建筑面积(m^2)	申报单位
125	市林业科学研究所公租房	林家大院	LINJIA DAYUAN	天水市林业局兴建的林业系统职工聚居的大院子	东起锅炉厂家属院，西至园区二号路，北起秦磷化工厂，南至锅炉厂家属院	3	18	326	住宅	11400	41016	天水市林业局
126	八建和顺家园	和顺家园	HESHUN JIAYUAN	省八建公司兴建的寓意和美、和气、和睦、和蔼、和善、和平之职工家园	东起和谐家园，西至规划道路，北起秦北高速公路，南至天水特殊教育学校	3	19	389	住宅	41195	38764	甘肃省八建集团
127	和谐家园	和谐家园	HEXIE JIAYUAN	寓意美满和谐	东起孙家坪路，西至和谐路，北起秦北高速，南至羲皇大道西路	60	7～16	4986	住宅	230000	554422	天水城投公司
128	煜诚家园	和煦家园	HEXU JIAYUAN	省煤田普查队职工住宅。取《咏煤炭》“蓄藏阳和意最深。爝火燃回春浩浩，……但愿苍生俱饱暖”，寓意造福、奉献、温暖之家	东起天水高家湾村耕地，西至孙家坪藉河大桥，北起秦北高速，南至天水机械市场	6	11	396	住宅	18779	40350	甘肃省煤田综合普查队
129	曹埂小区	曹埂新居	CAOGENG XINJU	曹埂村兴建的居民住宅	东起水井房，西至曹埂村，北起村委会办公楼，南至锅炉房	2	6	80	住宅	8670	10000	麦积区曹埂村委会

续表 3-6

序号	原名称	审定标准名称	审定读音	命名含义	地理位置	栋数	楼层(层)	户数(户)	用途	用地面积(m^2)	总建筑面积(m^2)	申报单位
130	高家湾花园小区	高家湾新居	GAOJIAWAN XINJU	高家湾村兴建的花园式住宅	东起砖厂农路，西至高湾生态园路，北起高湾小学，南至南山山脚	33	2–7	200	住宅	6670	6000	麦积区高家湾村委会
131	和谐嘉苑	和畅嘉苑	HECHANG JIAYUAN	温和、通畅、舒适的宜居住宅	东起村水泥路，西至花牛镇政府，北至羲皇大道中路，南至村民住宅	8	7	296	住宅	13340	31000	麦积区二十里铺村委会
132	星光家园	星光家园	XINGGUANG JIAYUAN	寓意前景光辉灿烂，象征居民生活幸福	东起城市规划路，西至航修厂，北至太盛祥药业，南至白崖村	8	11～12	616	住宅	26893	80679	麦积区白家崖村委会
133	赵崖小区	赵崖新居	ZHAOAI XINJU	赵崖兴建的村民住宅	东起赵崖村井房，西至四号路，北起赵崖别墅区，南至赵家湾地界	2	6	114	住宅	16202	67200	麦积区赵崖村委会
134	渭峡民俗文化村	渭峡新居	WEIXIA XINJU	渭河峡口处兴建的农村住宅	东起村高压线，西至水沟，北起南环路，南至成纪大道东路	3	17	136	住宅	3335	3980	麦积区吴家村委会
135	双龙家园	双龙家园	SHUANGLONG JIAYUAN	在渭河、藉河两条河流交汇处兴建的住宅	东起市军区农场，西至峡口村，北起山脚，南至麦甘公路	10	7	392	住宅	33350	51220	麦积区峡口村委会
136	花牛新村	花牛新居	HUANIU XINJU	花牛村兴建的新农村住宅	东起花牛村路，西至陈建荣商品库，北起董玉祥果品铺，南至花牛村老庙	4	6	240	住宅	8608	33600	麦积区花牛村委会

续表 3-6

序号	原名称	审定标准名称	审定读音	命名含义	地理位置	栋数	楼层(层)	户数(户)	用途	用地面积(m^2)	总建筑面积(m^2)	申报单位
137	和谐佳美花园	和美花园	HEMEI HUAYUAN	和谐、优美的家居之地	东起金江花园，西至五金站仓库，北至羲皇大道东路，南至金江花园	10	6～11	604	商住	17756	75644	成纪房产
138	金江花园	金江花园	JINJIANG HUAYUAN	寓意业主多金	东起百货站家属院，西至和美花园，北起羲皇大道东路，南至小陇山家属院	8	6	390	住宅	55336	170000	金江房产
139	黑王新村	黑王新居	HEIWANG XINJU	黑王村兴建的新农村住宅	东起市二中，西至陇林路，北起桥南小商品城，南至黑王村	10	1～12	530	商住	25333	30000	麦积区黑王村委会
140	133医院家属院	天使之家	TIANSHI ZHIJIA	寓意纯洁善良、富有爱心、治病救人的使者之家	东起广济医院门诊部，西至种子站，北起羲皇大道东路，南至广济医院家属院	4	4	120	住宅	3916	12124	兰州军区房管局天水办事处
141	金水苑小区	金水颐苑	JINSHUI YIYUAN	金河房产临渭河而建的宜居颐养之地	东起文广局办公楼，西至天河南路，北起胡王空地，南至羲皇大道东路	5	12	310	住宅	13800	46500	麦积区胡王村委会
142	丰源小区	丰源新居	FENGYUAN XINJU	寓意农业丰收、财源茂盛	东起麦积大道，西至丰源公司停车场，北起什字坪村委会，南至丰源物流	3	1～6	102	住宅	2100	8000	麦积区什字坪村委会

续表 3-6

序号	原名称	审定标准名称	审定读音	命名含义	地理位置	栋数	楼层(层)	户数(户)	用途	用地面积(m^2)	总建筑面积(m^2)	申报单位
143	小陇山纤维板厂家属院	陇林瑞苑	LONGLIN RUIYUAN	小陇山林业局为职工兴建的瑞气雅静的住宅	东起7452工厂，西至永川河东岸，北起7452工厂通道，南至什字坪菜地	32	11	2386	商住	132098	168300	小陇山林业局
144	天庆国际	天庆国际城	TIANQING GUOJI CHENG	天庆集团兴建的集居住、商贸、休闲、娱乐为一体的多功能城	东起天河南路，西至埠南路，北起三阳路，南至陇林饭店	17	10～14	841	商住	71291	260000	天庆房产
145	宏达新花苑	宏达新苑	HONGDA XINYUAN	象征宏图远大、家族兴旺发达	东起恒顺江山悦城，西至埠南路，北起恒顺江山悦城，南至三阳路	6	6～9	375	商住	20650	35200	宏达房产
146	恒顺·江山悦	江山悦小区	JIANGSHAN YUE XIAOQU	恒顺房产兴建的江山大美、“近者悦服，远者来”之城	东起天河南路，西至埠南路，北起陇右中街，南至三阳路	24	8～11	1075	商住	86843	220000	恒顺房产
147	恒顺·紫御润园	紫御润园	ZIYU RUNYUAN	寓意恒顺兴建的祥瑞之地，润泽尊贵的商住之地	东起永川河西路，西至马跑泉公园，北起陇右中街，南至马跑泉公园	41	2～18	1175	商住	92451	230000	恒顺房产
148	御景泽源	御景泽园	YUJING ZEYUAN	寓意景致幽雅美丽、聚水润泽之地	东起天河南路，西至怡欣阁酒店，北起统建楼，南至陇右中街	4	9	376	商住	25205	49359	金地鸿业房产

续表3-6

序号	原名称	审定标准名称	审定读音	命名含义	地理位置	栋数	楼层(层)	户数(户)	用途	用地面积(m^2)	总建筑面积(m^2)	申报单位
149	金地苑小区	金地福苑	JINDI FUYUAN	象征在金贵之地兴建的有福气的宜居之家	东起统建楼，西至埠南路，北起蔬菜公司家属院，南至工商银行	5	6	174	商住	9758	19497	医药集团麦积物业
150	电杆厂家属院	邮电紫苑	YOUDIAN ZIYUAN	邮电局兴建的职工住宅家园	东起华辰家居，西至埠南路，北起凯悦大酒店，南至邮政局	3	6	132	住宅	6353	22961	麦积区邮电局
151	凯悦佳苑	凯悦佳苑	KAIYUE JIAYUAN	象征喜悦、幸福的宜居之家	东起宏欣饮食公司家属院，西至凯悦大酒店，北起滨河广场，南至邮电紫苑	2	6	93	商住	7090	15978	秦宇房产
152	麦积区滨河广场	滨河商城	BINHE SHANGCHENG	临渭河的商业、住宅、休闲多功能区	东起蓝琴酒店，西至埠南路，北至渭河南路，南至凯悦大酒店	5	4～15	126	商住	13008	48153	永生房产
153	水岸明珠	水岸明珠苑	SHUIAN MINGZHUYUAN	渭河岸边最美的宜居地	东起天河南路，西至蓝琴酒店，北起兴陇路，南至宏达新区	4	16～18	462	商住	14838	59352	天翔房产
154	天忠家园	天忠家园	TIANZHONG JIAYUAN	寓意“天必赐汝以福，忠主孝亲、敬业信友、和睦夫妇”之家园	东起木器厂，西至种子公司，北起兴陇路，南至华源印刷厂	2	8	126	商住	5134	11740	天忠房产

续表 3-6

序号	原名称	审定标准名称	审定读音	命名含义	地理位置	栋数	楼层(层)	户数(户)	用途	用地面积(m^2)	总建筑面积(m^2)	申报单位
155	建设局家属院	建设庭园	JIANSHE TINGYUAN	创立新生活，增加新财富，充实新梦想	东起中医院，西至健康巷，北起兴陇路，南至交通局	3	6	108	住宅	4700	10600	麦积区住建局
156	工商银行家属院	银泰财苑	YINTAI CAIYUAN	工商银行兴建的平安、宁静之住宅，寓意得天时、地利、人和及财源滚滚如泉源之地	东起甘泉路，西至移动公司，北起兴陇路，南至两当疗养院	2	7	98	住宅	1351	9456	工行麦积支行
157	金鹏家园小区	金鹏家园	JINPENG JIAYUAN	金：金木水火土中五行之首，贵重金属，有光泽，延展性强，真金不怕火炼。鹏：大鹏展翅、鹏程万里。金鹏：寓意尊贵、富有、深邃、高远	东起花牛镇家属院，西至华瑞供热公司，北起103公路，南至西规划路	5	10	156	住宅	6600	25000	鹏程房产
158	运输公司家属院	天华嘉苑	TIANHUA JIAYUAN	寓意天水运输企业职工居住在华丽美好、吉庆幸福的住所	东起北道小学，西至麦积区食品厂，北起育才路，南至劳动路幼儿园	2	20	247	住宅	4323	3178	市交通建设公司
159	无	渭滨佳苑	WEIBIN JIAYUAN	兴建的居民住宅因濒临渭水之滨而得名。寓意“渭水千里，佳苑一处”	东接甘泉路，西临石佛路，北靠陇右中街，南至泉湖路	24	10	1368	住宅	133000	247000	麦积区国投公司

续表 3-6

序号	原名称	审定标准名称	审定读音	命名含义	地理位置	栋数	楼层(层)	户数(户)	用途	用地面积(m^2)	总建筑面积(m^2)	申报单位
160	无	高铁小区	GAOTIE XIAOQU	兴建的居民住宅南临客运高铁南站而得名。寓意容载量大、安全舒适、超级享受	东起甘肃有色地矿勘察院，西至场站以西，北起在建高铁南站以北，南至羲皇大道以南	31	16	3620	住宅	292100	599300	麦积区国投公司
161	无	河畔佳苑	HEPAN JIAYUAN	因在永川河畔兴建住宅而得名，有较完善的设施和良好的绿化环境，是家人居住的佳地	东起永川河以东，西至啤酒厂以西，北起 7425 厂道路以北，南至羲皇大道以南	22	22	2233	住宅	105000	278000	麦积区国投公司
162	无	祥丰佳园	XIANGFENG JIAYUAN	取意百福呈祥和丰厚富裕	东起天乐苑，西至张家村，北起同乐路，南至二台村耕地	6	21	610	住宅	14510	59149	麦积区国投公司
163	无	永川佳苑	YONGCHUAN JIAYUAN	境内四河汇合，形如篆文“永”字而得名永川河。因在永川河旁兴建的住宅而得名	东起二台村，西至永川河，北起 181 团，南至村民耕地	40	11	2255	住宅	203100	325700	麦积区国投公司
164	广丰凤凰公馆	凤凰公馆	FENGHUANG GONGGUAN	因该公馆位于凤凰路而得名。凤凰是百鸟之王。寓意纳福迎祥、驱邪禳灾，祥瑞、吉祥、和谐	东起凤凰路，西至麦积区工商分局，北起 102 路，南至三十甸子村冷库	1	13	152	住宅	6136	2900	广丰房产

续表 3-6

序号	原名称	审定标准名称	审定读音	命名含义	地理位置	栋数	楼层(层)	户数(户)	用途	用地面积(m^2)	总建筑面积(m^2)	申报单位
165	麦积区 花牛小区	花牛庭居	HUANIU TINGJU	花牛镇政府兴建的职工宜居之地	东起龙园小学，西至供热公司，北起国税家属院，南至马跑泉空地	2	4～6	110	住宅	6000	9000	麦积区花牛镇政府
166	金兴家园	金兴家园	JINXING JIAYUAN	寓意财富兴旺，是富贵有福之地	东起埠南路，西至陇山骨科医院，北起气象局，南至羲皇大道东路	11	7	669	住宅	40563	57000	甘肃省八建集团
167	金都家园	金都家园	JINDU JIAYUAN	寓意金城汤池、坚固不破，具有高质量、高品位的宜居住地	东起金都公司，西至琥珀路，北起龙园，南至某军家属院	6	6～7	338	住宅	19589	29415	金都房产
168	天辰花园	天辰花园	TIANCHEN HUAYUAN	聚集天下良辰美景的赏心、乐事的居处	东起供电公司变电站，西至马跑泉路，北起金色家园，南至马跑泉空地	5	6～11	265	商住	12349	33066	天辰房产
169	天泉佳苑	天泉佳苑	TIANQUAN JIAYUAN	临近马跑泉公园兴建的宜居住宅	东起马跑泉空地，西至金色家园，北起天泉巷，南至浩源汽修厂	5	12	320	住宅	36000	14031.6	甘肃省八建集团
170	司法家园	司法家园	SIFA JIAYUAN	司法局兴建的职工住宅	东起龙泉家园，西至邮电紫苑，北起浩源汽车修理厂，南至天泉巷	3	7	115	住宅	6600	16000	司法家园物业小区
171	鸿源小区	鸿源名居	HONGYUAN MINGJU	寓意鸿福满堂、家族旺盛的居住地	东起锻压新厂区，西至市八中，北起西货厂，南至成纪大道东路	1	8	84	住宅	3171	9231	鼎音物业

续表 3-6

序号	原名称	审定标准名称	审定读音	命名含义	地理位置	栋数	楼层(层)	户数(户)	用途	用地面积(m^2)	总建筑面积(m^2)	申报单位
172	财富阳光	财富阳光城	CAIFU YANGGUANG CHENG	寓意百福骈臻、千祥云集、万代阳寿之城	东起永生家园，西至麦积汽车站，北起新秀花园，南至成纪大道东路	6	16	460	商住	28257	107375	财富阳光物业
173	永生家园	永生家园	YONGSHENG JIAYUAN	寓意永生才子、永久生存之地	东起宏源家居，西至财富阳光城，北起百货站家属院，南至成纪大道东路	9	6～14	474	住宅	19527	51249.8	永生物业
174	宏源小区	宏源家居	HONGYUAN JIAJU	广聚各方财富、精英之家	东起东安佳苑，西至永生家园，北起北货站仓库，南至成纪大道东路	7	7	226	住宅	11082	19949	华信物业
175	现代银座	银座新居	YINZUO XINJU	寓意兴盛、兴旺之意	东起东环路，西至兴中名居，北起供销社家属院，南至成纪大道东路	2	7	123	商住	4007	3097	恒丰物业
176	渭北住宅新区	渭北新居	WEIBEI XINJU	渭河北岸兴建的居民住宅	东起排水渠，西至酒钢物流中心，北起省农机公司，南至渭水家园	18	7～17	1369	住宅	51153	175386	麦积区下曲村委会
177	社棠园城小区	社棠新居	SHETANG XINJU	社棠村兴建的村民住宅楼	东起社棠卫生院，西至庙山，北起绵诸村，南至社棠村	8	7～12	294	住宅	10389	32811	麦积区社棠村委会

续表 3–6

序号	原名称	审定标准名称	审定读音	命名含义	地理位置	栋数	楼层(层)	户数(户)	用途	用地面积(m^2)	总建筑面积(m^2)	申报单位
178	西河苑	西河苑	XIHE YUAN	因其位于陇昌路最西端又临近渭河而命名	东起石油站家属院，西至西环路，北起陇昌路，南至焦化厂家属院	5	11～17	372	商住	10362	46720	众乐物业
179	天水新亚购物广场	新亚购物商场	XINYA GOUWU SHANGCHANG	亚太购物中心兴建的集购物、住宅、商务、办公为一体的综合性建筑	东起天河北路，西至金都商城，北起商埠路，南至成纪大道东路	2	12	144	商住	7660	33000	华阳实业
180	东安佳苑	东安佳苑	DONG'AN JIAYUAN	寓意麦积城区东部的安宁住宅地	东起兴中名居，西至宏源家居，北起北货站仓库，南至成纪大道东路	7	7～15	417	住宅	15816	36800	宏安房产
181	麦积佳苑	麦积佳苑	MAIJI JIAYUAN	麦积城区的宜居住宅	东起天河北路，西至正陇实业公司，北起陇昌路，南至商埠路	5	4～16	280	商住	15800	42000	顺康物业
182	天美家园	天美家园	TIANMEI JIAYUAN	寓意舒适、优美的住宅家园	东起民茂家居，西至181团家属院，北起陇昌路，南至十幢楼	4	7	208	住宅	10096	23283	天翔房产
183	东方明珠	明珠家园	MINGZHU JIAYUAN	寓意渭河风情线上高端、宜居的住宅	东起市第二粮库，西至外贸局家属院，北起陇昌路，南至商埠路	4	18	288	商住	8765	35695	麦积区城建公司

续表 3-6

序号	原名称	审定标准名称	审定读音	命名含义	地理位置	栋数	楼层(层)	户数(户)	用途	用地面积(m^2)	总建筑面积(m^2)	申报单位
184	天宇华成	天宇华庭	TIANYU HUATING	上下方正、景致豪华的宜居地	东起西排洪渠，西至煤场，北起张家村，南至西排洪渠	5	18	840	住宅	20162	80000	锻压机床厂
185	天宁苑二期	天怡苑	TIANYI YUAN	寓意愉快、让人满意的居住地	东起机务新村，西至铁龙路，北起区府路，南至陇东南货运专用线	3	12～14	568	住宅	16600	56790	铁发房产
186	张家村新区	祥和家园	XIANGHE JIAYUAN	取吉祥、和谐之意	东起道北西排洪渠，西至张家村，北起北山，南至同乐路	4	17	408	住宅	25200	45000	麦积区张家村委会
187	惠民小区	惠民家园	HUIMIN JIAYUAN	取社会福利普惠居民之意	东起北山路，西至北山，北起北山，南至天伦民园	2	17	272	住宅	6032	15061	天伦房产
188	民乐园	天伦民乐园	TIANLUN MINLE YUAN	寓意共享天伦之乐、安居乐业之地	东起北山路，西至永新管业公司，北起惠民家园，南至同乐路	11	7	501	住宅	27965	48000	天伦房产
189	安居小区	吕家新居	LVJIA XINJU	吕家村兴建的新农宅	东起马家巷道，西至吕家村办公楼，北起北环路，南至欣荣名居	4	7	136	住宅	8122	11400	麦积区吕家村委会
190	何家村灾后重建楼	何堡新居	HEBU XINJU	沿用何家村的历史而命名	东起何秀成宅基地处，西至何成海宅基地处，北至何申时宅基地处，南至安康宅基地处	2	4	48	住宅	6600	8400	麦积区何家村委会

续表 3-6

序号	原名称	审定标准名称	审定读音	命名含义	地理位置	栋数	楼层(层)	户数(户)	用途	用地面积(m^2)	总建筑面积(m^2)	申报单位
191	兴寨小区	兴寨家居	XINGZHAI JIAJU	希望寨子村兴旺发达之意	东起村道，西至村民院子，北至天华嘉苑，南至村民院子	2	7	70	住宅	2500	8000	麦积区寨子村委会
192	星火家园	星火家园	XINGHUO JIAYUAN	天水星火机床有限责任公司（简称“星火”）为职工兴建的住宅家园，寓意人气兴旺、薪火相传	东起社棠第三小学，西至星火职工医院，北起北山山脚，南至甘棠东路	33	3～11	1646	住宅	78706	114227	星火机床
193	水漪润园	水漪润园	SHUIYI RUNYUAN	一潭湖水碧涟漪，十里渭河润两岸	东起规划二路，西至规划二路，北起规划四路，南至成纪大道东路	12	6～27	1198	住宅	51465	176400	二十一冶房产公司
194	无	上河郡	SHANGHE JUN	“上”指等级高或品质良好，“河”指渭河。“上河”，临渭河上游而建，畅享“丹荑成叶，翠阴如黛。寓意佳人采掇，动容生态”的宜居景致	东起规划路，西至区域主干道，北起华圆西路，南至润天西路	14	27	2307	商住	98903	235355	甘肃建总置业天水分公司
195	无	上尚宅	SHANGSHANG ZHAI	寓意上等庭院、上等区位、上等生态、上等配套，中式园林、大宅风范	东起永川河西岸，西至规划路，北起规划路，南至中心大道马跑泉公园北侧	12	15	592	商住	51655	133853	甘肃建总置业天水分公司

注：本表部分名称为表述简便，使用简称。

表3-7 天水市秦州区、麦积区建筑物（商务）标准地名审定表

序号	原名称	审定标准名称	审定读音	命名含义	地理位置	栋数	楼层	用途	用地面积（m^2）	总建筑面积（m^2）	申报单位
1	上亿广场·台湾士林不夜城	士林不夜城	SHILIN BUYECHENG	由上亿集团和我国台湾士林观光发展协会将台湾地区潮流商业与西北传统民俗文化相结合的开发项目。取自唐代诗人苏颋“楼台绝胜宜春苑，灯火还同不夜城”之句，寓意城市夜晚繁华、灯火辉煌的样子，如同白昼。寓意让天水市民全天候畅享生活	东起南沟河，西至天定高速公路，北起藉河南岸，南至天定高速公路	8	15	商务文化	38206	96172	天水亿丰置业有限公司
2	省电力公司检修公司天水运维分部综合办公楼	电网大厦	DIANWANG DASHA	因国家电网天水运维分部综合办公得名	东起莲亭村耕地，西至天水郡藉河大桥，北起藉河南路，南至瀛池果蔬市场	1	12	商务	6800	12110	省电力公司检修公司天水运维分部
3	天水供电公司调度楼	供电调度中心	GONGDIAN DIAODU ZHONGXIN	因负责陇南地区的调度通讯而得名	东起燕林南路，西至变电站，北起羲皇大道西路，南至石马坪办事处	1	11	办公	5454	7700	天水天安物业管理有限公司
4	秦州区供销联社	秦州供销大厦	QINZHOU GONGXIAO DASHA	因秦州区供销联社办公住宿综合大厦而得名	东起欣怡园，西至低层民房，北起羲皇大道，南至城市小道	1	27	商住	3975	27270.2	秦州区供销联社
5	坚家河农业大厦	农业大厦	NONGYE DASHA	因进驻部门工作职能服务于农业而得名	东起加油站，西至藉河北路西端，北起成纪大道西路，南至伏羲路村	1	18	商务	4277	18993.01	兴源房产

续表 3-7

序号	原名称	审定标准名称	审定读音	命名含义	地理位置	栋数	楼层	用途	用地面积（m^2）	总建筑面积（m^2）	申报单位
6	供热大厦	供热大厦	GONGRE DASHA	因市供热公司兴建的供热办公和住宅楼而得名	东起庆华供热站，西至城区交警大队，北起庆华厂，南至藉河北路	1	27	商住	3129	21054	市供热公司
7	天水华天电子宾馆	华天电子宾馆	HUATIAN DIANZI BINGUAN	天水华天电子兴建的接待客人或供旅行者休息、住宿的地方	东起双桥中路，西至华天集团办公楼，北起永庆西路，南至藉河北路	1	10	商住	1879	11080	天水华天电子宾馆
8	华西大厦	华联商厦	HUALIAN SHANGSHA	因天水百货大楼公司加盟华联集团得名	东起奋斗巷，西至大众北路，北起都市花园，南至龙城广场	1	15	商务	1833	13600	百货大楼
9	金龙大厦	金龙大厦	JINLONG DASHA	语出“彩凤来仪日丽，金龙起舞春新”，寓意龙城天水腾飞	东起龙城广场，西至大同路，北起自由路，南至昊泰大厦	1	26	商务	1800	44227	金龙物业
10	飞天美居酒店	飞天美居酒店	FEITIAN MEIJU JIUDIAN	出自敦煌壁画中曼妙的飞天，寓意为环境美好的酒店	东起弥陀寺统建楼，西至软木厂家属院，北起弥陀寺平房，南至新华路	1	11	商业	1235	11362	天水飞天美居酒店
11	名远大酒店	名远大酒店	MINGYUAN DAJIUDIAN	寓意蓬勃发展、声名远扬	东起泰山路，西至退休医院，北起成纪大道西路，南至原绿色市场楼	1	13	商务	3980	12000	广源房产

续表 3-7

序号	原名称	审定标准名称	审定读音	命名含义	地理位置	栋数	楼层	用途	用地面积（m^2）	总建筑面积（m^2）	申报单位
12	自来水公司综合办公楼	自来水综合楼	ZILAISHUI ZONGHELOU	因天水市自来水公司办公住宅而得名	东起官泉，西至大众路，北起光明巷，南至兰天城市广场	1	18	办公商住	3117	22340	天水市自来水公司
13	图书大厦	图书大厦	TUSHU DASHA	因新华书店在此地办公而得名	东起三兴商贸，西至服装鞋帽城，北起民主西路，南至融鑫园	1	16	商住	1443.2	9760	新华书店
14	三兴商务大厦	三兴商务大厦	SANXING SHANGWU DASHA	寓意兴盛、兴运、兴启及欣欣向荣之意	东起青年南路，西至新华书店，北起民主西路，南至东达大厦	1	15	商务	1682	19714	三兴房产
15	羲皇故里大酒店	羲皇故里大酒店	XIHUANG GULI DAJIUDIAN	寓意传承伏羲文化、弘扬华夏文明	东起共和巷，西至乐园路，北起天水泰达客货运输有限公司，南至天水泰达客货运输有限公司	1	18	商务	3300	14160	羲皇故里大酒店
16	天水日报社印刷厂	博通综合楼	BOTONG ZONGHELOU	博通彩印公司办公、生产、住宿综合大楼	东起共和巷，西至儿童乐园，北起羲皇故里大酒店，南至报社综合楼	1	26	办公商住	4381	36000	天水日报博通彩印有限公司
17	中国建材地勘中心甘肃总队	中材地勘大厦	ZHONGCAI DIKAN DASHA	因地勘中心甘肃总队在此地办公而得名	东起体委楼，西至进步巷，北起民主东路，南至地勘总队家属楼	1	12	商务	13200	2600	中国建材地勘中心甘肃总队

续表 3-7

序号	原名称	审定标准名称	审定读音	命名含义	地理位置	栋数	楼层	用途	用地面积（m^2）	总建筑面积（m^2）	申报单位
18	中国人民银行天水中心支行办公楼	人行大厦	RENHANG DASHA	因用于人民银行天水中心支行（简称“人行”）综合办公而得名	东起古风巷，西至金荣酒店，北起东源兴居，南至民主东路	1	20	商务	1200	11430	人民银行天水中心支行
19	中国银行天水分行综合办公楼	中行大厦	ZHONGHANG DASHA	因用于中国银行天水分行（简称“中行”）综合办公而得名	东起人民银行，西至市六中，北起兰州海关驻天水监管组，南至民主东路	13	49	办公	1980	7656	中国银行天水分行
20	天麟金融大厦	天麟金融大厦	TIANLIN JINRONG DASHA	天上的麒麟，此地取嘉美祥瑞之意。寓意才能杰出、德才兼备的金融人才在高贵、优雅的大厦创造卓越的功勋并获得荣誉	东起宏业小区，西至中材地勘大厦，北起民主东路，南至规划路	1	18	商务	2000	13700	天麟房产
21	天水广电大厦	广电大厦	GUANGDIAN DASHA	因用于广播电视培训及办公而得名	东起金桥小区1号楼，西至尚义巷，北起民主东路，南至金桥小区2号楼	1	14	商务	681	7178	天水市广播电视培训中心
22	宏业大厦	宏业大厦	HONGYE DASHA	因宏业集团公司而得名	东起合作中路，西至地毯厂，北起八建家园，南至民主东路	2	14	商务	5588	26964.47	宏业房产
23	一建大厦	一建大厦	YIJIAN DASHA	因用于市第一建筑工程公司（简称“一建”）办公而得名	东起吕二北路，西至广厦居民区，北起藉河南路，南至一建公司12号楼	1	19	商住	1648	8865	天水市第一建筑工程公司

续表 3-7

序号	原名称	审定标准名称	审定读音	命名含义	地理位置	栋数	楼层	用途	用地面积（m^2）	总建筑面积（m^2）	申报单位
24	八建大厦	八建大厦	BAJIAN DASHA	因用于省第八建筑工程公司（简称“八建”）办公而得名	东起工行大厦，西至合作中路，北起建设路，南至八建家属院	1	24	商务	4786	22212	甘肃省八建集团
25	工商银行大厦	工行大厦	GONGHANG DASHA	因用于工商银行天水分行（简称“工行”）综合办公而得名	东起建二小学，西至八建大厦，北起建设路，南至工行家属楼	1	20	商务	4257	21349	中国工商银行天水分行
26	天水市国家税务局办公楼	国税大厦	GUOSHUI DASHA	因用于天水市国家税务局（简称“国税”）办公而得名	东起安居路，西至设计院，北起安居小区，南至岷山路	1	16	商务	5036	13620	天水市国家税务局
27	天水华辰大酒店	华辰大酒店	HUACHEN DAJIUDIAN	取意中华龙，象征华夏文明薪火相传	东起电信大厦，西至福门豪景公馆，北起岷山路，南至工行家属院	1	13	商用	2000	18397.08	甘肃煤田普查队
28	电信大厦	电信大厦	DIANXIN DASHA	因用于电信公司天水分公司（简称“电信”）商务办公而得名	东起岷玉路，西至华辰大酒店，北起岷山路，南至东方红村	1	12	商务	16041	14400	电信天水分公司
29	国土大厦	国土资源大厦	GUOTU ZIYUAN DASHA	因用于市国土资源局（简称“国土资源”）办公而得名	东起岷山厂厂区空地，西至规划道路，北起岷山机械公司，南至交警支队	1	20	办公	4949	21558	市国土资源局

续表 3-7

序号	原名称	审定标准名称	审定读音	命名含义	地理位置	栋数	楼层	用途	用地面积（m^2）	总建筑面积（m^2）	申报单位
30	长城大厦	长城大厦	CHANGCHENG DASHA	因长城实业有限公司而得名	东起加油站，西至基督教堂，北起藉河河堤，南至羲皇大道西路	1	19	综合	3909	17365.1	长城实业公司
31	建筑科技中心	建筑科技中心	JIANZHU KEJI ZHONGXIN	因用于建筑科技服务而命名	东起春风物流公司，西至迎宾桥，北起春风集团，南至藉河北路	1	26	商务	8397	30320	市住建局
32	天水商务会所	天水市政府服务中心（简称“政务中心”）	TIANSHUISHI ZHENGFU FUWU ZHONGXIN	因集政府政务办公综合服务而命名	东起卷烟厂仓库，西至金家庄路，北起岷山路，南至中心血站	4	3～25	政务	30286	77078.3	天水城投公司
33	干训大厦	干训大厦	GANXUN DASHA	因此处用于培训党员领导干部而命名	东起枣园村长江电器厂，西至市地震台，北起岷山路，南至第四粮库	1	12	培训	872	8130	市委党校
34	天河广场D座	人社大厦	RENSHE DASHA	因人力资源和社会保障办公综合服务而命名	东起天河广场，西至天河广场绿化带，北起海林厂家属区，南至羲皇大道西路	2	9～23	公务	10497	39258	天水城投公司
35	羲元大厦	羲元大厦	XIYUAN DASHA	寓意肇启伏羲文明，开创辉煌事业	东起长城中学，西至长城巷，北起长控小区，南至岷山路	1	18	商住	3048	17286.2	羲元旅游公司

续表 3-7

序号	原名称	审定标准名称	审定读音	命名含义	地理位置	栋数	楼层（层）	用途	用地面积（m^2）	总建筑面积（m^2）	申报单位
36	天水市供销合作社大厦	天水供销大厦	TIANSHUI GONGXIAO DASHA	天水市供销大厦兴建的综合楼	东起和谐家园，西至和谐路，北起和谐家园，南至羲皇大道	1	14	商住	5750	21147	天水市供销社
37	成纪新城	成纪新城	CHENGJI XINCHENG	因成纪大道穿城而过。借用“人类开元第一城”的古成纪地名	东起渭河，西至七里墩天巉公路桥，北起山脊线，南至秦北高速	—	—	综合	9500000	11000000	市建设局
38	天水湖	天水湖	TIANSHUI HU	《水经注·渭水篇》“北城中有湖水，有白龙出是湖”，今在天水城建成人工湖，重现天水湖之景	东起五里铺藉河大桥，西至天水郡藉河大桥	（宽 110 m、长 7000 m）		观光	770000	770000	天水城投公司
39	甘肃省小陇山林业实验局综合中心	陇林大厦	LONGLIN DASHA	因大楼用于小陇山林业实验局（简称“陇林”）办公而得名	东起陇林路，西至排洪沟，北起羲皇大道，南至陇林瑞苑	1	9	办公	7085	11257.93	小陇山林业实验局
40	山水苑酒店	山水苑酒店	SHANSHUI YUAN JIUDIAN	寓意在南山麓、渭河畔的植物繁茂之地，集住宿、餐饮、服务、商业于一体的机构	东起埠南路，西至金兴家园，北起金兴家园，南至小陇山西楼	1	8	商务	4866	11800	山水苑酒店
41	天水桥南家居建材城	桥南建材城	QIAONAN JIANCAI CHENG	位于麦积渭河大桥之南的大型建材商贸功能区	东起埠南路，西至飞机场，北起改水办家属院，南至陇林家园	76	2	商贸	380000	570000	桥南家居建材城

续表 3-7

序号	原名称	审定标准名称	审定读音	命名含义	地理位置	栋数	楼层（层）	用途	用地面积（m^2）	总建筑面积（m^2）	申报单位
42	天嘉宾馆	天嘉宾馆	TIANJIA BINGUAN	天嘉交通运输集团（简称“天嘉”）兴建的提供住宿、餐饮、服务的商业机构。寓意美好、吉祥	东起埠南路，西至电影院家属院，北起交警大队，南至清源小区	2	6	商务	4520	8600	天嘉交通运输公司
43	天水恒利商贸有限责任公司	恒利宾馆	HENGLI BINGUAN	恒利商贸公司兴建的住宿、餐饮、服务的商业机构。寓意财富恒久	东起埠南路，西至电信分公司，北起电信公司，南至交警大队	1	6	商务	1000	5600	恒利商贸有限公司
44	桥南服装小商品城	桥南服装小商品城	QIAONAN FUZHUANG XIAOSHANG PINCHENG	位于麦积渭河大桥之南，经营服装和各类小商品的商贸功能区	东起天水市第二中学，西至陇林路，北起羲皇大道，南至黑王新居	1	7	商贸	16875.1	48000	桥南服装小商品城有限公司
45	陇林饭店	陇林饭店	LONGLIN FANDIAN	小陇山林业局（简称“陇林”）兴建的住宿、餐饮、服务的商业建筑	东起小陇山变电中心，西至天府商务综合楼，北起天庆国际城，南至羲皇大道东路	2	4	商务	8710	4918.2	甘肃省小陇山林业实验局
46	天水怡欣阁实业有限公司	怡欣阁酒店	YIXINGE JIUDIAN	寓意怡情怡心、欣欣向荣	东起御景泽源，西至埠南路，北起醉八仙酒店，南至陇右中街	1	4	商务	3102	6112	怡欣阁酒店
47	天泽宾馆	天泽宾馆	TIANZE BINGUAN	提供住宿、餐饮、会议等服务的商业机构。取“天泽”两字，寓意润泽天下	东起琥珀路，西至地勘兴居，北起兴陇路，南至白银公司厂坝家属院	2	8	商务	2711	10640	天泽宾馆

续表 3-7

序号	原名称	审定标准名称	审定读音	命名含义	地理位置	栋数	楼层(层)	用途	用地面积(m^2)	总建筑面积(m^2)	申报单位
48	天水华龙大酒店有限公司	华龙大酒店	HUALONG DAJIUDIAN	华龙大酒店公司兴建的集住宿、餐饮、服务为一体的商业机构。取意中华民族的图腾龙，寓意吉祥、腾飞	东起马跑泉路，西至华龙小区，北起泉湖路，南至地税局	3	13	商务	9616	19467	华龙大酒店
49	天水绿岛大酒店有限公司	绿岛大酒店	LVDAO DAJIUDIAN	绿岛大酒店公司兴建的集住宿、餐饮、服务为一体的商业机构。寓意酒店四周林木葱茏、环境幽静	东起金色家园，西至泉湖路，北起天泉巷，南至天辰小区	1	6	商务	1650	10700	绿岛大酒店
50	天水亚太购物中心	亚太购物中心	YATAI GOUWU ZHONGXIN	因该商场加入了国际商业组织“亚太购物系同盟”，故以此命名	东起天河北路，西至新亚购物广场，北至商埠路，南至新亚购物广场	1	5	商贸	3000	8850	华阳实业
51	天水东方宾馆	东方宾馆	DONGFANG BINGUAN	提供住宿、餐饮、服务的商业机构，取“东方”两字，寓意朝气、兴盛	东起合作银行，西至人民旅社，北起陇昌路，南至商埠路	3	3～11	商务	4060	11000	天水友谊实业有限责任公司
52	天水花园酒店责任有限公司	花园酒店	HUAYUAN JIUDIAN	花园酒店公司兴建的集住宿、餐饮、服务为一体的园林式建筑。寓意四周花木簇拥、环境幽静	东起埠北路，西至天粮饭店，北起商埠路，南至陇昌路	3	3～9	商务	1200	11000	花园酒店

续表 3-7

序号	原 名 称	审定标准名称	审定读音	命名含义	地理位置	栋数	楼层（层）	用途	用地面积（m^2）	总建筑面积（m^2）	申报单位
53	麦积大酒店	麦积大酒店	MAIJI DAJIUDIAN	因国家5A级旅游景区麦积山风景名胜区而得名，提供住宿、餐饮、会议等服务的商业机构	东起火车站广场，西至铁路乘务员公寓，北起火车站行李房，南至陇昌路	1	8	商务	2618.62	9941	麦积大酒店
54	金都商城	金都商城	JINDU SHANGCHENG	金都房产（简称“金都”）兴建的大型商场	东起新亚购物广场，西至供销大厦，北起商埠路，南至道南小学	1	6	商贸	13059	41510	金都房产
55	金都购物广场	金都商厦	JINDU SHANGSHA	金都房产（简称“金都”）兴建的具有高品质、高质量的商业、住宅大厦	东起秦州商场，西至埠北路，北起商埠路，南至成纪大道东路	1	17	商住	9470	47387	金都房产
56	无	盛泰商城	SHENGTAI SHANGCHENG	因开发商而命名	东起天河南路，西至金都商城，北起天河南路	1	9	商务	17781	72000	金地鸿业房产
57	无	金地大酒店	JINDI DAJIUDIAN	因开发商而命名	东起天河南路，西至御景泽园小区，北起国土局，南至中心大道	1	9	商务	1500	15000	金地鸿业房产
58	醉八仙酒店	醉八仙酒店	ZUIBAXIAN JIUDIAN	香飘云中客，味引洞中仙	东起御景泽源，西至埠南路，北起工商银行，南至凯歌国际	1	3	商务	2500	6100	醉八仙餐饮

续表 3-7

序号	原名称	审定标准名称	审定读音	命名含义	地理位置	栋数	楼层（层）	用途	用地面积（m²）	总建筑面积（m²）	申报单位
59	天府商务综合楼	天府银座	TIANFU YINZUO	天府房产（简称“天府”）兴建的具备商务、休闲等功能的商业建筑	东起陇林饭店，西至埠南路，北起山水苑酒店，南至羲皇大道东路	2	11	商务	5303	26533	天府房产
60	盛达商业广场	金都银座	JINDU YINZUO	金都房产（简称“金都”）兴建的具备高质量、高品位的多功能的商业建筑	东起马跑泉广场，西至天河南路，北起陇右中街，南至黑王村耕地	1	4	商贸	14816	40553	金都房产
61	麦积全国养老示范基地	颐养家园	YIYANG JIAYUAN	颐养天年、健康快乐之意	东起街亭村梁顶，西至街亭北湾农路，北起八槐村上山农路，南至元温公路	90	3～5	养老	345100	216100	基地项目建设办公室
64	翠湖	渭水湖	WEISHUI HU	《水经注·渭水篇》载：“渭水又东南，出桥亭西，又南得藉水口，水出西山，百涧声流，总成一川。”今在川建成渭水人工湖之景	东起亚太大酒店，西至麦积公交站	（宽97 m、长1648 m）		观光	159856	—	麦积区国投公司
62	天水火车站广场	火车站广场	HUOCHEZHAN GUANGCHANG	因其位于天水火车站而得名	东起虹桥宾馆，西至麦积大酒店，北起隆昌路，南至火车站	（公用设施）			9060	（绿化面积500 m²）	麦积区建设局
63	马跑泉广场	马跑泉广场	MAPAOQUAN GUANGCHANG	《秦州志》载：“相传尉迟敬德与番将战，军中苦无水，其马刨地出泉。”故以天水名泉马跑泉而命名	东起马跑泉空地，西至天河南路，南至马跑泉空地，北至天靖路	（公用设施）			26680	（绿化面积10000 m²）	天水城投公司

注：本表部分名称为表述简便，使用简称。

表3-8　天水市秦州区、麦积区公共交通车站标准地名审定表

序号	道路	原站点名称	审定标准名称	审定读音
1	316 国道	徐家店	徐家店站	XUJIADIAN ZHAN
2		大湾里	大湾里站	DAWANLI ZHAN
3		袁家河南站	袁家河南站	YUANJIAHE NANZHAN
4		袁家河北站	袁家河北站	YUANJIAHE BEIZHAN
5		殷家寺	尹家寺站	YINJIASI ZHAN
6		老虎沟	老虎沟站	LAOHUGOU ZHAN
7		段家沟	段家沟站	DUANJIAGOU ZHAN
8	皂郊路	皂郊法庭	皂郊法庭站	ZAOJIAO FATING ZHAN
9		店镇路口	皂郊南站	ZAOJIAO NANZHAN
10		皂郊镇政府	皂郊镇政府站	ZAOJIAO ZHENZHENGFU ZHAN
11		教练场	皂郊北站	ZAOJIAO BEIZHAN
12		康迈公司	康迈公司站	KANGMAI GONGSI ZHAN
13		果树研究所	市果树研究所站	SHI GUOSHU YANJIUSUO ZHAN
14		铁塔厂	铁塔厂站	TIETA CHANG ZHAN
15		6913厂	6913厂站	6913 CHANG ZHAN
16		田家庄小学	新庄小学站	XINZHUANG XIAOXUE ZHAN
17		田家庄	新庄站	XINZHUANG ZHAN
18		石材厂	董家坪站	DONGJIAPING ZHAN
19		小寨	小寨站	XIAOZHAI ZHAN
20		贾家寺	贾家寺站	JIAJIASI ZHAN
21		贾家寺北站	贾家寺北站	JIAJIASI BEIZHAN
22		娃哈哈	暖和湾工业园区站	NUANHUOWAN GONGYEYUANQU ZHAN
23		冰凌寺	炳灵寺站	BINGLINGSI ZHAN
24		冰凌寺新农村	炳灵寺新村站	BINGLINGSI XINCUN ZHAN

续表 3-8

序号	道路	原站点名称	审定标准名称	审定读音
25	红山路	星光世纪城	锦绣园站	JINXIUYUAN ZHAN
26		暖和湾新村	暖和湾站	NUANHUOWAN ZHAN
27		503处	鸿泰家园站	HONGTAIJIAYUAN ZHAN
28		公路段	公路段站	GONGLUDUAN ZHAN
29	瀛池路	果蔬市场	瀛池果蔬市场站	YINGCHI GUOSHU SHICHANG ZHAN
30	秦州大道	藉口镇	藉口镇站	XIKOUZHEN ZHAN
31		郑集寨东站	郑集寨东站	ZHENGJIZHAI DONGZHAN
32		四十里铺西站	四十里铺西站	SISHILIPU XIZHAN
33		四十里铺	四十里铺站	SISHILIPU ZHAN
34		四十里铺东站	四十里铺东站	SISHILIPU DONGZHAN
35		闫家台子	闫家台子站	YANJIATAIZI ZHAN
36		黄家湾子西站	黄家湾子西站	HUANGJIAWANZI XIZHAN
37		黄家湾子	黄家湾子站	HUANGJIAWANZI ZHAN
38		太京镇西站	甸子西站	DIANZI XIZHAN
39		太京卫生院	太京卫生院站	TAIJING WEISHENGYUAN ZHAN
40		太京镇东站	太京镇政府站	TAIJING ZHEN ZHENGFU ZHAN
41		太京中学	太京中学站	TAIJING ZHONGXUE ZHAN
42		杨集寨	杨集寨站	YANGJIZHAI ZHAN
43		董家磨	董家磨站	DONGJIAMO ZHAN
44		打马沟	打马沟站	DAMAGOU ZHAN
45		田家庄	田家庄站	TIANJIAZHUANG ZHAN
46		田家庄东站	田家庄东站	TIANJIAZHUANG DONGZHAN
47		二十里铺	二十里铺站	ERSHILIPU ZHAN
48		佛崆桥	佛崆桥站	FOKONGQIAO ZHAN
49		驾驶考试中心	驾驶考试中心站	JIASHI KAOSHI ZHONGXIN ZHAN
50		李家台子	李家台子站	LIJIATAIZI ZHAN
51		银泉生态园	李家台子东站	LIJIATAIZI DONGZHAN

续表 3-8

序号	道路	原站点名称	审定标准名称	审定读音
52	秦州大道	变电站	变电站	BIANDIAN ZHAN
53		尹家庄	尹家庄站	YINJIAZHUANG ZHAN
54		窝驼小学	窝驼小学站	WOTUO XIAOXUE ZHAN
55		窝驼村	窝驼村站	WOTUO CUN ZHAN
56		省机械技工学院	省机电学院站	SHENG JIDIAN XUEYUAN ZHAN
57		西十里	西十里站	XISHILI ZHAN
58		华天电子科技园	华天科技园站	HUATIAN KEJIYUAN ZHAN
59		郊区交警大队	二一三厂站	ERYISANCHANG ZHAN
60		天水郡	天水郡站	TIANSHUIJUN ZHAN
61	精表路	天水卫校	天水卫校站	TIANSHUI WEIXIAO ZHAN
62		五公司	省建五公司站	SHENGJIAN WUGONGSI ZHAN
63		市三院	市第三医院站	SHI DISAN YIYUAN ZHAN
64	藉水北路	水岸小镇	水岸小镇站	SHUIAN XIAOZHEN ZHAN
65		山水嘉园	山水嘉园站	SHANSHUIJIAYUAN ZHAN
66		吴家崖	吴家崖站	WUJIAYA ZHAN
67		王家磨	王家磨站	WANGJIAMO ZHAN
68	藉河北路	景园·水岸都市	水岸都市站	SHUIANDUSHI ZHAN
69		城区交警大队	城区交警大队站	CHENGQU JIAOJING DADUI ZHAN
70		华天小区	双桥大桥北站	SHUANGQIAO DAQIAO BEIZHAN
71		407 医院	407 医院南站	407 YIYUAN NANZHAN
72		中医院	市中医院站	SHI ZHONGYIYUAN ZHAN
73		人民公园	人民公园站	RENMIN GONGYUAN ZHAN
74		电视台	龙城明珠大厦站	LONGCHENGMINGZHU DASHA ZHAN
75		藉滨桥北	东团庄大桥北站	DONGTUANZHUANG DAQIAO BEIZHAN
76		花鸟市场	金水湾站	JINSHUIWAN ZHAN
77		市交运局	市交通局站	SHI JIAOTONGJU ZHAN

续表 3-8

序号	道路	原站点名称	审定标准名称	审定读音
78	藉河北路	妇幼保健院	迎宾桥北站	YINGBINQIAO BEIZHAN
79		中心血站	中心血站	ZHONGXIN XUEZHAN
80		枣园庄路口	五里铺大桥西站	WULIPU DAQIAO XIZHAN
81	成纪大道西路	秦州西客站	秦州公交西站	QINZHOU GONGJIAO XIZHAN
82		电缆厂	电缆厂站	DIANLANCHANG ZHAN
83		坚家河	坚家河北站	JIANJIAHE BEIZHAN
84		张家沟	张家沟站	ZHANGJIAGOU ZHAN
85		市三中	市三中站	SHI SANZHONG ZHAN
86		聚宝盆小区	聚宝盆兰庭站	JUBAOPEN LANTING ZHAN
87		玉泉观	玉泉观站	YUQUANGUAN ZHAN
88		森美购物广场	绿色市场站	LVSESHICHANG ZHAN
89		市一中	市一中站	SHI YIZHONG ZHAN
90		盛园小区	盛源小区站	SHENGYUANXIAOQU ZHAN
91	伏羲路	伏羲广场	伏羲广场站	FUXI GUANGCHANG ZHAN
92		坚家河	坚家河站	JIANJIAHE ZHAN
93	双桥中路	华天宾馆	华天宾馆站	HUATIAN BINGUAN ZHAN
94	永庆东路	407 医院	407 医院站	407 YIYUAN ZHAN
95	永庆西路	永红厂	永红家园站	YONGHONGJIAYUAN ZHAN
96	解放路	伏羲庙	伏羲庙站	FUXIMIAO ZHAN
97		工商银行	织锦台站	ZHIJINTAI ZHAN
98	大同路	移动公司	龙城广场南站	LONGCHENG GUANGCHANG NANZHAN
99			陕西会馆站	SHANXI HUIGUAN ZHAN
100	大众北路	中心广场北	龙城广场北站	LONGCHENG GUANGCHANG BEIZHAN
101	大众中路	中心广场	龙城广场站	LONGCHENG GUANGCHANG ZHAN
102			龙城广场东站	LONGCHENG GUANGCHANG DONGZHAN

续表 3-8

序号	道路	原站点名称	审定标准名称	审定读音
103	大众中路	秦州公交站	秦州公交站	QINZHOU GONGJIAO ZHAN
104	罗玉路	何家庙	何家庙站	HEJIAMIAO ZHAN
105		马家庄	马家庄站	MAJIAZHUANG ZHAN
106		唐家河	唐家河站	TANGJIAHE ZHAN
107		赵家河	赵家河站	ZHAOJIAHE ZHAN
108		杨家河	杨家河站	YANGJIAHE ZHAN
109		刘家庄	刘家庄站	LIUJIAZHUANG ZHAN
110		李家园子	李家园子站	LIJIAYUANZI ZHAN
111		烟铺	烟铺站	YANPU ZHAN
112		报社印刷厂	陈家窑站	CHENJIAYAO ZHAN
113		线务站	马兰沟门站	MALANGOUMEN ZHAN
114		左家场	左家场桥站	ZUOJIACHANGQIAO ZHAN
115		向阳小区	向阳小区站	XIANGYANG XIAOQU ZHAN
116		市五中	皇城名苑站	HUANGCHENGMINGYUAN ZHAN
117	新华路	新华门小学	新华门小学站	XINHUAMEN XIAOXUE ZHAN
118		长途车站	长途车站	CHANGTU CHEZHAN
119		市五中	市五中站	SHI WUZHONG ZHAN
120		东桥头	东桥头站	DONGQIAOTOU ZHAN
121	泰山路	绿色市场东门	清华苑站	QINGHUAYUAN ZHAN
122		左家场	左家场站	ZUOJIACHANG ZHAN
123		殡仪馆	殡仪馆站	BINYIGUAN ZHAN
124		靶场	椒树湾站	JIAOSHUWAN ZHAN
125		天嘉训练场	八关寺站	BAGUANSI ZHAN
126		冯家山路口	冯家山站	FENGJIASHAN ZHAN
127		新沟门	新沟门站	XINGOUMEN ZHAN
128		嘉秀山庄	嘉秀山庄站	JIAXIUSHANZHUANG ZHAN
129		盐池下路口	盐池东站	YANCHI DONGZHAN
130		盐池	盐池站	YANCHI ZHAN

续表3-8

序号	道路	原站点名称	审定标准名称	审定读音
131	泰山路	黑爷庙下路口	黑爷庙东站	HEIYEMIAO DONGZHAN
132		黑爷庙上路口	黑爷庙站	HEIYEMIAO ZHAN
133		徐家山	徐家山站	XUJIASHAN ZHAN
134		芦家湾	芦家湾站	LUJIAWAN ZHAN
135		穆家湾	穆家湾站	MUJIAWAN ZHAN
136		金家湾	金家湾站	JINJIAWAN ZHAN
137		李家坪路口	李家坪站	LIJIAPING ZHAN
138		砖厂	师家湾站	SHIJIAWAN ZHAN
139		何家湾下村	何家湾东站	HEJIAWAN DONGZHAN
140		中梁乡政府	中梁镇政府站	ZHONGLIANG ZHENZHENGFU ZHAN
141		气象站	中梁气象站	ZHONGLIANG QIXIANGZHAN
142		兄集	兄集村站	XIONGJICUN ZHAN
143		上韩村	上韩村站	SHANGHANCUN ZHAN
144		下韩村	下韩村站	XIAHANCUN ZHAN
145		狗卧山	苟卧山站	GOUWOSHAN ZHAN
146		马周村路口	马周村东站	MAZHOUCUN DONGZHAN
147		汝家湾	茹家湾站	RUJIAWAN ZHAN
148		马周村	马周村站	MAZHOUCUN ZHAN
149	民主路	百货大楼	百货大楼站	BAIHUODALOU ZHAN
150	建设路	迎宾馆	迎宾馆站	YINGBINGUAN ZHAN
151		东桥头	市第一医院站	SHI DIYIYIYUAN ZHAN
152	合作北路	北园子	北园子站	BEIYUANZI ZHAN
153	合作中路	藉滨市场	藉滨市场站	XIBIN SHICHANG ZHAN
154	合作南路	市二幼	东团庄小区站	DONGTUANZHUANG XIAOQU ZHAN
155	东兴路	市二幼	华宇新居站	HUAYUXINJU ZHAN
156	岷山路	安居小区	安居小区站	ANJUXIAOQU ZHAN
157		岷山厂	市交警支队站	SHI JIAOJINGZHIDUI ZHAN
158		天水宾馆	天水宾馆北站	TIANSHUI BINGUAN BEIZHAN

续表 3-8

序号	道路	原站点名称	审定标准名称	审定读音
159	岷山路	市委党校	市委党校站	SHIWEI DANGXIAO ZHAN
160		秦州高速路口	五里铺大桥东站	WULIPU DAQIAO DONGZHAN
161		七里墩 天宝娱乐广场	天河广场北站	TIANHE GUANGCHANG BEIZHAN
162	三星路	三星公司	天水宾馆南站	TIANSHUI BINGUAN NANZHAN
163		罗玉小区	罗玉小区站	LUOYUXIAOQU ZHAN
164	春风路	甘绒厂	春风小区站	CHUNFENGXIAOQU ZHAN
165	岷玉路	电信局	电信局站	DIANXINJU ZHAN
166	藉河南路	天水师院	天水师院站	TIANSHUI SHIYUAN ZHAN
167		石马坪中学	石马坪中学站	SHIMAPING ZHONGXUE ZHAN
168		第一师范	双桥大桥南站	SHUANGQIAO DAQIAO NANZHAN
169		体育场	体育场站	TIYUCHANG ZHAN
170		第一驾校	第一驾校站	DIYIJIAXIAO ZHAN
171		藉河桥南	石马坪大桥南站	SHIMAPING DAQIAO NANZHAN
172		市总工会	市总工会站	SHI ZONGGONGHUI ZHAN
173		廖家磨	廖家磨站	LIAOJIAMO ZHAN
174		市农发行	东团庄大桥南站	DONGTUANZHUANG DAQIAO NANZHAN
175		税校	市电大站	SHI DIANDA ZHAN
176		中级法院	中级法院站	ZHONGJI FAYUAN ZHAN
177		诸葛军磊	诸葛军垒站	ZHUGEJUNLEI ZHAN
178		迎宾桥南	迎宾桥南站	YINGBINQIAO NANZHAN
179	羲皇大道西路	区委党校	天水郡站	TIANSHUIJUN ZHAN
180		莲亭	莲亭站	LIANTING ZHAN
181		师院南	师院南站	SHIYUAN NANZHAN
182		征稽站	征稽站	ZHENGJI ZHAN
183		居民楼	莲园小区站	LIANYUANXIAOQU ZHAN

续表 3-8

序号	道路	原站点名称	审定标准名称	审定读音
184	羲皇大道西路	供电局	天宝塑业站	TIANBAO SUYE ZHAN
185		眼科医院	眼科医院站	YANKE YIYUAN ZHAN
186		材改厂家属院	长材家园站	CHANGCAIJIAYUAN ZHAN
187		东团庄	东团庄站	DONGTUANZHUANG ZHAN
188		东团庄新村	东团庄新村站	DONGTUANZHUANGXINCUN ZHAN
189		天庆嘉园	天庆嘉园站	TIANQINGJIAYUAN ZHAN
190		南郭寺	南郭寺站	NANGUOSI ZHAN
191		畅和新城	畅和新城站	CHANGHEXINCHENG ZHAN
192		长控医院	长控医院站	CHANGKONG YIYUAN ZHAN
193		人力资源市场	人社大厦站	RENSHE DASHA ZHAN
194		七里墩建材市场	天河广场南站	TIANHE GUANGCHANG NANZHAN
195	羲皇大道中路	森美家具广场	长开厂站	CHANGKAICHANG ZHAN
196		第二师范	天水职业学校站	TIANSHUI ZHIYE XUEXIAO ZHAN
197		飞天雕漆	飞天雕漆站	FEITIAN DIAOQI ZHAN
198	天河路	天河小区	天河家园站	TIANHEJIAYUAN ZHAN
199	罗家沟	罗家沟桥头	罗家沟桥头站	LUOJIAGOU QIAOTOU ZHAN
200		罗家沟北站	罗家沟北站	LUOJIAGOU BEIZHAN
201		罗家沟	罗家沟站	LUOJIAGOU ZHAN
202		罗家沟南站	罗家沟南站	LUOJIAGOU NANZHAN
203		天祥水泥厂	天祥水泥厂站	TIANXIANG SHUINICHANG ZHAN
204		天通小学	天通小学站	TIANTONG XIAOXUE ZHAN
205		黄家河路口	黄家河路口站	HUANGJIAHE LUKOU ZHAN
206		加气块厂	加气块厂站	JIAQIKUAICHANG ZHAN
207		冶炼厂	冶炼厂站	YELIANCHANG ZHAN
208		卜王村北站	卜王北站	BUWANG BEIZHAN
209		卜王村村委会	卜王站	BUWANG ZHAN

续表 3-8

序号	道路	原站点名称	审定标准名称	审定读音
210	罗家沟	卜王村	卜王南站	BUWANG NANZHAN
211		郭家河	郭家河站	GUOJIAHE ZHAN
212		纸碾村	纸碾村站	ZHINIANCUN ZHAN
213		毛集村	毛集村站	MAOJICUN ZHAN
214	羲皇大道中路	天河酒厂	天河酒厂站	TIANHE JIUCHANG ZHAN
215		二一九	二一九大队站	ERYIJIU DADUI ZHAN
216		高家湾	高家湾站	GAOJIAWAN ZHAN
217		天水中心客运站	天水客运站	TIANSHUI KEYUN ZHAN
218		省工学院	省工学院站	SHENG GONGXUEYUAN ZHAN
219		二十里铺	二十里铺站	ERSHILIPU ZHAN
220		天然气公司	天然气公司站	TIANRANQI GONGSI ZHAN
221		航修厂	航修厂站	HANGXIUCHANG ZHAN
222		恒顺面业	白崖站	BAIYA ZHAN
223		赵崖	赵崖站	ZHAOYA ZHAN
224		天水机场	天水机场站	TIANSHUI JICHANG ZHAN
225		花牛村	花牛站	HUANIU ZHAN
226		卷烟厂	润天家园站	RUNTIANJIAYUAN ZHAN
227		地质队	地勘家园站	DIKANJIAYUAN ZHAN
228		分路口	分路口站	FENLUKOU ZHAN
229	羲皇大道东路	桥南小商品服装城	桥南服装城站	QIAONAN FUZHUANGCHENG ZHAN
230		市二中	市二中站	SHI ERZHONG ZHAN
231		广济医院	广济医院站	GUANGJI YIYUAN ZHAN
232		五公司	五公司机运队站	WUGONGSI JIYUNDUI ZHAN
233		马跑泉	马跑泉市场站	MAPAOQUAN SHICHANG ZHAN
234		啤酒厂	啤酒厂站	PIJIUCHANG ZHAN
235		造纸厂	慕滩西站	MUTAN XIZHAN

续表3-8

序号	道路	原站点名称	审定标准名称	审定读音
236	羲皇大道东路	慕滩	慕滩东站	MUTAN DONGZHAN
237		大沟村	大沟西站	DAGOU XIZHAN
238		大沟东站	大沟东站	DAGOU DONGZHAN
239		合作银行	潘集寨站	PANJIZHAI ZHAN
240		潘集寨	潘集寨东站	PANJIZHAI DONGZHAN
241		石咀	石嘴村站	SHIZUICUN ZHAN
242	埠南路	桥南建材市场	桥南建材城站	QIAONAN JIANCAICHENG ZHAN
243		法院路口	林水路口站	LINSHUI LUKOU ZHAN
244		盘旋路	盘旋路站	PANXUANLU ZHAN
245	天河北路	永盛家电	麦积佳苑站	MAIJIJIAYUAN ZHAN
246	天河南路	法院路口	麦积消防中队站	MAIJI XIAOFANG ZHONGDUI ZHAN
247		区法院	区法院站	QU FAYUAN ZHAN
248		马跑泉广场	马跑泉广场站	MAPAOQUAN GUANGCHANG ZHAN
249	泉湖路	马跑泉路口	泉湖路南站	QUANHULU NANZHAN
250		水上公园	马跑泉公园站	MAPAOQUAN GONGYUAN ZHAN
251		龙园	龙园站	LONGYUAN ZHAN
252	兴陇路	麦积高速路口	盘旋路站	PANXUANLU ZHAN
253		商场东口	新阳路北站	XINYANGLU BEIZHAN
254		麦积供电所	五龙路北站	WULONGLU BEIZHAN
255		华龙小区	华龙家居站	HUALONGJIAJU ZHAN
256		农机公司	农机公司站	NONGJIGONGSI ZHAN
257		公安局家属院	公安局家属院站	GONG'ANJU JIASHUYUAN ZHAN
258		贮木厂	贮木厂站	ZHUMUCHANG ZHAN
259		戒毒所	戒毒所站	JIEDUSUO ZHAN
260		区人武部	区人武部站	QU RENWUBU ZHAN
261	成纪大道	麦积公交站	麦积公交总站	MAIJI GONGJIAO ZONGZHAN
262		锻压厂家属区	锻压家园站	DUANYAJIAYUAN ZHAN

续表 3-8

序号	道　路	原站点名称	审定标准名称	审定读音
263	成纪大道	市八中	市八中站	SHI BAZHONG ZHAN
264		焦化厂	天水焦化厂站	TIANSHUI JIAOHUACHANG ZHAN
265		第二人民医院	市第二医院站	SHI DIER YIYUAN ZHAN
266		火车站（便桥头）	北道人行桥北站	BEIDAO RENXINGQIAO BEIZHAN
267		财富阳光	新亚商城站	XINYA SHANGCHENG ZHAN
268		物资市场	财富阳光城站	CAIFUYANGGUANGCHENG ZHAN
269		风动家属区	马跑泉大桥北站	MAPAOQUAN DAQIAO BEIZHAN
270		万达公司	万达公司站	WANDA GONGSI ZHAN
271		天拖厂家属区	天拖厂家属区站	TIANTUOCHANG JIASHUQU ZHAN
272		渭水家园	渭水家园站	WEISHUIJIAYUAN ZHAN
273		大众公司	大众公司站	DAZHONG GONGSI ZHAN
274		长城果汁厂	天盼门业站	TIANPAN MENYE ZHAN
275		华建公司	华建公司站	HUAJIAN GONGSI ZHAN
276		牛头河桥头	牛头河桥头站	NIUTOUHE QIAOTOU ZHAN
277		土特产仓库	土特产仓库站	TUTECHAN CANGKU ZHAN
278		冶炼厂	中储粮库站	ZHONGCHU LIANGKU ZHAN
279		道口	社棠站	SHETANG ZHAN
280	社棠路	材料厂	绵诸站	MIANZHU ZHAN
281		社棠镇政府	社棠镇政府站	SHETANG ZHEN ZHENGFU ZHAN
282		金驼家园	金驼家园站	JINTUOJIAYUAN ZHAN
283		甘绒厂	甘绒厂站	GANRONGCHANG ZHAN
284		市五医院	市第五医院站	SHI DIWU YIYUAN ZHAN
285		刘家庄	刘家庄站	LIUJIAZHUANG ZHAN
286		星火厂家属区	星火家园站	XINGHUO JIAYUAN ZHAN
287		开发新居	星火医院站	XINGHUO YIYUAN ZHAN
288		星火厂	星火公司站	XINGHUO GONGSI ZHAN

续表 3-8

序号	道　路	原站点名称	审定标准名称	审定读音
289	陇昌路	西货场	西河苑站	XIHEYUAN ZHAN
290		110	兴达巷站	XINGDAXIANG ZHAN
291		火车站	火车站	HUOCHEZHAN
292		东货场	天水货运大厦站	TIANSHUI HUOYUN DASHA ZHAN
293		外贸局	明珠家园站	MINGZHUJIAYUAN ZHAN
294	天风路	风动厂	风动厂站	FENGDONGCHANG ZHAN
295	前进路	道北十字	道北十字站	DAOBEI SHIZI ZHAN
296		医药站	安康家园站	ANKANGJIAYUAN ZHAN
297		市九中	市九中站	SHI JIUZHONG ZHAN
298		丁字路口	吕家村站	LVJIACUN ZHAN
299		北山公园	北山公园站	BEISHANGONGYUAN ZHAN
300		小桥	何家村北站	HEJIACUN BEIZHAN
301		何家村路口	何家村南站	HEJIACUN NANZHAN
302		电务段	兰铁电务段站	LANTIE DIANWUDUAN ZHAN
303		市二院	市第二医院站	SHI DIER YIYUAN ZHAN
304	区府西路	铁西苑	铁西苑站	TIEXIYUAN ZHAN
305		区政府	区政府站	QUZHENGFU ZHAN
306		第四医院	市第四医院站	SHI DISI YIYUAN ZHAN
307	社棠工业园	华洋电子	华洋电子站	HUAYANG DIANZI ZHAN
308		卷烟厂新区	卷烟厂新区站	JUANYANCHANG XINQU ZHAN
309		科技孵化中心	科技孵化中心站	KEJI FUHUA ZHONGXIN ZHAN
310		长城电工	长城电工站	CHANGCHENG DIANGONG ZHAN
311		星火机床	星火机床站	XINGHUO JICHUANG ZHAN
312		标准厂房	标准厂房站	BIAOZHUN CHANGFANG ZHAN
313		华圆科技	华圆科技站	HUAYUANKEJI ZHAN
314	麦积大道	团庄村	团庄村站	TUANZHUANGCUN ZHAN
315		马跑泉中学	马跑泉中学站	MAPAOQUAN ZHONGXUE ZHAN
316		什字坪	什字坪站	SHIZIPING ZHAN

续表 3-8

序号	道 路	原站点名称	审定标准名称	审定读音
317	麦积大道	宁家崖	宁家崖站	NINGJIAYA ZHAN
318		拥军桥	拥军桥站	YONGJUNQIAO ZHAN
319		张家庄	张家庄站	ZHANGJIAZHUANG ZHAN
320		新庄	大柳树站	DALIUSHU ZHAN
321		勘察院	地质勘察院站	DIZHI KANCHAYUAN ZHAN
322		启升中学	启升中学站	QISHENG ZHONGXUE ZHAN
323		崖湾	崖湾北站	YAWAN BEIZHAN
324		崖湾	崖湾南站	YAWAN NANZHAN
325		林学院北站	林学院北站	LINXUEYUAN BEIZHAN
326		林学院	林学院南站	LINXUEYUAN NANZHAN
327		白石	白石村站	BAISHICUN ZHAN
328		甘泉立交桥	屈家坪北站	QUJIAPING BEIZHAN
329		化工厂	屈家坪南站	QUJIAPING NANZHAN
330		甘江	甘江村站	GANJIANGCUN ZHAN
331		甘泉北站	甘泉镇北站	GANQUAN ZHEN BEIZHAN
332		甘泉	甘泉镇站	GANQUAN ZHEN ZHAN
333		甘泉桥头	甘泉镇桥头站	GANQUAN ZHEN QIAOTOU ZHAN
334		甘泉南站	甘泉镇南站	GANQUAN ZHEN NANZHAN
335		光彩小学	廖家庄站	LIAOJIAZHUANG ZHAN
336		高家村	高家庄站	GAOJIAZHUANG ZHAN
337		元店	元店站	YUANDIAN ZHAN
338		麦积林场	麦积林场站	MAIJI LINCHANG ZHAN
339		郭家坪	郭家坪站	GUOJIAPING ZHAN
340		峡门村	峡门北站	XIAMEN BEIZHAN
341		峡门村	峡门南站	XIAMEN NANZHAN
342		汉唐陶艺	贾家河站	JIAJIAHE ZHAN
343		寨子村	寨子村站	ZHAIZICUN ZHAN

续表 3-8

序号	道　路	原站点名称	审定标准名称	审定读音
344	麦积大道	侯家庄	侯家庄站	HOUJIAZHUANG ZHAN
345		阮家沟	阮家沟站	RUANJIAGOU ZHAN
346		麦积山	麦积山站	MAIJISHAN ZHAN
347	石贾公路	文家村	文家村站	WENJIACUN ZHAN
348		何家村	何家村站	HEJIACUN ZHAN
349		仙人崖	仙人崖站	XIANRENYA ZHAN
350		后川村	后川村站	HOUCHUANCUN ZHAN
351		净土寺	净土寺站	JINGTUSI ZHAN
352	元温公路	熊家窑	熊家窑站	XIONGJIAYAO ZHAN
353		杨家湾	杨家湾站	YANGJIAWAN ZHAN
354		董家坪	董家坪站	DONGJIAPING ZHAN
355		柳家河	柳家河站	LIUJIAHE ZHAN
356		杜甫草堂	杜甫草堂站	DUFUCAOTANG ZHAN
357		西口	西口站	XIKOU ZHAN
358		街亭	街亭站	JIETING ZHAN
359		莫家庄	莫家庄站	MOJIAZHUANG ZHAN
360		温泉	温泉站	WENQUAN ZHAN
361	峡口村	挂面厂	挂面厂站	GUAMIANCHANG ZHAN
362		三叉路口	三叉路口站	SANCHALUKOU ZHAN
363		峡口村	峡口村站	XIAKOUCUN ZHAN
364	社棠西路	风动厂	风动厂站	FENGDONGCHANG ZHAN
365		农具厂	农具厂站	NONGJUCHANG ZHAN
366		妇幼保健站	妇幼保健站	FUYOUBAOJIAN ZHAN
367		五公司加工厂	五公司加工厂站	WUGONGSI JIAGONGCHANG ZHAN
368	陇右中街	御景泽园	御景泽园站	YUJINGZEYUAN ZHAN

二、甘谷县

2005年12月29日，在《甘谷县人民政府关于命名城区道路广场大桥的通知》中，对以下几项内容命名。

（一）道路命名

南环路：从预备役营南墙起，向东至甘谷油墨厂门前止。

西环路：从预备役营西墙起，向北至高桥村提灌处止。

北环路：从原驻县部队二营门口起，至散渡河桥止。

东环路：从油墨厂门口起，向北至渭河边止。

车场路：从预备役营东南角起，向北至西关十字止。

南关路：从西环路通广渠口起，经南关十字至冀城路止。

像山路：从五里铺大像山洞口起，向东至东环路止。（像山西路：从大十字起，向西至五里铺大像山洞口止；像山中路：从大十字起，向东至大像山镇政府止；像山东路：从大像山镇政府起，向东至东环路止）

冀城路：从南环路泰来液化气站起，向北至散渡河桥止。（冀城南路：从康庄路起，至南环路止；冀城中路：从康庄路起，向北至渭河南岸止；冀城北路：从渭河北岸起，向北至散渡河桥止）

渭川路：从白云吊桥以北起，向东至东环路止。（渭川西路：从菜市口起，向西至白云吊桥以北止；渭川中路：从菜市口起，向东至冀城路止；渭川东路：从冀城路起，向东至东环路止）

金川路：从西环路二家楞起，向东至东环路止。（金川西路：从西环路二家楞起，至新城路城关派出所以北止；金川中路：从新城路沙家渠起，向东至冀城路止；金川东路：从冀城路起，向东至东环路止）

康庄路：从西环路冀城变电站起，向东至东环路止。（康庄西路：从甘谷邮政大楼起，至冀城变电站止；康庄中路：从甘谷人民银行起，向东至冀城路止；康庄东路：从冀城路起，向东至东环路止）

新城路：从南环路老年活动中心起，向北至北环路止。（新城南路：从邮政大楼起，向南至老年活动中心止；新城中路：从邮政大楼起，向北至渭河桥南止；新城北路：从渭河桥北起，向北至原驻县部队二营门口止）

富强路：从西环路鑫达汽修厂起，向东至永宁路止。（富强西路：从新城路新城医院北侧起，至西环路鑫达汽修厂止；富强中路：从新城医院门口起，至冀城路止；富强东路：从冀城路起，向东至永宁路止）

滨河南路：从西环路高桥村提灌处起，向东至东环路止。

滨河北路：从油墨北厂西南侧起，向东至谢家庄渭河桥止。

新兴路：从油墨北厂门口起，向东经新兴镇政府至冀城路止。

朱圉路：从姚庄铁路立交桥起，向西至朱圉火车站止。

渭阳路：从新城路姚庄粮库起，向东至散渡河桥止。

渭济路：从新城路新兴镇综合市场起，向东朝南至谢家庄铁路立交桥以北止。

丰裕路：从新城路姚杨路口起，向东至北环路水管所止。

永安路：从像山路西关小学西侧起，向北至富强路蔬菜批发市场门口止。

柳湖路：从甘谷一中门口起，向北至滨河南路油墨厂2号供水井止。

永宁路：从育才中学西侧起，向北至滨河南路止。

金坪路：从渭阳路县商标印刷厂起，向北至北环路止。

（二）广场命名

文化广场：原大十字广场。

姜维广场：原龙王庙休闲广场。

伏羲广场：冀城路与金川路交会处东北侧（截至2015年规划待建）。

（三）大桥命名

1.新城大桥：姚庄渭河大桥。

2.冀城大桥：谢家庄渭河大桥。

三、武山县

2006年12月4日，在《武山县人民政府关于武山县城区道路及公益场所命名及范围界定请示的批复》中，对以下几项内容命名。

（一）城区东西向道路命名为“路”

北滨河路：渭河以北，西起西关渭河大桥，沿渭河东至坡儿村。

南滨河路：渭河以南，西起西关渭河大桥，沿渭河东至红沟村。

解放路：东接红峪河公路桥，西至县粮食局。

宁远大道：东起原东顺卫生院门口，西至西关十字。

文昌路：东接庙峪河，沿铁路南侧向西，至西关铁路桥与自由街相接处。

君山路：东起给水公司与宁远大道相接处，沿铁路北侧向西至西关十字。

公园路：东起西关十字，西至毛纺厂家属区西。

（二）城区南北向道路命名为“街”

自由街：南至西关铁路桥接君山路，经县检察院东侧，北至南滨河路。

繁荣街：县医院东侧，北接南滨河路，南接宁远大道。

富强街：北起渭河便桥头，南接宁远大道。

民主街：县粮食局西侧，北接南滨河路，南接宁远大道。

通远街：今农贸市场正中大道，北接南滨河路，南至铁路三孔涵洞口。

武城街：南起红峪河公路桥与解放路交叉处，沿红峪河西侧北至南滨河路。

和平街：南起火车站广场北侧，北至南滨河路。

（三）城区四个村庄通道命名为“巷”

1.西关村

（1）西昌巷：南北向，位于鸳鸯湖公园东侧，南起公园路，北至渭河河堤。

（2）盘龙巷：南北向，位于西昌巷、康庄巷之间，南起公园路，北至渭河河堤。

（3）康庄巷：南北向，位于西关加油站西侧，南起公园路，北至渭河河堤。

2.南关村

（1）峪苑巷：南北向，位于红峪河东侧，北起红峪河铁桥，南至马家凸山脚。

（2）东升巷：南北向，位于城关小学东侧，北起红峪河河堤，南接友谊巷。

（3）新星巷：南北向，北起县一中操场门口，南至何家沟口。

（4）文化巷：东西向，西起县一中操场门口，东至友谊巷北端。

（5）友谊巷：南北向，北起居民区铁路涵洞口与文昌路交叉处，南至陶家凸山脚。

（6）团结巷：南北向，北起友谊巷与文化巷交叉处，南至东城角与友谊巷相接止。

3.家坡村

（1）家坡巷：南北向，北起庙峪河铁路桥，南至城龙公路与庙峪河交叉处。

（2）泰山巷：东西向，东起泰山庙，西至城龙公路。

（3）兴旺巷：南北向，北至南滨河路，南起宁远大道。

4.东关村

（1）红峪巷：南北向，南起计生局办公楼，沿红峪河东侧北至南滨河路。

（2）庙峪巷：南北向，北起庙峪河铁路桥，沿庙峪河河堤向南至君山村。

（3）新民巷：南北向，南起庙峪河巷，经杏花中巷，北至庙峪河铁路桥涵洞。

（4）杏花中巷：东西向，东起新民巷，经市场街，西至红峪河河堤。

（5）杏花南巷：东西向，东起新民巷，西至杏花中巷。

（6）杏花北巷：东西向，东起新民巷，西与通远街相交止。

（7）娄儿巷：南北向，南接杏花南巷、中巷相交处，北至杏花北巷偏北20米。

（8）郭家巷：南北向，南起解放路，北至武城街。

（9）民乐巷：东西向，西起繁荣街，东至富强街。

（10）建设巷：南北向，南起解放路，北至民乐巷。

（四）公益场所命名及范围界定

渭北小区：县城渭河以北集中建设的规范化住宅小区命名为“渭北小区”。东起原植保站，西至原西探厂门口公路，北靠韦庄村，南接北滨河路，占地面积约60000平方米。

宁远广场：县城中心宁远大厦正北建设的社会公益活动场地命名为“宁远广场”。南临宁远大道，北至富华大厦，东至建设局办公楼，西至民主街，占地面积约10000平方米。

火车站广场：县城东部区域紧邻武山火车站建设的社会公益活动场地并作为配套火车站公益设施的重要部分命名为“火车站广场”。南起火车站候车室，北临宁远大道，长180米、宽75米，占地13500平方米。

鸳鸯湖公园：县城西部区域建设的集人文景观及休闲娱乐为一体的群众公益性活动场

所命名为“鸳鸯湖公园”。南接公园路，北连渭河河堤，西靠原毛纺厂东区，东接西关村。

（五）其他命名

2011年8月15日，武山县人民政府命名如下：

1.东西向

新兴路：西起兴明街，东至红沟村。（命名含义：古县名，与宁远大道相配）

福源路：南起北滨河路，东至城嘴公路。（命名含义：大福之源——武山）

2.南北向

（1）火车站新区

1）兴明街：北起南滨河路，中连新兴路，南至宁远大道。（命名含义：位于古代祈求风调雨顺的风云雷雨坛旁，寓百业兴旺、条理分明、社会和谐之意）

2）景明街：北起南滨河路，中交新兴路，南至宁远大道。（命名含义：位于县城东部，明正德年间，东城门楼名为景）

3）康宁街：北起南滨河路，中交新兴路，南至宁远大道。（命名含义：生活富裕、永远安宁）

（2）渭北小区

1）崇文街：南起北滨河路，北至渭北初中。（命名含义：街北端是渭北初中，取崇尚文化之意）

2）育才街：南起北滨河路，北至福源路。（命名含义：三小旁，取培育人才之意）

3）兴隆街：南起北滨河路，北至福源路。（命名含义：综合市场，取生意兴隆之意）

4）文华街：南起北滨河路，北至福源路。（命名含义：文化体育中心西侧，弘扬中华文化之意）

5）文景街：南起北滨河路，北至福源路。（命名含义：武山文化的风景线，与文化体育中心西侧的文华街相对应）

四、秦安县

2007年6月1日，在《秦安县人民政府关于印发城区部分标准地名的通知》中，城区部分标准地名已经于2007年5月16日秦安县政府第三次常务会议讨论通过，内容见表3-9、表3-10。

表3-9　秦安县城区部分街、路标准地名

序号	原名称	审定标准地名	范围	走向	备注
1	成纪大道	成纪大道	西起西川辛家沟路口，东至解放路	东西	命名
2	无	南河东路	西起南小河桥北端，东至建材厂门口	东西	命名
3	无	南河西路	东起南小河桥北端，西至南小河口	东西	命名

续表3-9

序号	原名称	审定标准地名	范围	走向	备注
4	水场路	街泉路	东起解放路三十铺110变电站丁字路口，西至滨河路北段	东西	命名
5	无	商贸街	东起鞋帽城路口，西至滨河路	东西	命名
6	无	先锋街	东起解放路，西至贤门路	东西	命名
7	青年东西路、原水利巷	太白街	东起凤山根，西至滨河路	东西	命名
8	新民路	新民街	东起解放路电力局路口，西至映南街	东西	更名
9	环城北路	北坛街	东起解放路，西至蔡林路北端	东西	更名
10	先农街	先农坛街	西起解放路春场口，东至南河东路	东西	更名
11	环城南路	城南街	东起解放路，西至原环城西路南端	东西	更名
12	解放路	解放北路	南起成纪大道东端丁字路口，北至县职校门口	南北	命名
13	解放路	解放南路	北起成纪大道东端丁字路口，南至南小河桥北端	南北	命名
14	滨河路	滨河北路	南起葫芦河大桥东端，北至街泉路西端	南北	命名
15	滨河路	滨河南路	北起葫芦河大桥东端，南至南小河口	南北	命名
16	新华街、大众街	兴国路	南起南柴市，北至三小门口	南北	命名
17	东后街	东后街	北起烟草公司路口，南至邮政局路口	南北	更名
18	环城西路	城西路	北起秦融宾馆路口，南至南关清真寺	南北	更名
19	石碑路	可泉路	南起一中路口，北至南小河	南北	更名
20	秦南路	桃园路	北起南小河桥南端，南至原庆华厂门口	南北	更名

表3-10　秦安县城区部分巷标准地名

序号	原名称	审定标准地名	原路段	所在道路	备注
1	八巷	春风巷	原凤山河崖由西向东第一巷	南河东路	
2	七巷	福海路	原凤山河崖由西向东第二巷	南河东路	
3	六巷	寿山巷	原凤山河崖由西向东第三巷	南河东路	
4	五巷	和睦巷	原凤山河崖由西向东第四巷	南河东路	

续表3-10

序号	原名称	审定标准地名	原路段	所在道路	备注
5	四巷	友好巷	原凤山河崖由西向东第五巷	南河东路	
6	三巷	长乐巷	原凤山河崖由西向东第六巷	南河东路	
7	二巷	同庆巷	原凤山河崖由西向东第七巷	南河东路	
8	一巷	永安巷	原凤山河崖由西向东第八巷	南河东路	
9	一巷	忠义巷	原石碑路由南向北侧第一巷	可泉路	
10	二巷	和平巷	原石碑路由南向北侧第二巷	可泉路	
11	三巷	胜利巷	原石碑路由南向北侧第三巷	可泉路	
12	四巷	贤德巷	原石碑路由南向北侧第四巷	可泉路	
13	五巷	荣光巷	原石碑路由南向北侧第五巷	可泉路	
14	无	祥和巷	原石碑路由南向北侧第六巷	可泉路	
15	无	进宝巷	原石碑路由南向北侧第七巷	可泉路	
16	无	五福巷	原石碑路由南向北侧第八巷	可泉路	
17	无	前进巷	原石碑路由南向北侧第九巷	可泉路	
18	无	民乐巷	原石碑路由南向北侧第十巷	可泉路	
19	无	南丰巷	原石碑路由北向南侧第一巷	可泉路	
20	无	桥南西巷	南小河桥南端西侧第一巷	桃园路	
21	无	同福巷	南小河桥南端西侧第二巷	桃园路	
22	无	新凤巷	原秦南路西侧第一巷	桃园路	
23	无	富康巷	原秦南路西侧第二巷	桃园路	
24	无	兴学巷	原秦南路西侧第三巷	桃园路	
25	无	集福巷	原秦南路西侧第四巷	桃园路	
26	无	志同巷	原秦南路西侧第五巷	桃园路	
27	无	福至巷	原秦南路西侧第六巷	桃园路	
28	无	中兴巷	原秦南路东侧	桃园路	

续表 3–10

序号	原名称	审定标准地名	原路段	所在道路	备注
29	无	一中巷	县一中所在巷	城西路	
30	无	向阳巷	原环城西路南端西侧第一巷	城西路	
31	无	南汇巷	兴国绒线厂所在巷	城西路	
32	无	富强巷	排水渠南侧东端第一巷	城西路	
33	无	永吉县	排水渠南侧东端第二巷	城西路	
34	无	永福巷	排水渠南侧东端第三巷	城西路	
35	团结巷	团结巷	排水渠南侧东端第四巷	城西路	
36	无	康乐巷	排水渠北侧西端第一巷	城西路	
37	无	仁义巷	排水渠北侧西端第二巷	城西路	
38	无	成功巷	排水渠北侧西端第三巷	城西路	
39	无	城墙根巷	原环城西路东侧城墙根	城西路	
40	无	福利巷	县民政局北侧	解放南路	
41	无	光明巷	供电公司与振兴楼之间	解放南路	
42	无	利民巷	汽车南站北侧	解放北路	
43	无	东山巷	阳光宾馆南侧	解放北路	
44	无	锦华巷	东亚招待所巷	解放北路	
45	无	吉祥巷	鞋帽城以南第一巷	解放北路	
46	无	中和巷	原吴家巷北侧第一巷	解放北路	
47	无	昌盛巷	三十铺110变电站南侧第一巷	解放北路	
48	无	百顺巷	三十铺110变电站南侧第二巷	解放北路	
49	无	强民巷	三十铺110变电站南侧第三巷	解放北路	
50	无	农福巷	秦安加油站北侧第一巷	解放北路	
51	无	幸福巷	秦安加油站北侧第二巷	解放北路	
52	无	庆丰巷	农贸商城东侧第一巷	太白路	

续表3-10

序号	原名称	审定标准地名	原路段	所在道路	备注
53	无	博文巷	农贸商城东侧第二巷	太白路	
54	无	信义巷	农贸商城东侧第三巷	太白路	
55	无	仁和巷	农贸商城东侧第四巷	太白路	
56	无	崇礼巷	滨河雅苑东侧第一巷	太白路	
57	无	尚义巷	滨河雅苑东侧第二巷	太白路	
58	无	永和巷	滨河雅苑东侧第三巷	太白路	
59	无	振兴巷	育和园小区西侧	太白路	
60	无	公安巷	县公安局所在巷	太白路	
61	无	劳动巷	县劳动和社会保障局东侧巷	成纪大道	
62	无	桃园巷	慧园宾馆东侧巷	成纪大道	
63	无	长宁巷	贤门路东侧北端第一巷	成纪大道	
64	无	同德巷	贤门路东侧北端第二巷	贤门路	
65	无	同丰巷	贤门路东侧北端第三巷	贤门路	
66	无	益民巷	贤门路东侧北端第四巷	贤门路	
67	无	农乐巷	贤门路东侧北端第五巷	贤门路	
68	无	丰收巷	贤门路西侧北端第一巷	贤门路	
69	无	多福巷	贤门路西侧北端第二巷	贤门路	
70	无	礼义巷	贤门路西侧北端第三巷	贤门路	
71	无	天福巷	商贸街北侧西端第一巷	商贸街	
72	无	兴旺巷	商贸街南侧西端第一巷	商贸街	
73	无	德胜巷	商贸街南侧西端第二巷	商贸街	
74	无	园艺巷	兴国小商品市场西侧	商贸街	
75	无	永乐巷	兴国中学西侧	商贸街	
76	无	永泰巷	兴国中学东侧	商贸街	
77	无	自强巷	旱坪路东侧北端第一巷	商贸街	
78	无	平和巷	旱坪路东侧北端第二巷	商贸街	

续表3-10

序号	原名称	审定标准地名	原路段	所在道路	备注
79	无	庆安巷	旱坪路东侧北端第三巷	旱坪路	
80	无	福寿巷	旱坪路东侧北端第四巷	旱坪路	
81	无	永宁巷	旱坪路东侧北端第五巷	旱坪路	
82	无	育才巷	旱坪路东侧北端第六巷	旱坪路	
83	无	和谐巷	旱坪路东侧北端第七巷	旱坪路	
84	无	图强巷	旱坪路东侧北端第八巷	旱坪路	
85	无	平安巷	旱坪路东侧北端第九巷	旱坪路	
86	无	兴隆巷	旱坪路东侧北端第十巷	旱坪路	
87	无	盛财巷	旱坪路东侧北端第十一巷	旱坪路	
88	无	裕丰巷	旱坪路东侧北端第十二巷	旱坪路	
89	无	旱坪巷	县林业局所在巷	旱坪路	
90	合作巷	胡家巷	县政府招待所北侧	兴国路	更名
91	大通巷	同心巷	人民街南侧西端第三巷	人民街	更名
92	新建巷	城南巷	南下关街端东侧第二巷	南下关街	更名
93	柳树巷	柳树巷	党校对面	桃园路	更名
94	高家巷	高新巷	安家河北侧东端第六巷	安家河路	更名
95	杨家巷	永康巷	人民街东端向南第一巷	解放南路	更名
96	槐树巷	槐花巷	先农坛街南侧西端第三巷	先农坛街	更名
97	牌坊巷	牌楼巷	安家河南侧东端第一巷	安家河路	更名
98	关家巷	长兴巷	映南街童子巷南侧	映南街	更名
99	牛奶巷	民和巷	南下关生产巷南侧	南下关街	更名
100	四司巷	阳光巷	原农副公司巷	解放北路	更名

2013年8月28日，秦安县人民政府将北苑规划区（原阎家河湾）三条新建街道命名通知如下：

崇文街：东西走向，东起解放北路液化气站北侧，西至滨河北路兴国中学南侧，长532米、宽24米。

康庄街：东西走向，西起滨河北路兴国中学北侧，东至解放北路，长491米、宽24米。

北苑路：南北走向，南起街泉街，北至排洪渠，长1077米、宽24米。

五、清水县

2007年2月8日，第十五届清水县政府第一次常务会议审议通过城区部分标准地名（见表3-11）。

表3-11　清水县大道、路、街标准地名（2007年2月8日通过）

序号	原名称	审定标准名称	命名（更名）理由	道路走向	长度(m)	宽度(m)	范围
1	轩辕大道	轩辕大道	轩辕广场在此路中段	东西	1500	36	东起东干河，西至西干河
2	红崖路	红崖路	此路北段起点为红崖观	北南	970	18	北起轩辕大道，南至南环东路
3	尉文路	尉文村路	此路去尉文村	北南	223	10	北起尉文村，南至西华路
4	三里铺路	三里铺路	此路去往三里铺村	北南	500	10	北起西华路，南至三里铺村
5	李家塬路	李家塬路	此路去往李家塬村	北南	290	10	北起西华路，南至李家塬村
6	柳树塬	柳树塬路	此路去往柳树塬村	北南	360	8	北起南环路，南至柳树塬村
7	窠窑路	窠窑路	此路去往窠窑村	北南	500	8	北起南环路，南至窠窑村
8	南塬路	南塬路	此路去往南塬村	北南	300	8	北起南环路，南至南塬
9	东干河南路	东干河南路	此路处于东干河南边	北南	350	8	北起永清路，南至窑庄村
10	东干河北路	东干河北路	此路处于东干河北路	北南	580	8	北起轩辕大道，南至泰山路
11	下园子西路	下园子西路	此路处于下园子西边	北南	340	8	北起轩辕大道，南至泰山路
12	下园子中路	下园子中路	此路处于下园子中段	北南	290	8	北起轩辕大道，南至泰山路
13	下园子东路	下园子东路	此路处于下园子东边	北南	200	8	北起农场，南至泰山路
14	窑庄路	窑庄路	此路去往窑庄村	北南	280	8	北起南环路东段，南至窑庄村
15	雍家塬路	雍家塬路	此路去雍家塬村	北南	140	8	北起南环路东段，南至雍家塬村
16	水箓殿路	水箓殿路	此路去往水箓殿村	北南	540	6	北起泰山路，南至水箓殿村

续表3-11

序号	原名称	审定标准名称	命名（更名）理由	道路走向	长度（m）	宽度（m）	范围
17	乔家坊路	乔家坊路	此路去往乔家坊村	北南	400	6	北起泰山路，南至乔家坊路村
18	南道河南路	南道河南路	此路处于南道河南边	北南	320	10	北起泰山路，南至农电所
19	南道河北路	南道河北路	此路处于南道河北边	北南	300	10	北起牛头河畔，南至泰山路
20	滨河路	滨河路	为新城区建设用地	北东		6	西起北环路，东至东干河
21	清林巷	清林巷	取“清”字和杨家林“林”字为巷名	北南	170	8	北起杨家林，南至永清路
22	车场院西巷	车场院西巷	此巷处于车场院西边	北南	150	6	北起西华路，南至高楼子路
23	车场院东巷	车场院东巷	此巷处于车场院东边	北南	80	6	北起西华路，南至高楼子路

2013年1月7日，在《清水县人民政府关于印发清水县部分标准地名的通知》中，清水县部分标准地名已于2012年12月7日经县第十六届人民政府第20次常务会议审议通过，见表3-12至表3-17：

表3-12　清水县大道、路、街标准地名（2012年12月7日通过）

序号	原名称	审定标准名称	道路走向	范围
1	轩辕大道	轩辕大道	东西	东起花石崖北端，西起丰旺路北端
2	无	上邽大道	东西	东接轩辕大道，西接庄天二级公路
3	无	温泉大道	东西	东至清水温泉，西至南道河口
4	无	祝英台大道	东西	东至永清镇马沟村，西至南道河桥
5	无	迎宾大道	南北	南接火车站广场，北接上邽大道
6	南环路	永泰路	东西	东起文昌路（红崖路）南端，西接草川路
7	北环路	永盛路	东西	东起文昌路（红崖路），西接充国路
8	永清路	永清路	东西	东起文昌路（红崖路），西接西干河桥
9	中山路	中山路	南北	南起永泰路，北起轩辕广场南口
10	红崖路	文昌路	南北	南接永泰路，北接轩辕大道
11	充国路	充国路	南北	南起一中门口，北至牛头河大桥

续表3-12

序号	原名称	审定标准名称	道路走向	范围
12	草川路	丰旺路	南北	南接鑫盛廉租房二区，北接轩辕大道
13	无	开元路	南北	南通三里铺，北接西华路
14	无	蔚文路	南北	南接西华路，北接上邽大道
15	无	广场环路	南北	南接中山路，北接轩辕大道
16	无	金水北路	东西	东接丰旺路，西接充国路
17	无	金水南路	东西	东接丰旺路，西接充国路
18	永康路	康复路	南北	南接永泰路，北接永盛路
19	无	永清路	南北	南接清水县第三幼儿园，北接轩辕大道
20	无	御景路	南北	南至消防队，北起轩辕大道
21	无	中兴路	东西	东至文昌路，西接充国路
22	无	营平路	东西	东接牛头河大桥头，西至滴水崖
23	无	秦亭路	南北	南接牛头河大桥头，北至李崖村北
24	无	花石崖路	南北	南接南峡新村，北接轩辕大道
25	泰山路	泰山路	东西	东接南道河桥，西接文昌路
26	无	香港巷	东西	东接花石崖路，西接文昌路
27	无	学府路	南北	南接泰山路，北接轩辕大道
28	无	天河路	南北	南接泰山路，北接轩辕大道
29	无	武贤路	东西	北邻充国广场，东西走向道路
30	无	延寿路	南北	西邻充国广场，南北走向道路
31	西华路	西华路	东西	东接西干河桥，西至迎宾大道
32	无	兴旺路	南北	南接西华路，北接上邽大道
33	无	兴盛路	南北	南接西华路，北接上邽大道
34	无	兴业路	南北	南接西华路，北接上邽大道
35	无	深圳路	东西	东接兴旺路，西接迎宾大道

表3-13　清水县街、路、巷标准地名

序号	原名称	审定标准名称	道路走向	范围
1	水篆巷	水篆巷	南北	南至水篆殿，北接泰山路
2	泰庙巷	泰庙巷	南北	南至泰山庙下，北接泰山路
3	乔家坊巷	乔家坊巷	南北	南至乔家坊，北接泰山路
4	下园子巷	下园子巷	南北	南接泰山路，北通下园子
5	自由巷	自由巷	东西	东通东干河边，西接文昌路
6	窑庄路	窑庄路	东西	东通东干河东边至沙淤沟，西接文昌路
7	新盛巷	新盛巷	东西	东至东干河西边，西至文昌路
8	建业巷	建业巷	东西	东至东干河西边，西至文昌路
9	勤民巷	勤民巷	东西	东至东干河西边，西至文昌路
10	怀仁巷	怀仁巷	东西	东至东干河西边，西至文昌路
11	朝阳巷	朝阳巷	东西	东至东干河西边，西至文昌路
12	窠垴路	窠垴路	南北	南通笔架山，北接永泰路。
13	柳塬路	柳塬路	南北	南至柳树塬上，北接永泰路
14	南门巷	南门巷	南北	南接永泰路，北接仁坊巷
15	柳树巷	柳树巷	南北	南通中丰巷后东拐至永清东路，北接永盛东路
16	四姓巷	四姓巷	南北	南通义坊巷，北接永盛西路
17	前进巷	前进巷	南北	南接永盛西路，北至水务局家属院
18	商贸路	商贸路	南北	南接永盛西路，北至中兴西街
19	原泉巷	原泉巷	东西	东接牛家巷，西接中山路
20	中丰巷	中丰巷	东西	东接柳树巷，西接中山路
21	义坊巷	义坊巷	东西	东接中山路，西接永清中路
22	牛家巷	牛家巷	南北	南接永泰路，北接永清东路
23	王家巷	王家巷	南北	南接原泉巷，北接永清东路
24	郑家巷	郑家巷	南北	南接原泉巷，北接永清东路
25	丰胜巷	丰胜巷	南北	南接原泉巷，北接永清东路

续表3-13

序号	原名称	审定标准名称	道路走向	范围
26	乔家巷	乔家巷	南北	南接原泉巷，北接永清东路
27	文庙街	文庙街	南北	南接原泉校门口，北接永清东路
28	刘家巷	刘家巷	南北	南接永清东路，北接中丰巷
29	阎家巷	阎家巷	南北	南接永清东路，北接中丰巷
30	箭院巷	箭院巷	南北	南接永清东路，北接中丰巷
31	汪家巷	汪家巷	南北	南接永清东路，北接中丰巷
32	霁月巷	霁月巷	南北	南接永清东路，北接中丰巷
33	武康巷	武康巷	南北	南接仁坊巷，北接永清中路
34	佛堂巷	佛堂巷	南北	南接仁坊巷，北接汪家楼巷北边
35	汪家楼巷	汪家楼巷	南北	南接仁坊巷，北接永清中路
36	察院东巷	察院东巷	南北	南接仁坊巷，北接永清中路
37	察院西巷	察院西巷	南北	南接仁坊巷，北接永清中路
38	仁坊巷	仁坊巷	南北	南接南门巷北端，北接永清中路
39	金河巷	金河巷	南北	南接永泰路，北接永清中路
40	郭家巷	郭家巷	南北	南接永清中路，北接义坊巷
41	隍庙巷	隍庙巷	南北	南接永清中路，北接永盛西路
42	周家巷	周家巷	南北	南接永清中路，北接义坊巷
43	涝池巷	涝池巷	南北	南接永清中路，北接义坊巷
44	新民巷	新民巷	南北	南接永清中路，北接义坊巷
45	水月巷	水月巷	南北	南接一中校门口，北接永清西路。
46	杨家林路	杨家林路	南北	南接永清西路，北接西关供热公司。
47	东场院巷	东场院巷	南北	北接西华路，南至东场院。
48	民德路	民德路	南北	北接西华路，南至瓦窑沟村。
49	西康路	西康路	东西	东接开元路，西至陈家塬。
50	冯家巷	冯家巷	南北	南接西华路，北至蔚文村。
51	西校场巷	西校场巷	南北	南接西华路，北至蔚文村。

表 3–14 清水县广场标准地名

序号	原名称	审定标准名称	整体造型	地理位置
1	无	轩辕广场	半圆形	中山路北端，轩辕大道南侧
2	无	充国广场	长方形	香港路北侧，延寿路西侧

表 3–15 清水县桥标准地名

序号	原名称	审定标准名称	道路走向	连接路段（跨河流）
1	无	轩辕桥	南北	连接轩辕广场环路和轩辕湖
2	无	牛头河大桥	南北	连接充国路和秦亭路（跨牛头河）
3	无	文昌桥	南北	连接轩辕湖公园人行道和轩辕湖公园街道
4	无	蔚文桥	东西	连接轩辕大道和上邽大道（跨西干河）
5	无	东顺桥	东西	连接轩辕大道和温泉大道（跨南道河）
6	西干河桥	西干河桥	东西	连接西华路和永清路（跨西干河）
7	南道河桥	南道河桥	东西	连接祝英台大道和泰山路（跨南道河）
8	金水河桥	金水河桥	东西	连接永清中路和永清西路（跨金水河）

表 3–16 清水县湖、火车站、泉标准地名

序号	原名称	审定标准名称	地理位置
1	无	轩辕湖	牛头河北岸，韩家庄子南边
2	无	清水县火车站	永清路西李沟村
3	无	清泉	西关永泰路下，充国路南端西侧
4	无	文泉	永清东路下
5	无	义泉	泰山庙下

表 3–17 清水县商贸城、居民小区标准地名

序号	原名称	审定标准名称	地理位置	申报单位
1	金河城市广场 A 座	金河城市广场 A 座	金水河东侧	隆德房产
2	清河湾商贸城	清河湾商贸城	红崖观对面	宇峰房产

续表3-17

序号	原名称	审定标准名称	地理位置	申报单位
3	泰华嘉园	泰华嘉园	丰望路东侧，永泰路南侧	华泰房产
4	三义嘉苑	三义嘉苑	充国路东侧，中兴街北侧	三义房产
5	泰华嘉园	泰华嘉园	丰望路东侧，永泰路南侧	华泰房产
6	三义嘉苑	三义嘉苑	充国路东侧，中兴街北侧	三义房产
7	水畔华城	水畔华城	充国北路西侧，轩辕大道南侧	金宇房产
8	西苑小区	西苑小区	永清西路南侧，原农机厂旧址	宇峰房产
9	嘉铭苑	嘉铭苑	中山中路东侧	福铭房产
10	福铭苑	福铭苑	牛头河桥西侧	福铭房产
11	西关商贸城	西关商贸城	充国路西关十字东北侧	赣丰房产
12	滨河铭苑	滨河铭苑	轩辕广场西侧，中兴西街北侧	福铭房产
13	兰天佳园	兰天佳园	中山北路东侧，永盛路北侧	兰天房产
14	中山华庭	中山华庭	中山北路以西，中兴西街以南	广大房产
15	金水嘉苑	金水嘉苑	轩辕广场西侧，滨河河铭苑北侧	鑫源祥房产
16	西江新城	西江新城	轩辕广场东侧，轩辕大道南侧	汇安房产
17	上邽花园	上邽花园	永盛路南侧，文昌路西侧	世荣晖房产
18	金地家园	金地家园	永盛路南侧	金地鸿业房产
19	宏昌花园	宏昌花园	红崖观对面，文昌路西侧	宏昌房产
20	和谐家园	和谐家园	三中以西，文昌路以东	祥和房产
21	阳光铭苑	阳光铭苑	三义嘉苑以东，中兴西街以北	福铭房产
22	经典庄园	经典庄园	原大体育场，永清路以南	雍城房产
23	世纪家园	世纪家园	永清路南侧，原中医院旧址	天泉房产
24	御景丽苑	御景丽苑	轩辕大道以南，中兴西街以北	开盛房产
25	清雅嘉苑	清雅嘉苑	西华路以北，原面粉厂旧址	福铭房产
26	飞天佳苑	飞天佳苑	永泰路以北，原看守所院内	飞天房产
27	天河莱茵小镇	天河莱茵小镇	轩辕大道东端以南，花石崖北路以西	世荣晖房产

第二节 地名规范

天水市在地名管理方面进行了标准化处理，包括修正生僻字、异体字、自造字的地名，解决了重名重音问题，以及不规范的地名，成立了地名委员会，并完善了地名法规体系，提高了地名管理的规范化水平。

一、地名标准化处理

根据国家地名管理法规及相关技术标准、规范，在保持全市地名相对稳定的前提下，对含有生僻字、异体字、自造字的地名，一地多名、一名多写、重名重音的地名，以及俗字、俗音等不规范地名进行了标准化处理。

2006年，全市完成了749条街、路、巷，120个居民区，123个乡镇、街道办，2505个行政村，106个社区，8662个自然村名称的标准化处理，以及10个广场名称的标准化处理，净化了地名环境，推进了全市地名的标准化进程，为社会提供了规范的地名信息。同时，对开发区、农、林、牧场、自然保护区、旅游景点等具有地名意义的单位名称进行了标准化处理。

2015年，全市完成了92条道路、街、巷，16条桥梁，195条居民住宅，64条高层建筑物，368条城市公交站点名称的标准化处理工作。

二、地名管理机构的理顺

2001年，市政府印发市民政局的“三定”方案中，明确规定“民政部门是同级人民政府管理本行政区域地名工作的主管部门”，同时成立了“天水市区划地名委员会”，办公室设在市民政局，与区划地名科合署办公。在《关于加强全市地名管理工作的通知》中明确提出“市政府将建立市地名工作联席会议制度，由市民政部门牵头，市建设、公安、国土、规划、工商、质监、交通、发改、财政、文化、教育、房管、城管、邮政、旅游等部门为成员单位，定期或不定期地召开联席会议”。同时，对相关职能部门也提出具体规定，为形成全市地名工作各负其责、密切协作、齐抓共管的良好局面提供了政策保障。

三、完善全市地名法规体系

2005年以来，结合天水市实际制定出台的一系列地方政策法规，2005年，市政府印发了《天水市城市标准地名标志设置实施方案》（天政发〔2005〕103号），明确了设标工作的指导思想、工作步骤、设标经费和领导机构及成员。

2006年，市政府出台了《关于加强全市地名管理工作的通知》（天政发〔2006〕81号），明确规定了地名命名、更名应遵循的规定，地名专名、地名通名、地名有偿冠名应遵循的原则，以及地名命名、更名的程序等内容。同年出台了《天水市门牌设置操作规范》和《关于实施地名公共服务工程的通知》（天政办发〔2006〕101号）等一系列文件，为确保地名公共服务工程的实施提供了法规和制度保障。

2015年5月4日，按照国务院地名管理条例和甘肃省地名管理办法有关要求，结合天水市实际，由市民政局牵头，与市发改委、市住建局、市交通运输局、市规划局、市国土资源局六部门联合制定下发了《天水市地名命名更名工作规程》（天市民地发〔2015〕72号），进一步规范了全市地名命名更名的申报和审批行为，防止了违法违规随意命名更名行为的发生，理顺了地名管理体制和运行机制，提高了地名管理的规范化、标准化和法制化水平。

第三节　地名设标

2000年3月，民政部、交通部、国家工商局、国家质量技术监督局联合下发了《关于在全国设置标准地名标志的通知》（民发〔2000〕67号），要求从2000年初至2004年底，用5年时间在全国城市设置标准地名标志（即街、路、巷、楼、门牌）。

2005年6月，天水市政府常务会研究讨论了全市地名设标工作。9月，市政府下发了《关于印发天水市城市标准地名标志设置方案的通知》（天政发〔2005〕103号）。

2006年5月16日，市政府召开全市标准地名设置工作会议，安排部署了全市地名设标工作。

2012年5月25日，市政府召开两区标准地名标志设置工作会议。

2013年5月21日，召开全市地名标志设标及招标、投标会议。截至2013年，全市共设置1518块地名标牌，其中，秦州区598块、麦积区302块、秦安县150块、甘谷县169块、清水县210块、武山县89块，6个县（区）基本完成了城区标准地名标牌的设置工作。

图3-1　2013年武山县设置的地名标牌

第四节　地名数据库建设

地名数据库收录各类地名，包括行政区、居民点、建筑物等。国家地名数据库是信息系统，对地名服务和行政管理有重要作用。天水市的数据库已建成并更新至V3.0版，录入约2个地名和31万条信息。数据库可管理、查询、浏览地名、区划、边界等数据。

一、地名数据库建设的主要内容

地名数据库包含本区域所有地名，包括行政区、居民点、建筑物、单位、道路、河流、山峰、山脉、旅游景点等。国家地名数据库是采集、管理、使用地名数据的信息系统，该工作是推进地名公共服务工程、地名工作信息化建设的基础性工作，对区划、地名、界线管理服务水平和政府行政管理水平的提高都有重要作用。

国家地名数据库从内容上划分为图形信息和数据库信息。图形信息主要包括行政区划图、1∶50万地图、1∶5万地图、1∶1万地图。数据库信息主要包括地名信息、区划信息、边界信息等，数据库信息还可以连接图形、录像、平面图和文本等多媒体信息。

国家地名数据库有地名信息系统、区划管理系统、边界管理系统、数据库系统、图形维护和系统维护六个子系统，可实现地名、区划、边界的数据信息、多媒体信息、图形信息的管理、维护、查询、检索、浏览的功能。

二、地名数据库建设情况

2008年8月，建成天水市国家地名数据库，地名数据库管理系统V1.0版共录入行政区划、地名、行政区域界线地名0.9万个，建库后一直保持更新和完善工作。

2009年10月，数据库系统升级更新至V2.0版。

2012年4月，数据库系统升级更新至V3.0版，共录入1.8万个地名、25万条信息。截至2013年11月，共录入2.0万个地名、31万条信息，建立属性、图形匹配关系3996个。分项目统计地名数量为：行政区划131个，经济指标131个，行政区域131个，群众自治组织2600个，居民点8320个，交通运输822个，水利、电力、通信326个，纪念地与旅游景点208个，建筑物102个，单位4828个，陆地水系570个，陆地地形467个，界线279个，界桩点206个。

第五节 天水市第二次全国地名普查

天水市第二次全国地名普查根据甘肃省统一部署和要求，从2014年7月1日开始，到2018年6月30日结束。这次地名普查的任务是：查清地名基本情况，对有地无名的有地名作用的地理实体进行命名，对不规范地名进行标准化处理，设置标准规范的地名标志，建立、完善各级国家地名和区划数据库（即国家地名数据库），加强地名信息化服务建设，发挥地名在促进经济社会协调发展、方便人民群众生产生活、加强国防建设和维护国家主权与领土完整等方面的基础作用。目的在于摸清全市地名现状和历史，为今后地名工作、科学研究和实现地名标准化积累基础资料，提升政府的综合治理能力、管理水平和公共服务能力。普查范围是第二次全国地名普查试点区域以外的全国所有陆地国土（不含香港特别行政区、澳门特别行政区、台湾地区）。

一、天水市地名普查的主要步骤

一是制定实施方案及工作规程。二是开展业务培训。三是收集有关地名属性、图形信息的书刊、地图，以及地名主管部门和其他专业部门工作中建立的有关地名命名更名、地名标志设置的档案资料并制作地名调查目录，分发至各单位填写地名登记表格。四是实地踏勘。核实地名的属性信息内容，测定地理实体范围或定位点的地理坐标，同时，采集地名和地名标志影像资料，将地名名称和位置的变化情况标注在工作草图上。五是标准化处理地名。六是设置地名标志。七是建立国家地名和区划数据库。八是制作地名普查成果图表，形成地名普查数字化档案资料，起草地名普查工作总结和成果上报审批报告。九是验收。十是成果审定。十一是上报归档。十二是编纂出版地名录、地名志、地名词典、地名图集等出版物。十三是开展地名信息化服务建设。

二、天水市2014—2015年地名普查的主要做法

第一，成立了由市政府分管领导任组长，市民政局牵头，市发改委、市住建局、市交通运输局等20个部门组成的天水市第二次全国地名普查领导小组及其办公室，明确了组成人员和相关职能，启用了普查领导小组及办公室印章。

2014年11月7日，市政府召开全市第二次全国地名普查领导小组第一次会议，传达贯彻国务院、省政府第二次全国地名普查视频会议精神，听取普查工作准备情况，安排部署全市第二次地名普查工作。

第二，制定印发了《天水市第二次全国地名普查实施方案》及《天水市第二次全国地名普查工作规程》。

第三，成立了既有地名文化学者，又有历史、地理、语言、民族、文化等领域13名专

家组成的天水市第二次全国地名普查专家咨询委员会。

2015年2月11日，召开天水市第二次全国地名普查专家咨询委员会第一次全体会议，各位专家积极发言，对地名普查、命名和更名工作从多个角度提出了自己的见解。

第四，通过搭建“三个平台”，对普查人员进行系统的业务培训。一是选派专人前往其他市州参加国家和省厅组织的地名普查培训班。二是全市地名普查骨干和成员单位联络员进行了业务培训。三是由各县（区）对乡镇、村（社区）普查人员进行动员培训，普查办派员指导授课。

第五，通过报刊、广播、电视、互联网等多种媒体，大力宣传第二次全国地名普查的重要意义。

2014年12月31日，市地名普查办和秦州区联合在龙城广场举行了地名普查集中宣传活动，悬挂宣传条幅、制作宣传标语130余条；天水电视台发放宣传资料3000余份；《天水日报》等媒体进行了跟踪报道，并刊发了雷鸣副市长的文章《认真开展地名普查　弘扬优秀传统文化》，同时制作了100条宣传标语在天水电视台滚动播出。

第六，经过整理第一次全国地名普查成果和出版的地名资料图书、词典、地图册，全市需要普查的地名条数为45884条。

第七，2015年7月14日，完成了2015年全市第二次全国地名普查项目外包服务采购招标工作，确定江苏速度信息科技有限公司为中标单位。

第八，2015年7月23日，召开全市第二次全国地名普查工作推进会议。各县（区）对地名普查前期工作作了汇报；市第二次全国地名普查领导小组副组长及市民政局党委书记、局长王永祥总结了全市地名普查工作进展情况，对下一步地名普查工作作了安排部署；各县（区）分别与中标单位江苏速度信息科技有限公司签订了地名普查项目技术服务合同，并进驻各县（区）迅速开展工作。

第九，2015年10月22日至27日，市地名普查办督查了全市地名普查进展情况、外包人员到位情况、经费支付情况，重点查阅11大类地名收集整理进展情况等。督查人员通过查阅资料、听取汇报、座谈交流等方式，就地名普查开展情况、存在的困难和问题、下一步工作安排计划等进行了全面调研及督促检查。截至督查当日，全市共收集整理19308条地名。但对个别县（区）组织实施制度还不完善、质量管理体系还不健全、普查管理和监督还不够严格、个别环节存在质量隐患的县（区）提出几点要求：一是高度重视地名普查工作，提高思想认识；二是全力推动完善相关资料、会议、培训计划、方案、制度等；三是搞好与技术单位的协调配合；四是抓紧落实任务分解表、地名目录；五是抓好安全保密措施，落实保密制度、保管人员、保管设备，不能发生泄密事件。

第四章　减灾救灾

第一节　自然灾情

一、20世纪80年代至90年代的自然灾害

(一) 地质性灾害

1985年，天水、清水、张家川、秦安4个县（区）有68个村庄发生滑坡。

1987年，秦安、秦城、北道、清水、甘谷、武山6个县（区）有46个村庄发生滑坡。

1988年，北道、清水、张家川、秦安、甘谷5个县（区）有20个村庄发生滑坡。

1989年，秦城、北道、张家川3个县（区）有6个村庄发生滑坡。

1990年，北道、秦安2个县（区）有9个村庄发生滑坡。

1991年4月17日，秦安县中山乡景家村一组村后崖出现10厘米的裂缝，有11户58人受到生命威胁。6月6日，张家川县四方乡四方村四、五组村庄山体因暴雨出现长80米、宽10厘米的裂缝，险区内有16户118人受到生命威胁，有110间房屋面临倒塌危险。6月15日，武山县鸳鸯乡新庄村寒水沟西坡发生滑坡，滑坡长210米、宽200米，顶端下滑20米，滑动土方约80万立方米，损坏农田105亩，有158户846人受灾。7月5日，秦安县好地乡窦家沟村1组出现塌方；刘家坪孙家沟自然村山体出现裂缝，有20户96人需要搬迁。

1995年4月19日7时许，甘谷县武家河乡石灰岩矿山滑塌，滑落石块沙土4000余立方米，死亡10人。7月1日，秦城区玉泉乡玉泉村老虎沟北山滑坡，滑坡面东西长130米、南北宽160米、落差30米，波及面31亩，滑落土方10万多立方米，造成经济损失35万多元，压死村民9人。

1996年7月27日至31日，天水市局部骤降暴雨，北道区的五龙、秦安县的千户、甘谷县的金山3个乡交汇处半径10千米的区域内发生滑坡，险情涉及5个村、149户694人，1169间房屋面临威胁。

1998年6月至7月，秦安县、北道区的5个乡镇、7个村庄山体因暴雨袭击，形成网状裂缝，危及124户591人的安全。

（二）气象性灾害

1.干旱灾害

1986年，秦安、秦城、北道、甘谷4个县（区）有旱象，农作物受灾面积75.02万亩。

1987年，秦城、北道、清水、秦安、甘谷、武山6个县（区）旱灾，农作物受灾面积230.17万亩。

1988年，全市旱灾，农作物受灾面积112.70万亩。

1989年，北道、清水、张川、秦安、甘谷5个县（区）有旱灾，农作物受灾面积22.8万亩。

1990年，北道区个别地方出现旱情，农作物受灾面积0.9万亩。

1997年，全市霜冻、冰雹、干旱灾害交替发生。149个乡、镇共有251.1万人受灾，成灾人口226.65万人，占农业人口280.92万人的80.68%。农作物受灾面积504.3万亩，成灾面积418万亩，绝收面积133.14万亩，粮食总产量仅3.7亿公斤，占计划8.7亿公斤的42.5%。

2.水涝灾害

1985年8月5日、12日，全市普降暴雨，成灾人口137.9万人。其中，特重灾民12.1万人，重灾民63.5万人，死亡131人，受伤212人。死大牲畜862头，猪羊608只。倒塌房屋8839间，损坏房屋15447间。农田受灾90.85万亩，减产粮食1888万斤，经济作物损失575万元。其中，武山县桦林乡天衢村，遭受毁灭性灾害，全村58户360人受灾，死亡81人，伤212人，失踪53人。死大牲畜83头，猪、羊1412只。倒塌房屋408间。

1986年，小麦扬花灌浆时普遍淫雨，造成全市大面积秕籽减产。秦城、北道、清水、张家川、秦安、甘谷、武山发生水灾，受灾面积38.76万亩，死亡120人，死大牲畜232头，倒塌房屋4133间，损坏房屋10710间。

1987年，秦城、北道、甘谷、武山、张家川发生水灾，受灾农田面积15.56万亩，死亡17人，死大牲畜59头，倒塌房屋763间，损坏房屋1123间。

1988年，秦城、北道、甘谷、武山受暴雨洪水灾害，受灾农田5.16万亩，死亡12人，伤8人，死大牲畜10头，羊213只，倒塌房屋586间，损坏房屋1282间。

1989年，秦城、北道、清水、武山发生水灾，受灾农田16.3万亩，死亡4人，死大牲畜46头，倒塌房屋8间，损坏房屋166间。

1990年8月11日9时至12时，全市境内突降暴雨，秦城区降雨68毫米，北道区降雨110.3毫米。12日至13日，两区又分别降雨31毫米和34毫米。全市有24个乡镇的27730亩秋田和8084亩经济作物受灾，损失粮食430万斤，经济损失1024万元，城乡倒塌房屋1215间，危房1570间。天水锻压机床厂厂区北侧山体发生滑坡，下塌土方约200万立方米，将6个车间、24个站房、2个库房、300米铁路专用线压埋，受伤4人，死亡7人，直接经济损失2100多万元。这次灾害，全市共有22人死亡，1000头大牲畜和705只猪、羊被洪水冲走。

1991年5月24日和27日，渭河、漳河、榜沙河上游降暴雨，武山县马力、高楼、鸳鸯、桦林、山丹、城关、东顺、龙泉、洛门9个乡镇的48个村委会、123个村民小组3671户18460人和鸳陇公路桥施工场地受灾，农作物受灾面积4937亩，成灾面积2179亩，直接经济损失49.23万元。6月7日和8日，北道区连降暴雨，渭河猛涨，最高洪峰流量达1280立方米/秒，沿岸的琥珀、新阳、渭南、中滩、伯阳、元龙6个乡、38个村、1263户6454人受灾，农作物受灾面积6181亩，成灾面积2278亩，冲毁堤防55米、石坝6座400米，直接经济损失79.8万元，粮食减产108万斤。

1992年5月1日零时许，甘谷县普降暴雨，西南部山区40分钟降雨超过60毫米，武家河、金川、古坡、磐安、十里铺、渭阳6个乡镇的81个村、357个组、12576户61420人不同程度受灾，农作物成灾面积达4.99万亩，损失480.1万元。由于短时间内降雨集中，形成大范围山洪暴发，冲毁学校1所、供销社分销店1个，6户群众所有的家产被洪水冲走，29户的147间房屋被洪水冲毁，46户的214间房屋变成危房，281户院内进水，洪水冲死8户17人，伤17户27人。冲毁公路33处36.86千米、桥梁4座、涵洞8处、农电线路22处145千米、河堤17处1.33万米，冲走粮食2.36万斤。各种损失共计1188.6万元。

1993年6月13日、15日、23日，全市3次遭受特大风雹和洪水袭击。五县两区72个乡镇、826个村、3073个村民小组、15.8万户75.4万人受灾，农作物受灾面积达95.05万亩，成灾面积72.19万亩；倒塌房屋448间，损坏房屋2230间，吹折树木48269棵，毁坏农电线路共计77.1千米，吹断电线杆705根，冲毁水利设施64处，死亡3人，造成经济损失10365.04万元。

1995年6月6日19时，武山县山丹、城关、东顺、滩歌、四门、杨河、沿安7个乡局部地区降大暴雨，农作物受灾面积24558亩，成灾面积14855亩，有1014亩粮田被洪水和泥石流淹没；冲倒房屋8座，冲死大家畜75头，冲走面粉、胡麻等8000多公斤，死亡17人，造成经济损失455万元。

1997年5月6日，清水县的山门、秦亭、百家、新城、白沙、上邽6个乡遭受特大暴雨，郁林河、山门河、汤浴河洪水猛涨，19个村、2152户10447人受灾，受灾农作物13679亩，成灾面积7009亩。其中，粮食作物2799亩、经济作物4210亩；冲毁便桥4座、公路10多处约20千米。有12户房屋进水达30多厘米。同日，张家川县的恭门、上磨、闫家、平安、张棉驿、张川镇6个乡镇遭受暴雨，有34个村、152个组3177户13415人受灾，农作物成灾面积19662亩，冲毁桥梁3座、农路3条10千米、河堤230米、农田380亩，冲倒高压电线杆2根，冲毁恭门学校大门一座、围墙80多米，有65户农民房屋进水。秦城区的吕二、皂郊、秦岭、牡丹4个乡遭受暴雨，有34个村、65个组的4190户20626人受灾。其中，有210户农民房屋进水，有4户18间房屋倒塌，冲毁河堤241米，农作物受灾面积30901亩，成灾面积12138亩，经济损失294.2万元。

1998年7月31日，清水、甘谷两县部分地区降暴雨，有5个乡镇、21个村、51个组的1383户6125人受灾。受灾农作物5919.5亩，成灾面积5280.5亩，绝收面积3775.5亩；冲毁民房28间、河堤2处、桥1座、农路6千米，经济损失346.9万元。

1999年8月17日，秦城区罗峪河流域突降暴雨达84.1毫米，罗峪河洪峰流量达630立方米/秒。中梁、玉泉、太京、藉口、关子5个乡受灾，死亡2人，倒塌房屋21间、围墙310米，102户农房进水，有80户形成危房；农作物受灾35700亩，其中，粮食作物24000亩、经济作物2700亩、果园9000亩；左家场砖厂和水泥厂进水，98万块砖坯被毁，冲毁河堤7

处350米，经济损失300多万元。

3.风雹灾害

1985年，天水市、天水县、清水县、武山县、甘谷县、秦安县、漳县、礼县、西和县、徽县、两当县等11个县市遭受雹灾，受灾农田52.05万亩。

1986年，甘谷、武山、清水、秦安、北道、秦城6个县（区）局部地区雹灾，受灾农田面积35.58万亩。

1987年，秦城、北道、清水、张家川、甘谷、武山6个县（区）局部地区遭受雹灾，受灾农田面积21.35万亩。

1988年，秦城、北道、张家川、甘谷、武山5个县（区）局部地区遭受雹灾，受灾农田面积15.24万亩。

1989年，北道、张家川、秦安、甘谷、武山5个县（区）有雹灾，受灾农田面积22.8万亩。

1990年6月21日、22日、23日，甘谷、清水、秦安、张家川四县，以及秦城、北道两区均遭冰雹、暴雨灾害，40个乡、422个村、65972户34.6万人受灾，农作物受灾面积57.08万亩，其中，受灾夏粮30万亩、秋粮23万亩、经济作物4万亩，减产粮食4505万公斤，经济损失约3727万元，因灾死亡2人。

1995年6月28日17时50分，张家川县连五乡遭受长达23分钟的冰雹、暴雨袭击，农作物受灾面积6696亩、成灾面积1800亩，洪水冲断公路20千米，死亡2人。

1996年7月12日下午3时至5时，秦城、北道、甘谷、秦安4个县（区）部分乡镇先后遭受三百年不遇的特大暴雨、冰雹灾害。灾区大部分降雹时间为20分钟，个别地方长达40分钟以上，雹粒大如核桃，小似蚕豆，地面积雹平均厚度达20厘米，低洼处达1米以上。冰雹过后，降雹密集区满山遍野一片雪白，气温骤然降至零度。这次雹灾涉及4个县（区）16个乡镇、137个村民委员会、23636农户119744人。受灾面积19.75万亩，其中，受灾夏粮7.67万亩、秋粮9.11万亩、经济作物2.97万亩，成灾面积17.39万亩、绝收面积6.42万亩，减产粮食761.95万公斤，经济损失5969.12万元。

1997年6月23日，甘谷县六峰、渭阳、城关、金山、金坪、古坡6个乡镇遭受冰雹灾害。受灾最重的六峰、渭阳、古坡3个乡有9个村、60个组、4059户21089人，受灾农作物12757亩，损失粮食245万斤，经济损失440万元。

1998年8月17日，秦安、张家川两县遭受冰雹袭击，最大的冰雹直径2～4厘米。有5个乡、23个村、4700户24482人受灾，受灾农作物12364亩，成灾面积6708亩，绝收面积2117亩，直接经济损失644.03万元。同年9月8日，秦安、甘谷两县遭受冰雹灾害。降雹时间最长达30分钟，最大的冰雹直径5厘米，有5个乡、48个村、11138户57084人受灾，农作物受灾面积27758亩、成灾面积22938亩、绝收面积4425亩，直接经济损失778万元。

1999年5月6日，清水县白沙、黄门、陇东、旺兴、草川铺、玉屏、太坪、上邽、山门、红堡、王河、永清、白驼、远门14个乡遭受特大冰雹灾害，冰雹最大直径5.5厘米，降雹时间40分钟。有179个村、29245户138091人受灾。农作物受灾面积371044亩，其中，粮食作物272462亩、经济作物61212亩、果园37370亩。成灾面积290329亩，其中，绝收面积94480亩，减产粮食209万公斤，经济损失5953万元。同日，北道区的吴砦、元龙、党川、利桥、渭南5个乡遭受特大冰雹灾害。降雹约40分钟，冰雹最大直径5～6厘米。有37个村、4200户18500人受灾。粮食作物受灾面积64500亩、成灾面积48800亩，粮食减产542万斤，经济果园受灾面积11000亩、成灾面积9200亩，直接经济损失1057万元。有1300户6500间房屋受损，其中有2200间进水。暴雨造成37处山体滑坡，冲毁农路59千米、渠道16000米。5月24日，秦安县的五营、莲花、陇城、郭嘉、郭集、中山、好地、兴丰、千户9个乡遭受严重的冰雹灾害，109个村、311个组、20286户104296人受灾。农作物受灾面积158592亩，成灾面积81016亩、绝收面积16935亩，因灾减产粮食670万公斤，直接经济损失1897万元。

4.霜冻灾害

1986年，秦城、北道、秦安、甘谷4个县（区）的局部地区有霜冻，受灾农田面积14.01万亩。

1987年，秦城、北道、清水、张家川、甘谷、武山6个县（区）的局部地区有霜冻，受灾农田面积8.53万亩。

1988年，秦城、北道、清水、甘谷4个县（区）的局部地区有霜冻，受灾农田面积13.22万亩。

1989年，秦城、清水2个县（区）的少数地方有霜冻，受灾农田面积1.5万亩。

1990年，北道、清水、甘谷3个县（区）局部地区有霜冻，受灾农田面积14.9万亩。

1991年4月中旬以来，张家川县出现低温霜冻天气达半月之久，有16个乡镇257个村、1177个小组4.07万户群众不同程度受灾，受灾农田面积18.69万亩。4月29日至30日、5月6日至8日，秦城区局部地区两次普降霜雪，气温持续下降。仅5月上旬降雪厚达8厘米以上，两次霜雪导致全区49.79万亩农作物受灾，成灾面积32.95万亩。

5.生物性灾害

1985年，天水市、天水县、清水、张家川、秦安、礼县、西和、徽县8个县市农田发生病虫害。

1986年秦城、北道、清水、张家川、甘谷、武山6个县（区）农田发生病虫害，受灾面积80.17万亩。

1987年，秦城、北道、甘谷、武山、清水、张家川6个县（区）农田发生病虫害，受灾面积60.4万亩。

1988年，秦城、北道、清水、张家川、秦安、甘谷6个县（区）农田发生病虫害，受灾面积34.78万亩。

1989年，秦城、北道、清水、张家川、秦安、武山6个县（区）发生病虫害，受灾面积54.3万亩。

1990年，北道、清水、甘谷3个县（区）农田发生病虫害，受灾面积42.3万亩。

1986至1993年天水市病虫灾害农作物受灾面积情况统计见表4-1。

表4-1 1986—1997年天水市病虫灾害农作物受灾面积统计表

单位：万亩

年份	秦城区	北道区	清水县	张家川县	秦安县	甘谷县	武山县	合计
1986	4.29	9.43	—	2.25	18.88	8.85	36.47	80.17
1987	6.53	8.58	11.17	20	—	13.16	0.96	60.4
1988	0.97	3.2	11.67	0.3	12.7	5.94	—	34.78
1989	21.4	0.7	23.5	2.1	4.2	—	2.4	54.3
1990	—	18.3	18	—	—	6	—	42.3
1991	—	1.01	4.2	—	—	7.54	—	12.75
1992	—	0.2	—	—	—	—	—	0.2
1993	—	0.32	—	—	—	—	—	0.32
1994	—	0.4	—	—	—	—	7.04	7.44
1995	—	2.3	1.87	—	—	—	—	4.17
1996	7.3	1.07	—	—	1.55	—	—	9.92
1997	—	0.6	—	—	—	—	—	0.6

注：部分数据缺失。

6.灾害损失

1986年至1999年粮食作物、经济作物成灾面积、成灾人口及因灾死亡人畜、塌损房屋情况分别按年份、项目以表格形式记录。统计情况见表4-2至表4-49。

表4-2 1986年粮食作物成灾面积统计表

县（区）	成灾面积（万亩）	成灾面积分布情况（万亩）			减产粮食（万斤）
		3～5成	5～8成	8成以上	
秦城区	21.32	11.28	7.67	2.37	2216
北道区	53.27	33.13	16.23	3.91	5089
清水县	30.82	15.4	9.22	6.2	319.6
张家川县	20.62	8.82	8.8	3	1360
秦安县	19.41	12.52	5.36	1.53	1590
甘谷县	47.67	33.37	14.3	—	4953
武山县	42.52	15.62	14.99	11.91	1393
合计	235.63	130.14	76.57	28.92	16920.6

表4-3 1987年粮食作物成灾面积统计表

县（区）	成灾面积（万亩）	成灾面积分布情况（万亩）			减产粮食（万斤）
		3～5成	5～8成	8成以上	
秦城区	37.04	20.84	13.22	2.98	3585
北道区	52.55	35.05	12.74	4.76	4405.55
清水县	45.17	32.27	7.3	5.6	2757
张家川县	18.38	8.8	9.24	0.34	835.5
秦安县	33	11.1	11.2	10.7	2032
甘谷县	46.06	20.13	17.5	8.43	3137.4
武山县	18.57	7.2	5.02	6.35	2494
合计	250.77	135.39	76.22	39.16	19246.45

表4-4 1988年粮食作物成灾面积统计表

县（区）	成灾面积（万亩）	成灾面积分布情况（万亩）			减产粮食（万斤）
		3～5成	5～8成	8成以上	
秦城区	31.69	21.11	2.61	7.97	3585.2
北道区	24.8	10.4	6.8	7.6	2980
清水县	10.11	5.1	3.54	1.47	810.91
张家川县	3.42	0.73	0.49	2.2	555.56
秦安县	17.8	6	4	7.8	2560
甘谷县	31.4	13.3	10.8	7.3	3421.27
武山县	4.52	0.29	2.67	1.56	180.8
合计	123.74	56.93	30.91	35.9	14093.74

表4-5　1989年粮食作物成灾面积统计表

县（区）	成灾面积（万亩）	成灾面积分布情况（万亩）			减产粮食（万斤）
		3～5成	5～8成	8成以上	
秦城区	23.3	12.2	8.4	2.7	2909.4
北道区	10.8	5.1	3.2	2.5	1440.4
清水县	15.8	9.5	4.2	2.1	1066
张家川县	1.8	1.8	—	—	366
秦安县	9.7	9.7	—	—	435
甘谷县	7.5	4.1	2.1	1.3	1022
武山县	1.8	0.9	0.7	0.2	543.6
合计	70.7	43.3	18.6	8.8	7782.4

表4-6　1990年粮食作物成灾面积统计表

县（区）	成灾面积（万亩）	成灾面积分布情况（万亩）			减产粮食（万斤）
		3～5成	5～8成	8成以上	
秦城区	12.7	6.5	5.3	0.9	1017
北道区	25	15.5	6.6	2.9	1067
清水县	31.8	23.1	5.2	3.5	1620
张家川县	4	2.1	1.5	0.4	511
秦安县	14.6	5.1	4.6	4.9	2811
甘谷县	17	8.2	4.5	4.3	1255
武山县	13.7	4.6	4.3	4.8	1820
合计	118.8	65.1	32	21.7	10101

表4-7　1991年粮食作物成灾面积统计表

县(区)	成灾面积(万亩)	成灾面积分布情况(万亩)			减产粮食(万斤)
		3～5成	5～8成	8成以上	
秦城区	50.9	39.7	11.1	0.1	3048.4
北道区	26.65	16.56	8.6	1.49	1817.6
清水县	24.27	22.76	1.44	0.07	2653
张家川县	7.24	5.87	1.37	—	230
秦安县	27.86	6.54	21.32	—	3123.6
甘谷县	40.43	20.82	13.79	5.82	2518
武山县	33.98	17.6	9.88	6.5	2179.6
合计	211.33	129.85	67.5	13.98	15570.2

表4-8　1992年粮食作物成灾面积统计表

县(区)	成灾面积(万亩)	成灾面积分布情况(万亩)			减产粮食(万斤)
		3～5成	5～8成	8成以上	
秦城区	35.8	20.4	13.3	2.1	3523
北道区	28.4	21.8	3.8	2.8	4230.2
清水县	25.2	23.6	1.1	0.5	2560
张家川县	22.3	11	9.3	2	1606
秦安县	45	17.8	14.5	12.7	4810.4
甘谷县	31.9	9.1	11.8	11	3866.6
武山县	38	33.8	2.8	1.4	4826.4
合计	226.6	137.5	56.6	32.5	25422.6

表4-9　1993年粮食作物成灾面积统计表

县（区）	成灾面积（万亩）	成灾面积分布情况（万亩）			减产粮食（万斤）
		3～5成	5～8成	8成以上	
秦城区	5.5	3.8	1.16	0.54	1186
北道区	1.76	1.18	0.49	0.09	516
清水县	8.41	2.97	2.94	2.5	1080
张家川县	17.23	7.37	4.26	5.6	3080
秦安县	21.77	14.76	5.13	1.88	4154.4
甘谷县	12	6.3	3.6	2.1	2426
武山县	3.711	1.755	1.646	0.31	940
合计	70.381	38.135	19.226	13.02	11382.4

表4-10　1994年粮食作物成灾面积统计表

县（区）	成灾面积（万亩）	成灾面积分布情况（万亩）		减产粮食（万斤）
		3～5成	5～8成	
秦城区	23.1	18.3	4.8	4540.35
北道区	26.84	26.19	0.65	2873.04
清水县	42.5	40.26	2.24	1348.16
张家川县	29	28	1	3500
秦安县	54.78	49.74	5.04	2329.97
甘谷县	27.37	26.38	0.99	4705
武山县	45.15	41.2	3.95	4499.32
合计	248.74	230.07	18.67	23795.84

表4-11 1995年粮食作物成灾面积统计表

县（区）	成灾面积（万亩）	成灾面积分布情况（万亩）			减产粮食（万斤）
		3～5成	5～8成	8成以上	
秦城区	29.31	17.59	9.72	2	5332
北道区	31.1	18.32	9.06	3.72	6056
清水县	38.82	13.38	22.28	3.16	4774
张家川县	38.8	18.3	17.7	2.8	3650
秦安县	68.56	28.86	26.03	13.67	3934
甘谷县	29.2	15.46	8.59	5.15	2796
武山县	33.38	9.59	15.95	7.84	5606
合计	269.17	121.5	109.33	38.34	32148

表4-12 1996年粮食作物成灾面积统计表

县（区）	成灾面积（万亩）	成灾面积分布情况（万亩）		减产粮食（万斤）
		3～8成	8成以上	
秦城区	28.6	25	3.6	3750
北道区	22.54	20.07	2.47	4542
清水县	31.87	29.4	2.47	4155
张家川县	16	13.3	2.7	1410
秦安县	19.19	18.67	0.52	2280
甘谷县	20.14	17.8	2.34	2115
武山县	27.66	27.66	—	1125
合计	166	151.9	14.1	19377

表4-13 1997年粮食作物成灾面积统计表

县（区）	成灾面积（万亩）	成灾面积分布情况（万亩）		减产粮食（万斤）
		3～8成	8成以上	
秦城区	21.2	18.8	2.4	900
北道区	14.23	11.23	3	1542
清水县	54.3	49.9	4.4	8272
张家川县	14.6	11	3.6	3675
秦安县	47.35	40.96	6.39	2235
甘谷县	21.52	15.14	6.38	2700
武山县	25.54	21.54	4	4146
合计	198.74	168.57	30.17	23470

表4-14 1998年粮食作物成灾面积统计表

县（区）	成灾面积（万亩）	成灾面积分布情况（万亩）		减产粮食（万斤）
		3～8成	8成以上	
秦城区	13.858	—	—	1.556
北道区	14.53	—	—	1.555
清水县	4.25	—	—	0.555
张家川县	8.38	—	—	1.26
秦安县	11.59	—	—	1.216
甘谷县	25.86	—	—	3.12
武山县	7.8	—	—	1.65
合计	86.268	—	—	10.912

表4-15 1999年粮食作物成灾面积统计表

县（区）	成灾面积（万亩）	成灾面积分布情况（万亩）		减产粮食（万斤）
		3～8成	8成以上	
秦城区	31.08	—	—	6.12
北道区	40.81	—	—	5.11
清水县	3.72	—	—	1.96
张家川县	24.22	—	—	5.5
秦安县	56.03	—	—	4.2
甘谷县	44.15	—	—	4.23
武山县	28	—	—	6.2
合计	228.01	—	—	33.32

表4-16 1986年经济作物成灾面积统计表

县（区）	成灾面积（万亩）	成灾面积分布情况（万亩）			减产量（万斤）
		3～5成	5～8成	8成以上	
秦城区	1.68	0.97	0.52	0.19	91.5
北道区	5.23	2.64	1.4	1.19	95.1
清水县	0.94	0.28	0.48	0.18	2.1
张家川县	0.24	—	0.2	0.04	0.26
秦安县	0.93	0.39	0.45	0.09	11.02
甘谷县	0.55	—	0.55	—	2.08
武山县	5.92	2.18	2.1	1.64	82.9
合计	15.49	6.46	5.7	3.33	284.96

表4-17　1987年经济作物成灾面积统计表

县（区）	成灾面积（万亩）	成灾面积分布情况（万亩）			减产量（万斤）
		3～5成	5～8成	8成以上	
秦城区	4.15	2.5	1.2	0.45	101.2
北道区	3.21	1.36	0.92	0.93	115.7
清水县	4.47	1.64	1.12	1.71	151
张家川县	0.17	0.15	—	0.02	—
秦安县	—	—	—	—	—
甘谷县	2.45	1.32	0.76	0.37	205.3
武山县	0.79	0.31	0.18	0.3	4
合计	15.24	7.28	4.18	3.78	577.2

表4-18　1988年经济作物成灾面积统计表

县（区）	成灾面积（万亩）	成灾面积分布情况（万亩）			减产量（万斤）
		3～5成	5～8成	8成以上	
秦城区	0.76	0.43	0.21	0.12	30.73
北道区	0.8	0.4	0.25	0.15	14.5
清水县	0.3	—	0.3	—	21.6
张家川县	0.09	0.09	—	—	2.6
秦安县	—	—	—	—	—
甘谷县	0.57	0.53	0.03	0.01	10.27
武山县	0.2	0.2	—	—	19.75
合计	2.72	1.65	0.79	0.28	99.45

表4-19 1989年经济作物成灾面积统计表

县（区）	成灾面积（万亩）	成灾面积分布情况（万亩）			减产量（万斤）
		3～5成	5～8成	8成以上	
秦城区	2.8	1.2	0.9	0.7	16.72
北道区	—	—	—	—	—
清水县	5.6	3.6	1.7	0.3	22
张家川县	—	—	—	—	—
秦安县	—	—	—	—	—
甘谷县	—	—	—	—	—
武山县	0.3	0.1	0.1	0.1	4.4
合计	8.7	4.9	2.7	1.1	43.12

表4-20 1990年经济作物成灾面积统计表

县（区）	成灾面积（万亩）	成灾面积分布情况（万亩）		
		3～5成	5～8成	8成以上
秦城区	1.5	1	0.5	—
北道区	2	0.8	0.8	0.4
清水县	4.1	1.6	1.3	1.2
张家川县	1.4	0.3	0.9	0.2
秦安县	2.1	0.7	0.5	0.9
甘谷县	0.9	—	—	0.9
武山县	1.6	0.7	0.7	0.2
合计	13.6	5.1	4.7	3.8

注：从本年度起，“减产量”数据未得到。表4-21至表4-24均同。

表4-21　1991年经济作物成灾面积统计表

县（区）	成灾面积（万亩）	成灾面积分布情况（万亩）		
		3～5成	5～8成	8成以上
秦城区	7.32	2.5	4.79	0.03
北道区	0.4	0.2	0.11	0.09
清水县	2.48	2.18	0.3	—
张家川县	0.35	0.29	0.01	0.05
秦安县	—	—	—	—
甘谷县	3.91	0.86	1.8	1.25
武山县	4.62	2.2	1.54	0.88
合计	19.08	8.23	8.55	2.3

表4-22　1992年经济作物成灾面积统计表

县（区）	成灾面积（万亩）	成灾面积分布情况（万亩）		
		3～5成	5～8成	8成以上
秦城区	1.2	0.9	0.2	0.1
北道区	0.5	0.1	0.3	0.1
清水县	9.5	9.5	—	—
张家川县	1.7	—	1.7	—
秦安县	—	—	—	—
甘谷县	3	0.3	1.7	1
武山县	1.6	1.2	0.2	0.2
合计	17.5	12	4.1	1.4

表4-23 1993年经济作物成灾面积统计表

县（区）	成灾面积（万亩）	成灾面积分布情况（万亩）		
		3～5成	5～8成	8成以上
秦城区	0.18	0.17	—	0.01
北道区	0.13	0.06	0.07	—
清水县	1.35	—	0.29	1.06
张家川县	0.83	0.4	0.03	0.4
秦安县	3.98	3.55	0.31	0.12
甘谷县	3.36	1.56	0.75	1.05
武山县	1.01	0.2	0.3	0.51
合计	10.84	5.94	1.75	3.15

表4-24 1995年经济作物成灾面积统计表

县（区）	成灾面积（万亩）	成灾面积分布情况（万亩）		
		3～5成	5～8成	8成以上
秦城区	5.67	3.4	2.27	—
北道区	3.1	2	1.1	—
清水县	9.57	2.87	5.74	0.96
张家川县	4.43	3	1	0.43
秦安县	19.46	10.41	4.48	4.57
甘谷县	—	—	—	—
武山县	8.17	3.78	4.39	—
合计	50.4	25.46	18.98	5.96

表4-25　1986年因灾死亡人口、牲畜，倒塌、损坏房屋统计表

县（区）	死亡人口（人）	死亡大牲畜（头）	死亡猪羊（只）	倒塌房屋（间）	损坏房屋（间）
秦城区	1	—	—	1	14
北道区	10	54	—	149	1909
清水县	—	34	—	76	140
张家川县	—	12	—	198	1197
秦安县	—	22	—	35	2686
甘谷县	—	—	—	—	—
武山县	—	—	—	129	550
合计	11	122	—	588	6496

表4-26　1987年因灾死亡人口、牲畜，倒塌、损坏房屋统计表

县（区）	死亡人口（人）	死亡大牲畜（头）	死亡猪羊（只）	倒塌房屋（间）	损坏房屋（间）
秦城区	3	1	—	8	2
北道区	2	14	—	57	35
清水县	10	4	—	585	1025
张家川县	2	4	—	17	—
秦安县	—	—	—	—	—
甘谷县	—	28	—	96	55
武山县	—	8	—	—	6
合计	17	59	—	763	1123

表4-27 1988年因灾死亡人口、牲畜,倒塌、损坏房屋统计表

县(区)	死亡人口(人)	死亡大牲畜(头)	死亡猪羊(只)	倒塌房屋(间)	损坏房屋(间)
秦城区	—	—	—	239	1149
北道区	3	9	—	23	794
清水县	—	—	—	131	3688
张家川县	5	12	—	—	—
秦安县	—	—	—	—	—
甘谷县	—	6	—	—	—
武山县	—	1	—	—	—
合计	8	28	—	393	5631

表4-28 1989年因灾死亡人口、牲畜,倒塌、损坏房屋统计表

县(区)	死亡人口(人)	死亡大牲畜(头)	死亡猪羊(只)	倒塌房屋(间)	损坏房屋(间)
秦城区	2	37	—	2	24
北道区	1	8	—	2	8
清水县	—	—	—	4	3
张家川县	—	1	—	—	74
秦安县	—	—	—	—	—
甘谷县	—	—	—	—	—
武山县	1	—	—	—	57
合计	4	46	—	8	166

表4-29　1990年因灾死亡人口、牲畜，倒塌、损坏房屋统计表

县（区）	死亡人口（人）	死亡大牲畜（头）	死亡猪羊（只）	倒塌房屋（间）	损坏房屋（间）
秦城区	5	1	—	485	2424
北道区	15	16	—	1350	3314
清水县	2	11	—	256	504
张家川县	1	20	—	115	75
秦安县	1	—	—	183	5040
甘谷县	—	—	—	—	—
武山县	8	21	—	88	1125
合计	32	69	—	2477	12482

表4-30　1991年因灾死亡人口、牲畜，倒塌、损坏房屋统计表

县（区）	死亡人口（人）	死亡大牲畜（头）	死亡猪羊（只）	倒塌房屋（间）	损坏房屋（间）
秦城区	—	—	—	—	—
北道区	—	24	—	40	116
清水县	—	1	—	13	9
张家川县	6	4	44	22	7
秦安县	6	—	—	4	—
甘谷县	—	—	—	—	—
武山县	—	—	—	—	64
合计	12	29	44	79	196

表4-31　1992年因灾死亡人口、牲畜，倒塌、损坏房屋统计表

县（区）	死亡人口（人）	死亡大牲畜（头）	死亡猪羊（只）	倒塌房屋（间）	损坏房屋（间）
秦城区	—	61	—	151	1646
北道区	10	29	—	320	438
清水县	1	6	—	35	98
张家川县	—	—	—	—	339
秦安县	4	4	—	1378	—
甘谷县	22	22	—	147	214
武山县	13	12	—	121	122
合计	50	134	—	2152	2857

表4-32　1993年因灾死亡人口、牲畜，倒塌、损坏房屋统计表

县（区）	死亡人口（人）	死亡大牲畜（头）	死亡猪羊（只）	倒塌房屋（间）	损坏房屋（间）
秦城区	—	2	—	294	389
北道区	1	1	—	216	157
清水县	1	1	—	9	39
张家川县	1	1	—	75	230
秦安县	—	—	—	—	130
甘谷县	7	—	—	33	18
武山县	—	—	—	401	401
合计	10	5	—	1028	1364

表4-33　1994年因灾死亡人口、牲畜，倒塌、损坏房屋统计表

县（区）	死亡人口（人）	死亡大牲畜（头）	死亡猪羊（只）	倒塌房屋（间）	损坏房屋（间）
秦城区	—	—	—	31	—
北道区	—	1	—	435	—
清水县	1	6	14	322	1540
张家川县	3	4	—	23	12
秦安县	—	—	—	28	57
甘谷县	1	—	—	4	—
武山县	2	35	31	143	125
合计	7	46	45	986	1734

表4-34　1995年因灾死亡人口、牲畜，倒塌、损坏房屋统计表

县（区）	死亡人口（人）	死亡大牲畜（头）	死亡猪羊（只）	倒塌房屋（间）	损坏房屋（间）
秦城区	9	—	—	35	—
北道区	—	—	—	—	—
清水县	3	8	—	26	230
张家川县	—	—	—	—	—
秦安县	—	—	—	—	—
甘谷县	10	—	—	—	—
武山县	3	—	43	—	21
合计	25	8	43	61	251

表4-35　1996年因灾死亡人口、牲畜，倒塌、损坏房屋统计表

县（区）	死亡人口（人）	死亡大牲畜（头）	死亡猪羊（只）	倒塌房屋（间）	损坏房屋（间）
秦城区	—	—	—	—	40
北道区	3	—	—	3	42
清水县	2	3	—	4	23
张家川县	—	—	—	—	—
秦安县	—	—	—	—	—
甘谷县	—	—	—	—	500
武山县	—	—	—	—	—
合计	5	3	—	7	605

表4-36　1997年因灾死亡人口、牲畜，倒塌、损坏房屋统计表

县（区）	死亡人口（人）	死亡大牲畜（头）	死亡猪羊（只）	倒塌房屋（间）	损坏房屋（间）
秦城区	6	—	—	—	—
北道区	—	—	—	—	—
清水县	—	—	—	—	120
张家川县	—	—	—	—	—
秦安县	—	—	—	—	—
甘谷县	—	—	—	—	—
武山县	—	200	—	20	27
合计	6	200	—	20	147

表4-37　1998年因灾死亡人口、牲畜，倒塌、损坏房屋统计表

县（区）	死亡人口（人）	死亡大牲畜（头）	死亡猪羊（只）	倒塌房屋（间）	损坏房屋（间）
秦城区	3	—	—	—	—
北道区	—	—	—	—	—
清水县	—	—	—	—	—
张家川县	—	—	—	—	—
秦安县	—	—	—	—	—
甘谷县	2	—	—	—	—
武山县	7	50	—	—	—
合计	12	50	—	—	—

表4-38　1999年因灾死亡人口、牲畜，倒塌、损坏房屋统计表

县（区）	死亡人口（人）	死亡大牲畜（头）	死亡猪羊（只）	倒塌房屋（间）	损坏房屋（间）
秦城区	2	—	—	21	—
北道区	—	—	—	—	6500
清水县	—	—	—	—	—
张家川县	—	—	—	—	—
秦安县	—	—	—	—	—
甘谷县	—	—	—	—	—
武山县	—	—	—	—	—
合计	2	—	—	21	6500

表4-39 1986年成灾人口情况统计表

单位：万人

县（区）	成灾人口	成灾人口分布情况		
		特重灾民	重灾民	轻灾民
秦城区	7.48	0.86	2.73	3.89
北道区	21.8	2.44	3.26	16.1
清水县	11.08	0.87	3.68	6.53
张家川县	15.6	0.21	7.99	7.4
秦安县	10.5	0.83	2.9	6.77
甘谷县	14.1	0.55	8.85	4.7
武山县	19.94	1.21	9.64	9.09
合计	100.5	6.97	39.05	54.48

表4-40 1987年成灾人口情况统计表

单位：万人

县（区）	成灾人口	成灾人口分布情况		
		特重灾民	重灾民	轻灾民
秦城区	20.25	1.97	6.28	12
北道区	39.32	4.62	8.4	26.3
清水县	14.77	1.83	2.41	10.53
张家川县	22.3	7	6.2	9.1
秦安县	22.45	1.5	4.25	16.7
甘谷县	32.03	0.51	8.5	23.02
武山县	22.2	2.15	9.49	10.56
合计	173.32	19.58	45.53	108.21

表4-41 1988年成灾人口情况统计表

单位：万人

县（区）	成灾人口	成灾人口分布情况		
		特重灾民	重灾民	轻灾民
秦城区	19.4	2.9	5.09	11.41
北道区	26.9	4.3	8.9	13.7
清水县	12.74	2.35	4.3	6.09
张家川县	12.25	0.9	1.36	9.99
秦安县	22.4	3.3	3.4	15.7
甘谷县	33.96	10.6	10.02	13.34
武山县	19.59	3.29	7.97	8.33
合计	147.24	27.64	41.04	78.56

表4-42 1989年成灾人口情况统计表

单位：万人

县（区）	成灾人口	成灾人口分布情况		
		特重灾民	重灾民	轻灾民
秦城区	9.83	0.98	3.09	5.76
北道区	21.78	3.63	7.26	10.89
清水县	4.67	0.86	1.58	2.23
张家川县	3.37	—	1.11	2.26
秦安县	9.6	—	0.92	8.68
甘谷县	4.1	—	4.1	—
武山县	7.22	0.14	3.59	3.49
合计	60.57	5.61	21.65	33.31

表4-43　1990年成灾人口情况统计表

单位：万人

县（区）	成灾人口	成灾人口分布情况		
		特重灾民	重灾民	轻灾民
秦城区	9.43	1.84	1.68	5.91
北道区	31.83	4.4	7.8	19.63
清水县	11.7	2.5	1.7	7.5
张家川县	5.25	0.37	0.75	4.13
秦安县	13.76	3.18	3.07	7.51
甘谷县	17.61	0.6	4.21	12.8
武山县	13.42	3.08	3.05	7.29
合计	103	15.97	22.26	64.77

表4-44　1991年成灾人口情况统计表

单位：万人

县（区）	成灾人口	成灾人口分布情况		
		特重灾民	重灾民	轻灾民
秦城区	34.3027	0.0805	7.1186	27.1036
北道区	21.6704	3.6301	7.2595	10.7808
清水县	5.8971	1.9180	2.0144	1.9647
张家川县	6.3090	—	0.1022	6.2068
秦安县	17.42	0.03	8.24	9.15
甘谷县	34.5046	4.9716	11.7662	17.7668
武山县	15.7556	6.9187	5.1390	3.6979
合计	135.8594	17.5489	41.6399	76.6706

表4-45　1992年成灾人口情况统计表

单位：万人

县（区）	成灾人口	成灾人口分布情况		
		特重灾民	重灾民	轻灾民
秦城区	34.3027	0.0805	7.1186	27.1036
北道区	21.6704	3.6301	7.2595	10.7808
清水县	5.8971	1.9180	2.0144	1.9647
张家川县	6.3090	—	0.1022	6.2068
秦安县	17.42	0.03	8.24	9.15
甘谷县	34.5046	4.9716	11.7662	17.7668
武山县	15.7556	6.9187	5.1390	3.6979
合计	135.8594	17.5489	41.6399	76.6706

表4-46　1993年成灾人口情况统计表

单位：万人

县（区）	成灾人口	成灾人口分布情况		
		特重灾民	重灾民	轻灾民
秦城区	11.7	1.1466	2.4687	8.0847
北道区	10.128	2.3846	3.8473	3.8961
清水县	3.92	1.3623	1.2	1.3577
张家川县	9.8176	1.1543	3.0325	5.6308
秦安县	11.99	2.1	3.2	6.69
甘谷县	19.5427	6.6996	5.391	7.4521
武山县	9.2277	0.1632	1.0326	8.0319
合计	76.326	15.0106	20.1721	41.1433

表4-47　1994年成灾人口情况统计表

单位：万人

县（区）	成灾人口	成灾人口分布情况		
		特重灾民	重灾民	轻灾民
秦城区	10.4	2.1	2.9	5.4
北道区	23.7	12	7	4.7
清水县	10.6	3.6	4.1	2.9
张家川县	15	1	2.6	11.4
秦安县	37	0.13	4	32.87
甘谷县	25.71	3.16	6.25	16.3
武山县	15.1	3.13	7.29	4.68
合计	137.51	25.12	34.14	78.25

表4-48　1995年成灾人口情况统计表

单位：万人

县（区）	成灾人口	成灾人口分布情况		
		特重灾民	重灾民	轻灾民
秦城区	16.35	13.23	2.1	1.02
北道区	21.53	4.62	6.81	10.1
清水县	21.5	6.69	4.1	10.71
张家川县	20	4	5	11
秦安县	41.52	4.28	3.88	33.36
甘谷县	11.42	5.14	3.43	2.85
武山县	10.4	5.68	2.8	1.92
合计	142.72	43.64	28.12	70.96

表4-49 1996—1999年成灾人口情况统计表

单位：万人

县（区）	1996年	1997年	1998年	1999年
秦城区	15	35.81	18.74	36.24
北道区	18	30.66	24	10.4
清水县	14.55	25.8	2.16	15
张家川县	13	15.89	15.59	23.26
秦安县	13.87	48.84	21.71	42.05
甘谷县	15.6	37.65	30.01	30.05
武山县	29	32	17.3	14
合计	119.02	226.65	129.51	171

二、2000年以后的自然灾害情况

（一）灾情概况

天水市地处六盘山、陇中黄土高原和秦岭山地交接处，地跨长江、黄河两大水系，地理位置特殊，地质构造复杂，是一个自然灾害易发、多发的地区。除海洋灾害外，地震、干旱、冰雹、沙尘暴、低温冷冻、滑坡、泥石流、病虫害等各种气象灾害、地质灾害、生物灾害都有发生。

2008年后，我国南北地区被国家确定为地震重点监控区，甘肃东南地区被国家确定为地震重点危险区，天水市处在地震重点监视防御区内。在地质灾害方面，天水市绝大地段属黄土丘陵区，黄土的垂直节理发育，地质环境脆弱，全市地质灾害隐患点有滑坡426处、泥石流100处、崩塌103处、不稳定斜坡86处。在气象灾害方面，每年区域性洪涝、干旱、低温冻害、冰雹等灾害频发。从历年统计指标看，全市因自然灾害受灾人口120万人左右，农作物受灾面积200万亩左右、绝收面积40万亩左右，因灾倒塌损坏房屋上千间，因灾损失3亿元以上。

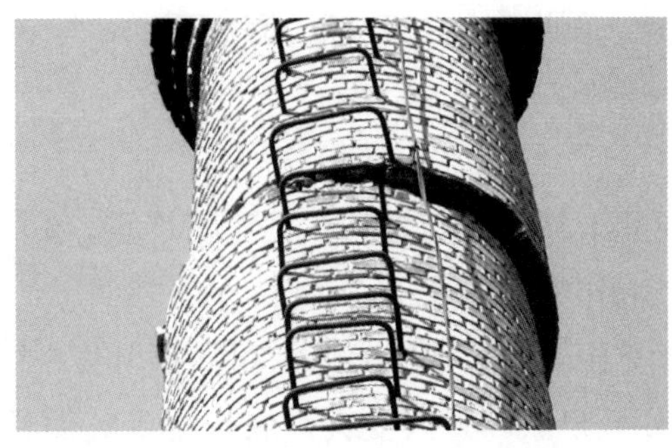

图4-1 2008年5月12日，地震灾情致使火化大烟囱开裂

（二）灾情特点

2001年以来，天水遭受了地震、暴洪泥石流、干旱、低温冷冻、风雹等多种自然灾害。主要呈现以下特点：一是多灾并发叠加，经济损失严重。从发生规律看，前半年干旱和低温冷冻灾害经常相伴发生。进入汛期后，冰雹、暴雨、洪涝灾害频繁交替出现。二是旱灾范围广，持续时间长。1993年以来，天水市遭受了历史罕见的10年持续干旱。2003年后，全市气温呈偏高走势，降水量偏少，多次出现冬春连旱、春夏连旱、夏伏旱，受灾区域主要集中在渭河北部的武山县、甘谷县、秦安县，麦积区北部，张家川县西北部浅山区。致使甘谷县新兴镇、安远镇、大石镇和武山县高楼镇、榆盘镇、嘴头镇、桦林镇7个乡镇8.6万人常年饮水困难。三是重特大灾害发生频率高，影响程度深。“5·12”地震、“8·12”暴洪和“7·25”暴洪泥石流灾害，均为历史罕见灾害。四是灾区群众家底薄弱，自救能力差。多灾、连灾造成农村群众家底空虚，部分群众家庭主要成员残疾，缺乏劳动力和收入来源，全市平均每年有29.7万人因灾常年需口粮、衣被、伤病救济。

（三）灾情统计

2001年至2015年灾情统计及分析如下：

2001年

4月8日至4月11日，天水市遭受了低温霜冻和沙尘暴天气，其中有119个乡镇受灾。农作物受灾面积208.03万亩，直接经济损失57253.57万元。

5月29日，秦城区、北道区、甘谷县、秦安县、清水县、张家川县6个县（区）遭受了暴洪灾害，其中有26个乡镇、258个村、6.03万户29.83万人受灾。农作物受灾面积37.4万亩、成灾面积27.99万亩，直接经济损失3717.8万元。

7月21日至7月29日，天水市连降暴雨，秦城区、北道区、武山县、张家川县4个县（区）遭受洪水灾害，其中有27个乡镇、163个村、2.34万户11.33万人受灾。农作物受灾面积17.66万亩、成灾面积10.11万亩，直接经济损失2187.05万元。

2003年

8月下旬，天水市连降大暴雨，秦城区、北道区、武山县、甘谷县4个县（区）受灾较重，其中有29个乡镇、183个村、4.8万户20.91万人受灾。农作物受灾面积5.17万亩、成灾面积4.7万亩、绝收面积0.86万亩，倒塌房屋2247间，因灾死亡6人，经济损失5119.2万元。

2004年

上半年，天水市各县（区）降水量普遍偏少，旱情严重。5月，相继出现低温冷冻、冰雹、山体滑坡等自然灾害，农作物损失严重。

7月中旬，甘谷县、秦安县、清水县、武山县和张家川县5个县相继遭受暴雨和冰雹灾害，其中有14个乡镇、1.31万户7.17万人受灾。农作物受灾面积9.81万亩、绝收面积0.66万亩，倒塌房屋2050间，损坏房屋6182间，直接经济损失1632.46万元。

2005年

4月22日，武山县有11个乡、129个村遭受冰雹灾害，直接经济损失2400万元。

5月30日至5月31日，武山县、秦安县、甘谷县、麦积区4个县（区）的部分乡镇相继遭受暴雨、冰雹灾害，其中有24个乡镇、4.52万户18.62万人受灾。农作物受灾面积12.26万亩、绝收面积4.68万亩，倒塌房屋73户102间，形成危房56户110间，直接经济损失5280万元。

7月1日至7月2日，天水市发生强降雨，其中有89个乡镇、861个村、8.16万户38.41万人受灾。农作物受灾面积26.39万亩、绝收面积8.08万亩，因灾倒塌房屋1257间，损坏房屋1615间，因灾死亡1人，直接经济损失6213.2万元。

9月19日至9月20日下午，麦积区、清水县局部出现暴雨，其中有24个乡镇、124个村、1.1万户5.04万人受灾。农作物受灾面积8.74万亩、成灾面积6.43万亩、绝收面积1.06万亩，倒塌房屋1027间，形成危房1610间，因灾死亡1人，直接经济损失6471.08万元。

2006年

上半年，天水市遭受旱灾，农作物受旱面积222.3万亩、绝收面积27.2万亩，经济损失38041.9万元。

6月25日，甘谷县、清水县、武山县、张家川县、麦积区5个县（区）遭受冰雹灾害，直接经济损失6097.6万元。

7月8日，秦州区、秦安县、张家川县、清水县4个县（区）遭受暴雨、冰雹灾害，死亡1人，直接经济损失2183.6万元。

7月21日，秦州区、麦积区、张家川县3个县（区）遭受暴雨灾害，农作物绝收面积5.16万亩，直接经济损失3566.19万元。

8月13日，秦州区、武山县、甘谷县、张家川县4个县（区）发生暴雨、山洪灾害，其中有11个乡镇、19个村、913户8676人受灾。因灾死亡3人、失踪1人，农作物绝收面积1.38万亩，直接经济损失6374万元。

2007年

1月至5月，天水市发生干旱，其中有113个乡镇、12.06万户126.4万人受灾。农作物受灾面积370.65万亩、绝收面积16.79万亩。41.4万人和7.82万头大牲畜发生临时饮水困难，直接经济损失15800万元。

7月13日，秦安县、甘谷县、武山县、张家川县、清水县、麦积区6个县（区）部分乡镇遭受暴雨、冰雹灾害，其中有31个乡镇、5.11万户26.04万人受灾。农作物受灾面积38.89万亩，倒塌房屋27间，直接经济损失4370.52万元。

7月24日至7月27日，天水市局部地区遭受冰雹、暴洪灾害，其中有34个乡镇、8.09万户33.9万人受灾。农作物受灾面积23.16万亩、绝收面积7.38万亩，因灾死亡1人、受伤

22人，死伤大牲畜120多头，倒塌房屋1216间，形成危房1872间，直接经济损失12300万元。

8月8日，天水市出现强降雨，城区内出现严重内涝，秦州区、麦积区、秦安县、甘谷县、清水县、张家川县6个县（区）受灾，共涉及56个乡镇、2.2万户12.3万人。农作物受灾面积3.77万亩、绝收面积1.47万亩，倒塌房屋862间，形成危房1306间，因灾死亡4人，死亡大牲畜26头，直接经济损失8614.48万元。

2008年

年初，天水市遭受了冬季持续降雪强冷冻天气，其中有113个乡镇、2505个村、145万人受灾。受灾大棚蔬菜16.2万亩、养鸡场37个。雪灾造成61户104间房屋倒塌，形成危房513间，直接经济损失12500万元。

4月20日，天水市气温急剧下降，普降雨雪，其中有113个乡镇、2505个村、27.98万户126.07万人受灾。农作物受灾面积147.3万亩，直接经济损失40300万元。

图4-2　2008年5月12日地震灾情现场

图4-3　2008年5月12日，地震造成全区数万群众的房屋倒塌

2008年5月12日14时28分，四川省汶川县发生8.0级地震及多次余震，波及天水全市。这次地震是天水市自中华人民共和国成立以来震级最强、范围最大、危害程度最严重的灾害。灾害损失见表4-50至表4-53。

表4-50　受灾县（区）统计表

单位：个

类别	县（区）							合计
	秦州区	麦积区	秦安县	清水县	甘谷县	武山县	张家川县	
镇	10	11	5	6	5	6	3	46
乡	6	6	12	12	10	9	12	67
村	420	379	428	260	405	344	269	2505

表4-51　受灾县（区）人口（包括死伤人员）统计表

类别	县（区）							合计
	秦州区	麦积区	秦安县	清水县	甘谷县	武山县	张家川县	
受灾人口（万人）	26.79	26.4	37.26	18.98	35.6	27.23	18.59	190.85
死亡人口（人）	6	1	1	2	0	0	0	10
伤病人口（人）	349	349	200	207	200	221	400	1926
转移安置人口（万人）	4.767	2.9964	3.482	2.7832	3.2	3.14	2.33	22.7
饮水困难人口（万人）	0.16	3.68	0	1.3	0	0	0	5.14

表4-52 受灾各县（区）牲畜统计表

单位：头

县（区）							合计
秦州区	麦积区	秦安县	甘谷县	武山县	清水县	张家川县	
2883	1446	2054	758	341	868	368	8718

表4-53 全市受灾经济损失统计表

单位：元

类别						合计
城乡居民	工商旅游	基础设施	学校	医疗卫生	其他	
266400	33200	80100	11200	25600	60000	476500

2009年

8月，天水市遭受严重夏伏干旱灾害，其中有76个乡镇受灾。农作物受灾面积313.92万亩、成灾面积124.8万亩、绝收面积18.27万亩，因旱造成7.1万人、1.8万头大牲畜饮水困难，直接经济损失7760万元。

9月27日至10月2日，武山县滩歌、桦林等乡镇遭受冰雹灾害，其中有13个村、2385户10420人受灾。农作物受灾面积1617亩、成灾面积987亩，因灾死亡牲畜74头，直接经济损失113万元。

11月中旬，天水市接连出现明显降温、降雪天气，其中有86个乡镇、4.3万户19.41万人受灾。农作物受灾面积10.52万亩、成灾面积8.35万亩，农作物绝收面积1.29万亩，损坏蔬菜大棚2745座，有142户586间房屋因灾受损，直接经济损失4344.9万元。

2010年

4月9日至4月13日，天水市气温由20℃骤降至-3℃，并伴有大风雨雪天气，其中有113个乡镇、2505个村、37.7万户169.68万人受灾。果树和农作物受灾面积211.97万亩、成灾面积166.86万亩、绝收面积22.86万亩，直接经济损失87000万元。

6月4日下午，清水县、张家川县2个县遭受暴雨、冰雹灾害，其中有7个乡镇、25个村、3770户1.76万人受灾。因灾紧急转移安置113户489人，倒塌房屋7户32间，损坏房屋261间。农作物受灾面积1.86万亩、成灾面积1.34万亩、绝收面积0.34万亩，直接经济损失1795万元。

7月22日至7月25日，秦州区、麦积区、秦安县、张家川县4个县（区）部分乡镇发生洪涝灾害，其中有27个乡镇、160个村、1.46万户6.72万人受灾。农作物受灾面积4.8万亩、成灾面积4.07万亩、绝收面积0.54万亩，倒塌房屋99间，损坏房屋275间，形成危房84间，直接经济损失11027.57万元。

8月11日至8月13日、8月18日至8月21日，天水市连续两次出现强降雨天气，秦州区、麦积区、秦安县、清水县、张家川县5个县（区）的66个乡镇、395个村、241831人受灾。因灾死亡7人、受伤58人，紧急转移安置15238人，因灾倒塌房屋9916间，严重损坏住房13767间，一般损坏房屋10949间，直接经济损失130344万元。

9月3日，秦安县、武山县2个县遭受冰雹灾害，其中有5个乡镇、68个村、1.77万户8.03万人受灾。农作物受灾面积7.44万亩、成灾面积1.98万亩、绝收面积0.03万亩，直接经济损失6462.2万元。

2010年10月至2011年6月，天水市发生旱灾，其中有106个乡镇、1033个村、17.55万户107.66万人受灾。农田受旱面积168.9万亩、成灾面积98.25万亩、绝收面积19.05万亩，因旱灾有23.43万人、4.76万头大牲畜出现饮水困难，直接经济损失27513.84万元。

2011年

7月1日至7月6日，秦州区、麦积区2个区降暴雨，其中有10个乡镇、97个村、5971户24669人受灾。紧急转移313户1367人，农作物受灾面积1.49万亩、成灾面积0.34万亩、绝收面积0.1万亩，倒塌房屋6户29间，损坏房屋36户191间，直接经济损失550.23万元。

7月14日，秦安县发生冰雹灾害，魏店镇、王铺镇、安伏镇、郭嘉镇、叶堡镇5个镇的38个村、8509户37301人受灾。农作物受灾面积2.06万亩、成灾面积1.43万亩，直接经济损失1648.62万元。

7月15日，秦安县发生冰雹洪涝灾害，王尹镇、兴国镇、西川镇、千户镇4个镇的28个村、7301户32625人受灾。农作物受灾面积5.14万亩、成灾面积2.11万亩，因灾死亡1人，直接经济损失3083万元。

7月15日，秦安县局部地方突降冰雹、暴雨，引发山洪，致使在天巉公路秦安段行驶的一辆中型客车和一辆大货车严重受损，死亡13人、受伤6人。

7月17日，秦州区、麦积区、武山县、秦安县、张家川县5个县（区）的20个乡镇、77个村、14358户66323人遭受不同程度的冰雹灾害。农作物受灾面积7.67万亩、成灾面积6.10万亩、绝收面积0.56万亩，直接经济损失6708.19万元。

8月15日至8月18日，天水市局部地区出现强降雨，致使秦州区、麦积区、甘谷县3个县（区）部分乡镇的农田被淹、道路冲毁，部分农户房屋受损倒塌，直接经济损失1324.3万元。

2012年

1月至2月中旬，天水市未出现有效降水，其中有7个县（区）、62个乡镇、148个村、

76725户330093人受灾。22817人和1084头大牲畜发生饮水困难，农作物受灾面积27.17万亩、成灾面积7.42万亩，直接经济损失1588.08万元。

5月10日晚，天水市局部地区发生暴洪灾害，造成武山县马力镇、沿安镇、鸳鸯镇、滩歌镇4个镇的15个村、2057户9713人受灾。农作物受灾面积0.53万亩、绝收面积0.53万亩，直接经济损失3667.96万元。

6月中旬，天水市多次遭受冰雹灾害，造成秦州区、麦积区、秦安县、甘谷县、清水县、张家川县6个县（区）的36个乡镇、233个村、55055户256503人受灾。农作物受灾面积44.6万亩、成灾面积33.98万亩、绝收面积5.14万亩，倒塌房屋16户24间，损坏房屋6户30间，直接经济损失52800万元。

8月25日，甘谷县、武山县、张家川县3个县遭受冰雹灾害，其中有11个乡镇、71个村、14227户44565人受灾。受灾面积4.8万亩、成灾面积4.3万亩、绝收面积0.7万亩，直接经济损失2836.38万元。

2013年

2012年11月至2013年5月初，天水市发生冬春连旱，造成秦州区、麦积区、秦安县、甘谷县、武山县、清水县、张家川县7个县（区）的98个乡镇、1231个村、115812户521982人受灾。13.33万人饮水困难，农作物受灾面积79.4万亩、成灾面积41.98万亩、绝收面积3.28万亩，直接经济损失5240.77万元。

4月6日，天水市遭受低温冷冻灾害，其中有7个县（区）、89个乡镇、1321个村、198152户891685人受灾。农作物受灾面积111.48万亩、成灾面积60.76万亩、绝收面积3.12万亩，直接经济损失137877.45万元。

4月27日，甘谷县、武山县2个县的6个乡镇遭受冰雹灾害，其中有74个村、12639户56428人受灾。农作物受灾面积5.88万亩、成灾面积5.88万亩，直接经济损失1374.86万元。

5月22日，甘谷县、武山县、秦州区3个县（区）发生风雹灾害，其中有4个乡镇、36个村、6326户29169人受灾。农作物受灾面积3.1万亩、成灾面积2.8万亩，直接经济损失9034.80万元。

6月26日，秦安县局部地区出现冰雹，郭嘉镇、魏店镇、安伏镇3个镇的34个村、7363户30864人受灾。农作物受灾面积6.6万亩，直接经济损失3306.49万元。

入汛后，天水市暴洪灾害频发，6月20日、7月8日、7月21日、7月25日先后有4次较为集中的暴洪灾害（局部区域为特大暴洪），特别是秦州区“7·25”暴洪引发大面积、多区域山体崩塌、滑坡和山洪泥石流群发性地质灾害，致使全市7个县（区）、113个乡镇、8个街道办事处、1920个村、31.48万户140.62万人受灾。因灾遇难24人、失踪1人（其中，秦州区“7·25”暴洪灾害遇难19人、失踪1人），紧急转移安置群众11.14万人次，倒塌房屋1.22万户3.32万间，严重损坏房屋1.35万户4.26万间，一般受损房屋3.65万户9.74万间。受灾农作物面积139.35万亩、成灾面积93.75万亩、绝收面积27.45万亩，直接经济损失988200万元。

7月22日7时45分，定西市岷县、漳县交界（北纬34.5°、东经104.2°）发生的6.6级地震及多次余震波及天水，全市7个县（区）、113个乡镇、10个街道办事处、1571个村、41849户191470人受灾。房屋倒塌2332户7483间，严重受损房屋2661户9021间，一般受损房屋11558户28799间，紧急转移12707人，直接经济损失103976.7万元。

9月12日，秦州区、秦安县、甘谷县3个县（区）局部地区发生冰雹灾害，其中有13个乡镇、114个村、20387户93336人受灾。农作物受灾面积3.97万亩、成灾面积3.1万亩、绝收面积0.73万亩，直接经济损失20900.06万元。

图4-4 部队参与灾民安置救援工作

2014年

4月24日下午开始，天水市自西向东出现强降雨和降温天气；25日凌晨，大部分地区出现雨夹雪天气，气温急剧下降，海拔1450米以上的山区积雪达5～20厘米；26日、27日，局部地区又出现霜冻。秦州区、麦积区、秦安县、甘谷县、武山县、清水县、张家川县7个县（区）遭受低温冷冻灾害，113个乡镇、1842个村、371802户1703801人受灾。农作物受灾面积2389405.95万亩、成灾面积1416131.4万亩、绝收面积130594.5万亩，直接经济损失133492.01万元。

7月1日，麦积区遭受风雹灾害，3个乡镇、24个村、1421户6394人受灾。农作物受灾面积9225万亩、成灾面积5010万亩，直接经济损失525.6万元。

7月16日，张家川县遭受风雹灾害，5个乡镇、24个村、4609户22493人受灾。农作物受灾面积25693.5万亩、成灾面积13972.5万亩、绝收面积640.5万亩，直接经济损失418.2万元。

5月至7月，天水市平均气温持续偏高，降水偏少，秦州区、麦积区、秦安县、甘谷县、武山县、清水县、张家川县7个县（区）遭受干旱灾害，104个乡镇、1732个村、332647户1488729人受灾。农作物受灾面积174454.5万亩、成灾面积904579.5万亩、绝收面积50580万亩，37514人和4622头大牲畜饮水困难，11.7万人和1.4万头大牲畜饮水受到影响，直接经济损失72296.65万元。

9月7日夜间开始，天水市出现连续阴雨天气，持续至17日。16日晚至17日大部分地区普降中雨。麦积区、秦安县、甘谷县、武山县、清水县5个县（区）遭受洪涝灾害，70个乡镇、725个村、67470户301860人受灾。房屋受损350户1449间，农作物受灾面积63894.75万亩、成灾面积36739.2万亩，直接经济损失4934.47万元。

10月4日，秦安县、甘谷县、清水县3个县局部地区遭受风雹灾害，11个乡镇、53个村、9014户40096人受灾。农作物受灾面积3738.3万亩、成灾面积6372万亩，直接经济损失3039.1万元。

2015年

2014年12月至2015年4月中旬，秦州区、麦积区、秦安县、武山县、张家川县5个县（区）发生冬春连旱，51个乡镇、539个村、36405户159325人受灾。农作物受灾面积24.56万亩、成灾面积4.70万亩，直接经济损失353万元。

5月19日，张家川县、清水县2个县遭受风雹灾害，11个乡镇、87个村、15426户72049人受灾。农作物受灾面积9.41万亩、成灾面积8.45万亩、绝收面积5.16万亩，直接经济损失4417.346万元。

5月30日至31日，秦州区、秦安县2个县（区）遭受冰雹灾害和强降雨天气，22个乡镇、191个村、23020户108561人受灾。紧急转移安置人口4户22人，倒塌房屋21户50间，严重受损房屋15户41间，一般受损房屋119户412间。农作物受灾面积18.35万亩、成灾面积15.18万亩、绝收面积2.27万亩，直接经济损失47427.23万元。

7月17日，秦安县郭嘉镇、叶堡镇、王尹镇3个镇遭受冰雹灾害，26个村、9537户39662人受灾。农作物受灾面积1.29万亩、成灾面积0.69万亩，直接经济损失409万元。

7月21日，秦州区、张家川县2个县（区）遭受风雹灾害，2个乡镇、5个村、824户3693人受灾。农作物受灾面积0.33万亩、成灾面积0.12万亩、绝收面积0.02万亩，直接经济损失632.14万元。

7月22日，清水县遭受风雹灾害，丰望乡的4个村、395户1584人受灾。农作物受灾面积0.23万亩、成灾面积0.23万亩、绝收面积0.09万亩，直接经济损失593.3万元。

8月2日，张家川县遭受风雹灾害，3个乡镇、6个村、987户4461人受灾。农作物受灾面积0.44万亩、成灾面积0.43万亩、绝收面积0.21万亩，直接经济损失693.9万元。

8月7日，清水县遭受风雹灾害，2个乡镇、5个村、492户1926人受灾。农作物受灾面积0.3万亩、成灾面积0.09万亩，直接经济损失293.98万元。

8月23日，清水县遭受风雹灾害，5个乡镇、18个村、1511户5742人受灾。1户3间房屋倒塌，农作物受灾面积1.01万亩、成灾面积0.69万亩，直接经济损失776.27万元。

9月23日，甘谷县、武山县2个县遭受风雹灾害，14个乡镇、71个村、9882户46000人受灾。农作物受灾面积1.74万亩、成灾面积0.53万亩，直接经济损失294万元。

10月5日至10月9日，麦积区利桥乡林区持续阴雨天气，市墁坪安置农场5户30人受灾。倒塌房屋4户12间，严重受损单位房屋21间，一般受损单位房屋25间，直接经济损失95万元。

第二节 灾害救助

一、20世纪80年代至90年代的救灾情况

1985年8月5日，武山县桦林乡天衢村发生水灾，民政部门拨款5万元用于搬迁村庄、新建房屋，帮助53户特重灾民重建家园。天水市各界捐集衣物23000件、粮票31000公斤，武山县群众捐助现金37290元、面粉24615公斤、大米2100公斤、粮票l8400公斤、衣物l8795件，市民政局下拨衣被救济款9.05万元，一并送往灾区，发放到灾民手中。

1986年冬，发放由北京石景山区募集的衣物6000多件。

1987年，天水市春荒严重。民政部、粮食部、农牧渔业部、开发办组成联合工作组来天水市调查了解全市群众生活情况，慰问灾民，组织安排救灾工作。同年，共返销粮食6605.5万公斤，发放救济款791.4万多元。有12万户38万人开展生产自救，收入983万元。从市场买回粮食1066.44万公斤，群众互助互济的有3.56万户18万人，互助现金75.99万元，互助粮食334.64万公斤。社会募捐现金4.5万元、粮票3.79万公斤、各种衣物5687件，重点发放给5个县的24个乡。

1988年春荒，发放救济款35.6万元，救济61.02万人，返销粮食4294.8万公斤。

1989年春荒，发放救济款34.5万元，救济71.84万人，返销粮食4135.4万公斤。

1990年春荒，发放救济款69万元，救济62.21万人，返销粮食5424.5万公斤。

1993年6月13日至6月23日，天水市3次遭受水灾，兰钢集团公司为灾区捐赠10万元。

1994年，经省政府决定，对天水市试行《救灾款金额包干办法》。当年安排包干救灾款670万元，购销同价粮指标4100万斤。市政府从财政预备金内提出100万元，列入“217”科目，作为自然灾害救济款拨付。同年9月，天津市援助天水市衣被5车厢5337包292754件。

1996年2月6日，天水市接收北京市捐赠灾区的衣物4车厢2863包191456件，其中，棉衣24144件、单衣113753件、毛衣36057件、被褥4278条、鞋帽及其他13224项。全市共有78个乡镇、5.69万户13.56万人得到救济衣物。汕头经纬集团有限公司捐赠甘肃灾区和特困地区28万米高级仿丝印花布。该印花布由省上分配天水市4万米，清水县、甘谷县、武山

县、张家川县、秦安县各0.6万米；秦城区、北道区各0.5万米。全市有110个乡镇、1765个村组、15317户36457人得到了救济。7月12日，秦城区、北道区、甘谷县、秦安县4个县（区）的16个乡镇遭到冰雹袭击后，市政府拨款50万元，急用于救灾地区。1月和10月，天水市两次组织开展了“扶贫济困送温暖”捐赠活动，共募集衣被13.98万件、现金58.97万元，有115个乡镇的2.6万户7.3万人得到捐赠。

1997年，中华慈善总会开展帮助甘肃干旱地区贫困群众解决生活用水困难的“慈善雨水积蓄工程”，市上对五县两区进行了调查摸底，全市共有115个乡镇、1831个村组、10万户52万人缺水。中华慈善总会资助秦安县雨水积蓄工程款130万元。

1997年的特大自然灾害，天水市有143.45万人缺粮30228.9万斤；冬令缺粮50.8万人，缺粮4572万斤。1998年春荒缺粮93.45万人，缺粮8410.5万斤；夏荒缺粮143.45万人，缺粮17246.4万斤。缺粮人口中，“三缺户”有16.13万户80.61万人，缺粮15988.88万斤。

1998年，长江、嫩江、松花江流域遭受罕见的洪涝灾害，天水市共接收捐款2148987.14元。其中，市接收办接收捐款1021699.38元和价值275763元的物资，县（区）接收捐款1127287.76元，随后送往灾区。

1985年至1990年发放救灾款、救济灾民、返销粮食、农业税减免情况见表4-54至表4-57。

表4-54　1985—1990年发放救灾款统计表

单位：万元

年份	秦城区	北道区	清水县	张家川县	秦安县	甘谷县	武山县	合计
1985	24.6	19.8	29	44	32.2	28.8	63.3	241.7
1986	47.3	34.8	36.7	82	41	78.8	94.3	414.9
1987	56.2	55.5	88	83	106	101.9	121.4	612
1988	35.6	45.2	38.5	53.4	52.5	63.2	48.3	336.7
1989	34.5	33	31.2	74.7	63	72.5	59.7	368.6
1990	69	55.8	45.9	48	64.9	65.5	81	430.1

注：1985—1990年救灾款中不包括扶贫款。

表4-55 1985—1990年救济灾民统计表

单位：万人

年份	秦城区	北道区	清水县	张家川县	秦安县	甘谷县	武山县	合计
1985	12.36	2.12	1.21	8.32	9.8	11.67	14.32	59.8
1986	11.02	7.72	1.21	8.32	9.77	11.67	14.32	64.03
1987	12.62	12.33	4.2	8.77	9.3	12.23	21.96	81.41
1988	12.43	16.07	3.01	6.23	5.3	10.5	7.48	61.02
1989	6.33	15.43	2.28	13.27	6.6	9.34	18.59	71.84
1990	8.99	9.34	3.32	4.34	4	15.59	16.63	62.21

表4-56 1985—1990年返销粮食统计表

单位：万斤

年份	秦城区	北道区	清水县	张家川县	秦安县	甘谷县	武山县	合计
1985	211	335	441	617	647	470	685	3406
1986	777	818	821	1770	1432	1561	2145	9324
1987	1088	1438	1452	1818	2332	2536	2547	13211
1988	359	1045.8	1100	1284.8	1591.6	1779	1429.4	8589.6
1989	875.8	1130.8	927.6	983.2	1622.2	1743.2	988	8270.8
1990	1127	1349	1233	1233	2161	2104	1642	10849

表4-57 1985—1990年农业税减免统计表

单位：万斤

年份	秦城区	北道区	清水县	张家川县	秦安县	甘谷县	武山县	合计
1985	120	96	170	—	48	120	200	754
1986	90	70	80	—	20	90	34	384
1987	140	140	160.5	10	60	130	40	680.5
1988	70.4	57.6	26.4	17.6	30.74	70.4	44	317.14
1989	12.8	49.6	49.6	20.6	20.8	62	49.6	265
1990	54	57.56	55.8	108	43	68	112	498.36

1985年至1999年，天水市共下拨救济款9001.8万元，其中，秦城区1168.6万元、北道区1076.3万元、清水县1028.4万元、张家川县1367.5万元、秦安县1354.5万元、甘谷县1536万元、武山县1470.5万元。1985年至1999年下拨救济款情况见表4-58。

表4-58 1985—1999年下拨救济款统计表

单位：万元

年份	秦城区	北道区	清水县	张家川县	秦安县	甘谷县	武山县	合计
1985	15.5	15.9	4.1	6.9	9.5	8.1	8.7	68.7
1986	24	13	7.7	10.6	15.5	10	8	88.8
1987	25.7	11	5.5	12.5	10.5	11.2	9.9	86.3
1988	31.5	18.9	8.4	11.3	11.4	14.1	10.5	106.1
1989	31.5	12.4	7.3	11	13.5	13.3	9.5	98.5
1990	35.7	12.9	6.4	11	12.7	17.5	11.5	107.7
1991	76.8	33.9	35.8	57.1	39	91.2	65.8	399.6
1992	74.2	46.5	40.4	61.4	86.4	139.5	72.6	521
1993	54.9	49.1	66.1	89.3	110.8	91.7	118.8	580.7
1994	55.9	62.8	75.2	103.4	86.6	118.2	96.7	598.8
1995	97.1	168.7	99.2	143.2	107.9	130.8	215.3	962.2
1996	168.7	162	198.5	246.8	162	181.2	224.2	1343.4
1997	193.1	153.2	120.8	226	278.7	279.2	227	1478
1998	128	130	134	141	159	153	152	997
1999	156	186	219	236	251	277	240	1565
合计	1168.6	1076.3	1028.4	1367.5	1354.5	1536	1470.5	9001.8

二、2000年以后的救灾情况

（一）救灾管理体制

2004年，天水市政府成立抗灾救灾应急领导小组（抗灾救灾指挥部），由天水市政府主要领导担任组长，市委、市人大、市政府、市政协分管领导及天水军分区的负责人担任副组长，负责领导、指挥和协调全市救灾应急工作。市委、市人大、市政府、市政协办公室及各个部门，铁路、移动通信、物资、保险、消防、水文、地勘等相关单位及驻市部队、天水预备役旅、武警天水支队的负责人为领导小组成员。天水市政府抗灾救灾应急领导小组下设办公室、灾情评估和救灾安置组（设在市民政局）、抢险救灾组（设在天水军分区）、医疗卫生组（设在市卫生局）、物资供应组（设在市经贸局）、通信联络组（设在市电信局）、交通运输组（设在市交通局）、治安保卫组（设在市公安分局）、宣传报道组（设在市委宣传部）、涉外事务联络组（设在市政府外事办）10个工作组。天水市抗灾救灾应急领导小组办公室是综合协调机构，办公室设在市民政局。办公室主任由市政府秘书长担任，常务副主任由市民政局负责人担任，副主任由天水军分区、财政、水利、建设、地震等部门负责人担任。

2006年，全国第12次民政工作会议将救灾工作方针由“依靠群众、依靠集体、生产自救、互助互济，辅之以国家必要的救济和扶持”，调整为“政府主导、分级管理、社会互助、生产自救”，突出了政府在救灾工作中的主体地位。救灾工作目标也由过去的“不饿死人、不冻死人、不发生重大疫情和大批灾民盲目外流”重新确定为“保证灾民有饭吃、有衣穿、有房子住、有干净的水喝、有病能医，孩子有学能上”。“政府统一领导、部门分工负责、灾害分级管理、属地管理为主”成为新时期救灾工作的基本领导体制。

2010年12月，天水市政府召开常务会议，成立天水市减灾委员会，市政府分管领导担任主任，市政府分管副秘书长、市发改委主任、市民政局局长、市财政局局长担任副主任，秘书长由市民政局局长兼任，市教育局、市科技局、市公安局、市民政局、市财政局、市国土资源局、市建设局、市交通运输局、市卫生局、市水务局、市农业局、市林业局、市畜牧局、市广电局、市粮食局、市地震局、市气象局、市安监局、市食药监局、市质监局、市环保局、市统计局、市人防办、天水军分区、甘肃武警天水支队、市消防支队、天水火车站、市科协、市慈善总会、市红十字会、甘肃省电力总局天水分公司、市电信公司、市移动公司、市联通公司等单位为成员单位。市减灾委员会是组织协调全市自然灾害救助的应急综合协调机构，负责协调开展自然灾害应急响应、紧急救援、灾民生活安排及灾后恢复重建等工作。市减灾委员会办公室设在市民政局，由市民政局分管救灾工作的局长任办公室主任。市民政局救灾科同时加挂市防灾减灾办公室牌子，承办市减灾委员会办公室的具体事务。之后，各县（区）都参照成立了减灾委员会及办公室。

2011年，在全市乡镇机构改革中，成立乡镇民政办公室，同时加挂防灾减灾办公室牌子。

2015年，全市有防灾减灾人才158人，其中，防灾减灾工程与管理类人员143人、行政管理类人员15人。防灾减灾人才队伍中，20～30岁的人员75人、31～45岁的70人、46～60岁的13人；中专学历的3人、大专学历的52人、本科学历的102人、研究生学历的1人；专职人员18人、兼职人员140人；参加市级以上灾害信息员职业技能培训的有158人、参加培训并取得初级以上证书的有145人。

（二）灾害救助制度

1.《自然灾害救助办法》等政策的制定

为规范自然灾害救助工作，保障受灾群众基本生活，根据国务院《自然灾害救助条例》、甘肃省人民政府办公厅《关于切实加强和规范自然灾害救助工作的意见》（甘政办发〔2014〕10号）有关规定，天水市民政局结合全市实际，起草了《天水市自然灾害救助办法》。市政府法制办从合法性、规范性、可行性等方面进行了认真审查，广泛征求意见后形成《天水市自然灾害救助办法》草案，2014年9月18日经市政府第34次常务会议审议通过，于10月8日以市人民政府文件印发。《天水市自然灾害救助办法》共分八章二十八条。第一章明确了适用范围、工作原则和责任主体；第二章对灾情核查、信息报送、管理发布等方面作了规定；第三章划分了灾情应急救助、过渡期生活救助、因灾遇难人员家属抚慰、灾后重建维修、旱灾生活救助、冬春期间灾民救助等各类自然灾害救助项目，并明确了救助标准；第四章对救助款物的使用范围、申请审批和发放程序、款物筹集及管理等作了规定，同时明确了市、县、区财政补助资金比例；第五章对设立救灾物资储备库、避难场所等民政防灾减灾设施作了规定；第六章对组建专业和非专业防灾减灾人才队伍建设，以及军队参与抢险救灾作了规定；第七章明确了综合防灾减灾责任追究等法律责任；第八章明确了该办法的生效时间及生效期限。

2.责任追究制度

2012年6月，甘肃省政府办公厅印发了《甘肃省综合防灾减灾责任体系》（甘政办发〔2012〕150号）；7月中旬，省减灾委对13个新增成员单位承担的综合防灾减灾职能又发出补充通知，同时要求各市州参照建立本地防灾减灾责任体系。9月6日，省政府公布了《甘肃省防灾减灾责任追究暂行办法》（省政府令第91号）。同年6月中旬，天水市减灾委办公室依照省级责任体系、责任追究暂行办法和《天水市自然灾害救助应急预案》，起草了《天水市综合防灾减灾责任体系》征求意见稿，于7月下旬分送各责任单位征求了书面意见，又进行了二次修改，形成了讨论稿。8月16日，经市政府常务会议研究通过，印发各县（区）和相关部门执行。

3.自然灾害救助应急预案

2004年，天水市政府制定了《天水市自然灾害救助应急预案》。2010年4月，甘肃省政府对《甘肃省自然灾害救助应急预案》进行了重新修订。同年5月，天水市民政局对原预案进行了修订，并在全市民政系统进行了讨论和修改，形成了征求意见稿，分送市减灾委各成员单位征求了书面意见，又进行了二次修改，经市法制办审核规范后，形成了讨论稿。2010年12月，经市政府常务会议研究通过，印发执行。

4.资金物资管理制度

2012年4月，天水市财政局、民政局制定印发《天水市自然灾害生活救助资金管理实施细则》，对自然灾害生活救助资金管理，以及落实自然灾害分级管理责任作了相关规定。

2015年，天水市民政局、财政局制定印发了《天水市市级救灾物资储备管理办法》，对救灾物资的购置、调拨、储备管理和使用回收作了规定。

（1）灾情信息管理

1993年，国家制定出台了自然灾害灾情统计制度，对灾情统计的责任主体、指标要求、报送时限和报表体系以及会商核灾等灾情管理工作进行了规定。2006年，民政部对灾情统计制度进行了修订，建立了自然灾害初报、续报和核报，以及半年报、年度灾情报告制度。2008年再次进行了修订和完善，逐步建立起了民政部门统一领导、地方各级民政部门分级负责的救灾信息管理体系，形成了中央—省—地—县—乡五级灾情统计和报送体系。2009年，天水市市县两级建立了国家自然灾害灾情管理系统，实现县级以上民政部门通过互联网向国家和省民政厅统计和报告灾情的制度体系。

（2）救灾应急

2008年，“5·12”地震应急期和过渡期期间，全市下拨“三孤”“三无”人员临时生活救助资金11185万元，以及后续临时生活救助资金2037万元，共解决了9744名“三孤”、107144名“三无”人员的临时生活问题。同时，市、县、区下拨各类帐篷33893顶、篷布768条、衣物26041包、被褥14005包、食品147657件。

《天水市自然灾害救助应急预案》制定出台后，天水市政府先后数次启动了应急响应程序。分别为：

2010年，“8·12”暴洪灾害发生后，天水市减灾委员会、民政局于8月13日启动了自然灾害救助四级应急响应。天水军分区、驻市某部队和预备役旅、武警、消防救援人员共投入兵力3000多人次，帮助灾区开展抗灾救灾，参与抢险救援、疏通河道、转移安置群众等工作。8月12日，根据市委、市政府的决定，市民政局、财政局两次紧急下拨市长预备金和自然灾害补助资金400万元，县（区）筹集灾害补助资金80万元，紧急调运帐篷420顶、木胶板2500平方米，搭建临时安置点18处，转移安置受灾群众和滑坡险情区域群众13044人，其中，集中安置1560人、指挥投亲靠友11032人。购置面粉10吨、清油1000斤、煤10吨，设置临时灶18个，调运和发放方便面5650箱、纯净水3000箱。

2013年3月15日，天水市减灾委员会、民政局针对旱灾启动了自然灾害救助三级应急响应。市、县、区民政部门下拨救助资金2096.25万元，救助4.84万户21.8万人。

2013年7月9日，市减灾委员会、民政局针对暴洪灾害启动了二级响应，随后，民政部和省民政厅分别启动了四级、三级应急响应。7月17日，民政部救灾工作组由国家减灾中心副主任张晓宁带队来天水核查灾情。各级共下拨应急资金2102.3万元，用于受灾群众应急救助、过渡期救助和损毁房屋维修重建。

2013年7月25日，天水市减灾委员会、民政局针对暴洪灾害启动了二级响应。全市分散安置受灾群众83433人、集中安置3244人，设置灾民安置点18个，紧急调拨帐篷1216顶、被褥2700套、床板1800张、米面4300袋、食用油1750千克、方便面5300箱、矿泉水7500件，并向灾民发放手电、蜡烛等各类应急物资。

2015年，“5·19”“5·30”风雹灾害发生后，天水市减灾委员会下拨风雹灾害补助资金595万元，救助受灾困难群众8.62万人。

（3）灾后重建

2002年，市、县、区下拨重建资金70万元，帮助200户灾民建房。

2003年，市、县、区下拨灾民建房款460万元，建成1908间。

2004年，市、县、区下拨灾民建房款143.5万元，建成1908间。

2005年，全市因雨倒塌房屋11805间，损坏或造成危房15822间。市、县、区下拨灾民建房款246.2万元，建成3752间。

2006年，全市因灾倒塌房屋2044间，形成危房1638间。市、县、区下拨灾民建房款120万元（其中，市财政列支40万元）。

2007年，全市因灾倒塌房屋2105间，形成危房3178间。安排灾民建房款190万元（其中，市县财政列支90万元）。

2008年，“5·12”汶川地震后，天水市农村居民住房灾后恢复重建工作启动。按照中央提出的“三年重建任务两年完成”的总目标，2009年11月20日，全市农村75858户重建任务和33692户维修任务全部完成。其中，2008年完成重建53704户、维修33692户；2009年，完成重建任务22154户（含上年主体工程未完成的5204户和当年的任务指标16950户）。全市共筹措农村灾后重建资金337622.1万元，其中，甘肃省下拨113382万元，对口帮扶9000万元，县（区）财政投入461.1万元，社会捐赠1783.5万元（来自中国红十字会1500万元，县区级接收捐赠资金283.5万元），政府贴息贷款98300万元，群众自筹114195.5万元，世界宣明会捐赠500万元。

2010年，“8·12”暴洪灾害共造成全市农村3306户9961间房屋倒塌，7517户24716间房屋受损。

2013年，全市遭受“6·19”“7·8”“7·21”“7.25”4次暴洪和“7·22”岷县、漳县地震灾害影响后，共确定农村居民需恢复重建24207户、维修加固26029户。恢复重建户中，原址重建14334户、异地重建9873户。市政府成立了灾后重建办公室，筹集各类灾后恢复重建资金8亿多元，其中，甘肃省民政厅下拨抗灾救灾及灾后恢复重建资金1.46亿元。

（三）冬春生活救助情况

1.灾民生活定期探视制度

2003年，甘谷县探索建立灾民生活定期探视制度，对重点乡镇和村，实行定人定点定时探视，了解灾区群众和农村困难群众的生产生活情况。2004年，全市有2717名干部（其中，县级干部209名、科级干部2357名、民政系统干部151名），联系了2095个村、9301户41527人。

2.历年救助情况

2001年，全市因灾造成25.57万户123.66万人缺粮，其中，“三缺户”9.66万户45.47万人。

2002年，共救助8.54万户30.38万人。

2004年，全市因灾有“三缺户”8.54万户30.38万人共救助7.8万户28.6万人。

2005年，全市共摸排出特困户56512户，占农业总户数的8.54%；特困人口225495人（其中，孤寡人员11102人、因残致贫96780人、因病致贫69751人、因灾致贫33638人、其他情况14224人），占农业总人口的8.12%，缺粮1528.7万公斤。共救助3.7万户14.8万人。

2006年，全市冬令期间有10.52万户39.91万人因灾缺粮3793.5万公斤，其中，有“三缺户”6.25万户27.64万人，缺粮2085.5万公斤。共救助6.74万户25.5万人。

2007年，全市农村有14.2万户50.9万人因灾或因贫缺粮，其中，政府常年救助的“三缺户”有4.61万户20.2万人，分别占全市农村总户数和总人口的12.3%、14.3%。当年救助9.52万户32.8万人。

2008年，全市农村有16.2万户64.8万人缺粮，救助10.53万户42.12万人。

2009年冬春交替期间，救助6.02万户24.143万人，其中，口粮救助19.67万人，衣被救助3.17万人，取暖救助2.35万人，其他救助0.36万人。

2010年冬春交替期间，全市共有70.09万人因灾造成生活困难，其中，50.44万人缺粮9079.25万斤。政府救助10.52万人，发放冬棉衣、棉被21.04万件（条）；1.85万户8.31万人得到取暖救助；0.83万人得到伤病救助。当年救助9.45万户43.46万人。

2011年冬春交替期间，全市因灾需救济的群众14.85万户68.34万人，其中，口粮救济53.87万人，衣被救助5.57万人，取暖救助4.29万人。在因灾需救济的群众中，秦州区8.91万人、麦积区9.97万人、秦安县16.86万人、甘谷县14.02万人、武山县6.65万人、清水县7.1万人、张家川县4.83万人。当年救助9.21万户42.37万人。

2012年冬春交替期间，全市因灾需救济的群众10.87万户48.93万人，其中，需口粮救济的39.65万人，需衣被救助的5.81万人，需取暖救助的3.05万人，需饮水救助的0.42万人。当年救助6.53万户30.04万人。

2013年冬春交替期间，全市因灾需救济人口18.56万户90.27万人，其中，需口粮救济的63.76万人，需衣被救助的12.75万人，需取暖救助的10.38万人，需饮水救助的2.72万人，需伤病救助的0.66万人。当年共救助7.7万户33.52万人。

2014年冬春交替期间，全市因灾需救助人口73.65万人，其中，需口粮救助的49.79万人，需衣被救助的10.56万人，需取暖救助的9.99万人，需其他生活救助的3.31万人。当年救助55万人，其中，口粮救助41.46万人，衣被救助6.68万人，取暖救助4.45万人，其他救助2.41万人。

2015年冬春交替期间，全市因灾需救助人口37.63万人，其中，需口粮救助的28.04万人，需衣被救助的4.86万人，需取暖救助的4.19万人，需其他生活救助的0.54万人。

（四）救灾捐赠

2001年，天水市接收衣被23万件。

2003年，天水市接收天津市捐赠衣物9.26万件。

2004年，天水市接收天津市捐赠衣物10.7万件。

2005年，天水市开展“扶贫济困送温暖”社会捐助活动，接收各类捐款近76.6万元，捐助物资折合人民币73.2万元。10月，天津市为天水市捐助棉衣棉被8车皮（其中，塘沽区捐助秦安县3车皮）400吨18.6万件。

2006年，天水市各级民政部门共接收捐助款物折合人民币300多万元，其中，捐款280.6万元，募集衣被18.2万件，使全市32万受灾群众和城乡困难群众得到救助。9月，天津市为天水市捐助棉衣棉被8车皮400吨18.6万件。

2007年，全市各级民政部门共接收捐助款物折合人民币145万元，其中，捐款137万元，募集衣被1.2万件，使全市22万受灾群众和城乡困难群众得到救助。11月，天津市为天水市捐助棉衣棉被4车皮200吨14.46万件。

2008年，受“5·12”汶川地震影响，天水市发生灾情，市民政局、市慈善总会实际接收捐款1676万元，市红十字会接收捐款146.95万元，市委组织部接收全市63381名共产党员捐赠“爱心专款”67.72万元。上海、吉林、内蒙古、新疆、浙江、深圳、宁夏、天津、河北、山东10个省（区、市）均向天水市提供了资金和物资援助。宁夏、上海、天津援建6847套活动板房。全球最大的钢铁公司安赛乐米塔尔公司捐建秦州区新华门小学。兰州市、酒泉市、白银市、嘉峪关市和酒钢集团、中国南方机车集团、中国电力投资集团公司西北公司等捐助资金760万元。中国红十字会一期援助天水市灾后重建资金6700万元。世界宣明会援助天水市灾后重建资金500万元。

图4-5 中国红十字会江亦曼女士在秦州区玉泉镇马兰村发放救灾物资

图4-6 2008年5月15日，市民政局领导郭明兴和马勤学在秦州区赵家嘴发放救灾物资

2010年，“8·12”洪涝灾害后，澳门特别行政区政府向天水市秦州区捐赠灾后重建补助资金共535.05万元，安排受灾户268户，其中，267户按每户2万元的标准发放，1户按1.05万元的标准发放。

（五）救灾救援

2008年，天水市作为救灾物资中转站，配合甘肃省民政厅为陇南灾区开展物资转运工作，协调驻市部队开展抗震救灾工作。在天水火车站、天水飞机场、麦积军供站、某部队设立4个转运点，协调驻市多个部队、天水预备役旅、武警天水支队、天水消防支队、兰空天水场站及多个驻军单位，开展抗震救灾、抢救伤员、疏通道路、装卸物资等工作。

2010年，天水市民政局按照民政部和省民政厅部署，支持舟曲、成县灾区开展救灾工作，筹集帐篷1000顶、工程机械3台，送抵灾区。8月8日，市民政局向舟曲灾区转运睡袋500包5000个。之后，市民政局受省民政厅委托，在市内紧急采购发电机30台、方便面4000箱、棉被1000床，于8月14日送抵成县灾区。甘南舟曲特大泥石流灾害发生后，市政府向舟曲灾区捐款100万元，社会各界向舟曲灾区捐款297.18万元。

第三节　综合减灾

一、综合减灾保障

“5·12”汶川地震后，甘肃省政府办公厅在天水市投资建设民政防灾减灾的项目分别为：

（一）救灾物资储备库项目5个

市级、麦积区、秦安县、武山县、张家川县各1个，总投资4649.75万元。甘肃省救灾物资储备东部区域中心仓库项目选址位于秦州区暖和湾工业园区（皂郊镇门家河村天江公路以西，天定高速公路以东），总投资3349.75万元，建筑面积11777平方米。麦积区救灾物资储备库项目位于麦积区社棠镇下曲村，总投资385万元，建筑面积782.59平方米。武山县救灾物资储备库项目位于武山县城关镇火车站新区，总投资355万元，建筑面积794.48平方米。秦安县救灾物资储备库项目位于秦安县兴国镇，总投资360万元，建筑面积863平方米。张家川县救灾物资储备库项目位于县城解放西路，总投资200万元，建筑面积680平方米。

（二）救灾应急避难场所6个

市级1个，投资1000万元。秦州区、麦积区、秦安县、甘谷县、清水县各1个，每个投资380万元。

图4-7　2008年6月7日，审计署、省审计厅检查救灾帐篷

图4-8　2012年10月16日，省民政厅厅长田宝忠检查市民政项目建设情况

（三）综合减灾救灾教育培训基地8个

市级1个，投资30万元，建筑面积300平方米；7个县（区）各1个，每个投资18万元，每个建筑面积60平方米以上。

2011年，国家发展和改革委员会批准建设天水市市级救灾应急避难场所项目，由市民政局作为项目法人单位，占地60亩，总投资2913.2万元，其中，申请中央投资1500万元，省、市财政配套1413.2万元，建筑面积3万平方米。项目依托秦州区伏羲广场建设，在突发自然灾害和公共安全事件的紧急情况下，可为1万市民提供应急避险场所。

通过实施防灾减灾项目，实现了天水市防灾减灾设施从无到有，从有到覆盖全市的历史性跨越。

二、社区防灾减灾

2008年，汶川地震后，国家减灾委员会、民政部每年在全国部署开展“全国综合减灾示范社区”创建活动。秦州区天水郡街道西十里社区被国家减灾委员会、民政部命名为“全国综合减灾示范社区”。

2011年，秦安县兴国镇大城社区、武山县城关镇渭北社区、甘谷县大像山镇东十里社区被国家减灾委员会、民政部命名为“全国综合减灾示范社区”。

2012年，秦州区七里墩街道五里铺社区、麦积区桥南街道天河社区、秦安县兴国镇南关社区、武山县城关镇东关社区被国家减灾委员会、民政部命名为“全国综合减灾示范社区”。

2013年，甘谷县磐安镇磐安社区、清水县永清镇西关社区、麦积区道北街道滨河路社区、秦安县兴国镇映南社区被国家减灾委员会、民政部命名为“全国综合减灾示范社区”。

2014年，麦积区桥南街道埠南社区、张家川县张家川镇西城社区、清水县永清镇北城社区、武山县洛门镇富源社区被国家减灾委员会、民政部命名为“全国综合减灾示范社区”。

2015年，秦州区西关街道自由路社区、清水县永清镇北城社区、甘谷县大像山镇富强社区被国家减灾委员会、民政部命名为“全国综合减灾示范社区”。

图4-9　2009年5月12日，天水市首个“防灾减灾日”活动启动仪式现场

三、宣传教育

2008年，国务院决定将每年的5月12日确定为“全国防灾减灾日”。从当年开始，市减灾委员会每年组织各涉灾部门和单位开展宣传演练活动。截至2015年，全市累计制作、展出防灾减灾知识宣传展板3200块，张贴、悬挂减灾宣传标语和挂图2万幅，印发科普读物、免费发放宣传手册资料4.8万份，接待群众咨询12万人。开展防震、防火、防爆演练活动65次，投入公安干警、消防和武警官兵、医务工作人员2280多人，出动车辆622台，参与演练的学生、教师和群众达12万人。

图4-10　村级防灾应急演练

四、基层灾害信息员队伍建设

2011年9月，天水市启动村级灾害信息员建设试点工作，主要任务是破解灾情信息传递“最后一公里”的难题。试点历时3个多月，于12月中旬结束。组建村级灾害信息员达31267人，实现了灾害重点监测村级全覆盖。村级灾害信息员主要来自农村长期留守人员中具有初中以上文化程度、身体健康、群众口碑较好的三、四类低保对象。在人数配备上，每村在至少配备1名灾害信息员的基础上，对1000人以上的大村，按照2～3名的职数配备村级灾害信息员。在装备建设上，为灾害信息员配备了铜锣、应急手电筒、雨衣、雨靴、雨伞、迷彩服、电喇叭等装备。对遴选确定为村级灾害信息员的人，普遍将其低保标准提高。12月中旬，甘肃省民政厅在秦安县召开甘肃省村级灾害信息员队伍建设现场会，在天水市分享了组建村级灾害信息员的经验。

第五章　社会救助

社会救助也称社会帮助或社会救济，是指国家和社会依照政策法规，对各种（自然的、社会的、个人的）原因导致的基本物质生活陷入困境、自己无力维持最低生活水平，以及处于低收入水平的城乡居民提供各种形式援助的一种社会保障制度。

中华人民共和国成立以来，国家为困难群众定期定量发放救济粮、救济款、衣服、被褥等物资，都属于社会救助范畴。1998年，天水市以建立城市居民最低生活保障制度为标志，逐步形成了以城乡居民最低生活保障为基础，以农村五保供养、城乡居民医疗救助为主要内容，以城乡居民临时救助为补充，专项救助制度相配套，覆盖全市城乡居民的新型社会救助体系。社会保障的最后一道“安全网”编织成形，困难群众的基本生活逐步得到改善。特别是国务院《社会救助暂行办法》和《甘肃省社会救助条例》的颁布施行，揭开了社会救助工作法制化建设的新篇章。

第一节　城市居民最低生活保障

一、城市居民最低生活保障制度

城市居民最低生活保障制度（以下简称“城市低保”）是对过去传统社会救助制度的改革和完善，是政府对城市贫困人口按最低生活标准进行差额补助的新型社会救助制度，对促进全市改革、维护社会和谐稳定起着重要作用。

1998年1月，根据天水市人民政府《关于印发天水市城市居民最低生活保障暂行办法的通知》（天政发〔1998〕9号）精神，天水市首先在秦城、北道两区建立并实施城市低保制度，保障标准确定为月人均100元。

1999年1月，天水市城市低保制度在五县两区全面实施，保障标准确定为两区月人均100元，五县月人均80元。同年7月1日，城市低保标准在原来的基础上提高30%，保障标准确定为秦城、北道两区月人均130元，五县月人均104元。

2003年6月，天水市人民政府印发《天水市城市居民最低生活保障制度实施细则》（天政发〔2003〕82号），规定市民政局负责全市城市低保管理工作，县（区）民政局和街道办事处、乡镇人民政府分别负责本行政区域内城市低保申请受理、调查、审核、审批和低保金的发放等具体实施工作。

2005年4月，天水市人民政府批转《市民政局、市财政局关于进一步加强城市居民最低生活保障工作的意见》（天政发〔2005〕37号），规定城市低保标准在原来的基础上提高10%，月保障标准两区由人均130元提高到143元，五县由人均104元提高到114元。同时，要求加大城市低保资金投入，市、县、区财政预算安排的低保资金，必须达到当地低保资金支出总量的20%以上，并足额列支到位。各级财政部门预算安排的低保资金全部纳入"财政社会保障补助资金专户"管理。

2006年2月，天水市人民政府办公室印发《关于提高全市城市居民最低生活保障标准的通知》（天政办电〔2006〕12号），规定从4月1日起，城市低保标准在上年基础上提高10%，月保障标准两区由人均143元提高到157元，五县由人均114元提高到125元。同年10月11日，市民政局印发《天水市城市低保管理工作责任追究制度》（天市民低发〔2006〕192号），规范低保工作人员行为，着力杜绝低保管理工作中的违法违纪行为，防止"错保""关系保""人情保"现象的发生。天水市各级政府先后形成较为完整的政策体系，规范了低保政策落实过程的各个环节，建立了延伸到社区的工作网络，实现了低保金的社会化发放。

2007年2月，天水市民政局、财政局印发《关于2007年全市城市居民最低生活保障标准提高10%有关问题的通知》（天市民发〔2007〕19号），城市低保标准在上年基础上再提高10%，月保障标准两区由人均157元提高到173元，五县由人均125元提高到138元。同年，市民政局在全市部署开展基层低保规范建设活动，进一步促进了管理水平，规范了工作程序，城市低保"应保尽保"目标逐步实现。

2009年，天水市委、天水市人民政府把提高城市低保标准列为为民办实事任务。5月7日，市民政局、财政局印发《关于落实市委、市政府为民办实事有关问题的通知》（天市民低发〔2009〕95号），明确了实施步骤，规定了完成时限，按照城市低保标准提高10%的要求，月保障标准两区由人均173元提高到190元，五县由人均138元提高到152元，市县继续按照全年所需资金总量的20%配套。6月11日，天水市民政局等十二部门转发《省民政厅、省发改委等十三厅局委关于印发甘肃省实施〈城市低收入家庭认定办法〉细则的通知》（天市民低发〔2009〕118号），规范城市低收入家庭的核定程序，明确城市低收入家庭核定标准由县（区）民政部门会同财政、统计、物价等部门制定。据调查统计，当年天水市共有城市低收入家庭17193户46952人。

2010年1月，天水市人民政府印发《关于进一步完善城乡社会救助体系的实施意见》（天政发〔2010〕3号），规范城市居民收入核算办法，对低保家庭中的"三无"人员、重病、重残、老年人、未成年人等特殊困难对象，在政策范围内分类施保，保障补助资金在原补差的基础上增加保障标准的10%。同年3月，天水市委、天水市人民政府把提高城乡低保标准和补助水平列入为民办实事的任务之一，按照城市低保标准在2009年的基础上提高10%的要求，月保障标准两区由人均190元提高到209元，五县由人均152元提高到167元。

4月26日，市民政局印发《天水市城市居民最低生活保障工作操作规程（试行）》（天市民低发〔2010〕64号），城市低保工作日趋法制化、规范化、程序化，工作质量和效率逐步提高。9月25日，按照甘肃省委、甘肃省政府办公厅《关于进一步做好城乡居民最低生活保障工作的意见》（甘办发〔2010〕76号）精神，天水市全面落实"调、减、免"三项措施，国扶和省扶县的城市低保对象市县两级配套比例由20%减至5%，秦城区配套比例由20%减至15%。

2011年4月，天水市民政局、财政局印发《关于开展城乡低保规范宣传年活动的通知》（天市民低发〔2011〕42号），严格城乡低保的各项操作程序，规范城乡低保"八项工作"。4月18日，市人民政府办公室印发《关于认真做好提高城乡低保标准和补助水平工作的通知》（天政办发〔2011〕62号），将提高城乡低保标准和补助水平作为为民办实事的任务之一，第七次提高城乡低保标准，在2010年的基础上提高10%，月保障标准两区由人均209元提高到230元，五县由人均167元提高到184元。城市低保配套资金，秦州区市、区两级财政按照全年所需资金总量的15%配套，麦积区和五县市、县、区财政按照全年所需资金总量的5%配套。

2012年3月，天水市人民政府办公室印发《关于做好2012年提高城乡低保和农村五保供养标准及补助水平工作的通知》（天政办发〔2012〕43号），按照城市低保标准提高15.5%的要求，月保障标准两区由人均230元提高到266元，五县由人均184元提高到213元。

2013年，天水市民政局、财政局印发《关于2013年提高全市城市低保标准的通知》（天民电〔2012〕57号），城市低保标准在上年基础上提高15%，月保障标准两区由人均266元提高到306元，五县由人均213元提高到245元。同年9月13日，市人民政府办公室印发《关于建立天水市社会救助工作联席会议制度的通知》（天政办发〔2013〕125号）；12月13日，天水市民政局印发《天水市社会救助申请家庭经济状况核对办法（试行）》（天市民低发〔2013〕258号）。社会救助工作联席会议制度逐步建立和完善，居民家庭经济状况核对办法出台实施，机构稳步建立，核对工作扎实有序开展。12月10日，天水市人民政府根据《甘肃省城市居民最低生活保障办法》（省政府令第102号），结合全市经济发展实际，修订印发了《天水市城市居民最低生活保障制度实施细则》（天政发〔2013〕111号），从资格条件、对象认定、申请审批、民主评议、公开公示、资金发放等方面进一步作了规范。通过各方面努力、探索与实践，天水市城市低保工作经历了"试行推广、建制扩面、规范提高"三个阶段，城市低保管理网络基本形成，政策制度不断完善，管理程序日趋规范，保障水平逐步提高，资金发放及时到位，分类施保进一步落实，实现了动态管理下的公开、公正、公平，以及透明与"应保尽保"的常态化。

2014年，天水市民政局、财政局转发《甘肃省民政厅、财政厅关于2014年提高城乡低保标准和农村五保供养补助水平的通知》（天市民低发〔2014〕42号），并印发《关于尽快发放2014年春节期间城乡低保和农村五保补助资金的紧急通知》（天民电〔2014〕6号），城市低保标准在上年基础上提高15%，月保障标准两区由人均306元提高到352元，五县由人均245元提高到282元。同年5月14日，市人民政府办公室印发《关于进一步做好城市低保清理和规范工作的通知》(天政办发〔2014〕67号);8月8日,市民政局印发《关于印发〈天水市城乡低保清理规范工作实施方案〉的通知》(天市民低发〔2014〕168号),进一步加强组织领导,规范工作流程,严格审批程序,继续深化实施城乡低保清理和规范活动。

2015年,天水市民政局、财政局印发《关于做好2015年度提高城乡低保标准和补助水平及农村五保供养标准工作的通知》(天民电〔2015〕12号),按照城市低保标准在上年基础上提高10%的要求,月保障标准两区由人均352元提高到387元,五县由人均282元提高到310元。

1998年至2015年天水市城市居民最低生活保障标准情况见表5-1。

表5-1 1998—2015年天水市城市居民最低生活保障标准情况(月发)统计表

年份	两区标准(元/人)	五县标准(元/人)	增幅
1998	100	—	—
1999	130	104	30%
2000	130	104	—
2001	130	104	—
2002	130	104	—
2003	130	104	—
2004	130	104	—
2005	143	114	10%
2006	157	125	10%
2007	173	138	10%
2008	173	138	—
2009	190	152	10%
2010	209	167	10%
2011	230	184	10%
2012	266	213	15.5%
2013	306	245	15%
2014	352	282	15%
2015	387	310	10%

二、城市居民最低生活保障救助情况

城市低保制度是我国社会保障体系的重要组成部分,克服了传统社会救助制度救助标准低、救助范围窄、时间随意性较大的弊端,逐步向制度化、规范化方向发展,救助标准逐年递增，从而使全市真正需要救助的城市困难人群得到及时救助，基本生活得以保障。

1998年底，天水市有城市低保对象2012户6340人，当年共发放保障金345.18万元，月人均补差45.37元。

1999年底，天水市有城市低保对象2580户7798人，当年共发放保障金546.1万元，月人均补差64.13元。

2000年底，天水市有城市低保对象5674户12977人，当年共发放保障金1140.49万元，月人均补差73.27元。

2001年底，天水市有城市低保对象14538户34354人，当年共发放保障金1345.72万元，月人均补差78.84元。

2002年底，天水市有城市低保对象25825户60060人，当年共发放保障金2621.96万元，月人均补差48.81元。

2003年底，天水市有城市低保对象30761户71360人，当年共发放保障金5921.22万元，月人均补差69.2元。

2004年底，天水市有城市低保对象34912户78000人，当年共发放保障金7537.35万元，月人均补差69.06元。

2005年底，天水市有城市低保对象36443户82779人，当年共发放保障金9567.34万元，月人均补差83.31元。

2006年底，天水市有城市低保对象40258户91170人，当年共发放保障11024.11万元，月人均补差88.72元。

2007年底，天水市有城市低保对象40887户99900人，当年共发放保障金11198.84万元，月人均补差98.7元。

2008年底，天水市有城市低保对象41181户101400人，当年共发放保障金11934.28万元，月人均补差98.57元。

2009年底，天水市有城市低保对象44495户109060人，当年共发放保障金13479.91万元，月人均补差105.72元。

2010年底，天水市有城市低保对象43925户107980人，当年共发放保障金14448.17万元，月人均补差111.62元。

2011年底，天水市有城市低保对象44708户110500人，当年共发放保障金23577.23万元，月人均补差179.98元。

2012年底，天水市有城市低保对象43823户108000人，当年共发放保障金25748.67万元，月人均补差198.07元。

2013年底，天水市有城市低保对象43764户108100人，当年共发放保障金27822.2万元，月人均补差214.48元。

2014年底，天水市有城市低保对象38135户95400人，当年共发放保障金30302.26万元，月人均补差244.4元。

2015年底，天水市有城市低保对象34196户84800人，当年共发放保障金27509.98万元，月人均补差256.15元。

1998年至2015年天水市城市居民最低生活保障救助、低保发放情况分别见表5-2和5-3。

表5-2 1998—2015年天水市城市居民最低生活保障救助情况统计表

年份	户数（户）	人数（人）	发放资金（万元）	月人均补差（元）
1998	2012	6340	345.18	45.37
1999	2580	7798	546.1	64.13
2000	5674	12977	1140.49	73.27
2001	14538	34354	1345.72	78.84
2002	25825	60060	2621.96	48.81
2003	30761	71360	5921.22	69.2
2004	34912	78000	7537.35	69.06
2005	36443	82779	9567.34	83.31
2006	40258	91170	11024.11	88.72
2007	40887	99900	11198.84	98.7
2008	41181	101400	11934.28	98.57
2009	44495	109060	13479.91	105.72
2010	43925	107980	14448.17	111.62
2011	44708	110500	23577.23	179.98
2012	43823	108000	25748.67	198.07
2013	43764	108100	27822.2	214.48
2014	38135	95400	30302.26	244.4
2015	34196	84800	27509.98	256.15

表5-3 1998—2015年天水市城市低保发放人数、资金分县（区）情况统计表

年份	项目	秦州区	麦积区	秦安县	甘谷县	武山县	清水县	张家川县	合计
1998	人数(万人)	—	—	—	—	—	—	—	0.634
	资金(万元)	—	—	—	—	—	—	—	345.18
1999	人数(万人)	0.398	0.236	0.0161	0.0309	0.0306	0.058	0.0102	0.7798
	资金(万元)	—	—	—	—	—	—	—	546.1
2000	人数(万人)	0.3827	0.28	0.11	0.12	0.1	0.23	0.075	1.2977
	资金(万元)	—	—	—	—	—	—	—	1140.49

续表5-3

年份	项目	秦州区	麦积区	秦安县	甘谷县	武山县	清水县	张家川县	合计
2001	人数(万人)	1.4185	0.8868	0.1499	0.2186	0.3518	0.2865	0.1233	3.4354
	资金(万元)	—	—	—	—	—	—	—	1345.72
2002	人数(万人)	3.056	1.49	0.29	0.5	0.29	0.19	0.19	6.006
	资金(万元)	1252.69	626	176.96	199	131.4	115.3	120.6148	2621.96
2003	人数(万人)	3.49	1.61	0.51	0.497	0.359	0.36	0.31	7.136
	资金(万元)	2943	1346.58	379.64	338	324.9	303.1	286	5921.22
2004	人数(万人)	3.86	1.69	0.53	0.52	0.41	0.36	0.43	7.8
	资金(万元)	3792.5	1545.7	472.81	469.7	425.46	401.4	429.78	7537.35
2005	人数(万人)	3.9979	1.84	0.56	0.54	0.46	0.4	0.48	8.2779
	资金(万元)	4618.04	2229.33	605.33	587.99	504.5	461.25	560.899	9567.34
2006	人数(万人)	4.34	2.067	0.62	0.6	0.52	0.39	0.58	9.117
	资金(万元)	5271.25	2484.9	701.94	694.08	651.34	513.8	706.8	11024.11
2007	人数(万人)	4.6	2.27	0.73	0.82	0.54	0.42	0.61	9.99
	资金(万元)	5420.49	2467.98	797.28	732.08	644.74	454.7	681.57	11198.84
2008	人数(万人)	4.73	2.27	0.73	0.82	0.56	0.42	0.61	10.14
	资金(万元)	5801.61	2512.93	827.4	973.41	672.2	471.1	675.63	11934.28
2009	人数(万人)	4.87	2.52	0.85	0.87	0.696	0.44	0.66	10.906
	资金(万元)	6386.45	2884.54	1011.92	1036.05	833.51	537.5	789.94	13479.91
2010	人数(万人)	4.728	2.52	0.88	0.89	0.7	0.42	0.66	10.798
	资金(万元)	6461.98	3092.58	1290.59	1168.85	959.96	597.39	876.82	14448.17
2011	人数(万人)	4.75	2.54	0.98	0.93	0.75	0.45	0.65	11.05
	资金(万元)	10370	5008.96	2176.31	1982.51	1635.8	977.9	1425.75	23577.23
2012	人数(万人)	4.76	2.4	0.91	0.92	0.71	0.45	0.65	10.8
	资金(万元)	11504.5	5057.6	2592.73	2127.04	1741.02	1119.38	1606.4	25748.67
2013	人数(万人)	4.79	2.37	0.92	0.92	0.71	0.45	0.65	10.81
	资金(万元)	12491	5421.32	2611.8	2381.1	1917.63	1232.5	1766.85	27822.2
2014	人数(万人)	4.16	1.78	0.92	0.9	0.68	0.45	0.65	9.54
	资金(万元)	13712.3	5474.52	2871.26	2672.5	2131.8	1417	2022.88	30302.26
2015	人数(万人)	3.21	1.76	0.92	0.88	0.6	0.45	0.66	8.48
	资金(万元)	11363.95	4652.08	2987.26	2883.8	2080.1	1382.9	2159.89	27509.98

为保证低保对象真实准确，城市低保坚持属地管理和动态管理的原则。从2003年起，天水市每年进行一次大规模的集中清理整顿，及时把家庭收入超过保障标准的对象清退出去，把符合条件的困难人员纳入低保范围，实现了动态管理下的应保尽保。据统计：

2003年清退出低保8691人，新纳入低保16404人；2004年清退出低保2116人，新纳入低保8865人；2005年清退出低保1789人，新纳入低保6473人；2006年清退出低保2653人，新纳入低保11049人；2007年清退出低保3511人，新纳入低保12295人；2008年清退出低保6112人，新纳入低保7515人；2009年清退出低保5943人，新纳入低保13681人；2010年清退出低保5989人，新纳入低保4933人；2011年清退出低保3967人，新纳入低保6436人；2012年清退出低保13229人，新纳入低保10868人；2013年清退出低保3592人，新纳入低保3757人；2014年清退出低保16005人，新纳入低保3240人；2015年清退出低保13163人，新纳入低保2461人。

经过十多年的共同努力，与全市城市困难人群实际需求相适应、与全市人口经济社会发展水平同步提高的城市低保制度框架基本形成并日趋完善，较好地解决了城市贫困人群的基本生活保障问题，而且通过低保投入带动效应，有力地激发了广大困难群众的生活信心。

第二节　农村居民最低生活保障

一、农村居民最低生活保障制度

农村居民最低生活保障制度（以下简称“农村低保”）是国家和社会为保障收入难以维持最基本生活的贫困人口建立的一种救助制度。

2006年10月，天水市人民政府印发《关于贯彻落实甘肃省农村居民最低生活保障制度试行办法的通知》(天政发〔2006〕120号)，对农村低保的原则、保障标准、保障对象、资金筹集和管理、申请受理审核审批，以及组织管理等相关问题做出了明确的规定，并要求按照“低保标准起步重点保障农村特困户，逐步扩大覆盖面”的原则，在清水县先行试点而后在全市推广实施。同时，按照“个人申请、村委会调查评议、乡（镇）政府审核、县（区）民政部门审批”的工作程序，建立并进一步完善村委会调查制度，以及村民评议后低保对象的公示、乡镇政府审核后再次公示和县（区）民政部门审批后确保公示的“三榜公示制度”，形成低保对象“有出有进”的规范、透明、长效的工作机制。保障标准为年人均600元，对家庭年人均收入低于600元的部分给予差额补助。

2007年上半年，根据甘肃省确定的低保指标，天水市纳入农村低保范围的困难群众17138户63000人；下半年，市人民政府办公室印发《关于进一步做好农村居民最低生活保障工作的通知》(天政办发〔2007〕137号)，从7月起，将农村低保保障标准由原来的年人均600元提高到685元。甘肃省财政每人每月补助资金由原来的10元提高到15元；市县两级财政每人每月补助5元，其中，市级财政按20%比例承担1元，县（区）财政按80%比例承担4元。同时，按照2005年全市绝对贫困人口数给各县（区）分配了保障指标。7月3日，市人民政府印发《关于贯彻落实甘肃省农村居民最低生活保障制度试行办法的通知》（天政发〔2007〕74号），确定了农村低保标准，完善了审核认定工作，明确了资金的筹集和管理，健全了工作程序和监督机制，确保农村低保制度顺利实施。

2008年5月，按照省政府办公厅《关于印发"14件实事"实施方案的通知》（甘政办发〔2008〕67号）精神，天水市提高农村低保对象的补助标准。每人每月补助标准由上年的15元提高到35元，从1月开始，农村低保对象月人均补差由原来的20元提高到40元，其中，每人每月省级补助35元，市上补助1元，县（区）财政补助4元。从7月1日起，省财政在前半年每人每月补助35元的基础上又增加10元，全市农村低保对象月人均补差由原来的40元提高到50元，其中，每人每月省级补助45元，市级补助1元，县（区）财政补助4元。

2009年5月，天水市民政局、财政局印发《关于落实市委、市政府为民办实事有关问题的通知》（天市民低发〔2009〕95号），农村低保标准提高到年人均728元，甘肃省下达天水市农村低保提标扩面政策后，保障人员控制指标25.24万人，占全市当年农业人口260.87万人的9.7%，增加保障对象10.95万人。按月人均50元补助，其中，每人每月省级补助45元，市县两级财政补助5元。

2010年，省委、省政府把提高城乡低保标准和补助水平列为为民办实事的任务之一，按照省民政厅、财政厅《关于落实省委、省政府为民办实事有关工作的通知》（甘民发〔2010〕25号）精神，天水市农村低保年保障标准提高到850元，月人均补助水平增加到65元。保障对象为：主要劳力残疾的家庭，主要劳力长期患病的家庭，无力保证子女享受义务教育的家庭，赡养人无赡养能力且单独居住的老年人家庭，因自然灾害导致生活困难的家庭、因突发事件导致生活困难的家庭以及其他特殊困难家庭。同年4月26日，市民政局印发《关于下发天水市农村居民最低生活保障工作操作规程的通知》（天市民低发〔2010〕65号），完善农村低保制度，规范操作程序，提升工作水平。9月25日，按照省委、省政府办公厅《关于进一步做好城乡居民最低生活保障工作的意见》（甘办发〔2010〕76号）精神，天水市全面落实"调、减、免"三项措施。一是适当调整县（区）之间的低保面。总体上分三个层次进行调整：第一层次是"十二五"期间重点帮扶的张家川县平均保障比例由20.4%提高到27.2%；第二层次是麦积区、秦安县、甘谷县、武山县、清水县5个国扶县（区）平均保障比例由13.9%提高到17.3%；第三层次是非扶贫县（区）秦州区平均保障比例在基本保持不变的前提下适当进行了上调，但保障比例不低于8%。二是调整了保障对象类别和补差。将农村低保对象分为四个类别。一类对象包括主要成员重度残疾、缺失劳动力，基本没有收入来源的家庭；家庭主要成员常年患病，经济负担重，严重收不抵支的家庭；因意外事故或家庭变故造成无法维持基本生活的单亲家庭。这一类对象按每人每月100元给予补助。二类对象包括家庭生活比较困难且需要政策扶持的计生"两户"和供养大学生的家庭，按每人每月73元补助。三类对象包括虽有劳动力，但因家庭成员残疾或多病，导致维持基本生活困难较大的家庭，按每人每月58元补助。四类对象是其他难以维持基本生活的困难家庭，这类对象主要是在确保前三类对象应保尽保的基础上，根据资金结余和当地实际情况，将前三类施保对象以外符合条件的人员列为四类保障对象，按每人每月不高于45元给予适当补助。以上四类对象中，一、二、三类占保障对象的70%以上，四类低保对象严格控制在30%以内。三是免除麦积区、秦安县、甘谷县、武山县、清水县、张家川县国扶县（区）和省扶县（区）农村低保对象每人每月5元的市县两级配套资金，秦州区市县两级继续按每人每月5元的标准配套。

2011年1月，天水市民政局转发《省民政厅关于转发民政部关于进一步规范农村最低生活保障工作的指导意见的通知》（天市民低发〔2011〕1号），将农村低保规范化建设列入各级民政部门的重要工作日程，提高规范化、制度化、科学化的管理水平，促进农村低保制度公开、公平、公正实施。4月11日，市民政局、财政局印发《关于开展城乡低保规范宣传年活动的通知》（天市民低发〔2011〕42号），严格城乡低保的各项操作程序，规范城乡低保“八项工作”。4月18日，市人民政府办公室印发《关于认真做好提高城乡低保标准和补助水平工作的通知》（天政办发〔2011〕62号），将提高城乡低保标准和补助水平列为为民办实事的任务之一，第五次提高城乡低保标准，农村低保标准由上年的年人均850元提高到1096元，月人均补差水平由65元增加到72元，其中，月人均补助标准一类对象由100元提高到112元，二类对象由73元提高到85元，三类对象由58元提高到70元，四类对象由45元提高到57元。8月29日，市民政局转发《省民政厅关于2011年城乡低保有关问题的紧急通知的通知》（天市民低发〔2011〕145号），对农村低保人数作了调整，新增农村低保四类保障对象12744人。

2012年3月，天水市人民政府办公室印发《关于做好2012年提高城乡低保和农村五保供养标准及补助水平工作的通知》（天政办发〔2012〕43号），农村低保标准由上年的年人均1096元提高到1488元，月人均补差水平由72元增加到88元，其中，月人均补助标准一类对象由112元提高到136.7元，二类对象由85元提高到110元，三类对象由70元提高到85.4元，四类对象仍为57元。

2013年，根据省政府为民办实事的任务要求，天水市农村低保标准由上年的年人均1488元提高到1907元，月人均补差水平由88元增加到102元，其中，月人均补助标准一类对象由136.7元提高到173.86元，二类对象由110元提高到142元，三类对象由85.4元降低到84.7元，四类对象仍为57元。5月23日，市人民政府办公室印发《关于进一步做好农村低保工作的通知》（天政办发〔2013〕68号），进一步规范农村低保管理，提升农村低保工作质量。9月23日，市民政局印发《天水市最低生活保障经办人员和村（居）干部近亲属享受低保备案制度》《天水市城乡低保投诉举报核定制度》和《天水市低保工作十大纪律》；同月，印发《天水市最低生活保障审核审批办法（试行）》，进一步规范城乡低保管理和投诉举报及工作纪律，严格审核审批程序。

2014年，根据省政府为民办实事的任务要求，天水市农村低保标准由上年的年人均1907元提高到2193元，月人均补差水平由102元增加到111元，其中，月人均补助标准一类对象由173.86元提高到205元，二类对象由142元提高到160元，三类对象由84.7元降低到84元，四类对象由57元提高到58元。9月23日，市社会救助部门联席会议办公室印发《天水市贯彻实施〈社会救助暂行办法〉重点任务分工方案的通知》（天社联办〔2014〕1号）；9月28日，印发《天水市社会救助部门联席会议第一次全体会议纪要》（天社联办〔2014〕2号）；10月8日，市人民政府印发《关于贯彻落实〈社会救助暂行办法〉的通知》（天政发〔2014〕94号），社会救助暂行办法开始实施；11月13日，市民政局转发《省民政厅〈关于加快推进“一门受理、协同办理”机制建设的通知〉的通知》（天民电〔2014〕46号），“一门受理、协同办理”机制在天水市全面建立。

2015年3月，天水市民政局、财政局印发《关于做好2015年度提高城乡低保标准和补助水平及农村五保供养标准工作的通知》（天民电〔2015〕12号），按照甘肃省上年指导标准和月补助水平分别提高11%的要求，天水市农村低保年保障标准由上年的年人均2193元提高到2434元，月人均补差水平由111元提高到123元。按照保主保重的原则，一、二类对象月补助水平提高20%，三、四类对象月补助水平仍按2014年月补助水平执行（一类对象由205元提高到246元，二类对象由160元提高到192元，三类对象月补助84元，四类对象月补助58元）。6月3日，市民政局、市财政局印发《关于再次提高农村低保一、二类对象补助水平的通知》（天民电〔2015〕22号），在2015年已提高农村低保指导标准和补助水平的基础上，将农村低保一类对象月补助水平由每人246元提高到275元，即由每人每年2952元提高到3300元；农村低保二类对象月补助水平由每人192元提高到234元，即由每人每年2304元提高到2808元；农村低保三、四类对象月补助水平不变，再次提标从2015年1月1日起计发，月人均补差水平提高到139元。为此，农村低保一、二类对象实现政策性脱贫。按照6月5日甘肃省“低保信息系统推广应用培训班”有关低保信息系统数据录入工作要求，天水市进一步加强城乡低保和农村五保的信息化、规范化建设，于6月底前圆满完成了信息录入工作任务。6月25日，市民政局印发《关于精准扶贫社会救助支持计划实施方案》，不断完善制度、强化措施、狠抓落实，社会救助助推精准扶贫工作有序开展。

二、农村居民最低生活保障救助情况

天水市从2006年实施农村低保制度以来，各县（区）高度重视，逐步建立健全了“政府领导、民政牵头、部门配合、社会参与”的工作机制，共同推进农村低保工作健康发展；同时，坚持“政府救济、社会互助、稳定土地政策”的原则，鼓励和引导农村贫困群众自食其力，克服依赖思想，努力通过生产劳动提高自我发展能力，逐步改善生活状况。

2006年底，天水市有农村低保对象17138户63000人，当年共发放保障金189.4万元，月人均补差15.7元。

2007年底，天水市有农村低保对象17138户63000人，下半年全市农村低保对象增加到35070户143760人，当年共发放保障金2212.71万元，月人均补差15.7～18.9元。

2008年底，天水市有农村低保对象35070户142900人，当年共发放保障金7713.58万元，月人均补差40～50元。

2009年底，天水市有农村低保对象69624户252400人，当年共发放保障金15087.9万元，月人均补差50元。

2010年底，天水市有农村低保对象112075户390501人，当年共发放保障金24630.681万元，月人均补差65元。

2011年底，天水市有农村低保对象118241户403241人，当年共发放保障金36082.232万元，月人均补差72元。

2012年底，天水市有农村低保对象120267户403241人，当年共发放保障金42185.5万元，月人均补差88元。

2013年底，天水市有农村低保对象125775户403241人，当年共发放保障金49282.77万元，月人均补差102元。

2014年底，天水市有农村低保对象124890户403241人，当年共发放保障金53867.07万元，月人均补差111元。

2015年底，天水市有农村低保对象128910户403241人，当年共发放保障金67237.78万元，月人均补差139元。

2006年至2015年农村低保救助、低保标准调整、低保发放情况分别见表5-4、表5-5、表5-6。

表5-4　2006—2015年农村低保救助情况统计表

年份		标准(元)	户数(户)	人数(人)	发放资金(万元)	月人均补差(元)
2006		600	17138	63000	189.4	15.7
2007	上半年	600	17138	63000	94.7	15.7
	下半年	685	35070	143760	2118.01	18.9
2008	上半年	685	35070	143760	3450.24	40
	下半年	685	35070	142900	4263.34	50
2009		728	69624	252400	15087.9	50
2010		850	112075	390501	24630.681	65
2011		1096	118241	403241	36082.232	72
2012		1488	120267	403241	42185.5	88
2013		1907	125775	403241	49282.77	102
2014		2193	124890	403241	53867.07	111
2015		2434	128910	403241	67237.78	139

表5-5　2006—2015年农村低保标准调整情况统计表

单位：元

年份	年保障标准	月人均补差	分类			
			一类对象补助标准	二类对象补助标准	三类对象补助标准	四类对象补助标准
2006	600	15.7	—	—	—	—
2007	685	18.9	—	—	—	—
2008	685	50	—	—	—	—
2009	728	50	—	—	—	—
2010	850	65	100	73	58	45
2011	1096	72	112	85	70	57
2012	1488	88	136.7	110	85.4	57
2013	1907	102	173.86	142	84.7	57
2014	2193	111	205	160	84	58
2015	2434	139	275	234	84	58

注：部分数据缺失。

表5-6　2006—2015年农村低保发放人数、资金分县（区）情况统计表

年份	项目	秦州区	麦积区	秦安县	甘谷县	武山县	清水县	张家川县	合计
2006	人数(万人)	0.43	0.5892	1.0497	0.6	0.6313	2.196	0.8038	6.3
	资金(万元)	—	—	—	—	—	—	—	189.4
2007	人数(万人)	1.02	1.87	2.33	3.72	1.47	2.196	1.77	14.376
	资金(万元)	211.93	277.5	373.98	464.04	225.4	415.3	244.56	2212.71
2008	人数(万人)	1.02	1.87	2.33	3.72	1.47	2.11	1.77	14.29
	资金(万元)	550.8	1009.8	1252.8	2000	792	1152.38	955.8	7713.58
2009	人数(万人)	3.5884	3.6104	4.4869	4.4948	3.2736	2.3359	3.45	25.24
	资金(万元)	2153	2166.2	2692.14	2696.88	1964.16	1345.47	2070	15087.9
2010	人数(万人)	3.5884	4.2009	6.7443	7.7916	5.228	4.6369	6.86	39.0501
	资金(万元)	2888.65	3108.541	4380.17	4597.5	3242.29	2531.48	3882.05	24630.681
2011	人数(万人)	3.7384	4.4009	6.9443	7.9556	5.428	4.8369	7.02	40.3241
	资金(万元)	3669.44	4172.028	6308.396	6928.998	4820.04	4063.89	6119.44	36082.232

续表5-6

年份	项目	秦州区	麦积区	秦安县	甘谷县	武山县	清水县	张家川县	合计
2012	人数(万人)	3.7384	4.4009	6.9443	7.9556	5.428	4.8369	7.02	40.3241
	资金(万元)	4186.17	4760.84	7250.95	7984.768	5732.12	5185.13	7085.54	42185.5
2013	人数(万人)	3.7384	4.4009	6.9443	7.9556	5.428	4.8369	7.02	40.3241
	资金(万元)	4749.528	5385.758	8217.096	9964.64	6578.885	5878.6	8508.26	49282.77
2014	人数(万人)	3.7384	4.4009	6.9443	7.9556	5.428	4.8369	7.02	40.3241
	资金(万元)	5953	6459.06	9624.74	9928	6976.47	5944.8	8981	53867.07
2015	人数(万人)	3.7384	4.4009	6.9443	7.9556	5.428	4.8369	7.02	40.3241
	资金(万元)	7783.48	8259.12	12269.23	12409.47	8655.95	6980.93	10879.6	67237.78

注：部分数据缺失。

第三节　农村五保供养

一、农村五保供养制度

天水市农村五保供养制度始于20世纪50年代的农业合作化初期，农村集体经济对缺乏或丧失劳动能力、无依无靠、无生活来源的鳏寡孤独残疾人提供保吃、保穿、保医、保葬和保教五个方面的援助，即实行五保，实际以提供口粮、烧柴、零用钱为主。

1978年，根据国家规定，将五保条件进一步修改成无法定扶养义务人、无劳动能力、无生活来源的老年人、残疾人和未成年人，形成了“三无”人员的完整概念。

1985年10月，甘肃省人民政府公布《甘肃省农村五保工作暂行办法》，明确了五保对象的条件、供给内容、供养形式、经费来源管理体制。该办法的公布实施对进一步规范天水市五保供养工作，完善五保供养政策具有积极意义。

1994年1月，国务院公布实施《农村五保供养工作条例》，规定五保供养的主要内容是保吃、保穿、保住、保医、保葬，供养标准为当地村民一般生活水平，供养经费从村提留或乡统筹中列支。

1994年10月至1995年6月，天水市对五保对象进行了全面普查。全市共有五保户对象4534户4970人，其中，老年人4240人、残疾人592人、未成年人138人。在供养形式上，乡筹乡管的涉及67个乡镇974人，占五保户总数的19.6%；年统筹粮48.65万斤，统筹款15.53万元，人均粮食500斤，人均补助160元。村提留的涉及1570个村3164人，占五保户总数的63.7%，人均粮食411斤，人均补助202元。供养尚未落实或落实不充分的有832人，占五保户总数的16.7%。

2004年，根据民政部等部委印发《关于进一步做好农村五保供养工作的通知》精神，天水市按照“从农业税附加中列支的五保供养资金，列入县乡财政预算”和“集中供养经费可由县级财政部门根据县级民政部门提出的用款计划直接拨付到敬老院，分散供养经费可由县级财政部门根据县级民政部门提出的用款计划，通过银行直接发放到户”的要求，逐步改变农村五保供养资金的筹集方式，初步形成以县级财政为统筹单位的五保供养政策。此阶段的农村五保供养是以财政供养为主，集体保障、土地保障和社会帮扶为辅的社会保障。

2006年2月24日，天水市民政局转发省民政厅《关于学习贯彻农村五保供养工作条例的通知》(天市民救发〔2006〕17号)，确定五保供养资金来源，完善供养待遇的申请、审批程序，强化供养工作的监督管理。7月24日，省人民政府公布《甘肃省农村五保供养办法》(省政府令第30号，自9月1日起执行)，对五保对象的审批管理、供养标准与供养形式、供养资金的筹集、供养服务机构的建设与住房保障，以及各级政府、有关部门和农村五保供养服务机构在五保供养工作中的职责和义务提出了明确要求，标志着农村五保供养制度实现了历史性变革。

2007年，天水市政府印发《关于贯彻落实甘肃省农村五保供养办法的通知》(天政发〔2007〕73号)，按照“本人申请、村委会民主评议、乡镇政府审核、县(区)民政部门审批”的程序，对农村五保供养对象进行了审核认定，将符合条件的农村老年人、残疾人和未满16岁的未成年人全部纳入五保供养范围，并且都建立了备案表和统计台账。农村五保供养标准的确定，原则上按照不得低于当地上年村民平均生活消费支出额的标准，并根据当地村民平均生活消费支出水平的提高适时调整。全市农村五保年供养标准确定为1452元，供养资金由省、市、县三级财政承担，其中，省财政每人每年补助600元，其余部分市财政承担20%、县(区)财政承担80%。

2009年5月7日，天水市民政局、财政局印发《关于落实市委、市政府为民办实事有关问题的通知》(天市民低发〔2009〕95号)，农村五保供养标准提高为每人每年2046元，省级补助标准由每人每年600元提高到1000元，其余部分市级财政承担20%，县(区)财政承担80%。

2011年8月11日，甘肃省财政厅、民政厅印发《关于预拨2011年农村五保供养补助资金的通知》(甘财社〔2011〕87号)，明确农村五保供养省级补助标准提高到每人每年1400元；天水市政府确定全市农村五保供养标准提高为每人每年2413元，其中，省财政承担1400元，市财政承担202.6元，县(区)财政承担810.4元。

2012年3月15日，天水市人民政府办公室印发《关于做好2012年提高城乡低保和农村五保供养标准及补助水平工作的通知》(天政办发〔2012〕43号)，农村五保供养标准由2011年的每人每年2413元提高到2796元，省级补助资金由2011年的每人每年1400元提高到1800元。

2013年，根据省政府为民办实事的工作要求，天水市农村五保供养标准由2012年的每人每年2796元提高到3180元，省级补助资金由2012年的每人每年1800元提高到2000元。

2014年，根据省政府为民办实事的任务要求，天水市农村五保供养标准由2013年的每人每年3180元提高到3504元，省级补助资金由2013年的每人每年2000元提高到2510元。1月6日，市民政局印发《关于开展农村五保供养专项整治工作的通知》（天民电〔2014〕2号），重点整治农村五保"应保未保"和不按标准施保等现象。

2015年，根据省政府为民办实事的任务要求，天水市农村五保供养标准由2014年的每人每年3504元提高到4512元，省级补助资金由2014年的每人每年2510元提高到3514元。6月29日，市民政局印发《关于进一步做好农村五保供养工作的通知》（天市民发〔2015〕118号），进一步规范全市农村五保供养工作，着力提高管理服务水平。

二、农村五保供养情况

2006年，天水市共有农村五保供养对象16108人，当年共发放供养资金585.32万元；2007年，全市共有农村五保供养对象16108人，当年共发放供养资金2340万元；2008年，全市共有农村五保供养对象16108人，当年共发放供养资金2531.34万元；2009年，全市共有农村五保供养对象16108人，当年共发放供养资金3295.67万元；2010年，全市共有农村五保供养对象16084人，当年共发放供养资金3290.78万元；2011年，全市共有农村五保供养对象15222人，当年共发放供养资金3673.11万元；2012年，全市共有农村五保供养对象15097人，当年共发放供养资金4240.35万元；2013年，全市共有农村五保供养对象14984人，当年共发放供养资金4639.22万元；2014年，全市共有农村五保供养对象15108人，当年共发放供养资金5141.58万元；2015年，全市共有农村五保供养对象14887人，当年共发放供养资金6781.49万元。

2006年至2015年天水市农村五保供养情况及分县（区）情况见表5-7、表5-8。

表5-7　2006—2015年天水市农村五保供养情况统计表

年份	人数（人）	标准（元）	供养资金支出（万元）	下拨资金（万元）			
				省级	市级	县（区）级	合计
2006	16108	1452	585.32	267.8	91.5	359.3	718.6
2007	16108	1452	2340	967	275	1242	2484
2008	16108	1452	2531.34	1159	275	1097	2531
2009	16108	2046	3295.67	1610.8	336.98	1347.92	3295.7
2010	16084	2046	3290.78	1602.5	336.9	1351.386	3290.786
2011	15222	2413	3673.11	2127.52	285	1301.34	3713.86
2012	15097	2796	4240.35	2623.48	302.4	1214.36	4140.24
2013	14984	3180	4639.22	3170	356.3	1187.832	4714.132
2014	15108	3504	5141.58	3775	297.09	1183.296	5255.386
2015	14887	4512	6781.49	5399	301.6	988.76	6689.36

表5-8 2006—2015年天水市农村五保供养分县（区）情况统计表

年份	项目	秦州区	麦积区	秦安县	甘谷县	武山县	清水县	张家川县	合计
2006	人数(人)	2348	2189	3138	3101	2079	1584	1669	16108
	资金(万元)	—	—	—	—	—	—	—	585.32
2007	人数(人)	2348	2189	3138	3101	2079	1584	1669	16108
	资金(万元)	340	317.5	455.6	450.9	302.5	231	242.5	2340
2008	人数(人)	2348	2189	3138	3101	2079	1584	1669	16108
	资金(万元)	368.04	345.2	493.6	487.4	325.7	249	262.4	2531.34
2009	人数(人)	2348	2189	3138	3101	2079	1584	1669	16108
	资金(万元)	480.4	447.87	642.04	634.5	425.37	324.09	341.4	3295.67
2010	人数(人)	2348	2189	3138	3085	2079	1576	1669	16084
	资金(万元)	480.4	447.87	642.03	631.19	425.36	322.45	341.48	3290.78
2011	人数(人)	1470	2189	3138	3101	2079	1576	1669	15222
	资金(万元)	354.71	528.21	757.2	748.27	501.7	380.29	402.73	3673.11
2012	人数(人)	1509	2077	3138	3095	2079	1530	1669	15097
	资金(万元)	419.19	589.11	877.4	865.5	581.3	441.2	466.65	4240.35
2013	人数(人)	1503	1995	3138	3095	2079	1505	1669	14984
	资金(万元)	477.95	640.92	997.88	984.3	661.12	478.99	398.06	4639.22
2014	人数(人)	1519	1848	3455	3101	2079	1437	1669	15108
	资金(万元)	532.25	495.34	1210.63	1086.8	728.48	503.26	584.82	5141.58
2015	人数(人)	1479	1721	3455	3044	2079	1440	1669	14887
	资金(万元)	672.28	798.4	1558.9	1371.7	927.97	699.19	753.05	6781.49

注：部分数据缺失。

三、敬老院建设情况

“敬老院”这一称谓始于1958年，天水专区各县市、公社、大队兴办敬老院，当年建院数达2047个，1960年已收养老人16432人。但由于任务不明确、供给无保障、制度不健全、服务不落实，1961年全部解散。1985年，《甘肃省五保供养暂行办法》公布后，天水市民政局于1987年出台了《五保户供养办法》，各县（区）政府高度重视，再次开始兴建敬老院。1997年3月，民政部颁布《农村敬老院管理暂行办法》，全市敬老院建设进入快速发展阶段。

（一）2008年以前的建设情况

全市共建成农村敬老院71所，但由于大多数属于旧房改造，房屋破损坍塌，基础设施落后，管理服务不力，基本无人愿意居住。经考察论证，撤销合并了一些不能正常使用的敬老院，保留了原乡镇敬老院23所，总建筑面积5236.2平方米，设置床位690张，入住五保对象174人。

（二）2008年以后的建设情况

2008年以来，甘肃省民政厅逐步调整了农村敬老院的建设方向，要求从改革现行敬老院的管理体制入手，以县和乡镇为基本单位，建设一批布局合理、设施配套、功能完善、管理规范、服务优良的县（区）中心敬老院和区域性中心敬老院。天水市以此为契机，结合各县（区）实际情况，研究制定了《天水市“霞光计划”项目建设和“十一五”规划》，安排各县（区）每年新建或改扩建1所中心敬老院，在3年内完成21所覆盖各乡镇的中心敬老院和区域性中心敬老院的建设任务，实际建成中心敬老院18所，总投资7361.24万元，总建筑面积36776.23平方米，设置床位1347张。

截至2015年，全市有农村敬老院41所，其中，县级中心敬老院和区域性中心敬老院18所，原乡镇敬老院23所，总建筑面积42500.9平方米，设置床位2037张。年底入住五保对象512人，入住率25.14%，有工作人员121人。

（三）农村“五保家园”建设情况

2008年以来，天水市结合“5·12”灾后重建和新农村建设工作，为迎合五保老人眷恋乡土的心理特点，多方筹集资金，在村一级建成“五保家园”135处，总建筑面积9835平方米，设置床位1089张，满足了五保老人离家不离村、离户不离土，在本乡本土颐养天年的愿望和要求。2015年底入住五保对象213人。

第四节　城乡居民医疗救助

一、城乡居民医疗救助制度

城乡居民医疗救助制度是指县级以上人民政府对最低生活保障家庭成员，特困供养人员，低收入家庭中的老年人、未成年人、重度残疾人、重病患者以及其他特殊困难人员给予医疗救助的社会救助制度。

天水市医疗救助工作起源于1951年，当年因两当县、徽县、成县、天水市、西和县、礼县麻风病流行，省民政厅、卫生厅拨专款在两当县修建麻风病院；1961年，省上给各县市下拨医疗救济费，开始实施“医疗救济”制度；1973年起，市县两级政府给山藜豆中毒病人以发放救济款形式给予的医疗救助一直延续至今。

2000年11月，民政部、卫生部、财政部三部委对农村医疗救助的原则、目标，医疗救助对象的选择，救助基金的筹集与管理，服务提供以及救助制度的管理、组织与实施等方面作了明确规定。

2002年10月，中共中央、国务院印发《关于进一步加强农村卫生工作的决定》（中发〔2002〕13号），提出在全国农村建立医疗救助制度，并明确了农村医疗救助以大病补偿为主，对参加农村新型合作医疗的贫困家庭采取资金补助、救助措施。

2004年12月，省政府出台《甘肃省农村医疗救助管理暂行办法》（甘政办发〔2004〕155号）。同年底，天水市农村医疗救助在秦州区和武山县开始试点。

2005年12月，根据省政府办公室《关于实施城市医疗救助试点工作的意见》（甘政办发〔2005〕104号）精神，天水市城市医疗救助制度在秦州区和清水县开始试点。

2006年，天水市政府印发《实施全市农村医疗救助的意见的通知》（天政发〔2006〕28号），全市农村医疗救助工作在试点的基础上全面推广。同年，在秦州区和清水县开始实施城市医疗救助工作。

2007年，天水市全面建立并实施城市医疗救助制度，救助对象确定为城市低保对象中的重大疾病患者。

2010年，省委、省政府把城乡居民医疗救助列入为民办实事任务，根据《甘肃省城乡居民医疗救助实施办法》（省政府令第62号），结合天水实际，重新制定了《天水市城乡居民医疗救助实施办法》（天政发〔2010〕48号），明确规定：城乡医疗救助标准由各县（区）政府根据实际情况，按救助对象医疗费自付部分的40%～80%确定，个人年度救助总额原则上不超过30000元。各县（区）根据省、市办法相继制定出台了具体的实施细则。医疗救助资金筹集渠道主要为：国家和省财政拨款，市、县、区财政补助资金（每年按照本级城乡人口人均不低于1元的标准列支预算），市、县、区福利彩票公益金（每年按照当年福利彩票公益金的1%提取），社会捐助。

2012年8月，天水市人民政府印发《关于贯彻落实我省集中连片特困地区贫困县农村贫困家庭七种重特大疾病提高救助标准意见的通知》（天政发〔2012〕101号），对集中连片特困地区贫困县农村贫困家庭具有本地户籍、年人均纯收入在2300元以下的，患有儿童先天性心脏病、儿童急性白血病、儿童脑瘫、临床可治愈的五类重度精神病（抑郁症、狂躁症、焦虑症、强迫性神经官能症、创伤性应激反应症），以及妇女乳腺癌、宫颈癌，老年性白内障等7种疾病的患者提高医疗救助标准并实行即时结算服务。当年，全市共救助重特大疾病患者1053名，其中，先天性心脏病儿童40名、急性白血病儿童16名、脑瘫儿童25名、精神病患者86名、乳腺癌妇女91名、宫颈癌患者65名、老年性白内障患者730名。这有效缓解了城乡困难群众看病难、看病贵的问题。

2013年10月，天水市人民政府办公室印发《关于进一步做好城乡重特大疾病医疗救助工作的通知》（天政办发〔2013〕138号），从9月1日起，对全市农村五保供养、城乡低保及家庭人均收入不高于当地低保标准150%的其他困难家庭中患有儿童先天性心脏病、儿童急性白血病、儿童脑瘫、重度精神病、乳腺癌、宫颈癌、老年性白内障、血友病、慢性粒细胞白血病、肺癌、食管癌、胃癌、甲亢、急性心肌梗死、脑梗死、结肠癌、直肠癌、唇腭裂、耐多药性肺结核、中重度神经性耳聋（听觉植入）、苯丙酮尿症、儿童尿道下裂、肝癌（器官移植除外）、胰腺癌（器官移植除外）、终末期肾病、1型糖尿病26种疾病的患者给予医疗救助。按照属地管理原则，由县（区）民政、卫生部门与诊疗医院签订26种重特大疾病诊疗协议，实行基本医保、大病保险与医疗救助同步结算。

2014年12月，省政府办公厅印发《甘肃省开展城乡居民大病保险工作实施方案》（甘政办发〔2014〕187号），在甘肃省城镇居民基本医疗保险和新型农村合作医疗的基础上，建立城乡居民大病保险制度，切实解决城乡居民因病致贫、因病返贫的问题。大病保险理赔对象为所有参加城镇居民基本医疗保险、新型农村合作医疗保险的城乡居民，个人负担的合规医疗费用超过5000元的，均可申请大病医疗保险理赔。

2015年2月，天水市人民政府办公室印发《天水市开展城乡居民大病保险工作实施方案的通知》（天政办发〔2015〕18号），全市开始实施大病保险工作。同年12月，天水市人民政府办公室转发市民政局等部门颁布的《关于在精准扶贫精准脱贫工作中切实完善医疗救助制度的意见》（天政办发〔2015〕171号），从2016年1月1日起，将重特大疾病救助病种扩大到50种：（1）急性早幼粒细胞白血病、儿童低危急性淋巴细胞白血病、儿童中高危急性淋巴细胞白血病；（2）儿童单纯性先天性心脏病、儿童复杂性先天性先心病；（3）中重度传导性神经性耳聋（听觉植入、听力重建）；（4）乳腺肿瘤（四级手术）；（5）宫颈肿瘤（四级手术）；（6）重性精神病（精神分裂症、狂躁症、焦虑症、抑郁症、强迫症、创伤后应激障碍、脑器质性精神障碍、精神发育迟滞）；（7）血友病；（8）慢性粒细胞白血病；（9）肺部肿瘤（四级手术）；（10）食道肿瘤（四级手术）；（11）胃部肿瘤（四级手术）；（12）急性心肌梗死（介入）；（13）脑梗死、脑出血；（14）结肠肿瘤（四级手术）；（15）直肠肿瘤（四级手术）；（16）儿童脑瘫；（17）肝肿瘤（器官移植除外）（四级手术）；（18）胰腺肿瘤（四级手术）；（19）恶性淋巴瘤；（20）胆囊恶性肿瘤（四级手术）、胆管恶性肿瘤（四级手术）；（21）多器官功能障碍综合征（MODS）；（22）肝硬化（失代偿期）；（23）急性重症胰腺炎；（24）甲状腺肿瘤（四级手术）；（25）卵巢恶性肿瘤（四级手术）；（26）脑肿瘤（四级手术）；（27）前列腺肿瘤（四级手术）；（28）骨与软组织恶性肿瘤（四级手术）；（29）子宫内膜恶性肿瘤（四级手术）；（30）先天性心脏病（成人）（四级手术）；（31）膀胱肿瘤（四级手术）；（32）主动脉夹层和主动脉瘤（介入）、单侧下肢动脉硬化闭塞症（介入）、下肢静脉血栓形成和/或合并肺栓塞（介入）；（33）极低出生体重儿；（34）超低出生体重儿；（35）重症肺炎；（36）休克；（37）儿童哮喘持续状态；（38）妊娠期高血压疾病（子痫前期重度）；（39）产后出血（介入手术）；（40）胎盘植入、完全性前置胎盘；（41）急性肾功能衰竭、慢性肾功能衰竭；（42）艾滋病机会性感染；（43）肾脏肿瘤（四级手术）；（44）妊娠期血小板减少症；（45）人工关节置换术（单侧）；（46）病毒性脑炎（重症）；（47）化脓性脑膜炎（重症）；（48）耳鼻咽喉及头颈部恶性肿瘤（四级手术）；（49）肾上腺肿瘤（四级手术）；（50）新生儿先天性消化道畸形。

二、农村居民医疗救助情况

2005年，全市共救助农村困难群众38156人，累计发放救助资金119.39万元。其中，大病救助686人，发放救助资金81.92万元；资助参合37470人，资助金额37.47万元。

2006年，全市共救助农村困难群众53174人，累计发放救助资金552万元。其中，大病救助5174人，发放救助资金504万元；资助参合48000人，资助金额48万元。

2007年，全市共救助农村困难群众25917人，累计发放救助资金756万元。其中，大病救助7385人，发放救助资金737.5万元；资助参合18532人，资助金额18.5万元。

2008年，全市共救助农村困难群众44830人，累计发放救助资金1170.9万元。其中大病救助6767人，发放救助资金1078.6万元；资助参合38063人，资助金额92.3万元。

2009年，全市共救助农村困难群众60513人，累计发放救助资金1424万元。其中，大病救助12926人，发放救助资金1299.88万元；资助参合47587人，资助金额124.12万元。

2010年，全市共救助农村困难群众122558人次，累计发放救助资金8127.44万元。其中，大病救助40182人，发放救助资金7920.45万元；资助参合82376人，资助金额206.99万元。

2011年，全市共救助农村困难群众209824人，累计发放救助资金7954.71万元。其中，大病救助29582人，发放救助资金7355.24万元；资助参合180242人，资助金额599.47万元。

2012年，全市共救助农村困难群众142053人，累计发放救助资金6965.71万元。其中，大病救助29898人，发放救助资金6384.83万元；资助参合112155人，资助金额580.88万元。

2013年，全市共救助农村困难群众451028人，累计发放救助资金6880.7万元。其中，大病救助23069人，发放救助资金6267.98万元；资助参合427959人，资助金额612.72万元。

2014年，全市共救助农村困难群众467074人，累计发放救助资金8856..65万元。其中，大病救助22050人，发放救助资金7963.08万元；资助参合445024人，资助金额893.57万元。

2015年，全市共救助农村困难群众454462人，累计发放救助资金7321.29万元。其中，大病救助15909人，发放救助资金5956.79万元；资助参合438553人，资助金额1364.5万元。

2005年至2015年天水市农村居民医疗救助（大病救助、资助参合）情况见表5-9至表5-11。

表5-9 2005—2015年天水市农村居民医疗救助情况统计表

年份	救助人数（人）			救助资金（万元）		
	大病救助	资助参合	总人数	大病救助	资助参合	总支出
2005	686	37470	38156	81.92	37.47	119.39
2006	5174	48000	53174	504	48	552
2007	7385	18532	25917	737.5	18.5	756
2008	6767	38063	44830	1078.6	92.3	1170.9
2009	12926	47587	60513	1299.88	124.12	1424
2010	40182	82376	122558	7920.45	206.99	8127.44
2011	29582	180242	209824	7355.24	599.47	7954.71
2012	29898	112155	142053	6384.83	580.88	6965.71
2013	23069	427959	451028	6267.98	612.72	6880.7
2014	22050	445024	467074	7963.08	893.57	8856.65
2015	15909	438553	454462	5956.79	1364.5	7321.29

表5-10 2005—2015年天水市农村居民医疗救助大病救助分县（区）情况统计表

年份	项目	秦州区	麦积区	秦安县	甘谷县	武山县	清水县	张家川县	合计
2005	救助人数(人)	302	—	—	—	384	—	—	686
	发放资金(万元)	40.72	—	—	—	41.2	—	—	81.92
2006	救助人数(人)	2007	942	573	321	413	345	573	5174
	发放资金(万元)	210	81	74	45	47	38	9	504
2007	救助人数(人)	965	1178	1380	1015	1180	733	934	7385
	发放资金(万元)	84.5	103	145	131	103	84	87	737.5
2008	救助人数(人)	396	995	2053	777	610	969	967	6767
	发放资金(万元)	150.9	171.7	266.8	107.8	71	136.4	174	1078.6
2009	救助人数(人)	417	1272	3650	1004	3325	1412	1846	12926
	发放资金(万元)	171.1	139	252.98	249.8	114	123	250	1299.88
2010	救助人数(人)	5620	4238	7376	6508	5665	4948	5827	40182
	发放资金(万元)	1013.2	951.3	1465.2	1666.6	1009.25	883.9	931	7920.45
2011	救助人数(人)	2137	1626	7126	7539	4280	2742	4132	29582
	发放资金(万元)	1025.3	895.4	1249	1570.5	885.84	839.12	890.08	7355.24

续表5-10

年份	项目	秦州区	麦积区	秦安县	甘谷县	武山县	清水县	张家川县	合计
2012	救助人数(人)	2082	1903	8814	2856	2087	5938	6218	29898
	发放资金(万元)	718.1	696.5	1085.5	1391.44	788.69	762.6	942	6384.83
2013	救助人数(人)	2841	2658	3229	3095	3011	3584	4651	23069
	发放资金(万元)	723.38	736.3	1064.41	1368.25	830.14	674	871.5	6267.98
2014	救助人数(人)	2526	1993	3954	3214	2951	1126	6286	22050
	发放资金(万元)	1567.4	748.44	1312.75	1503.4	1015.89	690.2	1125	7963.08
2015	救助人数(人)	1172	1047	3039	2100	830	1126	6595	15909
	发放资金(万元)	728.02	752.7	1096.5	1237.95	921.91	374.8	844.91	5956.79

注：部分数据缺失。

表5-11　2005—2015年天水市农村居民医疗救助资助参合分县（区）情况统计表

年份	项目	秦州区	麦积区	秦安县	甘谷县	武山县	清水县	张家川县	合计
2005	资助人数(人)	—	—	—	—	37470	—	—	37470
	资助资金(万元)	—	—	—	—	37.47	—	—	37.47
2006	资助人数(人)	—	25000	—	—	—	—	23000	48000
	资助资金(万元)	—	25	—	—	—	—	23	48
2007	资助人数(人)	16532	—	—	2000	—	—	—	18532
	资助资金(万元)	16.5	—	—	2	—	—	—	18.5
2008	资助人数(人)	22871	—	—	1651	12515	—	1026	38063
	资助资金(万元)	34.3	—	—	16.5	12.5	—	29	92.3
2009	资助人数(人)	11457	14500	3514	3101	12515	—	2500	47587
	资助资金(万元)	22.9	36	17.02	6.2	32	—	10	124.12
2010	资助人数(人)	8640	14500	3617	2666	38377	1576	13000	82376
	资助资金(万元)	17	29	7.23	7.9	115.13	4.73	26	206.99
2011	资助人数(人)	7500	19100	71333	3101	72052	1576	5580	180242
	资助资金(万元)	22.5	95.5	214	15.5	216.16	7.88	27.93	599.47

续表5-11

年份	项目	秦州区	麦积区	秦安县	甘谷县	武山县	清水县	张家川县	合计
2012	资助人数(人)	7740	19400	34502	3693	32462	11679	2679	112155
	资助资金(万元)	38.7	116.4	172.51	18.56	162.31	58.4	14	580.88
2013	资助人数(人)	38887	46004	73761	82552	65012	49874	71869	427959
	资助资金(万元)	52.42	58.6	155.59	39.75	113.86	116	76.5	612.72
2014	资助人数(人)	38896	47050	74178	82568	61896	62136	78300	445024
	资助资金(万元)	57	188.2	174.96	63.87	139.94	191.3	78.3	893.57
2015	资助人数(人)	38896	49022	74503	82517	61947	54087	77581	438553
	资助资金(万元)	219.4	201.9	187.18	307.61	244.75	136.1	67.56	1364.5

注：部分数据缺失。

三、城市居民医疗救助情况

2006年，天水市共救助城市困难群众754人，累计发放救助资金120.68万元。其中，大病救助754人，发放救助资金120.68万元。

2007年，天水市共救助城市困难群众15952人，累计发放救助资金292万元。其中，大病救助3952人，发放救助资金280万元；资助参保12000人，资助金额12万元。

2008年，天水市共救助城市困难群众11633人，累计发放救助资金558.4万元。其中，大病救助2643人，发放救助资金549.5万元；资助参保8990人，资助金额8.9万元。

2009年，天水市共救助城市困难群众26646人，累计发放救助资金1102.2万元。其中，大病救助5026人，发放救助资金1069万元；资助参保21620人，资助金额33.2万元。

2010年，天水市共救助城市困难群众39254人，累计发放救助资金2863.49万元。其中，大病救助17644人，发放救助资金2841.37万元；资助参保21610人，资助金额22.12万元。

2011年，天水市共救助城市困难群众48059人，累计发放救助资金3659.3万元。其中，大病救助17863人，发放救助资金3623.52万元；资助参保30196人，资助金额35.78万元。

2012年，天水市共救助城市困难群众43502人，累计发放救助资金2621.68万元。其中，大病救助7739人，发放救助资金2549.77万元；资助参保35763人，资助金额71.91万元。

2013年，天水市共救助城市困难群众121575人，累计发放救助资金3000.92万元。其中，大病救助6867人，发放救助资金2843.78万元；资助参保114708人，资助金额157.14万元。

2014年，天水市共救助城市困难群众99809人，累计发放救助资金1584.83万元。其中，大病救助2910人，发放救助资金1442.05万元；资助参保96899人，资助金额142.78万元。

2015年，天水市共救助城市困难群众62666人，累计发放救助资金1231.74万元。其中，大病救助4599人，发放救助资金1024.61万元；资助参保58067人，资助金额207.13万元。

2006年至2015年天水市城市居民医疗救助（大病救助、资助参保）情况见表5-12至表5-14。

表5-12　2006—2015年天水市城市居民医疗救助情况统计表

年份	救助人数（人）			救助资金（万元）		
	总人数	大病救助	资助参保	总支出	大病救助	资助参保
2006	754	754	—	120.68	120.68	—
2007	15952	3952	12000	292	280	12
2008	11633	2643	8990	558.4	549.5	8.9
2009	26646	5026	21620	1102.2	1069	33.2
2010	39254	17644	21610	2863.49	2841.37	22.12
2011	48059	17863	30196	3659.3	3623.52	35.78
2012	43502	7739	35763	2621.68	2549.77	71.91
2013	121575	6867	114708	3000.92	2843.78	157.14
2014	99809	2910	96899	1584.83	1442.05	142.78
2015	62666	4599	58067	1231.74	1024.61	207.13

注：部分数据缺失。

表5-13　2006—2015年天水市城市居民医疗救助大病救助分县（区）情况统计表

年份	项目	秦州区	麦积区	秦安县	甘谷县	武山县	清水县	张家川县	合计
2006	救助人数（人）	566	—	—	—	—	188	—	754
	发放资金（万元）	111.68	—	—	—	—	9	—	120.68
2007	救助人数（人）	2009	784	213	217	183	236	310	3952
	发放资金（万元）	135.5	62	15	18	18	14.5	17	280
2008	救助人数（人）	751	833	264	189	41	145	420	2643
	发放资金（万元）	164.6	187.4	42	47.3	21.7	24	62.5	549.5
2009	救助人数（人）	1887	261	922	343	364	280	969	5026
	发放资金（万元）	492	229	74.82	82.78	38	42	110.4	1069

续表5-13

年份	项目	秦州区	麦积区	秦安县	甘谷县	武山县	清水县	张家川县	合计
2010	救助人数（人）	5027	4383	1539	2013	2120	1321	1241	17644
	发放资金（万元）	1094.1	795.25	325.72	185.3	201	95	145	2841.37
2011	救助人数（人）	4781	3687	1982	2741	2086	1158	1428	17863
	发放资金（万元）	1387.91	1024.88	423.72	228.4	256.61	115	187	3623.52
2012	救助人数（人）	2556	1950	1340	465	263	153	1012	7739
	发放资金（万元）	958.63	676.91	335.41	180.8	195.98	81	121.04	2549.77
2013	救助人数（人）	2350	2121	948	415	452	312	269	6867
	发放资金（万元）	1124.68	801.9	290.3	179.52	193.53	101.05	152.8	2843.78
2014	救助人数（人）	774	1206	338	206	73	120	193	2910
	发放资金（万元）	461.4	571.35	79.58	156.5	34.22	88	51	1442.05
2015	救助人数（人）	1696	140	209	339	1953	36	226	4599
	发放资金（万元）	652.58	62.31	49.2	145.02	51.98	13.3	50.22	1024.61

注：部分数据缺失。

表5-14　2006—2015年天水市城市居民医疗救助资助参保分县（区）情况统计表

年份	项目	秦州区	麦积区	秦安县	甘谷县	武山县	清水县	张家川县	合计
2006	救助人数（人）	—	—	—	—	—	—	—	—
	发放资金（万元）	—	—	—	—	—	—	—	—
2007	救助人数（人）	3500	1850	1125	1650	1542	1650	683	12000
	发放资金（万元）	2.5	2	1	2	2	1.5	1	12
2008	救助人数（人）	—	2844	—	—	5614	—	532	8990
	发放资金（万元）	—	2.8	—	—	5.6	—	0.5	8.9
2009	救助人数（人）	6000	3958	1182	920	6960	—	2600	21620
	发放资金（万元）	6	4.5	1.18	0.92	18	—	2.6	33.2

续表5-14

年份	项目	秦州区	麦积区	秦安县	甘谷县	武山县	清水县	张家川县	合计
2010	救助人数（人）	6000	4845	1280	961	7012	901	611	21610
	发放资金（万元）	6	4.85	1.28	0.96	7.01	0.9	1.12	22.12
2011	救助人数（人）	14299	4222	2877	1601	7197	—	—	30196
	发放资金（万元）	14.29	4.22	1.28	1.6	14.39	—	—	35.78
2012	救助人数（人）	14286	4093	2293	1599	7010	—	6482	35763
	发放资金（万元）	28.57	8.19	4.59	3.2	14.4	—	12.96	71.91
2013	救助人数（人）	47462	23695	9264	9240	14046	4489	6512	114708
	发放资金（万元）	47.52	40.2	18.7	18.48	28.09	0.95	3.2	157.14
2014	救助人数（人）	41300	23421	9267	8981	6980	250	6700	96899
	发放资金（万元）	40	27.01	18.71	35.9	13.96	0.5	6.7	142.78
2015	救助人数（人）	10475	16201	9292	8692	5960	250	7197	58067
	发放资金（万元）	32.1	57.01	10.12	52.15	46.22	0.5	9.03	207.13

注：部分数据缺失。

第五节　城乡居民临时救助

一、城乡居民临时救助制度

城乡居民临时救助制度是指县级以上人民政府对遭遇突发事件、意外伤害、突发重大疾病或者其他特殊原因导致基本生活陷入困境，其他社会救助制度暂时无法覆盖或者救助之后基本生活暂时仍有严重困难的家庭或者个人，给予临时救助的制度。

中华人民共和国成立初期，天水市对城市贫民给予的临时救济，与现阶段的临时救助制度紧密相连，虽然在解决困难群众临时生活上发挥了重要作用，但这项工作时断时续。

2010年，根据《甘肃省城乡居民临时救助试行办法》，天水市人民政府制定了《天水市城乡居民临时救助实施办法》（天政发〔2010〕49号），规定：享受城乡低保的家庭因特殊原因造成基本生活暂时特别困难的，一般给予1000～3000元的临时救助；因长期患病或因子女教育负担过重造成基本生活暂时特别困难的家庭，可一次性给予3000～5000元的临时救助；因重大疾病和各种突发性意外事故造成基本生活暂时特别困难的家庭，一次性可给予5000～10000元的临时救助；其他由县（区）政府认定需救助的特殊困难家庭，视具体情况，确定救助标准。被救助家庭一般每年只获得救助1次，特殊情况可获得救助2次。临时救助资金的筹集渠道为：国家和省级财政拨款，市、县、区财政安排的预算资金（根据所辖人口和省上确定的1∶1的比例标准列支，省财政直管县市级承担部分由省财政负责筹集），社会捐助。各县（区）也相继制定出台了《城乡居民临时救助实施细则》。

2012年12月，天水市民政局转发《省民政厅〈关于全面做好创建临时救助制度示范省份的通知〉的通知》（天民电〔2012〕56号），进一步规范和完善临时救助制度，不断加大临时救助工作力度，探索和形成具有指导推广作用的政策导向和经验做法，全力构筑社会救助体系的"最后一道安全网"。

2015年1月，天水市民政局转发《省民政厅〈关于规范临时救助申请审核审批表的通知〉的通知》（天民电〔2015〕3号），进一步加强和改进临时救助工作，规范审核审批程序和档案管理。

二、城乡居民临时救助情况

2010年，天水市共救助城乡困难居民27576人，发放救助资金1970.77万元。其中，救助城市困难居民3868人，累计发放救助资金377.96万元；救助农村困难居民23708人，累计发放救助资金1592.81万元。

2011年，天水市共救助城乡困难居民11957人，发放救助资金772.92万元。其中，救助城市困难居民3137人，累计发放救助资金265.57万元；救助农村困难居民8820人，累计发放救助资金507.35万元。

2012年，天水市共救助城乡困难居民10033人，发放救助资金824万元。其中，救助城市困难居民3146人，累计发放救助资金292.62万元；救助农村困难居民6887人，累计发放救助资金531.38万元。

2013年，天水市共救助城乡困难居民31640人，发放救助资金3859.52万元。其中，救助城市困难居民1512人，累计发放救助资金188.83万元；救助农村困难居民30128人，累计发放救助资金3670.69万元。

2014年，天水市共救助城乡困难居民23168人，发放救助资金1219.4万元。其中，救助城市困难居民3841人，累计发放救助资金244.5万元；救助农村困难居民19327人，累计发放救助资金974.9万元。

2015年，天水市共救助城乡困难居民95117人，发放救助资金4739.37万元。其中，救助城市困难居民9383人，累计发放救助资金515.95万元；救助农村困难居民85734人，累计发放救助资金4223.42万元。

2010年至2015年天水市城乡居民临时救助情况及分县（区）情况见表5-15至表5-17。

表5-15　2010—2015年天水市城乡居民临时救助情况统计表

年份	救助人数（人）			救助资金（万元）		
	城市居民	农村居民	总人数	城市	农村	总支出
2010	3868	23708	27576	377.96	1592.81	1970.77
2011	3137	8820	11957	265.57	507.35	772.92
2012	3146	6887	10033	292.62	531.38	824
2013	1512	30128	31640	188.83	3670.69	3859.52
2014	3841	19327	23168	244.5	974.9	1219.4
2015	9383	85734	95117	515.95	4223.42	4739.37

表5-16　2010—2015年天水市城市居民临时救助分县（区）情况统计表

年份	项目	秦州区	麦积区	秦安县	甘谷县	武山县	清水县	张家川县	合计
2010	救助人数（人）	703	938	376	148	328	1222	153	3868
	发放资金（万元）	143.9	62.4	25.44	26.92	30.4	62	26.9	377.96
2011	救助人数（人）	974	849	751	89	195	84	195	3137
	发放资金（万元）	139.09	50.9	33.3	4.9	16.5	9.3	11.58	265.57
2012	救助人数（人）	467	665	1283	90	208	126	307	3146
	发放资金（万元）	80.92	108.35	40.15	6.9	21.6	16.2	18.5	292.62
2013	救助人数（人）	269	545	179	70	26	102	321	1512
	发放资金（万元）	72.4	52.63	8.95	9.7	2.55	26.4	16.2	188.83
2014	救助人数（人）	517	279	695	358	39	803	1150	3841
	发放资金（万元）	97.2	21.42	35.74	12.2	2.75	43	32.19	244.5
2015	救助人数（人）	2542	1058	2147	747	361	258	2270	9383
	发放资金（万元）	175.92	102.44	107.46	37.2	31.6	9.8	51.53	515.95

表5-17 2010—2015年天水市农村居民临时救助分县（区）情况统计表

年份	项目	秦州区	麦积区	秦安县	甘谷县	武山县	清水县	张家川县	合计
2010	救助人数（人）	1058	3751	7490	3741	2447	2218	3003	23708
	发放资金（万元）	216.57	249.6	329.56	322.08	226.3	121	127.7	1592.81
2011	救助人数（人）	677	1981	1608	900	559	443	2652	8820
	发放资金（万元）	80.03	133.1	71.7	53.1	66	21.7	81.72	507.35
2012	救助人数（人）	613	1233	1505	799	637	364	1736	6887
	发放资金（万元）	106.3	88.65	83.85	51.1	66.4	46.8	88.28	531.38
2013	救助人数（人）	11904	846	1637	882	375	8761	5723	30128
	发放资金（万元）	1688.6	29.7	81.67	41.9	37.35	1295.6	495.87	3670.69
2014	救助人数（人）	969	760	5929	3903	395	3216	4155	19327
	发放资金（万元）	117.1	64.25	303.66	214.5	29.1	137.08	109.21	974.9
2015	救助人数（人）	4982	8163	19970	12623	22100	9518	8378	85734
	发放资金（万元）	1088.1	621.65	1004.68	543.9	461.11	314.07	189.91	4223.42

第六节 居民家庭经济状况核对

一、机构设置与工作职能

（一）机构设置

为贯彻落实《国务院关于进一步加强和改进最低生活保障工作的意见》（国发〔2012〕45号）和《甘肃省农村居民最低生活保障办法》（省政府令98号），全面构建体系完善、程序规范、公正公平、动态管理、统筹兼顾、应保尽保的居民最低生活保障工作新格局，经天水市人民政府批准，2014年1月2日成立了天水市居民家庭经济状况核对中心（天机编办批字〔2014〕8号），为天水市民政局局属事业单位，人员编制7名（主任、副主任领导职数各1名，工作人员5名）。

（二）工作职能

天水市居民家庭经济状况核对中心主要负责对本县（区）申请各项救助的申请人申报

的家庭收入和家庭财产状况进行核对。通过科学的方式、规范的方法，确保申请救助对象经济状况的真实性和完整性，从而做出准确认定。

其主要职责有：开展核对政策宣传，并做好核对信息保密和信访接待工作；汇总全市居民家庭经济状况核对工作进展情况，对相关数据资料进行分析上报；管理和维护全市居民家庭经济状况核对信息系统；受政府相关部门复核委托，对最低生活保障、医疗救助、教育救助、住房保障等项目的申请家庭或个人的经济状况进行复核工作，出具复核报告；开展居民经济状况核对工作的政策性、技术性研究；建立市、县、区部门间核查工作协调机制；指导各县（区）核对机构开展居民家庭经济状况核对的收入调查、信息对比等工作，对各县（区）核对工作进行监督检查和核对工作绩效考核；对全市核对机构工作人员开展业务培训。

（三）县（区）机构设置

2013年5月，各县（区）相继成立了居民家庭经济状况核对中心，核批了机构、人员编制等，并确立其为具有独立法人的事业单位。天水市、县、区各核对机构情况见表5-18。

表5-18　天水市、县、区核对机构统计表

机构名称	批准文号	成立时间	机构性质	机构级别	核定编制	实有人员
秦州区居民家庭收入核对中心	天秦区编发〔2013〕41号	2013年5月6日	事业单位	股级	3	2
麦积区居民家庭收入核对中心	麦区编办发〔2013〕29号	2013年6月14日	事业单位	股级	14	9
秦安县居民家庭经济状况核对中心	秦机编办发〔2013〕39号	2013年6月18日	事业单位	股级	3	2
清水县居民家庭收入核对中心	清机编办发〔2013〕33号	2013年6月15日	事业单位	股级	5	1
甘谷县居民家庭收入核对中心	谷机编办发〔2013〕23号	2013年6月20日	事业单位	股级	5	5
武山县居民家庭经济状况核对中心	武机编办发〔2013〕58号	2013年6月12日	事业单位	股级	4	1
张家川县居民家庭收入核对中心	张机编发〔2013〕12号	2013年7月16日	事业单位	股级	5	1

二、工作开展

信息共享是居民家庭经济状况核对工作高效、准确运行的基础性工作，对保障社会救助制度公开、公正、公平实施具有重大的意义。按照省政府《关于建立甘肃省社会救助部门联席会议制度的通知》（甘政办发〔2014〕135号）的精神，依据天水市政府办公室《关于建立社会救助工作联席会议制度的通知》的要求，天水市居民家庭经济状况核对中心已与天水市教育局（2015年4月8日）、天水市工商局（2015年4月8日）、天水市地税局（2015年4月8日）、天水市公安局（2015年4月16日）、天水市国土资源局（2015年5月12日）、天水市人力资源和社会保障局（2015年5月12日）、天水市国税局（2015年5月13日）、天水市财政局（2015年5月28日）、天水市住房公积金管理中心（2015年6月15日）9家单位签订了信息共享互查的合作协议。3月24日，市民政局、中国银监会天水监管分局转发《甘肃省民政厅、中国银监会甘肃监管局转发〈民政部、中国银监会关于银行业金融机构协助开展社会救助家庭存款等金融资产信息查询工作的通知〉》的通知（天市民发〔2015〕174号），全面推进全市低收入家庭和申请城乡社会救助家庭的存款等金融资产信息查询核对工作。截至2015年底，核对中心相继和中国农业银行股份有限公司天水分行（2015年9月24日）、兰州银行股份有限公司天水分行（2015年11月20日）、甘肃银行股份有限公司天水分行（2015年11月23日）、中国银行股份有限公司天水分行（2015年12月7日）4家专业银行签订了信息共享互查的合作协议。

根据省、市政府的安排和实施意见，为确保全市最低生活保障制度的准确、公正、公平实施，结合提标扩面制度的全面落实，特制定出台了《关于加快推进全市居民家庭经济状况核对工作的通知》，第一次确立了核对工作的职能、原则等，极大地促进了最低生活保障的公平实施。

根据全市、县、区核对工作的基本情况，2015年8月，核对中心赴五县两区开展了为期5天的工作调研，全面了解全市居民家庭经济状况核对工作机制建设和业务开展情况；9月4日，天水市民政局下发《关于印发全市核对工作和机构情况调研报告的通知》（天市民发〔2015〕180号）。

截至2015年底，全市核对机构共核对低保对象34.7万人，清理清退低保对象9466户2.4万余人，核对率达到100%。为此，《天水日报》专文刊载了《让居民享受更公正更快捷的惠民政策》一文。

三、制度建设与业务培训

（一）制度建设

根据国务院颁布的《社会救助暂行办法》和《甘肃省居民家庭经济状况核对办法》，进一步规范全市居民家庭经济状况核对工作程序，精准认定社会救助对象，全面提高救助管理和服务水平，天水市核对中心严格依照规范性文件的起草要求制定了《天水市居民家庭经济状况核对操作规程》。该规程共九章七十四条，首次以法制的精神和原则规范了全市各级核对机构的职责、核对事项、核对流程等，细化了认定标准、信息共享等事项，规定了“凡进必核”的基本规则。体现了依法核对、规范操作和求实创新的精神，同时，对联席单位的职责、义务作了具体的规定，并修订随附了《天水市居民家庭经济状况核对报告》《天水市居民家庭经济状况核对授权书》《天水市申请救助居民家庭经济状况核对委托书》《受理委托收据》《中止核对通知书》《终止核对通知书》《继续核对通知书》7种文书表格，进一步规范了全市各县（区）核对档案管理工作。

（二）业务培训

居民家庭经济状况核对工作涉及救助家庭的隐私和权益保护工作，具有政策性强、涉及面广、敏感度高、社会影响大等特点。因此，天水市居民家庭经济状况核对中心从2015年7月17日起，每周三组织工作人员对居民家庭经济状况进行核对，并学习社会救助的法规、政策、信息共享协议的相关内容、骗保案例、社会救助暂行办法，对信息化与居民家庭经济状况核对工作的重要意义和发展机遇、大数据在居民家庭经济状况核对中的应用等课题进行集中辅导和探讨交流，使大部分工作人员在较短时间内基本掌握了所需的专业知识和法律、法规、政策，为顺利开展核对工作打下了坚实的基础。

2015年7月5日，天水市居民家庭经济状况核对中心负责人参加了全国第七期市县核对机构负责人业务培训班；同年10月30日，天水市居民家庭经济状况核对中心举办了第一次全市工作业务培训会，对全市各县（区）核对机构的主要负责人和业务人员30余人进行了业务学习和培训。培训对核对工作的方法和特点、《社会救助暂行办法》解读、居民家庭经济状况核对信息平台的应用、全面掌握核对特征和正确处理核对关系几个方面进行了重点辅导，为天水市核对工作机制的建设、提高核对工作人员的业务素质、促进核对工作的全面开展起到了有力的促进作用，并于2015年11月4日在“天水在线”进行了全面报道。居民家庭经济状况核对中心的工作人员通过对核对工作的全面学习和实践，总结的学习成果《关于天水市居民家庭经济状况核对工作的思考》一文被天水市政府主办的期刊《发展研究》（2015年第4期）采用并刊登。

图5-1　天水市居民家庭经济状况核对工作业务培训班

第六章　基层政权和社区建设

第一节　建置沿革

1985年，天水地区辖天水市、天水县、西和县、礼县、徽县、两当县、清水县、秦安县、甘谷县、武山县、漳县、张家川县12个县（市）的243个乡、15个镇、7个街道办事处。7月8日，经国务院批准，撤销天水地区，天水市升为地级市，实行市管县体制。原属天水地区的西和县、礼县、徽县、两当县4个县划归陇南地区管辖，漳县划归定西地区管辖。将原天水市和原天水县所辖的关子、藉口、中梁、铁炉、秦岭、牡丹、店镇、华歧、天水、平南、齐寿、汪川、大门、李子、苏城、杨家寺、娘娘坝17个乡合并组建秦城区，撤销天水县，以原天水县的渭南等22个乡和北道镇行政区域组建北道区。天水市辖秦城、北道2个区和秦安、清水、甘谷、武山、张家川5个县的138个乡、11个镇、11个街道办事处。

1992年，省民政厅甘民地复字〔1992〕29号文件批复，武山县鸳鸯乡撤乡建镇。天水市2个区5个县辖137个乡、12个镇、11个街道办事处。

1998年，省民政厅甘民地复字〔1998〕105号文件批复，北道区甘泉乡撤乡建镇。天水市2个区5个县辖136个乡、13个镇、11个街道办事处。

2000年，天水市辖五县两区，有136个乡、13个镇、3002个村民委员会、11859个村民小组、11个街道办事处、203个居民委员会（乡镇以下为村民委员会，街道办事处以下为居民委员会，兼有者分别写明）。

2001年，省民政厅甘民地复字〔2001〕35号文件批复天水市撤乡建镇申请。至此，天水市2个区5个县辖121个乡、28个镇、11个街道办事处。

2002年，省民政厅甘民区复字〔2002〕59号文件批复，对天水市、县、区撤乡建镇。至此，天水市2个区5个县共辖106个乡、43个镇、11个街道办事处。

2003年，市政府拟将秦城区更名为“秦州区”，北道区更名为“麦积区”。2004年9月30日，经国务院批准，民政部民函〔2004〕244号文件批复，同意两区更名。11月2日，省政府转发《民政部关于甘肃省天水市秦城区更名为秦州区、北道区更名为麦积区批复的通知》（甘政函〔2004〕99号）。2005年1月1日，天水市举行秦城、北道两区更名大会。秦城区更名为秦州区，北道区更名为麦积区，更名后两区行政区划不变。

2003年12月8日，省民政厅甘民区复字〔2003〕47号文件批复。全市共撤销39个乡、1个镇、1个街道办事处，合并组建4个镇。

2005年，两区更名和乡镇行政区划调整后，天水市辖秦州、麦积2个区和秦安、清水、甘谷、武山、张家川5个县的67个乡、46个镇、10个街道办事处，以及103个社区居委会、2505个村民委员会。

2010年，天水市所辖县区及乡镇、街道办事处数与2005年相同。社区居委会数增加到105个，村民委员会数减少到2491个。

2013年，全市2个区5个县所辖街道、乡镇数未变，社区居委会107个、村民委员会2491个。

2014年，全市2个区5个县辖街道办事处10个、乡镇113个、社区居委会106个、村民委员会2491个。

2015年，全市2个区5个县辖街道办事处10个、乡镇113个、社区居委会116个、村民委员会2491个。

第二节　农村基层民主建设

一、村民委员会

1980年开始，国家实行政治、经济体制改革，政、社分设，建立乡镇人民政府。在原来公社的基础上建乡，以大队为基础建立村民委员会，以生产队为基础建立村民小组。

1988年6月，《中华人民共和国村民委员会组织法》（简称《村委会组织法》）颁布实施。1989年7月，省人大常委会颁布《甘肃省实施村民委员会组织法（试行）办法》。天水市各县（区）在试点的基础上，采取“每年三分之一，三年完成实施任务”的办法，于1990—1992年分三批在冬春农闲时开展实施《村委会组织法》工作。

1989年至1992年实施建成村民委员会计划情况见表6-1。

表6-1　1989—1992年实施建成村民委员会计划情况统计表

单位：个

试点年份	秦城区	北道区	清水县	张家川县	秦安县	甘谷县	武山县	合计
1989	20	14	6	8	28	15	9	100
1990	169	41	129	91	162	134	132	858
1991	198	434	102	87	177	134	132	1264
1992	198	—	102	88	176	133	131	828

在贯彻实施《村委会组织法》期间，各村由村民民主讨论制定“村规民约”，并结合农村社教，开展了以“整顿、升级、达标、创优”为中心内容的村委会建设工作，突出抓村委会班子建设、阵地建设和村干部报酬的落实。1989年，评选优秀乡镇长21人，其中，秦城区天水乡的马世元、秦城区牡丹乡的刘廷桂、北道区甘泉乡的唐根堂、北道区街子乡的陈秉川、秦安县郑川乡的蔺志中、秦安县陇城乡的潘效霖、甘谷县大石乡的刘元映、甘谷县大庄乡的程成想、张家川县刘堡乡的苏宏瑞、张家川县平安乡的马威、武山县杨河乡的蔺来定、清水县上邽乡的高金生等12人受到省委、省政府的表彰。

1994年，贯彻落实民政部《全国农村村民自治示范活动指导纲要》和省民政厅《关于进一步搞好村民自治示范活动的意见》，完成《天水市1994—1996年村委会建设规划》，在全市开展村民自治示范工作，贯彻实施《村委会组织法》，逐步推进民主政治建设和村民自治，强化村级管理和服务功能，充分发挥村委会在实行村民自治，办理本村的公共事务、公益事务，维护村民的合法权益等方面的作用。1994年，有8个乡镇被市政府表彰为“市级村民自治模范单位”；1995年，有13个乡镇被市政府表彰为“市级村民自治模范单位”；1996年，有12个乡镇被市政府表彰为“市级村民自治模范单位”；1998年，有15个乡镇被市政府表彰为“市级村民自治模范单位”。

同年，北道区被民政部表彰为“村民自治模范区”，甘谷县康家滩乡阳疝村村委会被民政部表彰为“模范村民委员会”，北道区桥南办事处被表彰为“全国街道之星”，北道区道南办事处人民路居委会主任王素琴被评为“全国优秀居民委员会主任”。

1996年10月，召开天水市村级组织建设暨村民自治工作经验交流会，总结了8年来村民自治走过的普及、提高、深化三大步的经验与教训，提出当前及今后的村民自治工作的基本要求、目标及任务。

1994年至1997年市政府命名的市级村民自治模范单位见表6-2，部分年份基层组织情况见表6-3至表6-7。

表6-2　1994—1997年市政府命名的市级村民自治模范单位情况统计表

县（区）	1994年（第一批）	1995年（第二批）	1996年（第三批）	1997年（第四批）
秦城区	太京乡	皂郊乡	李子乡	吕二乡、牡丹乡
北道区	马跑泉镇 二十里铺	甘泉乡、街子乡 渭南乡、中滩乡	元龙乡、石佛乡、南河川乡	伯阳乡、社堂镇 麦积乡
清水县	小泉乡	永清镇	草川铺乡	陇东乡、白驼乡
张家川县	刘堡乡	张川镇、梁山乡	马鹿乡、恭门乡	上磨乡、四方乡
秦安县	兴国镇	中山乡	兴丰乡	郑川乡、云山乡
甘谷县	康家滩乡	十里铺乡、城关镇	磐安乡、大石乡 安远乡	大庄乡、八里湾乡
武山县	洛门镇	山丹乡、草川乡	郭槐乡	榆盘乡、杨河乡

表6-3　1985年天水市基层组织情况统计表

单位：个

类别	秦城区	北道区	清水县	张家川县	秦安县	甘谷县	武山县	合计
乡	22	20	23	17	21	17	18	138
镇	—	2	1	2	1	3	2	11
村民委员会	537	462	298	266	514	402	386	2865
村民小组	1828	2110	1525	1294	1356	2278	1604	11995
街道办事处	7	4	—	—	—	—	—	11
居民委员会	85	45	4	4	7	6	2	153

表6-4　1990年天水市基层组织情况统计表

单位：个

类别	秦城区	北道区	清水县	张家川县	秦安县	甘谷县	武山县	合计
乡	22	20	23	17	21	17	17	137
镇	—	2	1	2	1	3	3	12
村民委员会	586	476	337	265	515	401	395	2975
村民小组	1831	1993	1525	1294	1384	2227	1598	11852
街道办事处	7	4	—	—	—	—	—	11
居民委员会	112	56	4	4	7	11	2	196

表6-5　1992年天水市基层组织情况统计表

单位：个

类别	秦城区	北道区	清水县	张家川县	秦安县	甘谷县	武山县	合计
乡	22	20	23	17	21	17	17	137
镇	—	2	1	2	1	3	3	12
村民委员会	577	475	333	266	515	403	395	2964
村民小组	1844	1998	1525	1295	1384	2227	1597	11870
街道办事处	7	4	—	—	—	—	—	11
居民委员会	100	56	4	4	7	7	2	180

表6-6　1995年天水市基层组织情况统计表

单位：个

类别	秦城区	北道区	清水县	张家川县	秦安县	甘谷县	武山县	合计
乡	22	20	23	17	21	17	17	137
镇	—	2	1	2	1	3	3	12
村民委员会	586	476	337	265	515	401	395	2975
村民小组	1831	1993	1525	1294	1384	2227	1598	11852
街道办事处	7	4	—	—	—	—	—	11
居民委员会	112	56	4	4	7	11	2	196

表6-7　1998—2000年天水市基层组织情况统计表

单位：个

类别	秦城区	北道区	清水县	张家川县	秦安县	甘谷县	武山县	合计
乡	22	19	23	17	21	17	17	136
镇	—	3	1	2	1	3	3	13
村民委员会	588	476	344	269	515	405	405	3002
村民小组	1831	2000	1525	1294	1384	2227	1598	11859
街道办事处	7	4	—	—	—	—	—	11
居民委员会	115	56	5	5	7	11	4	203

1989年7月，甘肃省人大常委会通过《甘肃省实施中华人民共和国村民委员会组织法（试行）办法》。1998年12月，甘肃省人大常委会颁布《甘肃省村民委员会选举办法》，2013年5月重新修订。根据法律规定，乡以下设立的村民委员会（简称“村委会”）是村民自我管理、自我教育、自我服务的基层群众自治组织，实行民主选举、民主决策、民主管理、民主监督。

村委会由主任、副主任和委员3～7人组成，由村民选举产生，不脱离生产，任期3年。内设人民调解、治安保卫、公共卫生与计划生育等委员会，办理本村的公共事务和公益事业，调解民间纠纷，协助维护社会治安，向人民政府反映村民的意见、要求和建议。村委会向村民会议、村民代表会议负责并报告工作。

村委会，是按照便于群众自治，有利于经济发展和社会管理的原则，在一定的地域范围和人口规模基础上设立的。村委会的设立、撤销、范围调整，由乡镇人民政府提出，经村民会议讨论同意，报县级人民政府审批。

二、村民自治

村民自治制度是村民通过民主选举、民主决策、民主管理、民主监督的形式实现村民自治而制定的制度。原北道区于1995年、1999年、2003年3次被民政部表彰为“全国村民自治模范区”。甘谷县康家滩乡阳洼村村委会被民政部表彰为“全国模范村委会”。北道区和甘谷县被省民政厅表彰为“省级村民自治模范县”。全市48个乡镇被市政府表彰为“市级村民自治模范乡镇”。1262个村被县（区）政府表彰为“村民自治模范村”。

三、民主选举

1989年7月，甘肃省人大常委会通过《甘肃省实施中华人民共和国村民委员会组织法（试行）办法》，全市在农村广泛开展村民自治活动试点工作，至1992年底，全市在农村建立了村民委员会制度。后于1995年、1998年、2001年、2004年、2007年、2010年、2013年在全市所有村委会，遵循“直接、民主、平等、公开、竞争”的原则，分别开展了换届选举工作。

四、民主决策

凡是涉及村民利益的重大事项，如村干部享受误工补贴的人数和标准、村集体经济所得收益的使用、村办事业需要村民负担的事项、计划生育指标、土地承包、宅基地使用和集体经济项目承包的方案等，都须提请村民会议或村民代表会议讨论，按多数人的意见作出决定。

五、民主管理

民主管理是对村内社会事务、经济事务、社会治安等的管理。由村民会议制定村民自治章程和村规民约，对村民的权利和义务，村级各类组织之间的关系和工作程序，以及经济管理、社会治安、村风民俗、婚姻家庭、计划生育等方面的要求，做出明确规定。充分发扬民主，发挥好村民会议、村民代表会议、村民小组会议和村委会会议的职能和作用，实行少数服从多数的民主决策机制。建立健全各种工作制度，公开透明，保障民主管理的顺利进行。

六、民主监督

民主监督是由村民对村委会的工作和村内的各项事务实行民主监督。村民会议、村民代表会议每年评议村委会成员的工作及其履职情况，经村民民主评议，连续两次不称职的，其职务终止。村委会成员要接受任期和离任经济责任审计。村委会或者村委会成员做出的决定要接受村民监督。村委会实行村务公开制度，村务公开是实行民主管理和民主监督的有效形式。

七、换届选举

按照《中华人民共和国村民委员会组织法（试行）》和《甘肃省实施村民委员会组织法（试行）办法》（简称《实施办法》）的规定，从1989年开始试点工作，到1992年通过村民直接选举，全市五县两区建立了2964个村委会。每三年进行一次选举，至2014年3月共举行了八次换届选举。

1995年底，全市村委会进行换届选举工作，全市164万选民积极参加选举，经过动员、准备、选举、整章建制、检查验收、总结等几个阶段，按照直接、差额、公开竞争、秘密写票、过半数当选、及时公开选举结果六项原则，直接选举出村委会主任2978人、副主任842人、委员11161人。平均年龄38.7岁，比上届下降了2.2岁，初中以上文化程度的达到68.4%。

1995年10月下旬，民政部、外交部工作人员陪同瑞典国际开发合作署代表团到天水农村选举现场考察、采访。12月9日至10日，美、法、德三国记者团一行6人，在民政部、外交部工作人员的陪同下，对北道区甘泉乡文家庄、二十里铺乡纸碾村、赵崖村举行的村委会第二次换届选举大会进行现场考察、采访。中央电视台记者彭红军、刘俊辉到北道区甘泉乡毛集村民主选举现场采访，录制成三集电视片《选举村长》，12月28日、29日、30日在中央一台、二台、四台的《东方时空》栏目连续播放。

1995年10月至1996年3月，全市举行第二次村委会换届选举。有149万选民参加选举，参选率达90.9%，选举产生了2975名村主任、842名副主任和11161名委员。

1998年10月至1999年3月，全市举行第三次村委会换届选举。

2001年11月至2002年3月，全市举行第四次村委会换届选举。共选出村委会主任3004人。村委会干部中，党员5296人，初中以上文化程度的9571人，30岁以下的4135人。村主任平均年龄38.2岁。

2004年10月至2005年3月，全市五县两区113个乡镇的2614个村委会、11627个村民小组举行第五次村委会换届选举。选举产生村委会主任2614人、副主任3144人、村委会委员6069人。其中，妇女干部1895人，初中以上文化程度的10518人。

2007年10月至2008年3月，全市五县两区113个乡镇（46个镇、67个乡）的2505个村委会、11334个村民小组完成第六次村委会换届选举。选举产生村委会主任2504人、副主任3164人、村委会委员3096人。其中，妇女干部有1502人，占村干部总数的17%；大专以上文化程度的964人，占村干部总数的11%。村干部平均年龄为39.8岁。

2010年10月至2011年3月，全市五县两区113个乡镇（46个镇、67个乡）的2491个村委会、11328个村民小组举行第七次村委会换届选举。选举产生村委会主任2491人、副主任及委员9277人。全市选民总数为205.4万人，登记选民202.66万人，参加投票的选民数为187.64万人，占登记选民总数的92.59%。其中，46.31万人使用了流动票箱，15.21万人进行了委托投票，函投选民3951人。村委会有妇女干部1654人，约占村干部总数的14.06%，担任村主任的有17人。全市新当选的村干部文化程度，大专以上的736人，约占总数的

6.25%；高中、中专5068人，约占总数的43.07%；初中以下的5964人，占总数的50.68%。书记、主任“一肩挑”的村有582个。村干部平均年龄为44.2岁。

2010年，张家川县易地搬迁3个村，撤销合并11个村，比上届共减少14个村。2013年9月至2014年3月，全市现辖2个区5个县113个乡镇（47个镇、66个乡）、10个街道办事处、2491个村民委员会、11328个村民小组，举行了第八次村委会换届选举。共选举产生村委会委员10536人，其中，村主任2487人、副主任1661人。参加选举的选民数为198.2万人，占选民总数206万人的96.2%。村委会有妇女委员2310人，占村委会委员总数的21.92%，其中，担任村主任的有29人。村干部文化程度，大专以上的573人，约占总数的5.44%；初中以下的4139人，约占总数的39.28%。书记、主任“一肩挑”的有450人。村干部平均年龄为44.4岁。村干部总数与上届基本持平。

八、村务公开

1998年，天水市委办公室、政府办公室下发《关于在全市农村推行村务公开和民主管理制度的实施意见》，全市的村务公开工作由市基层组织建设领导小组领导，市委组织部牵头，市民政局负责协调和组织实施。6月，在麦积区花牛镇纸碾村、秦安县兴国镇北大村、甘谷县城关镇高桥村等28个村进行试点。年底，在麦积区花牛镇召开现场会，总结试点经验。

1999年，天水市委办公室、政府办公室下发《关于印发〈天水市农村村务公开管理规定〉(试行）的通知》，至此，天水市村务公开工作走上制度化、法制化轨道。

2000年，村务公开和民主管理工作在全市普遍开展。2003年6月，在甘谷县六峰乡召开全市村务公开和民主管理现场会，总结交流了试点工作的经验和做法，为今后稳步推进工作积累了经验。

2004年1月1日，《甘肃省村务公开条例》颁布施行。全市49个乡镇、170个村对贯彻实施条例工作进行了试点。6月，在原北道区二十里铺乡、甘谷县六峰乡召开现场会，总结推广了原秦城区环城乡、原北道区二十里铺乡花牛村、甘谷县六峰乡、武山县郭槐乡在村务公开和民主管理工作中的成功做法。11月，在麦积区召开了全市村务公开和民主管理现场会，总结推广并交流了全市贯彻落实条例的成功经验和做法，村务公开和民主管理工作在全市稳步推进。同年，依据条例，制定了《天水市村务公开管理规定》，对公开内容、公开时间、公开形式、公开方法进行了明确规定。

天水市村务公开内容主要包括以下几个方面：一是财务公开，主要包括财务计划及其执行情况、各项收入和支出、各项财产、债权债务、收益分配、代收代缴费用、水电费收缴管理、以资代劳情况，以及群众要求公开的其他财务事项；二是计划生育指标的安排公开；三是宅基地审批、划分，征地、搬迁、土地批租等使用情况公开；四是农民负担情况公开，包括各种提留款的收支，村组干部的报酬及各种提留、集资、收费、劳动积累工和义务工等情况；五是集体经济项目承包、经营情况公开；六是农用挂钩物资和救灾救济款物发放公开；七是村干部年度工作目标、工资报酬、功绩过失情况公开。重点是村级财务公开。

对村民普遍关心的问题，公开前必须提交村党员大会和村民代表会议审核，做到公开程序规范；村务公开的内容要简洁明了，公开的事项要实事求是，便于群众了解，做到公开内容规范；公开的时间要及时，需要公开的事项要及早向村民公布，长年性工作要采取定期公开的形式，临时性工作要随时公开，一般一个月或两个月公开一次，至多不得超过三个月，时限较长的事项，可按阶段公开，每一件较大事项完成后及时向群众公布结果，做到公开时间规范；公开的形式和方法要从方便村民了解村内事务出发，根据实际情况因地制宜、灵活多样，如采用张榜公布、有线广播、召集村民代表会议或村民会议等形式，但各村都应在本村适当地方建立专门的村务公开栏，进行张榜公布，做到公开阵地规范；要在村民会议或村民代表会议中建立健全村务公开小组，做到公开管理规范；要建立健全各项村务管理制度，不断完善村务公开的运行机制和保障监督机制，规范、约束干部和群众的行为，使村务公开工作有章可循。

每一次村务公开后，党支部和村委会要及时召开党员大会、村民会议或村民代表会议，广泛听取群众的反映和意见。对群众提出的疑问，及时做出解释；对群众提出的要求，及时予以答复；对大多数群众不赞成的事情，坚决予以纠正。真正让群众参与管理和监督村里的公共事务和公益事业。

《天水市村务公开管理规定》的实施，使全市的村务公开工作走上了法制化轨道，为有效实施民主管理和民主监督奠定了坚实的基础。

九、村务监督

2012年11月，《甘肃省村务监督委员会工作规则（试行）》发布实施。2013年初，根据省村务公开领导小组《关于全面推行村务监督委员会制度的通知》精神，天水市村务公开领导小组下发了《关于全面推行村务监督委员会制度的实施意见》，各县（区）集中人力，统一时间，精心组织，周密安排，扎实有序地开展了村务监督委员会建设工作。至5月底，全市五县两区113个乡镇的2491个村全部建立了村务监督委员会，共选举产生村务监督委员会主任2491人、委员6639人。村务监督委员会主任中，女性54人，占2.17%；委员中，女性306人，占4.6%。基本实现了有组织机构、有规章制度、有办公场所、有牌子、有章子、有经费的“六有目标”。各村务监督委员会还开展了以评议低保、危旧房改造、救济款发放为主要内容的第一次会议，使村级事务更加公开透明，切实有效地保障了村民的知情权、参与权、表达权和监督权。

第三节　社区居委会管理

1985年，地改市以来，市委、市政府下功夫抓街道居委会建设工作，全市辖11个街道办事处、179个居委会（其中，乡镇辖38个）。

1987年，市政府批转市民政局《关于加强居民委员会工作　开展社区服务的意见》，在全市第一次提出了开展社区服务的意见。

1990年1月1日，《中华人民共和国城市居民委员会组织法》（简称《居委会组织法》）颁布实施。秦城、北道两区首先选择了6个居委会试点。1992年底，全市190个居委会（11个办事处辖154个、乡镇辖36个）依法贯彻实施，共选出居委会主任190人、副主任152人、委员508人。

1991年，市政府下发《全市社区服务三年规划》。街道、居委会加强了社区建设和社区服务，抓街居经济，建办街道企业，兴办便民利民服务网点。

1993年，市政府下发文件，提高居委会主任、副主任生活费补贴标准，同时给退职居委会主任发放退养金。标准是：主任60元、副主任55元，退休干部，在居委会工作10～20年的20元、20～30年的25元、30年以上的30元。在提高补贴、调动干劲的基础上，居委会开展了争先创优活动，全市共有19个先进集体和个人受到省级表彰奖励。同年，加强了居委党建工作，在条件成熟的居委会成立了党支部。

1994年，开展居委会达标升级活动。主要任务是：全面贯彻《居委会组织法》和甘肃省《实施办法》，依法直接选举居委会干部；建立居民会议或居民代表会议，实现自我管理；制定居民公约或居民自治章程，实现自我教育；搞好社区服务，实现自我服务；大力发展居办经济，实现自我发展。通过这项活动，全市居委会在组织建设、经济建设、社区服务、自身建设和精神文明建设等方面发生了明显变化。兴建社区服务设施121处，发展居办服务网点（包括居办企业）309个；解决了2000多人的就业问题，其中，残疾人51人、其他民政对象800余人。

1995年，向省民政厅上报了《天水市城市居民委员会建设情况调查报告》，提出了加强居委会建设的建议。

1997年，经过调研，市民政局向市政府上报了《关于进一步加强居委会建设的报告》，提出了当前和今后一个时期居委会建设工作的发展目标及措施。当年，全市有11个街道办事处、194个居委会，其中，乡镇辖居委会41个。

20世纪90年代末期，社区建设在全国兴起，居委会的名称变更为“社区居民委员会”。

第四节　城市社区建设

一、城市社区建设

随着经济体制改革的深入发展，大量“单位人”变为“社会人”，社区建设应时而生。

聚居在一定地域范围内的人们所组成的社会生活共同体称为“社区”。

2001年5月，天水市委、市政府办公室下发《关于转发天水市民政局关于推进全市城市社区建设的意见的通知》（市委办发〔2001〕28号），明确了社区建设的意义、指导思想、基本原则；提出了社区建设的基本内容和工作任务；确定了试点工作分为调查摸底、宣传动员、具体实施、总结完善、全面推广等五个阶段。通过边开展工作，边总结完善，建立健全了社区党支部工作职责等党建五项制度和社区居委会政务公开制度等社区居委会十项制度，创建了社区建设工作规范化、制度化的良好开端。8月底，秦城区作为社区建设试点区，将原有的115个居委会调整为46个社区居委会，组建社区居委会党的组织和居民自治组织，成为天水市第一批社区。9月25日，市委、市政府召开全市社区建设工作会议，市委、市人大、市政府、市政协的主要领导和分管领导出席会议。会议交流了秦城、北道两区的试点工作经验，对全面推进全市社区建设工作进行了安排部署。10月，成立了由市委、市政府主要领导任组长，市委、市人大、市政府、天水军分区分管领导任副组长，市委组织部、宣传部、市民政局等33家市直部门、有关单位、群团组织的主要负责人为成员的社区建设领导小组。领导小组下设办公室，具体负责全市社区建设的组织、协调、指导和督促检查工作，进一步加强了对社区建设工作的领导。10月至12月，天水市秦城区举行第一届社区居民委员会选举工作。年底，按照“以地域性为特征，以认同感为纽带”和“便于社区管理，便于群众自治，便于整合社区资源，便于发挥社区功能”的原则，按照不低于1500户的规模，全市将原有的202个居委会调整为95个社区居委会，社区建设工作全面开展。

2003年5月，制定了《天水市城市社区建设示范活动工作要点》和《天水市城市社区建设示范城（街道、社区）基本标准》，指导全市开展社区建设示范活动。同年，秦城区西关街道环西社区居委会主任董楠被授予“全国优秀社区工作者”称号，受到中共中央组织部、民政部的表彰。

2004年4月，王志强、赵维斌、崔世世、王小兰、曹淑娥、宋存良6名社区工作者被授予“甘肃省优秀社区工作者”称号。

2005年5月，秦州区东关街道尚义巷社区被授予“全国百佳学习型社区”称号。

2006年6月，市民政局、市委组织部、市财政局、市建设局等十一部门联合下发了《关于进一步做好社区组织的工作用房、居民公益性服务设施建设和管理工作的意见》，多渠道解决工作用房和服务设施建设问题。同年，秦州区被授予“甘肃省社区建设示范城”称号。

2007年，天水市出台开展和谐社区建设示范活动的实施意见，明确了和谐社区建设的标准、方法和措施。各县（区）积极开展创建和谐社区示范活动，确定了13个和谐社区示范单位。

2008年3月，争取到省级下达的秦州区“四站一中心”社区服务设施建设项目，即七里墩街道罗一社区服务站、七里墩街道长控社区服务站、七里墩街道东十里社区服务站、中城街道伊民巷社区服务站、七里墩街道社区服务中心，中央下达专项资金220万元。

图6-1 2011年8月9日，市委常委、市委政法委书记韩岱成在秦安县检查社区建设工作

2009年，省民政厅出台《甘肃省民政事业发展“双五、双十、双百”示范工程建设实施方案》，全市积极开展城乡示范社区创建活动，加强了组织体系、服务设施、规章制度等方面的建设。

2010年7月，秦州区天水郡街道西十里社区、武山县城关镇渭北社区被省民政厅表彰为“示范社区”。10月，市委、市政府两办下发《关于进一步加强城市和谐社区建设的实施意见》，明确提出在“十二五”期间，市财政每年列支300万元用于改善社区办公用房和基础服务设施，开创了全市和谐社区建设的新局面。

2012年2月，秦州区七里墩街道长控社区被省民政厅表彰为“示范社区”。

2013年1月，秦州区七里墩街道罗一社区、麦积区桥南街道天河社区、埠南社区被省民政厅表彰为“示范社区”。

2014年4月，秦州区中城街道伊民巷社区、秦州区东关街道盛源社区、清水县永清镇西关社区被省民政厅表彰为“和谐社区示范单位”。

2015年6月，麦积区道北街道滨河路社区、秦州区天水郡街道王家磨社区被省民政厅表彰为“和谐社区示范单位”。

二、社区管理

认真贯彻落实《居委会组织法》，建立健全以社区居民会议、社区居民委员会等为基础的居民自治机制，健全完善社区党组织为核心、社区居民自治组织为主体、其他社会组织（单位）相配合、社区居民广泛参与的社区组织良性运行机制，不断完善社区民主选举、民主决策、民主管理和民主监督制度。组织居民依法开展社区居民委员会换届选举，逐步推进居民委员会直接选举。积极探索政府购买服务、部门对口培育、社区牵头组织、居民广泛参与的社区社会组织培育发展机制，优先发展服务类，重点扶持慈善类，大力倡导活动类，引导居民通过社会组织参与社区管理，充分发挥社区社会组织在社区体制创新、提高社区自治水平、服务社区居民、承接政府公共服务等方面的积极作用。对社区承担的工作，依照“权随责走、费随事转”的原则，通过签订协议、购买服务、项目管理的方式，有偿委托社区组织承担。

充分发挥党组织在建设和谐社区中的领导核心作用，以“四有一化”（城市社区党组织有人管事、有钱办事、有场所议事、有章理事；构建以街道党组织为核心、社区党组织为基础，驻区单位党组织和社区内全体党员共同参与的区域化党建格局）为目标，按照“一社区一支部”（总支、党委）的要求，健全完善社区党组织网络体系，创新社区党组织设置，全面实现党在社区的组织覆盖和工作覆盖。健全完善社区党建工作考评机制、联建共建协调机制、联席会议制度、“双向双责”制，构建条块结合、资源共享、优势互补、共驻共建的城市基层区域化党建格局。按照“协管”“共管”“双管”“主管”的方式，加强城市社区党员的教育管理。

在社区建设过程中，建立和完善社区党组织会议、居民会议和居民代表会议制度，居委会工作职责、财务管理制度、居务公开制度、服务承诺制度、定期报告工作制度、民情日志制度、联席会议制度、考核评议等日常工作制度。加强社区管理，方便居民办事，满足居民需求。

2010年，全市各社区实行网格化管理，制作网格管理图，全面建立起了三级网格：第一级网格为社区，第二级网格为责任网格，第三级网格为楼院。社区内所有主次干道、背街小巷、公共场所、居民小区和社区事务等全部纳入网格进行管理，全面推进社区管理的网格化、精细化、信息化，真正形成社区服务的全覆盖格局。

2014年，省民政厅下发了关于对贯彻落实《省委办公厅、省政府办公厅关于进一步加强和改进城市社区居民委员会建设工作的实施意见》情况进行督查的通知，天水市按照国家和省委的要求，紧紧围绕“居民自治、管理有序、服务完善、治安良好、环境优美、文明祥和”的和谐社区建设目标，以保障民生、服务居民为重点，不断健全社区组织体系，创新体制机制，改善基础建设，完善服务功能，不断提高服务水平和质量。目前，全市五县两区共有106个城市社区，有社区工作人员1448人，平均每个社区近14名工作人员。其中，下派干部787人，公益性岗位661人。下派干部中，大专以上人员689人，平均每个社区近7名大学生；35岁以下的545人，占79.1%；35岁以上的242人，占21.9%。公益性岗位基本是下基层再就业人员。106个社区中，95个有自有办公用房和服务设施，11个为租赁房办公。

三、社区服务

社区服务是社区建设的重要内容，不断建立和完善社区服务体系贯穿在社区建设的全过程中。一是建立和完善社区老年人服务体系。天水市老龄办牵头，自上而下建立了老年服务机构；依托“星光老年之家”，针对社区老年人的特殊服务需求开展了各种服务。二是建立和完善社区残疾人服务体系。市残联牵头建立了社区残疾人服务组织，根据社区残疾人的特殊服务需求开展了各项服务。三是建立和完善社区优抚对象服务体系。市双拥办牵头，社区居委会组织，社区居民参与，积极为社区现役军人家属、烈属、因公伤残军人和离退休军队干部提供服务。四是建立和完善社区精神病患者服务体系。由社区居委会组织，对社区精神病患者的特殊服务需求提供了关怀，开展了各项服务。五是建立和完善社区特困家庭服务体系。由社区居委会、社会各界和社区居民针对社区特困家庭的实际生活困难提供了多项服务，开展了对贫困户、鳏寡孤独家庭的送温暖活动。免费对下岗失业人员进行了再就业培训。六是建立和完善社区少年儿童服务体系。由社区居委会、社区居民为社区双职工家庭提供"小餐桌"就餐、接送上下学、课外辅导作业等多种服务。七是建立和完善社区环境综合治理服务体系。由社区居委会组织下岗失业人员，为社区居民开展了房屋清扫、小区清洁等生活环境治理服务活动。八是建立和完善社区医疗卫生服务体系。以社区卫生服务中心（站）为依托，合理配置卫生资源，为社区居民的疾病预防、保健和医疗开展服务活动。九是建立和完善了社区文化生活服务体系。利用社区资源开展文化、教育、科普、咨询、培训、体育、娱乐、健身服务等各种活动，丰富社区居民的精神文化生活。

2012年以来，全市各街道、社区学习借鉴兰州市"民情流水线"工程的经验，秉承"民思我想、民需我办、民困我帮、民求我应"的服务宗旨，坚持"在群众最盼上赢民心，在群众最急上见真情，在群众最怨上改作风，在群众最需上办实事"的服务理念，结合各自实际，紧紧围绕"居民自治、管理有序、服务完善、治安良好、环境优美、文明祥和"的和谐社区目标要求，把服务群众、方便群众、造福群众作为出发点和落脚点，不断细化服务居民的有效措施，探索开辟方便、快捷、高效的服务路径。麦积区桥南街道天河社区打造的"一刻钟服务圈"工程、"俏夕阳"居家养老服务、"四点半学校"和秦州区七里墩街道长控社区创办的"爱心超市""社区网格化管理信息系统"等服务项目切实为社区老年人和社区居民提供了便利。

四、社区队伍建设

2001年，社区建设之初，"居"改"社"后，加强了社区工作人员的配备。各县（区）通过选调干部、换届选举、原居委会工作人员留用、分配大中专学生等加强了社区工作者队伍的建设。通过以上措施，社区干部年龄结构、文化结构得到改善，素质有了一定程度的提高，能基本适应各项工作。至2011年3月底，全市完成了四次社区换届选举工作。换届选举工作始终坚持以扩大党内民主带动社区居民民主，推广了社区党组织班子成员和群众公开推荐与上级党组织推荐相结合的办法，逐步扩大了社区党组织领导班子直接选举的范围，稳步扩大了社区居民委员会直接选举的覆盖面。坚持德才兼备、以德为先的用人标准，推进了社区领导班子成员的年轻化、知识化，形成以40岁左右、大专以上文化程度为主体的社区党组织和居民委员会领导集体，把思想好、作风正、能力强、有文化、办事公道的党员或居民选进社区领导班子。第四次社区换届选举后，全市105个社区居民委员会共产生居民委员会书记、主任144名，其中，女性占61名，书记、主任"一肩挑"的有66名；

副主任及委员587名，其中，女性有378名。2011年，秦州、麦积、清水等县（区）通过公开竞争选拔了一批社区党组织书记，为副科级事业待遇。

为提高社区党组织书记、主任应对复杂局面的能力素质，2012年，全市组织了三期培训班，培训人数达到260多人次。前两期由市民政局和市委组织部联合组织，由上海市宣传系统人才交流中心负责培训；第三期在本市举行，市民政局组织培训。全市105个社区居委会主任和五县两区的民政局分管副局长、基层政权和社区建设股股长共计120多人参加培训，培训采取专题报告和现场观摩学习相结合的方式；特邀省民政厅基层政权和社区建设处处长、省行政学院社会学讲师和兰州市城关区五泉街道办事处主任等人分别作了专题报告。

全市建立了以街道、社区专职工作者，党员、团员青年、大中专学生和社区居民及驻辖区单位职工等为主体，热心公益事业、有一技之长、乐于奉献爱心的志愿者服务队伍。在自愿的基础上，对志愿者登记造册、建立档案，统一颁发社区服务志愿者证书。各县（区）还成立了社区服务志愿者协会，街道成立了分会，社区成立了工作站，制定了工作章程和活动制度，明确了服务宗旨、服务形式、服务时间、服务内容和服务行为规范。社区志愿者的服务以社区为载体，按照章程和制度由社区居委会具体组织实施，定期开展助老助残、扶弱济贫、医疗保健、保洁护绿、法律援助、电器维修等社会福利和公益性义务服务活动。

五、社区基础设施建设

2001年，社区建设初期，国家实施“星光计划”老年福利服务项目，在社区为老年人建设休闲娱乐的场所。同年，启动建设了休闲娱乐场所共44个，其中，秦城区23个，北道区16个，秦安、甘谷、武山、清水、张家川五县各1个；总投资1041.5万元，其中，省民政厅投入540万元，市民政局投入219.5万元，各县（区）投入60万元，街道、社区自筹210万元，社会力量投入12万元；驻社区单位无偿提供土地15亩。秦州区大城街道向阳社区等3个单位被评为甘肃省先进“星光老年之家”，李志杰等3人被评为甘肃省实施“星光计划”先进个人。

2008年，市政府把城市社区基础服务设施建设经费列入财政预算，当年列支180万元，分别下拨给五县两区，用于社区办公用房和服务设施建设。2009年、2010年各列支200万元，用于秦州区罗二、东十里、什方堂、伊民巷、自由路、进步巷、王家磨、莲园、解放路、盛源，麦积区下曲、羲皇、工业园、商埠，甘谷县安远，清水县西关等社区阵地建设项目。2011年、2012年到2015年每年各列支300万元，用于秦州区环西、光明巷、东团庄、莲园、锦绣苑、山水家园、山水新城、长开、解放路、绿色市场、向阳，麦积区滨河、渭滨、铁路、道北、向阳、社棠、工业园、铁西园、北山路、前进路、泉湖，张家川县中街、东城、北城、龙山镇南街，清水县城南、东关，秦安县兴国镇映南、凤山，武山县滩歌镇滩歌，甘谷县六峰、康庄等社区阵地建设项目。八年来，市级累计投入社区基础服务设施建设资金1780万元，安排社区阵地建设项目57个，建成并投入使用43个。新建或购买的社区阵地都统一设置社区图书阅览室、文娱活动室、卫生服务室、矛盾纠纷调解室、警务室、服务大厅等“五室一厅”，对群众办事实行“一站式”服务。

六、农村社区建设

2006年10月，市民政局下发《关于开展农村社区建设试点的意见》，全市开始农村社区建设试点工作。按照建制村人口相对较多、地理环境相对优越、农民积极性较高、经济条件较好等标准，首先在秦州、麦积2个区各确定了3个村，5个县各确定了1个村，共11个村进行试点。按照“一村一社区模式”，适应社会主义新农村建设的要求，加强农村社区基层党组织和村民自治组织建设，健全民主管理制度，完善村党组织领导的村民自治机制。全面推进农村社区基础设施建设、各类组织建设、社会保障体系建设、文化教育建设、平安建设，加强和改进农村社区服务，努力建成村民自治、管理有序、服务完善、治安良好、环境优美、文明祥和的新型农村社区，不断满足农村社区居民日益增长的物质和文化生活需求，促进社会和谐。

2007年12月，申报秦州区为全国农村社区建设实验区，探索经验，提供样板。2008年2月获得民政部批复。

第七章　拥军优属与拥政爱民工作

第一节　双拥工作领导机构

为切实加强对全市双拥工作的组织领导，1990年11月，天水市成立双拥工作协调领导小组。市委书记薛映承任组长，市委副书记杜小平、天水军分区政委刘喜廷、副市长张俭成任副组长。领导小组下设军地两个办公室，市民政局局长杨向荣和天水军分区政治部主任唐平西分别任办公室主任。年底前，各县（区）也相继成立了双拥工作领导小组。

1991年7月，天水市双拥工作领导小组成员调整。市委书记牟本理任组长，市委副书记李正平、天水军分区政委刘喜廷、天水市人民政府副市长张长生任副组长。

1995年4月，天水市双拥工作领导小组成员第2次调整。市委书记刘长凯任组长，市委副书记乔正风、天水军分区政委刘喜廷、市人大常委会副主任胡正义、副市长徐怀恩、市政协副主席李伟、某部队副政委杜灿任副组长。

1996年7月，天水市双拥工作领导小组成员第3次调整。市委书记刘长凯任组长，市委副书记乔正风任常务副组长，天水军分区政委刘喜廷、副市长徐怀恩、市委秘书长李世荣、市人大常委会副主任刘满长、市政协副主席陈玉琴、某部队政委杜灿任副组长。在市民政局设双拥办公室，市民政局副局长蔡金华任主任，天水军分区政治部副主任李福太任副主任。

2000年1月，天水市双拥工作领导小组成员第4次调整。市委书记王洪宾任组长，市委副书记、市长张津梁任第一副组长，市委副书记乔正风任常务副组长，副市长徐怀恩、天水军分区政委黄元阶、某部队政委李太忠、市人大常委会副主任刘满长、市政协副主席陈玉琴任副组长。领导小组下设办公室，市民政局副局长蔡金华任办公室主任，市民政局优抚科科长周北生、天水军分区宣保科科长李辉任副主任。

2004年7月，天水市双拥工作领导小组成员第5次调整。市委书记张津梁任组长，市长赵春任第一副组长，市委副书记张广智任常务副组长，天水军分区政委张军、某部队政委傅传玉、市人大常委会副主任杜明富、市政府副市长马青林、市政协副主席王一任副组长。领导小组下设办公室，市民政局副局长韩莉任办公室主任，市民政局优抚科科长马继德、天水军分区政治部正营职干事王建军任副主任，市民政局副县级干部郭治宁任专职副主任。

2005年10月，天水市双拥工作领导小组成员第6次调整。市委书记赵春任组长，市委副书记、市长张广智任第一副组长，市委副书记张和平任常务副组长，天水军分区政委张军、某部队政委赵省让、某部队政委洪兵、天水预备役旅政委高豫蜀、市人大常委会副主任卢双双、市政协副主席李录勤、市公安局局长张学民任副组长。领导小组下设办公室，市民政局副局长韩莉任办公室主任，市民政局优抚科科长马继德、天水军分区政治部副团职干事糟文学任副主任，市民政局副县级干部郭治宁任专职副主任，市民政局副科级干部王宇平任专职秘书。

2008年12月，天水市双拥工作领导小组成员第7次调整。市委书记、市人大常委会主任张景辉任组长，市委副书记、市长李文卿任第一副组长，市委副书记宋敬国任常务副组长，市纪委书记、市政府副市长杨维俊及天水军分区司令员刘道成、某部队政委张绘武、某部队政委陈浩、天水预备役旅政委高豫蜀、市人大常委会副主任朱政英、市政协副主席王凤保任副组长。领导小组下设办公室，市民政局副局长王燕任办公室主任，市民政局优抚科科长马继德、天水军分区政治部副营职干事王志洲任办公室副主任，市民政局副县级干部郭治宁任专职副主任，市民政局副科级干部王宇平任专职秘书。

2013年5月，天水市双拥工作领导小组成员第8次调整。市委书记马世忠任组长，市委副书记、市长王锐任第一副组长，市委副书记、市政协主席杨维俊任常务副组长，市委常委、天水军分区政委李治林及市人大常委会副主任黄孝荣、副市长雷鸣、市政协副主席何道华、某部队政委张绘武、某部队政委陈浩、天水预备役旅政委魏云胜任副组长。领导小组下设办公室，市民政局副局长李蘋任办公室主任，市民政局优抚科科长郭治宁、天水军分区政治部正营职干事赵峰任副主任。

2015年4月，天水市双拥工作领导小组成员第9次调整。市委书记王锐任组长，市委副书记、市长杨维俊任第一副组长，市委副书记、市政协主席宋尚有任常务副组长，市委常委、副市长张明泰，市委常委、市委秘书长蒋晓强，市委常委、天水军分区司令员李建中，市人大常委会副主任黄孝荣，市政协副主席何道华，某部队政委时镇，某部队政委马家兴，天水预备役旅政委魏云胜任副组长。领导小组下设办公室，市民政局副局长李蘋任办公室主任，市民政局优抚科科长郭治宁、天水军分区政治部副团职干事王卓斌任副主任。

第二节 拥军优属

一、走访慰问

1986年9月，天水市组成党政军慰问团，赴云南慰问了参加对越防御作战的某部队。

1987年7月，天水市党政军慰问团慰问了老山作战凯旋的某部队。

1988年至1995年，每年元旦、春节，天水市党政军慰问团慰问驻市部队。

图7-1　2008年天水市“八·一”拥军慰问演出活动现场

1996年2月14日，市委书记刘长凯和市长王洪宾带队赴陕西宝鸡慰问某集团军；向部队党委汇报驻天水某部队支援地方建设方面的成绩和天水市双拥工作，并为某部队请功。2008年7月31日，由市委书记张景辉带队，赴宝鸡慰问某集团军。2012年7月30日，由市委书记马世忠带队，赴宝鸡慰问某集团军。

2001年至2015年，每年在元旦、春节和八一前夕，市、县、区组织开展对驻地部队和在乡“三红”“三属”及一至四级伤残军人的走访慰问活动；八一前夕，市、县、区举行党政军领导干部“军事日”活动。

二、“爱心献功臣”行动

2002年至2005年，根据民政部要求，全市组织开展“爱心献功臣”行动。全市协调775个行政企事业单位和驻地部队与1459户重点优抚对象结对帮扶。

三、地方支持部队建设

1991年8月，北道区人民政府筹资92万元在颍川河上架设79米长、9.5米宽的拥军桥。

1995年4月5日，市委决定让秦城、北道、秦安、清水4个县（区）协助某部队埋设长为57.3千米的天水—秦安通信光纤电缆。

1998年4月1日，市委副书记乔正风、秦城区委书记刘宝珍带领市、区民政局，财政局等有关部门的负责人到驻军某部队战备物资仓库观摩，就库区外1000米道路的整修问题，决定市、区财政各划拨1.5万元资金，指派秦城区交通局负责施工，同年6月底前交付使用。

2004年，市建行为某部队捐款8万元，帮助该部队充实了科技拥军图书室；市工行为某部队捐款16万元，用于更新该部队的办公设备。

2010年，投资397.6万元，征地30亩，建设森林武警麦积大队营房。由麦积区协助征地10亩，部队出资修建某部队士官公寓楼。整体搬迁甘谷县人武部，计划投资916万元，征地6.3亩。整体搬迁张家川县人武部，计划投资360万元，征地4亩。开工建设天水市军警民综合训练基地。投资541万元，征地5.2亩，在甘谷县建设天水预备役旅三营营房。列资150万元，维修天水市民兵武器仓库。投资2995万元，建设全长40千米的秦州区“藉口—罗家堡”战备公路。投资2400万元，建设全长41千米的麦积区“石嘴贾家河”战备公路。投资70万元，援建天水预备役旅进出口道路工程。征地15.5亩，争取资金850万元，建设天水飞机场消防队（站）。投资200万元，建设消防指挥通信系统。投资130万元，购置空气压缩泡沫消防车一辆。以天水市农业高新技术示范园区为依托，帮助某部队建设军地两用人才培训基地。开办10个科技文化培训班，培训军地两用人才1000人。

2011年，完成投资260万元、征地12亩的麦积区武警中队整体搬迁工程，完成森林武警麦积大队营院硬化、绿化、亮化工程，完成投资150万元、征地4亩的甘谷县武警中队整体搬迁工程，实施秦安县消防大队营房搬迁工程，启动天水军分区机关营院和人民路干休所搬迁建设工作，启动麦积区、秦安县人武部整体迁建工程。完成甘谷县和张家川县人武部办公大楼室内的粉刷贴面、设施配套，新营院内的平整、硬化、绿化工程，并投入使用。

2008年以来，天水先后划拨土地300多亩、建设占地160多亩、投资3240万元的天水市军警民综合训练基地的建成，彻底解决了驻军及民兵预备役人员训练难的问题。投资3400万元，建成建设占地40亩的武警天水指挥中心。投资870多万元，征地18.7亩，建成某部队门前路桥工程。启动天水预备役旅机关营院基础设施建设工程。省上立项，在天水预备役旅组建天水抗灾抢险应急分队。投资20万元，解决预备役部队战备物资和工兵营抢险救援分队物资装备的购置问题。完成甘谷县预备役三营办公大楼室内的粉刷贴面、设施配套，新营区内的平整硬化、绿化工程。投资120万元，硬化310国道至武警麦积区中队营区1000米路段工程。投资650万元，建设全长13千米的麦积区“天水市风动厂-空军雷达站”战备公路。投资710万元，完成秦安县城通往县武警中队营区道路硬化工程。投资130万元，完成县消防队门前道路的硬化、绿化、美化、亮化工程。投资20万元，完成武警甘谷县中队新营区楼南环路300米道路硬化工程。市财政拨付10万元，解决天水公安消防支队官兵意外伤害保险和高危行业补贴经费。各县（区）拨付资金为驻地消防部队维修消防车库，增添办公设施，其中，甘谷县列支16万元，解决县消防大队装备及办公费用。援建7个军营图书室（含1个军营电子阅览室），捐赠图书15000册，其中，麦积区援建1个军营电子阅览室，6个县（区）各援建1个军营图书室，赠书5000册，武山县帮助县武警中队建设文化长廊。投资20万元，维修某部队师史馆建设工程。投资10万元，解决武警天水支队购置装备器材的费用问题。完成甘谷县预备役三营通信指挥信息设施安装工程。武山县帮助3个部队架设有线电视网。

四、退伍军人创业致富带头人

胡晨光，男，汉族，天水麦积区人。1969年6月生，1985年12月入伍，1986年至1987

年参加老山前线对越自卫反击战并荣立三等功1次，1989年3月退伍。2007年，申请注册国家专利，成立“天水晨光珠绣工艺画有限责任公司”。先后培训妇女1409名，其中有85%的妇女掌握了珠绣技能并就业。

胡晨光先后获得珠绣和刺绣工艺7项国家专利，“珠绣工艺画”专利成果荣获日内瓦国际专利成果博览会金奖，同时荣获联合国教科文组织领导下的日内瓦全球发明家工会和世界专利交易评估促进委员会颁发的“国际专利事务评估师”证书、“日内瓦全球发明家工会会员”证书和“专利资质”证书，世界专利交易评估促进委员会将其专利价值评估为850万元。他被列入中国名人名册，入编《世界发明英才专利大典》（2002世纪版），此书为国际馆藏工具书。

五、“天兰双拥文明线”创建工作

（一）军事保障基地建设

天水市、县、区都制定了相应的应急保障预案，车站和军供站建立了应急保障机构。2004年以来，完成某部队4次赴宁夏贺兰山和青海格尔木的外训演习、某部队2次等级战备演练、天水预备役旅2次外训保障任务等。

（二）绿色生态工程建设

重点建设了羲皇故里国防林、麦积山民兵林、秦安八一双拥林、武山新农村爱民林、甘谷千亩花椒基地等绿色生态工程50多处，总面积近30万亩。

（三）双拥共建示范点建设

天水粮食军供站和兰州军区通信站驻清水县通信连受到了省市表彰，天水武警四中队与甘肃省574物资储备库被国家物资局和全国武警总队表彰为“军民共建先进集体”。

（四）双拥和国防教育基地建设

加大了对某部队师史馆、武山县红军长征纪念馆等国防和爱国主义教育基地的投入，完善了22个双拥和国防教育基地的基础设施建设。同时，新建了天水双拥展室、伏羲双拥广场、甘谷姜维广场、武山沟精神纪念馆等一批国防教育基地。

（五）以救助失学儿童为主的扶贫帮困工程建设

天水军分区、某部队、天水武警支队、消防支队和武山某部队在秦州区皂郊乡、大门乡，麦积区伯阳乡、三岔乡，武山洛门镇，清水远门镇等地先后办起了9个“春蕾女童班”，救助失学女童2000多名。某部队、麦积区预备役炮兵团等7个团级单位也采取集资捐助等形式，救助失学儿童1200多名。

（六）群众性拥军服务体系建设

全市建立了以组织和人社部门为主的部队家属就业保障体系，先后为220多名部队家属安排了工作，为172名家属调动了工作，对某部队170多名家属进行岗前培训并实现就业。建立以粮食、商业、供销部门为主的生活供应服务体系，市军粮供应站在全市设立32个专供点和专供窗口，为部队生活提供优质服务。建立以公安、发改部门为主的随军服务体系，先后为400多名部队家属办理了随军随队、户口随迁手续。建立以卫生、医院等部门为主的医疗服务体系，先后为部队官兵和重点优抚对象减免各种费用达110多万元。建立以交通运输部门为主的交通战备保障体系，在部队十多次大的战备演习和急难险重任务中，确保车辆畅通无阻。建立以教育部门为主的教育服务体系，在全市办起了4个文化、电脑学习班。2004年以来，先后安排部队子女入学760多人，减免各种费用达40多万元。建立以公安、司法和土地部门为主的军队权益保护体系，在全市为重点部队设立军事禁区和军事设施保护区14处。建立以科技拥军单位和大中专学院为主的科技拥军服务体系，帮助部队解决军事通信网络、机械车辆改造等科技难题70多个，培养高技术人才12名。建立以农业、畜牧等部门为主的“菜篮子工程”服务体系，帮助部队建起了4个养殖温棚、17处蔬菜种植基地。

图7-2 军民携手抢险救灾

（七）双拥宣传标志和标语牌设立

市、县、区先后投资120多万元，在铁路和公路沿线的车站、广场、旅游景区和交通主干道上设立130多条大型双拥宣传标志和标语牌。

（八）维护社会稳定

完成3次“伏羲文化节”、6次“明星演唱会”、甘谷县“龙文化节”、秦安县“果品博览会”等大型节会的执勤任务；成功处置500多次灾害事故，抢救遇险群众300多人，挽回直接经济损失1.2亿多元。

第三节 拥政爱民

一、抢险救灾

1990年8月11日，北道区北山山体滑坡，天水锻压机床厂7名职工和部分车间被压埋，损失严重。某部队工兵连迅速赶赴现场救灾，连续抢救15天，排除了险情。

1992年4月30日，甘谷、武山两县突降暴雨，山洪暴发。某部队和预备役出动600多人抢险救灾，救出群众4000多人，发放各类物资2200余件，修路27千米，修河堤6000多米，维护农田1300亩，并向灾区群众捐款7万多元、粮食1万公斤、被褥4000条。

1993年6月，甘谷县境内发生火车颠覆事故，某部队出动2500人次抢救伤员，搬运物资，清理现场，连续作战170小时，使铁路恢复正常运行。同年10月，天水造纸厂发生火灾，某部队出动260多名官兵，经过1个多小时的奋战，扑灭了大火，为该厂挽回经济损失80多万元。

1995年4月19日，甘谷县武家河乡矿体坍塌，9名矿工被埋。某部队出动700多人次、车辆22台次，奋战3个昼夜，救出被埋民工。5月17日，张家川县人武部组织54名民兵，经过6小时奋战，扑灭了森林大火，保护了森林和群众安全。7月1日凌晨，秦城区北山山体滑坡，玉泉乡砖瓦厂10名民工被埋。某部队、天水预备役师二团出动300多人、6辆车及时赶到现场抢救，连续奋战12小时，救出全部被埋人员。

1998年，驻市部队救灾11次，参加人员893人，抢救遇险群众59人。同年9月1日，天水市第一粮库粮囤倒塌，武警支队官兵200余人奋力抢险，历时20小时，救出粮库职工25人，挽回粮食300余吨。

1999年9月，北道区渭河暴涨，4名群众被围困河心沙洲，驻军某部队200多名官兵全力营救，使群众脱险。

2000年至2002年驻市部队参与抢险救灾40多次，抢救遇难群众240多人，挽回经济损失3000多万元。

2010年8月，甘南舟曲、陇南成县及天水市部分县（区）发生特大泥石流灾害，驻地部队第一时间赶赴现场救灾，保护人民群众安全。

2013年6月、7月，秦州区娘娘坝遭遇了泥石流和特大暴雨，参与娘娘坝抗洪抢险的某军防化团、天水武警支队、消防支队、预备役旅紧急调集官兵400余人开展人员搜救、道路抢通等工作。天水市水务、交通、公路、电力、通信等部门组建应急抢险队，紧急调集挖掘机、装载机等大型机械100多台，出动370余人组成抢险队伍，全力开展316国道、上李、刘什公路等主干路线的抢修抢通工作。

二、扶贫帮困

1984年开始，农村扶优与扶贫合并，统一部署。至1990年累计扶持6847户，其中，5945户得到不同程度的帮扶，使得4419户脱贫、112户致富。

1995年7月，驻市部队响应省委、省政府号召，为“121”雨水集流工程捐款38.8万元。

1999年，驻市各部队为贫困地区捐款1.6万元，捐送衣物1000多件，救助失学儿童524名。

2004年，驻地部队先后建立扶贫点140多个，包户扶贫220多户，为各灾区捐款60多万元。天水军分区、某部队、天水预备役旅、天水消防支队先后投资11万元，办起了8个

“春蕾女童班”，捐赠课桌和学习用品价值达4.8万元，捐助失学儿童1702名。

2005年至2015年，驻市部队先后帮扶贫困户4000多户，资助贫困学生2400多名。

图7-3　2008年12月，驻市某部队开展扶贫帮困慰问活动

三、生态环境保护和综合治理工程

到1988年上半年，部队累计投入兵力1500多人，机械出动500多台，完成2.5千米长、28米宽的路基挖填任务。

1990年3月，某部队出动1300多人，为市森林公园植树200多亩。次年3月底到4月上旬，某部队先后出动2700多名官兵、200多台车辆，参加天水火车站广场建设工程。4月10日至19日，某部队共出动2620多人，清挖北道区防洪污泥和土石方6000立方米，疏通渠道1200米。

1992年3月，某部队在二十里铺乡高家湾村参加植树劳动。先后投入兵力5400人、车辆1400台，营造爱民林500余亩，植树5.4万株。5月21日至6月2日，某部队参加市中心广场建设，出动官兵2600多人，机械、车辆169台，回填土方10000立方米。7月13日，秦城区人民政府为某部队建造的“爱民林”纪念碑落成，该部队1991年至1992年在秦城区豹子沟中段地带植树20万株，营造绿化面积500余亩；同月，某部队、天水军分区、天水武警支队共投入700多个劳动日，修整南山体育中心的篮球场和排球场，共拉运土方2000多立方米，修整面积3800平方米。8月，兰空场站投资60万元在部队驻地修防洪堤3000多米，被驻地群众誉为“爱民堤”；同月，某部队参与北道区北山公路的建设工程，出动官兵4760人、车辆168台，挖掘土方1.9万立方米，修成长800米、宽7.5米的北山公路主干道，被北道区政府命名为“爱民路”。10月，某部队参加甘谷县旧城改造和康庄公路建设，截至1993年4月，共投工5000多个，出动车辆1600台。

1993年，驻市部队参加天北高速公路建设，投入1400个劳动日，出动机械车辆500台。

图7-4　2009年5月，市委书记、市人大常委会主任张景辉慰问某部队官兵

1997年3月，驻市部队出动官兵5000多人，植树15000余株；同时出动2100多人，参加市区自来水联网工程北道牟家滩管道施工。

1998年，驻市部队出动兵力6367人、各种车辆1763台，植树16799株，平田整地4210亩，整修道路103.4千米，修水渠56.7千米，运垃圾400多吨。

1999年，驻市部队出动兵力5400多人、车辆700多台，为驻地修道路40多千米，修水渠56.7千米，运垃圾700余吨。

2000年至2002年，驻市部队先后出动兵力30万人、车辆机械设备6000多台，支援宝兰铁路天水段建设和旧城改造、农田基建、生态环境建设等重大工程，先后为地方植树1000多亩，兴修农田540多亩。

2004年，驻地部队先后投入兵力4万多人、机械车辆6000多台，支持天水的国道扩建和水利建设、城市建设、农田建设、绿化造林等重点工程建设。

2009年初，天水旱灾严重，驻地部队主动请缨，连续1个月向灾区送水，缓解了旱情。6月17日，秦州区东十里锅炉厂仓库发生火灾，市消防支队集结4个执勤中队12台消防车奋战2个多小时，成功扑灭大火，挽回经济损失上百万元。

四、军地援建“双十工程”

军地援建“双十工程”是省委、省政府、省军区为了加强和促进双拥工作做出的一项重大决策。2008年至2015年，全市军地援建“双十工程”取得了阶段性成果。

（一）战备保障建设

市委、市政府在财政十分困难的情况下，筹资2400多万元，修建占地160亩的天水市军警民综合训练基地；拨付890多万元，完成某部队门前道路和桥梁改造工程；投资700多万元，完成某部队门前道路维修工程；协调340多万元和11个部门，为某部队划定了14个军事设施保护区。

(二)基础设施建设

将天水军分区和省军区干休所整体搬迁纳入城区搬迁和改造的范围;先后投入1600多万元,完成甘谷县、张家川县人武部的迁建工作;投资2400多万元,启动麦积区、武山县、清水县、秦安县人武部迁建工程;投入近2000万元,完成武警天水支队和麦积区、甘谷县、武山县、秦安县、清水县、张家川县6个县(区)武警中队,以及甘谷县、武山县、秦安县、清水县4个县预备役大队的整体搬迁和营区基础设施建设。筹资170多万元,帮助某部队修筑营区西侧河堤;筹资67万元,为天水军警民综合训练基地安装自来水网管;协调资金50多万元,为武警森林大队美化营区环境;将某部队的3个飞行检测站的道路硬化工程纳入地方乡村道路的改造范围;为驻地部队建成了14个军营图书室、4个文化俱乐部、11个荣誉室等。

(三)地方支柱产业建设

驻地部队参加秦州区万亩樱桃基地、麦积区万亩葡萄基地、甘谷县万亩花椒基地、武山县万亩韭菜基地、秦安县万亩鲜桃基地、清水县万亩苹果基地、张家川县万亩蔬菜大棚基地等援建工程。

(四)生态工程建设

驻地部队积极参与秦州区藉河生态工程、麦积区渭河生态工程、武山县宁远生态园等生态工程建设和甘谷县姜维文化广场、清水县轩辕文化广场、秦安县百里文化长廊等文化设施建设,在全市建立万亩国防林11个、千亩民兵林22个、文明景区10个、文明广场4个。

五、军民共建社会主义新农村

2008年以来,按照省委、省政府和省军区的安排部署,全市组织开展了"军民共建社会主义新农村"活动,驻市部队开展"三个一"帮扶、帮建活动。每个团级以上单位帮扶一个重灾村,帮建一所学校,团级以上领导每人帮助一户重灾户。共投入兵力9600多人、机械车辆700多台,协调投入资金600多万元,捐款220多万元,交纳"特殊党费"300万元,帮助灾区群众重建家园。

六、维护社会稳定

2000年至2002年,在2000年中国西部商品交易会、2001年至2015年伏羲文化旅游节、2002年全国乡企贸洽会及"甘肃情系陇原慰问演出"、天水市第二届运动会等大型活动期间,军警民联防群治,共同维持治安,确保各项活动顺利开展。

第四节　双拥共建

一、双拥活动

1990年，双拥领导小组成立并开展工作。

1991年至1992年，八一期间，组织开展军地联欢活动。

1993年9月，为迎接某部队参加“9·3”西部军事演习，沿途组织20万名群众迎送；并设置机修、医疗、茶水和水果供应等36个服务点，赠送食品20多种。

1995年9月1日，市委召开议军会议，研究解决部队在训练场地、仓库维修、生产、生活服务等方面的10个问题，市财政为此先后拨款96万元。

1996年5月27日，市委副书记、市双拥工作领导小组常务副组长乔正风召集领导小组有关人员专题安排双拥工作“四个一”（一本书、一部电视剧、一个双拥成果展览、一批双拥模范单位和个人）工程准备工作，市政府批拨“四个一”专项经费10万元。5月30日，乔正风主持召开市双拥工作领导小组扩大会议，传达省委办公厅、省政府办公厅、省军区政治部《关于认真做好双拥工作　以实际行动迎接全国和甘肃省双拥模范城（县）命名大会的通知》的精神和贯彻意见。7月29日，为庆祝中国人民解放军建军69周年和红军长征胜利60周年，市双拥工作领导小组组织由市委、市人大、市政府、市政协、天水军分区、某部队、天水预备役师党政军领导和市双拥工作领导小组全体成员参加的“军事日”活动。7月31日，某部队司令部直属队党委、市文明办、市双拥办联合召开塑造“家门口”军官形象评比竞赛活动动员表彰大会，并编纂《同结鱼水情，共建双拥城》一书；同时，在市民政局设立天水市双拥工作成果展览厅，展厅面积80平方米，展览共分亲切关怀、光辉历程、领导重视、国防教育、政策落实、军民共建、双拥成果几个方面，共15个版面、115张照片。7月，市委宣传部、市教委、团市委、武警支队协同成立天水市少年军校，采取封闭集训方式军训学生，共举办了5期培训班，军训学生501人。八一建军节前后，在天水电视台连续播放天水市双拥工作纪实专题片《一支永恒的歌》，片长约30分钟，这是天水拍摄的反映双拥工作的第一部专题片。10月，筹建天水市国防教育中心，共投入资金8万元（市级拨付5万元、区级拨付3万元），地点确定在天水预备役旅。同年，北道区筹建国防教育馆，甘谷县建立烈士纪念馆；市财政拨款40万元，解决天水军分区军械报警设备和脉冲电网的经费问题；经市委常委会会议研究决定，由市财政为市武警支队官兵每人每天补助生活费0.5元。

1999年4月7日，省双拥办公室主任王宏亮来天水考察，要求天水认真总结塑造优秀“家门口”军官形象活动的经验。

2000年1月13日，中共天水市委、市政府、天水军分区召集全市149个乡镇的主要负责人及各县（区）、市直各部门的主要领导共300余人参加天水市国防教育中心开馆仪式，并在某部队召开天水市“深入进行国防教育，广泛开展双拥活动”动员大会，市委书记王洪宾作了重要讲话。

2001年12月16日，天水市旅游局、天水市计划委员会、天水市建设委员会、天水市民政局、天水市财政局、天水市物价局、天水市文化局、天水市民族宗教事务局联合下发《关于旅游景区（点）、城市公园对个别群体实行减免浏览参观门票的通知》（天市旅发〔2001〕7号），对现役军人、老红军、老八路、离退休军人、军残人士、社会残障人士、老年人、外地省以上劳模、本地市以上劳模、有宣传采访任务的记者等人，免收浏览参观门票费。

2002年5月27日，天水市组织由市委书记张津梁、市长赵春带队，市政协主席乔正风、天水军分区政委张军、市人大常委会副主任杜明富、某部队副政委李卿君参加的天水市党政军代表团前往浙江省舟山市，与舟山市人民政府签订《双拥友好城市协议书》，标志着天水市与浙江省舟山市正式缔结为“双拥友好城市”。

2004年，天水市双拥友好城市浙江省舟山市为某部队师史馆捐款30万元，完善师史馆建设。

2007年1月，市委宣传部和市双拥办联合制定下发《天水市双拥宣传工作实施意见》。《天水日报》、天水广播电视台开辟专题栏目，对全市双拥工作的重大活动进行跟踪报道，先后刊发双拥稿件600多篇。市双拥办协调摄制《羲皇故里双拥情》电视剧，编纂《天河鱼水情——天水双拥纪实》一书，并投资4.5万元设立大型城市标志和标语牌。

2008年2月12日，天水市在市中心广场举行第3次获得全国“双拥模范城”迎牌仪式暨争创“四连冠”动员大会。3月18日，某部队与建行天水分行举行共建仪式，市领导韩岱成参加仪式；25日，举行某部队为市一中捐赠40万元的教学实验仪器仪式，市领导宋敬国、孙周秦、刘道成、杨维俊、郭奇若参加。6月4日，天水军分区与市双拥办赴驻军各部队协调驻军落实援建灾后重建“三个一”活动。6月5日，市委、市政府、天水军分区举行仪式欢送兰州军区陆航团机组人员，市领导张景辉、李文卿、宋敬国、张怀仁、杨维俊、刘斌参加仪式。6月25日，市双拥办编印《军民携手抗震救灾》和《天兰线上双拥情》两册书。7月7日至11日，省双拥检查评估工作组在市委常委、市纪委书记、副市长杨维俊，天水军分区政委刘斌的陪同下，对天水的双拥创建工作进行届中检查评估；9日，市委副书记宋敬国主持召开双拥领导小组会议，研究议军、议警会议议题及八一拥军慰问事项；17日，市委召开常委会会议研究议军、议警会议议题；21日、23日，市领导宋敬国、杨维俊、刘斌率团前往麦积区慰问某部队、武警天水麦积中队、天水预备役炮团；22日，市委、市政府在天水迎宾馆召开议军会议；24日，市领导宋敬国、杨维俊、刘斌率团前往陇南慰问某部队；26日，省委副书记刘伟平率团慰问驻市某部队；28日，市老年书画协会赴某部队慰问；29日，市领导张景辉、李文卿、宋敬国、张怀仁、刘道成、杨维俊率团慰问武警天水支队、天水消防支队、省军区干休所、武警天水警卫处。8月5日，市党政军领导组团前往宁夏慰问即将参加“跨越2009”外训演练的某部队；8日，市委副书记宋敬国主持召开某部队路桥工程现场会，天水军分区、市发改委、市民政局、市建设局、市交通局、市双拥办领导参加会议；13日和25日，天水举行“迎接抗震救灾部队归来欢迎仪式”；15日，市委、市政府召开“天水市军警民综合训练基地建设领导小组会议”，市领导张景辉、李文卿、宋敬国、刘道成、杨维俊参加会议；25日，举办某部队抗震救灾事迹报告会，同日晚举办某部队抗震救灾汇报演出；26日至31日，举办驻市部队抗震救灾图片展。9月7日，某部队胜利完成“跨越2009”军事演练任务，天水人民夹道欢迎，市委、市政府、天水军分区在某部队举行欢迎仪式，市领导张应华、柴金祥、王光庆、蒋晓强、郑黎、朱正英、雷鸣、王凤保参加了仪式；14日，钢铁红军师“跨越2009”实兵演练庆功座谈会在天水宾馆举行，市领导李文卿、张应华、韩岱成、杨维俊、杨继军、郑黎、任伯年、雷鸣参加了座谈会；25日，市国防动员委员会举行国防动员指挥演练，市领导张景辉、李文卿、张应华、韩岱成、雷鸣参加了演练；25日，“迎国庆、话跨越、叙友情”军地联谊活动在某部队举行，市党政军领导张景辉、李文卿、汪海江、张绘武、李治林、李军、张应华、韩岱成、柴金祥、李美华、杨维俊、王光庆、郭奇若、蒋晓强、朱正英、萧菡、彭鸿嘉、雷鸣、白朝德参加活动；30日，在秦州区举办“向革命先烈敬献花篮仪式”，市领导杨维俊、张怀仁、张健参加仪式；25日，市委书记、市人大常委会主任、天水预备役旅第一政委，市委副书记、市长、天水预备役旅副旅长慰问并检阅参加“陇原——09”演习的天水预备役旅官兵；27日，天水双拥重点项目工程——某部队出口桥梁工程正式通车，省委副书记刘伟平，省委常委、省军区政委刘巨魁，某集团军首长何清成及省发改委、省交通厅、省民政厅的负责人和市领导张景辉、李文卿、张绘武、张应华、韩岱成、蒋晓强参加通车仪式。11月14日，天水消防支队清水中队、麦积区中队在甘肃省首届“陇原十大消防卫士”和“双十佳标兵单位”评选中被评为“双十佳标兵单位”；19日，“志愿者之光——火凤凰”慰问演出团为天水党政军民举行专场慰问演出，市领导张景辉、李文卿、宋敬国、孙周秦、柴金祥、张应华、刘道成、杨维俊、刘斌等与驻地官兵、抗震救灾志愿者及各行各业群众观看演出；26日，武警天水指挥中心大楼落成典礼举行，武警甘肃总队政委刘武，市领导张景辉、韩岱成参加了仪式。12月28日至31日，某部队和秦州剧院举行“天水市军地纪念改革开放三十周年”书画展和专场文艺晚会、音乐会、秦腔演唱会。

图7-5　驻地某军为天水市青少年讲解军队建设知识

2009年1月12日，省委书记、省人大常委会主任陆浩率团慰问2个某驻市部队，各赠送慰问金30万元；15日，天水消防支队特勤中队队长王洪超被评为“感动甘肃——2008十大陇人骄子”。2月18日，驻地部队举行抗旱应急送水启动仪式，市领导张景辉、李文卿、杨维俊、彭鸿嘉、刘超、杨发元参加仪式。2月至3月，天水旱灾，驻军支援地方抗旱，连续送水1个月。3月7日，驻军红军师金刚钻团开展“学雷锋、献爱心、捐热血”活动，组织官兵400余人无偿献血10万余毫升；10日，兰州军区副政委刘晓榕在市委常委、纪委书记、副市长杨维俊，市委常委、副市长陈伟的陪同下视察天水预备役连队建设情况；23日，武警总部后勤部副部长许世宽及武警甘肃总队队长左宗国，在市委常委、政法委书记韩岱成，市委常委、副市长陈伟的陪同下视察武警天水支队指挥中心建设情况。4月10日，某部队帮助麦积区清理颍川河道；21日，某部队演出队来天水慰问演出，市领导张景辉、杨维俊、蒋晓强观看演出并看望演职人员；22日，兰州军区将军书画院天水书法展开展，市领导宋敬国、柴金祥出席开展仪式。5月8日，天水军分区、某部队、天水预备役旅、武警天水支队、天水消防支队支援秦州藉河二期工程；18日至26日，市双拥工作领导小组对全市各县（区）、驻市各部队的双拥创建工作进行届中检查评估；25日，武警麦积区森林大队成立；26日，市委书记、市人大常委会主任张景辉在清水县主持召开重点县（区）人武部全面建设督促协调会；29日，由省委宣传部常务副部长张建昌、省民政厅副厅长张和平带队的省双拥调研组一行8人来天水调研军民融合式发展的经验，市领导张景辉、李文卿、王光庆、郑黎、张明泰陪同调研。

2010年5月4日，由中央驻甘媒体、甘肃日报等多家媒体组成的省双拥工作专题采访团来天水，就天水的军民融合式发展经验进行深入采访；5日，全市双拥模范城（县）考评试点工作会议在天水迎宾馆召开，市委常委、政法委书记韩岱成主持会议，天水军分区政委李治林、副市长雷鸣出席会议；6日、7日，市委书记、市人大常委会主任张景辉，市委副书记、市长李文卿分别接受中央驻甘媒体、甘肃日报等多家媒体组成的省双拥工作专题采访团的采访；14日，全市双拥工作联络员培训会议在市民政局召开，会上对全市70名双拥工作联络员进行了培训。6月18日，全市双拥模范城（县）考评试点工作督促会议在市政府召开，市委常委、政法委书记韩岱成主持会议，副市长雷鸣作了讲话；26日，民政部副部长、全国双拥办副主任孙绍骋，民政部优抚安置局副局长、全国双拥办副主任董华中，民政部优抚安置局处长李桂广等一行4人在省民政厅厅长田宝忠、副厅长张和平的陪同下来天水视察双拥工作，市领导韩岱成、郑黎、雷鸣陪同视察。

2012年3月15日，天水市委议军会议在天水迎宾馆召开。市委书记、天水军分区党委第一书记马世忠作了讲话；市委副书记、市政协主席杨维俊宣读了表彰决定，并对获奖单位和个人进行了表彰；市领导柴金祥、李美华、王光庆、郭奇若、张明泰、蒋晓强、赵卫东、雷鸣及驻市部队首长、市政府秘书长逯克宗出席会议。

2013年2月22日，中共天水市委召开议军会议，传达省委议军会议精神，总结上一年度全市国防后备力量建设工作，研究解决全市党管武装工作中的有关问题。市委副书记、市长王锐主持会议，市领导柴金祥、杨维俊、王光庆、张明泰、蒋晓强、赵卫东、彭鸿嘉、李治林，天水军分区副司令员张瑜出席会议。

2014年5月13日，天水市委议军会议在天水迎宾馆召开。市委书记、天水军分区党委第一书记王锐在会上作了讲话，市委副书记、市长杨维俊主持会议，市领导柴金祥、宋尚有、李美华、张明泰、蒋晓强、赵卫东、李治林、蒲军、宋德雄、雷鸣出席会议。

2015年3月17日，天水市双拥工作领导小组召开专题会议，安排部署省委对天水市新一轮双拥模范城（县）创建成果全面检查验收工作，市委副书记、市政协主席宋尚有主持会议，天水军分区政委袁敬伟及市民政局、市双拥办等有关部门负责人参加会议。从4月开始，在市领导带队下，市民政局、市双拥办组成检查组，对五县两区双拥模范城（县）创建工作进行检查验收。8日至15日，甘肃省军区政治部副主任、省双拥办副主任王军营带领省双拥考核验收组一行，就天水市新一轮双拥模范城创建工作逐县进行全面检查验收，市委书记、市双拥工作领导小组组长王锐，市委副书记、市政协主席、市双拥工作领导小组常务副组长宋尚有，市委常委、副市长张明泰，市委常委、统战部部长蒲军，市委常委、天水军分区司令员李建中，市委常委、秦州区委书记雷鸣，副市长许强及天水军分区政委袁敬伟一同检查验收；15日，甘肃省双拥模范城（县）考核验收天水汇报会召开，会议由天水市委书记王锐主持，市委副书记、市政协主席宋尚有作了工作汇报，市委常委、天水军分区司令员李建中，市人大常委会副主任黄孝荣，副市长许强，市政协副主席何道华及某部队政委马家兴出席汇报会。1月至5月，天水市委宣传部、天水市双拥办联合开展“双拥百日宣传活动”。7月24日，市民政局、市双拥办组织市老年书画研究会开展“送文化进军营”活动；30日，市委书记王锐、市人大常委会主任柴金祥和市委副书记、市政协主席宋尚有分别带队慰问了驻市12个团级以上部队，向驻地部队官兵送去了慰问品和节日的祝福。8月21日，省委书记、省人大常委会主任在天水市麦积区考察民兵常备应急分队建设工作，省委常委、省委秘书长李建华，省军区司令员刘万龙、政委傅传玉，参谋长王琦，天水市委书记王锐等参加考察活动。10月27日，天水市委议军会议在天水迎宾馆召开，市委书记、天水军分区党委第一书记王锐作了讲话，市委副书记、市长杨维俊主持会议，市委常委、天水军分区司令员李建中通报去年全市党管武装工作和部队建设情况并对第二年的工作进行部署，市党政军领导柴金祥、宋尚有、张明泰、蒋晓强、蒲军、宋德雄、雷鸣出席会议，麦积区、武山县人武部党委第一书记分别进行党管武装工作述职。

二、国防教育

（一）天水市国防教育中心展馆

天水市国防教育中心展馆位于天水市军警民综合训练基地（麦积区甘泉镇天宝高速麦积入口处），于2011年7月29日建成开馆，建筑面积600平方米，布展面积1000余平方米。

2000年初，在天水预备役旅建成天水市首个国防教育中心展馆；2001年1月，该展馆被评为省级“国防教育基地”。2010年10月，经市委、市政府同意，市委宣传部和市国防教育委员会在原国防教育中心的基础上，在天水市军警民综合训练基地设置布展了新的天水市国防教育中心，并于2012年被评为“全国国防教育示范基地”。

图7-6 中小学生参观教育基地

（二）武山县红军长征强渡渭河纪念馆

1935年9月25日，中国工农红军第一方面军由漳县新寺镇进入武山县马力镇包家柯寨一带，至1936年10月11日中国工农红军第二方面军离开武山县榆盘乡进入通渭县的一年多时间里，红军三大主力部队先后经过马力、鸳鸯、榆盘、高楼、桦林、山丹、滩歌、龙台、四门、沿安、温泉、洛门、龙泉、嘴头14个乡镇，传播马列主义，宣传党的抗日主张，发动群众，减租反霸，发展党员。为了纪念红一方面军强渡渭河的英勇壮举，武山县投资20万元，于2002年8月10日建成红一方面军长征强渡渭河纪念碑，四周栽植了苍松翠柏，临街面修建护栏；2005年10月，此处被武山县人民政府命名为县级“爱国主义教育基地”；2008年3月，此处被天水市人民政府命名为市级“爱国主义教育基地”。

（三）某部队师史馆

某部队师史馆始建于1990年，坐落在兰州军区红军师院内，占地800平方米，布展面积1400平方米。2004年6月，在原有史馆的基础上进行了全面整修。

某部队师史馆于2001年1月被评为甘肃省“国防教育基地”。每逢新兵入营和老兵退伍，都要组织官兵到师史馆缅怀先辈英烈，重温英雄历程。师史馆积极发挥自身的红色资源优势，坚持每年利用清明节、五四青年节、六一儿童节、八一建军节、十一国庆节等重大节日，协调驻地党政机关干部、学生、社会团体到师史馆参观学习，已累计接待参观者近万人。

（四）秦安县解放纪念馆

2012年4月，秦安县委、县政府成立解放纪念馆筹建工作领导小组，编写了“秦安解放纪念馆陈展大纲”。组织专人，沿当年红二十五军长征走过的路线和一野解放军经过的路线，深入麦积区新阳镇和秦安县千户、安伏、魏店等乡镇及陕西省陇县，兰州、天水、静宁、庄浪、华亭、两当等地进行实地考察；走访当年的老红军、一野解放军战士及第一见证人，采访原甘肃省军区副司令员何士英和省党史办有关专家学者，以及红军长征和解放战争的经历者近100人，拍摄纪录片《薪火长征路》；收集当年的红二十五军、一野解放军和秦安地下党组织的珍贵文物、文字、图片资料300件，拍摄视频资料20多小时；投入资金50多万元，完成馆舍装修、展板制作、陈设布展等各项工作；纪念馆于2012年8月1日正式对外开放。2013年7月，秦安县解放纪念馆被省委、省政府命名为省级第6批“爱国主义教育基地”。

（五）甘谷姜维广场

甘谷姜维广场位于甘谷县城南环路与316国道交汇处，于2004年修建完成，总占地面积13亩，其中绿化面积8.3亩，塑有姜维雕像一座。该广场是该县为纪念三国时期蜀汉名将姜维以及弘扬“但有远志，不在当归”的姜维精神，开展爱国主义教育而修建的集国防教育、文化宣传、旅游观赏、休闲娱乐于一体的广场，现由市管所维护管理。自修建以来，县委、县政府每年都在姜维广场组织开展“国防日”活动和姜维诞辰纪念活动，对县城内的中小学生进行爱国主义国防教育。

（六）武山县红一方面军长征强渡渭河纪念碑

武山县红一方面军长征强渡渭河纪念碑位于武山县鸳鸯镇北侧渭河大桥南端桥头，建筑面积10平方米，保护区面积1000平方米。1935年9月和1936年10月，红一、红四方面军从此处强渡渭河。为了纪念红一方面军强渡渭河的英勇壮举，在武山县人民政府的大力支持下，共筹资20万元，于2002年8月1日建成此纪念碑。2005年10月，此纪念碑被武山县人民政府命名为县级“爱国主义教育基地”；2008年3月，被天水市人民政府命名为市级“爱国主义教育基地”。

（七）秦安县烈士陵园

秦安县烈士陵园位于秦安县城南郊一华里的兴国镇邢泉村，占地面积5亩，是为纪念中国人民解放军第一野战军一兵团在固关战斗中光荣牺牲的先烈而建立的。经县政府批准，于1956年11月建成，园内安葬着22名革命烈士的遗体和4名功臣的遗体。1995年3月，此陵园被县委确定为秦安县“爱国主义教育基地”，也成为秦安县重要的“国防教育基地”。

（八）赵充国陵园

赵充国陵园位于清水县城西一千米处的牛头河北岸第一台地上，占地8000平方米，为全国唯一一处西汉名将赵充国陵园，现为甘肃省文物保护单位、天水市“爱国主义教育基地”。整个陵园典雅肃穆、气势恢宏，右边是清水县的碑林，左边是省级重点文物保护单位宋墓群，都是珍贵难得的艺术宝库，有很高的历史、艺术、观赏和研究价值。陵园内四季常青，三季有花，两季有果，古树参天，绿草茵茵；年接待参观人员7万人次，成为清水县对外文化宣传的一个窗口。

（九）清水县抗日救亡运动纪念馆

清水县抗日救亡运动纪念馆于2011年建成，是一座集展览、培训、文化交流于一体的综合性多功能纪念馆。2012年4月，该馆被省委宣传部批准为甘肃省“爱国主义教育基地”，也是各界群众尤其是中小学生开展传统文化教育、爱国主义教育、理想信念教育的大讲堂。

（十）张辉烈士墓

张辉烈士墓是安葬红军长征在秦州区娘娘坝战斗中壮烈牺牲的红二方面军十六师师长

张辉的陵墓，位于秦州区娘娘坝镇牡丹山上。这里山清水秀、景色宜人，建筑占地面积50平方米，保护范围100平方米，于1986年建成。每年清明节，都有天水市民和青年学生来这里凭吊先烈，接受爱国主义教育。该基地由秦州区娘娘坝镇政府管理，属市级文物保护单位。

（十一）郭化如烈士墓

郭化如是武山县郭槐乡郭家庄人，1929年参加景平娃领导的农民起义，1931年投军在国民党新编十四师，1945年在陇西加入中国共产党，并任新成立的中共陇渭支部书记。1948年底，郭化如在桦林山战斗中，不幸腰部中弹，壮烈牺牲。1949年11月，武山县召开三千人大会，追悼郭化如烈士；1985年，在其墓地建造鸳鸯玉石烈士纪念碑，其后在每年清明节都举行隆重的扫墓活动。该墓地位于武山县洛门镇郭庄村西南，由武山县洛门镇政府管理。

（十二）天水市双拥工作展室

天水市双拥工作展室是市双拥办为配合争创全国双拥模范城而建立的双拥宣传教育阵地，面积60平方米，制作大型喷绘200平方米，展出各类图片资料200多幅，从10个方面反映全市双拥工作的整体水平。自2000年以来，先后接待各类参观人员1万多人。该展室由市双拥办管理。

第五节　双拥模范工作表彰

1992年8月24日，天水市委、天水市人民政府、天水军分区召开双拥工作命名表彰会议，秦城区太京乡等28个乡（镇、街道）、秦城区人民政府等39个单位，以及乔正风等39名个人受到表彰。12月18日，中共甘肃省委召开双拥工作表彰会议，秦城区教育局、北道区马跑泉镇人民政府、北道区人民武装部、甘谷县城关镇人民政府、中国人民解放军某部队等单位被命名为“双拥工作先进单位”。

1994年1月28日，市委、市政府、天水军分区召开全市双拥工作表彰命名广播大会，甘谷县人民政府等12个单位被命名为“双拥工作先进单位”，甘谷县磐安镇等10个乡镇被命名为“拥军优属模范乡镇”，甘谷县新兴镇等3个乡镇被命名为“双拥模范镇”。9月，天水市委书记牟本理被《解放军报》《中国国防报》《中国民兵》联合评选为“全国国防后备力量战线十佳新闻人物”。12月27日，省委召开命名表彰会议，天水市、清水县、甘谷县被命名为“省级双拥模范城（县）”。

1995年7月13日，市委、市政府在某部队和永红厂分别召开“7·1”抢险救灾庆功大会，对7月1日在秦城区玉泉乡砖厂抢险救灾中做出突出贡献的某部队、预备役师二团等6个单位和40名个人进行表彰奖励。7月24日，中共天水市委、天水市人民政府、天水军分区联合召开天水市双拥工作命名大会；会上命名秦城区关子乡等47个乡镇（街道）为“拥军优属”或“双拥模范乡镇（街道）”，表彰秦安县等87个单位为“双拥工作先进单位”、白志家等69名个人为“双拥工作先进个人”。7月28日，市委、市政府在甘谷县某部队召开“4·19”抢险救灾庆功大会，对4月19日在武家河矿体坍塌现场抢险中做出突出成绩的部队官兵进行表彰奖励。7月，全市召开双拥工作命名表彰大会，对581个“双拥模范村（居）委会”、173个“双拥先进单位”、187名“双拥先进个人”进行了表彰奖励。12月18日，省委召开命名表彰会议，天水市、秦城区、清水县、秦安县、张家川县被省委、省政府、省军区命名为“双拥模范城（县）”；天水市民政局、财政局、劳动人事局，中国人民解放军某部队、武警天水市支队被表彰为先进单位；市委副书记乔正风、特等伤残军人家属王鹤菊、军分区政治部副主任李福太被表彰为先进个人。

1997年3月13日，天水市召开塑造“家门口”军官形象评比竞赛活动的先进单位、先进个人表彰大会，25名优秀“家门口”军官、好军嫂和好军属，以及5个关心支持军属的先进单位受到表彰。7月23日，民政部、中国人民解放军总政治部在北京召开表彰拥军优属、拥政爱民先进单位和模范个人电视电话会议，天水市民政局被表彰为“拥军优属先进单位”。8月1日，全市召开纪念中国人民解放军70周年暨表彰命名大会，16个军民共建社会主义精神文明先进单位、12名优秀预备役军官、10个支持预备役部队建设先进单位、9名支援预备役部队建设先进个人、21名优秀“家门口”军官、7名好军嫂及5个关心支持军属的先进单位分别受到表彰。

1998年5月25日，天水市委、市政府及天水军分区召开天水市塑造优秀“家门口”军官形象活动表彰大会，共评选表彰先进集体4个、优秀军官40名、好军属19名。10月12日，中共天水市委、天水市人民政府、天水军分区召开天水双拥工作命名表彰大会，大会命名了50个“双拥模范乡”，表彰了66个“双拥先进单位”和77名“双拥先进个人”。12月29日，甘肃省召开甘肃省双拥工作表彰大会，天水市所辖甘谷、武山、秦城、北道、清水、秦安6个县（区）被评为甘肃省“双拥模范县（区）”。

2004年1月，市委书记张津梁被评为“全国国防教育十佳人物”。

2008年7月28日，全市召开“天水市双拥模范乡镇（街道）命名暨双拥先进单位（个人）表彰大会”，市领导张景辉、李文卿、韩岱成、王光庆、蒋晓强、李治林、朱政英、雷鸣、王凤保及驻市部队团以上单位的军政主官参加会议。12月7日，甘肃省“军民共建天兰双拥文明线”表彰大会在兰州召开。天水市民政局、某部队等14个军地单位被评为先进单位；李亚龙、陈芳等20名个人被评为先进个人；28日，天水军分区获甘肃省“全民国防教育工作先进单位”。

2012年3月15日，天水市第4次被授予“全国双拥模范城”称号，迎牌仪式在龙城广场举行。市党政军领导马世忠、柴金祥、杨维俊、李美华、王光庆、郭奇若、蒋晓强、赵卫东、李治林、李建中、汪海江、李军、黄孝荣、雷鸣、王钦锡、何道华、雷传昌、白晓玲、窦正安及市委原常委、政法委原书记韩岱成，市长助理吕淙江等出席仪式，市委副书记、市长王锐主持仪式，全市党政机关和行政部门共2000多人参加了仪式。

2015年7月31日，天水市委、市政府及天水军分区召开全市双拥模范乡镇街道命名暨双拥工作先进单位先进个人表彰大会，共命名表彰59个双拥模范乡镇街道、44个拥军优属先进单位、20个拥政爱民先进单位、45个拥军优属先进个人、20个拥政爱民先进个人。市委书记、市双拥工作领导小组组长王锐出席会议，市委副书记、市政协主席、市双拥工作领导小组常务副组长宋尚有作工作报告，市委常委、市委秘书长、市双拥工作领导小组副组长蒋晓强宣读了市委、市政府、天水军分区《关于命名全市双拥模范乡镇街道暨表彰双拥工作先进单位先进个人的决定》；市委常委、天水军分区司令员、市双拥工作领导小组副组长李建中宣读《甘肃省双拥工作领导小组办公室贺电》。市委常委、副市长、市双拥工作领导小组副组长张明泰主持会议。

第八章　优待抚恤

第一节　优　待

从1996年起，全市实行《农村义务兵家属优待金制度》，标准为上年度农村人均纯收入。2011年起，全省实行《兵役优待补助金制度》，农村义务兵家属优待金随之取消。

2009年8月，天水市出台《优抚对象医疗保障实施细则》(简称《细则》)。享受医疗保障的优抚对象主要为退出现役的残疾军人、烈士遗属、因公牺牲军人遗属和病故军人遗属、在乡复员军人、带病回乡退伍军人、参战退役人员。《细则》规定，按照优抚对象的不同类别，采取不同的保障办法。城镇就业的其他优抚对象参加城镇职工基本医疗保险，按规定缴费，同步参加大额医疗保险；单位无力参保的，由同级民政部门统一办理参保手续。城镇无工作单位的其他优抚对象按照属地管理原则参加城镇职工基本医疗保险，由同级民政部门统一办理参保缴费手续。《细则》还规定，建立优抚对象医疗补助制度，重点保障一至六级残疾军人和七至十级残疾军人的旧伤复发医疗费用，解决其他优抚对象的医疗困难，确保现有医疗待遇不降低。优抚对象在定点医院就医时，凭优抚对象医疗证优先就诊、优先取药、优先住院，并享受免收门诊挂号费和大型设备检查费减免20%、药费减免10%等优惠。

2013年8月，根据市民政局、市财政局、市社保局、市卫生局《关于印发天水市实施〈重点优抚对象医疗保障办法〉细则》的通知（天市民优发〔2008〕247号）精神，在秦州区进行优抚医疗“一站式”服务试点工作。

2014年8月，全市五县两区普遍推行优抚医疗“一站式”结算服务，优抚对象住院报销比例达到89%以上。

第二节　抚恤补助

军人的抚恤优待，实行国家和社会相结合的方针，保障军人的抚恤优待与国民经济和社会发展相适应，保障抚恤优待对象的生活水平不低于当地的平均生活水平。全社会应当关怀、尊重抚恤优待对象，开展各种形式的拥军优属活动。国家鼓励社会组织和个人对军人抚恤优待事业提供捐助。

一、部分优抚对象抚恤补助标准（从2003年7月1日起执行）

《民政部、财政部关于提高部分优抚对象抚恤补助标准的通知》（民发〔2003〕89号）内容为：为保障优抚对象的生活，经研究决定，从2003年7月1日起，提高革命伤残人员（含革命伤残军人、伤残人民警察、伤残国家机关工作人员、伤残民兵民工）的伤残抚恤金、保健金标准，烈士家属、因公牺牲军人家属、病故军人家属的定期抚恤金和在乡退伍红军老战士、在乡西路军红军老战士、红军失散人员的生活补助标准。优抚对象抚恤补助标准情况见表8-1至表8-3。

表8-1　革命伤残人员抚恤及保健金标准表

残疾等级	残疾性质	抚恤金标准（元/年）	保健金标准（元/年）
特等	因战	9960	2140
	因公	9800	2110
一等	因战	7680	1720
	因公	7550	1680
	因病	7420	1670
二等甲级	因战	3880	810
	因公	3770	790
	因病	3680	770
二等乙级	因战	2600	680
	因公	2520	660
	因病	2480	650
三等甲级	因战	1560	510
	因公	1540	490
三等乙级	因战	1390	430
	因公	1390	420

表8-2　烈士家属、因公牺牲军人家属、病故军人家属定期抚恤金标准表

户口类别	烈士家属（元/月）	因公牺牲军人家属（元/月）	病故军人家属（元/月）
城镇	255	250	245
农村	195	190	185

表8-3　在乡退伍红军老战士、在乡西路军红军老战士、红军失散人员生活补助标准表

类别	在乡退伍红军老战士（元/月）	在乡西路军红军老战士（元/月）	红军失散人员（元/月）
金额	780	600	150

二、部分优抚对象抚恤补助标准（从2004年10月1日起执行）

《民政部、财政部关于提高部分优抚对象抚恤补助标准的通知》（民发〔2004〕52号）内容为：为贯彻《军人抚恤优待条例》，保障优抚对象的生活，经研究决定，从2004年10月1日起，提高部分优抚对象的抚恤补助标准。这次调整依据《军人抚恤优待条例》，将“残疾抚恤金标准表”由四等六级改为一至十级，并将之前残疾抚恤金中“伤残抚恤金”和“伤残保健金”统一为“抚恤金”。优抚对象抚恤补助标准情况见表8-4至表8-6。

表8-4　伤残军人、伤残人民警察、伤残国家机关工作人员、伤残民兵民工残疾抚恤金标准表

残疾等级	残疾性质	抚恤金标准（元/年）
一级	因战	11200
	因公	10800
	因病	10440
二级	因战	10080
	因公	9600
	因病	9200
三级	因战	8960
	因公	8400
	因病	7800
四级	因战	7280
	因公	6600
	因病	6000
五级	因战	5600
	因公	5040
	因病	4560
六级	因战	4480
	因公	4200
	因病	3600

续表8-4

残疾等级	残疾性质	抚恤金标准（元/年）
七级	因战	3360
	因公	3000
八级	因战	2240
	因公	1920
九级	因战	1680
	因公	1440
十级	因战	1120
	因公	960

表8-5　烈士家属、因公牺牲军人家属、病故军人家属定期抚恤金标准表

户口类别	烈士家属（元/年）	因公牺牲军人家属（元/年）	病故军人家属（元/年）
城镇	4200	3900	3600
农村	2640	2520	2340

表8-6　在乡退伍红军老战士、在乡西路军红军老战士、红军失散人员生活补助标准表

类别	在乡退伍红军老战士（元/年）	在乡西路军红军老战士（元/年）	红军失散人员（元/年）
金额	9600	8600	2880

三、部分优抚对象抚恤补助标准（从2006年1月1日起执行）

《民政部、财政部关于调整部分优抚对象等人员抚恤和生活补助标准的通知》（民发〔2006〕98号）内容为：从2006年1月1日起，再次提高部分优抚对象抚恤补助标准，包括残疾军人（含伤残人民警察、伤残国家机关工作人员、伤残民兵民工）的残疾抚恤金，烈士家属、因公牺牲军人家属、病故军人家属的定期抚恤金，在乡退伍红军老战士、在乡西路军红军老战士、红军失散人员的补助标准，平均分别比2005年提高了30%、18%和18%。同时，首次将99万带病的回乡退伍军人列入定期补助范围。优抚对象抚恤补助标准情况见表8-7至表8-9。

表8-7 残疾军人、伤残人民警察、伤残国家机关工作人员、伤残民兵民工残疾抚恤金标准表

残疾等级	残疾性质	抚恤金标准（元/年）
一级	因战	14560
	因公	14040
	因病	13570
二级	因战	13100
	因公	12480
	因病	11960
三级	因战	11650
	因公	10920
	因病	10140
四级	因战	9470
	因公	8580
	因病	7800
五级	因战	7280
	因公	6550
	因病	5930
六级	因战	5820
	因公	5460
	因病	4680
七级	因战	4350
	因公	3880
八级	因战	2880
	因公	2480
九级	因战	2180
	因公	1870
十级	因战	1460
	因公	1250

表8-8 烈士家属、因公牺牲军人家属、病故军人家属定期抚恤金标准表

户口类别（元/年）	烈士家属（元/年）	因公牺牲军人家属（元/年）	病故军人家属（元/年）
城镇	4980	2940	4260
农村	3120	2520	2760

表8-9 在乡退伍红军老战士、在乡西路军红军老战士、红军失散人员生活补助标准表

类别	在乡退伍红军老战士（元/年）	在乡西路军红军老战士（元/年）	红军失散人员（元/年）
金额	11400	10200	3360

四、部分优抚对象抚恤补助标准（从2007年8月1日起执行）

《民政部 财政部关于调整部分优抚对象抚恤补助标准的通知》（民发〔2007〕99号）内容为：从2007年8月1日起，再次提高部分优抚对象抚恤补助标准，并首次将部分1954年11月1日后入伍并参战的退役人员纳入国家抚恤补助范围，同时完善了曾参加核试验退役人员的生活补助政策和优抚对象的医疗保障政策。优抚对象抚恤补助标准情况见表8-10至表8-12。

表8-10 残疾军人、伤残人民警察、伤残国家机关工作人员、伤残民兵民工残疾抚恤金标准表

残疾等级	残疾性质	抚恤金标准（元/年）
一级	因战	18900
	因公	18300
	因病	17700
二级	因战	17100
	因公	16200
	因病	15600
三级	因战	15000
	因公	14100
	因病	13200
四级	因战	12300
	因公	11100
	因病	10200

续表8-10

残疾等级	残疾性质	抚恤金标准（元/年）
五级	因战	9600
	因公	8400
	因病	7800
六级	因战	7500
	因公	7080
	因病	6000
七级	因战	5700
	因公	5100
八级	因战	3600
	因公	3300
九级	因战	3000
	因公	2400
十级	因战	2100
	因公	1800

表8-11　烈士家属、因公牺牲军人家属、病故军人家属定期抚恤金标准表

户口类别（元/年）	烈士家属（元/年）	因公牺牲军人家属（元/年）	病故军人家属（元/年）
城镇	6000	5400	5100
农村	3600	3420	3300

表8-12　在乡退伍红军老战士、在乡西路军红军老战士、红军失散人员生活补助标准表

类别	在乡退伍红军老战士（元/年）	在乡西路军红军老战士（元/年）	红军失散人员（元/年）
金额	13680	12240	4080

五、部分优抚对象抚恤补助标准（从2008年10月1日起执行）

《民政部、财政部关于调整部分优抚对象等人员抚恤和生活补助标准的通知》（民发〔2008〕155号）内容为：从2008年10月1日起，提高残疾军人、伤残人民警察、伤残国家

机关工作人员、伤残民兵民工的残疾抚恤金，提高烈士家属、因公牺牲军人家属、病故军人家属的定期抚恤金，提高在乡退伍红军老战士、在乡复员军人、带病回乡的退伍军人、在农村的和在城镇无工作单位且家庭生活困难的参战退役人员、患病或生活困难的农村和城镇无工作单位的某部队及其他参加核试验部队退役人员的生活补助标准。部分优抚对象抚恤补助标准情况见表8-13至表8-15。

表8-13　残疾军人、伤残人民警察、伤残国家机关工作人员、伤残民兵民工残疾抚恤金标准表

残疾等级	残疾性质	抚恤金标准（元/年）
一级	因战	22680
	因公	21960
	因病	21240
二级	因战	20520
	因公	19440
	因病	18720
三级	因战	18000
	因公	16920
	因病	15840
四级	因战	14760
	因公	13320
	因病	12240
五级	因战	11520
	因公	10080
	因病	9360
六级	因战	9000
	因公	8520
	因病	7200
七级	因战	6840
	因公	6120
八级	因战	4320
	因公	3960
九级	因战	3600
	因公	2880
十级	因战	2520
	因公	2160

表8-14　烈士家属、因公牺牲军人家属、病故军人家属定期抚恤金标准表

户口类别	烈士家属（元/年）	因公牺牲军人家属（元/年）	病故军人家属（元/年）
城镇	6900	6180	5820
农村	4140	3960	3780

表8-15　在乡退伍红军老战士、在乡西路军红军老战士、红军失散人员生活补助标准表

类别	在乡退伍红军老战士（元/年）	在乡西路军红军老战士（元/年）	红军失散人员（元/年）
金额	15720	14100	4680

六、部分优抚对象抚恤补助标准（从2009年10月1日起执行）

《民政部、财政部关于调整部分优抚对象等人员抚恤和生活补助标准的通知》（民发〔2009〕135号）内容为：从2009年10月1日起，调整部分优抚对象等人员抚恤和生活补助标准。部分优抚对象抚恤补助标准情况见表8-16至表8-18。

表8-16　残疾军人、伤残人民警察、伤残国家机关工作人员、伤残民兵民工残疾抚恤金标准表

残疾等级	残疾性质	抚恤金标准（元/年）
一级	因战	26080
	因公	25250
	因病	24430
二级	因战	23600
	因公	22360
	因病	21530
三级	因战	20700
	因公	19460
	因病	18220
四级	因战	16970
	因公	15320
	因病	14080

续表8-16

残疾等级	残疾性质	抚恤金标准（元/年）
五级	因战	13250
	因公	11590
	因病	10760
六级	因战	10350
	因公	9800
	因病	8280
七级	因战	7870
	因公	7040
八级	因战	4970
	因公	4550
九级	因战	4140
	因公	3310
十级	因战	2900
	因公	2480

表8-17　烈士家属、因公牺牲军人家属、病故军人家属定期抚恤金标准表

户口类别	烈士家属（元/年）	因公牺牲军人家属（元/年）	病故军人家属（元/年）
城镇	7940	7110	6690
农村	4760	4550	4350

表8-18　在乡退伍红军老战士、在乡西路军红军老战士、红军失散人员生活补助标准表

类别	在乡退伍红军老战士（元/年）	在乡西路军红军老战士（元/年）	红军失散人员（元/年）
金额	18080	18080	7820

七、部分优抚对象抚恤补助标准（从2010年10月1日起执行）

《民政部、财政部关于调整部分优抚对象等人员抚恤和生活补助标准的通知》（民发

〔2010〕127号）内容为：从2010年10月1日起，调整部分优抚对象等人员抚恤和生活补助标准。部分优抚对象抚恤补助标准情况见表8-19至表8-21。

表8-19 残疾军人、伤残人民警察、伤残国家机关工作人员、伤残民兵民工残疾抚恤金标准表

残疾等级	残疾性质	抚恤金标准（元/年）
一级	因战	28690
	因公	27780
	因病	26870
二级	因战	25960
	因公	24600
	因病	23680
三级	因战	22770
	因公	21410
	因病	20040
四级	因战	18670
	因公	16850
	因病	15490
五级	因战	14580
	因公	12750
	因病	11840
六级	因战	11390
	因公	10780
	因病	9110
七级	因战	8660
	因公	7740
八级	因战	5470
	因公	5010
九级	因战	4550
	因公	3640
十级	因战	3190
	因公	2730

表8-20 烈士家属、因公牺牲军人家属、病故军人家属定期抚恤金标准表

户口类别	烈士家属(元/年)	因公牺牲军人家属(元/年)	病故军人家属(元/年)
城镇	8730	7820	7360
农村	5240	5010	4790

表8-21 在乡退伍红军老战士、在乡西路军红军老战士、红军失散人员生活补助标准表

类别	在乡退伍红军老战士(元/年)	在乡西路军红军老战士(元/年)	红军失散人员(元/年)
金额	19890	19890	8600

八、部分优抚对象抚恤补助标准(从2012年10月1日起执行)

《民政部、财政部关于调整部分优抚对象等人员抚恤和生活补助标准的通知》(民发〔2012〕163号)内容为:从2012年10月1日起,调整部分优抚对象等人员抚恤和生活补助标准。部分优抚对象抚恤补助标准情况见表8-22至表8-24。

表8-22 残疾军人、伤残人民警察、伤残国家机关工作人员、伤残民兵民工残疾抚恤金标准表

残疾等级	残疾性质	抚恤金标准(元/年)
一级	因战	37940
	因公	36740
	因病	35540
二级	因战	34330
	因公	32530
	因病	31310
三级	因战	30120
	因公	28310
	因病	26510
四级	因战	24690
	因公	22290
	因病	20480

续表8-22

残疾等级	残疾性质	抚恤金标准（元/年）
五级	因战	19290
	因公	16860
	因病	15660
六级	因战	15070
	因公	14260
	因病	12050
七级	因战	11450
	因公	10240
八级	因战	7230
	因公	6620
九级	因战	6010
	因公	4820
十级	因战	4220
	因公	3610

表8-23　烈士家属、因公牺牲军人家属、病故军人家属定期抚恤金标准表

户口类别	烈士家属（元/年）	因公牺牲军人家属（元/年）	病故军人家属（元/年）
城镇	12050	10340	9730
农村	6930	6620	6340

表8-24　在乡退伍红军老战士、在乡西路军红军老战士、红军失散人员生活补助标准表

类别	在乡退伍红军老战士（元/年）	在乡西路军红军老战士（元/年）	红军失散人员（元/年）
金额	26300	26300	11870

九、部分优抚对象抚恤补助标准（从2013年10月1日起执行）

《民政部、财政部关于调整部分优抚对象等人员抚恤和生活补助标准的通知》（民发〔2013〕158号）内容为：从2013年10月1日起，调整部分优抚对象等人员抚恤和生活补助标准。部分优抚对象抚恤补助标准情况见表8-25至表8-27。

表8-25 残疾军人、伤残人民警察、伤残国家机关工作人员、伤残民兵民工残疾抚恤金标准表

残疾等级	残疾性质	抚恤金标准（元/年）
一级	因战	43630
	因公	42250
	因病	40870
二级	因战	39480
	因公	37410
	因病	36010
三级	因战	34640
	因公	32560
	因病	30490
四级	因战	28390
	因公	25630
	因病	23550
五级	因战	22180
	因公	19390
	因病	18010
六级	因战	17330
	因公	16400
	因病	13860
七级	因战	13170
	因公	11780
八级	因战	8310
	因公	7610
九级	因战	6910
	因公	5540
十级	因战	4850
	因公	4150

表8-26 烈士家属、因公牺牲军人家属、病故军人家属定期抚恤金标准表

户口类别（元/年）	烈士家属（元/年）	因公牺牲军人家属（元/年）	病故军人家属（元/年）
城镇	13860	11890	11190
农村	7970	7610	7290

表8-27 在乡退伍红军老战士、在乡西路军红军老战士、红军失散人员生活补助标准表

类别	在乡退伍红军老战士（元/年）	在乡西路军红军老战士（元/年）	红军失散人员（元/年）
金额	30250	30250	13650

十、部分优抚对象抚恤补助标准（从2014年10月1日起执行）

《民政部、财政部关于调整部分优抚对象等人员抚恤和生活补助标准的通知》（民发〔2014〕205号）内容为：从2014年10月1日起，调整部分优抚对象等人员抚恤和生活补助标准。部分优抚对象抚恤补助标准情况见表8-28至表8-30。

表8-28 残疾军人、伤残人民警察、伤残国家机关工作人员、伤残民兵民工残疾抚恤金标准表

残疾等级	残疾性质	抚恤金标准（元/年）
一级	因战	52360
	因公	50700
	因病	49040
二级	因战	47380
	因公	44890
	因病	43210
三级	因战	41570
	因公	39070
	因病	36590
四级	因战	34070
	因公	30760
	因病	28260

续表8-28

残疾等级	残疾性质	抚恤金标准（元/年）
五级	因战	26620
	因公	23270
	因病	21610
六级	因战	20800
	因公	19680
	因病	16630
七级	因战	15800
	因公	14140
八级	因战	9970
	因公	9130
九级	因战	8290
	因公	6650
十级	因战	5820
	因公	4980

表8-29 烈士家属、因公牺牲军人家属、病故军人家属定期抚恤金标准表

户口类别	烈士家属（元/年）	因公牺牲军人家属（元/年）	病故军人家属（元/年）
城镇	16630	14270	13430
农村	11160	10650	10210

表8-30 在乡退伍红军老战士、在乡西路军红军老战士、红军失散人员生活补助标准表

类别	在乡退伍红军老战士（元/年）	在乡西路军红军老战士（元/年）	红军失散人员（元/年）
金额	36300	36300	16380

十一、部分优抚对象抚恤补助标准（从2015年10月1日起执行）

《民政部、财政部关于调整部分优抚对象等人员抚恤和生活补助标准的通知》（民发〔2015〕179号）内容为：从2015年10月1日起，调整部分优抚对象等人员抚恤和生活补助标准。部分优抚对象抚恤补助标准情况见表8-31至表8-33。

表8-31 残疾军人、伤残人民警察、伤残国家机关工作人员、伤残民兵民工残疾抚恤金标准表

残疾等级	残疾性质	抚恤金标准(元/年)
一级	因战	60210
	因公	58310
	因病	56400
二级	因战	54490
	因公	51620
	因病	49690
三级	因战	47810
	因公	44930
	因病	42080
四级	因战	39180
	因公	35370
	因病	32500
五级	因战	30610
	因公	26760
	因病	24850
六级	因战	23920
	因公	22630
	因病	19120
七级	因战	18170
	因公	16260
八级	因战	11470
	因公	10500
九级	因战	9530
	因公	7650
十级	因战	6690
	因公	5730

表8-32　烈士家属、因公牺牲军人家属、病故军人家属定期抚恤金标准表

户口类别	烈士家属（元/年）	因公牺牲军人家属（元/年）	病故军人家属（元/年）
城镇	19120	16410	15440
农村	14510	13850	13270

表8-33　在乡退伍红军老战士、在乡西路军红军老战士、红军失散人员生活补助标准表

类别	在乡退伍红军老战士（元/年）	在乡西路军红军老战士（元/年）	红军失散人员（元/年）
金额	41750	41750	18840

第三节　烈士及相关管理

一、烈士简介

缑晨　男，1963年5月生，甘肃省天水市秦州区人，中共党员。1980年9月考入西安陆军学校，1983年7月毕业，任某部队七连副指导员。1985年8月，任成都军区第九侦查大队一连副指导员。1986年2月2日，在对越自卫反击战中壮烈牺牲，同年他被中央军委追认为烈士。

黄昌林　男，1968年2月生，甘谷县六峰镇六峰村人，中共党员。1986年1月入伍，生前系步兵40师3团2营炮兵连战士。1987年1月，在对越炮火还击作战中，不幸被炮弹炸成重伤后光荣牺牲。牺牲后，部队追认他为烈士。

刘海成　男，1966年9月生，甘谷县新兴镇（原渭阳乡）十字道村人，中共党员。1984年11月入伍，生前系步兵第40师3团2营6连副班长。1986年7月1日，在老山前线908高地对越作战中壮烈牺牲。牺牲后，部队追认他为烈士，并追记二等功1次。

颉振军　男，1967年2月生，甘谷县金山乡张家岔村人，中共党员。1986年1月入伍，生前系步兵第40师（丙）2团3营9连战士。1986年10月3日赴海参战期间，不幸遭敌炮击，为保护战友光荣牺牲。牺牲后，部队追认他为烈士，并追记二等功1次。

孟志中　男，1967年1月生，甘谷县金山乡移家湾村人，中共党员。1986年1月入伍，生前系步兵第40师（丙）2团2营5连战士。1986年10月14日，赴滇参战期间，在收复某高地的战斗中牺牲。牺牲后，部队追认他为烈士，并追记二等功1次。

魏仕杰　男，1960年4月生，甘谷县大庄乡魏家峡村人，中共党员。1979年11月入伍，生前在成都军区第9侦察大队3连任班长。1986年7月17日凌晨，在完成任务回撤时，因山洪暴发，不幸被急流卷走，光荣牺牲。牺牲后，部队追认他为烈士，并追记三等功1次。

牛成福　男，1969年11月生，甘谷县安远镇黄鹤村人，中共党员。1985年1月入伍，生前系某部队1连战士。赴滇参战后，牺牲在前沿阵地。牺牲后，部队追认他为烈士，并追记一等功1次。

张义成　男，1964年3月生，甘谷县新兴镇（原康家滩乡）牛家坪村人，中共党员。1982年1月入伍，生前在步兵第40师（丙）2团炮兵营任文书。1986年7月24日，在老山防御作战中，为抢救武器、档案和文件、材料，不幸牺牲。牺牲后，部队追记二等功1次，并追认他为烈士。

宋建平　男，1966年7月生，中共党员，秦安县西川镇宋场村人。1984年1月入伍，原中国人民解放军步兵40师4团7连班长。在1987年1月5日的战斗中，他担任第2梯队6班副班长，奉命执行开辟隐蔽地域和掩护奇袭回撤的任务中，被敌人火力点的子弹打中，壮烈牺牲。牺牲后，步兵四师党委追认他为中共党员并记二等功1次。

杨进喜　男，1963年2月生，中共党员，秦安县王窑乡老湾村人。1982年1月入伍，在步兵四十师后勤修理所搞修炮工作，为抢护器材而光荣牺牲。团党委根据杨进喜的生前表现和申请，决定追认他为中共党员并记三等功1次。

陈金文　男，1977年8月生，中共党员，秦安县叶堡乡牌楼村人。1996年8月，在空军长春飞行学院保定分院学习。1998年4月，任空军第十三飞行学院学员。2000年5月，任连职教员，空军中尉军衔，同年加入中国共产党。2004年5月，任正连职教员，空军上尉军衔。2005年8月30日，在执行战勤飞行任务中不幸牺牲。2005年9月10日，被中国人民解放军总政治部批准为革命烈士。

二、烈士纪念建筑物管理

（一）天水市秦州区烈士陵园

天水市秦州区烈士陵园位于天水市城南三千米文峰山中段，占地面积6269.8平方米，东临李广墓，西接牡丹园，南依半坡寨，北眺玉泉观。

烈士陵园形成于中华人民共和国成立初期，园内分为烈士区域与非烈士区域。烈士区域4002平方米，安葬着《中华英名录》之列中国工农红军第二方面军第十六师师长张辉，《甘肃省革命烈士英名录》之列李廉、甄福堂、李振芳、张新育、候铭奕，大西南解放前夕壮烈牺牲的岳景宗，赴滇作战回撤途中与敌军遭遇并捐躯的缑晨，公安部二级英模、铁道卫士、追捕盗窃铁路运输物资而英勇献身的艾跃进，以及在部队执行特殊任务以身殉职的谭学林、徐祖德共11位烈士。

图8-1 天水市秦州区烈士陵园

非烈士区域2267.8平方米，安葬着中国工农红军张思礼等老前辈和天水市已故老领导，以及不同时期为党和国家做出贡献的有功人员。本园建有柱红瓦绿的仿古式山门、便于行走的内外台阶、墙壁式宣传橱窗、仿古式六角悼念厅、公祭广场、主席台、金属对联支架、人流集结集散广场、烈士事迹陈列室，还有通往公墓区的后大门、雨水集流水窖、仓库等设施。烈士陵园处于树山林海，各种建筑排列有序，颜色协调一致，广场方正平坦，展室内干净整洁，陈展内容丰富多彩，环境幽雅舒适，交通便利。1995年4月，该烈士陵园被市委、市政府命名为“爱国主义教育基地”；2001年12月，被中国社会工作协会接纳为“会员单位”；2011年7月，被中国人民解放军第二炮兵部队确定为“理想信念教育基地”。

该园由天水市秦州区民政局主管，殡葬管理所负责日常事务与建设工作；配备在编专职管理人员2名、公益性岗位人员5名；设立烈士陵园专用办公室，建有完整全面的资料档案与甘肃省信息联网查询系统。

（二）甘谷县革命烈士纪念馆

天水市甘谷县革命烈士纪念馆位于新兴镇孙家坪村，距甘谷县城5千米，建成于1998年，占地面积6670平方米。馆内烈士纪念碑正面、背面分别镌刻着“革命烈士永垂不朽”“浩然正气光照千秋”16个金光闪闪的大字。展览大厅书写着红军师长王树亚等87名烈士的生平事迹，悬挂着国务院原副总理孙毅、中国人民解放军原总参谋长张震分别为甘谷县革命烈士纪念馆开馆题写的“甘谷革命烈士纪念馆”“弘扬传统、继续长征、服务四化、再立新功”两幅题词。烈士陵园内安葬着红军师长王树亚、对越防御作战中牺牲的黄昌林等9位革命烈士的遗体。2000年，该馆被县委、县政府命名为“甘谷县重点保护单位”“甘谷县爱国主义教育基地”；2008年，被天水市委、市政府命名为“天水市爱国主义教育基地”。

2010年4月，甘谷县利用省下拨资金，对烈士纪念馆基础设施进行了维修改造。其间，共投入资金19.6万元，硬化纪念馆门前及馆内道路1350平方米，清理路边排水沟20米，新修排水沟桥1座12平方米，新修烈士陵园围墙13米，铺设陵园彩砖48平方米，油漆大门三樘。此外，对陵园内烈士石棺、石碑进行了维修加固。

（三）甘谷县三烈士纪念碑

图8–2　甘谷县三烈士纪念碑

1948年1月，陈益清、陈保豆、陈世昌三人参加陇右游击队，归陇右工委高健君等领导。1月9日，陇右游击队48人到安远镇袭击恶霸张慕如，往返途经礼辛乡陈庄时，陈世昌等三人联络领路，在陈世昌家为游击队员安排食宿，并组织党员站岗放哨。战斗结束后，三人积极掩护，保护游击队员安全撤退，史称“安远事件”。“安远事件”后，天水专员兼陇南警备司令高增级带领6个县的自卫队和天水骑兵学校的1个骑兵中队，在安远、礼辛、大石和通渭榜罗、毛家店及陇西县城一带“清乡”“剿匪”。由于叛徒告密，陈世昌等三人先后被捕，敌人在审讯中滥施酷刑；1月21日，他们在礼辛镇石庄沟壮烈牺牲。后人为纪念他们的革命事迹，于1997年6月在其家乡陈庄小学立革命烈士纪念碑，碑高147厘米、宽28厘米、厚13厘米。甘肃省诗词学会原副会长、天水市市志编委会编审张举鹏撰写了碑文。

2012年，甘谷县民政局投资11.8万元，对地处礼辛乡陈庄小学后院的三烈士纪念碑进行拓宽改造和维修加固。以三烈士纪念碑碑体为中心，对周围结构布局重新设计规划，建成占地近500平方米的小型烈士陵园，修建了陵园护坡、围墙和大门，栽植了柏树等常青树木，成为甘谷县进行爱国主义和革命传统教育的重要基地。

（四）秦安县烈士陵园

秦安县烈士陵园位于县城南郊1500米外的兴国镇邢泉村，是为纪念中国人民解放军第一野战军一兵团在固关战斗中牺牲的部分战士而建。1995年3月，该烈士陵园被县委确定为秦安县“爱国主义教育基地”。

该烈士陵园占地面积3000多平方米，于1953年5月修建，1956年11月安装大门，四周筑起了土墙。后来，县民政局在烈士墓前正中修建了革命烈士纪念碑，镌文“革命烈士永垂不朽”。

2004年，县政府先后筹集近30万元对县烈士陵园进行全面维修，四周土墙更换为砖混结构的围墙，用水泥砖铺砌了大门至纪念碑的通道，对纪念碑、烈士墓碑、大门、台阶等进行了全面维修。

2009年，针对“5·12”汶川地震对部分基础设施造成的破坏情况，将县烈士陵园基础设施建设纳入灾后重建规划，对倒塌的围墙进行拆除重建，对大门、纪念碑等进行加固，将通往县烈士陵园的道路进行硬化；大门西、北两地铺砌了石护坡，依其地势铺砌了花园，栽植松柏，修筑围栏。

2012年，针对原有烈士墓较为陈旧，个别烈士墓出现裂隙、下陷等实际情况，结合零散烈士墓的迁移维修工作，对陵园内原有的22名烈士墓进行了拆除重建，对迁入的7名零散烈士遗骸重新进行了安葬；对烈士墓碑统一进行了修整，并采用黑色大理石，碑面正面镌刻有烈士姓名，碑面后面镌刻有烈士事迹简介，以草坪绿荫衬托，做到了规划统一、规格统一。

园内安葬着29名革命烈士的遗体，其中，18名是解放战争中牺牲的英雄（1名为无名英雄），1名是在抗美援朝战争中被授予“孤胆英雄”称号的杜根德，2名是对越自卫反击战中牺牲的宋建平、杨进喜，1名是2005年在执行飞行任务中不幸牺牲、被总政治部批准的革命烈士陈金文，7名是2012年陵墓统一迁入陵园的烈士。

1977年10月5日，县委召开粟富宽烈士追悼大会，将其墓迁至永清镇红崖观，墓前立碑。半个多世纪以来，此处一直是全县“爱国主义教育基地”，也是甘谷县唯一的革命烈士建筑保护单位。2006年“八一”前夕，在粟富宽烈士牺牲57周年之际，县委、县政府筹资5000余元更换墓碑，平整场地，并召集党政机关、企事业单位、驻地部队、中小学生及群众2000多人举行祭扫仪式。

（五）武山县鸳鸯玉石烈士纪念碑

郭化如，1910年12月9日生，武山县洛门镇郭家庄人。自幼家贫，无法上学，1929年离开家乡，参加了景平娃领导的农民起义。1943年1月，率领渭源、陇西、漳县、甘谷的2000多名青年参加了甘南农民起义，所到之处，开仓放粮，平分浮财，赈济穷人。1946年2月，郭化如加入中国共产党，任新成立的中共陇渭支部书记；同年8月，被任命为中共陇渭工委委员、军事部长。1949年4月，在漳、武、陇三县交界的桦林山战斗中，郭化如为了让大部分游击队员撤离，自己率9名士兵在后掩护，由于敌众我寡、地形不利，在激战中腰部中弹，壮烈牺牲，时年39岁。中华人民共和国成立后，武山县委、武山县人民政府于1985年4月5日在其墓地修建了鸳鸯玉石烈士纪念碑，以让后人瞻仰、纪念，缅怀先烈业绩，进行革命传统教育。

（六）武山县红一方面军强渡渭河纪念碑

1935年9月17日，毛泽东、彭德怀率领红一方面军强渡白龙江，攻克天险腊子口，突破了国民党设在甘肃的第一道防线。9月18日，红军占领哈达铺。为了迅速北上，党中央制定了佯攻天水、诱敌东下、北渡渭河的作战方针。红军从哈达铺出发，主力部队则于9月26日快速突破渭河封锁线，通过了渭河，晚上住宿在了费家山，次日抵达通渭榜罗镇。为了纪念红一方面军强渡渭河的英勇壮举，武山县委、县政府于2002年8月1日在鸳鸯镇渭河大桥西南修建“红一方面军强渡渭河纪念碑”。纪念碑坐落在武山县鸳鸯镇渭河大桥西南侧，占地面积约1000平方米；碑高8米，呈四棱柱形，红色大理石贴面；碑上镌刻有“红一方面军长征强渡渭河纪念碑”几个大字，碑座高0.9米、宽6.6米；四周栽植了苍松翠柏，临街面修建有护栏。2005年10月，此处被武山县人民政府命名为县级“爱国主义教育基地”；2008年3月，被天水市人民政府命名为市级“爱国主义教育基地”。

图8-3　2011年4月1日，武山县组织干部、师生在烈士陵园祭奠英烈

（七）烈士公祭活动

2014年3月31日，民政部颁布《烈士公祭办法》（中华人民共和国民政部令第52号）。2014年9月30日，天水市委、市政府组织开展首个烈士纪念日活动，在秦州区烈士陵园举行“天水市暨秦州区烈士公祭仪式”，市四大组织主要领导和分管领导、市直有关单位负责人及社会各界代表参加公祭活动。

2015年9月30日，天水市委、市政府在秦州区烈士陵园举行第2个烈士纪念日公祭活动，市四大组织主要领导和分管领导、市直有关单位负责人及部队现役军人代表、公安干警代表、烈士家属代表、老战士代表、学生代表及其他社会各界代表参加公祭活动。

第九章　军队退役人员的接收安置

民政部门主要负责退役士兵、转业士官（1999年以前的志愿兵）、军队离退休干部（士官）、军队退休无军籍职工和军队退役伤病残人员等五类人员的接收安置，以及军队离退休干部休养所（站）、军队饮食供应服务站的建设管理工作。

第一节　退役士兵的接收安置

一、1985年至2000年退役士兵的接收安置

（一）城乡义务兵的接收安置

1987年12月以前，天水一直按照1958年3月17日《国务院关于处理义务兵退伍的暂行规定》及1980年国务院办公厅《关于请有关部门协助民政部门做好复退军人安置工作的通知》（国发〔1980〕3号）文件精神开展复退军人安置工作。

1987年12月13日，国务院颁布《退伍义务兵安置条例》，规定：原是城镇户口的退伍义务兵，服役前没有参加工作的，由国家统一分配工作，实行按系统分配任务、包干安置的办法，接收单位必须妥善安置。1999年，国务院、中央军委又颁布《中国人民解放军士官退出现役安置暂行办法》，规定：对入伍前是城镇户口的退役士兵和在部队服役10年以上的转业士官，由当地民政部门安置工作；入伍前是农村户口的，入伍后由户口所在地的乡镇人民政府按照当地农村的人均纯收入水平对其家属发给现役军人家属优待金，退役回乡后继续从事农业生产。

1985年至2000年，天水民政部门按国家政策主要负责城镇退伍义务兵、专业志愿兵、转业士官及服役10年以上的士官、服役期间在部队荣立二等功的士兵和因战、因公被评为5～8级的残疾士兵的就业安置。

1985年至1990年，因家庭迁入，由农村入伍，在城市安置的共有392人；下乡知识青年由农村入伍，在城市安置的共有14人。安置情况见表9-1。

表9-1 1985—1990年天水市因家庭迁入退役在城市安置及下乡知青退役在城市安置情况统计表

单位：人

类别	年份						
	1985年	1986年	1987年	1988年	1989年	1990年	总计
家庭迁入退役在城市安置	68	33	45	74	83	89	392
下乡知青退役在城市安置	6	8	—	—	—	—	14

1991年至1996年，由农村入伍，在服役期间“农转非”在城市安置的退役军人共432人。安置情况见表9-2。

表9-2 1991—1996年天水市安置“农转非”退役军人情况统计表

单位：人

市、县、区	1991年	1992年	1993年	1994年	1995年	1996年	合计
市直	14	13	9	4	9	8	57
秦城区	5	4	9	7	9	—	34
北道区	14	45	25	25	40	42	191
清水县	—	6	3	2	8	—	19
张家川县	7	1	7	9	4	7	35
秦安县	7	10	11	11	7	6	52
甘谷县	7	6	8	13	4	6	44
合计	54	85	72	71	81	69	432

1997年5月7日，省政府、省军区文件通知，从1997年开始，本人在服役期间“农转非”的不予在城镇安置。

1985年至2000年，全市共接收安置退伍军人26454人。安置情况见表9-3。

表9-3 1985—2000年天水市接收安置退役军人统计表

单位：人

年份	秦城区		北道区		清水县		张家川县		秦安县		甘谷县		武山县		市直	
	城市	农村	城市	农村	城市	农村	城市	农村	城市	农村	城市	农村	城市	农村	城市	农村
1985	214	45	229	399	10	82	11	54	39	304	48	311	42	80	—	—
1986	333	125	351	226	23	162	15	56	110	40	101	299	65	97	—	—
1987	67	160	286	249	19	122	17	39	57	145	77	142	58	153	—	—
1988	110	136	419	158	30	166	23	34	134	208	132	265	143	160	—	—

续表9-3

年份	秦城区		北道区		清水县		张家川县		秦安县		甘谷县		武山县		市直	
	城市	农村	城市	农村	城市	农村	城市	农村	城市	农村	城市	农村	城市	农村	城市	农村
1989	104	113	356	202	39	97	8	14	220	164	124	186	81	148	—	—
1990	144	77	371	61	64	85	64	52	163	245	150	250	121	117	324	—
1991	142	80	328	77	7	24	31	38	149	130	118	171	90	127	325	—
1992	128	80	353	80	41	76	16	36	61	93	108	172	74	66	237	—
1993	145	72	462	54	41	42	18	30	185	88	125	54	188	53	342	—
1994	142	87	272	92	46	38	46	42	73	123	137	87	97	223	346	—
1995	157	53	210	50	82	37	58	28	97	75	77	77	118	117	208	—
1996	96	82	218	85	28	40	54	13	59	50	54	58	84	130	197	—
1997	80	123	151	94	34	41	44	42	52	115	55	79	48	67	160	—
1998	55	96	156	77	28	63	16	18	33	170	62	68	35	66	115	22
1999	68	86	206	91	32	26	29	43	57	160	61	119	68	85	135	21
2000	92	116	183	121	23	36	19	23	68	126	59	113	65	112	122	—

（二）志愿兵的接收安置

1978年3月7日，按照全国人大《关于兵役制度的决定》实行与义务兵役制相结合的志愿兵役制。天水从1985—1990年接收安置志愿兵共计318人。1991年至1999年，天水接收安置志愿兵共计367人。1999年，志愿兵役制改为士官制。安置情况见表9-4和表9-5。

表9-4　1985—1990年天水市接收安置志愿兵统计表

单位：人

县（区）	1985年	1986年	1987年	1988年	1989年	1990年	合计
秦城区	2	6	3	6	4	4	25
北道区	15	8	7	11	16	3	60
清水县	2	3	5	—	5	12	27
张家川县	4	1	—	—	—	1	6
秦安县	9	7	6	5	3	8	38
甘谷县	7	29	3	6	58	15	118
武山县	3	13	2	4	18	4	44
合计	42	67	26	32	104	47	318

表9-5　1991—1999年天水市接收安置志愿兵统计表

单位：人

市、县、区	1991年	1992年	1993年	1994年	1995年	1996年	1997年	1998年	1999年	合计
市本级	2	1	3	2	2	1	3	1	2	17
秦城区	3	4	6	2	4	5	3	2	2	31
北道区	9	11	8	5	6	7	12	9	12	79
秦安县	13	9	—	—	6	12	9	—	12	61
甘谷县	22	13	6	15	8	5	9	11	17	106
武山县	3	9	12	—	—	6	3	—	11	44
清水县	1	2	—	1	1	—	3	1	5	14
张家川县	1	—	1	3	2	—	—	4	4	15
合计	54	49	36	28	29	36	42	28	65	367

（三）荣誉退伍军人安置

1985年开始，天水地区对在农村入伍，并在服役期间因战、因公负伤致残的二、三等伤残退伍军人，在城镇安排工作。安置情况见表9-6和表9-7。

表9-6　1985—1989年天水市伤残军人退役安置统计表

单位：人

年份	秦城区	北道区	清水县	张家川县	秦安县	甘谷县	武山县	合计
1985	5	36	—	—	37	38	—	116
1986	6	15	1	10	14	9	10	65
1987	3	5	1	—	7	7	1	24
1988	2	5	1	1	14	19	1	43
1989	3	7	1	—	8	9	—	28
合计	19	68	4	11	80	82	12	276

表9-7　1991—1999年天水市农村二、三等伤残军人退役安置统计表

单位：人

年份	秦城区	北道区	清水县	张家川县	秦安县	甘谷县	武山县	市安办	合计
1991	1	2	—	1	7	—	3	—	14
1992	4	9	1	1	3	5	1	—	24

续表9-7

年份	秦城区	北道区	清水县	张家川县	秦安县	甘谷县	武山县	市安办	合计
1993	4	5	1	1	5	1	2	—	19
1994	—	1	—	1	3	4	2	5	16
1995	1	1	1	—	—	4	1	—	8
1996	1	2	—	1	3	—	1	—	8
1997	2	—	—	1	—	—	—	—	3
1998	1	1	—	1	3	—	—	—	6
1999	1	1	—	1	3	2	2	—	10
合计	15	22	3	8	27	16	12	5	108

1987年开始，天水地区对在农村入伍，在部队服役期间荣立二等功以上和1985年以来荣立三等战功的退伍战士，在城镇安排工作。共安排366人，其中，1987年安排19人；1988年安排149人，二等功3人、三等战功146人；1989年安排157人，二等功22人、三等战功135人；1990年安排二等功5人；1991年安排二等功8人；1992年安排二等功4人；1993年安排二等功9人；1994年安排二等功7人；1995年安排二等功2人；1997年安排二等功4人；1999年安排二等功2人。

20世纪80年代后期，回乡退伍军人中少部分人住房有困难。1982年至1990年退伍军人中无房人数达1734人，其中，1982年无房缺房189人，1983年无房缺房425人，1984年无房缺房346人，1985年无房缺房150人，1986年无房缺房231人，1987年无房缺房143人，1988年无房缺房120人，1989年无房缺房92人，1990年无房缺房38人。各县（区）在全面摸底调查的同时，采取各种方式帮助他们解决困难，使他们有一个安心的生活住所，有劳动致富的基础。其中，帮助94个单身男子解决个人问题，帮助381人医治疾病并恢复健康。共计发放补助款29.03万元、粮食71748万公斤，解决木材指标697立方米、钢材3.5吨、水泥37吨，建房2568间，修缮房屋267间。

（四）军地两用人才开发使用

1982年开始，天水地区辖县先后成立军地两用人才服务站（所），向县以上企事业单位、乡镇企业、个体户和联营经济实体通报人才信息，推荐两用人才。1982年至1989年接收的农村退伍兵中，有一定技术专长的共3740人；1989年底，已介绍就业2696人，开发使用率达72.08%。1982年至1989年军地两用人才就业情况见表9-8。

表9-8　1982—1989年天水市军地两用人才就业情况统计表

单位：人

市、县、区	接收人数				安置人数
	满10年士官	5～8级伤残	荣立二等功	总计	
市本级	21	3	2	26	26
秦城区	56	26	16	98	98
北道区	13	0	0	13	4
秦安县	32	0	2	34	26
甘谷县	21	0	0	21	18
武山县	46	0	4	50	50
清水县	11	7	1	19	19
张家川县	18	5	0	23	18
合计	218	41	25	284	259

1991年至1999年，全市共接收军地两用人才805名，开发使用761名，占接收总数的94.5%。甘肃省民政厅在平凉召开军地两用人才开发使用现场表彰会，天水市有2个集体、4名个人受到表彰，即张家川回族自治县人民政府、秦安县安伏乡人民政府，秦州区太京乡民政助理员尹守奎、甘谷县新兴镇永安双扶汽修厂厂长张喜生、清水县永清镇退伍军人南虎儿、武山县滩歌乡民政助理员杨金武分别受到表彰。1991年至1999年军地两用人才就业情况见表9-9。

表9-9　1991—1999年天水市军地两用人才就业情况统计表

单位：人

县（区）	接收人数	介绍就业	就业去向		
			县以上企事业单位	乡镇企事业单位	个体户和联营体
秦城区	216	204	23	52	129
北道区	124	117	23	29	65
清水县	133	127	19	16	92
张家川县	38	37	3	5	29
秦安县	85	82	21	11	50
甘谷县	30	29	—	10	19
武山县	179	165	16	47	102
合计	805	761	105	170	486

二、2001年至2011年11月1日退役士兵的接收安置

（一）城镇退役义务兵的接收安置

1998年12月29日，全国人大颁布新修订的《中华人民共和国兵役法》，将义务兵服役年限调整为2年。天水市从2001年开始接收服役2年的城镇退役士兵，并按1987年《退伍义务兵安置条例》精神予以安置。

2002年10月，民政部下发《关于优待安置证管理和使用问题的通知》(民发〔2002〕157号)，要求入伍的现役军人家属在新兵入伍后，持地方兵役机关发的“入伍通知书”，前往户口所在地的民政部门领取由民政部统一印制下发的“优待安置证”。遵照此精神，天水市各县（区）城镇入伍的新兵家属持地方兵役机关发给的“非农入伍通知书”，可前往户口所在地的民政部门领取“优待安置证”；退役士兵返乡后须持此证，连同“非农入伍通知书”“退伍介绍信”“退伍证”及原户口所在地派出所出具的“户口注销证明”到户口所在地的民政部门办理报到手续。2001年至2005年、2006年至2011年天水市接收安置城镇退役义务兵的情况分别见表9-10和9-11。

表9-10 2001—2005年天水市接收安置城镇退役义务兵统计表

单位：人

市、县、区	接收人数	安置人数
市本级	646	646
秦州区	226	208
麦积区	799	772
秦安县	128	115
甘谷县	154	104
武山县	175	175
清水县	53	53
张家川县	38	38
合计	2219	2111

表9-11 2006—2011年天水市接收安置城镇退役义务兵统计表

单位：人

市、县、区	接收人数	安置人数
市本级	286	286
秦州区	317	317
麦积区	846	846
秦安县	137	137
甘谷县	119	119
武山县	108	108
清水县	71	71
张家川县	51	51
合计	1935	1935

（二）转业士官及其他退役士兵的接收安置

1999年12月13日，国务院、中央军委颁布的《中国人民解放军士官退出现役安置暂行办法》规定对服役十年以上的退役士兵做好转业安置工作。

2005年以后，天水按照省级文件要求和本地实际情况，重点对服役10年以上的士官、服役期间在部队荣立二等功的士兵和因战、因公被评为5～8级的残疾士兵，退伍后由户口所在地的地方政府予以安置。2005年至2011年天水市接收安置转业士官和其他退役士兵的

情况见表9-12。

表9-12　2005—2011年天水市接收安置转业士官和其他退役士兵统计表

单位：人

市、县、区	接收人数			
	满10年士官	5～8级伤残	荣立二等功	总计
市本级	21	3	2	26
秦州区	56	26	16	98
麦积区	13	0	0	13
秦安县	32	0	2	34
甘谷县	21	0	0	21
武山县	46	0	4	50
清水县	11	7	1	19
张家川县	18	5	0	23
合计	218	41	25	284

（三）自谋职业经济补助安置城镇退役士兵

2004年以后，安置退役士兵的渠道不断萎缩，历年接收的城镇退役士兵不断增加。甘肃省按照《国务院办公厅转发民政部等部门关于扶持城镇退役士兵自谋职业优惠政策的通知》要求，相继颁布《退役士兵自谋职业经济补助暂行办法》《扶持退役士兵自谋职业优惠政策实施意见》《退役士兵安置任务有偿转移及资金管理暂行办法》等一系列政策。天水市按照国家和省级规定，开始对服役2年的城镇退役士兵发放自谋职业经济补助金1.2万元，服役2年以上10年以下的士官退伍后发放2万元，10年以上的士官退伍后发放3万元，并颁发“自谋职业证”。在办理自谋职业经济补助手续时，需本人写出申请，填写由父母或配偶签署的申请表，与安置部门签订协议书后，携户口簿、身份证到公证部门公证后方可领取自谋职业经济补助金。2005年至2011年天水市自谋职业安置城镇退役士兵的情况见表9-13。

表9-13　2005—2011年天水市自谋职业安置城镇退役士兵统计表

市、县、区	领取人数（人）	发放总额（万元）	市、县、区	领取人数（人）	发放总额（万元）
市本级	201	317.2	甘谷县	119	205.4
秦州区	178	284.8	武山县	108	148.2
麦积区	120	171.9	清水县	71	101
秦安县	137	197.2	张家川县	51	81.6

（四）退役士兵待安置期间生活补助费的发放

1998年12月29日，全国人大颁布的《中华人民共和国兵役法》规定“城镇退伍军人待安置期间，由当地人民政府按照不低于当地最低生活水平的原则发给生活补助费”。2000年6月1日，甘肃省民政厅下发《关于城镇退役士兵待安置期间生活补助费发放有关问题的通知》（甘民安〔2000〕33号）规定“城镇退役义务兵从退役报到第二个月起，转业士官自部队停供起，由当地政府按照不低于当地最低生活补助标准发给生活补助费”。2001年，天水市各县（区）按照国家和省级规定，开始对城镇退役义务兵和转业士官由户口所在地的民政部门发给最低生活补助金，所需资金纳入城镇居民最低生活保障经费的筹措范畴解决。2001年至2011年天水市城镇退役士兵和转业士官待安置期间生活补助费的发放情况见表9-14。

表9-14　2001—2011年天水市城镇退役士兵和转业士官待安置期间生活补助费发放统计表

市、县、区	领取人数（人）	发放总额（万元）	市、县、区	领取人数（人）	发放总额（万元）
市本级	432	9.86	甘谷县	267	8
秦州区	495	10.6	武山县	109	3.3
麦积区	598	17.9	清水县	73	2.19
秦安县	265	7.95	张家川县	77	2.31

三、2011年11月1日后退役士兵的接收安置

2011年11月1日，国务院颁布《退役士兵安置条例》，与此同时，1987年国务院颁布的《退伍义务兵安置条例》和1999年国务院、中央军委颁布的《中国人民解放军士官退出现役安置暂行办法》同时废止。新颁布的条例消除城乡区别，实行城乡一体化，并规定对服役12年以下的城乡退役士官和义务兵一律实行自主就业经济补助安置，退役时由所在部队发给一次性退役金，回乡报到后，再由地方民政部门发给一次性经济补助金。对于服役在12年以上的士官和因战被评为5～8级的残疾军人，服役期间平时荣立二等功、战时荣立三等功的，以及烈士子女等义务兵和士官，退役后由户口所在地的民政部门安置就业。同时规定，士兵退役后，地方政府应组织开展职业教育和就业技能培训。这一时期，由于实行城乡一体化，民政部门开始负责城乡退役士兵的接收与安置工作。

甘肃省依据国家法律法规相继出台《自主就业退役士兵兵役优待补助金管理办法》《退役士兵职业教育和就业技能培训暂行办法》。天水市于2012年上半年，按照国家和省级文件规定，下发《天水市人民政府关于切实推进退役士兵安置工作的意见》（天政发〔2012〕105号）以及《天水市人民政府关于贯彻落实〈退役士兵安置条例〉的意见》（天政发〔2012〕121号），开始接收安置退役士兵。

（一）服役12年以下退役士兵的接收安置

《退役士兵安置条例》规定“服役12年以下的士官和义务兵一律实行自主就业安置，退役后由地方政府给予一定的经济补助”。2011年12月，甘肃省据此制定《自主就业退役士兵

兵役优待补助金管理办法》，对此类退役士兵实行兵役优待补助金制度，发放标准是退役士兵退役之前上年度甘肃省城镇居民人均可支配收入的2倍。对符合安置工作条件而放弃安置资格选择自主就业的转业士官，则在发给义务兵兵役优待补助金的基础上，每多服一年兵役，按照上年度甘肃省城镇居民人均可支配收入的80%增发兵役优待补助金。兵役优待补助金所需经费按省级负担60%、地方负担40%的比例筹措。2012年，天水市民政局、天水市财政局制定出台《关于实施甘肃省自主就业退役士兵兵役优待补助金管理办法的意见》（天市民安发〔2012〕174号），除贯彻国家和省级精神外，规定兵役优待补助金经费中地方负担的部分按市财政负担秦州、麦积两区各8%，两区自行负担32%，秦安、武山、甘谷、清水、张家川五县自行负担40%的比例。领取办法是：退役士兵退役后，在其户口所在地的民政部门报到时填写"审批表"一式两份，民政部门审核认定后出具"发放通知书"一式三联（一联存档，一联由财务室存档，一联由退役士兵持有），退役士兵携以上材料及退伍证、身份证到指定银行领取兵役优待补助金。2012年至2015年天水市兵役优待补助金的发放情况见表9-15至9-18。

表9-15　2012年天水市兵役优待补助金发放统计表

县（区）	接收安置人数（人）	领取人数（人）	发放金额（万元）
秦州区	233	233	652.5
麦积区	239	239	600.2
秦安县	294	294	835.6
甘谷县	248	248	622.9
武山县	178	178	501.2
清水县	129	129	315.5
张家川县	61	61	174.2
合计	1382	1382	3702.1

表9-16　2013年天水市兵役优待补助金发放统计表

县（区）	接收安置人数（人）	领取人数（人）	发放金额（万元）
秦州区	115	115	344.7
麦积区	115	115	344.7
秦安县	141	141	422.6
甘谷县	122	122	365.7
武山县	88	88	263.8
清水县	53	53	158.8
张家川县	38	38	113.9
合计	672	672	2014.2

表9-17　2014年天水市兵役优待补助金发放统计表

县（区）	接收安置人数（人）	领取人数（人）	发放金额（万元）
秦州区	207	146	501
麦积区	233	144	494
秦安县	149	129	443
甘谷县	131	108	370
武山县	117	82	281
清水县	88	75	257
张家川县	48	41	141
合计	973	725	2487

表9-18　2015年天水市兵役优待补助金发放统计表

县（区）	接收安置人数（人）	领取人数（人）	发放金额（万元）
秦州区	217	172	652
麦积区	250	213	808
秦安县	178	156	592
甘谷县	165	129	489
武山县	117	87	330
清水县	70	59	224
张家川县	37	25	95
合计	1034	841	3190

（二）符合安置条件的退役士官（兵）的接收安置

2012年，按照《退役士兵安置条例》精神，天水市接收由省民政厅审核后具有安置工作资格、服役12年以上的转业士官共计64人，同年底，全部予以安置。2013年接收63人，同年底全部予以安置。2014年接收89人，2015年接收117人，均于同年底全部安置到位。在其退役后待安置期间的1年内，依所在县（区）当年城镇居民最低生活保障标准发放了待安置期间的生活补助费。2012年至2015年天水市转业士官接收安置的情况见表9-19至表9-22。

表9-19　2012年天水市转业士官接收安置统计表

单位：人

县（区）	接收人数	安置人数
秦州区	13	13
麦积区	15	15
秦安县	5	5
甘谷县	5	5
武山县	17	17
清水县	5	5
张家川县	4	4
合计	64	64

表9-20　2013年天水市转业士官接收安置统计表

单位：人

县（区）	接收人数	安置人数
秦州区	11	11
麦积区	16	16
秦安县	5	5
甘谷县	5	5
武山县	17	17
清水县	5	5
张家川县	4	4
合计	63	63

表9-21　2014年天水市转业士官接收安置统计表

单位：人

县（区）	接收人数	安置人数
秦州区	25	25
麦积区	10	10
秦安县	6	6
甘谷县	13	13
武山县	24	24
清水县	8	8
张家川县	3	3
合计	89	89

表9-22　2015年天水市转业士官接收安置统计表

单位：人

县（区）	接收人数	安置人数
秦州区	31	31
麦积区	17	17
秦安县	10	10
甘谷县	23	23
武山县	23	23
清水县	6	6
张家川县	7	7
合计	117	117

（三）退役士兵职业教育和就业技能培训的开展

《退役士兵安置条例》要求：退役士兵安置部门应当组织退役士兵参加职业教育和就业技能培训。2011年10月，甘肃省下发《退役士兵职业教育和就业技能培训暂行办法》，要求各地组织所接收的退役士兵开展职业教育和就业技能培训。2011年11月，甘肃省成立“甘肃省退役士兵教育培训集团”，甘肃省各地经省级考察的164家职业教育机构被确定为成员，天水市有12家职业教育机构名列其中，主要承担天水市境内退役士兵的教育培训任务。2012年，天水市民政局、教育局、财政局、人社局、天水军分区司令部制定出台《关于天水市退役士兵职业教育和就业技能培训工作的实施意见》(天市民安发〔2012〕173号),要求各县(区)安置部门按照“自愿报名、免费培训、技能为主、自主选择、统筹安排、协调推进,属地管理、就近开展”的原则,实行“免除学杂费、住宿费、技能鉴定费和求学期间每天发放10元生活补助费”的政策,对所接收的城乡义务兵和士官在其退役后一年内组织参加一次职业教育和就业技能培训。培训工作每年5月组织实施,所需经费依省级规定按5:5的比例分担,即省级和地方各负担一半。天水市就地方分担的50%分解为:市财政为秦州、麦积两区各负担10%,两区自行负担40%;秦安、武山、甘谷、清水、张家川五县自行负担50%。以下为天水市12家职业教育机构名录:

甘肃省工业职业技术学院

甘肃省机电职业技术学院

天水市机械技工学校

天水市农业学校

天水市平安驾驶员培训学校

天水市职业技术学校

天水市天嘉驾驶员培训学校

麦积区中等职业专业学校

秦安县中等职业专业学校

武山县中等职业专业学校

甘谷县中等职业专业学校

张家川县中等职业专业学校

2014年9月,省级批准“天水市天职驾驶员培训有限公司”为天水市退役士兵承训机构。2015年12月,批准“天水市扶贫职业技术学校”为天水市退役士兵教育承训机构。2012年至2015年天水市退役士兵教育培训情况见表9-23至表9-26。

表9-23　2012年天水市退役士兵教育培训统计表

县(区)	职业教育和技能培训工作						
	年度接收退役士兵人数(人)	参训报名人数(人)	已培训人数(人)	待培训人数(人)	取得证书人数(人)	推荐就业人数(人)	培训费支出(万元)
秦州区	146	130	130	16	68	31	38.2
麦积区	253	163	163	0	96	46	45.5
秦安县	151	145	106	39	56	19	30.5
甘谷县	152	75	60	15	31	11	15.3
武山县	91	70	68	2	25	12	14.3
清水县	80	54	34	20	12	9	20.9

续表9-23

县(区)	职业教育和技能培训工作						
	年度接收退役士兵人数(人)	参训报名人数(人)	已培训人数(人)	待培训人数(人)	取得证书人数(人)	推荐就业人数(人)	培训费支出(万元)
张家川县	26	13	13	0	3	2	18.0
合计	899	650	574	92	291	130	182.7

表9-24　2013年天水市退役士兵教育培训统计表

县(区)	职业教育和技能培训工作						
	年度接收退役士兵人数(人)	参训报名人数(人)	已培训人数(人)	待培训人数(人)	取得证书人数(人)	推荐就业人数(人)	培训费支出(万元)
秦州区	190	130	130	0	64	38	32.2
麦积区	248	90	75	15	27	35	15.5
秦安县	189	155	106	49	36	22	20.5
甘谷县	155	75	60	0	21	21	15.3
武山县	104	70	68	0	25	15	14.3
清水县	54	54	54	0	12	23	20.9
张家川县	49	26	26	23	3	2	18.0
合计	989	600	519	87	188	156	136.7

表9-25　2014年天水市退役士兵教育培训统计表

县(区)	职业教育和技能培训工作						
	年度接收退役士兵人数(人)	参训报名人数(人)	已培训人数(人)	待培训人数(人)	取得证书人数(人)	推荐就业人数(人)	培训费支出(万元)
秦州区	207	145	125	20	70	29	24
麦积区	233	123	123	0	83	22	30
秦安县	149	120	90	30	51	32	30
甘谷县	131	100	86	14	50	30	29
武山县	117	75	75	0	64	32	25
清水县	88	50	50	0	13	10	27.5
张川家县	48	35	27	8	10	4	15
合计	973	648	576	72	341	159	180.5

表9-26 2015年天水市退役士兵教育培训统计表

县(区)	职业教育和技能培训工作						
	年度接收退役士兵人数(人)	参训报名人数(人)	已培训人数(人)	待培训人数(人)	取得证书人数(人)	推荐就业人数(人)	培训费支出(万元)
秦州区	217	162	142	20	90	52	68
麦积区	250	208	141	67	141	50	70
秦安县	178	155	151	4	89	21	56
甘谷县	165	120	86	34	76	20	32.7
武山县	117	84	84	0	84	78	40.28
清水县	70	64	64	0	64	64	64
张家川县	37	17	14	3	14	10	12.7
合计	1034	810	682	128	558	295	343.68

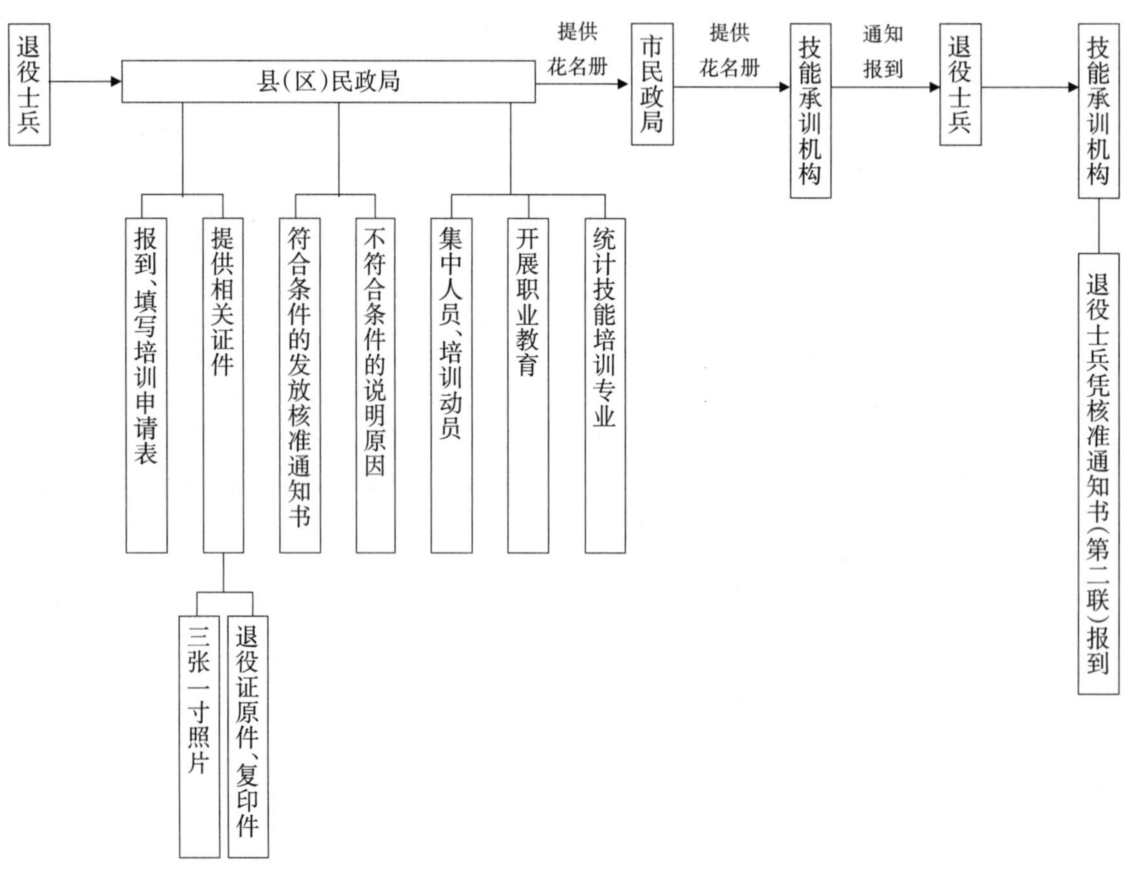

图9-1 天水市退役士兵教育培训流程图（2011年11月18日）

第二节　军队离退休人员和伤病残人员的接收安置

1982年，国务院、中央军委颁布《关于军队干部离退休养的暂行规定》，民政部、劳动人事部、解放军总政治部、总参谋部、总后勤部下发《关于做好军队编内、编外职工退休、退职工作的通知》。

1992年，国务院、中央军委批转民政部、总参谋部等部门下发的《关于进一步做好伤病残义务兵退伍和安置工作的意见》。按照以上文件精神，民政部门负责接收军队离退休干部、士官和无军籍职工、军队伤病残人员。工作职责是：负责移交政府安置的军休干部的服务管理工作；负责按国家和军队的有关政策，落实军休干部的政治和生活待遇；负责军休的干部思想政治工作和党的组织建设；组织开展适合军休干部特点的文化体育活动和社会公益活动；负责落实军休干部、无军籍职工、军队伤病残人员的医疗保障工作；负责军休干部服务管理机构的土地、用房、设施设备等国有资产的管理和维护工作。

2001年前，天水市各县（区）接收安置退休军官和士官共计75人。2001年后，接收68人，其中，军官54人、士官14人（市本级接收干部39人、士官11人，麦积区接收干部13人、士官2人，秦安县接收干部2人、士官1人）。2011年至2015年，接收军休干部和士官52人（市本级接收50人，麦积区接收2人）；接收无军籍职工33人（秦州区13人、麦积区11人、武山县9人）。2001年前，接收无军籍职工36人；2001年后，接收无军籍职工25人（秦州区16人、麦积区5人、武山县4人）。2001年前，天水各县（区）没有接收军队伤病残人员；2001年后，接收安置军队伤病残人员共计5人，其中，清水县2人、甘谷县2人、张家川县1人。

第三节　军休所站的建设

天水市自1985年开始接收安置军队离退休干部，于1986年分别在秦城区和北道区设立军队离退休干部服务所和军队离退休干部管理点。主要职责是贯彻执行党和国家的相关政策，落实军休干部的政治和生活待遇，负责军休干部的医疗保障，推动和活跃军休干部的文化生活，促进军休和谐建设，为军休干部营造良好宜居的休养环境。

一、天水市军队离退休干部休养所

天水市军队离退休干部休养所位于秦州区环城西路，占地面积3960平方米，建筑面积5737平方米。院内有住宅楼2幢，办公楼和活动中心各1幢（2层高），修有人工草坪门球场、花园，配备公务用车2辆，固定资产19.9万元。

图9-2 离退休老干部举行门球比赛

该所始建于1986年9月，建所初期名为“秦州区军队离退休干部服务所”。1987年，成立中国共产党天水市军队离退休干部休养所党支部，有党员113人，其中，在职党员12人、离休党员14人、退休党员87人。1999年6月，经市政府常委会会议研究决定，将秦州区军队离退休干部服务所更名为“天水市军队离退休干部服务所”，性质是参照公务员管理的事业单位，隶属天水市民政局管理。2009年6月，经市政府研究决定，将其又更名为“天水市军队离退休干部休养所”（简称“市军休所”）。2012年1月，该所由正科级升格为副县级事业单位，设所长（副县级）1名，增设副所长（正科级）2名，内设办公室、医保财务科、后勤科；核定编制19人，在编13人，临时聘用2人。

该所自成立以来，连续13年被市民政局评为“目标管理一等奖”。2007年，被市委、市政府命名为“市级文明单位”；2008年，被市环保委、市文明委表彰命名为“绿色机关”；2011年，被省民政厅评为“省级和谐军休家园”和“省民政系统行风建设示范单位”；2012年，被评为“甘肃省民政系统先进单位”“甘肃省卫生单位”。

二、麦积区军队离退休干部休养所

1986年，北道区军休干部管理点成立，编制2人，其中，行政编、事业编各1人；1990年，更名为“北道区军队离退休干部服务站”，位于桥南林水巷；1994年11月，动工修建住宅楼1栋，占地面积2113平方米，建筑面积1156.2平方米。2009年，新建麦积区军队离退休干部活动中心，建筑面积1100平方米，设有办公室、活动室、会议室、阅览室、财务室。2011年，麦积区政府批准将其更名为“麦积区军队离退休干部休养所”（简称“麦积区军休所”），增加编制3人，编制增加至5人。

2001年至2015年，共接收安置军队移交地方的离退休干部（含退休士官）25人。其中，2001年接收2人，2006年接收7人，2007年接收8人，2008年接收2人，2009年接收2人，2011年接收1人，2012年接收1人，2014年1人，2015年1人。接收的这些人中，副军级3人、正师级2人、正团级4人、副团级1人、副营级1人、正连级1人、四级士官2人。

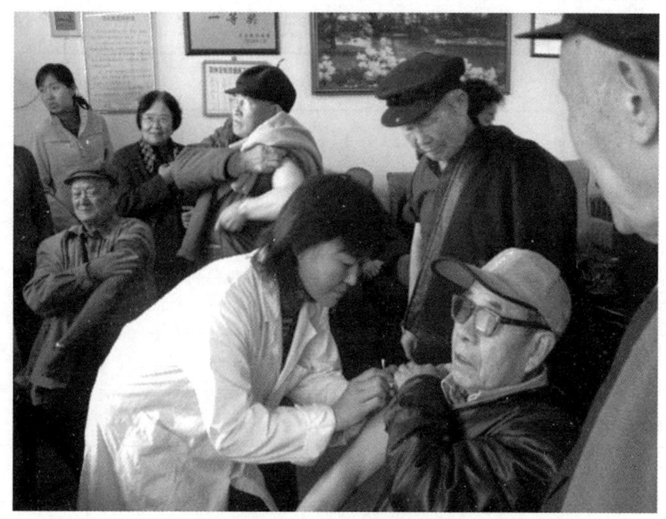

图9-3　麦积区干休所为老干部接种流感疫苗

随着军休所接收军休人员的增加，中央财政拨付事业费用和机构经费的力度逐年加大，为军休事业的健康发展提供了有力保障。麦积区军休所事业费用支出和机构经费情况分别见表9-27和表9-28，2000年至2015年天水市军休所军休经费情况见表9-29。

表9-27　麦积区军休所事业费用支出统计表

年份	支出（万元）	年份	支出（万元）	年份	支出（万元）
2001	53.2	2006	105	2011	426
2002	63.7	2007	175	2012	448
2003	73.5	2008	278	2013	441.5
2004	83.7	2009	353	2014	446.4
2005	91.2	2010	337	2015	571.1

表9-28　2000—2015年麦积区军休所机构经费统计表

年份	2000	2001	2002	2003	2004	2005	2006	2007
金额（万元）	9.7	9.9	11.6	13.5	14	15	20	11.8
年份	2008	2009	2010	2011	2012	2013	2014	2015
金额（万元）	22.8	35.6	23.4	33	103	52	26	22

表9-29　2000—2015年天水市军休所军休经费统计表

年份	金额（万元）	医疗费（万元）
2000	78.7	3
2001	110.7	3
2002	132.9	3
2003	133	24
2004	153	14
2005	153	14
2006	182	18
2007	315	20
	21.69（年定期增资）	—
2008	374.7	21
2009	393.8	24
	40.87（军休增资补助）	—
	146（军休津贴补助）	—
2010	124	26
	28（增资补助）	—
	202（服装费）	—
2011	650	29
2012	860	36
	275.3（住房补贴）	—
2013	100	46
2014	1030	—
2015	1207	—

第四节　军供站工作

天水市麦积区军供站前身成立于1953年5月，地处陇海线要冲，主要负责成批过往部队，入伍新兵和退伍老兵，支前民兵、民工运输途中的饮食供应保障工作。建站至今共接待过往部队500多万人。初址在原北道区二马路西段，即现在的道南派出所院内，有5间土木结构平房，有4名编制干部、5名通讯员、1个炊事员。1954年，北道埠遭受水灾，军供站被淹后，迁移到一马路东段，今五金站院内，民政局拨款3.6万元，修房36间。1955年12月26日，北道埠转业军人接应站、军事供应站划归天水县领导。1958年，天水军供站迁移到二马路东段南侧，今麦积区轻工业局院内。1959年，又迁移到一马路东段南侧，今麦积区人民政府招待所院内，与招待所合署办公，一套人马、两个牌子，即天水军用饮食供应站、中共天水市委北道埠招待所。1963年，军供站与招待所分设，院内南北分开，南部为招待所，北部为军供站。1967年，搬迁现址，即今天水火车站西、立交桥南边西侧。

2002年，经报请上级主管部门同意，对原有基础设施进行了拆除重建，建成了一幢全框架结构的二层餐饮楼，建筑面积1500平方米。2003年至2004年改建，2005年元月改建结束，正式运营。2001年至2015年天水市麦积区军供站接待情况见表9-30。

表9-30　2001—2015年天水市麦积区军供站接待情况统计表

年份	接待次数（次）	接待人数（人）	备注
2001	33	5012	—
2002	33	6437	—
2003	—	—	改建停供
2004	—	—	改建停供
2005	31	8306	—
2006	26	7008	—
2007	39	7861	—
2008	215	29181	—
2009	37	4836	—
2010	52	9251	—
2011	48	5682	—
2012	51	6231	—
2013	46	4826	—
2014	30	3998	—
2015	66	14958	—
合计	707	113587	—

军供站现有在职干部职工30名，其中领导3名（1名领导未占本单位编制名额）、干部6名、职工21名。设有中国共产党天水市麦积区军供站党支部，现有在职、离退休党员20名，其中，在职党员12名、离休党员2名、退休党员6名。

从20世纪90年代中期至2012年，因区财政较为困难，未拨付事业经费。

2001年至2010年遵照“为部队服务，为国防建设服务”的宗旨，该站共接待过往部队466批次77892人。先后完成2008年抗击“5·12”汶川地震“青海玉树地震”及“甘南舟曲特大泥石流”等重大自然灾害过程中过往军列的饮食供应任务，共接待过往军列125批次20181人。

2013年，按照区财政新的相关规定，在职职工每人每年拨付2000元，离退休人员每人每年拨付400元，每年拨付事业经费共计拨付50800元。

第五节　部分军队退役人员的解困工作

一、军队复员干部困难问题的解决

干部复员离队时，由部队发给复员费及其他补助费。

1993年后，天水按照国家政策相继接收安置了部分军队复员干部。为解决复员干部的生活困难问题，天水按照国家和甘肃省的要求，对复员干部进行解困帮助。

2009年，甘肃省下拨天水复员干部解困经费72万元，民政部门按照最低工资标准开始给复员干部发放生活困难救助金，发放标准为：秦州、麦积两区每人每月540元，甘谷、武山、秦安、清水和张家川五县每人每月500元，天水各县（区）实际发放标准统一为每人每月600元。

2010年，甘肃省下拨天水复员干部解困经费43.43万元，发放标准为：秦州、麦积两区每人每月670元，甘谷、武山、秦安、清水和张家川五县每人每月630元。

2011年下拨62万元。2012年下拨111万元，发放标准为：秦州、麦积两区每人每月900元，甘谷、武山、秦安、清水和张家川五县每人每月860元，天水各县（区）实际发放标准统一为每人每月900元。2013年下拨100万元，发放标准为：秦州、麦积两区每人每月1080元，甘谷、武山、秦安、清水和张家川五县每人每月1020元。2014年下拨110万元，发放标准为：秦州、麦积两区每人每月1250元，甘谷、武山、秦安、清水和张家川五县每人每月1200元。2015年全年下拨56万元，发放标准为：秦州、麦积两区每人每月1300元，甘谷、武山、秦安、清水和张家川五县每人每月1270元。

二、对越参战退役失业人员困难问题的解决

2010年4月，天水对越参战退役失业人员因就业、生活等困难到市、县、区民政部门要求将他们“二次”安置到财政供给单位就业。

10月，天水各县（区）按照甘肃省要求，就解决对越参战退役失业人员的困难问题相继作了以下工作：

第一，按照国家优抚政策，将对越参战退役失业人员全部纳入优抚范畴。至2015年，每人每月享受生活补助360元。

第二，从两个方面开展再就业援助工作。一是对失业且有就业愿望的退役人员，凭解除劳动合同协议书，携身份证到人社部门办理求职登记，办理“就业失业登记证”，享受相应的再就业扶持政策；二是由各县（区）政府提供公益性岗位解决其再就业问题。

第三，帮助解决断保人员的养老保险续保和未参保人员的参保问题。

第四，根据城乡居民最低生活保障政策，将参战退役失业人员以户为单位纳入城乡居民最低生活保障范围。家庭特别困难的，还可通过临时救助、医疗救助等社会救助途径给予相应救助。

第五，根据《甘肃省重点优抚对象医疗保障办法》和《天水市实施重点优抚对象医疗保障办法细则》，参战退役失业人员可享受相应的优抚对象医疗保障、补助、救助、优惠等医疗保障待遇。

第六，对于创办了经济实体的人员可享受一定程度的税收优惠待遇。

第七，对符合购买经济适用房条件和享受廉租房政策，以及符合农村困难群众危旧房改造条件的对越参战退役失业人员，由各县（区）优先纳入计划，逐年予以解决，并享受相应的补贴和补助。

第八，每年春节、八一期间，乡镇、街道、社区等组织对参战退役失业人员进行慰问。

三、参试人员困难问题的解决

参试人员系指参加过国家核弹爆炸试验的军队退役人员。2005年和2006年甘肃省先后两次组织参试人员集中体检，体检后，对其中确因参加核试验导致身体残疾的人员评定了残疾等级；未被评残的人员遂多次到民政部门上访要求重新体检，并提出解决养老保险，享受农村一类低保，与城镇参战退役失业人员享受同等待遇等诉求。此后，各县（区）民政部门按甘肃省指示精神，对于参试人员所提诉求中的低保问题，按政策入户深入调查后，对符合标准的给予提标，不符合标准的作了解释工作；对于体检问题，由县（区）民政部门向参试人员讲清政策，由个人前往省疾控中心体检，若检查出身体疾病确因核辐射造成，体检费用由民政部门全额报销，若非核辐射造成，体检费用自付；对于养老保险问题和城镇参试人员要求享受与参战人员同等待遇问题，民政部门协调人社、住建等部门给予解决。

第十章　社会组织管理

党的十八届三中全会提出，要创新社会治理，激发社会组织的活力，正确处理政府和社会关系，加快实施政社分开，推进社会组织明确权责，依法自治，发挥作用。

第一节　社会团体登记

一、概况

天水社会团体（简称“社团”）起源于何时，无据可考，在民国时期就有社团管理这项工作。1949年10月，中华人民共和国成立，标志着我国的政治制度发生了根本性的变化，社团发展也进入一个崭新的历史阶段。1950年9月，政务院根据《中国人民政治协商会议共同纲领》的规定，制定《社会团体登记暂行办法》，并授权内务部于1951年3月制定《社会团体登记暂行办法施行细则》；根据这两个法规，天水专区民政科对天水的社会团体进行登记管理。“文化大革命”期间，各类社团活动陷于瘫痪，社团登记管理工作停止。党的十一届三中全会后，社团管理工作得以复苏和发展。

1987年，民政部在大量调查论证的基础上，起草《社会团体登记管理条例》；同年10月，国务院公布施行该条例。《社会团体登记管理条例》作为我国第二个社团法规，对社会团体的成立条件、登记审批程序、开展活动的原则和管理机关的职责等内容作了原则性规定，为我国公民在新的历史条件下的结社活动提供了重要的法律依据。

1988年9月27日，国务院颁布《基金会管理办法》规定：建立基金会由其归口管理的部门报经人民银行审查批准，民政部门登记注册须发许可证，具有法人资格后，方可进行业务活动。1989年10月25日，国务院颁布《社会团体登记管理条例》，规定：在中华人民共和国境内组织的协会、学会、联合会、研究会、联谊会、促进会、商会等社会团体，均应依照本条例的规定申请登记；社会团体经核准登记后，方可进行活动；社会团体的登记管理机关是中华人民共和国民政部和县级以上地方各级民政部门，社会团体的业务活动受有关业务主管部门的指导。

1990年10月27日，天水市人民政府转发《甘肃省民政厅关于开展清理整顿社会团体工作的通知》，决定成立天水市清理整顿社会团体办公室。办公室设在市民政局，对存在的主要问题和现实情况进行摸底调查，掌握情况，针对性地制定了清理整顿方案，并规范了全市社会团体内部设立分会名称的规定，解决了社会团体乱设办事处或联络处的问题。11月下旬，市清理整顿社团办公室对县、区的社团管理干部进行了为期5天的培训，重点学习清理整顿社团工作中的复查登记的有关程序和方法，全面开展社团清理整顿复查工作。12月5日，成立天水市社团复议委员会，承担县、区社团对不予登记或处罚不服等案件的复议仲裁。

党的十一届三中全会以来，天水市群众结社和社团活动进入一个蓬勃发展的时期。1991年3月4日，甘肃省人民政府颁布《甘肃省社会团体登记管理条例实施细则》；同年，市社团管理机关与市公安局、市财政局、市物价委、市委组织部、市劳动人事局、市编委等单位分别联合发文转发、制定《社会团体印章管理的暂行规定》、《社会团体财务管理暂行规定》、《社会团体收费暂行规定》（对社会团体的收费原则、项目收费办法、收入范围、收入管理和罚则等作了严格规定）、《社会团体编制及有关问题的暂行规定》及《审批社会团体内部机构和编制问题的通知》和《关于制止游僧游道和社会闲散人员冒充僧道诈骗钱财的通知》等，对社团工作人员的编制、待遇、养老保险以及社会团体的经费来源都作了详细规定。天水市依此规定了全市社团工作人员的正当权益，保障了社会团体正常活动的开展。

1992年5月29日，依法宣布解散春溪艺社和春草地文学社。6月24日，将没有按文件进行清理整顿的市声乐研究会、市硬笔书法家协会、市青年科技工作者协会、市交通职工教育协会、市中专中技学校体育协会、市体育文史委员会、中国民办科技实业家协会天水支会等7个社团依法撤销。7月10日，对市建筑结构研究会超越章程规定的业务范围，擅自为湖南省株洲县建材厂防水材料提供质量保证、为建设工程留下质量隐患的问题给予警告处罚。11月，委托武山县民政局对天水市蔬菜技术协会联合会进行日常管理；26日，甘肃省人民政府办公厅转发《省民政厅关于加快社会工作改革　支持社会团体参与经济建设的意见》的通知。同年，复查登记的社团有市对外文化交流协会、市企业家协会、市标准化协会、市摄影家协会、市热处理协会、市语言协会、市老年人体育协会、市青年体育工作者协会、市射击运动协会、市田径运动协会、市象棋运动协会、市足球运动协会、市围棋运动协会、市排球运动协会、市篮球运动协会、市武术运动协会、市周易学会、市直机关离休干部协会、市职工思想政治工作研究会、市残疾人体育协会20个，新成立登记的社团有市体育总会、市民政学会、市预防医学会、市学校体育协会、市民间体育艺术协会、市厂矿科学技术协会联合会、市果树技术协会联合会7个。

1993年3月5日，在天水市建新饭店召开全市社团管理工作会议，会议主要传达贯彻全国、甘肃省社团管理工作会议精神，安排部署今后社团有关工作。10月28日，建立社会团体统一代码标识制度。同年，新成立登记的社团有市伊斯兰教协会、市《天水报》通讯员联谊会、市婚姻管理协会、市新闻工作者协会、市警察学会、市档案学会、市殡葬管理协会、市商会、市海外联谊会、市心理学会、市老年法律工作者协会、市香功协会、市菊花协会、市哲学学会、市计算机学会、市审计学会16个，批准设立的社团实体有警察学会的市保安服务公司、粮食经济学会的信息咨询服务公司、妇女理论问题研究会的银箭（企业）

有限公司、服装行业协会的华茂实业公司、建筑结构研究会的天水长虹屋面防水工程队、市文联的文艺服务中心和文联印刷厂、民政学会的实业综合经销部、市商会的实业开发总公司和永新汽车修理厂、永达中介服务中心9个。

分布在各条战线、各行各业和各个学科领域的全市各类社会团体的影响和作用也越来越大，已经成为天水市经济社会发展中的重要力量。1994年，全市社团共完成研究课题129项，组织学术研究会135次，有84篇论文获奖；出版学术期刊28种，年发行5.38万册；开展咨询服务1196次，63万多人接受咨询服务；办培训班786期，培训6万多人；社团集体获奖53次，其中，国际性4次、全国性13次、省级20次、市级16次，个人获奖309次；创办社团经济实体15个。

二、先进情况

召开全市社团“建功立业，振兴天水”表彰大会，对市个体劳动者协会等10个先进社团和10名先进社团工作者给予表彰。

（一）先进社会团体

天水市个体劳动者协会、天水市红十字会、天水市税务学会、天水市象棋运动协会、天水市企业家协会、天水市职工技术协会、天水市青少年书法研究会、天水市公路学会、天水市建筑结构研究会、天水市护理学会。

（二）先进社团工作者

薛文彦（天水市文学艺术界联合会主席）、马静武（天水市金融学会副会长）、骆家毅（天水市农村金融学会副会长）、逯进修（天水市天主教爱国会副秘书长）、刘沛毅（天水市象棋运动协会副秘书长）、曹礼（天水市畜牧兽医学会理事长）、李炳麒（天水市农业机械学会理事长）、马克宽（天水市林学会、野生动物保护协会理事长）、罗宏远（天水市科协工作研究会秘书长）、董丽萍（天水市妇女理论研究会、家庭教育协会会长）。

1994年，制定转发《社会团体印章管理规定》和《社会团体廉洁自律有关问题的暂行规定》。新审批登记的社团有市精神文明建设研究会、市风筝协会、市信鸽协会、市分析测试学会、市伏羲科技文化研究会、市国有资产管理学会、市软科学研究会和市卫生系统书画协会8个，注销了市菊花协会，市民办科技机构联合会变更为天水市民营科技企业协会。审批的社团经济实体有：市商会的景德镇陶瓷联营经销部、市美协装饰服务中心、市档案咨询服务中心、市心理学会天桥信息交流服务中心、市文联雕塑艺术中心5个。核定天水市伏羲科技文化研究会社团编制3名，其人事管理由市科协负责代管。

1995年1月5日，市民政局《关于政府部门领导不兼任社会团体领导职务的贯彻意见》规定，市、县、区政府及其职能部门、各直属机构、各办事机构的现任领导（含副职）一律不再兼任社团秘书长以上领导职务，已兼任的应在6月30日前辞去兼任职务；个别确因特殊情况需要兼任的，由社团业务主管部门向所属政府写出专题报告，经批准后到社团管理机关办理备案手续。3月30日，市社团“建功立业，振兴天水”活动领导小组召开表彰大会，对市民政局、市科协、市社科联、市总工会、团市委、市妇联、市文联联合发文决定表彰的10个先进社团和10名先进社团工作者给予奖励，给市老年人体协主席桐树苞授予“特别荣誉奖”。

（三）先进社会团体

天水市企业管理协会、天水市伏羲科技文化研究会、天水市野生动物保护协会、天水市农业机械学会、天水市新闻工作者协会、天水市美术家协会、天水市老年人体育协会、天水市民营科技企业协会、天水市集邮协会、天水市消费者协会。

（四）先进社团工作者

戴祥礼（天水市建筑结构研究会理事长）、喻临新（天水市公路学会副理事长）、彭瑞珍（天水市护理学会理事长）、孙志军（天水市统计学会副理事长）、段志忠（天水市农村金融学会秘书长）、何道华（天水市妇女理论问题研究会副会长）、付秉仁（天水市企业家协会秘书长）、张进林（天水市体育总会副秘书长）、宋涪清（天水市职工技术协会副会长）、周家祥（天水市佛教协会秘书长）。

截至1995年底，新审批登记的社团有市气功科学研究会、市羽毛球运动协会、市老年书画研究会、市离退休科技工作者协会、市国际贸易促进会（市国际商会）、市土地学会、天水伏羲文化研究会、市人民对外友好协会、市环境保护产业协会、市委人大政协职工体育协会、市甘肃名人研究会11个，审批的社团经济实体有市商会怡美得美食店和神州明珠歌舞厅，注销市华联综合经营总公司、永新汽修厂和永达服务中介中心。

1996年5月21日，天水市政府召开全市社团“建功立业，振兴天水”活动总结表彰大会，市民政局局长韩岱成作了题为《充分发挥社会团体的积极作用　努力为天水市经济建设和公益事业做贡献》的工作报告。以下是报告的主要内容：

自1993年以来，自然科学方面的社团开展各类学术交流、科技培训、举办展览等活动112项，交流学术论文178篇，完成咨询服务项目96次，仅在有偿服务上，社团共获净收入14.6万元。市地方病防治协会、市伏羲科技文化研究会、市物理学会等社会团体的代表参加国际性学术会议。市建筑结构研究会完成工程图纸审查349次，建筑总面积74.04万平方米，总投资为7552.6万元，提出1266条房屋安全保证措施和修改意见。1995年发生在天水地区的旱情，是60年不遇的大旱，该研究会用“新型找水法”在北道区高山地带打井10眼，成功率百分之百。社会科学类社团开展多种形式的社会科学研究和学术交流，先后制作出版250多部图文并茂的出版物及声像制品，《麦积山游记》《西部旋鼓》《伏羲祭典》《麦积烟雨》等一些声像外宣品分别在甘肃省电视台和中央电视台获奖。天水市文联和所属的文化艺术团体，组织大型笔会、展览和演出活动120余次，各类美术作品在甘肃省内外展出、发表共计2800余件。张琮、丁尚德的美术作品入选全国美展国家级展出；薛文彦交响作品音乐会在京隆重举行，为甘肃省交响作品首次进入国家级音乐殿堂；陈冠英夫妇创作的12生肖篆刻作品共1200个肖兽印章，造型古拙、气势雄浑，曾在中央电视台《东方时空》等栏目播出；郑睿创作的篆刻入选全国第四届篆刻艺术展；刘刚绘制的秦腔艺术脸谱在新加坡展出；天水市戏剧家协会创作的16集电视文学剧本《飞将军李广》出版发行，电视剧《女人啊！女人》在甘肃省电视台播出，新创作的《双进山》《风流乡长》《黄土魂》《约法三章》等剧本受到中国戏剧家协会、卫生部和甘肃省文化厅的奖励。天水市文联还从民间挖掘出艺术珍品《二妙轩》，并完成“诗圣园”建设的前期准备工作，为继承和繁荣天水文学艺术创作做出积极贡献。体育社团，大胆革新，闯出一条“体育社团搭台，经贸单位唱戏”的新路子。一方面，把体育社团挂靠在大企业下，由企业供养社团，社团宣传企业；另一方面，积极采取“企业挂名体育比赛”的方法，成功举办了“新保杯象棋比赛”“福音杯风筝比赛”“公交保险杯风筝大赛”“保险杯信鸽比赛”。乒乓球协会组织参加甘肃省运动会，获团体总分第二、女团第一、男团第二、男单第一、女单第二的优异成绩。市风筝协会代表甘肃省参加了1996年十三届潍坊国际风筝会，获团体第三名。其他类型的社团，亦能发挥自身优势，如：市公路学会承担的高速公路设计三项科技攻关课题，两项达国际先进水平，一项为甘肃省领先水平；设计的吕二沟、罗玉河中承式拱桥及鱼腹式桁架桥填补了甘肃省此种桥梁结构的空白；甘谷渭河大桥加固改造设计，获甘肃省科技进步二等奖。市消费者协会积极维护广大消费者的权益，3年来接受投诉2706件，解决2658件，挽回经济损失160万元。同时，对全市10个先进集体和10名先进个人进行了表彰。

（五）先进社会团体

天水市伏羲科技文化研究会、天水市红十字会、天水市厂矿科协联合会、天水市民营科技企业协会、天水市企业家协会、天水市婚姻管理协会、天水市对外文化交流协会、天水市戏剧家协会、天水市护理学会、天水市信鸽协会。

（六）先进社团工作者

张琮（市美术家协会主席）、喻临新（市公路学会副理事长兼秘书长）、戴祥礼（市建筑结构研究会理事长）、宋涪清（市职工技术协会副会长兼秘书长）、罗宏远（市科协工作研究会秘书长）、许海魁（市灯谜协会副理事长兼秘书长）、何秀茂（市消费者协会秘书长）、胡泉山（市企业管理协会副秘书长）、唐天臣（市野生动物保护协会秘书长）、刘彩元（市统计学会副秘书长）。

三、其他情况

1996年，审批登记的社团有市光彩事业促进会、市足部按摩协会、市国际体育舞蹈运动协会、市钓鱼协会、天水商业联合会5个。天水市果树技术协会联合会变更为天水市果农协会。新批准的社团实体有天水市婚姻服务中心、伏羲科技文化研究会的天水百果园食品研究所。依法注销天水市文联书店和文联印刷厂。

1996年8月，中共中央办公厅、国务院办公厅联合发布《关于加强社会团体和民办非企业单位管理工作的通知》，规定社会团体和民办非企业单位的管理应有挂靠单位，由业务主管部门和登记管理机关双重负责的管理体制，实行分级管理。明确了各自的职责：业务主管部门对所属社团和民办非企业单位的申请登记、思想政治工作、党的建设、财务活动、人事管理、召开研讨会和对外交往等重要活动安排、接受资助等事项负有领导责任，在这些方面出了问题，由挂靠单位和业务主管部门共同负责；登记管理机关主要负责社会团体和民办非企业单位的登记审批工作，研究制定有关政策规定并开展组织实施，负责对社会团体、民办非企业单位的活动进行指导和检查监督，依法查处违法社团和民办非企业单位。社会团体和民办非企业单位统一归口由各级民政部门登记管理，其他任何部门无权审批和颁发证书。

1997年3月，对天水市辖区内民办非企业单位进行调查摸底。民办非企业单位包括民办的教育、研究、医疗、信息咨询、社会调查、社会服务、评估中介机构、会（审）计事务所、律师事务所、文化团体、体育团体和文艺团体共1994个，其中，市属897个、县属1097个。调查后，局长韩岱成与社团科长姚俊杰撰写的《试论民办非企业单位的性质、形式和管理办法》一文被《现代社团》刊登。8月21日，市政府1997年第十次常务会议研究，同意将市民政局社团管理科更名为“社会团体和民办非企业单位管理科”，对外加挂“天水市社会团体和民办非企业单位管理办公室”牌子。

第二节　民间组织登记

1999年1月，国务院将“社会团体”“民办非企业单位”和“基金会”三类组织统一归为“民间组织”。2月22日，在天水市政府第三次常务会议上，为进一步加强对全市民间组织的管理，拟对天水市社会团体和民办非企业单位管理办公室的机构进行调整。3月16日，全市拥军优抚安置暨民间组织管理工作会议召开，各县（区）及市直有关部门领导等150多人参加，市民政局局长韩岱成作了工作报告，代市长张津梁就加强民间组织管理工作作了重要讲话。11月，中央办公厅、国务院办公厅下发《关于进一步加强民间组织管理工作的通知》，并对民间组织管理工作提出具体要求。

2000年6月2日，市政府常务会议决定：为加强对民间组织管理工作的领导，成立天水市民间组织管理工作领导小组，市委常委、常务副市长徐怀恩任组长，市政府副秘书长苏定武、市民政局局长韩岱成任副组长，成员由市卫生局、安全局、公安局、教委、人事劳动局、文化出版局、体委、工商局、财政局、司法局、科委、地税局等部门领导担任，下设办公室，姚俊杰任主任；并决定将天水市社会团体和民办非企业单位管理办公室更名为“天水市民间组织管理办公室”。6月20日，天水市人民政府召开全市民办非企业单位登记管理动员大会。9月，中共天水市委办公室、天水市人民政府办公室下发《关于进一步加强民间组织管理工作的通知》（市委办发〔2000〕50号），要求各级党委和政府要进一步提高对民间组织管理工作重要意义的认识，落实双重管理制度，加大管理力度，加强法规制度建设，强化民间组织自律机制，提高整体素质，促进规范化建设，切实加强领导，确保民间组织正确的政治方向，维护社会政治稳定。12月12日，民政部在广东肇庆召开全国民间组织管理工作经验交流会，天水市民间组织管理办公室主任姚俊杰在会上作了“认真筹划、精心组织、积极稳妥地做好民办非企业单位复查登记工作”的经验介绍。

2000年，全年新登记的市属社会团体4家，分别是：天水市摩托车协会、天水市蔬菜协会、天水市食用菌协会、天水市电力行业协会。全年新登记的市属民办非企业单位8家，分别是：天水市计算机专修学院、天水新科技专修学院、天水市珍妮英语学校、天水中级电职业培训中心、天水天光电脑职业培训学校、天水市爱乐合唱团、麦积山美术馆、天水市婚姻服务中心牵手中介部。

2001年5月24日，天水市机构编制委员会办公室〔2001〕第25号文件将天水市民间组织管理办公室变更为“天水市民间组织管理局”。天水市民间组织管理工作坚持按照标准依法登记审批民间组织，对各学科、行业及其他领域中分类的社团予以注销或合并，严格控制联谊性社团，注销或撤销23个不符合保留条件的社团，并在改造重组原有社团的基础上，发展了一批适应社会主义市场经济需要的民间组织。

2001年，全年新登记的市属社会团体5家，分别是：天水市网友协会、天水市反邪教协会、天水市统一战线理论研究会、天水市宗教文化研究会、天水宏达实业有限责任公司内部职工持股会。全年新登记的市属民办非企业单位8家，分别是：天水市莲亭汽车驾驶培训学校、天水市殡葬服务中心、天水市棋院、天水市蓓蕾高级中学、天水现代经济研究所、天水市海贝英语学校、天水市兰亭书法院、天水市启升中学。

2002年，天水市地方税务局、天水市民政局联合下发《关于民间组织税收征管及发票管理有关问题的通知》，明确规定，市地税局委托市民间组织管理局为全市民间组织发票管理和税收征缴单位。所有民间组织不再与税务局和发票管理部门发生关系，实现“政出一门”，统一管理，方便了民间组织。

2002年，全年新登记的市属社会团体3家，分别是：天水市图书馆协会、天水市旅游协会、天水市民间组织联合会。全年新登记的市属民办非企业单位6家，分别是：天水市室内外装潢研究院、麦积山书画院、天水市老年大学、天水市秦城区教育局高考复读四部、甘谷像山中学、天水长城开关有限公司内部职工持股会。

2003年，为进一步规范天水市民间组织档案管理工作，认真贯彻落实民政部、国家档案局联合颁布的《民间组织登记档案管理办法》文件精神，加快推进民间组织档案工作的基础资源、基础设施、基础条件建设，提高民间组织档案的管理和服务水平，结合天水市民间组织档案管理工作实际，从以下几个方面坚持做到对新成立登记的社会组织及时进行科学归档。一是坚持“一案一卷”“分类立卷”的原则。在档案整理中，对发现的问题进行及时处理，做到一个社团、一个“民非”，一个档号，使档案材料做到不错、不乱，内容与档案盒标识相一致，便于查阅、保管。二是规范档案材料。归档材料按照《社会团体登记管理条例》和《民办非企业单位登记管理暂行条例》等相关规定，做到材料齐全完整；对民间组织申报的内容、填写的纸张、书写的材料等提出了具体要求，力求不缺、不漏、不错、不乱；对章程及需要提供的其他材料按照民政部示范文本要求，统一格式，确保材料的完整性和真实性；对近年来新成立登记的案件一律从档案盒标题，以及案卷题名、文件、目录、书写、用纸等方面严格要求，做到清楚、整洁、规范。三是科学归档。按登记时间顺序依次编码排列存放登记档案，做到排列有序、整齐划一、美观实用。市民政局的民间组织档案管理被授予“省一级管理单位”称号。

2003年，全年新登记的市属社会团体5家，分别是：天水市商会、天水市收藏协会、天水市煤炭行业协会、天水市酒业协会、天水市产品质量技术协会。全年新登记的市属民办非企业单位4家，分别是：天水市诗书画研究院、天水市西方英语学校、天水市花木科技开发中心、天水市西部艺术研究院。

2004年3月，召开全市民间组织负责人、秘书长及其会计人员培训会，参加会议人员170多人。重点培训政策法规、民主办会、社团收费，以及财务会计账目建立、制度建设等内容。在民间党组织中开展保持共产党员先进性教育，受到了市委的表彰奖励。同年，天水市民间组织联合会被民政部授予“全国先进民间组织”称号。

2004年，全年新登记的市属社会团体10家，分别是：天水麦积山文化研究会、天水市农业生产资料协会、天水市青年企业家协会、天水市女企业家协会、天水市质量协会、天水市电器工业联合会、天水市网球协会、天水市果品行业协会、天水市心理卫生协会、天水市创建学习型城市发展战略研究会。全年新登记的市属民办非企业单位11家，分别是：天水市预防医测试中心、天水市保安职业技能培训中心、天水市红荔书画院、天水市康财残疾人综合福利院、天水市中国画研究院、天水市梅兰中学、天水市新天坛医院、天水市博爱医院、天水市永华电脑职业培训学校、天水市收藏鉴定委员会、天水市科学教育信息服务中心。

2005年6月起，开展民办非企业单位诚信评审工作，天水市民政局会同民间组织联合会聘请业务主管领导和有关专家进行评审，全市近200家民办非企业单位参加初审，最终通过22家，并被评为首批诚信单位。这22家单位分别是：天水市天光电脑职业培训学校、天水市世纪昊华中学、天水市梅兰中学、天水市启升中学、天水市秦州区教育局高考复读四部、天水市蓓蕾高级中学、天水市计算机专修学院、天水中级电力职业培训中心、天水市莲亭汽车驾驶培训学校、天水市新天坛医院、天水市刘鸿年中西医结合诊所、甘谷像山中学、天水市海贝英语学校、天水市收藏鉴定委员会、天水市少儿书画院、秦州区信达信息服务中心、麦积区桥南天使幼儿园、清水凌丰音乐学校、秦安县电脑网络培训学校、甘谷县大像山高桥卫生所、武山大林职业技能培训学校、张家川县穆斯林学校。在这次活动中，天水市共有480多家民办非企业单位制定承诺服务制度，提供咨询服务2460多人、技术服务1085人、医疗门诊7190人；向全社会提供各类免费服务或低于成本服务5200多次，直接资助减免的经费达290多万元。

2005年，全年新登记的市属社会团体12家，分别是：天水市道路运输协会、天水市中藏药研究会、天水市医院管理学会、天水市保险行业协会、天水市羲皇故里经济文化促进会、天水市吉他学会、天水市犬业协会、天水市规划学会、天水市肉类行业协会、天水市台球运动协会、天水市文化市场行业协会、天水市物资再生协会。全年新登记的市属民办非企业单位10家，分别是：天水市国际体育舞蹈培训中心、天水市红舞鞋艺术团、天水市民间组织服务中心、天水市国莲拉丁舞艺术团、天水飞将武术培训中心、甘肃省航天育种工程技术研究中心、甘谷育才中学、秦安民生高级中学、天水铁路电缆职工医院、天水市劳务派遣服务中心。

2006年8月，天水市民政局下发关于《天水市社区民间组织登记管理暂行办法》。下半年，市民间组织管理工作把重点放在优先发展优势行业和新兴行业上，并在农村专业经济协会和社区民间组织培育发展与规范管理方面进行积极探索，取得明显成效，全年全市新登记和备案的农村专业经济协会、社区民间组织136家。同年12月，市民间组织管理局局长姚俊杰被民政部评为“全国民间组织登记管理工作先进个人”。

2006年，全年新登记的市属社会团体20家，分别是：天水市消防协会、天水市信用促进会、天水市自然科学联合会、天水市物资流通协会、天水市杜甫研究会、天水市天辰职工技术协会、天水市秦州小曲生态传承保护协会、天水市中药材行业协会、天水市回族文化研究会、天水市上海经济文化促进会、天水市轩辕文化研究会、天水市青年书画家协会、天水市门尚书研究会、天水华夏赵姓文化研究会、天水市农村合作经济组织联合会、天水市农产品营销协会、天水市室内装饰协会、天水市广告协会、华夏张姓根植天水文化经济促进会、天水市家具行业协会。全年新登记的民办非企业单位10家，分别是：天水市仁和医院、天水魏氏骨伤医院、天水市秦州区教育局高考复读五部、天水市营养保健研究所、天水鸿盛社脸谱研究中心、天水岭南职业高级中学、天水市山水画艺术研究中心、天水市天韵器乐培训中心、天水邓宝珊将军纪念亭书画社、天水广济医院。

2007年，天水市民政局被民政部评为“全国民间组织登记管理工作先进单位”。9月，为贯彻落实财政部、民政部《关于认真贯彻实施〈民间非营利组织会计制度〉的通知》精神和省民政厅民间组织管理局的统一要求，市局举办民间非营利组织会计制度培训班，会同财政局对全市民办非企业单位的会计人员进行了一次新会计制度的培训，确保民间组织健康顺利发展。

2007年，全年新登记的市属社会团体10家，分别是：天水市绿色花牛苹果产业协会、天水市建材家装材料流通协会、天水市紫砂壶收藏协会、天水市农产品经纪人联合会、天水市女娲文化研究会、天水市小陇山自然与环境保护协会、天水市门球运动协会、天水市电子竞技运动协会、天水市建筑业联合会、天水市民俗文化发展研究会。全年新登记的民办非企业单位18家，分别是：天水市同心艺术团、天水市第二幼儿园幼教服务中心、天水市中医院第三门诊部、天水成纪博物馆、天水市秋萍舞蹈中心、天水市因特职业培训学校、天水市甘谷县红十字会祥和医院、天水市嘉夫美术馆、天水市诚鑫种植养殖研究中心、天水市机电职业培训学校、天水市麦积区文正中学、天水蓝洋职业培训学校、天水龙城飞翔赛鸽俱乐部、天水电子电器检测试验中心、天水市电子职业培训学校、天水红荔棋社、天水市竹艺文化研究中心、天水新天视文化传播中心。

第三节　社会组织登记

“社会组织”这一概念的规范使用，始于2006年10月党的十六届六中全会。在这次会议上通过的《关于构建社会主义和谐社会若干问题的重大决议》中，第一次全面、系统、完整地阐述了社会组织的相关思想，明确提出要健全社会组织，增强服务社会的功能，要求坚持培育发展和各类监督并重，完善培育扶持和依法管理社会组织的政策。2007年，党的十七大报告中提出加强社会组织建设和管理，“社会组织”的概念在十七大报告中再一次被确认。2008年起，这一概念已经逐渐取代“民间组织”概念，并在我国的有关政策及理论研究层面得到了广泛应用。

全市在社会组织规范化管理方面，改变“重登记、轻管理”的倾向，加强以年检为主要内容，对群众反映强烈的不规范组织进行督促整改。2008年，为落实国务院《清理评比达标表彰活动意见通知》精神，天水市民政局逐条梳理并规范社会组织活动，对全市的社会组织活动做出了一系列新规定，新规定的内容主要有以下几个方面：

第一，社团负责人不得由国家机关或具有行政管理职能的事业单位的在职人员兼任，有类似情况的行业协会，必须在2009年底前脱钩。

第二，被依法取缔的非法社会组织的发起人及其负责人5年内不得再担任领导职务。被撤销的行业协会的负责人，3年内不得再行发起设立行业协会或担任行业协会的负责人。

第三，协会必须按照国务院《社会团体登记管理条例》的规定，坚持“入会自愿、退会自由”的原则发展会员，不得强制发展会员或以其他不正当手段强行入会。会员入会要按规定办理入会手续，提出申请，填写入会登记表，建立会员档案，发给“会员证”。会员退会也要履行相应的手续。业务主管单位与社会团体之间没有领导与被领导的隶属关系，属业务指导监督管理关系。凡是在市级民政部门登记的社团与在县（区）民政部门登记的各级各类社团在法律上是平等的，社团之间没有上下级隶属关系，没有领导与被领导的关系。因此，不允许市级民政部门登记的社团将县（区）登记的社团当作自己的下属单位。

第四，社会组织必须按照国务院《社会团体登记管理条例》《民办非企业单位登记管理暂行条例》的要求，在天水市民间组织管理局核准的章程规定的业务范围内开展活动，不得超出章程规定的范围开展活动。

第五，社会组织应在法律、法规、规章及章程规定的业务范围内开展活动。

第六，建立重大事项报告制度。

第七，社团召开会员（会员代表）大会、理事会，应提前5个工作日将会议内容和有关事项向登记管理机关报告。

第八，社会组织召开大型学术报告会、研讨会，承接研究课题和调查课题，接收捐赠，举办展览会、展销会等大型活动，应经业务主管单位同意后，在活动开展前7个工作日将活动的内容、规模、方式和业务主管单位的审查意见报登记管理机关备案。登记管理机关如有异议的，应于收到材料之日起3个工作日内做出书面回复。

第九，社会组织开展涉及重大政治、经济、理论等方面跨组织、跨领域，以及组织涉外研讨会、组团出国出境、接受境外的捐赠等涉外活动的，应报相关职能部门审批，并于活动开展前5个工作日内报登记管理机关备案。

第十，社团不得随意举办各种评比、达标、表彰活动。

第十一，社会组织必须执行国家规定的财务管理制度。

第十二，社团的会费标准应根据章程规定的业务范围、工作成本和会员的承受能力合理确定，会费标准须经会员大会或会员代表大会到会人员三分之二以上无记名投票的方式表决通过，并报登记管理机关及相关部门备案。

第十三，社会组织注销之前，由业务主管单位依法组织清算。社团换届或变更法人之前，由业务主管单位和登记管理机关联合组织进行财务审计。社团被撤销后的剩余资产，在社团业务主管单位和登记管理机关的监督下移交给相关社会公益性组织。在此期间，按照民政部《关于做好社团组织评比达标表彰活动清理工作的通知》精神，在全市范围内开展清理社会团体评比达标表彰活动，完成全市清理社团评比、达标、表彰规定的内容、步骤、方法、目标和要求，并建立长效评比、达标、表彰的机制。

2008年，全年新登记的市属社会团体4家，分别是：天水市国际标准舞学会、天水市市场发展协会、天水市农产品经销协会、天水市超高压输变电公司职工技术协会。全年新登记的市属民办非企业单位16家，分别是：天水市供电公司资产管理中心、天水现代人才培训基地、天水艺术研究院、天水市政协书画研究院、天水市回族文化活动中心、天水市忠和中西医门诊、天水市麦积区马跑泉社区卫生服务中心、天水长开医院、天水市秦州区七里墩社区卫生服务站、天水市成名台球运动俱乐部、天水伏羲八卦研究中心、天水退休医师医院、天水长城机电职业培训学校、天水市省建五公司医院、天水皮肤病专科医院、天水蓝天医院。

2009年，全年新登记的市属社会团体7家，分别是：天水市党外知识分子联谊会、天水市民族吹管乐协会、天水市跆拳道运动协会、天水市地方志协会、天水市老子文化研究会、天水市戏曲学会、天水市见义勇为协会。全年新登记的市属民办非企业单位24家，分别是：天水市秦州区五里铺成名台球俱乐部、甘肃华圆科技技工学校、天水三阳医院、天水中兴电子科技职业技术学校、天水瀚泽美术馆、伏羲琴社、天水联合机电职业培训学校、甘肃中泰司法鉴定所、天水市机电技工学校、天水星地计算机职业培训学校、秦安红十字会仁康医院、天水市创新中小企业服务中心、甘肃春风科技工程技工学校、甘肃天弘司法鉴定所、天水市青少年体育俱乐部、天水益康家政服务培训学校、天水妇女职业技能培训学校、天水市一中阳光青少年体育俱乐部、伏羲学院、天水和平医院、天水精诚职业技术学校、天水大观人才培训学校、天水中小企业创业发展中心、天水市国际标准舞学会培训中心。

2010年，根据《天水市社会团体“小金库”治理工作安排意见》，成立治理“小金库”领导小组。由市民政局牵头，各业务主管部门组织实施，配备专业工作人员对全市涉及收取会费的社团进行了财务检查，对所属的社会团体“小金库”进行一次普遍的治理，自查面达到100%，抽查面达到20%以上，全面完成了“小金库”治理工作。

2010年，全年新登记的市属社会团体10家，分别是：天水市江苏商会、天水市招商投资企业协会、天水市陇右环境保育协会、天水市工商行政管理学会、天水市品牌乒乓球运动协会、天水市二胡协会、天水市河北商会、天水市农业产业化重点龙头企业协会、天水市中医“治未病”研究会、天水市患者权益维护协会。全年新登记的市属民办非企业单位9家，分别是：天水市第十八职业技能鉴定所、天水师范学院体育学院青少年体育俱乐部、天水市傲煊舞蹈模特培训中心、天水市中小企业发展协调服务中心、天水市沐蕾体育舞蹈俱乐部、天水市国家级非物质文化遗产雕漆技艺传承中心、甘肃省天水制造业信息化培训中心、天水卦台山书画院、天水市第二幼儿园天河分园。

2011年，天水市民政局出台《天水市建立健全社会组织惩治和预防腐败体系的实施意见》。意见明确三个方面重点内容：一是严格行政审批制度，二是积极开展社会团体、民办非企业单位和社会中介组织规范工作，三是严格遵守十项政策规定。

2011年，全年新登记的市属社会团体7家，分别是：天水市吉他研究会、天水市舞蹈家协会、天水市河南商会、天水市宝鸡商会、天水市商标协会、天水市川渝商会、天水市社会帮扶协会。全年新登记的市属民办非企业单位10家，分别是：天水三和初级烹调职业培训学校、天水市防震减灾技术服务中心、天水市棋院、天水市麦积艺术培训中心、天水市惠民职业介绍所、天水养正堂报刊博物馆、天水扶贫职业技术学校、天水市佳龙体育舞蹈培训中心、天水正方职业技术培训学校、天水博通职业培训学校。

2012年，根据民政部发布的第39号令，即《社会组织评估管理办法》和甘肃省民政厅《社会组织评估评分标准》的要求，开展社会组织评估工作，除评估专家参加外，还邀请天水市人大原副主任以及相关职能部门的负责人参加评估工作。评估中，按照《社会组织评估管理办法》，将评估工作分基础条件、内部治理、业务活动、社会评价四个部分，分别采取听、查、看、问、反的方法。即听取社会组织负责人情况汇报；查阅资料、档案；看内部治理和业务开展情况；问服务对象对单位的意见和建议；反馈评估中好的方面的措施、方法，以及存在的问题和今后需要改进的意见、建议。将评估等级与承接政府职能、参与政府购买服务、获得税收优惠相衔接，更好地发挥了评估的导向、约束和激励作用。全市全年共评估社会组织67家，其中，市属41家、县（区）26家。

2012年天水市市属民办非企业单位评估等级名单

5A级社会组织

甘肃省慈善总会天水广济医院

4A级社会组织

天水市计算机专修学院
天水市新科技专修学院
甘谷像山中学
秦州区教育局高考复读四部
天水市启升中学
天水长开医院
天水魏氏骨伤医院
天水市新天坛医院
天水市红十字会博爱医院
天水市祥和医院
天水天光电脑职业技能培训学校

天水市秦州区红十字会仁和医院
天水市蓓蕾高级中学
甘谷育才中学
天水皮肤病专科医院
甘肃华圆科技技工学校
天水海贝英语学校
天水秦安红十字会仁康医院
秦安县民生高级中学
天水退休医师医院
天水市慈善总会和平医院

3A 级社会组织

天水铁路电缆职工医院
天水精诚职业技术学校
天水市忠和中西医门诊
天水市麦积区马跑泉社区卫生服务中心

2A 级社会组织

天水梅兰中学
天水岭南职业高中
天水市机电职业培训学校
天水蓝天医院
天水三阳医院
天水因特职业培训学校
天水市机电技工学校
天水现代人才培训基地
天水扶贫职业技术学校
天水星地计算机职业培训学校
天水市秦州区七里墩长开社区卫生服务中心
天水市秦州区东关街道社区卫生服务中心

1A 级社会组织

天水蓝洋职业培训学校
庆华厂卫生所
甘肃省建五公司医院

2012年，全年新登记的市属社会团体9家，分别是：天水市内部审计师协会、天水市民间文学研究会、天水市陕西商会、天水市新闻摄影学会、天水市管乐协会、天水市教育系统书画协会、天水苏蕙文化研究会、天水市营养保健协会、天水市民政系统书画协会。全年新登记的市属民办非企业单位34家，分别是：天水市职业技术远程教育培训学校、天水市秦州区东关街道社区卫生服务中心、天水市职工合唱团、天水锻压机床厂职工医院、天水市第十九国家职业技能鉴定所、天水天昱民间文化精品研究开发中心、天水南山诗社、甘肃正建司法鉴定所、天水市第十四国家职业技能鉴定所、天水市秦安通达职业介绍所、天水市伏羲武术学校、天水华圆艺术团、清水县诚信职业介绍所、天水市贫困地区人力资源信息服务中心、天水中小企业创业孵化辅导中心、天水市腾达职业介绍所、伏羲文化研究院、天水市公园武术学校、甘肃春风绒线有限责任公司卫生所、麦积区天元职业介绍所、麦积区联桥职业介绍所、麦积区知音职业介绍所、天水青年就业创业培训学校、天水陇宇职业技能培训学校、天水李广武术学校、麦积区精诚职业介绍所、麦积区辉煌职业介绍所、麦积区爱心职业介绍所、麦积区天桥职业介绍所、秦州区关子镇青峰医院、麦积区心联职业介绍所、天水市育生中学跆拳道俱乐部、天水旭峰职业技能培训学校、天水伏羲太极道研究院。

2013年，根据《甘肃省民政厅关于下放部分社会组织审批管理权限的通知》（甘民发〔2013〕123号）的规定，一是甘肃省民政厅下放非公募基金和异地商会审批管理权限；二是市州民政部门可根据《基金管理条例》（国务院令第400号）和《社团管理条例》（国务院令第250号），试行直接受理本行政区域非公募基金会和异地商会的申请登记并履行登记管理职责，同时报甘肃省民政厅备案。

2013年，开展社会组织直接登记试点工作，指导协调各县（区）民政部门简化办事手续，降低准入门槛，积极培育扶持社会组织发展。除涉及政治、法律、宗教、涉外等情况复杂的类型外，其他各类社会组织均推行直接登记，主要有以下几个类型：一是从事扶贫济困、救孤助残、助老扶弱、赈灾救援等慈善类社会组织，以加强和改进老年人、儿童、残疾人福利待遇的社会福利类社会组织。这些社会组织在反映社会弱势群体诉求、帮助困难群体消除贫困及改善困境等方面发挥着越来越重要的作用。二是以提供教育、文化、卫生、体育、劳动就业、环境保护等社会服务类为主的社会组织。三是以促进经济发展为主的行业协会、商会。全年市属和县（区）直接登记的社会组织共计43家，其中，市属27家、县（区）16家。8月，组织召开天水市第二批社会组织评估工作推进会。2013年，全市共评估社会组织141家，其中，市属74家、县（区）67家。

2013年天水市市属社会组织第二批评估等级名单

5A级社会组织

天水市江苏商会
天水老年大学
天水市果业协会

西部书画艺术研究院

4A 级社会组织

天水市益康家政服务培训学校
天水市国际商会
甘肃天水制造业信息化培训中心
天水市预防医学会
天水市河北商会
天水市中小企业发展协调服务中心
天水市川渝商会
天水市第十八国家职业技能鉴定所
天水市羲皇故里经济文化促进会
天水市门球运动协会
天水市保险行业协会
天水市劳务派遣服务中心
天水市收藏鉴定委员会
天水市妇女职业技能培训学校
天水成纪博物馆
天水市国家级非物质文化遗产雕漆技艺传承中心
天水莲亭驾驶职业培训学校
天水市陇右环境保育协会
天水市企业家协会
伏羲学院

3A 级社会组织

天水长城开关厂有限公司内部职工持股会
天水市中小企业创业发展中心
天水市现代经济研究所
天水市飞将武术培训中心
天水市国莲拉丁舞艺术团
天水市地震学会
天水市医学会
天水华夏赵姓文化研究会
天水市灯谜学会
天水市土地学会
天水市消防协会

天水市篮球运动协会
天水市国际标准舞学会
天水市电子电器检测试验中心

2A 级社会组织

天水市消费者协会
天水市文化市场行业协会
天水市质量协会
天水市收藏协会
天水市摄影家协会
天水市煤炭行业协会
天水市招商投资协会
天水市房地产协会
天水市农村合作经济联合会
天水市自然科学联合会
天水市园艺学会
天水市档案学会
天水市道路运输协会
天水市女企业家协会
天水市个体私营企业协会
天水市秋萍舞蹈中心
天水市防震减灾技术服务中心
天水市供电公司集体资产管理服务中心
甘肃省航天育种工程技术研究中心
甘肃天水中泰司法鉴定所

1A 级社会组织

天水市舞蹈家协会
天水市戏剧家协会
天水市心理卫生协会
天水市护理学会
天水市粮食行业协会
天水市市场发展协会
天水市广告协会
天水市青少年科学教育协会
天水伏羲八卦研究中心

天水卦台山书画院
天水市竹艺文化研究中心
天水市麦积艺术培训中心
天水市创新中小企业服务中心
天水市大观人才培训学校
天水市花木科技开发中心
甘肃天水天弘司法鉴定所

2013年，全年新登记的市属社会团体11家，分别是：天水市交通运输系统安全生产标准化协会、天水市社会体育指导员协会、天水市空竹运动协会、天水市营养协会、天水经济技术开发区消费者协会、天水经济技术开发区个体私营企业协会、天水华夏柏氏文化研究会、天水市浙江商会、天水市景区消费者协会、天水市景区个体私营企业协会、天水市民营企业联盟商会。全年新登记的市属民办非企业单位26家，分别是：天水陈式太极拳研习会、天水市晶星青少年乒乓球俱乐部、天水市中小企业信用合作社、天水市虹桥职业介绍所、天水市新锐乒乓球俱乐部、天水市阳光青少年俱乐部、天水市联心缘职业介绍所、天水市秦州区金源职业介绍所、天水天乐艺术团、秦州区安居社区卫生服务站、天水青少年赋能发展中心、天水甲乙美术培训中心、天水青年创业就业服务中心、天水鑫洋职业介绍所、天水市投融资服务中心、天水三阳书画艺术研究院、天水市大学生创业就业服务中心、天水红四方职业介绍所、天水陇佑武术俱乐部、天水文雅爱心公益中心、天水育才职业技能培训学校、天水和雨东社会矛盾化解工作室、天水广业中医正骨医院秦州分院、天水市诚旺乒乓球俱乐部、天水凯达职业介绍所、天水民康医院。

2014年10月，根据《天水市市属社会组织评估实施方案》（天市民管发〔2011〕197号）精神，遵循政府指导、社会参与、分类评定、动态管理、客观公正的原则，天水市参加第三批市属社会组织评估工作的社会组织经社会组织自评、评估工作小组实地考评、评估委员会审定，完成了等级评估。

2014年天水市市属社会组织第三批评估等级名单

5A级社会组织

天水市浙江商会
天水新天坛医院
天水市老年书画研究会
天水市周易学会

4A级社会组织

天水民康医院

天水市河南商会
天水创新中小企业服务中心
天水星地计算机职业培训学校
天水市宝鸡商会
天水市投融资服务中心
天水华夏柏氏文化研究会
天水市中药材行业协会

3A级社会组织

天水甲乙美术培训中心
天水蓝天医院
天水陈式太极拳研习会
天水市晶星青少年乒乓球俱乐部
天水市陕西商会

2014年，根据《甘肃省民政厅关于下放部分社会组织审批管理权限的通知》（甘民发〔2013〕123号）的规定，市民政局启动非公募基金会的登记管理工作，先后登记了天水众兴爱心慈善基金会、伏羲国学教育公益基金会。

2014年，全年新登记的市属社会团体16家，分别是：天水市民间祭祀伏羲协会、天水市检察官文学艺术联合会、天水市青年书法家协会、天水市伏羲中医药文化研究会、天水市雕漆行业协会、天水市模型运动协会、天水市轮滑运动协会、天水市现代音乐协会、天水市观赏石协会、天水市奇石协会、天水经济发展研究会、天水市青少年体育俱乐部联合会、天水市景元皇帝姚弋仲文化研究会、天水市物业管理行业协会、天水市收藏鉴赏协会、天水市茶业协会。全年新登记的市属民办非企业单位41家，分别是：天水书画研究院、天水方舟为民服务中心、天水自强职业介绍所、天水智信职业技能培训学校、天水市养老及健康服务培训中心、天水市青年志愿者指导中心、天水960938居家服务网络中心、天水市金融服务中心、天水市秦腔艺术团、天水市精英赛鸽俱乐部、徐宁青少年围棋俱乐部、天水萤火虫志愿者服务中心、天水书院、天水海林医院、天水市秦安乐帮职业培训学校、天水市中小企业投融资服务中心、天水信号医院、天水阿斯顿英语培训学校、天水飞天艺术团、天水市慈航劳务服务中心、天水方正伟爱心团队、天水驾驶员服务中心、天水古琴研究院、天水兰可音乐培训中心、伏羲文化民间艺术团、天水健康人生社会工作发展中心、天水长控医院、天水藉河印社、天水市雕漆博物馆、伏羲故里国学院、天水秦韵文化传播中心、天水同心艺术团、天水市第二十一国家级职业技能鉴定所、天水搏击会跆拳道俱乐部、天水海林技工学校、天水市起点教育培训中心、天水市七彩梦书画培训中心、天水海霞艺术培训学校、天水三阳医院康复疗养中心、天水市关爱宠物康复中心、天水职业培训学校。

2015年7月，市属民办非企业单位天水市益康家政服务培训学校申报的“老年日间照料中心养老”项目获得甘肃省省级福利彩票公益金支持的社会组织参与社会服务项目立项，落实资金25万元。11月，市民管局出台《天水市四类社会组织直接登记管理规程》，标志着已经试行了3年的社会组织直接登记开始正式全面实施。

2015年，全年新登记的市属社会团体10家，分别是：天水市摄影艺术家协会、天水市电子商务协会、天水市小额贷款公司协会、天水市金石拓片研究会、天水市建筑装饰协会、天水传统养生文化研究会、天水市楹联学会、天水心理咨询师协会、天水市银行业协会、天水市中药材种植业协会。全年新登记的市属民办非企业单位25家，分别是：天水米兰化妆职业技能培训学校、天水天美职业技能培训学校、天水新思路职业技能培训学校、天水顶尖文化交流中心、天水神农文化研究中心、天水市红领巾艺术团、天水市心理援助中心、天水园丁培训中心、天水林申职业培训中心、天水忠和中西医门诊、天水羲川书画院、天水孔子文化研究学院、天水市手足外科研究所、天水市青少年伏羲武术俱乐部、天水天元青少年围棋俱乐部、天水市尚武青少年武术俱乐部、天水市春蕾艺术学校、天水新爱婴早教中心、天水书法研究院、天水缑建明艺术研究中心、天水市麦积区三阳川为民卫生服务中心、天水华贝教托中心、天水市虚拟养老院、天水市力美特青少年健身俱乐部、天水电子商务服务中心。

截至2015年底，市属社会团体目录见表10-1，市属民办非企业单位目录见表10-2。

表10-1 市属社会团体目录（截至2015年底）

序号	社会团体名称	法定代表人	办公地址	业务主管单位	登记证号
1	天水市风筝协会	杨怀忠	公园路103号	体育局	98009
2	天水市法学会	王继先	市司法局	市司法局	98003
3	天水市粮食经济协会	马有成	市粮食局	市粮食局	98002
4	天水市天主教爱国会	赵佳农	市民族宗教事务部	市宗教局	98007
5	天水市基督教爱国运动委员会	李玉珍	秦州区王家坪	市宗教局	98008
6	天水市建筑结构研究会	戴祥礼	市建设局	市建委	98010
7	天水市气象学会	朱拥军	岷山路44号	市气象局	98012
8	天水市地方病防治协会	韩　麟	市地方病站	市卫生局	98014
9	天水市公路学会	李骥云	市合作巷83号	市交通局	98013
10	天水市财政会计学会	刘永年	市财政局办公楼	市财政局	98011
11	天水市现场统计协会	杨复兴	市水土保持中心	市科委	98016
12	天水市计量测试学会	万克明	秦城桃园路1号	市技术监督局	98018
13	天水市农业机械学会	吕胜琪	建设路180号	市农机局	98020

续表 10-1

序号	社会团体名称	法定代表人	办公地址	业务主管单位	登记证号
14	天水市林学会	马克宽	市林业局	市林业局	98022
15	天水市金融学会	高怀璧	市人行办公楼	人行市分行	98030
16	天水市税务学会	张聪贤	秦州区岷山路国税大厦	市税务局	98032
17	天水市计划生育协会	崔　跃	市计生委	市计生委	98031
18	天水市钱币学会	刘　锷	市人行办公楼	人行市分行	98029
19	天水市农村金融协会	杨　军	市农行办公室	市农行	98130
20	天水市乡镇企业协会	王平安	秦州区建设路163号	市乡镇企业局	98131
21	天水市农学会	吴文成	市建设路180号	市农业局	98025
22	天水市化工学会	杜书荣	天水酒厂	市经委	98023
23	天水市医学会	史俊清	市卫生局	市卫生局	98021
24	天水市教育协会	王　穆	市教科所	市教委	98019
25	天水市野生动物保护协会	张仲康	林果服务中心	市林业局	98017
26	天水市职工技术协会	张慰瑞	秦州区藉河南路	市总工会	98015
27	天水市红十字会	苏维喜	市卫生局	市卫生局	98035
28	天水市电子学会	杨建璋	市广播电视局	市广播电视局	98037
29	天水市护理学会	陈　杰	市一医院	市卫生局	98039
30	天水市畜牧兽医学会	张　彪	天水市建设路180号	市畜牧兽医中心	98041
31	天水市建筑学会	闫乔成	市建委	市建委	98043
32	天水市物理学会	王文赜	市一中	市科协	98045
33	天水市药学会	杜一平	市第一人民医院	市卫生局	98046
34	天水市离退休教育工作者协会	王　穆	市建设路74-2	市教委	98042
35	天水市园艺学会	安维军	秦州区皂郊路3号市果树研究所	市林业局	98038
36	天水市青少年书法研究会	张贵荣	麦积区仙阁饭店	市文联	98137
37	天水市水利学会	安海良	秦州区公园路	市水利局	98096

续表 10-1

序号	社会团体名称	法定代表人	办公地址	业务主管单位	登记证号
38	天水市电机工程学会	刘树华	市重新街1号	市农电服务中心	98052
39	天水市灯谜协会	郭天林	市卫生防疫站	市文联	98053
40	天水市特种设备行业协会	李　箭	市桃园路1号	市劳动人事局	98050
41	天水市文学艺术界联合会	王进文	秦州区民主西路91号	中共天水市委	98048
42	天水市化学学会	陈启智	市一中	市科协	98054
43	天水市青少年科技辅导协会	王吉生	天水市科教	市教委	98059
44	天水市花卉协会	张如一	市林业局办公楼	市建委	98066
45	天水市老年科技工作者协会	吴　璧	秦州区老年乐园	市科协	98081
46	天水市英语协会	马相明	天水师专英语系	市科协	98058
47	天水市戏剧舞蹈家协会	董　秦	秦州区民主西路91号	市文联	98068
48	天水市水土保持协会	舒敏玫	市水利局	市水利水保中心	98061
49	天水市地震学会	马义祥	市地震局	市地震局	98063
50	天水市数学学会	张秦龄	市教科所	市科协	98065
51	天水市音乐家协会	李祖武	秦州区民主西路91号	市文联	98069
52	天水市延安大学校友会	韦忠康	市政协办公室	市委老干部局	98143
53	天水市科学技术情报学会	陈伟基	秦州区藉河北路	市科委	98064
54	天水市中医药学会	杜维成	市中医院	市卫生局	98062
55	天水市佛教协会	张　英	市南郭寺	市宗教局	98060
56	天水市民营科技企业协会	山　岗	秦州区藉河北路	市科委	98054
57	天水市作家协会	马　超	秦州区民主西路91号	市文联	98067
58	天水市商业联合会	贺亚太	市经贸局	市商务局	98024
59	天水市中西医结合研究会	王自立	市第一人民医院	市卫生局	98071

续表10-1

序号	社会团体名称	法定代表人	办公地址	业务主管单位	登记证号
60	天水市工人运动研究会	张慰瑞	秦州区藉河南路	市总工会	98074
61	天水市统计学会	韩伍子	秦州区建设路263号	市统计局	98076
62	天水市书法家协会	赵建玉	秦州区民主西路91号	市文联	98078
63	天水市城市金融学会	闸远振	秦州区建设路42号	人行天水支行	98077
64	天水市诗词学会	苏爱生	秦州区藉河北路	市政协文史委	98075
65	天水市食品工业协会	吴　璧	秦州区新华路1号	市经委	98161
66	天水市企业管理协会	雷　鸣	秦州区新华东路1号	市经委	98080
67	天水市道教协会	张理兴	秦州区玉泉观	市宗教局	98086
68	天水市美术家协会	张玉壁	秦州区民主西路91号	市文联	98083
69	天水市集邮协会	王祥杰	秦州区民主路8号	市邮电局	98089
70	天水市消费者协会	田　龙	市工商局	市工商局	98126
71	天水市粮食会计学会	蔡健灵	秦州区建设路162号	市粮食局	98091
72	天水市珠算协会	赵安荣	秦州区合作北路	市财政局	98090
73	天水市烹饪学会	宋卫祖	秦州区建设路182号	市商委	98088
74	天水市民间文艺家协会	刘大有	秦州区民主西路91号	市文联	98084
75	天水市个体劳动者协会	张福寿	秦州区建设路130号	市工商局	98082
76	《天水日报》通讯员联合会	张荣忍	天水报社六楼	天水报社	98121
77	天水市武术运动协会	李森林	市体育局	市体委	98107
78	天水市热处理协会	宋效先	天水市赤峪路30号	市职工技协	98142
79	天水市摄影家协会	刘乐宇	天水群艺馆	市文联	98140
80	天水市周易学会	安志宏	秦州区民主东路53号	市文化局	98108
81	天水市围棋运动协会	朱庆寿	市体育局	市体委	98104
82	天水市对外交流会	彭鸿嘉	秦州区藉河北路	市委宣传部	98092
83	天水市企业家协会	李维谦	天水市桃园路1号	市经委	98093

续表10-1

序号	社会团体名称	法定代表人	办公地址	业务主管单位	登记证号
84	天水市语言协会	李小农	秦州区公园路6号	市社科联	98097
85	天水市老年人体育协会	蔺怀翎	秦城区建设路263号	市体委	98098
86	天水市象棋运动协会	王　军	秦州区藉河南路	市体委	98102
87	天水市足球运动协会	王根成	市秦州区市民主西路10号	市体委	98103
88	天水市标准化协会	陈耀芳	天水市桃园路1号	市技术监督局	98094
89	天水市市直机关离休干部协会	汪　都	市老干局	市老干局	98109
90	天水市体育总会	吴永安	市体育局	市体委	98110
91	天水市职工思想政治工作研究会	彭鸿嘉	秦州区藉河北路	市委宣传部	98111
92	天水市民政学会	郭明兴	市民政局	市民政局	98112
93	天水市残疾人体育协会	刘仲秋	市体育局	市体委	98113
94	天水市预防医学会	史俊清	秦州区青年南路44号	市卫生局	98115
95	天水市学校体育协会	王立德	天水市建设路263号	市体委	98141
96	天水市企业科学联合会	于仲德	秦州区藉河北路	市科协	98117
97	天水市果业协会	王志荣	市政法大楼	市科协	98241
98	天水市伊斯兰教协会	马国瑜	秦州区红台清真寺	市宗教局	98120
99	天水市新闻工作者协会	刘建邦	秦州区藉河北路	市委宣传部	98123
100	天水市婚姻管理协会	刘为民	市民政局大楼	市民政局	98122
101	天水市警察协会	张学民	市公安局法制科	市公安局	98124
102	天水市档案学会	汪开云	天水市民主西路34号	市档案局	98125
103	天水市殡葬协会	李晋东	天水市民政局	市民政局	98138
104	天水市海外联谊会	王钦锡	秦州区藉河北路	市委统战部	98129

续表10-1

序号	社会团体名称	法定代表人	办公地址	业务主管单位	登记证号
105	天水市心理学会	范洪兰	秦州区精表路	市党校	98087
106	天水市哲学学会	马忠信	市委党校	市委学校	98006
107	天水市计算机协会	陆顺云	秦州区建设路112号	市科协	98034
108	天水市审计学会	林育德	秦州区建设路忠武巷	市审计局	98056
109	天水市老年法律工作者协会	邵化南	秦州区公园路37号	市老龄委	98085
110	天水市精神文明建设研究会	李德荣	市文明办	市文明办	98119
111	天水市信鸽协会	王　军	秦州区建设路263号	市体委	98127
112	天水市分析测试学会	王　语	市环境监测站	市科委	98036
113	天水市伏羲文化研究会	王钧钊	秦州区藉河北路	市科协	98044
114	天水市国有资产管理协会	杨世明	市财政局	国有资产管理局	98132
115	天水市人大政协机关职工体育协会	蒋小强	秦州区藉河北路	市机关工会	98133
116	天水市软科学研究会	李万泰	秦州区藉河北路	市科委	98049
117	天水市卫生系统书画协会	王自立	市卫生局办公楼	市卫生局	98047
118	天水市羽毛球运动协会	高　达	秦州区建设路263号	市体总会	98070
119	天水市书刊发行业协会	王　毅	秦州区民主西路77号	市文化出版局	98079
120	天水市老年书画研究会	乔正风	秦州区老龄乐园	市老龄委	98073
121	天水市国际商会	吕婉霞	秦州区玉泉观步行街	市经委	98128
122	天水市土地学会	田永和	秦州区藉河南路	市土地局	98101
123	天水市人民对外友好协会	吴存礼	市政府对外办	市外事办	98116
124	天水市环境保护产业协会	李　凌	秦州区大众路69号	市环保局	98118
125	天水市光彩事业促进协会	李美华	秦州区民主东路53号	市委统战部	98040

续表10-1

序号	社会团体名称	法定代表人	办公地址	业务主管单位	登记证号
126	天水市钓鱼协会	宗耀杰	天水电视台	市体委	98026
127	天水市国际舞蹈运动协会	曾守先	秦州区新华路1号	市体委	98099
128	天水三国文化研究会	左　蜂	市文化宫	市文化出版局	98028
129	天水市房地产综合开发企业协会	吴　健	市建设局	市建委	98027
130	天水市慈善协会	邓炎喜	市民政局3楼	市民政局	98106
131	天水市监察学会	潘春久	市经委调研室	市监察局	98055
132	天水市卫生系统政研会	蒲朝晖	秦州区藉河北路	市卫生局	98100
133	天水市粮食行业协会	马有成	市粮食局	市粮食局	98139
134	天水供电局职工持股会	周金党	市供电局办公楼	市供电局工会	98135
135	天水市龙文化研究会	张耀庆	秦州区青年南路	市科协	98147
136	天水市广播电视学会	江　宁	市广播电视局	市广播电视局	98134
137	天水市残疾人事业新闻宣传促进会	刘仲秋	市残联	市残联	98136
138	天水市足部反射研究会	刘可治	秦州区藉河北路	市科协	98145
139	天水市北流书社	马奎吉	秦州区大众路文庙	市文联	98146
140	天水市集报协会	汪继良	天水日报社	天水日报社	98148
141	天水市统一战线理论研究会	王钦锡	秦州区藉河北路	市委统战部	98154
142	天水市互联网协会	王建玉	天水市电脑科技园	市科委	98155
143	天水宏达有限责任公司内部职工持股会	杨红乾	天水铁路电缆厂	电缆厂工会	98156
144	天水市宗教文化研究会	马云珍	秦州区民主西路34号	市宗教局	98158
145	天水市反邪教协会	邓炎喜	秦州区藉河北路	市科协	98157
146	天水市律师协会	巩玉保	秦州区公园路44号	司法局	98160

续表 10-1

序号	社会团体名称	法定代表人	办公地址	业务主管单位	登记证号
147	天水市食用菌协会	周鸿斌	北道区高家湾文化中心	市农业局	98151
148	天水市摩托车协会	邓克俭	秦州区藉河北路	市交通局	98152
149	天水市民间组织联合会	杜明富	秦州区青年南路47号	市民政局	98168
150	天水市图书馆学会	李自宏	市图书馆	市文化局	98163
151	天水长城开关有限公司内部职工持股会	王根成	秦州区长开路6号	长开厂工会	98164
152	天水市商会	尚祖光	秦州区民主东路53号	市委统战部	98165
153	天水市收藏协会	苏爱生	秦州区民主路尚义巷	市文化出版局	98166
154	天水市煤炭行业协会	李玉君	秦州区建设路182号	贸易经济管理局	98167
155	天水酒业协会	逯克宗	市经委	贸易经济管理局	98169
156	天水产品质量技术协会	张贵要	市质监局	市产品质量检验所	98170
157	天水麦积山文化研究会	肖 剑	市安全局	市安全局	98171
158	天水市农业生产资料协会	高秦生	市供销合作社	市供销合作社	98172
159	天水青年企业家协会	汪晓娟	共青团天水市委	共青团天水市委	98173
160	天水女企业家协会	张建华	市总工会	市总工会	98174
161	天水市质量协会	王宏伟	市质量技术监督局	市质量技术监督局	98175
162	天水市电器工业联合会	杨 林	市经贸局	市经贸委	98176
163	天水市网球协会	余 行	市体育局	市体育局	98177
164	天水果品行业协会	张顺立	市供销社联社	市林业局	98178
165	天水市心理卫生协会	靳文祥	市卫生局	市卫生局	98180
166	天水市创建学习型城市发展战略研究会	岳 晋	市社科联	市社科联	98183
167	天水道路交通运输协会	张爱军	市交通局	市交通局	98181

续表10-1

序号	社会团体名称	法定代表人	办公地址	业务主管单位	登记证号
168	天水中藏药研究会	王兰芳	市药监局	市卫生局	98182
169	天水医院管理学会	杨利民	市卫生局	市医院	98184
170	天水保险行业协会	李绍平	市人寿保险公司	市人寿保险公司	98185
171	羲皇故里经济文化促进会	王　泽	市羲皇故里大酒店	市工商联	98186
172	天水吉他学会	张文亮	市文化文物出版局	市文化局	98187
173	天水犬业协会	刘卫星	市畜牧局	市畜牧兽医中心	98188
174	天水市规划学会	王东红	市规划局	市规划局	98189
175	天水消防协会	巩永义	市消防支队	市消防队	98190
176	天水市信用促进会	徐国民	市经贸委	市经济委员会	98191
177	天水市自然科学联合会	李凤厅	市科协	市科学技术协会	98192
178	天水市物资流通协会	周宗瑜	市商务局	市商务局	98193
179	天水杜甫研究会	桐树苞	市社科联	市社科联	98194
180	天水天辰职工技术协会	刘文强	市总工会	市总工会	98195
181	天水市秦州小曲生态传承保护协会	李东风	秦州区皂郊镇贾家寺村	市文化出版局	98196
182	天水中药材行业协会	姚　军	市药监局	市药监局	98197
183	天水回族文化研究会	苏爱生	市文化文物出版局	市文化出版局	98198
184	天水上海经济文化促进会	白晓峰	市政府办公室	市政府办公室	98199
185	天水肉类行业协会	马金灵	市商务局	市商务局	98200
186	天水市台球运动协会	王宇宏	市体育局	市体育局	98201
187	天水市文化市场行业协会	付绪丁	市文化出版局	市文化出版局	98202
188	天水物资再生协会	李忠祥	市商务局	市商务局	98203

续表10-1

序号	社会团体名称	法定代表人	办公地址	业务主管单位	登记证号
189	天水市轩辕文化研究会	雷　鸣	清水县政府	清水县政府	98204
190	天水青年书画家协会	赵　晖	市文化文物出版局	市文化出版局	98205
191	天水门尚书研究会	苏爱生	市文体文物出版局	市文化出版局	98206
192	天水华夏赵姓文化研究会	赵金凤	市文化文物出版局	市文化出版局	98207
193	天水市农村合作经济组织联合会	马云珍	市供销社联合社	市供销合作社	98208
194	天水市农产品营销协会	高秦生	市供销社联合社	市供销合作社	98209
195	天水室内装饰协会	吴海龙	市工商行政管理局	市工商行政管理局	98210
196	天水市广告协会	马建平	市工商行政管理局	市工商行政管理局	98211
197	华夏张姓天水文化经济促进会	张鸿慈	市文化文物出版局	市文化出版局	98212
198	天水市家具行业协会	谢　进	市商务局	市商务局	98213
199	天水市绿色花牛苹果产业协会	张和平	市果品业产业管理办公室	市果品产品管理办	98214
200	天水市建材家装材料流通协会	李　荣	市商务局	市商务局	98215
201	天水市紫砂壶收藏协会	杜明富	市商务局	市商务局	98216
202	天水市农产品经济联合会	裴润乾	市农业局	市农业局	98217
203	天水女娲文化研究会	陈天雄	秦安县人民政府	秦安县人民政府	7001
204	天水小陇山自然与环境保护协会	李仲套	市环保局	市环保局	7002
205	天水市门球运动协会	郝春霖	市体育局	市体育局	7003
206	天水市电子竞技运动协会	张晓锋	市体育局	市体育总会	7004
207	天水市建筑业联合会	马延广	市建设局	市建设局	7005
208	天水市民俗文化发展研究会	梁晓东	市文化文物出版局	市文化出版局	7006
209	天水市国际标准舞学会	严德昌	市文化文物出版局	市文化出版局	7007

续表10-1

序号	社会团体名称	法定代表人	办公地址	业务主管单位	登记证号
210	天水市市场发展协会	赵金凤	市建设路8号	市市场建设处	98232
211	天水市农产品经销协会	孟安生	麦积区陇昌路东货运大厦	市商务局	98230
212	天水市超高压输变电公司	赵继平	市建设路185号	市总工会	98231
213	天水市党外知识分子联谊会	萧　菡	秦州区藉河北路	市委统战部	98233
214	天水市民族吹管乐协会	肖　峰	市妇女儿童发展服务中心	市文联	98235
215	天水市跆拳道运动协会	谢　平	市第五中学	市体育总会	98236
216	天水市老子文化研究会	郭　晋	市岷山厂运输公司	市文化出版局	98234
217	天水市果业协会	王志荣	市政法大楼	市科协	98241
218	天水市戏曲协会	黄庆成	天水市光明巷65号	市文化出版局	98237
219	天水市日语协会	李世荣	市委政法委	市委政法委	98239
220	天水市江苏商会	柏传祥	天河广场商贸城二楼	市商务局	98242
221	天水市招商投资企业协会	张有平	秦州区建设路185号	市招商局	98243
222	天水市陇右环境保育协会	李晓鸿	麦积区马跑泉路58号	市科协	98244
223	天水市工商行政管理学会	李玉进	秦州区建设路130号	市工商局	98245
224	天水市乒乓球协会	杜明富	秦州区藉河北路	市体育局	98246
225	天水市二胡协会	张宝义	天水梓裕热力公司四楼	市文化局	98247
226	天水市河北商会	李维亚	华联宾馆13楼1305室	市工商联	98248
227	天水市农业产业化重点龙头企业协会	卢小平	天水市建设路86号	市农业局	98249
228	天水市中医“治未病”研究会	刘宝录	市疾控中心	市卫生局	98250
229	天水市患者权益维护协会	史俊青	秦州区南郭路昌盛大厦	市卫生局	98251
230	天水市吉他研究会	吴晓亮	秦州区交通巷华艺乐器行	市文联	98252

续表10-1

序号	社会团体名称	法定代表人	办公地址	业务主管单位	登记证号
231	天水市舞蹈家协会	米秋萍	秦州区自由路16号	市文联	98253
232	天水市河南商会	赵　伟	秦州区解放路鑫海城市广场天禄阁	市商务局	98254
233	天水市地方志协会	李宽余	秦州区民主西路34号	市地方志办公室	98259
234	天水市宝鸡商会	李　荣	天水羲皇故里宾馆	市商业联合会	98255
235	天水市商标协会	杨凯铭	市工商局四楼	市工商局	98256
236	天水市川渝商会	唐复勋	麦积区华龙大酒店	市工商联	98257
237	天水市社会帮扶协会	刘学森	秦州区双桥北路聚宝盆	市扶贫办	98258
238	天水市内部审计师协会	葛南翔	天水市建设路忠武巷	市审计局	98260
239	天水市民间文学研究会	付柏平	麦积区陇鑫批发市场	市文化局	98262
240	天水市陕西商会	杨文明	秦州区石马坪	市工商联	98263
241	天水市新闻摄影协会	宋耀杰	秦州区天水日报社	市日报社	98264
242	天水市管乐协会	禄　琳	秦州区建设路160号	市文化局	98265
243	天水市教育系统书画协会	范具福	秦州区建设路东升大厦	市教育局	98266
244	天水市苏蕙文化研究会	庞瑞琳	市妇女儿童活动中心	市妇联	98267
245	天水市营养保健协会	郭彩琴	秦州区交通巷天华房产	市科协	98268
246	天水市民政系统书画协会	郭明兴	秦州区青年南路	市民政局	98269
247	天水市交通运输系统安全生产标准化协会	李继明	秦州区藉河北路	（直接登记）	98270
248	天水市社会体育指导员协会	李爱平	秦州区成纪大道新华路2号	（直接登记）	98271
249	天水市空竹运动协会	甘永福	秦州区文化馆	（直接登记）	98272
250	天水市营养协会	王旭江	市儿童乐园	（直接登记）	98273
251	天水经济技术开发区消费者协会	朱亚辉	麦积区桥南建行3楼	（直接登记）	98274

续表 10-1

序号	社会团体名称	法定代表人	办公地址	业务主管单位	登记证号
252	天水经济技术开发区个体私营企业协会	朱亚辉	麦积区桥南建行3楼	(直接登记)	98275
253	天水华夏柏氏文化研究会	柏纪委	秦州区七里墩天宝家居广场	(直接登记)	98276
254	天水市浙江商会	章圣架	秦州区藉河北路羲圣园酒店	(直接登记)	98278
255	天水市景区消费者协会	亢建设	秦州区藉河南路24号	(直接登记)	98279
256	天水市景区个体私营企业协会	亢建设	秦州区藉河南路24号	(直接登记)	98280
257	天水市民营企业联盟商会	张德生	麦积区渭水园C2号楼501室	(直接登记)	98281

表 10-2　市属民办非企业单位目录(截至2015年底)

序号	单位名称	法定代表人	办公地址	登记证号
1	天水市计算机专修学院	王　晋	秦州区罗玉小区	01002
2	天水新科技专修学院	田福久	秦州区长仪路38号	01003
3	天水市小星星儿童英语学校	杨　婧	秦州区建设路112号	01006
4	天水中级电力职业培训中心	杨　柱	麦积区花牛路38号	01008
5	天水天光电脑职业培训学校	邓承翔	秦州区人民西路22号	01015
6	天水市莲亭汽车驾驶培训学校	唐建忠	秦州区莲亭路83号	01018
7	天水市爱乐合唱团	刘全生	市妇幼儿童活动中心	01021
8	天水市殡葬服务中心	马　力	秦州区泰山路市殡葬管理所	01024
9	天水市婚姻服务中心牵手中介部	李苏守	天一书店三楼	01027
10	天水市防震减灾技术服务中心	孟维斌	秦州区合作南路21号	01029
11	天水市蓓蕾高级中学	颜晓娟	秦州区迎宾路5号	01073
12	天水市棋院	刘佩毅	秦州区合作南路	01080
13	天水市中医肿瘤研究所	刘好仁	麦积区高家湾	01082
14	天水市海贝英语学校	杨慧玲	秦州区合作北路	01083

续表10-2

序号	单位名称	法定代表人	办公地址	登记证号
15	天水市兰亭书法院	张贵荣	天水市青少年活动中心	01084
16	天水市启升中学	羊正宁	麦积区马跑泉56号	01085
17	天水市诗书画研究院	董晴野	麦积区古建街7号	01087
18	天水市文化交流中心	董福元	秦州区进步巷	01088
19	天水市室内外装潢研究院	唐和平	秦州区合作南路	01089
20	天水市西方英语学校	韩天华	秦州区阳光花园	01090
21	麦积山书画院	张凤仙	麦积区市风景管理局	01091
22	天水市老年大学	张子芳	秦州区综合市场	01096
23	甘谷像山中学	符建洲	甘谷县冀城大道西侧	01100
24	天水市花木科技开发中心	张来升	天水市总工会一楼	01101
25	天水市供电公司资产管理中心	柳仰泰	天水市供电局	01108
26	秦州区教育局高考复读四部	张　东	天水市委党校	01110
27	天水市预防医测试中心	杨永理	麦积区地矿五队	01111
28	天水市保安职业技能培训中心	周怀春	秦州区解放路工行	01103
29	天水市民间组织服务中心	杨　林	秦州区青年南路	01106
30	天水现代人才培训基地	王　尧	市委党校	01095
31	天水市国际体育舞蹈培训中心	姚天晋	秦州区绿色市场	01093
32	天水市红舞鞋艺术团	李　洁	秦州区民主东路天元宾馆	01099
33	天水市红荔书画院	杜明富	秦州区解放路梧林园	01114
34	天水市中国画研究院	王雄熙	秦州区解放路梧林园	01116
35	天水市梅兰中学	柯　建	麦积区马跑泉东路10号	01118
36	天水市新天坛医院	李小波	秦州区解放路59号	01121
37	天水市博爱医院	王国章	秦州区胜利巷	01122
38	天水市收藏鉴定委员会	董福元	秦州区进步巷	01123
39	天水飞将武术培训中心	石佩珍	秦州区双桥北路	01126

续表10-2

序号	单位名称	法定代表人	办公地址	登记证号
40	甘肃省航天育种工程技术研究中心	包文生	麦积区中滩农业高新技术示范园	01128
41	甘谷育才中学	安效增	甘谷县城关镇南外环	01127
42	秦安民生高级中学	王明生	秦安县滨河路	01131
43	天水铁路电缆职工医院	李　丽	秦州区坚家河4号	01098
44	天水市劳务派遣服务中心	汪茂林	市劳动和社会保障局	01130
45	天水市永华电脑职业培训学校	朱安富	麦积区埠南路	01124
46	天水市国际标准舞学会培训中心	严德昌	市青年南路东达大厦	01125
47	天水市文化艺术对外联络中心	董秦花	秦州区和平大酒店	01138
48	天水天马电脑培训学校	陈学军	秦州区建设路天主教堂	01139
49	天水市农业信息工程技术研究中心	张和平	秦州区合作南路	01200
50	天水市麦积牡丹书画院	王胞富	秦州区民主西路	01140
51	天水早期嬴秦文化研究中心	魏春元	秦州区宏业大厦4-171号	01141
52	天水广济医院	战春湖	麦积区马跑泉路26号	01136
53	天水市西部艺术研究院	赵凤翔	秦州区藉河北路市军干所	01142
54	天水邓宝珊将军纪念亭书画社	邓炎喜	秦州区解放路梧林园	01136
55	天水市仁和医院	王延祥	秦州区合作北路1号	01139
56	天水魏氏骨伤医院	宋忠祥	秦州区玉泉观18号楼	01238
57	天水市秦州区教育局高考复读五部	杨兴胜	市五中院内	01137
58	天水市营养保健研究所	夏　晶	秦州区岷山路长开服务楼	01144
59	天水鸿盛社脸谱研究中心	王贵林	秦州区东团庄小区	01145
60	天水岭南职业高级中学	李万春	麦积区二十里铺村	01146
61	天水市山水画艺术研究中心	成积玉	秦州区合作北路北园子	01147
62	天水市天韵器乐培训中心	张亚萍	秦州区建设路天主教堂	01148
63	天水市同心艺术团	穆玉琴	秦州区莲亭路1号	01149
64	天水市第二幼儿园幼教服务中心	赵惠荣	秦州区桃园路8号	01150

续表10-2

序号	单位名称	法定代表人	办公地址	登记证号
65	天水市中医院第三门诊	王抗战	秦州区桃园路9号	01152
66	天水成纪博物馆	张有平	秦州区南郭寺山门	01151
67	天水市秋萍舞蹈中心	米秋萍	秦州区绿色市场广源综合楼	01153
68	天水市因特职业培训学校	李彦东	秦州区建设路126号	01154
69	天水市甘谷县红十字会祥和医院	李东林	甘谷县北大街	01155
70	天水市嘉夫美术馆	周家福	秦州区金碧御水山庄	01157
71	天水市诚鑫种植养殖研究中心	李　诚	麦积区渭南镇杨赵村	01158
72	天水市机电职业培训学校	张文虎	秦州区玉泉镇冰凌寺村88号	01159
73	天水市麦积区文正中学	康春峰	麦积区石佛镇石佛村	01160
74	天水蓝洋职业培训学校	刘文辉	秦州区皂郊路2号	01161
75	天水龙城飞翔赛鸽俱乐部	赵存仕	秦州区北关综合市场	01162
76	天水电子电器检测试验中心	陈增辉	秦州区合作北路生产力促进中心	01163
77	天水市电子职业培训学校	艾　芳	秦州区岷山路125号	01164
78	天水红荔棋社	吴晓东	秦州区解放路成纪花园1121号	01165
79	天水市竹艺文化研究中心	吴云生	秦州区解放路金怡园	01167
80	天水新天视文化传播中心	党坚强	秦州区青少年活动中心	01168
81	天水艺术研究院	毛晓春	秦州区步行街	01169
82	天水市政协书画研究院	陶元德	市政协办公室	01170
83	甘谷电子技术职业学校	李福珍	甘谷县像山中学	01171
84	天水长城开关有限公司内部职工持股会（已注销）	王根成	秦州区长开路6号	01173
85	天水市秦州区七里墩社区卫生服务站	程新来	秦州区长开路113号	01179
86	天水市成名台球运动俱乐部	陈小军	麦积区陇昌路27号	01181
87	天水伏羲八卦研究中心	雷　达	省机械工业学校	01182
88	天水退休医师医院	朱文珍	秦州区绿色市场	01183
89	天水远大职业培训学校	霍　君	市委党校2号楼2楼	01184

续表10-2

序号	单位名称	法定代表人	办公地址	登记证号
90	天水国育速录技术培训学校	吴喜才	秦州区青年北路	01185
91	天水长城机电职业培训学校（停业）	汪振海	秦州区坚家河31号	01186
92	甘肃省建五公司医院	刘正升	秦州区精表路25号	01187
93	天水皮肤病专科医院	杨　恒	秦州区建设路	01188
94	天水蓝天医院	孟建国	麦积区花牛路45号	01189
95	天水精诚职业技术学校	叶永平	秦州区长开路1号	01190
96	天水大观人才培训学校	候素媛	麦积区花牛路18号	01191
97	天水中小企业创业发展中心	梁小强	市中小企业局5楼	01195
98	天水市秦州区五里铺成名台球俱乐部	曹和平	秦州区岷山路46号	01193
99	甘肃华圆科技技工学校	李　晟	麦积区花牛路37号	01194
100	天水三阳医院	张皓博	麦积区中滩镇	01196
101	天水中兴电子科技职业技术学校	余新华	麦积区渭滨南路2号	01197
102	天水瀚泽美术馆	石心伟	秦州区羲皇大道碧海心港	01199
103	伏羲琴社	胡宝琴	秦州区盛源小区5-141号	01120
104	天水联合机电职业培训学校	安建强	甘谷县南环路1号	01121
105	甘肃中泰司法鉴定所	张凤仙	麦积区健康巷12号	01123
106	天水市机电技工学校	张文虎	秦州区玉泉镇冰凌寺村88号	01124
107	天水星地计算机职业培训学校	魏小山	天水师院路天顺院内四楼	01125
108	秦安红十字会仁康医院	刘定英	秦安县成纪大道22号	01126
109	天水市创新中小企业服务中心	杨春芝	秦州区建设路汽车二队家属楼121号	01201
110	甘肃春风科技工程技工学校	赵　平	麦积区社棠东路38号	01202
111	天水市科学教育信息服务中心	屈东明	天水市合作南路21号	1119
112	甘肃天弘司法鉴定所	王江红	秦州区长城饭店204房间	01204
113	天水市青少年体育俱乐部	李建林	市体育中心（南山）	01205

续表10-2

序号	单位名称	法定代表人	办公地址	登记证号
114	天水益康家政服务培训学校	康文敏	秦州区泰山路20号	01206
115	天水妇女职业技能培训学校	王晓琴	市妇女儿童活动中心	01207
116	天水市一中阳光青少年体育俱乐部	李　勇	市一中	01208
117	伏羲学院	李宁民	市伏羲庙内	01209
118	和平医院	晏元珍	秦州区建设路126号	01210
119	天水市第十八职业技能鉴定所	王生寿	秦州区成纪大道新华2号楼4楼	01211
120	天水师范学院体育学院青少年体育俱乐部	朱　杰	秦州区师院路	01212
121	天水市傲煊舞蹈模特培训中心	马　平	秦州区藉河南路	01214
122	天水市中小企业发展协调服务中心	马万贵	秦州区民主路117号	01215
123	天水市沐蕾体育舞蹈俱乐部	雷晓素	市妇女儿童活动中心	01216
124	天水市国家级非物质文化遗产雕漆技艺传承中心	张晓彤	秦州区东十里工业园区	01217
125	甘肃省天水制造业信息化培训中心	李宗义	秦州区赤峪路107号	01218
126	天水卦台山书画院	毛志峰	麦积区卦台山	01219
127	天水市第二幼儿园天河分园	赵惠荣	秦州区天河小区	01220
128	天水市国莲拉丁舞艺术团	张立国	麦积区一马路52号	01135
129	天水三和初级烹调职业培训学校	蔡晓辉	秦州区岷山路60号	01019
130	天水市麦积艺术培训中心	郭思宝	秦州区岷山路1号设计大厦4楼	01221
131	天水市惠民职业介绍所	张小龙	秦州区成纪大道新华2号楼	01222
132	天水养正堂报刊博物馆	汪继良	秦州区东升大厦8楼	01223
133	天水扶贫职业技术学校	卢晓东	麦积区花牛路44号	01225
134	天水市佳龙体育舞蹈培训中心	王薇娜	麦积区桥南体育场	01226
135	天水正方职业技术培训学校	王宝忠	麦积区滨河饭店4楼	01227
136	天水博通职业培训学校	程代全	秦州区光明巷18号	01228
137	天水市秦州区东关街道社区卫生服务中心	王延祥	秦州区建设路南底商11-12号	01229

续表 10-2

序号	单位名称	法定代表人	办公地址	登记证号
138	天水市职业技术远程教育培训学校	候素媛	秦州区南明路中段	01230
139	天水市康财残疾人综合福利院	刘树碑	秦州区东十里经济开发区	01115
140	天水市职工合唱团	吕晓莉	天水市总工会五楼	01231
141	天水锻压机床厂职工医院	谷庆华	麦积区渭滨北路58号	01232
142	天水市第十九国家职业技能鉴定所	潘爱兰	麦积区滨河饭店4楼	01233
143	天水天昱民间文化精品研究开发中心	王　锋	秦州区新华路108号燃料公司3楼	01234
144	天水南山诗社	蒲克俭	天水市南廓寺景区管理处	01235
145	甘肃正建司法鉴定所	丁芳军	麦积区渭滨南路4号	01236
146	天水市第十四国家职业技能鉴定所	高克强	麦积区区府路56号	01237
147	天水市秦安通达职业介绍所	陈正奎	秦安县政府招待所	01239
148	天水现代经济研究所	李克锡	市委党校	01078
149	天水市伏羲武术学校	周爱琴	市儿童乐园	01240
150	天水华圆艺术团	李　晟	麦积区花牛村37号	01241
151	清水县诚信职业介绍所	王国俞	清水县政府东二楼	01242
152	天水市贫困地区人力资源信息服务中心	叶永平	秦州区长开路1号	01243
153	天水市中小企业信用合作社	刘　钊	麦积区华龙大酒店八楼	01266
154	天水市虹桥职业介绍所	魏云鸽	秦州区中华西路步行街阳光饭店对面	01267
155	天水市联心缘职业介绍所	姜　文	秦州区大众路明星照相馆后面	01268
156	天水市秦州区金源职业介绍所	谢淑兰	秦州区进步巷	01269
157	天水市阳光青少年俱乐部	陈玉洪	秦州区藉河北路（市体校）	01270
158	天水市新锐乒乓球俱乐部	侯　捷	秦州区建设路201号	01271
159	天水天乐艺术团	陈文宏	民主路116号（天水市文化馆）	01301

续表10-2

序号	单位名称	法定代表人	办公地址	登记证号
160	秦州区安居社区卫生服务站	吕树宏	秦州区安居小区南门B1号楼	01302
161	天水青少年赋能发展中心	杜　玲	东桥头豪景公馆A座509号	01303
162	天水甲乙美术培训中心	高震雷	秦州区长仪路长仪厂二楼	01304
163	天水青年创业就业服务中心	霍自强	秦州区罗玉小区乡镇企业大厦	01305
164	天水鑫洋职业介绍所	刘　洋	麦积区滨河北路22号	01306
165	天水市投融资服务中心	黄　斌	秦州区解放路北侧鑫海城市广场2-222号	01307
166	天水三阳书画艺术研究院	程小光	麦积区中滩镇	01308
167	天水市大学生创业就业服务中心	庞成斗	秦州区建设路201号	01309
168	天水红四方职业介绍所	马玉红	麦积区桥南城建4号楼1门面	01310
169	天水陇佑武术俱乐部	张华奎	妇女活动中心六楼	01311
170	天水文雅爱心公益中心	移　冰	甘谷县大像山镇像山西路6号楼	01312
171	天水育才职业技能培训学校	赵赛平	市伏羲中学	01313
172	天水和雨东社会矛盾化解工作室	霍金满	麦积区北道埠办事处办公一楼	01314
173	天水广业中医正骨医院秦州分院	陈广业	秦州区民主路	01315
174	天水市晶星青少年乒乓球俱乐部	孙健彬	秦州区建设路201号	01316
175	天水市诚旺乒乓球俱乐部	杨诚旺	秦州区南廓路天庆嘉园16-17楼负一层	01317
176	天水凯达职业介绍所	马万贵	秦州区民主路117号	01318
177	天水民康医院	赵玉凤	秦州区石马坪东	01319

第四节　清理整顿和依法管理

社会组织在发展过程中，大多数社会团体和民办非企单位能够严格遵守有关法律法规，按照自己的成立宗旨和业务范围积极开展活动，为全市经济建设和社会发展做出积极贡献；

但也有部分社团组织涣散，作用不明显，甚至存在违规行为。因此，通过对社会组织进行清理整顿，着力解决了当前天水市一些社会组织存在的问题；发现问题后，及时进行撤销登记和依法处理。同时，帮助社会团体建章立制，规范社会组织行为，促进社会组织发展；提升了天水市社会组织的自身能力和公信力，进一步实现了社会组织登记，规范了社会组织行为，完善了诚信自律机制。

1997年8月26日，天水市人民政府转发市民政局《关于清理整顿社会团体意见的通知》，对清理整顿的指导思想、基本原则、具体内容以及方法、步骤和组织领导都作了具体规定，并提出了明确要求。要求分期分批对所有社会团体普遍进行一次检查、清理、整顿，并成立天水市清理整顿社会团体领导小组。8月28日，召开全市清理整顿社会团体工作会议。会议要求重点检查近年来社会团体在政治方面、业务活动、财务管理、组织人员遵纪守法等方面的情况，最后由登记管理机关审核审定。

2002年5月，市民间组织管理领导小组召开文化、教育、体育、社保等部分社团业务主管单位负责人会议，重点研究民间组织日常管理问题，并确定每年召开一次联席会议，专门研究民间组织出现的问题及解决办法。

2003年，市民政局对县（区）民间组织管理干部进行执法专题培训，学习了执法依据和法规，以及执法程序和处理办法。

2004年，市民政局组织力量对民办教育机构进行检查。这次检查不评比、不考核、不汇报，而是召集各民办学校的负责人，由市人大常委会副主任杜明富带队到各校实地考察观摩，看别人的长处，对比自己的不足，促进民办教育的健康发展。

2005年，市民政局在对民间组织实施年检的过程中，还对登记的民间组织进行抽检，重点检查民间组织的遵纪守法、机构设置、人员变动、财务运作、业务活动等情况；与业务主管单位联合依法对教育、劳动、工商、科技、文化、体育、卫生等业务系统的民间组织开展执法大检查，查处未经登记开展活动的民间组织47个，依法注销超越章程开展活动的社团18个、“民非”12个，处罚8个。

2006年，市民政局对从事劳动就业和婚介、房产中介培训业务的民办非企业单位开展专项执法检查行动，共撤销15家，整治9家。

2007年，市民政局根据国务院《社会团体登记管理条例》《民办非企业年度检查办法》，对违反民间组织有关规定的12个社团组织、14个民办非企业单位实行撤销处理。

2008年，市民政局与市文化局、市教育局、市劳动和社会保障局等业务主管单位建立了社会组织执法协作机制，年内对部分社会组织的违规违章行为和虚假广告进行了查处。

2009年，市民政局重点整治行业协会内部管理和制度建设，以国务院和民政部范本规范了章程，并督促部分行业协会制定健全了行业协会自律机制和规章制度。

2010年，市民政局结合正在开展的“小金库”治理工作，在治理整顿期间注销了社会团体12个，对17个长期不开展活动和不参加年检的社会团体做出了责令限期改正的决定。

2011年，天水市人民政府办公室印发《天水市加强社会组织执法监察工作意见的通知》，通知要求：一是建立社会组织执法监察工作联席会议制度；二是建立联络员和兼职执法监察员制度；三是建立责任追究制度；四是落实执法监察工作经费；五是严肃查处社会组织违法违规行为，并确定了天水市社会组织执法监察工作联席会议组成人员。联席会议办公室设在市民政局，负责处理协调执法监察具体业务工作。姚俊杰担任办公室主任。

2012年6月起，市民政局对所有已经依法登记的社会组织（包括社会团体、民办非企业单位）进行为期2个月的监督管理专项检查工作。此次专项检查的内容包括：行业协会、商会行政化情况，按照章程开展活动情况（包括理事会、董事会是否按期进行换届选举，有无超出章程规定的宗旨和业务范围开展活动或开展营利性的经营活动等），建立健全以章程为核心的各项规章制度情况，登记事项变动及履行登记手续情况，参加年度检查情况，财务状况（包括接受、使用捐赠、资助的有关情况），履行重大活动报告制度及涉外活动报告制度情况。

2013年，在全市开展市场中介组织专项整治行动，对涉及中介内容的社会组织进行了全面的调查摸底，初步掌握了从事中介活动的市属社会组织类别、数量、经营状况等。10月，积极协调教育、人社、公安、工商等部门，对天水市辖区内的省属社会组织及其分支机构开展了综合执法监察，及时将检查情况上报甘肃省民政厅；同时，加大执法力度，及时清理“休眠型”社会组织，对不按照要求及时参加社会组织年检、未按时限要求进行换届选举、社会组织领导机构涣散、工作处于瘫痪状态、不能进行正常活动的19家市属社会组织下发了整改通知书，要求其限期整改。对已申请办理注销登记、长时间未办理注销登记手续的社会组织及时给予注销登记。全年查处并撤销违规社会组织共计13家，警告5家，停止活动3家。

2014年，把开展对社会组织走访检查工作作为监督管理工作的重点。安排有关工作人员制定详细的走访方案，深入社会组织进行走访检查。通过走访活动，及时了解社会组织发展、自身建设和经费收支情况，掌握社会组织第一手资料。社会组织也可以及时了解国家的法律法规，向登记管理机关建言献策。加大执法检查力度，在全市开展社会组织专项整治行动3次，共查处未经登记开展活动的社会组织17家，取缔6家，限期整改11家。

2015年，实行社会组织管理双重责任制，建立健全社会组织重大活动报告和管理、综合评估机制。及时掌握社会组织的活动情况，教育引导他们在法律、法规允许和行政批准的业务范围内开展活动。加大执法检查力度，查处群众举报的违规收费的社会组织2家，责令其限期整改；警告不按期年检的社会组织23家，督促其按时年检；注销2家社会组织，分别是天水天辰实业（集团）有限公司职工技术协会、天水市妇女职业技能培训学校。强化了监管力度，促进了社会组织健康有序发展。

第五节 社会组织党建工作

社会组织党建工作是新时期加强社会组织政治建设的重要组成部分。加强社会组织党建工作，有利于党的路线方针、政策在社会组织的贯彻落实，有利于保证社会组织沿着正确的政治方向健康发展。

一、全市社会组织党建工作情况

1998年2月，中共中央组织部与民政部联合发文对在社会团体中建立党组织作了详细规定。7月，市委组织部、市民政局转发省委组织部、省民政厅《关于在社会团体中建立党组织有关问题的通知》，要求符合建党条件的社会团体均应建立党组织。

2011年，市委创先争优活动领导小组和市委组织部联合发出《关于进一步加强社会组织党建工作深化创先争优活动的通知》（市组发〔2011〕32号），要求：社会组织中，有3名以上正式党员的社会组织，必须尽快建立党组织；正式党员不足3名的，采取与其他社会组织联合组建的方式建立党组织，也可由业务主管单位委托行业协会联建党组织；社会组织中没有党员的，由业务主管单位负责选派党建工作指导员（联络员），指导帮助社会组织建立工会、共青团、妇联群团组织，开展群团活动，为组建党组织创造条件。截至2015年底，全市共有社会组织2781家，成立党组织的有1156家，其中，市属成立党组织的566家。

二、社会组织开展创先争优活动情况

2012年1月，在天水市社会组织中开展创先争优活动。各类社会组织紧紧围绕中央提出的“推动科学发展，促进社会和谐，服务人民群众，加强基层组织”的总要求，以“加强能力建设，提高服务水平，推动科学发展”为主题，着力“围绕科学发展创先争优，围绕本职工作创先争优，围绕加强基层创先争优”的总要求，推动社会组织在经济建设中建功立业。

市慈善总会、市光彩事业促进会等公益性社会团体党组织联合业务主管单位、发起单位、所在地基层党组织，围绕“以人为本、爱心奉献”的原则，利用自身志愿者队伍和公益资金的优势，开展争做“诚信服务公益先锋”行动，积极推动开展扶贫济困、助学助医等公益活动，把党的关心、爱心送到每一位需要帮助的人手中，缓解了社会矛盾，促进了社会和谐。全市46个学术性社会团体党组织充分发挥理论人才优势，按照专业领域、地域范围和年龄结构等因素，开展争取做“学术创新、学术成果转化带头人”活动。

特别是市果农协会、市农产品经销协会和天水建筑业联合会推进理论研究、科技生产等方面的创新，充分发挥了学会研究会在凝聚科学人才、创新科学理论、综合利用学术资源、服务经济社会发展等方面的积极作用。天水浙江商会、天水河北商会和天水宝鸡商会等行业协会党组织利用行业协会（商会）在行业中自我管理、自我服务、自我监督的特殊地位，深入开展争做“诚信服务行业先锋”行动，努力把党建工作延伸到每家会员单位，将党组织和党员的创先争优活动与会员单位的创先争优活动结合起来，进一步提升行业协会（商会）的整体实力和竞争能力，充分发挥人才、技术、资金等资源上的综合优势，规范发展传统优势产业，推动新兴产业的快速发展。全市农村专业经济协会党组织开展以服务“三农”为主题，以“支部协会聚集能人，订单农业造福百姓”为载体的创先争优活动，秦州区西十里农产品协会、麦积区南山苹果协会和甘谷县大庄乡碌碡滩村扶贫互助协会等党支部，根据自身专业特点，通过各种有效形式，积极发挥服务功能作用。为适应社会主义市场经济，积极倡导“支部+协会+农户”的组织运作模式，扩大订单农业，实现了农业经济效益最大化。天水市启升中学、秦安民生高中、甘谷像山中学等民办学校党组织围绕“教育创品牌、党员树形象、学校求发展、师生得实惠”的办学理念，重点在贯彻党的教育方针、加强师德师风建设思想政治工作、提高办学质量、培养合格人才、服务地方经济发展和促进学校科学发展等方面开展创先争优活动。市新天坛医院、广济医院、博爱医院、仁和医院和魏氏骨伤医院等以“对病人满腔热忱，对工作认真负责，对技术精益求精”的行业作风，为患者着想，为医院的发展服务，在进一步改进医疗服务的质量、推进医院精神文明的建设上创先争优。鑫盾律师事务所党组织积极参与公益法律服务活动，认真履行法律援助义务，带头参加法律服务进社区、进乡村活动，为解决群众就医、就学、就业，以及社会保障、安全生产等民生领域问题提供了优质高效的法律服务。

2012年6月29日，天水市社会组织创先争优活动领导小组表彰了在创先争优活动中涌现出的一批先进基层党组织和优秀共产党员。

图10–1　天水市社会组织党建工作暨创先争优活动推进会

社会组织先进基层党组织名单

1. 天水市果业协会党支部
2. 天水广济医院党总支
3. 天水市药学会党支部
4. 天水江苏商会党支部
5. 秦安县民生高级中学党支部
6. 天水市门球运动协会党支部
7. 天水市农产品经销协会党支部
8. 天水市建筑业联合会党支部
9. 天水市退休医师医院党支部

10.天水市秦州区西十里农产品协会党支部
11.天水市秦州易文化研究院党支部
12.天水市麦积区桥南街道龙园社区卫生服务中心党支部
13.甘肃鑫盾律师事务所党支部
14.秦安县劳务派遣服务中心党支部
15.秦安县林学会党支部
16.甘谷县农产品流通经纪人协会党支部
17.甘谷县大庄碌礴滩村扶贫互助协会党支部
18.武山县个体私营协会党支部
19.武山县慈善协会党支部
20.清水县建材行业协会党支部
21.清水县计划生育协会党支部
22.张家川县胡川乡王安村扶贫互助社党支部
23.张家川县木河乡高山村草畜产业开发合作社党支部

社会组织优秀共产党员名单

1.李维亚　天水市河北商会会长
2.何　真　天水市招商投资企业协会副会长
3.邸和阳　天水市二幼天河分园工作人员
4.王跟强　天水市律师协会理事
5.王　宏　天水市广电学会副秘书长
6.张东天　水市秦州区高考复读四部校长、书记
7.吕红霞　天水市摄影家协会副秘书长
8.张智敏　天水市戏剧家协会副主席、秘书长
9.支会平　天水市宝鸡商会理事
10.赵广文　天水市商会秘书长
11.羊正军　天水市启升中学教师
12.李宗义　甘肃省天水制造业信息化培训中心主任
13.张小龙　天水市劳务派遣服务中心副主任
14.李忠祥　天水物资再生协会会长
15.苏国平　天水市房地产业协会秘书长
16.唐建忠　天水莲亭驾驶职业培训学校校长
17.盛学慧　天水魏氏骨伤医院支部委员
18.王素霞　天水市护理学会秘书长
19.刘桂生　天水市秦州区皂郊镇董家坪村果品产业协会党支部书记
20.武明成　天水市麦积区花牛镇南山苹果协会党支部副书记兼副会长

21.杨晓芸　秦安县妇女草编协会会长
22.李军胜　甘谷县安远镇李家堡村扶贫互助协会会长、党支部书记
23.何保林　武山县消费者协会秘书长
24.刘建芳　清水县永清镇苏山村养殖协会会长
25.杨　骁　张家川县光彩事业协会干事
26.杨　恒　天水皮肤病医院党支部书记
27.魏文娟　天水仁和医院护士

三、天水市社会组织党工委

为了进一步贯彻落实中共中央、国务院，甘肃省委、省政府和市委、市政府关于“在各级民政部门建立社会组织党工委，扩大社会组织党的工作覆盖面”的要求，2012年7月31日，天水市委决定成立天水市社会组织党工委。其主要职责是：

一是，规划和指导全市社会组织党的建设。

二是，宣传和贯彻执行党的路线、方针、政策，督促中央、省、市委各项决策部署在社会组织的贯彻落实。

三是，指导社会组织加强党的组织建设，按照《中国共产党章程》（简称《党章》）规定，督促和指导社会组织的党组织按期召开党员大会或党员代表大会改选、审批社会组织党委、总支、支部委员会，审批其组成人员，审批直属党总支、支部发展的新党员。

四是，指导社会组织党组织抓好党的作风建设，实施对党员法人的教育和监督，协助市委有关部门督促指导社会组织开好领导班子民主生活会，及时向市委反映社会组织和群众的意见，维护各方合法权益，促进社会组织健康发展。

五是，协同市纪检机关抓好社会组织纪委检查工作。依据《党章》和党内条规，对党员进行遵纪守法教育，查处党组织和党员违反党纪行为，审批直属党总支、支部对党员违反党纪的处理决定。

六是，指导社会组织做好群众思想政治工作，加强精神文明建设，协同有关部门做好社会组织工、青、妇等群众组织的工作。

七是，做好社会组织党支部书记和党员的教育培训，充分发挥党员的先锋模范作用。

八是，加强对全市社会组织党建工作的调查研究，及时向市委提出改进党员教育管理等工作的意见和建议。

九是，完成市委交办的其他任务。

同时，市委编办同意市社会组织党工委为市委派出机构，正县级建制，设书记1名、副书记1名，纪工委书记由市民政局纪委书记兼任，增加工作人员2名。

2012年12月，中共天水市委任命苏宝林为天水市民政局党委副书记兼市社会组织党工委副书记；2013年3月，市委任命雒建明为市社会组织党工委书记兼市民政局党委副书记、副局长。

截至2015年底，市属社会组织党支部目录见表10-3。

表10-3　市属社会组织党支部目录（截至2015年底）

序号	支部名称	业务主管单位	书记
1	天水市民政学会党支部	市民政局	郭明兴
2	天水市殡葬协会党支部	市民政局	李晋东
3	天水市慈善总会党支部	市民政局	—
4	天水市水利学会党支部	市水利局	刘建平
5	天水市粮食经济学会党支部	市粮食局	马有成
6	天水市计划生育协会党支部	市计生委	崔　跃
7	天水市医学会党支部	市卫生局	史俊清
8	天水市红十字会党支部	市卫生局	苏维喜
9	天水市建筑学会党支部	市建委	闫乔成
10	天水市作家协会党支部	市文联	马　超
11	天水市书法家协会党支部	市文联	赵建玉
12	天水市美术家协会党支部	市文联	张玉璧
13	天水市粮食会计学会党支部	市粮食局	周吉祥
14	天水市民间文艺家协会党支部	市文联	刘大有
15	天水市个体劳动者协会党支部	市工商局	张福寿
16	天水市摄影家协会党支部	市文联	赵　军
17	天水市企业家协会党支部	市经贸委	孙忠仁
18	天水市体育总会党支部	市体委	吴永安
19	天水市哲学学会党支部	市党校	马忠信
20	天水市土地学会党支部	市土地局	田永和
21	天水市电器工业协会党支部	市经贸委	孙忠仁
22	天水市果品行业协会党支部	市林业局	张顺立
23	天水市果业协会党支部	市科协	王志荣
24	天水市宝鸡商会党支部	市工商联	李　荣
25	天水市川渝商会党支部	市工商联	唐复勋
26	天水市陕西商会党支部	市工商联	杨文明
27	天水市江苏商会党支部	市商务局	柏传祥
28	天水市河北商会党支部	市工商联	李维亚
29	天水市药学会党支部	市卫生局	单卫新
30	天水市门球运动协会党支部	市体育局	郝春霖

续表10-3

序号	支部名称	业务主管单位	书记
31	天水市房地产业协会党支部	市建委	吴　健
32	天水市建筑结构研究会党支部	市建委	戴祥礼
33	天水市建筑业联合会党支部	市建委	马延广
34	天水市饮食服务行业协会党支部	市商务局	王　军
35	天水市酒类协会党支部	市商务局	颉　峰
36	天水市煤炭协会党支部	市商务局	杨忠钰
37	天水市商业联合会党支部	市商务局	李玉君
38	天水市肉类协会党支部	市商务局	马金灵
39	天水市物资再生协会党支部	市商务局	李忠祥
40	天水市物流协会党支部	市商务局	王俊凡
41	天水市钢铁贸易商会党支部	市商务局	曹文春
42	天水市河南商会党支部	市商务局	王长燃
43	天水市紫砂壶收藏协会党支部	市商务局	张立军
44	天水市农产品经销协会党支部	市商务局	芦卿忠
45	天水市审计学会党支部	市审计局	林育德
46	天水市内部审计师协会党支部	市审计局	葛南翔
47	天水市舞蹈家协会党支部	市文联	米秋平
48	天水市戏剧家协会党支部	市文联	董　秦
49	天水市风筝协会党支部	市体育局	杨怀忠
50	天水市地震学会党支部	市地震局	马义祥
51	羲皇故里经济文化促进会党支部	市工商联	王　泽
52	天水市篮球运动协会党支部	市体育局	程俊峰
53	天水经济技术开发区个体私营企业协会党支部	市工商局	朱亚辉
54	天水经济技术开发区消费者协会党支部	市工商局	朱亚辉
55	长城开关厂有限公司内部职工持股会党支部	长开厂公司工会	郭　玮
56	天水市中小企业协会党支部	市城管局	郭崇厚
57	天水市法学会党支部	市司法局	王继先
58	天水市管乐协会党支部	市文化局	禄　琳
59	天水市教育系统书画协会党支部	市教育局	范具福

续表10-3

序号	支部名称	业务主管单位	书记
60	天水市工商行政管理学会党支部	市工商局	李玉进
61	天水市空竹运动协会党支部	市体育局	甘永福
62	天水市商标协会党支部	市工商局	杨凯铭
63	天水市营养保健协会党支部	市科协	郭彩琴
64	天水市粮食行业协会党支部	市粮食局	马有成
65	天水市农业生产资料协会党支部	市供销合作社	高秦生
66	天水市农村合作经济组织联合会党支部	市供销合作社	马云珍
67	天水市地方志协会党支部	市地方志办公室	李宽余
68	天水市民族吹管乐协会党支部	市文联	肖　峰
69	天水市农学会党支部	市农业局	吴文成
70	天水市野生动物保护协会党支部	市林业局	张仲康
71	天水市景区消费者协会党支部	市工商局	亢建设
72	天水市景区个体私营企业协会党支部	市工商局	亢建设
73	天水市新闻摄影协会党支部	市日报社	宋耀杰
74	天水市社会帮扶协会党支部	市扶贫办	刘学森
75	天水小陇山自然与环境保护协会党支部	市环保局	李仲套
76	天水市文化市场行业协会党支部	市文化局	李忠祥
77	天水市广告协会党支部	市工商局	马建平
78	天水市国际标准舞学会党支部	市文化局	严德昌
79	天水市患者权益维护协会党支部	市卫生局	史俊青
80	天水市中医“治未病”研究会党支部	市卫生局	刘宝录
81	天水市吉他研究会党支部	市文联	吴晓亮
82	天水市交通运输系统安全生产标准化协会党支部	市交通局	李继明
83	天水市营养协会党支部	市科协	王旭江
84	天水市苏蕙文化研究会党支部	市妇联	庞瑞琳
85	天水市民间文学研究会党支部	市文化局	付柏平
86	天水市农业产业化重点龙头企业协会党支部	市农业局	卢小平
87	天水市自然科学联合会党支部	市科协	李凤厅
88	天水市心理卫生协会党支部	市卫生局	靳文祥
89	天水女企业家协会党支部	市总工会	张建华
90	天水青年企业家协会党支部	共青团天水市委	汪晓娟

续表10-3

序号	支部名称	业务主管单位	书记
91	天水杜甫研究会党支部	市社科联	桐树苞
92	天水青年书画家协会党支部	市文化局	赵　晖
93	天水市民俗文化发展研究会党支部	市文化局	梁晓东
94	天水市戏曲协会党支部	市文化局	黄庆成
95	天水市环境保护产业协会党支部	市环保局	李　凌
96	天水市水土保持协会党支部	市水利局	舒敏玫
97	天水市卫生系统书画协会党支部	市卫生局	王自立
98	天水市老年书画研究会党支部	市老龄委	乔正风
99	天水市启升中学党支部	麦积区教体局	孙振华
100	天水市老年大学党支部	市老干局	温旭兵
101	甘谷像山中学党支部	甘谷县教体局	申晓菁
102	秦州区教育局高考复读四部党支部	秦州区教委	张　东
103	天水市梅兰中学党支部	麦积区教体局	神　健
104	天水市新天坛医院党支部	市卫生局	刘宏亮
105	天水市博爱医院党支部	市卫生局	袁冬梅
106	甘谷育才中学党支部	甘谷县教体局	杨来福
107	秦安民生高级中学党支部	秦安县教体局	万　辉
108	天水广济医院党支部	市卫生局	孙书彦
109	天水市仁和医院党支部	市卫生局	鱼亚琴
110	天水魏氏骨伤医院党支部	市卫生局	张孟豹
111	天水市甘谷县红十字会祥和医院党支部	甘谷县卫生局	李志明
112	天水退休医师医院党支部	市卫生局	朱文珍
113	天水市皮肤病专科医院党支部	市卫生局	杨　恒
114	甘肃华圆科技技工学校党支部	省社保厅	王永峰
115	秦安红十字会仁康医院党支部	秦安县卫生局	刘定瑛
116	和平医院党支部	市卫生局	张聚元
117	天水中兴电子科技职业技术学校党支部	麦积区教体局	王勇州
118	天水卦台山书画院党支部	市文广新局	张贵生
119	天水市伏羲琴社党支部	市文广新局	张田芳
120	天水市第十四国家职业技能鉴定所党支部	麦积区人社局	卜进美
121	天水市广业中医正骨医院党支部	市卫生局	陈广业
122	天水市忠和中医骨伤医院党支部	市卫生局	陈忠和

第十一章　社会事务管理

第一节　婚姻登记管理工作

一、婚姻法律法规的演变

1950年5月，第一部《中华人民共和国婚姻法》颁布实施。

1980年9月，第五届全国人民代表大会第三次会议通过了修改的《中华人民共和国婚姻法》，坚持1950年婚姻法所规定的婚姻自由、一夫一妻、男女平等的原则，将原有的保护妇女、儿童合法利益修正为保护妇女、儿童和老人合法权益。补充了"实行计划生育"的原则，并增加了"禁止买卖婚姻、禁止家庭成员间的虐待和遗弃"的规定。修改了结婚条件，将"男子20周岁、女子18周岁是可以结婚的年龄"改为"结婚年龄，男子不得早于22周岁，女子不得早于20周岁"。将原婚姻法规定的"兄弟姐妹之外的其他五代内旁系血亲间禁婚问题"改为"禁止三代以内的旁系血亲结婚"。对于家庭关系，除了夫妻之间及与父母、子女之间的关系，对其他家庭成员间的权利和义务作了规定，增加了男女双方可互为对方家庭成员的规定。对于离婚的条件，将原来婚姻法"男女一方坚决要求离婚的，经区人民政府和司法机关调解无效时，亦准予离婚"改为"如感情确已破裂，调解无效，应准予离婚"。同时，增加了对违反婚姻法者"依法予以行政处分或法律制裁"的内容。关于财产继承权，规定了"夫妻有相互继承遗产的权利""父母和子女有相互继承遗产的权利"，对于一些具体的问题，民法或继承法又作了较详细的规定。

2001年，全国人大常委会修订《中华人民共和国婚姻法》，重申一夫一妻制原则，禁止重婚，禁止有配偶者与他人同居，强调夫妻应当互相忠实、互相尊重。将禁止家庭暴力、禁止家庭成员之间的虐待和遗弃写入总则，并赋予相应的责任。对待家庭财产方面，规定以共同财产制为法定财产制，尊重夫妻约定，保护个人特有财产，维护夫妻公共利益。增设无效婚姻和可撤销婚姻制度，完善结婚制度。第一，强化了1980年婚姻法中的相关制度，如保留"分割共同财产时照顾女方和子女权益"的原则，同时也使原有的经济帮助制度更加明确，规定对于离婚时生活困难的一方，强调另一方应从其住房等个人财产中给予适当补助。第二，新增了家务劳动补偿制度和离婚过错赔偿制度。前者使因抚育子女、照料老人、协助另一方工作等付出较多义务的一方，在离婚时可以向另一方请求补偿；后者使无过错方在因对方重婚、婚外同居、家庭暴力、虐待或遗弃家庭成员导致离婚的情形下向对方请求损害补偿。第三，设立了追偿制度。规定离婚时一方隐匿夫妻共同财产的，可以少分或不分；离婚后才发现的，另一方可以请求再次分割夫妻共同财产。为了保护农村妇女离婚后获得土地承包权，婚姻法明确规定保护夫妻在家庭土地承包经营中享有的权利。同时明确了探望权，规定离婚后不直接抚养子女的父或母，有探望子女的权利且另一方有协助的义务，保障夫妻离异后非直接抚养子女的一方能够定期与子女团聚，弥补家庭解体给孩子造成的伤害，尽可能地保障孩子的健康成长。

二、婚姻登记规范化建设

为适应社会经济的发展，保障婚姻法的实施，国务院先后批准发布了5部婚姻登记法规。1955年6月，经国务院批准，内务部发布施行《婚姻登记办法》，对办理结婚登记和离婚登记作了不同的规定：一是明确要求男女双方亲自到婚姻登记机关办理登记；二是对婚姻登记员的工作态度等提出了要求；三是规定了登记机关和当事人之间发生争议的处理方式。1980年11月，民政部发布施行新的《婚姻登记办法》，根据实际需求调整了办理婚姻登记的机关，明确了当事人办理婚姻登记应当提交的材料，进一步规范了婚姻登记员的行为和义务，增加了对违反婚姻法行为的处理及少数民族婚姻登记的相关规定。1986年3月，民政部再次发布施行《婚姻登记办法》，调整了办理婚姻登记的机关，修改了当事人办理婚姻登记应当提供的材料，完善了婚姻登记程序，提出建立婚姻登记档案的要求，建立了婚姻登记员的资格考核和培训上岗制度，增补了当事人弄虚作假、骗取婚姻登记证的处理方式和法律责任等。

1994年2月，经国务院批准，民政部发布施行《婚姻登记管理条例》，规定了民政部门主管婚姻登记管理的职责，完善了办理婚姻登记的机关、当事人办理婚姻登记应当提交的材料、婚姻登记程序、婚姻登记档案管理要求、违法婚姻的处理等内容。

2003年10月，国务院颁布实施《婚姻登记条例》，取消了办理婚姻登记须由所在单位或村（居）委会出具婚姻状况证明的规定，改为由当事人作无配偶以及与对方没有禁止结婚的亲属关系的签字声明；离婚不再由单位或村（居）民委员会出具介绍信；不再把婚检证明作为结婚登记的必要条件，明确了补办结婚登记、补发婚姻登记证、可撤销婚姻的实施程序；将有关婚姻登记法规进行合并；适当地集中了农村办理婚姻登记的机关，城市实现了民政部门集中办理婚姻登记的目标。民政部同时制定了《婚姻登记工作暂行规范》。

2005年4月，民政部印发《关于开展婚姻登记工作规范化建设活动的通知》；2007年4月，民政部印发《关于“十一五”期间深入推进婚姻登记规范化建设的意见》。各地制定了岗位责任制度、业务学习制度、工作目标考核制度以及档案、证件、印章等内部管理制度，积极推行政务公开制度和监督评议制度、培训上岗制度、首问责任制、一次性告知制度、限时办结制度等，并切实采取有效措施，清理整顿结婚登记“搭车”及乱收费现象。

2011年，民政部《婚姻登记机关等级评定标准》《民政部关于开展婚姻登记机关等级评定工作的通知》(甘民发〔2011〕100号)明确了国家3A、4A、5A级婚姻登记机关等级评定要求。同时，省民政厅下发《甘肃省民政厅关于推进婚姻登记机关标准化建设的通知》(甘民发〔2011〕138号)，天水市民政局下发《关于开展婚姻登记标准化建设的通知》，要求各县(区)结合各自的实际情况，按照高标准、严要求，超前性地对婚姻登记机关以部颁标准为依据进行建设，最低不能低于国家3A级标准，待条件成熟后申报等级评定工作。按民政部标准，婚姻登记机关机构性质应是经编制部门批复成立的行政机关(5A级)或参照公务员法管理的事业单位(4A级)或全额拨款事业单位(3A级)。辖区户籍人口30万以下的，至少配备4名婚姻登记员，五县每增加10万户籍人口，两区每增加8万户籍人口，增配1名婚姻登记员。每个县(区)至少配备2名婚姻颁证员。婚姻登记员、婚姻颁证员应是专职人员，须具有大学专科以上学历，取得地市级及以上民政部门颁发的婚姻登记员资格证书。婚姻登记机关应配备登记工作台、电脑、打印机、复印机、扫描仪等，候登大厅应配有桌、椅、饮水用具等便民服务设施，有条件的还可配备排队叫号系统、触摸式电脑、电子显示屏、身份证识别系统、当事人等候时可观看的电视机等。在办公楼(院)外醒目处悬挂省厅统一制作的婚姻登记机关标识牌，并公告办公时间。开设便民服务电话或24小时语音咨询电话，号码可在当地114台查询。在候登大厅设立公示牌，公示婚姻登记机关职责及相关法律规定、登记条件、登记程序、所需证件、收费项目标准及依据、登记员照片编号、监督举报电话等。制定婚姻登记印章、证书、纸制档案、电子档案、业务学习、岗位责任、考评奖惩、应急预案等制度。除按规定收取证书工本费和档案查询利用费外，不开展其他收费服务。

《婚姻登记条例》颁布实施后，市民政局印制《婚姻登记条例》5000余册，编印该条例宣传手册3000余份，下发各县(区)进行宣传。各县(区)还自印宣传资料，在广场、集市等人员集中的地方进行宣传。全市共印发宣传资料7万多份，设置永久性标语177条，出动宣传车38台，组织干部下乡宣讲120人，受教育的群众达130万人。

三、婚姻登记改革

1986年以后，在农村办理婚姻登记的机关是乡、民族乡、镇人民政府；在城市是街道办事处、区人民政府或不设区的市人民政府。

1992年，民政部开始在部分省市进行婚姻登记改革试点工作，具备条件的地方试行由县(区)民政部门办理婚姻登记，而交通不发达、地理位置偏僻的地方则由乡镇办理婚姻登记。

2003年，根据《婚姻登记管理条例》，对婚姻登记机关设置进行了重新布局，经省政府批准后，在各县民政局和人口较为集中的乡镇设立了80个婚姻登记处。2005年，麦积区民政局根据人大代表、政协委员提出增设婚姻登记机关的建议，要求增设婚姻登记机关。经省政府批准后，增加了石佛乡、渭南镇、马跑泉镇、花牛镇、社棠镇5个乡镇婚姻登记处。全市共有婚姻登记处86个，基本能够满足群众办理婚姻登记的要求。

2009年底，天水市辖五县两区，有113个乡镇(46个镇、67个乡)、10个街道办事处，总人口364万人。全市共设有86个婚姻登记处，其中，县（区）民政局7个、乡镇79个。各县区分别是秦州区17个、麦积区18个、秦安县11个、甘谷县12个、武山县8个、清水县17个、张家川县3个。有婚姻登记员97名，其中，专职38人、兼职59人，都经过培训取得了婚姻登记员资格证书。2009年，共登记结婚25276对、离婚963对。

2012年12月18日，经省民政厅批复，天水市对婚姻登记网点进行了调整，共撤销60个乡镇人民政府婚姻登记处。具体调整方案如下：

秦州区撤销皂郊镇、玉泉镇、太京镇、藉口镇、关子镇、娘娘坝镇、牡丹镇、中梁乡、杨家寺乡、华岐乡、齐寿乡、大门乡人民政府婚姻登记处；保留秦州区民政局及平南镇、汪川镇、天水镇、秦岭乡婚姻登记处，其乡镇网点名称分别变更为“秦州区民政局平南镇婚姻登记处”“秦州区民政局汪川镇婚姻登记处”“秦州区民政局天水镇婚姻登记处”“秦州区民政局秦岭乡婚姻登记处”。

麦积区撤销花牛镇、马跑泉镇、渭南镇、社棠镇、伯阳镇、麦积镇、东岔镇、石佛镇、五龙乡、三岔乡、琥珀乡、利桥乡、党川乡人民政府婚姻登记处；保留麦积区民政局及甘泉镇、中滩镇、新阳镇、元龙镇婚姻登记处，其乡镇网点名称分别变更为“麦积区民政局甘泉镇婚姻登记处”“麦积区民政局中滩镇婚姻登记处”“麦积区民政局新阳镇婚姻登记处”“麦积区民政局元龙镇婚姻登记处”。

秦安县撤销陇城镇、云山乡、安伏乡、兴丰乡、魏店乡、王铺乡、千户乡、王窑乡人民政府婚姻登记处；保留秦安县民政局及郭嘉镇、莲花镇婚姻登记处，其乡镇网点名称分别变更为“秦安县民政局郭嘉镇婚姻登记处”“秦安县民政局莲花镇婚姻登记处”。

甘谷县撤销安远镇、金山乡、谢家湾乡、白家湾乡、八里湾乡、西坪乡、武家河乡人民政府婚姻登记处；保留甘谷县民政局及磐安镇、礼辛乡、大庄乡、古坡乡婚姻登记处，其乡镇网点名称分别变更为“甘谷县民政局磐安镇婚姻登记处”“甘谷县民政局礼辛乡婚姻登记处”“甘谷县民政局大庄乡婚姻登记处”“甘谷县民政局古坡乡婚姻登记处”。

武山县撤销洛门镇、鸳鸯镇、马力镇、滩歌镇、四门镇、温泉乡、榆盘乡人民政府婚姻登记处，保留武山县民政局婚姻登记处。

清水县撤销红堡镇、秦亭镇、松树乡、王河乡、贾川乡、远门乡、陇东乡、新城乡、丰望乡、郭川乡、白沙乡人民政府婚姻登记处，保留清水县民政局及金集镇、白驼镇、山门镇、黄门乡、草川铺乡婚姻登记处。

张家川县撤销龙山镇、恭门镇人民政府婚姻登记处，保留张家川县民政局婚姻登记处。

撤并调整后，五县两区共设立26个婚姻登记处。

四、违法婚姻查处

1980年的《中华人民共和国婚姻法》实施以后的违法婚姻主要表现为：一是干涉婚姻自由，结婚时遵从“父母之命”“媒妁之言”“门当户对”，索要彩礼订小亲，以及换亲、转亲等包办、买卖婚姻，这些行为在一些地方蔓延，是造成夫妻不和、虐待妻子、抢婚、逃婚，以致离婚、自杀、凶杀的重要原因；二是不登记就以夫妻名义同居；三是早婚；四是重婚；五是拐卖妇女；六是近亲结婚等。在结婚登记过程中出现的违法婚姻行为有：其一，非自愿结婚。一是包办、买卖婚姻和其他干涉婚姻自由的行为；二是胁迫结婚；三是欺骗结婚。其二，一方或双方未达到法定婚龄结婚。其三，重婚。其四，双方有禁止结婚的近亲关系。其五，婚前患有医学上认为不应当结婚的疾病。

在一些偏远山区，收受彩礼的问题还比较严重，婚姻当事人彩礼负担越来越重，由此引发的纠纷也越来越多。包办婚姻、不履行婚姻登记手续、未到结婚年龄私自结婚生育的现象在农村边远地区普遍存在，违反了婚姻登记程序和处理原则。此外，还存在非双方亲自到场、非管辖地登记、使用伪造证件、使用他人身份、虚假婚姻状况声明等情况。1994年，《婚姻登记管理条例》第二十五条规定，申请婚姻登记的当事人弄虚作假、骗取婚姻登记的，婚姻登记机关应当撤销婚姻登记，对结婚、复婚的当事人宣布其婚姻关系无效并收回结婚证，对离婚的当事人宣布其解除婚姻关系无效并收回离婚证，并对当事人处以200元以下的罚款。

2003年10月，《婚姻登记条例》的施行，取消了“依法处理违法的婚姻行为”的提法，凸显出婚姻登记完全属于民事法律行为，尽量减少行政管理的色彩。对于因为婚姻登记机关的违法、违规而造成的违法婚姻，责任主要在婚姻登记机关和婚姻登记员，强调民政部门对直接负责的主管人员和其他直接责任人员根据《国家公务员暂行条例》给予行政处分，而对当事人的违法行为则按照婚姻法处理。

1985年至2015年婚姻登记相关数据见表11-1。

表11-1　1985—2015年婚姻登记统计表

年份	结婚登记数（对）	离婚登记数（对）
1985	18240	1161
1986	12230	658
1987	15485	500
1988	17163	690
1989	17531	527
1990	21610	628
1991	17264	375
1992	22275	436
1993	18151	362
1994	18904	643
1995	20071	433
1996	21310	420
1997	16557	454

续表11-1

年份	结婚登记数（对）	离婚登记数（对）
1998	14418	382
1999	15776	501
2000	14030	582
2001	14625	652
2002	14029	686
2003	12367	703
2004	12168	826
2005	11283	691
2006	12473	735
2007	13172	868
2008	16414	825
2009	25276	963
2010	26562	1073
2011	28342	1016
2012	27325	1373
2013	22162	1251
2014	24297	2335
2015	24802	2331

第二节　收容遣送和救助管理

一、收容遣送

1982年，国务院颁发《城市流浪乞讨人员收容遣送办法》，民政部、公安部颁发《城市流浪乞讨人员收容遣送办法实施细则》，实行强制性的收容遣送政策，将“乞讨者”和“生活无着落露宿街头的人”列为收容遣送对象。城区内的流浪乞讨人员由收容遣送站收容以后分类登记，属于本地的由工作人员遣送回家，属于省外地区的遣送到户籍所在地的收容站，再由收容站遣送回家。对暂时无法明确家庭住址的，在留站待遣期间组织劳动，其收入用于补贴收容遣送经费。

1985年，天水由地改市，原来的北道埠收容遣送站改名为“天水市收容遣送站”，由市民政局管理。五县两区除了甘谷设有专门的收容遣送站，其他县（区）收容遣送工作由民政局社救科负责，将本县（区）内的流浪乞讨人员收容后分类，属于本县（区）的遣送回家，属于外县、外地区的遣送到市收容遣送站，再由市收容遣送站分类遣送。市收容遣送站除了接收和遣送本市范围内的流浪乞讨人员，还接收外省市转送来的天水市籍流浪乞讨人员并将其遣送回家。1988年，恢复秦城区收容站。

1991年，《关于收容遣送工作改革问题的意见》发布后，收容遣送的对象被扩大到“三无”人员，即无合法证件（无身份证、暂住证、务工证）、无固定居所、无稳定收入。

二、救助管理

（一）救助措施

2003年8月，国务院颁布《城市生活无着的流浪乞讨人员救助管理办法》，民政部颁布《城市生活无着的流浪乞讨人员救助管理办法实施细则》。天水市和甘谷县收容遣送站分别更名为“天水市救助管理站”和“甘谷县救助管理站”。

该救助管理办法以自愿求助、无偿救助为原则，规定对自身无力解决食宿、无亲友投靠、不享受城市最低生活保障或者农村五保供养、正在城市流浪乞讨度日的人员，实行自愿受助、无偿救助，流浪乞讨人员是否接受救助由其本人决定，救助管理站不得收取任何费用。各地对求助人员实行24小时接待式、开放式管理。

求助人员直接打电话或群众和有关单位打电话反映街头流浪乞讨人员需要实施救助的，根据提供的情况，初步判断属于救助对象的，指导进站，对行动不便的出车接回或由公安机关（包括110指挥中心、辖区公安派出所）护送进站。对不符合救助条件的，向群众讲明原因，做好救助政策宣传和解释工作。

图11-1　天水市救助站工作人员询问被救儿童基本情况

对于街头流浪危重病人和流浪精神病人，群众发现后来电请求救助的，工作人员告知群众尽快向公安机关（包括110指挥中心、辖区公安派出所）和120急救中心求助，将病人送至定点医院进行救助，待病情稳定后由救助管理站分类处理。

对于自行来站、群众和有关单位护送进站、救助站上街救助回来的流浪乞讨人员，首先进行安全检查，然后询问并填写基本情况和求助内容，审核甄别是否属于救助对象，符合条件的给予救助，不符合条件的说明原因并讲清政策。

保证求助人员在站期间基本的生活起居，按照性别、年龄、身心状况的不同，安排受助人员分别到男性受助人员生活区、女性受助人员生活区、老年人及残疾人生活区、儿童生活区居住，单人单床。男性受助人员由男性工作人员管理，女性受助人员由女性工作人员管理。

图11-2　天水市救助站管理人员上街了解流浪人员情况（一）

对求助人员的救助包括：有完全民事行为能力的，由救助站提供返乡车船凭证或通过救助站的汇款帮助项目自行回家；由受助人员亲属、单位或户籍所在地民政部门接回；由工作人员护送老年人、未成年人、危重病人、精神病人等返乡。有完全民事行为能力且可联系到亲友的救助对象，通过亲友汇款购票自行返乡；符合就业条件的，经本人申请，通过救助站提供的免费职业介绍服务，自行离站，务工就业；对无法明确户口所在地的受助人员，救助管理站按照有关法律法规和规章的规定，经上级民政部门批准后，安置在社会福利院或农村敬老院实施救助代养；对在受助期间发生符合国家终止救助法规规定或救助管理站终止救助规定情形的事件，救助管理站依法终止救助。

（二）天水市救助管理站

1985年，天水市收容遣送站被省民政厅确定为跨省收容遣送站，其职责除了收容遣送本市范围内的流浪乞讨人员外，还负责将流入本市及周边地区的外省市流浪乞讨人员遣送到其户籍所在地，把流出到外省市的天水籍和周边地区的流浪乞讨人员接回并遣送回家。该站共有职工25人，院内有一栋二层简易办公楼。被收容人员住在依山修建的窑洞里，他们大多数人是因生活困难外出流浪乞讨时被收容进站的，还有少部分人是属于坐车逃票、赌博、盗窃、抢劫、卖淫、嫖娼、吸毒等违法犯罪人员。

2000年，收容遣送对象由过去的社会救济对象占大多数变成非社会救济对象占大多数，真正因生活困难而流浪乞讨的人员逐渐减少，而有以乞讨为生财之道、务工不着、无照经营、好逸恶劳、坑蒙拐骗、流浪成性、偷盗抢劫、逃学逃婚、逃避计划生育等行为的人员所占比例逐渐升高，这使收容遣送工作由过去单纯的社会救济型向社会管理型转变。为此，国务院、民政部、省民政厅下发了一系列关于加强和改进收容遣送工作的指示。为了贯彻这些指示精神，市收容遣送站提出了落实这些指示精神的意见，上报市民政局，经协商，联合市公安局下发《天水市收容遣送工作的若干规定》（天水市民救发〔2000〕074号）及《关于切实加强收容遣送工作的通知》（天水市民救发〔2000〕102号），对收容遣送的对象和范围、民政部门与公安机关分工协作、收遣程序等作出了明确规定，并在西交会期间，根据市政府及市民政局的安排，配合公安部门联合出动26次，分别在市中心广场、北道火车站、桥南开发区、分路口等地开展了大规模的收容工作，进行了初步的合作尝试。被收容人员中，精神病人占大多数，进站后，首先对他们进行登记，后让他们换上整洁的衣服，职工给被收容人员消毒、理发、做饭，对患病的外流人员及时打针配药，防止疾病传播。对收容人员及时遣送回原籍，或打电话让其家人认领，做到及时收容、及时处理。

业务室白班1人、夜班1人，每天24小时值班，无意外事故发生。2000年，收容情况如下：按性别分，男766人、女445人。按年龄分，少年儿童139人、青壮年578人、老年594人。从被收容人员性质看（以下情况有交叉），外出打工无着的181人，因生活困难出外的159人，流浪乞讨的91人，精神病人143人，惯流员89人，小偷小摸的159人，无理上访取闹的87人，卖淫的129人，逃学的31人，逃婚的42人。从被收容人流出的地域看，外省347人、本省864人。本省外流人员中，外地市354人、本市516人。本市外流人员中，秦城区61人、北道区73人、秦安县80人、甘谷县70人、清水县79人、张家川县83人、武山县64人。处理情况：遣送原籍597人、公费自走216人、家属认领222人、其他部门寄放处理176人。

图11-3　天水市救助站管理人员上街了解流浪人员情况（二）

2001年，在“双节”和天水市“两会”之前，市救助管理站配合公安部门对全市主要街道的流浪乞讨人员进行了全面清理，还清查了一批无合法证件、在打工的幌子掩护下进行盗窃、抢劫、敲诈勒索、卖淫嫖娼、逃避计划生育的违法人员，并且及时管教遣送处理，保证了“两会”和“双节”的安全、稳定。2001年，共计收容接转外流人员2792人，其中，成年男性2274人、成年女性518人，未成年人366人。天水市收容遣送站根据省民政厅《关于转发民政部办公厅〈关于进一步加强收容遣送站内管理的通知〉的通知》（甘民事〔2001〕12号）文件精神，从政治学习、组织纪律、制度建设、站容站貌、工作作风等方面对照检查，重新修改了各项规章制度，做到事务公开、制度上墙、统一工作制度、培训上岗、热情接待来访人员和外地工作人员及收遣对象。

2002年，天水市收容遣送站按照上级有关规定，在五一、十一和天水伏羲文化旅游节及商贸洽谈会前夕，全站职工昼夜坚守岗位，出动车辆，在城区主要街道及郊区的死角配合公安机关收容“三无”人员，经审查、登记、洗理、换衣后分批遣送原籍。市区内影响市容市貌的流浪乞讨人员，特别是病人、精神病人明显减少，保证了天水市节假日正常的生活秩序和节会的顺利召开，净化了社会环境。2002年，收容情况如下：按性别分，男1531人、女985人。按年龄分，老年766人、青壮年1149人、少年儿童701人。按地址分，外省市1279人、本省1237人。本省1237人中，外地市585人、本市652人。本市652人中，秦城区54人、北道区85人、秦安县72人、甘谷县103人、武山县121人、张家川县91人、清水县126人。处理情况：遣送899人、其他部门处理462人、家属认领及公费或自费自走1155人。

图11-4　天水市救助站管理人员接收流浪人员

2003年4月，预防和控制非典型肺炎工作在全国展开，天水市救助管理站作为全国对口接转站，负责遣送全国各地对口站送来的城市流浪乞讨人员这一易感人群的工作。为了确保防止病毒传播，市救助站根据上级有关部门传达的关于防治和控制非典型肺炎的精神和市政府、市民政局预防和控制非典型肺炎的应急预案，制定预防和控制非典型肺炎的措施。购置充足的预防药品、消毒液和医疗用具，办公居住场所每天打扫卫生，早晚2次喷洒消毒液。外地送来的流浪人员在进站前由医务人员逐个检查，通过询问病情、量体温、观察有无疑似症状等，严格把好入口关，接车前后对车辆进行彻底消毒，对每个外流人员建立档案，每天做好体温测量和消毒记录，详细记录每个外流人员的收容地点、时间、遣送车次及家庭住址、联系电话。2003年1月至4月，天水市救助管理站共计收容转接462人，其中，男375人、女87人，从北京转来的90人无一人有发烧、干咳症状。这些人在站时间最短2天，最长10天，没有出现任何事故。

2003年8月，国务院《城市生活无着的流浪乞讨人员救助管理办法》和民政部《城市生活无着的流浪乞讨人员救助管理办法实施细则》施行。市收容遣送站更名为“市救助管理站”。全站职工认真学习落实民政部、省民政厅、市民政局下发的关于“收容遣送”及“救助管理”各类文件，深刻领会该办法和细则的每一章节内容，并展开讨论，理解精神实质，转变思想观念。同时，清理以前的有关收容遣送的政策文件，坚决贯彻执行新的办法和细则。新的办法和细则出台后，对被救助人员的食宿条件提出了更高的要求。但是，原天水市收容遣送站的被收容人员一直居住在二十世纪五六十年代修建的窑洞里，且窑洞修建在山底，山上有两条大裂缝，洞内也有多处破裂，这对被救助人员和工作人员的生命财产造成很大的威胁。为此，站领导多次向市局、省厅报告，要求筹建并搬迁救助管理站，此项工作已得到了民政部、省民政厅和市民政局的高度重视，着手筹建新的救助管理站，该工作正常启动。2003年，天水市救助管理站共计救助3190人，其中，男2691人、女499人，未成年人432人。

图11-5　天水市流浪乞讨人员救助管理工作主题宣传月活动启动仪式

2004年5月，民政部、财政部联合下发《关于做好城市生活无着的流浪乞讨人员中特殊困难救助对象跨省返乡工作的通知》（民函〔2004〕128号）。为了认真贯彻落实办法、细则等一系列文件所传达的精神，市救助管理站于4月、6月、12月对全站职工组织了学习、培训、考核，逐条学习了救助管理办法和实施细则，认真学习了中央、部、省、市领导关于实施救助管理工作的意义、原则、性质、措施等，深刻领会救助管理政策与收容遣送政策的区别；采取集中学习、分股室讨论、个人自学等形式，分析典型案例，从判断是否为救助对象、如何填写登记卡片、征求救助要求、实施救助和站内管理等环节上逐个讲解，掌握救助管理的步骤和方法；将救助管理办法和实施细则中的要点摘抄出来制成牌子，张贴到学习专栏和业务股的墙上，根据工作实践，制定出接收、管理、救助工作程序分解图，要求职工经常学习，对照检查救助管理工作，严格按照程序开展救助管理工作。在天水旅游文化节及中小城市市长论坛会期间，救助近200名求助人员，保证了节会的顺利召开。2004年，全年共计救助1426人，其中，本省783人、外省643人。

2005年春节前后，根据民政部《关于做好春节期间救助管理工作的通知》（民函〔2005〕6号），市救助管理站组织人员和车辆并将其分2班，昼夜对秦州、麦积两区主要街道、景区及饭店门口开展搜寻救助工作，共计救助79人。进站后，被救助人员更换衣服、洗漱，工作人员给他们理发，发放毛巾、牙刷、香皂等日常用品，制定食谱改善他们的生活，对患有感冒和轻微冻伤的人员及时治疗，患有重病的送市二院治疗。全年求助情况如下：男1985人、女628人，本省1696人、外省917人，老年829人、中年1286人、儿童498人。救助情况：护送回原籍675人、提供返乡车票自走1575人、亲属或单位接回89人、放弃救助274人。

2006年，在伏羲文化旅游节期间，市救助管理站上街开展救助工作，共计救助256人，市政府解决专项经费5.9万元。全年共计救助3679人：男3156人、女523人，本省2237人、外省1442人，主动求助3092人。

2008年“5·12”地震以后，鉴于市救助管理站背靠北山，山上早年就有裂缝，全站在马路上搭起帐篷，救助工作正常开展，特别是对回四川的人员和从四川出来回家的求助人员给予全力救助，尽量满足求助人员的要求。

2009年7月，民政部、公安部、财政部、住房城乡建设部及卫生部联合下发《关于进一步加强城市街头流浪乞讨人员救助管理和流浪未成年人解救保护工作的通知》（民发〔2009〕102号），要求劝导、引导街头流浪乞讨人员进入救助管理站接受救助，不愿入站的，根据其具体情况提供必要的饮食、衣被等服务，坚持“先救治、后救助”的原则，配合医疗机构做好街头流浪乞讨人员中的危重病人、精神病人、危险传染病人的救治工作。坚持“先解救、后救助”的原则，配合公安机关做好被拐卖、拐骗，以及被胁迫、诱骗、利用乞讨的残疾人或未成年人进行非法活动的调查工作。全年共计救助3723人。

2011年，市民政局加入全国救助信息网络平台，建立救助人员基本数据库，和全国、甘肃省联网，月报、季报、年报随时上报随时查询。11月，出现气候异常现象，媒体舆论“热炒”流浪乞讨人员露宿街头冻伤冻死问题，市救助管理站高度重视，在全市开展“冬日送暖”专项救助行动，市、县、区分别制定实施方案，整改工作方法。冬天救助386人，截至过年护送返乡369人，留站17人（其中2人在医院接受治疗），天水电视台连续跟踪报道8次。该救助行动受到了市委、市政府和省民政厅的表彰，省民政厅召开了专门的视频会议，会议中天水市作了救助工作经验推广。

2012年，共救助4409人：男3440人、女969人，老年1338人、中年2704人、未成年人367人。

1985年至1999年流浪乞讨人员收容遣送相关统计见表11-2。

表11-2　1985—1999年流浪乞讨人员收容遣送统计表

年份	收容(人)	处 理(人)			安置(人)
		遣送	自返	公安处理	
1985	1977	1745	193	—	—
1986	1974	1611	302	6	11
1987	1429	1189	215	—	—
1988	1739	624	1050	5	2
1989	2692	1412	1230	—	1
1990	1728	749	973	—	—
1991	2671	1926	742	—	3
1992	3263	2408	846	9	—
1993	3081	2533	543	—	5
1994	2894	2371	523	—	—
1995	3126	2278	841	7	—
1996	2958	2305	647	—	6
1997	2732	2194	538	—	—
1998	3011	2360	643	5	3
1999	3106	2043	1053	3	4

2010年以来，市救助管理站先后部署开展“接送流浪孩子回家”“夏日送凉”等专项救助行动。特别是自2012年11月以来，针对大幅降温对流浪人员造成新的困难、媒体舆论“热炒”关注等情况，自加压力，强化措施，创新方法，在全市部署开展“冬日送暖”专项救助行动，市、县、区分别制定了实施方案，组织32名工作人员，坚持昼夜巡回救助。截

至2013年3月，救助858人，其中，送返831人、留站24人、安置3人。

（三）流浪乞讨的未成年人的管理教育工作

流浪乞讨人员中，未成年人占有相当的比例，一直被作为重点对象进行管理教育，在留站待遣期间，对他们在吃住和教育方面给予特殊照顾，有专门的工作人员护送至家中。1995年，中共中央办公厅国务院办公厅关于转发《〈中央社会治安综合治理委员会关于加强流动人口管理工作的意见〉的通知》中指出："试办流浪儿童救助保护中心。对在社会上长期流浪、无家可归，失去正常生活、学习条件和安全保障的少年儿童，要采取保护性的措施。"1997年8月，市收容遣送站和香港大同救助有限公司合作，在天水市开展救助流浪儿童试点工作。

2000年，市收容遣送站和香港大同救助有限公司合作，落实"天水·大同救助合作项目办公室"的工作，有10名流浪儿童在项目办公室工作人员的精心护理下过上了正常的生活，得到了应有的教育。

2003年，市救助管理站继续与香港大同救助有限公司合作，截至12月底，先后有34名流浪儿童在项目办公室工作人员的精心呵护和耐心教育下过上了正常的生活。2003年7月底，"天水市流浪儿童救助中心"及住宅综合楼交工，流浪儿童救助中心内设会议室、儿童宿舍、儿童教室、儿童活动室、儿童餐厅、儿童卫生间，内部设施由于资金不到位正在筹备，计划2004年投入使用。

2004年初，市救助管理站与香港大同救助有限公司续签了合同，由香港大同救助有限公司出资，救助天水及陇东南地区的流浪儿童，截至2004年底，已救助67名。为了改善流浪儿童的生活条件，购买了床架、床板20套，被褥20套，病床2张，体检床1张，药柜2个，治疗推车1个，测体重秤1台，担架1副，手术器械1套，还购进了一批常用药品，流浪儿童的住宿、学习、医疗卫生条件有了很大改善。

2005年，市救助管理站和香港大同救助有限公司合作，除了救助天水市范围内的流浪儿童，还救助天水市周边地区的流浪儿童，设立"没有院墙的孤儿院"项目，对山区贫困儿童开展形式多样的救助活动，救助了498名儿童，年底留站16名。

2006年，民政部发布《流浪未成年人救助保护机构基本规范》，对流浪未成年人的范围、救助保护机构的配置及工作内容等作了详细的规定。

2009年，经市政府同意，将市流浪未成年人救助保护中心建设地址变更至麦积区羲皇大道北侧天水武警支队以北，占地18113.42平方米，相关手续已办理完毕。

2012年，民政部等八部委贯彻落实国务院办公厅《关于加强和改进流浪未成年人救助保护工作的意见》，开展"接送流浪孩子回家"专项活动，结合天水市实际情况，制定活动实施方案。从3月至12月分三阶段开展"接送流浪孩子回家"专项活动，成立以副市长雷鸣为组长的领导小组，市民政局下设办公室办理日常工作，联合公安局开展街面主动救助，打击拐卖妇女儿童违法犯罪活动，妥善接收安置、安全护送返乡和密切跟踪回访流浪儿童等举措。对救助过的流浪未成年人逐个查询、建档，完善基本资料，整理成册，全年共救助流浪儿童152人。

图11-6 2013年6月7日，省民政厅厅长肖庆平检查
市流浪未成年人救助保护中心项目建设进展情况

2000年至2012年救助儿童情况见表11-3。

表11-3 2000—2012年救助儿童统计表

年份	救助人数	年底在站人数
2000	139	13
2001	277	15
2002	701	27
2003	556	19
2004	365	17
2005	298	16
2006	687	18
2007	511	18
2008	642	5
2009	369	1
2010	382	0
2011	428	12
2012	513	16

第三节　收养登记管理工作

一、收养管理改革

收养是指根据法定的条件和程序，领养他人子女为自己子女的民事法律行为。收养行为是一种设定和变更民事权利、义务的重要法律行为，它涉及对未成年人抚养教育、对老年人赡养扶助和财产继承等一系列民事法律关系。

《中华人民共和国收养法》于1992年4月1日起实行。1992年4月，民政部发布《中国公民办理收养登记的若干规定》。1998年11月，全国人大第五次会议通过《关于修改〈中华人民共和国收养法〉的决定》（1999年4月1日起实行）。

1991年的收养法规定收养人应当无子女，除收养孤儿或者残疾儿童外，只能收养1名子女；收养人必须年满35周岁。1998年的收养法规定收养孤儿、残疾儿童或者社会福利机构抚养的查找不到生父母的弃婴和儿童，可以不受收养人无子女和只收养1名的限制；将收养人年龄限制的下限降到30周岁。收养关系统一由民政部门登记成立，收养应当向县级以上人民政府民政部门登记。

收养关系自登记之日起成立；收养查找不到生父母的弃婴和儿童的，办理登记的民政部门应当在登记前予以公告；收养关系当事人愿意订立收养协议的，可以订立收养协议；收养关系当事人各方或者一方要求办理收养公证的，应当办理收养公证。

1998年的收养法规定外国人可以在华收养子女，同时对收养条件作了严格的规定：外国人在中华人民共和国收养子女，应当经其所在国主管机关依照该国法律审查同意；收养人应当提供由其所在国有权机构出具的有关收养人的年龄、婚姻、职业、财产、健康、有无受过刑事处罚等状况的证明材料，并经中华人民共和国驻该国使领馆认证；该收养人应当与送养人订立书面协议，亲自向省级人民政府民政部门登记；如有当事人各方或者一方要求办理收养公证的，应当到国务院司法行政部门认定的具有办理涉外公证资格的公证机构办理收养公证。

1999年5月，民政部发布《中国公民收养子女登记办法》和《华侨以及居住在香港、澳门、台湾地区的中国公民办理收养登记的管辖以及所需要出具的证件和证明材料的规定》。

二、收养登记管理

2003年12月，民政部、国家档案局联合发布《收养登记档案管理暂行办法》（民发〔2003〕181号），随后，民政部下发《民政部办公厅关于澳门居民中的中国公民在内地办理收养登记有关事宜的通知》（民办发〔2005〕14号）、《民政部办公厅关于启用新式〈收养登记证〉的通知》（民办函〔2006〕203号）、《民政部关于印发〈收养登记工作规范〉的通知》

（民发〔2008〕118号），对收养工作的具体程序作了统一规定。

（一）申请

要求收养子女的当事人夫妻双方亲自到收养登记机关申请办理收养登记，一方不能亲自前往的，应当书面委托另一方办理登记手续，委托书应当经过村民委员会或者居民委员会证明或者经过公证。申请人依法向收养登记机关提交有关证件和证明材料，并按照收养登记机关的要求，如实填写“收养登记申请书”。

（二）审查

收养登记机关对申请收养的当事人进行全面的审查，审查的内容包括收养人、送养人提交的证件和证明材料是否齐全、有效；收养人、被收养人、送养人是否符合收养法规定的条件；收养关系当事人的意思是否明确、真实。

（三）登记

办理内地居民收养登记和华侨收养登记以及香港、澳门、台湾地区居民的收养登记，收养登记员收到当事人提交的申请书及有关材料后，应当自次日起30日内进行审查。对符合收养条件的，为当事人办理收养登记，填写“收养登记审查处理表”，报民政局主要领导或分管领导批准，并填发收养登记证。收养登记证的填写应当按照《民政部办公厅关于启用新式〈收养登记证〉的通知》（民办函〔2006〕203号）的要求填写。收养登记机关对不符合收养登记条件的，不予登记，但应当向当事人出具“不予办理收养登记通知书”，并将当事人提交的证件和证明材料全部退还当事人。对于虚假证明材料，收养登记机关予以没收。收养查找不到生父母的弃婴、儿童的，收养登记机关应当在登记前公告查找其生父母；自公告之日起满60日，弃婴、儿童的生父母或者其他监护人未认领的，视为查找不到生父母的弃婴、儿童。公告期间不计算在登记办理期限内。

2008年的《收养登记工作规范》对解除收养关系登记申请的程序作了规定：查验当事人提交的照片、证件和证明材料；向当事人讲明收养法关于解除收养关系的条件；询问当事人解除收养关系的意愿以及对解除收养关系协议内容的意愿；收养人、送养人和被收养人参照本规范第十五条的相关内容填写“解除收养关系登记申请书”；将当事人的信息输入计算机，应当用程序进行核查；复印当事人的身份证件、户口簿。收养登记员收到当事人提交的证件、申请解除收养关系登记申请书、解除收养关系协议书后，应当自次日起30日内进行审查。对符合解除收养条件的，为当事人办理解除收养关系登记，填写“解除收养关系登记审查处理表”，报民政厅（局）主要领导或者分管领导批准，并填发“解除收养关系证明”。收养登记机关对不符合解除收养关系登记条件的，不予受理，但应当向当事人出具“不予办理解除收养登记通知书”，将当事人提交的证件和证明材料全部退还当事人。对于虚假证明材料，收养登记机关予以没收。天水市自2000年起，相关收养、送养等情况见表11-4、11-5。

表 11-4 天水市 2000—2015 年收养情况

单位：人

年份	秦州区	麦积区	秦安县	甘谷县	武山县	清水县	张家川县
2000	4	2	—	—	—	—	—
2001	6	2	—	—	—	4	
2002	12	—	—	—	—	—	—
2003	7	5	—	—	—	—	—
2004	1	4	2	—	—	—	—
2005	—	6	1	—	—	—	—
2006	—	1	3	—	—	—	—
2007	1	—	—	—	—	—	—
2008	—	—	3	—	—	—	—
2009	1	—	1	—	1	—	—
2010	1	—	3	—	2	—	—
2011	3	—	1	—	1	—	—
2012	2	—	—	—	2	—	—
2014	1	—	—	—	3	—	—
2015		1	—	—	—	1	—

表 11-5 天水市社会福利院 2000—2012 年接收服务对象表

单位：人

年份	弃婴、孤儿	家庭寄养	涉外送养	职工数
2000	28	—	—	35
2001	25	—	—	36
2002	18	—	—	37
2003	24	—	—	38
2004	27	—	—	42
2005	26	—	—	43
2006	20	—	—	43
2007	34	—	2	43
2008	33	6	1	44
2009	40	6	3	45
2010	36	4	8	48
2011	38	3	5	48
2012	43	2	10	49

三、开展收养法规宣传和培训

1999年《中华人民共和国收养法》修订后，全市每年进行1次培训，重点培训五县两区分管民政工作的领导、民政局局长、分管局长、业务股室负责同志及工作人员、福利机构负责同志及相关人员。同时邀请专家、教授宣讲收养法，派遣工作人员参加民政部、中国收养中心及民政厅举办的业务培训。

第四节　殡葬管理

一、殡葬法制建设

1985年，国务院发布《关于殡葬管理的暂行规定》，要求各地根据人口、耕地和交通实际情况划分实行火葬的区域，在实行火葬的区域可实行遗体火化。在土葬改革区，要求利用荒山瘠地建立集体公墓，实行平地深埋，不留坟头，植树造林，搞好绿化。1986年3月，甘肃省人民政府颁发《甘肃省殡葬管理办法》。1997年7月21日，国务院颁布《殡葬管理条例》(国务院令225号)。2003年4月，省政府颁布《甘肃省殡葬管理办法》(省政府令3号)。

2008年12月，八部委局颁布《关于进一步规范和加强公墓建设管理的通知》(民发〔2008〕203号)。2009年12月，民政部颁布《关于进一步深化殡葬改革　促进殡葬事业科学发展的指导意见》(民发〔2009〕170号)。2011年9月22日，省政府颁布《甘肃省殡葬管理办法》(省政府令83号)。2011年10月，甘肃省民政厅印发《关于为特殊困难群众提供基本殡葬（火化）免费服务的通知》(甘民发〔2011〕163号)。2011年11月，省民政厅印发《甘肃省公墓管理执法检查办法》(甘民发〔2011〕148号)。2012年3月，国家发展改革委、民政部印发《关于进一步加强殡葬服务收费管理有关问题的指导意见》(发改价格〔2012〕673号)。

二、殡葬改革

1986年4月，天水市人民政府颁发《天水市殡葬管理实施细则》，规定以天水市和甘谷县两个火葬场为中心，划定火化区。天水市火化区包括秦城区7个街道办事处和太京、皂郊、吕二沟、玉泉、环城5个乡，北道区4个街道办事处、二十里铺乡，马跑泉、社棠2个镇。甘谷火化区包括甘谷县的城关、新兴、磐安、十里铺、渭阳、六峰6个乡镇及武山县的城关、洛门、东顺、龙台4个乡镇。1985年下半年，成立天水市殡葬管理所和市殡仪馆，两个机构一批工作人员，为天水市民政局领导下的科级建制单位，负责管理全市殡葬工作。1986年9月4日，北道区人民政府颁布《北道区殡葬管理实施细则》。

1989年9月，甘谷县人民政府颁布《甘谷县殡葬管理实施细则》：对推行火葬、改革土葬提出具体要求，火化区内禁止出售墓穴和棺木；职工死亡不火葬的，不发给丧葬费和遗属生活困难补助费；火化区外的川区提倡平地深埋，不留坟头，山区要建立公墓；把推行火葬、改革土葬列入《居民公约》，作为评选文明单位的条件之一。1990年，甘谷县成立甘谷县殡葬管理所和甘谷县殡仪馆，两个机构一套班子，合署办公，负责全县殡葬管理工作。

1999年7月，天水市殡葬管理所与市殡仪馆分设，市殡葬管理所的主要职责任务是：宣传贯彻《殡葬管理条例》及殡葬管理的有关方针、政策，落实市政府有关殡葬管理的规定；监督检查各县、区、市直及驻市各单位和公民执行殡葬法规的情况；对生产销售丧葬用品的单位和个人实行行业管理，总结交流殡葬改革的经验，解决殡葬管理和殡仪服务中存在的问题，负责向市民政局汇报工作。

天水市殡葬管理所每年对秦州区殡葬用品服务商店和经营单位进行一次摸底调查和督促检查。2012年，检查殡葬用品服务商店和经营单位门店共16家，对不符合条例的殡葬设备和殡葬用品进行了整顿，规范了殡葬用品市场。

市殡葬管理所利用每年清明节“殡葬宣传月”活动，组织工作人员和车辆在市区发放殡葬法规、政策等宣传资料，并派出人员到五县两区的主要街道和社区进行宣传，在天水市广播电视台旅游资讯频道作了题为《倡导文明祭扫、打造平安清明》的专访互动节目，倡导文明祭祀，弘扬清明文化，营造文明、和谐、有序的殡葬文化，提倡在全市公墓及祭祀区域内，积极倡导文明祭祀、鲜花祭祀，禁止在祭祀区域内燃放烟花爆竹，开展“万人签名倡导火化”和“万人签名倡导鲜花祭祀”的大型公益活动。

2004年7月，市政府发布《天水市殡葬管理实施细则》（天政发〔2004〕104号）。2008年3月，市政府印发《天水市殡葬突发事件应急预案》（天政办发〔2008〕31号）。

三、殡葬服务和设施建设

殡葬事业单位主要包括殡仪馆、殡仪服务站、骨灰存放处和公墓管理处等。殡葬服务的内容主要有：出售丧葬用品，如寿衣、鲜花、花圈、骨灰盒等；出租场地，如悼念厅、休息室、骨灰存放处等；提供劳务服务，如搬运死者遗体、为死者整容化妆、遗体防腐处理、火化遗体、举行悼念活动等。

（一）殡仪馆

1.基本情况

殡仪馆有天水市殡仪馆和甘谷县殡仪馆2家。

天水市殡仪馆是隶属天水市民政局的差额公益性事业单位，始建于1968年，当时占地面积20亩。1971年正式开展火化业务，承担五县两区及陇东南等周边地区的遗体接运、火化、寄存等业务，并承担全市特重大突发事件遗体处理等系列化的殡葬服务。内设机构有办公室、财务室、业务股、后勤保障与治保股、骨灰寄存管理室、汽车队和火化车间，有在编职工16人、合同制工人10人。其中，有党员9名、大专以上文化程度8人。

2001年4月，天水市殡仪馆出资5万元购进水晶棺2台供丧属租用，购进告别台1组。

12月，又购进8组木质沙发，布置休息室2处供丧户休息。为了提高殡仪职工的专业水平和业务技能，更好地为丧户服务，天水市殡仪馆分批次对职工进行技能培训：2001年9月，派出3名职工在民政专业院校进行殡葬专业本科、专科深造学习；10月至12月，对6名新职工进行了岗位技能培训；11月，推出了全程免费引导服务，由引导员引导丧户办理丧葬事宜。2001年，火化遗体726具。

2002年4月，在馆内开办殡仪服务部，对外销售殡葬用品；5月15日，购进铝合金柜台4组、陈列架4组，又自筹资金22万元购进依维柯灵车一辆。同时，争取市财政担保贷款100万元，天水市殡仪馆综合服务大楼奠基动工，该楼为全框架仿古结构，3层27间，建筑面积813平方米。2002年，火化遗体799具。

2003年5月，天水市殡仪馆组织职工自己动手对使用15年之久的沈阳产82B型火化机进行维修，使该火化机能够继续正常运转。5月19日，历时1年工期的天水市殡仪馆综合服务大楼建成，时任市民政局局长张续善，党委书记花映水，工会主席杨显功和市审计局、市建筑设计院及承建单位、施工单位、监理公司等对该工程进行验收，举行了交工签字仪式。为加强与外地同行的交流合作，10月，与新疆哈密市殡仪馆结为“友好馆”。2003年，火化遗体783具。

2004年3月，购进月季花，对花园花种进行了调整，在馆内空地处种植草坪0.5亩，绿化馆内环境。2004年，火化遗体810具。

2005年5月，对馆内东北方向的护坡进行了维护，全馆职工自己动手修砌围墙25米、石护坡25米，节约资金4万多元。2005年，火化遗体731具。

2006年4月10日，天巉公路发生特大交通事故，火化遗体很多。由于殡仪馆冷冻柜有限，特申请资金13.37万元，紧急购置大型冷冻柜2组；5月20日，与天水市公安局秦州分局联合成立了“秦州公安分局刑事科学技术解剖室”，由殡仪馆提供房间、场地及设备，改变了过去尸检在露天进行的现状，尊重了逝者和丧属意愿；9月15日，购买了1辆江苏常州江南车辆厂改装的春洲牌殡仪灵车。2006年，火化遗体849具。

2007年4月1日，为解决群众集中祭奠时道路及车辆堵塞问题，租用殡仪馆门口左家场村土地约1.5亩，租期10年，并开辟了停车场；5月9日，派出2名职工到西安市殡仪馆学习先进的殡仪服务理念和技术。2007年，火化遗体801具。

2008年2月，天水市殡仪馆派人参加由民政部举办的“民政行业职业技能鉴定师资培训班”，取得遗体火化师、遗体整容师职业技能鉴定考评员资格。5月12日，殡仪馆受到“5·12”汶川地震造成严重破坏。火化车间、告别厅、28米高的烟囱等建筑损毁严重，沈阳产82B型火化机和江西产YQ型火化机报废，经市安监局鉴定，殡仪馆原有建筑均为危房，不能再使用。为了不影响火化业务的正常进行，自5月22日开始，由天水市殡仪馆将遗体运至甘谷县殡仪馆火化，截至6月21日，共运至甘谷县火化遗体52具。在此期间，按市局的安排部署，紧急购进山东宝灵公司BL96B-1型火化机1台，购置福田牌殡仪灵车1辆。在馆内空地搭建帐篷，安装火化机，于6月21日恢复正常的业务生产，负债130多万元。10月，天水市殡仪馆派人参加“全国首次殡葬行业职业技能大赛培训班”及比赛，并取得较好成绩。2008年12月，天水市殡仪馆灾后恢复重建工程项目立项后，原火化车间、告别厅用地用于灾后恢复重建工程，在停车场重新搭建了活动板房，布置了告别厅、火化车间、业务室等区域，将火化机移至活动板房中，开展火化业务，直至灾后恢复重建工程完工交付使用。2008年，火化遗体810具。

2009年10月，灾后恢复重建工程正式动工，工期13个月，于2010年11月竣工交付使用。2009年，火化遗体949具。

2010年3月至9月，馆领导带队分6批前往青岛、西安、兰州等殡仪馆学习先进的殡仪服务技术和理念，并邀请西安市殡仪馆和兰州市殡仪馆领导对综合服务大楼的整体布局和实用性进行指导；组织职工动手制作了22个高档绢花花圈、24个高档绢花花篮、20个大花篮和2个绢花告别台，对告别厅进行了布置装饰，开展了“一次性文明棺鲜花告别”活动，对临时搭建的火化车间、休息室等闲置空地重新改造，规划改造成守灵堂，大小6间，供丧户租用；投资90万元购置安装了3台山东宝灵工艺品有限公司制造的HH-2000型平板火化炉。同时，于3月15日推出了“一切以丧属满意为中心”的亲情服务和“和谐殡葬、阳光殡葬、惠民殡葬”服务，全面落实惠民殡葬政策，为“三无”人员、五保户、重点优抚对象和特殊困难群体减免基本殡葬费用，全年减免殡葬费用10余万元。2010年，火化遗体1013具，火化量首次突破千具。

2011年5月，重新制作“天水市殡仪馆政务公开栏”，将全体职工的照片、姓名、职务、岗位和工牌号在宣传栏里公开，并将服务项目、服务规范、工作流程、收费标准、惠民殡葬政策、质量监督等内容在馆内醒目位置公开，并设立监督电话和评价意见箱，接受社会各界的监督。8月30日，为应对突发事件，殡仪馆出资20万元购置了两组12屉冷冻柜；同时，向物价部门提出调整殡葬服务项目收费标准的申请，该收费标准为2002年由天水市物价局审核批复的收费标准。2012年3月，甘肃省发展和改革委员会审核批准天水市现行殡葬服务价格（甘发改服务〔2012〕343号）；7月，修订《天水市殡仪馆内部管理制度》，规范内部管理；9月14日，派员参加了民政部培训中心举办的殡葬服务标准与殡仪主持培训班，开展殡仪主持和电子影像服务项目；11月，将原办公楼三楼骨灰堂搬迁至综合服务大楼二楼，统一管理；12月23日，申请成为甘肃省殡葬协会会员单位。2011年，火化遗体994具。

2012年，火化遗体1073具。截至2012年底，共开展服务项目68项，基本满足了大部分群众的丧葬需求。

2013年，共接待全市治丧群众20余万人，火化处置遗体1125具。

2014年，共接待全市治丧群众23万余人，火化处置遗体1150具。

2015年，火化处置遗体1200具，寄存骨灰500余盒。

天水市殡仪馆2001年至2015年火化遗体相关统计见表11-6。

表 11-6 天水市殡仪馆 2001—2015 年火化遗体统计表

年份	火化量（具）	年份	火化量（具）
2001	726	2009	949
2002	799	2010	1013
2003	783	2011	994
2004	810	2012	1073
2005	731	2013	1125
2006	849	2014	1150
2007	801	2015	1200
2008	810		

2.获奖情况

2002年6月，天水市殡仪馆被省民政厅评为“甘肃省一级殡仪馆”；2003年，被省委、省政府授予“省级文明单位”荣誉称号；2004年，获得全市民政事业目标管理一等奖；2008年，因抗震救灾工作成绩突出，民政部给予嘉奖；2011年，被省民政厅确定为“甘肃省民政系统第二批行风建设示范单位”；2013年4月，被市政府评为“全市民政工作先进集体”。

2005年，市殡仪馆职工李太世被天水市委宣传部和市总工会评为“天水市职工职业道德建设十佳标兵”；2006年11月，被省委宣传部和省总工会等五部门评为“甘肃省职工职业道德建设十佳标兵”；2007年12月，被全国职工职业道德建设指导协调小组评为“第十届全国职工职业道德建设先进个人”。

2009年5月，田进义被民政部授予“全国民政行业优秀技能人才”荣誉称号。

2012年7月，馆长杨林被省人力资源和社会保障厅、省民政厅评为“甘肃省民政系统先进工作者”。

（二）公墓

现有经营性公墓：泰山公墓、秦州区南山公墓、麦积区北山公墓、秦安县兴国地区公墓、清水县公墓。

泰山公墓：天水市人民政府1992年批准兴建的经营性骨灰安葬公墓。现已建成以建筑、雕刻、书法、艺术、园林为一体的现代化园林公墓，是全市最具规模的样板公墓。2001年4月，经与秦州区玉泉镇盐池村冯家山自然村签订土地租赁合同，租赁土地27.8亩，极大地缓解了泰山公墓骨灰安葬难的问题。泰山公墓目前占地总面积47.34亩，已使用46亩，土地使用率达97%。截至2013年，建墓6753座（单葬墓型2174座、合葬墓型4579座），累计安葬5719穴（单葬墓2089穴、合葬墓3630穴）。1997年和1998年自筹26万元，修建办公楼一处，建筑面积446平方米，使办公条件和硬件设施得到改善。2002年，自筹资金17.4万元，修建了二层框架仿古式车库凉亭，建筑面积211平方米。一层为车库和库房，二层为长廊凉亭。又投入资金12万元购置殡葬法规宣传车一辆，供新扩建墓区使用。2003年，为加强公墓区域安全管理，投入资金15.4万元，修建旧墓区围墙800米。2004年，自筹资金4.7万元，对旧墓区的石护坡进行加固。2005年，自筹资金3万元，购置柏树2万株，对墓区进行绿化。2006年，投入资金13.7万元，购置业务面包车一辆。2007年11月30日，天水市殡葬服务中心成立，自筹资金5.2万元，新建房屋2间，面积83平方米，作为市殡葬服务中心办公用房。又自筹资金3.8万元，购置微型双排座车1辆，用于墓区石材的运送。2008年，天水市殡葬管理所（泰山公墓）受“5·12”汶川地震的影响，造成建筑房屋和围墙倒塌，办公楼东北角地基塌陷，地面大面积塌陷，造成直接经济损失122多万元。为减少灾害造成的损失，单位积极开展自救措施，自筹资金46万元，对车库和凉亭进行了维修，将原受损的8根倾斜倒塌的圆柱进行清理，改造成建筑面积为120平方米的业务接待办公用房。

2001年至2008年泰山公墓相关统计见表11-7。

表11-7　2001—2008年泰山公墓统计表

年份	安葬数(穴)	年　份	安葬数(穴)
2001	196	2009	288
2002	216	2010	334
2003	230	2011	303
2004	290	2012	372
2005	285	2013	329
2006	298	2014	431
2007	280	2015	289
2008	290		

注：2001年前共安葬2008穴。

2009年，自筹资金60万元进行灾后重建，对已倒塌的办公区域围墙、办公区域塌陷地面和办公楼东北角的地基进行开挖和加固处理。自筹4.2万元，购置石碑雕刻机一台。2011年，投入资金15万元，对墓区后门进行了大门的安装和道路的硬化。投资4万多元，将公墓区域的电杆进行迁移。2012年5月，投入资金40万元，整修扩宽道路，以缓解祭祀拥挤堵塞。投资20万元，新修公墓区域的水渠。投资4万元，购置电脑、打印机等办公设备，改善办公环境，改进业务流程，建立专职档案室，对历年的业务档案进行了重新核查并建立电子档案信息，实行“一墓一协议一档案”的科学化管理。2013年，投资9万多元在公墓区域安装了电子监控，确保了公墓区域的安全。2014年至2015年，殡葬管理所在节约公墓用地上下功夫、求创新、挖潜力，对墓区边角处，采取挖土崖、筑护坡、平沟渠等方式，最大限度地增加建墓面积，共清理出建墓用地1.5亩，可修建墓位200多个，缓解了安葬压力，同时也满足了服务对象的需求。为积极争取公益性公墓项目，确保其可持续发展，2014年，由副市长雷鸣带领市规划局、市国土局及秦州区政府领导，在市民政局领导的陪同下前往皂郊镇周集寨村，调研城市公益性公墓选址工作，成立城市公益性公墓选址工作领导小组。2015年9月22日，经市长办公会议研究决定，给予天水市城市公益性公墓项目1000万元启动资金支持。

秦州区南山公墓：始建于1990年，隶属秦州区殡葬管理所，公墓占地28.55亩，共建墓穴2300多座。截至2015年，已安葬遗体2100多具。

麦积区北山公墓：区政府1999年批复为经营性公墓。截至2015年，已安葬1526具。

秦安县兴国地区公墓：县政府1987年批复为公益性公墓。截至2015年，已安葬遗体312具。

清水县公墓：县政府1999年批复为公益性公墓。截至2015年，已安葬遗体578具。

（三）天水市殡仪馆灾后恢复重建项目工作

在“5·12”汶川大地震中，天水市殡仪馆所有设备、设施均遭受严重破坏，火化业务暂停，直接经济损失400多万元。2008年12月，市殡仪馆的灾后恢复重建工作正式立项，列入中央重建基金项目建设计划，下拨中央灾后重建基金1100万元。2009年6月，初设通过市发改委的审批。2009年8月31日，通过公开招投标正式确定市第二建筑工程第六分公司为项目施工单位，天水市建筑勘察设计院监理公司为项目监理单位。

天水市殡仪馆灾后恢复重建项目建设内容为殡仪馆、祭奠园、灵堂3个单位工程，占地9200平方米，总建筑面积4983.51平方米，其中，殡仪馆4540.08平方米、祭奠园362.18平方米、灵堂81.25平方米。天水市民政局经多次研究，确定了“园林化设计、人性化服务”和“一步设计、分步实施”的设计理念，并按业务工作和灾后重建“两不误”的要求，将天水市殡仪馆建设目标定为国家二级殡仪馆。

施工单位于2009年9月3日进驻施工现场，先后完成了临时生产区和“三通一平”建设。2009年10月1日，临时生产区开展了火化业务。2009年10月13日，举行了主楼的开工奠基仪式并开始施工，先后完成了基坑开挖、灰土挤密桩施工、灰土垫层和混凝土垫层、基础梁钢筋绑扎、独立柱基础钢筋、剪力墙浇灌及一层框架柱，以及二层的梁、板混凝土浇筑等工程建设。2009年11月10日，开展火化业务。

2010年1月5日，召开专题会议，对施工图纸进行了会审。共完成投资1159万元，其中，综合服务楼和祭奠园投资1066万元，前期拆迁、临时生产区和“三通一平”建设57万元，挡土墙、围墙和土方工程36万元。2010年10月9日，灾后重建工程完工。

第十二章　老龄工作

第一节　市级行政机构

一、天水市老龄工作委员会

（一）概况

天水市老龄工作机构始建于1986年3月18日，当时称为“天水市老龄问题委员会”。1989年8月5日，“天水市老龄问题委员会”更名为“天水市老龄工作委员会”（简称“市老龄委”），称谓沿用至今。市老龄委机构设置、组成人员经历了多次变动，按下设办公室机构归属、办公场所等情况，其发展历程大体可划分为以下两个阶段。

第一阶段：市老龄委从组建到下设老龄办独立办公阶段为1986年3月至2002年4月。1986年到1994年，市委、市政府对市老龄委主要组成人员作了3次调整。2002年，形成由市委副书记或副市长担任主任，市直有关部门主要领导和市老龄办主任担任副主任的组织框架。由市委分管组织的副书记任市老龄委主任，有关部门负责人作为市老龄委成员，其后按照惯例，保证了工作的连续性。1997—2002年间，由时任市委副书记乔正风、王玺玉等领导兼任市老龄委主任。

1986年3月—1997年4月天水市老龄工作委员会历届领导情况见表12-1。

表12-1　1986年3月—1997年4月天水市老龄工作委员会历届领导一览表

主任	副主任	起任时间
董　邦（名誉主任） 王菁华（名誉主任） 陈　华（副市长）	樊安泰（时任职务不详） 李德保（时任职务不详） 高　瑞（市老龄委专职副主任兼老龄办主任）	1986年3月
董　邦（名誉主任） 王菁华（名誉主任） 杜小平（市委副书记）	樊安泰（时任职务不详） 李德保（时任职务不详） 杨云生（时任职务不详） 薛志礼（市老龄委专职副主任兼老龄办主任）	1990年6月
	王海潮（市老龄委常务副主任兼老龄办主任）	1992年12月
	曹建植（市老龄委常务副主任兼老龄办主任）	1994年1月

续表12-1

主任	副主任	起任时间
董　邦（名誉主任） 王菁华（名誉主任）	周国庆（副市长） 曹建植（市老龄办主任） 裴建国（时任职务不详） 坚永祥（时任职务不详） 陶元德（时任职务不详）	1994年10月
	曹全成（市老龄委专职副主任兼老龄办主任）	1997年4月

第二阶段：2002年机构改革时，原市老龄办整建制划入市民政局，同年12月，成立了市老龄委。其后10多年来，市委、市政府根据各个时期老龄工作需要和人员变动等情况，对市老龄委组成人员作了5次调整，见表12-2。

表12-2　2002—2015年天水市老龄工作委员会历届人员一览表

届次	起任时间	主任	副主任	成员单位数
第一届	2002年12月	王玺玉 （市委副书记）	马青林（副市长、常务副主任） 张续善（市民政局局长） 牛小玲（市政府副秘书长） 雷传昌（市劳动和社会保障局局长） 谢简平（市委组织部副部长）	20
第二届	2004年7月	张广智 （市委副书记）	马青林（副市长、常务副主任） 张续善（市民政局局长） 谢简平（市委组织部副部长） 牛小玲（市政府副秘书长） 雷传昌（市劳动和社会保障局局长）	23
第三届	2007年3月	李美华 （市委统战部部长）	萧　菡（副市长、常务副主任） 郭明兴（市民政局局长） 谢简平（市委组织部副部长） 雷传昌（市劳动和社会保障局局长）	23
第四届	2010年8月	杨继军 （市委组织部部长）	雷　鸣（副市长、常务副主任） 杨胜利（市政府副秘书长） 王学锋（市委老干部局局长） 郭明兴（市民政局局长） 黄孝荣（市人社局局长）	28

续表12-2

届次	起任时间	主任	副主任	成员单位数
第五届	2012年10月	王光庆（市委组织部部长）	雷　鸣（副市长、常务副主任） 汪杰刚（市政府副秘书长） 郭明兴（市民政局局长） 马武生（市人社局局长） 马勤学（市委老干部局局长）	26
第六届	2015年11月	王光庆（市委组织部部长）	张明泰（副市长、常务副主任） 米万平（市政府副秘书长） 王永祥（市民政局局长） 郭明兴（市人社局局长） 魏胜奎（市委老干部局局长）	29

注：1.“届次”按市委、市政府调整市老龄委组成人员的通知时间划分。2.上一届市老龄委主任因工作调整、调动后，在重新调整下一届组成人员前，天水市老龄工作曾由时任市委副书记张和平，市委常委、政法委书记韩岱成，以及下届老龄委主任分管，因没有正式文件通知，故未列入本表当中。

2004年6月25日，市老龄委第一次全体会议通过了《市老龄工作委员会议事条例》，明确了市老龄委的工作职责，进一步加强了对全市老龄工作的领导。为了认真贯彻“党政主导、社会参与、全民关怀”的工作方针，市、县、区陆续出台了有关加强老龄工作、做好老年优待、维护老年人合法权益、促进老龄事业发展等一系列政策文件，老龄工作的受重视程度不断提高。

（二）市老龄委主任办公会议

第一，主任办公会议由主任、常务副主任、副主任组成。会议由主任主持，也可以由主任委托常务副主任或其他副主任主持。

第二，主任办公会议一般半年召开一次，也可以根据实际情况作适当调整。

第三，召开主任办公会议时，应在会议召开前2天将会议时间、地点、议程及需要讨论的主要事项书面通知与会人员。临时召开的会议可临时通知。

第四，主任办公会议主要议事事项：听取全市老龄工作主要情况和重要问题的汇报；研究确定市老龄委的年度工作计划；审议和决定对全市老龄工作先进单位、先进个人的表彰奖励和老龄工作人员的培训，以及全市有关老龄工作的重大活动；审议市老龄委年度工作总结；对省委、省政府和市委、市政府及全国、甘肃省老龄委的重要批示、决定和文件提出贯彻落实的意见；研究市老龄委的有关规章制度；研究决定市老龄委自身建设的有关重要问题。

第五，主任办公会议研究决定的重要事项，应当形成会议纪要。

第六，主任办公会议决定的事项，由其下设的市老龄工作委员会办公室（简称“市老龄办”）按程序办理。

（三）市老龄委全体会议

第一，市老龄委全体委员会议由主任、常务副主任、副主任、委员组成，议事实行主任负责制和全体会议制度。

第二，市老龄委主任对市委、市政府负责。需要由市老龄委决定的具体工作事项和有关文件的签发，市老龄委主持工作的副主任可直接审签；重大事项和全局性的工作事项，应经市老龄委全体会议审议通过。

第三，市老龄委全体会议由主任或受主任委托的常务副主任召集并主持，主任、常务副主任、副主任、委员参加，也可根据需要，邀请有关部门和行业的负责人列席会议。

第四，市老龄委全体会议，一般半年召开一次，也可根据需要，提前或推迟召开。

第五，召开市老龄委全体会议时一般应在会议召开前3天，将会议时间、地点、议程及需要讨论的事项书面通知与会人员。临时召开的会议临时通知。

第六，市老龄委全体会议主要议事事项：分析研究老龄问题中带有全局性的问题，传达省委、省政府和市委、市政府有关老龄工作的重大决策和重要批示，做出有关决定、决议或决策；研究审议发展老龄事业的长远规划；研究老龄工作中出现的新情况、新问题和重大事件，如在对维护老年人合法权益、开展执法检查中发现的问题进行协助调查，对有的问题可提出意见交有关部门办理；研究决定需要由市老龄委讨论决定的其他重大问题。

第七，市老龄委全体会议研究的重大问题，应当形成会议纪要。

第八，市老龄委委员会，应对老龄工作深入开展调查研究，提出工作建议，支持市老龄办的工作，同时对本系统、本部门的老龄工作负责。

第九，市老龄委委员因工作调动或离职退休的，所在单位应及时推选新的委员人选并报市老龄办，由市老龄办报主任、常务副主任审定。

第十，市老龄办在市老龄委领导下负责处理日常工作和组织、协调、督办、交流等具体工作事宜，并对市老龄委负责。

二、市老龄委成员单位

2002年前，市老龄委没有明确将有关部门作为成员单位。2002年12月后，各有关涉老部门被纳入市老龄委成员单位，从20个逐步增加到28个，目前共有29个。按市委办通知排序，历届成员单位名单如下：

第一届（20个）：市民政局、市劳动和社会保障局、市委组织部、市委宣传部、市直机关工委、市发展和改革委员会、市教育局、市民族宗教事务局、市司法局、市财政局、市人事局、市建设局、市文化文物出版局、市卫生局、市广播电影电视局、市体育局、天水军分区政治部、市总工会、团市委、市妇联。

第二届（23个）：市民政局、市委组织部、市劳动和社会保障局、市委宣传部、市直机关工委、市委老干部局、市发展和改革委员会、市教育局、市民族宗教事务局、市司法局、市财政局、市人事局、市建设局、市文化文物出版局、市卫生局、市广播电影电视局、市体育局、市总工会、团市委、市妇联、市交通局、市旅游局、天水军分区政治部。

第三届（23个）：市民政局、市委组织部、市劳动和社会保障局、市委宣传部、市直机关工委、市委老干部局、市发展和改革委员会、市教育局、市民族宗教事务局、市司法局、市财政局、市人事局、市建设局、市文化文物出版局、市卫生局、市广播电影电视局、市体育局、市交通局、市旅游局、市总工会、团市委、市妇联、天水军分区政治部。

第四届（28个）：市委组织部、市委老干部局、市民政局、市人力资源和社会保障局、市委宣传部、市直机关企业工委、天水军分区政治部、市发展和改革委员会、市教育局、市民族事务委员会、市公安局、市司法局、市财政局、市住房和城乡建设局、市文化文物出版局、市卫生局、市人口和计划生育委员会、市地税局、市广播电影电视局、市体育局、市统计局、市政府外事侨务办、市交通运输局、市旅游局、市国税局、市总工会、团市委、市妇联。

第五届（26个）：市委组织部、市民政局、市人社局、市委老干部局、市委宣传部、市直机关工委、天水军分区政治部、市发展改革委、市教育局、市民委、市公安局、市司法局、市财政局、市建设局、市交通运输局、市文广局、市卫生局、市人口委、市体育局、市统计局、市旅游局、市国税局、市地税局、市总工会、团市委、市妇联。

第六届（29个）：市委组织部、市民政局、市人社局、市委老干部局、市委宣传部、市公安局、市直机关工委、天水军分区政治部、市发展改革委、市教育局、市科技局、市工信委、市民族宗教委、市司法局、市财政局、市国土资源局、市建设局、市交通运输局、市商务局、市文化和旅游局、市卫生计生委、市体育局、市统计局、市总工会、团市委、市妇联、市国税局、市地税局、市老龄办。

三、市老龄办机构设置、人员编制情况

（一）组建初期及独立办公时期

1.机构设置

1986年6月5日，市委秘书处印发《关于天水市老龄委员会领导归属、办公室设置等问题的通知》（市委秘发〔1986〕40号），在市老龄问题委员会设立了副县级办公室，为市老龄委下设的综合办事机构，受市委、市政府双重领导，以市政府领导为主，核定编制人员3人，设主任、副主任各1名。决定市老龄办与市委老干部局合署办公，两套班子、两块牌子，包干经费和开办费由市财政局划拨，市委老干部局统一管理，各自独立使用经费，工作用车由市委老干部局安排。其后，随着天水市老龄乐园的建成，市老龄办开始单独办公。

2.支部建设

1987年8月31日，市老龄问题委员会向市机关工委申请成立“天水市老龄问题委员会党支部”（但未查阅到成立支部的批复文件）。据市委组织志记载，1994年4月至1997年4月，魏兆年任支部书记（1994年9月12日，市机关工委发〔1994〕3号对市老龄委党支部改

选的批复，魏兆年为书记）。1997年4月至2002年4月，曹全成任支部书记。2002年4月后，市老龄办党支部因机构调整再未设置书记，所属党员转入市民政局和市委老干部局机关党支部生活。

3.机构更名

1989年8月5日，随着市老龄委的更名，原“天水市老龄问题委员会办公室”更名为“天水市老龄工作委员会办公室”，称谓沿用至今。

4.机构升格

1990年6月9日，经市委常委会确定，市编委印发《关于市老龄委机构归属和人员编制的通知》（天市编〔1990〕23号），核定市老龄办为正县级机构，归属党群口，进入党委序列。办公室暂占事业编制由原定的3名增加到8名。1997年机构改革时，市编委核定市老龄办机关事业编制8名，设专职副主任2名、科级秘书2名，参照《国家公务员暂行条例》管理；同年4月，市委任命1名市老龄委专职副主任兼市老龄办主任。1986—2015年天水市老龄办历任主要领导见表12-3。

表12-3 1986—2015年天水市老龄办历任主要领导一览表

主 任	任职时间	副主任	任职时间
高 瑞	1986年6月—1990年6月	孟捷音	1986年6月—1997年8月
薛志礼	1990年6月—1992年12月	牛金科	1990年7月—1994年5月
王海潮	1992年12月—1994年1月	魏兆年	1994年5月—1997年8月
曹建植	1994年1月—1996年9月	海安明	1996年9月—1999年9月
曹全成	1997年4月—2002年4月	杨国元	1999年11月—2002年4月
张续善	2002年4月—2006年4月	吴晓萍	2002年12月—2013年3月
马万有	2006年4月—2006年11月	王海峰	2014年7月—2015年12月
郭明兴	2006年11月—2014年12月		
王永祥	2014年11月—2015年12月		

注：1.本表依原市老龄办有关文稿记载，未查阅到正式文件。2.自2002年起，市老龄办主任的任职时间，为接任民政局局长的工作时间。3.2013年3月—2014年6月，市老龄办副主任调任后，暂未配备副主任，日常工作由市民政局局长主管。4.任职截止时间为“2015年12月”的，仅以本志书编纂截止时间“2015年12月”为准。

5.老龄乐园

1991年5月，市老龄委开始筹备组建“天水市老龄乐园”，向市委组织部、市委编办上报了《关于申请老龄乐园定编的报告》，要求配备科级干部1名、服务人员3名、花工1名、门卫1名，共6个编制。1992年5月4日，《市政府第七次常务会议纪要》（市政纪〔1992〕13号）同意成立市老龄乐园，为市老龄委下属科级事业单位，定编4人，不足人员由秦城区补充。随着工作的开展，老龄乐园工作人员逐渐增加到十几人。2002年，原市老龄办整建制划入市民政局后，因在原市老龄办办公楼、老龄乐园活动场所创办“天水老年大学”，老龄乐园机构随之解体，工作人员划归市委老干部局管理，在天水老年大学从事服务工作。

（二）与市民政局合署办公时期

1.改革过渡阶段

2002年，市直单位机构改革时，原市老龄办整建制划入市民政局；同年4月，在市民政局设立了市老龄办，工作人员由原市老龄办机关调入4人。从此，市老龄办与市民政局合署办公，老龄工作成为民政工作的一部分。市老龄办被核定为正县级事业单位，编制人员6名，当时未设主任、副主任职位，由市民政局局长主管，1名正科级秘书主持日常工作。

2.健全完善阶段

2002年12月，为适应新形势下老龄工作的要求，市委、市政府在成立市老龄委的通知中明确：市老龄委下设办公室，办公室设在市民政局，民政局局长兼任办公室主任，设副主任1名。

3.人员编制调整

2006年机构改革中，市委编办将市老龄办6名工作人员由事业编制核定为行政编制，进入公务员管理序列。2009年，市委编办给市老龄办增加了1名工勤编制，编制人员达到7人。

4.增设内部机构

2011年6月，市委编办同意市老龄办内设综合科、权益科、宣传教育科，核定科级领导职数3名。2012年12月，市委组织部给市老龄办任命了综合科科长、权益科副科长和宣传教育科副科长。2015年10月，调整了综合科科长和权益科科长工作岗位，使组织机构更加完善，工作力量得到加强。

（三）市老龄办及内设机构工作职责

1.市老龄办工作职责

办理市老龄委决定的事项；贯彻落实全国、甘肃省老龄工作发展的方针政策和规划，并拟定具体实施办法；督促、检查并综合上报市老龄委决定的事项在有关部门的落实情况；负责各成员单位的联系、协调工作；开展调查研究，收集、整理老龄工作的有关情况和信息，总结推广先进经验；负责“老年人优待证”的办理，以及高龄老人证件审查、资格认定、生活补贴资金申请和发放工作；负责指导全市“农村互助老人幸福院”建设工作；承办市老龄委和局党委交办的其他日常事务。

2.内设机构工作职责

综合科：一是负责文电、会务、机要、档案、政务公开、督查督办工作；二是负责与成员单位的联络协调工作；三是负责“老年人优待证”的办理工作；四是负责高龄老人补贴审核工作。

权益科：一是依法维护老年人的合法权益；二是负责对老年福利服务机构的业务指导和联系协调；三是负责信访工作；四是负责老龄事业的社会募捐和资助工作。

宣传教育科：一是负责老龄宣传教育工作；二是负责老龄统计和调研工作；三是协调

做好特困老年人帮扶救助工作；四是组织开展各类老年文化活动。

（四）县（区）老龄工作

1.县（区）老龄委主要领导

根据市委秘书处转发的市老龄委《关于开展天水市老龄工作的初步意见》（市委秘发〔1986〕54号）文件精神，各县（区）陆续组建了老龄工作机构，组织框架体系与市老龄委及其办公室基本一致。以贯彻实施《中华人民共和国老年权益保障法》为根据，以维护老年人的合法权益和保障老年人的基本生活为重点，各县（区）将老龄事业纳入经济社会的总体规划。2002年以来，秦州区和秦安县一直沿袭过去的惯例，老龄委主任由县（区）委副书记担任；其他五县两区按各个时期党委领导分工，并对应市老龄委体制，主任先后由县（区）委统战部部长、政法委书记、组织部部长担任，目前全部由组织部部长担任；常务副主任由分管民政工作的副县（区）长担任；副主任由政府副秘书长和民政局、人社局、老干部局局长担任。各级党委、政府把理顺工作体制、强化组织管理、加强队伍建设作为推动老龄工作发展的重要措施。

2.老龄委成员单位

因各县（区）部门设置不同，老龄委成员单位数也不同，最少的有20个，最多的有25个，均涉及市老龄委成员单位所涵盖的各个领域。

3.县（区）老龄办机构设置、工作职能和人员编制

县（区）老龄办随着老龄委的成立而设置。2002年前独立办公，同年整建制划入民政部门，其工作职能与市老龄办相对应。截至目前，除武山县暂未明确老龄办的机构规格、编制性质外，其他县（区）均为正科级事业单位，参照公务员管理。秦安、甘谷、清水三县老龄办主任由民政局局长兼任，麦积区老龄办主任由民政局副局长兼任，秦州、武山、张家川三县（区）老龄办设专职主任，秦州、麦积、秦安、清水四县（区）各配备副主任1名。共有人员编制42名（秦州区5名、麦积区10名、秦安县5名、甘谷县5名、武山县3名、清水县8名、张家川县6名）。2015年，除武山县老龄办为股级外，其他县（区）均为正科级事业单位，参照公务员管理。秦州、武山、秦安三县（区）老龄办主任由局长兼任，麦积区由民政局副局长兼任，甘谷、清水、张家川三县设有专职主任，全市老龄人员编制42名。

（五）基层老龄组织机构

1.乡镇、街道老龄工作委员会（简称“乡镇、街道老龄委”）

2003年以来，按照省、市老龄工作安排部署，各乡镇、街道陆续成立了老龄委，组织机构设置率实现全覆盖。乡镇、街道老龄委主任均由党委副书记担任，副主任由副乡镇长（副主任）担任，有关办（站、所）负责人为成员，在民政办（站、所）设立老龄工作办公室（简称“乡镇、街道老龄办”），老龄工作日常事务由民政助理员负责办理。

2.城乡社区老年协会

早在20世纪90年代初期，天水市一些基层乡镇、行政村已经尝试性地建立了老年群众组织，名称有“老人会”“老年会”“老龄会”三种，但没有明确的章程，活动范围不受限

制，制度建设尚不完善。2004年以来，在市、县、区老龄办的督促指导下，城乡社区成立了由村（居）委支部书记或主任兼任会长、若干名老年人担任副会长和理事的老年协会，将其定位为管理上接受村（居）“两委”领导，业务上接受上级老龄部门监督指导，老年人“自我管理、自我教育、自我服务、自我保护”的群众自治组织。

同时，制定了老年协会章程和各项管理制度、保障措施和活动计划，建起了各类老年人人口统计登记表、册等资料，实行老龄法规政策、机构网络、管理制度、活动计划等上墙公布制度，逐步达到了管理制度规范、目标任务清晰、工作职责明确、台账资料齐全、保障措施完善、运行机制良好的要求，基层老龄工作基础不断得到夯实，老年人协会制度化、规范化建设有序推进，老年人在开展法制宣传、参政议事、民事调解、科技推广、维权保障、婚丧帮办、治安联防、村容整治等方面发挥着不可替代的作用，促进了和谐社会建设。截至2013年底，在全市105个城市社区中成立老年协会105个，占城市社区总数的100%；2491个行政村中，成立老年协会2399个，占行政村总数的96.31%；老年人入会率，城市社区达到68.9%，农村达到65.5%。2015年，全市城市社区从原来的105个增加到现在的117个，全部成立老年协会，占城市社区总数的100%；2491个行政村中，成立老年协会2367个，占行政村总数的95.02%；老年人入会率，城市社区达到68.9%，农村达到65.5%。

3. 农村养老服务互助协会

2012年下半年，按照市委“双联”办、市民政局《天水市关心农村老人生活建设互助老人幸福院工作实施方案》（天联领办发〔2012〕66号文件）要求，开始在行政村成立养老服务互助协会。农村养老服务互助协会与老年协会实行“一套人马、两块牌子”，其主要工作职责是：根据老年人的意愿、特长和需求等实际情况，将老年人结成“1+1”或“N+1”的服务“对子”，组织开展互帮互学服务，较好地解决了留守、独居、高龄老人的养老照料问题。

截至2013年底，全市共成立农村养老服务互助协会2346个，占行政村总数的94.18%，2013年底将实现全覆盖。截至2015年底，全市农村养老服务互助协会实现全覆盖。

第二节　老年人口

一、老年人口结构情况

截至2013年底，天水市有60岁以上老年人口46.40万人，占全市总人口375.73万人的12.35%。其中，60～64岁的15.26万人，占老年人口的32.89%；65～69岁的13.82万人，占老年人口的29.78%；70～79岁的13.15万人，占老年人口的28.34%；80～89岁的3.89万人，占老年人口的8.38%；90～94岁的2269人，占老年人口的0.49%；95～99岁的458人，占老年人口的0.10%；100岁以上的90人，占老年人口总数的0.02%。按户籍分，城镇老年人口

11.98万人，占老年人口的25.82%；农村老年人口34.42万人，占老年人口的74.18%。按性别分，男性老年人口22.67万人，占老年人口的48.86%；女性老年人口23.73万人，占老年人口的51.14%。

天水市各类特殊老年群体交叉累计共34.7万人，占全市老年人口的74.78%。其中，80岁以上高龄老人41737人，城市“三无”老人10551人，农村“五保”老人14984人，城市低保老人6474人，农村低保老人71876人，无儿无女或子女长期不在身边的“空巢”、独居、留守老人156806人，病残、失能老人28312人，优抚对象中的老人16239人。随着经济社会的快速发展，老年人各项社会保障制度健全完善，这一特殊老年群体的数量将越来越大。

2014年底，全市60岁以上老年人口分布情况如下：60～64岁的15.57万人，占老年人口的32.09%；65～69岁的13.31万人，占老年人口的27.43%；70～79岁的14.57万人，占老年人口的30.02%；80～89岁的4.73万人，占老年人口的9.75%；90～94岁的2809人，占老年人口的0.58%；95～99岁的510人，占老年人口的0.11%；100岁以上的92人，占老年人口的0.02%。按户籍分，城镇老年人口12.54万人，占老年人口的25.84%；农村老年人口35.99万人，占老年人口的74.16%。按性别分，男性老年人口23.28万人，占老年人口的47.97%；女性老年人口25.25万人，占老年人口的52.03%。有“空巢”、独居、留守老人16.75万人，占全市老年人口的34.52%。

2015年底，全市共有60岁以上老年人口49.54万人，占总人口382.55万人的12.95%。其中，60～64岁的15.71万人，占老年人口的31.71%；65～69岁的13.76万人，占老年人口的27.78%；70～79岁的15.12万人，占老年人口的30.52%；80～89岁的4.52万人，占老年人口的9.12%；90～99岁的4284人，占老年人口的0.86%；100岁以上的68人，占老年人口的0.01%。按户籍分，城镇老年人口7.5万人，占老年人口的15.14%；农村老年人口42.04万人，占老年人口的84.86%。按性别分，男性老年人口23.69万人，占老年人口的47.82%；女性老年人口25.85万人，占老年人口的52.18%。

二、老年人口增长情况

1986年至2000年期间，老年人口统计工作制度尚未健全，没有保留有关统计工作的原始资料，从总体上看，老年人口增长速度比较缓慢。21世纪以来，天水市老年人口增长时期大致可划分为平稳增长期、较快增长期、快速增长期三个阶段。

（一）平稳增长期（2000—2007年）

天水市老年人口由2000年的29.37万人增加到2007年的35.01万人，共增加5.64万人，年均净增0.81万人；老年人口占总人口的比例由2000年的8.97%上升到2007年的9.98%，共上升了1.01个百分点，老年人口年均增长率已经高于人口出生率和自然增长率。

（二）较快增长期（2008—2010年）

2008年，天水市共有老年人口36.82万人，占总人口的比例为10.46%，开始进入了老龄化[①]社会。2010年，老年人口增加到39.71万人，占全市总人口的10.97%。与2007年相比，老年人口三年共增加4.7万人，年均增加1.57万人，上升了0.99个百分点，年均增长速度为0.33个百分点，已接近全国平均增长水平。

（三）快速增长期（2011—2015年）

进入"十二五"后，天水市老年人口由2010年年末的39.71万人增加到2015年底的49.54万人，老年人口五年净增9.83万人，年均净增1.966万人；老年人口占总人口的比例从10.97%上升到12.95%，共上升了1.98个百分点，年均上升0.4个百分点，已经进入人口老龄化快速发展阶段。

三、人口老龄化的主要特点

天水市经济欠发达，农业人口比重大，农村老年人口多，2008年进入老龄化社会时，与经济发达地区相比，"未富先老"问题十分突出。"十二五"时期以来，天水市人口老龄化进入快速发展阶段，且已呈现出四个方面的主要特点：

一是老龄化进一步加速。老年人口增长速度由"十一五"后期的0.33个百分点上升到0.46个百分点，平均每年净增老年人口由1.57万人增长到2.23万人；截至"十二五"后期，天水市老年人口达到49.54万人，占全市总人口的12.95%。

二是高龄化进一步加速。2011年初，天水市80岁以上高龄老人共有3.61万人，占老年人口的8.75%；2013年达4.17万人，占老年人口的8.99%；2014年达5.07万人，占老年人口的10.45%；2015年达4.96万人，占老年人口的10.01%。

三是"空巢"化进一步加速。2008年，天水市留守、独居、"空巢"老人仅5.4万人，占老年人口的14.67%；2013年已增加到15.68万人，占老年人口的33.79%；2014年增加到16.75万人，占老年人口的34.52%；2015年增加到17.82万人，占老年人口的35.97%。

四是家庭小型化程度进一步加速。中国实施计划生育国策已持续30多年[②]，初期响应者大部分是建国后第一次生育高峰期出生的人口，此类人口陆续进入老年阶段，孕育的第一代独生子女已经成家立业，且与自己分开居住，从而导致家庭小型化进一步加速、"空巢"化日趋明显，家庭人口已经呈"4·2·1"即四位长辈、一对独生子女小夫妻和一个孩子的倒金字塔结构。

人口老龄化、高龄化、"空巢"化和家庭小型化程度的进一步加速，致使处于劳动年龄人口的赡养负担不断加重，老年人的社会养老服务需求越来越多[③]。

---

① 老龄化是指老年人口占总人口达到或超过一定比例的人口结构模型。联合国规定的传统标准是，一个国家或地区60岁以上老年人达到总人口的10%，或65岁以上老年人占总人口的7%，其中任意一项达到规定标准，即意味着这个国家或地区进入老龄化社会。

② 以1980年9月25日中共中央《关于控制我国人口增长问题致全体共产党员共青团员的公开信》为标志。

③ 瑞典、日本、英国、德国、法国等发达国家在进入老龄化时，人均GNP已达1万～3万美元。天水市2008年老年人口已超过总人口的10%，是在经济发展水平尚处于全国较低水平时提前进入老龄化社会的。

第三节 老年人文体活动

天水市老年人文体活动，主要为8所老年大学、天水市老干部活动中心、天水市老年书画研究会、天水市老年体育协会，以及市老龄办会同市委老干部局、市体育局等有关部门联合举办的各类老年文体活动。活动内容比较丰富，形式多种多样，基本能够满足老年人的精神文化需求。

一、老年大学

天水老年大学成立于2002年12月28日，被市委定为市委老干部局、市民政局领导下的民办公助单位。校领导先后由11名离退休老干部和主管部领导担任。在天水老年大学成功创办后，麦积、秦安、甘谷、武山、清水、张家川六县（区）陆续创办老年大学，均受县（区）委老干部局、民政局的双重领导，以老干部局为主。麦积区老年大学已于2013年交民政局主管。

天水老年大学的办学历程，大体可划分为探索、发展、快速发展三个阶段：

第一阶段为开办初期的前3年，共开设6个专业、13个教学班，在校学员800多人。这一时期的主要工作是巩固学员、稳定班级、物色教师、宣传学校、扩大影响、积极探索，制定各项规章制度，学校各项工作基本稳定有序，赢得社会的认可。

第二阶段为开办后的第4～7年，随着办学的不断深入，学校制订《天水老年大学创建示范性老年大学规划》，在实践中不断总结经验，提出许多行之有效的办学和教学方法，开始大胆尝试“走出去、请进来”的办学思路，不断调整专业课程设置，满足学员多元化的求学需求。5周年校庆时，已发展到开设10个专业28个教学班、学员超过千人的规模。

第三阶段是以2009年天水老年大学文化活动中心大楼落成为标志，学校进入快速发展阶段，教学基础设施完善，拥有教室15间、办公室9间，总面积3444平方米；教职队伍稳定，有教师40名，行政、后勤服务管理人员22名；教学实力增强，购置了电脑、钢琴、电子琴、书画教学投影仪、舞台音响等设备，建成了图书阅览室和校园文化广播站等场所；教学环境创省内一流，为广大老年人终身学习、终身教育提供了良好条件，2009年跻身全国先进老年大学行列，受到中国老年大学协会的表彰奖励。至2015年底，天水老年大学共有书法、绘画、声乐、诗词、摄影、舞蹈、武术、电脑、巴乌、健美操、电子琴等17个专业70个教学班，在校学员达2200多名，累计有5000多人在老年大学毕业，已成为天水市老年人接受教育、安度晚年的重要场所。

天水老年大学历任校领导名录见表12-4。

表12-4　天水老年大学历任校领导名录

姓　名	职务	起任时间	原工作单位及职务
张子芳	校　长	2002年12月	市政协原党组书记、副主席
王学锋	副校长	2002年12月	市委组织部原副部长、老干部局局长
张续善	副校长	2002年12月	市民政局原局长、老龄办主任
周阳春	副校长	2002年12月	天水师范学院原校长
李祖武	副校长	2003年6月	市文工团原团长
郭明兴	副校长	2007年3月	市民政局原局长、老龄办主任
王巧云	副校长	2008年3月	市教育局原副局长
左　峰	副校长	2010年9月	市文化局原副局长
董丽萍	副校长	2011年9月	市人事局原党组书记
马勤学	副校长	2011年11月	市委组织部原副部长、老干部局局长
安文涛	副校长	2012年9月	市教育局督导室原主任

注：副校长按聘任时间排序。人员名单由天水老年大学提供。

二、老年书画研究会

1994年秋，为弘扬历史文化名城天水的优秀文化，活跃老年人精神文化生活，提议成立天水市老年书画研究会。原市老龄办同意此项提议并作为主管部门提供活动场地，于1995年1月18日召开了由15人参加的协商会议，并推举产生了筹备小组，开始了草拟章程、发展会员、准备书画展览以及协商推荐理事会成员等工作，报请市民政局批准登记。

1995年5月10日，在天水市老龄乐园召开天水市老年书画研究会成立大会，讨论通过了《天水市老年书画研究会章程》和《1995年活动计划》，选举产生了天水市老年书画研究会第一届理事会和常务理事会成员，同时展出老年书画作品80余幅。其后共进行2次换届选举（见表12-5）和4次届中选举。

表12-5　天水市老年书画研究会理事会成员目录

届次	成立(换届选举)时间	名誉会长 名誉副会长	会　长	副会长	秘书长	理事 /顾问人数
第一届	1995年5月10日(选举)	—	桐树苞	张　琮 周培棠 冯　晨 孟捷音	孟捷音 (兼)	理事19人 顾问9人

续表12-5

届次	成立(换届选举)时间	名誉会长 名誉副会长	会　长	副会长	秘书长	理事 /顾问人数
第二届	1998年10月9日(选举)	—	桐树苞	郑荣祖 张　琮 冯　晨 王　普 程化龙 何国祥 孟捷音	尉呈瑞	理事30人 顾问13人
第三届	2003年7月25日(选举聘请)	桐树苞 程化龙(副) 何国祥(副)	乔正风	郑荣祖 王　普 冯　晨 王守义 刘效儒	刘效儒 (兼)	常务理事10人 理事21人 顾问3人
	2009年5月10日(增选)	—		—	—	常务理事7人 理事17人
	2010年3月18日(增选)	—		陶元德 赵凤翔 郑世杰	—	常务理事1人
	2012年3月15日(增选)	—		张映忠 陈　懿	张映忠 (兼)	—
	2013年3月18日(同意请辞增选聘请)	王　普 王守义 刘效儒		王钦锡	—	常务理事2人 理事2人

天水市老年书画研究会成立以来，长期致力于发展会员、壮大队伍，举办老年人书画学术研讨、展览交流和社会公益活动，为弘扬民族传统文化、促进社会文明做出了积极的贡献。研究会现下设“二组二部一室”（绘画组、书法组、宣传联络经营部、老年书画报编辑部、办公室），会员已发展到469人，其中，加入中国老年书画研究会的有120多人。2002年9月，天水市老年书画研究会被中国老年书画研究会批准为团体会员单位，先后举办团体及个人书画展览51次，展出作品9640幅。开展送文化下乡、进社区、进工厂、进军营活动40次，为驻地官兵和群众义写书画作品15000多幅。出版《天水老年书画选集》3辑、理论研讨文集《学习与实践》，刊印《天水老年书画报》13期。会员集体创作绘制书画长卷6幅，其中，最长卷达100米，156幅个人书画作品被市图书馆收藏。自2015年以来，研究会对内设机构进行了调整，设置为“二组一室一委一中心”（书画组、绘画组、办公室、艺术指导委员会、三阳乡活动中心），会员已发展到607人。

天水市老年书画研究会在2009年庆祝中华人民共和国成立60周年“南浔杯”全国老年书画展中获优秀组织奖，2010年获第三届中国重阳书画展优秀组织单位，2011年获庆祝建党90周年全国中老年书画大展十佳组织奖，2012年获第三届“盛世天颐杯”全国老年书画大赛优秀组织奖和优秀组织单位，在“美丽乡村·七彩灵峰”全国老年书画展获优秀组织奖，在第三届中国老年文化艺术节书画大赛中获优秀组织奖，2014年获第二届关天经济区老年书画联展组织奖、“名城牌”第四届全国老年书画展优秀组织奖并被授予先进集体荣誉称号，2015年天水陆军预备役步兵旅赠天水书画研究院一面“‘情系国防　德艺双馨’中国社会组织评估5A等级”字样的旌旗。自建会至2015年，书艺研究会到农村18次、下工厂16次、进部队25次，为工农兵创作书画作品13000余幅。

2015年5月，举行“天水市老年书画研究会建会20周年”系列庆典活动。发来贺信和贺电祝贺天水市老年书画研究会成立20周年的单位有：中共天水市委老干部局、天水市老龄工作委员会、天水市民政局、天水市财政局、天水市文化和旅游局、天水市文化艺术界联合会、天水市书协、天水市美协、天水市书画院、天水市文化馆、陕西省老年书画协会、西安市老年书画研究会、宝鸡市老年书画协会、杨凌示范区老年书画协会、咸阳市老年书画诗词研究会、铜川市老年书画协会、渭南市老年书画家协会、商洛市老年书画研究会。

图12-1　时任市委常委、组织部部长、市老龄委主任王光庆等领导参观天水市老年书画展

三、其他老年群众组织

1985年4月，经天水地委、行署同意，组建天水地区老年人体育协会筹备领导小组，1986年6月正式成立天水市老年人体育协会。随着老年人精神文化多层次、多样性需求的出现，天水市老年人体育协会不断发展壮大，逐步成为组织老年人开展体育健身活动的主力军。进入20世纪后，首先，一些县（区）和市直单位陆续创办老年书画院、成立的老年文艺团体和在110多个晨练点组建的老年舞蹈队、合唱团等群众组织，在老年人精神文化活动中发挥了示范作用。其次，天水市老干部活动中心，市社会福利院内设的老年公寓，县（区）老年福利服务中心或老年活动中心，10个街道的老年福利服务中心或老年活动中心，37个社区的“星光老年之家”，街道、社区和企业联办的66个老年活动场所，县（区）的42个中心敬老院、区域性敬老院或乡镇敬老院，以及近2年建成的350多个农村互助老人幸福院，都有老年人自发组建的文体活动组织，这些场所已成为老年人自娱自乐、促进社会和谐建设的精神家园。农村互助老人幸福院建设项目从2012年起实施，截至2015年底，全市共建设了707个农村互助老人幸福院。2015年，全市建成的160个项目中，秦州区关子镇严家河村、秦安县陇城镇凤尾村、甘谷县六峰镇姜家庄村、甘谷县新兴镇康家滩村、武山县洛门镇下康村、清水县草川铺乡水泉村、张家川县大阳乡刘沟村7个农村互助老人幸福院被统一命名为“甘肃省农村示范互助老人幸福院”。

在基层老龄组织、各老年文艺团体自行开展活动的同时，元旦、春节、重阳节等传统节日期间，市、县、区老龄办会同其他部门组织开展老年人座谈会、茶话会、文艺汇演、体育健身、书画展览、登山比赛等活动，同时选送推荐老年文艺团体、书画作品参加全国、甘肃省的比赛，获得了多个奖项（见表12-6），提升了天水市老龄工作的社会影响力，丰富了老年人的精神文化生活，带动了经常性、群众性老年文体活动的开展。

表12-6 天水市老龄办选送推荐的老年文艺团体及个人获奖情况统计表

活动项目	获奖时间	文艺团体名称	文艺类获奖名称	书画类获奖数（个）			
				金奖	银奖	铜奖	优秀奖
第二届中国老年文化艺术节	2010年	天水市文化馆老年群星艺术团	舞蹈《才女怨》获金奖	—	—	—	—
		天水市老年书画研究会	—		1	1	1
第十四届甘肃省中老年人文艺汇演	2011年	天水市文化馆老年群星艺术团	舞蹈《映山红》获金奖	—	—	—	—
第二届中国老年文化艺术节	2012年	天水老年大学群星艺术团	舞蹈《沂蒙情》获银奖	—	—	—	—
		天水市老年书画研究会	—	10	15	17	—
		天水老年大学	—	2	2	—	—
第四届中国老年文化艺术节“华夏保险杯”	2014年	天水老年大学	—	6	16	11	—
		天水市老年书画研究会	—	1	34	17	—
		秦州区老龄办	—	—	10	—	—
		甘谷县老龄办	—	—	13	2	—
		秦安县老龄办	—	1	7	2	—

第四节 老年人优待服务

天水市为老年人提供的优待服务，主要包括休闲、生活和维权三个方面，由各级老龄部门联系协调、督促检查，相关涉老部门负责实施。2003年以来，随着《甘肃省关于进一步对老年人实行优待的规定》（甘政发〔2003〕62号）、《甘肃省关于加强新时期老年人优待服务工作的意见》（省委办发〔2009〕99号），以及省、市老龄事业发展“十一五”“十二五”规划等政策规定的出台和实施，进一步明确了服务内容和部门职责，老年优待服务工作实行制度化、规范化管理，服务范围和对象逐步扩大，这充分体现了党和政府对老年人的关心爱护。

一、老年人优待证办理

20世纪90年代中期，原市老龄办已开始给老年人办理优待证，经与有关单位服务窗口联系协调，持证老年人可在天水市内有关公共场所享受优待服务。自2003年起，省政府统一制作、颁发甘肃省老年人优待证。老年人办理优待证，需提供本人身份证原件、1寸彩色照片1张，支付8元的工本费，办证资料由原工作单位或现居住地社区统一收取，也可直接交到市老龄办，由市老龄办统一报送。办证周期由当时每季度1次缩短到现在每月1次，即每月1～15日收取、整理证件资料，16日起报省上制作，当月底至下月初制好后发放给办证人。自2013年起，办证周期由当时每月1次调整至现在的每月2次，办证需提供本人身份证原件、1寸彩色照片1张，支付8元的工本费，办证资料由各县（区）老龄办直接交到市老龄办，由市老龄办统一报送。自2014年7月起，省老龄办给各市、县、区老龄办配备了1台身份证扫描仪，办证需提供本人身份证原件（扫描后退还）、1寸彩色照片1张，支付8元的工本费，办证资料由各县（区）老龄办统一报送。

二、生活优待——发放高龄老人生活补贴

实行发放高龄老人生活补贴制度，让老年人共享社会经济发展成果，是社会文明进步的重要标志之一。早在20世纪90年代，天水市已率先实行百岁老人生活补贴制度，为当时全国仅有的3个城市（上海市、福州市、天水市）之一，且执行时间最早、发放标准最高（每人每年1200元），这项工作由原市老龄办摸底统计、市民政局原救灾救济科负责实施。

自2004年起，根据《甘肃省关于进一步对老年人实行优待的规定》的精神，天水市高龄补贴发放范围延伸至90岁以上的所有老年人，发放标准按年龄划分为3个档次，即90～94岁的老人，每人每年300元；95～99岁的老人，每人每年500元；100岁以上的老人，每人每年1000元，当年享受政府发放生活补贴待遇的90岁以上老人共1950多名。

2009年12月，省委办公厅、省政府办公室印发《关于加强新时期老年人优待服务工作的意见》后，天水市提高了高龄老人生活补贴发放标准，新标准从2010年开始执行，即90～94岁的老人，每人每年500元；95～99岁的老人，每人每年700元；100岁以上的老人，每人每年1200元。高龄老人生活补贴实行“属地管理、分级负担”原则，即：100岁以上的老人，由省级财政承担；95～99岁的老人，由市级财政承担；90～94岁的老人，由县级财政承担。

至2013年初，天水市符合享受高龄老人生活补贴的90岁以上高龄老人已达2817人。与此同时，根据省、市《老龄事业发展“十二五”规划》中“将高龄津贴范围扩大至80周岁

以上老年人”的要求，市、县、区民政部门采取救助救济、走访慰问等不同形式，给一些生活特别困难的80～89岁老年人发放了生活补贴，为全面建立普惠型高龄老人生活补贴制度作了积极探索和有益尝试。

自2014年起，全市除省级财政承担的百岁老人的高龄补贴没有发放外，其余市、县、区财政承担的全部发放到位。自2015年1月1日起，高龄老人生活补贴由市人社局统一发放。发放标准为：80岁以上的每月25元，90岁以上的每月60元，100岁以上的每月100元。

图12-2　省老龄办原副主任张忠键2010年在秦州区慰问特困老人

三、休闲优待——公共场所提供的优待服务

根据省委办公厅、省政府办公室《关于加强新时期老年人优待服务工作的意见》(省委办发〔2009〕99号）的精神，老年人凭省政府颁发的甘肃省老年人优待证，可享受以下优待服务：

第一，在国有医疗机构就医享受“一免一半三优先”(普通门诊挂号免费，专家门诊半价，优先就诊、取药、住院）优待。

第二，在汽车站、火车站、机场优先购票、乘车、登机。

第三，免费使用收费公厕。

第四，免费进入国家财政支持的各级各类博物馆（院)、纪念馆、展览馆、科技馆、公共图书馆、美术馆、文化馆（站）和对外开放的文物保护单位等公益性文化场所。

第五，周一至周五购半票进入国有体育场（馆)、游泳池、影剧院。

第六，免购门票游览省内各旅游景区（点)、公园、森林景区。

根据2015年8月省老龄办、省高级人民法院、省委宣传部等32部门联合印发的《关于进一步完善老年人优待工作的意见》(省老龄办发〔2015〕31号）的精神，在原来60岁以上的老年人享受待遇的基础上，增加了一些新的优待政策。

一是卫生保健优待。持续推进在国有医疗机构就医享受“一免一半五优先”(普通门诊挂号免费，专家门诊半价，优先就诊、化验、检查、收费、取药）优待，并倡导民办医疗机构实行“一免一半五优先”及其他优待服务。

二是交通出行优待。60岁以上的老年人乘坐市内公交车费用按总费用的60%收费，70岁以上的老年人乘坐市内公交车实行免费乘车。

四、维权优待——法律援助与司法救助服务

各级法律援助机构使法律援助渠道畅通，在法律援助申请、受理和审批程序简化的同时，优先受理和审批涉及老年人合法权益的法律援助案件，满足老年人多层次的法律服务需求。老年人因赡养费、养老金、退休金、抚恤金、医疗费等纠纷提起的诉讼案件，符合条件的，优先立案、优先审判、优先执行。缴纳诉讼费确有困难的，可以申请司法援助，缓交、减交或免交。律师事务所、公证处、基层法律服务所和其他法律援助机构，积极为老年人提供减免费用、法律咨询及有关服务。与此同时，在各级老龄部门建立了老年人来信、来电、来访制度，主动为老年人提供法律咨询服务，及时向有关部门反映老年人的诉求，联系协调解决实际问题，较好地维护了老年人的合法权益。

2015年，省老龄办发〔2015〕31号文件规定，司法机关应为经济困难的老年人提供免费或优惠服务，对80岁以上的老年人办理遗嘱公证予以免费，对70岁以上及行动不便的失能、半失能、患病残疾老年人实行电话服务和上门服务。

第五节 养老服务

当前，天水市老年人养老以家庭养老为主，以社区养老、机构养老为辅。

一、家庭养老

家庭养老亦称“居家养老”，是在家养老和子女养老的结合，受传统观念的影响，家庭养老通常被解读为由子女供养，并且更多的是指来自儿子的赡养。我国宪法规定“成年子女有赡养扶助父母的义务”。因此，从实质上来说，家庭养老是指由家庭成员提供养老资源的养老方式和养老制度，这种以“孝文化”为传统的赡养方式，已延续了两千多年，且占据着基础性地位。

二、社区养老

随着人口老龄化、家庭小型化的发展变化，家庭的赡养功能逐渐减弱，老年人的社会服务需求越来越多，在养老机构建设仍然较为滞后的形势下，社区养老应运而生。这种养老模式由大连市首创，逐步在全国推行，主要包括两方面的含义：其一是居家养老服务，指以家庭为核心，以社区为依托，以专业化服务为依靠，为居住在家的老年人提供以解决

日常生活困难为主要内容的生活照料、医疗护理等社会化服务，主要服务形式为“由经过专业培训的服务人员上门为老年人开展照料服务；在社区创办老年人日间照料中心，为老年人提供日托服务”。其二是社区养老服务，指以家庭养老为主、社区机构养老为辅，在为居家老人照料服务方面，又以上门服务为主、托老所服务为辅的整合社会各方力量的养老模式。社区养老是一种介于家庭养老和机构养老之间的运用社区资源开展照料的养老模式，由专职服务人员、社区志愿者为有需要的老年人提供帮助和支援，老年人在其熟悉的社区环境下维持自己的生活，因此，也受到老年人的认可。

2008年以来，根据全国老龄办、发展改革委、教育部、民政部、劳动保障部、财政部、建设部、卫生部、人口计生委、税务总局印发的《关于全面推进居家养老服务工作的意见》(全国老龄办〔2008〕4号)和省民政厅、老龄办的安排部署，市老龄办制定《天水市社区居家养老服务工作实施方案》，督促、指导基层建立以社区工作人员、公益性岗位服务人员、志愿者为主体的社区养老服务队伍，并联系辖区家政服务、医疗卫生、快餐配送点等服务机构加盟养老服务，全面组织开展社区居家养老服务，重点是为高龄、失能、“空巢”老人提供生活照料、家政清洁、康复护理、精神慰藉等服务。

截至2015年底，全市城市社区养老服务队伍组建已经实现全覆盖，一些社区打造的“阳光老年援助站”、“俏夕阳”养老服务队、“空巢”老人爱心服务站等品牌，在开展社区居家养老服务中发挥了引导示范作用。农村社区实行的“定人、定时、定点”探视、村干部与老年人结对服务、老年人之间互助服务等制度，在农村养老服务工作中作了有益的尝试，取得了良好的社会效果。

三、机构养老

机构养老是指以养老机构为主导，为老年人提供解决日常生活困难的社会化养老服务模式，老年人的饮食起居、清洁卫生、生活护理、健康管理和文体娱乐活动等综合性服务由养老机构提供。

至2015年底，天水市建成和正在建设的各类养老机构共620个（养老社会福利中心7个，老年养护院2个，老年公寓1个，全国综合养老示范基地1个，敬老院40个，城市社区老年人日间照料中心33个，农村“五保家园”175个，互助老人幸福院361个），已投入使用项目共设置养老床位9381张，平均每千名老人拥有养老服务床位20.22张。基本形成了覆盖市、县、乡、村四级的社会养老服务网络。

随着老年人养老服务需求的不断变化，国家和社会已开始兴办“医养结合”的养老机构，它是指将老年人的健康医疗服务放在更加重要的位置，将护老中心和老年医院相结合，将生活照料和康复关怀相结合的新型养老服务模式。既包括传统的生活护理服务、精神心理服务、老年文化服务，也包括医疗康复保健服务，具体有医疗服务、健康咨询服务、健康检查服务、疾病诊治和护理服务、大病康复服务以及临终关怀服务等。如，天水麦积全国综合养老示范基地、秦州区老年综合福利服务中心老年护理楼，均为“医养结合”性质的养老服务机构。

图12-3　市委书记王锐看望秦州区日间照料中心入住老人

第六节　敬老维权

一、尊老敬老活动

多年来，天水市把尊老敬老活动作为老龄工作的重要组成部分，在全市范围组织开展“敬老模范乡镇（村居）”“敬老文明家庭”“孝亲敬老好儿女（儿媳）”等活动，涌现了一大批尊老敬老、爱老助老的集体和个人，取得了良好的社会效果。2003年以来，全国老龄办、中宣部、教育部、共青团中央、全国妇联在全国组织开展“敬老爱老助老”主题教育活动，评选表彰工作每2年1届，现已成功举办了5届。

自2004年起，全国老龄办和省老龄办组织开展创建“敬老模范县”“敬老模范村居（社区）”、基层老龄工作先进组织等争先创优活动。按照国家和省委的安排部署，市老龄办制定了活动实施方案，不断丰富活动的形式和内容，逐步扩大活动范围，在各级党政机关、企事业单位、中小学校和城乡社区组织开展以“贯彻落实老年政策法规、弘扬敬老爱老助老美德”为主题的教育实践活动，推动形成了尊老、敬老、爱老、助老的良好社会风尚。先后有46人被评为全国“孝亲敬老之星”（见表12-7），30个基层单位被评选为全国、甘肃省老龄工作先进（模范、优秀）单位（见表12-8），4人被评为全国、甘肃省老龄工作先进个人（见表12-9）。

表12-7 天水市荣获全国“孝亲敬老之星”名单

届次	序号	姓名	工作单位、时任职务	表彰时间	表彰单位
第一届	1	徐瑞明	秦州区老龄办干部	2004年12月	全国老龄办 中宣部 教育部 共青团中央 全国妇联
	2	霍金娥	麦积区三岔乡水关村村民		
	3	周福祥	秦安县民政局书记、副局长		
	4	薛保民	甘谷县民政局局长		
	5	魏友谊	武山县老干部局副局长		
	6	王满满	张家川县张棉乡敬老院院长		
第二届	7	成根喜	天水市老龄办干部	2006年12月	全国老龄办 中宣部 教育部 共青团中央 全国妇联
	8	程顺英	秦安县公安局职工家属		
	9	柳选植	甘谷县民政局局长		
	10	马志琴	张家川县粮贸中心职工		
	11	周爱芳	天水市麦积区水利局职工		
	12	吴福堂	清水县老龄办主任		
	13	甄　远	天水市秦州区老龄办干部		
第三届	14	吴晓萍	天水市老龄办副主任	2008年12月	全国老龄办 教育部 国家广电总局 共青团中央 全国妇联
	15	金学明	秦州区老年实体办公室主任		
	16	朱谨怡	麦积区供销大厦下岗职工		
	17	姚秀英	秦安县千户乡吕河村右树组村民		
	18	杨　帆	甘谷县人民政府副县长		
	19	令建民	武山县人事局局长		
	20	罗桂林	清水县老龄办副主任		
	21	王爱萍	张家川县妇幼保健所职工		
第四届	22	郭明兴	天水市民政局局长、老龄办主任	2010年12月	全国老龄办 民政部 教育部 国家广电总局 共青团中央 全国妇联 中国关工委
	23	李仲强	秦州区民政局局长、老龄办主任		
	24	刘柏恩	麦积区寨子村村民委员会主任		
	25	孙春桂	秦安县兴国镇凤山村村民		
	26	王淑莲	甘谷县老龄办副主任		
	27	杨琴芳	武山县滩歌镇董坪村村民		
	28	南亚东	清水县老龄办干事		
	29	李玉琴	张家川县张家川镇个体医生		
	30	晋林春	武山县洛园建筑劳务公司经理		

续表12-7

届次	序号	姓名	工作单位、时任职务	表彰时间	表彰单位
第五届	31	唐秀成	秦州区民政局党总支部书记	2012年12月	全国老龄办 民政部 教育部 国家广电总局 共青团中央 全国妇联 中国关工委
	32	张映红	秦州区太京镇敬老院炊事员		
	33	王　政	麦积区北道埠街道办事处干部		
	34	王万定	秦安县兴国镇大城社区党委书记		
	35	丁进义	甘谷县新兴镇雒家村党支部书记		
	36	王　义	武山县民政局职工		
	37	李爱林	清水县中心敬老院院长		

表12-8　天水市老龄工作全国、甘肃省先进单位名单

序号	单位名称	奖项（称号）	表彰时间	表彰单位
1	甘谷县人民政府	甘肃省老龄工作先进县	2005年9月	省老龄委
2	甘谷县新兴镇蔡家寺村老年协会	甘肃省老龄工作先进单位		
3	麦积区道北街道办事处北山路社区	全国敬老模范村居（社区）	2006年11月	全国老龄办
4	张家川县张家川镇西窖村			
5	秦安县西川镇神明川村			
6	甘谷县大像山镇东关社区			
7	秦州区七里墩街道岷山社区			
8	武山县城关镇毛纺社区			
9	武山县洛门镇大柳树村			
10	秦州区皂郊镇老龄委	先进乡镇老龄委	2010年11月	省老龄办
11	武山县滩歌镇老龄委			
12	麦积区北道埠街道办事处下曲社区	优秀社区老年协会	2010年11月	省老龄办
13	秦安县陇城镇凤尾村			
14	甘谷县大像山镇富强社区	优秀社区老年协会	2010年11月	省老龄办
15	清水县永清镇西关社区			
16	张家川县张家川镇东街社区			
17	秦安县兴国镇大城社区	甘肃省敬老模范单位	2013年1月	省老龄办
18	武山县城关镇西关社区			

续表12-8

序号	单位名称	奖项（称号）	表彰时间	表彰单位
19	甘谷县新兴镇康家滩村	甘肃省创建示范城乡社区老年协会	2015年11月	省老龄办
20	秦州区东关街道办事处			
21	武山县西关小区			
22	秦安县郭家镇暖泉村			
23	张家川县大阳乡小阳村			
24	秦州区关子镇严家河村	甘肃省农村示范互助老人幸福院	2015年	省老龄办
25	秦安县陇城镇凤尾村			
26	甘谷县六峰镇姜家庄村			
27	甘谷县新兴镇康家滩村			
28	武山县洛门镇下康村			
29	清水县草川铺乡水泉村			
30	张家川县大阳乡刘沟村			

表12-9 天水市老龄系统全国、甘肃省先进个人名单

姓　名	所在单位、时任职务	奖项名称	获奖时间	表彰单位
吴晓萍	市老龄办副主任	甘肃省老龄工作先进个人	2004年9月	省老龄委
陈吉成	武山县老龄办主任			
陈治平	麦积区老龄办干部			
吴晓萍	市老龄办副主任	全国老年人口抽样调查优秀访问员	2006年12月	全国老龄办
吴晓萍	市民政局副局长 市老龄办副主任	全国老龄工作先进个人	2010年10月	全国老龄办
辛启荣	天水市广播电视台干部	首届甘肃省“老有所为”先进个人	2014年9月	省老龄办
杨朝晖	甘谷县柳湖小学教师	甘肃省第二届“老有所为”先进典型人物	2015年10月	省老龄办
申焕德	清水县人大常委会副主任			
王志人	秦安县政协干部			
俞文龙	天水腾跃活塞厂职工			

二、老年维权工作

1996年8月，第八届全国人大常委会第二十一次会议通过由中华人民共和国主席令第73号公布的《中华人民共和国老年人权益保障法》；同年10月，司法部、民政部印发《关于保障老年人合法权益　做好老年人法律援助工作的通知》。1999年5月，甘肃省第九届人大常委会第十次会议通过《甘肃省实施〈中华人民共和国老年人权益保障法〉办法》。2003年2月，全国老龄办、司法部、公安部印发《关于加强维护老年人合法权益工作的意见》。2012年12月，第十一届全国人大常委会第三十次会议修订并颁布《中华人民共和国老年人权益保障法》，这些法规政策的出台，标志着我国老年法规体系建设逐步得到完善。在贯彻实施党和国家有关老龄工作法律法规、方针政策的过程中，天水市各级老龄组织协调司法部门将老年人法规纳入公民普法教育的总体规划，联系基层法院设立了老年法庭，在各法律援助机构健全了老年法律援助、司法救助体系，全力维护和保障老年人的合法权益；并通过在新闻媒体开设老年专题栏目、节假日上街设点宣传、督促单位组织干部职工学习等多种形式，加强老年人法规政策宣传教育，努力营造贯彻实施老年法的良好社会氛围。2003年以来，按照国家和甘肃省的安排部署，在全市范围先后组织开展创建全国“敬老维权示范岗”“敬老文明号”和“敬老月”等活动，涌现出了11个老年维权先进单位（见表12-10），形成了浓厚的尊老敬老、爱老助老的社会氛围，全社会的老龄法治意识、养老责任意识和为老服务意识进一步增强，这为维护老年人的合法权益奠定了基础。与此同时，针对一些地方子女不履行赡养义务等问题，签订《家庭赡养协议书》，规定老年人所需生活品、供给时间、生活照料、定期探望等方面的内容。依托村“两委”、老年协会、人民调解组织平台，加强法制和传统美德教育，督促落实赡养责任，及时调解各类涉老矛盾纠纷，同时进一步落实了“五保”老人供养制度，积极倡导集体供养、分散供养、家庭养老相结合的养老方式，老年人的基本权益得到保障。

表12-10　天水市老年维权先进单位名单

单位名称	奖项	获奖时间	表彰单位
甘谷县安远镇人民政府	全国老年维权示范岗	2006年12月	全国老龄办 公安部 司法部
秦安县老龄委办公室			
秦州区法律援助中心			
武山县社会福利服务综合中心	全国敬老文明号先进集体	2013年9月	全国老龄委
麦积区桥南街道办事处	甘肃省敬老文明号先进集体	2013年9月	省老龄办
秦州区七里墩街道办事处岷山社区			
秦安县陇城镇凤尾村			
甘谷县新兴镇康家滩村			
清水县中心敬老院			
张家川回族自治县中心敬老院			
甘谷县大像山景区管理局	甘肃省第二届敬老文明号	2015年10	省老龄办

三、老龄工作记略

1986年3月18日

“天水市老龄问题委员会”正式成立[①]。

1986年6月5日

天水市委秘书处印发《关于天水市老龄委员会领导归属、办公室设置等问题的通知》(市委秘发〔1986〕40号),天水市老龄问题委员会设副县级办公室,为天水市老龄问题委员会下设的综合办事机构,受天水市委、市政府双重领导,以天水市政府领导为主,核定编制人员3名,设主任、副主任各1名。

市老龄委名誉主任为董邦、王菁华,主任由副市长陈华兼任,副主任为樊安泰、李德保、高瑞(专职副主任兼市老龄办主任),孟捷音为市老龄办副主任。

1987年8月31日

天水市老龄问题委员会向市直机关工委申请成立“天水市老龄问题委员会党支部”。

1988年2月4日

甘肃省第七届人民代表大会第一次会议决定:每年农历九月九日(重阳节)为甘肃省“老人节”。届时,在甘肃省广泛开展各种形式的敬老、爱老活动,宣传、表彰老年人在两个文明建设中的先进事迹以及敬老、爱老、养老的先进集体和个人。

1989年8月5日

天水市委秘书处印发通知(市委秘发〔1989〕43号),将“天水市老龄问题委员会”更名为“天水市老龄工作委员会”,同时,将“天水市老龄问题委员会办公室”更名为“天水市老龄工作委员会办公室”,称谓沿用至今。

1989年8月20日

市老龄委、市老龄办更名印章[②]启用。

1989年12月26日

省编委在《关于各级老龄机构归属和人员编制的通知》(甘编〔1989〕145号)中提出:

---

① 成立时间参见1987年8月31日市老龄委《关于成立市老龄委党支部的报告》和1986年6月5日天水市委秘书处《关于天水市老龄委员会领导归属、办公室设置等问题的通知》文件。

② 整建制划入天水市民政局,仅移交“天水市老龄工作委员会”印章,“天水市老龄工作委员会办公室”现使用印章系2004年重新刻制。

经省委研究同意，各级老龄委的办事机构，统一归属党群口，进入党群序列。市、州老龄委办事机构编制人员由原来的3人增加到7～8人，各市、县、区老龄委办事机构编制人员由2人增加到4～5人。

1990年6月9日

市编委印发《关于市老龄委办公室机构归属和人员编制的通知》（天市编〔1990〕23号），市老龄办被核定为正县级机构，归属党群口，进入党委序列。办公室暂占事业编制，由原定的3人增加到8人。

市老龄委名誉主任为董邦、王菁华，主任由市委副书记杜小平兼任，副主任为樊安泰、李德保、杨云生、薛志礼（专职副主任兼市老龄办主任），孟捷音为市老龄办副主任。

1990年7月9日

牛金科任市老龄办副主任（天任字〔1990〕30号）。

1992年5月4日

经市政府第七次常务会议（市政纪〔1992〕13号）研究，同意成立“天水市老龄乐园”，为市老龄委下属科级事业单位。

1992年6月5日

“天水市老龄乐园”印章启用。

1992年12月27日

王海潮任市老龄委常务副主任兼市老龄办主任（天任字〔1992〕79号）。

1994年1月23日

李鹏总理签发国务院第141号令，发布《农村五保供养工作条例》，条例自公布之日起施行。

1994年1月31日

曹建植任市老龄委常务副主任兼市老龄办主任（天任字〔1994〕4号）。

1994年5月21日

魏兆年任市老龄办副主任（正县级）（天任字〔1994〕24号）。

1994年9月12日

魏兆年任市老龄委党支部书记（市机关工委发〔1994〕3号）。

1994年10月6日

市委、市政府调整市老龄委组成人员（市委办〔1994〕30号）。组成人员为市老龄委名誉主任王菁华、董邦，主任李正平（市委副书记、市人大常委会副主任），副主任周国庆（副市长）、坚永祥、曹建植（兼市老龄办主任）、陶元德、裴建国。

1996年8月29日

第八届全国人大常委会第二十一次会议通过由中华人民共和国主席令第73号公布的《中华人民共和国老年人权益保障法》，自10月1日起施行。

1996年9月28日

海安明任市老龄办副主任（天任字〔1996〕38号）。

1996年10月23日

司法部、民政部印发《关于保障老年人合法权益　做好老年人法律援助工作的通知》（司发通〔1996〕134号）。

1997年4月1日

曹全成任市老龄委副主任、市老龄办主任（天任免字〔1997〕18号）。

1999年5月29日

省九届人大常委会第十次会议通过《甘肃省实施〈中华人民共和国老年人权益保障法〉办法》，自发布之日起施行。

1999年9月15日

杨国元任市老龄办副主任（天任字〔1999〕41号）。

1999年10月20日

经中共中央、国务院批准，决定成立全国老龄工作委员会，国务院印发《关于成立全国老龄工作委员会的通知》（国发〔1999〕22号）。

全国老龄委主任为中共中央政治局常委、国务院副总理李岚清，常务副主任为国务委员司马义·艾买提，副主任为民政部部长多吉才让、国务院副秘书长徐荣凯、劳动保障部部长张左己、中组部副部长黄晴宜。

全国老龄委下设办公室，办公室设在民政部，办公室主任由多吉才让兼任，具体工作委托中国老龄协会承担。

2000年8月19日

中共中央、国务院印发《关于加强老龄工作的决定》（中发〔2000〕13号）。

2000年11月24日

财政部、国家税务总局印发《关于对老年服务机构有关税收政策问题的通知》（财税〔2000〕97号）。

2001年7月22日

国务院印发《中国老龄事业发展“十五”计划纲要》（国发〔2001〕26号）。

2001年7月30日

民政部印发《关于在全国实施“社区老年福利服务星光计划”的报告》（民发〔2001〕197号）和《“社区老年福利服务星光计划”实施方案》。

2002年4月

原市老龄办整建制划入市民政局，在市民政局设立老龄办。

2002年9月9日

省委办公厅、省政府办公厅印发《关于成立甘肃老龄工作委员会的通知》（省委办发〔2002〕75号）。

省老龄办主任为省委副书记陈学亨，常务副主任为省委常委、省委政法委书记、副省长洛桑灵智多杰，副主任为省民政厅厅长黄续祖、省政府副秘书长孙公平、省劳动和社会保障厅厅长朱志良和省委组织部副部长、老干部局局长姜信治。

省老龄委下设办公室。根据省编委《关于省老龄工作机构设置和人员编制的通知》，省老龄办设在省民政厅，省民政厅厅长兼任办公室主任。

2002年10月13日

市民政局、市老龄办召开天水市庆祝“老人节”大会，市委副书记王玺玉参加开幕式并作重要讲话。

2002年10月14日

市委老干部局、市体育局、市老龄办、市体育总会联合举办“天水市第16届重阳节老年人登山活动”①。

① 此前举办的“天水市第15届重阳节老年人登山活动”，因没有文字记载，故未列入记略中。

2002年11月6日

省委办公厅、省政府办公厅印发《关于理顺市、县级老龄工作机构的通知》(省委办发〔2002〕90号)。

2002年12月11日

省委、省政府印发《关于进一步加强老龄工作的意见》(省委发〔2002〕81号)。

省委、省政府印发《甘肃老龄事业发展“十五”计划纲要(2001—2005年)》(省委发〔2002〕82号)。

2002年12月28日

天水老年大学成立，教学地点设在原市老龄办办公楼。

2002年12月30日

市委办、市政府办印发《关于成立天水市老龄工作委员会的通知》(市委办发〔2002〕106号)，成员单位共20个。

市老龄委主任为市委副书记王玺玉，常务副主任为市政府副市长马青林，副主任为市民政局局长张续善、市政府副秘书长牛小玲、市劳动和社会保障局局长雷传昌、市委组织部副部长谢简平。

市老龄委下设办公室，办公室设在市民政局，张续善兼任办公室主任，吴晓萍任副主任。

2003年2月25日

国家老龄办、司法部、公安部印发《关于加强维护老年人合法权益工作的意见》(全国老工办发〔2003〕4号)。

2003年2月27日

国家老龄委印发《关于组织开展老年知识分子援助西部大开发行动试点方案的通知》(全国老工委发〔2003〕1号)。

2003年5月22日

省老龄委第二次会议讨论通过由省老龄办印发的《关于印发甘肃省实施老年知识分子智力援助西部大开发行动(银龄行动)试点方案》(甘老龄办发〔2003〕25号)。

按照省上的要求，市老龄办在调查摸底、征求意见的基础上，制订《天水市“银龄行动”实施计划》，将50名副高职以上离退休人员划分为教育、工交、农业、林业、医疗卫生、文化艺术6个小组，通过媒体向社会公布，并在市民政局召开银龄专家座谈会，启动实施“银龄行动”。

2003年7月28日

全国老龄办、中宣部、教育部、共青团中央、全国妇联印发《关于在全国青少年中广泛开展敬老爱老助老主题教育活动的通知》（全国老龄办发〔2003〕30号），决定从2003年“重阳节”开始，组织开展“全国青少年敬老爱老助老主题教育活动”，设立全国青少年敬老爱老助老主题教育活动组委会[①]。

根据全国组委会和省老龄办的统一安排部署，市老龄办制定活动方案，在全市组织开展主题教育活动。本届教育活动中共有6人被评为“全国孝亲敬老之星”。

2003年8月5日

市委、市政府召开全市双拥暨老龄工作会议，市委副书记王玺玉作了重要讲话，市民政局局长张续善对全市老龄工作作了总结和安排。

2003年9月30日

市委、市政府召开全市庆祝老人节座谈会，市委副书记王玺玉作了重要讲话。市民政局领导和50多名离退休老干部、老知识分子、老工人和农民代表参加会议。秦城、北道两区民政局汇报了老龄工作，“老有所为”先进个人和老干部代表作了发言。

2003年10月4日

市老龄办、市老年书画研究会联合举办全市老年人书画展。

市委老干部局、市体育局、市老龄办、市体育总会联合举办“天水市第17届重阳节老年人登山活动”。

2003年10月13日

省政府印发《甘肃省关于进一步对老年人实行优待的规定》（甘政发〔2003〕62号）。天水市高龄老人生活补贴发放范围延伸到90～99岁的老年人。

2003年12月8日

根据全国老龄委《关于在全国开展创建老龄工作先进县（市、区）活动的通知》（全国老工委发〔2003〕3号）精神，省老龄办印发《关于开展创建老龄工作先进县（市、区）活动及评选老龄工作先进集体和先进个人活动的通知》（甘老龄办发〔2003〕44号）。

---

① 从2005年6月1日起，“全国青少年敬老爱老助老主题教育活动”更名为“全国敬老爱老助老主题教育活动”，并将评选表彰的周期由原定每年一届改为每两年一届，同时将“全国青少年敬老爱老助老主题教育活动组委会”更名为“全国敬老爱老助老主题教育活动组委会”。

市老龄办在全市范围组织开展创建活动后，甘谷县被评为甘肃省老龄工作先进县，甘谷县新兴镇蔡家寺村老年协会被评为甘肃省老龄工作先进单位。

2004年5月25日

省老龄办、省司法厅、省公安厅印发《关于加强维护老年人合法权益工作的意见》（甘老龄办发〔2004〕7号）。

2004年6月16日

市委、市政府印发《关于进一步加强老龄工作的实施意见》（市委发〔2004〕21号）。

2004年6月25日

市委、市政府召开全市老龄工作会议。市政府副市长、市老龄委常务副主任马青林主持会议，市委副书记、市老龄委主任张广智作了重要讲话，市政协副主席王一出席会议。市老龄委各位副主任、委员，各县、区分管老龄工作的副书记（副县长、副区长）、民政局局长、老龄办专职主任（副主任）参加了会议。市民政局局长张续善作了《关于2003年全市老龄工作情况和2004年全市老龄工作安排意见》的报告。

会议审议并通过《天水市老龄工作委员会议事条例》和《天水市老龄工作委员会成员单位职责》。

2004年7月8日

市老龄委印发《天水市老龄事业（2004—2005年）发展规划》（市老龄委发〔2004〕1号）。

2004年7月23日

市老龄委印发《关于调整市老龄工作委员会成员的通知》（市老龄委发〔2004〕3号），市老龄委成员单位由20个增加到23个（增补市委老干部局、市交通局、市旅游局）。

市老龄委主任为市委副书记张广智，常务副主任为市政府副市长马青林，副主任为市民政局局长张续善、市委组织部副部长谢简平、市政府副秘书长牛小玲、市劳动和社会保障局局长雷传昌。

2004年8月10日

市老龄办、市司法局、市公安局印发《关于进一步加强维护老年人合法权益工作的实施意见》（天老龄办发〔2004〕1号）。

在开展老年维权活动中，天水市3个基层单位被评为“全国老年维权示范岗”。

2004年10月22日

市委、市政府召开全市庆祝“老人节”座谈会，市委副书记张广智作了重要讲话。

市民政局、市老龄办组织部分正地级离退休老领导、“银龄行动”老专家和秦州区、北道区“老有所为”先进个人代表等20多人视察秦州区向阳、岷山、环西等社区“星光计划”项目。

市委老干部局、市体育局、市老龄办、市体育总会联合举办“天水市第18届重阳节老年人登山活动”。

2005年5月10日

市委、市政府召开全市老龄工作会议。市委副书记宋敬国主持会议，市政府副市长马青林作了重要讲话。市人大常委会副主任韩一兵、市政协副主席李录勤出席。市老龄委副主任、各成员单位负责人，各县（区）分管老龄工作的副书记（副县长、副区长）、民政局局长、老龄办主任（副主任），以及市民政局领导、局属事业单位和各科室主要负责人共80多人参加会议。市民政局局长张续善作了《关于2004年全市老龄工作总结和2005年全市老龄工作安排意见》的报告。

2005年10月9日

市民政局、市老龄办组织离退休老领导参观局机关和市社会福利院（老年公寓）、市复退军人精神病疗养院、市救助管理站（流浪儿童管理中心）、市墁坪安置农场（中滩双孢菇生产基地）建设。

市委老干部局、市体育局、市老龄办、市体育总会联合举办“天水市第19届重阳节老年人登山活动”。

2005年12月6日

全国“敬老、爱老、助老”主题教育活动组委会印发《关于开展第二届敬老爱老助老主题教育活动评选表彰工作的通知》（全国组委会发〔2005〕3号）。本届活动中，天水市有7人被评为全国“孝亲敬老之星”。

2005年12月26日

全国老龄办、中宣部、国家发展改革委、科技部、民政部、司法部、财政部、建设部、铁道部、交通部、农业部、商务部、文化部、卫生部、中国民航总局、国家广电总局、国家体育总局、国家林业局、国家旅游局、国家文物局、全国总工会印发《关于加强老年人优待工作的意见》（全国老龄办发〔2005〕16号）。

2006年1月16日

全国老龄委印发《关于加强基层老龄工作的意见》（全国老龄委发〔2006〕2号）。

2006年1月21日

国务院总理温家宝签发国务院第456号令，发布了修订的《农村五保供养工作条例》

（2006年1月11日国务院第121次常务会议通过），自2006年3月1日起施行。

2006年2月9日

国务院办公厅转发《全国老龄办、发展改革委、教育部、民政部、劳动保障部、财政部、建设部、卫生部、人口计生委、税务总局〈关于加快发展养老服务业意见的通知〉》（国办发〔2006〕6号）。

2006年5月17日

省委、省政府印发《甘肃省老龄事业发展“十一五”规划（2006—2010年）》（省委发〔2006〕25号）。

2006年6月8日

省老龄办、省委宣传部、省发展改革委、省科技厅、省民政厅、省司法厅、省财政厅、省建设厅、兰州铁路局、省交通厅、省农牧厅、省商务厅、省文化厅、省卫生厅、省林业厅、民航甘肃监管办、省体育局、省广电局、省旅游局、省文物局、省总工会印发《贯彻国家21部门〈关于加强老年人优待工作的意见〉的实施意见》（甘老龄办发〔2006〕8号）。

2006年7月24日

省长陆浩签发省政府第30号令，发布《甘肃省农村五保供养办法》（2006年7月14日省人民政府第八十七次常务会议讨论通过），自2006年9月1日起施行。

2006年8月16日

全国老龄委印发《中国老龄事业发展“十一五”规划》（全国老龄委发〔2006〕7号）。

2006年10月30日

市委、市政府召开庆祝甘肃省第19个“老人节”座谈会。市委副书记张和平出席并作了重要讲话，市政府副市长萧菡主持会议。部分正地级离退休老领导，市直有关单位老干部代表，秦州区、麦积区“老有所为”先进个人，以及市委老干部局、市民政局有关领导和科室负责人共30多人参加了会议。

市委老干部局、市体育局、市老龄办、市体育总会联合举办“天水市第20届重阳节老年人登山活动”。

2006年11月22日—28日

市人大常委会副主任卢双双带领由市人大政法工委和市老龄办组成的检查组，先后到武山、秦安、麦积、秦州四县（区），对全市贯彻实施《中华人民共和国老年人权益保障法》和《甘肃省实施〈中华人民共和国老年人权益保障法〉办法》情况进行专项执法检查。

2006年12月7日

市委、市政府印发《天水市老龄事业发展“十一五”规划（2006—2010年）》（市委发〔2006〕58号）。

2006年12月21日

在市四届人大常委会第四十次会议上，市民政局局长郭明兴作了关于贯彻实施《中华人民共和国老年人权益保障法》和《甘肃省实施〈中华人民共和国老年人权益保障法〉办法》情况的报告。

2006年12月

国务院新闻办公室发布《中国老龄事业的发展》白皮书。

2007年3月5日

市委办、市政府办印发《关于调整有关领导小组（委员会）的通知》（市委办发〔2007〕17号）。市老龄委成员单位仍然为23个。

市老龄委主任为市委常委、市委统战部部长李美华，常务副主任为市政府副市长萧菡，副主任为市民政局局长郭明兴、市委组织部副部长谢简平、市劳动和社会保障局局长雷传昌。

市老龄办设在市民政局，郭明兴兼任办公室主任，吴晓萍任副主任。

2007年5月28日

市委、市政府召开全市老龄工作会议。副市长萧菡主持会议，市委常委、统战部部长李美华作了重要讲话。市人大常委会副主任朱政英、市政协副主席王凤保出席会议。市民政局局长郭明兴总结了2006年全市的老龄工作，安排部署了2007年的工作任务。

2007年8月23日

副市长萧菡主持召开市长办公会议，专题研究了关于贯彻落实老年人优待政策的有关问题。会议听取了市民政局、司法局、财政局等部门贯彻落实老年人优待政策的情况汇报。市委常委、统战部部长、市老龄委主任李美华应邀出席会议并作了重要讲话。

会议决定从当日起，全市所有收费公共厕所对持有“老年人优待证”的老年人免费开放，各类公园、风景名胜区、博物馆、图书馆、展览馆、纪念馆等场所对持有“老年人优待证”的老年人全部实行免购门票优待服务，对持有“老年人优待证”的老年人乘坐城市公共交通车辆按车费的60%刷卡优待。

2007年10月19日

市委、市政府召开全市庆祝“老人节”座谈会。副市长萧菡主持会议，市委常委、统战部部长李美华作重要讲话，市人大常委会副主任朱政英及部分正地级离退休老干部出席会议。市老龄委副主任及成员、市民政局领导及老龄办全体干部、市老年书画研究会代表共60多人参加了会议。

市委老干部局、市体育局、市老龄办、市体育总会联合举办“天水市第21届重阳节老年人登山活动”。

2008年1月14日

全国“敬老、爱老、助老”主题教育活动组委会印发《关于开展第三届全国敬老爱老助老主题教育活动评选表彰工作的通知》(全国组委会发〔2008〕1号)。本届活动中，天水市有8人被评为全国“孝亲敬老之星”。

2008年1月29日

全国老龄办、发展改革委、教育部、民政部、劳动保障部、财政部、建设部、卫生部、人口和计生委、税务总局印发《关于全面推进居家养老服务工作的意见》(全国老龄办〔2008〕4号)。

2008年5月22日

全国老龄办、文化部、国家广电总局决定联合举办“首届中国老年文化艺术节”。市老龄办组织征集参赛文艺节目和书画作品，但由于受“5·12”地震的影响，未报名参赛。

2008年10月7日

市委、市政府召开全市庆祝“老人节”座谈会。市委常委、统战部部长李美华，市人大常委会副主任朱政英，市政府副市长萧菡，市政协副主席王凤保，以及部分正地级离退休老干部出席会议。市老龄委成员单位主要负责人、市民政局领导、市老年书画研究会代表共50多人参加了会议。

市委老干部局、市体育局、市老龄办、市体育总会联合举办“天水市第22届重阳节老年人登山活动”。

2008年11月7日

省委办公厅、省政府办公厅印发《关于加强基层老龄工作的意见》(省委办发〔2008〕105号)。

2008年11月25日

国务院新型农村社会养老保险试点工作领导小组下发通知，武山县被确定为国家首批新农保试点县。

2009年3月18日

省老龄办、省发展改革委、省教育厅、省民政厅、省劳动保障厅、省财政厅、省建设厅、省卫生厅、省人口计生委、省税务局印发《关于贯彻国家十部委〈关于全面推进居家养老服务工作的意见〉的实施意见》（甘老龄办发〔2009〕4号）。社区居家养老服务工作逐步开展并被纳入目标管理责任制。

2009年5月22日

市政协主席、副主席和部分委员赴秦州区、甘谷县视察全市城区老年活动场所建设、管理和使用工作，并听取了市民政局和有关涉老部门的工作汇报。

2009年5月27日

天水老年大学文化活动中心大楼举行落成典礼，市四大组织领导、市直各有关单位和各县（区）老干部局主要负责人参加仪式。

2009年8月27日

第十一届全国人大常委会第十次会议作《关于修改部分法律的决定》，《中华人民共和国老年人权益保障法》被列入重新修改的范围。

2009年9月1日

国务院印发《关于开展新型农村社会养老保险试点的指导意见》（国发〔2009〕32号）。

2009年9月30日

国务院新型农村社会养老保险试点工作领导小组批复，张家川县为全国第二批新农保试点县。

2009年10月15日

甘肃省农村基层老龄工作现场经验交流会在武山县召开。

2009年10月21日

省政府办公厅印发《关于甘肃省新型农村社会养老保险试点试行办法的通知》（甘政办发〔2009〕184号）。

2009年10月26日

市委、市政府召开全市庆祝“老人节”座谈会。市委常委、市委组织部部长杨继军到会并作了重要讲话，市政府副市长雷鸣主持会议，市人大常委会副主任朱政英、市政协副主席王凤保出席。正地级离退休老领导，市老龄委成员单位主要负责人，市民政局领导班子成员，市老年大学、市老年书画研究会代表，以及秦州区、麦积区民政局局长、老龄办主任和“老有所为”先进个人代表等共60多人参加了会议。

2009年10月28日

市委老干部局、市体育局、市老龄办、市体育总会联合举办“天水市第23届重阳节老年人登山活动”。

2009年12月23日

省委办公厅、省政府办公厅印发《关于加强新时期老年人优待服务工作的意见》（省委办发〔2009〕99号）。

2010年2月1日

全国“敬老、爱老、助老”主题教育评选活动组委会印发《关于开展第四届全国敬老爱老助老主题教育活动评选表彰工作的通知》（全国组委会〔2010〕1号）。本届活动中，天水市有9人被评为全国“孝亲敬老之星”。

2010年3月29日

天水市召开民政工作暨老龄工作会议，市政府副市长、市老龄委常务副主任雷鸣作了重要讲话。市委副秘书长王祥林主持会议，市人大常委会副主任朱政英、市政协副主席白朝德、市政府副秘书长杨胜利等市领导出席会议。各县（区）管民政（老龄）工作的副县长与副区长、民政局局长、老龄办主任（或副主任）、民政局办公室主任，以及市直有关部门及市老龄委成员单位负责人、市民政局科级以上干部及局属单位负责人共110多人参加了会议。市民政局局长郭明兴回顾总结了2009年全市的老龄工作，对2010年的工作作了安排部署。

2010年5月7日

全国老龄办决定举办“第二届中国老年文化艺术节”。市老龄办组织各老年文艺团体编排、创作老年文艺节目和书画作品并推荐参加全国比赛。大型舞蹈《才女怨》获金奖，书画作品获1个银奖、1个铜奖、1个优秀奖。

2010年6月25日

全国老龄工作委员会印发《关于开展“敬老月”活动的通知》（全国老龄委发〔2010〕2号）。

2010年6月30日

市民政局特邀来天水调研养老服务发展情况的省委巡视组副厅级巡视专员周有信，以及市老年书画研究会8名资深书画家，在局机关开展建党89周年书画笔会活动，为干部职工义写书画作品200余幅。

2010年8月6日

市委办、市政府办印发《关于调整市老龄工作委员会组成人员的通知》（市委办发〔2010〕51号）。市老龄委成员单位增加到28个（原人事局与劳动和社会保障局合并减少1个，将市公安局、市人口和计划生育委员会、市统计局、市政府外事侨务办、市国税局、市地税局增加为成员单位）。

市老龄委主任为市委常委、组织部部长杨继军。常务副主任为副市长雷鸣。副主任为市政府副秘书长、督查室主任杨胜利，市委组织部副部长、老干部局局长王学锋，市民政局局长、老龄办主任郭明兴，以及市人力资源和社会保障局局长黄孝荣。

市老龄办设在市民政局，郭明兴兼任办公室主任，吴晓萍任副主任。

2010年10月13日

市委书记、市人大常委会主任张景辉，市委常委、组织部部长杨继军，市委常委、秘书长蒋晓强，市政府副市长雷鸣等领导赴秦州区走访慰问百岁老人。

2010年10月15日

庆祝甘肃省“老人节”暨敬老爱老徽章首发仪式在秦州区西十里社区隆重举行。省政府副秘书长唐晓明主持，副省长张晓兰作重要讲话，并为社区90岁以上高龄老人颁发了“敬老爱老”徽章。省民政厅厅长田宝忠，省老龄办副主任张忠健，市领导李文卿、韩岱成、杨维俊、杨继军、张明泰、朱政英、雷鸣、白朝德、安永等出席了活动仪式。敬老爱老徽章首发仪式结束后，省、市领导走访慰问了秦州区的高龄老人。

2010年10月16日

市四大组织分管领导赴秦州区走访慰问高龄老人。

市委老干部局、市体育局、市老龄办、市体育总会联合举办“天水市第24届重阳节老年人登山活动”。

市老龄办、市老年书画研究会联合举办“天水市重阳节老年书画展”。

2011年3月31日

天水市召开民政暨老龄工作会议，市委常委、市委政法委书记韩岱成，市委常委、市委组织部部长、市老龄委主任杨继军，市人大常委会副主任朱政英，市政府副市长、市老龄委常务副主任萧菡等出席会议。市老龄委成员单位领导、各县（区）分管民政（老龄）工作的副县（区）长、民政局局长及老龄办主任（副主任）参加了会议。

2011年5月

全国老龄办印发《关于2011年开展“敬老月”活动的通知》（全国老龄办发〔2011〕34号）。

2011年5月23日—2011年5月27日

市政协副主席何道华带领学习宣传社会法制委员会、驻县（区）部分市政协委员和市直有关部门负责人先后赴武山、甘谷、麦积三县（区）和市直部门所属的16个基层单位，对天水市老年社会保障体系建设情况进行了专题调研。

2011年6月20日

天水市机构编制委员会办公室印发《关于市老龄工作委员会办公室内设机构的批复》（天机编办发〔2011〕170号），同意市老龄办内设综合科、权益科、宣传教育科，核定科级领导职数3名。

2011年8月5日

省政府印发《关于甘肃省城乡居民社会养老保险试点办法的通知》（甘政发〔2011〕93号），2011年7月28日，省政府第84次常务会议审议通过，自下发之日起实施。省政府办公厅《关于印发甘肃省新型农村社会养老保险试点试行办法》（甘政办发〔2009〕184号）同时废止，天水市城乡居民社会养老保险工作随之全面启动实施。

2011年9月17日

国务院印发《中国老龄事业发展“十二五”规划》（国发〔2011〕28号）。

2011年9月26日

全国老龄委印发《关于开展“敬老文明号”创建活动的通知》（全国老龄委发〔2011〕6号）。

2011年10月26日

市委老干部局、市老龄办联合署名，向全市离退休老干部寄送“老人节”慰问信。

2011年10月29日

市委、市政府召开全市庆祝“老人节”茶话会。

市委书记马世忠、市政协主席宋敬国分别带领市四大组织领导，赴秦州区走访慰问百岁低保老人、老党员和老复员军人等老年人。

市老龄办、市老年书画研究会联合举办“天水市重阳节老年人书画展”，市四大组织分管领导参加开幕式，并观看老年人书画作品。

市委老干部局、市体育局、市老龄办、市体育总会联合举办“天水市第25届重阳节老年人登山活动”。

2011年12月16日

国务院办公厅印发《社会养老服务体系建设规划（2011—2015年）》（国办发〔2011〕60号）。

2011年12月26日

省委办公厅、省政府办公厅印发《甘肃省老龄事业发展“十二五”规划》（甘办发〔2011〕118号）。

2012年1月1日

全国“敬老、爱老、助老”主题教育活动组委会印发《关于开展第五届敬老爱老助老主题教育活动评选表彰工作的通知》（全国组委会发〔2012〕1号）。本届活动中，天水市有7人被评为全国“孝亲敬老之星”。

2012年1月9日

全国老龄办印发《关于加强基层老年协会建设的意见》（全国老龄办〔2012〕1号）。

2012年2月13日

全国老龄办举办“第三届中国老年文化艺术节”。市老龄办向市直各老年文艺团体和县（区）转发了活动通知，组织编排、创作老年文艺节目和书画作品，推荐参加全国比赛活动。天水市大型舞蹈《沂蒙情》获银奖，书画作品获12个金奖、17个银奖、17个铜奖。

2012年6月30日

中组部、中宣部、教育部、公安部、民政部、司法部、人社部、文化部、卫生部、全国总工会、共青团中央、全国妇联、全国老龄办印发《关于开展2012年“敬老月”活动的通知》（全国老龄办发〔2012〕39号）。

2012年7月10日

市委办、市政府办印发《天水市老龄事业发展“十二五”规划》（市委办发〔2012〕49号）。

2012年7月24日

民政部印发《关于鼓励和引导民间资本进入养老服务领域的实施意见》(民发〔2012〕129号)。

2012年7月25日

省政府办公厅印发《关于加快推进甘肃省社区老年人日间照料中心建设的通知》(甘政办发〔2012〕189号)。

2012年7月26日

省政府办公厅印发《甘肃省“十二五”社会养老服务体系建设规划》(甘政办发〔2012〕190号)。

省民政厅印发《关于建设农村互助老人幸福院的意见》(甘民发〔2012〕86号)。

2012年8月1日

省委“双联”办、省民政厅印发《关于在58个贫困县做好关心农村老人生活　建设互助老人幸福院工作的实施方案》(甘联领办发〔2012〕38号)。

2012年9月13日

中组部、中宣部、教育部、民政部、财政部、住房和城乡建设部、文化部、广电总局、新闻出版总署、国家体育总局、国家旅游局、解放军总政治部、全国总工会、共青团中央、全国妇联、全国老龄办16部委印发《关于进一步加强老年文化建设的意见》(全国老龄办发〔2012〕60号)。

2012年9月18日

市委“双联”办、市民政局印发《天水市关心农村老人生活　建设互助老人幸福院工作实施方案》(天联领办发〔2012〕66号)。

2012年10月23日

市委、市政府在《天水日报》刊发《致全市老年人的慰问信》。

市四大组织领导分2个组，赴秦州区走访慰问老年人。

市老龄办、市老年书画研究会联合举办“天水市喜迎十八大　欢度重阳节老年人书画展”，市四大组织分管领导参加开幕式并参观了老年人书画作品。

市委老干部局、市体育局、市老龄办、市体育总会联合举办“天水市第26届重阳节老年人登山活动”。

2012年10月30日

市委办、市政府办印发《关于调整市老龄工作委员会组成人员的通知》(市委办函字〔2012〕22号)。市老龄委成员单位共26个(因机构合并减少2个)。

市老龄委主任为市委常委、组织部部长王光庆。常务副主任为副市长雷鸣。副主任为市政府副秘书长汪杰刚,市民政局局长郭明兴,市委组织部副部长、市人社局局长马武生,市委组织部副部长、市委老干部局局长马勤学。

市老龄办设在市民政局,郭明兴兼任办公室主任,吴晓萍任副主任。

2012年12月6日

市政府办公室印发《天水市加快推进社会养老服务体系建设的指导意见的通知》(天政办发〔2012〕229号)。

市政府办公室印发《关于成立天水市社会养老服务体系建设领导小组的通知》(天政办发〔2012〕233号)。

副市长雷鸣任组长,市政府副秘书长汪杰刚、市民政局局长郭明兴任副组长,18个市直单位、7个县(区)分管领导为成员。

2012年12月14日

省民政厅印发《关于加快城市社区老年人日间照料中心建设工作的通知》(甘民发〔2012〕144号)。

2012年12月28日

中华人民共和国第十一届全国人民代表大会常务委员会第三十次会议第二次修订通过《中华人民共和国老年人权益保障法》,自2013年7月1日起施行。

2013年4月28日

财政部、民政部印发《中央专项彩票公益金支持农村幸福院项目管理办法》的通知(财综〔2013〕56号)。

2013年6月23日

全国老龄委印发《关于开展2013年"敬老月"活动的通知》(全国老龄委发〔2013〕4号)。

2013年6月28日

中华人民共和国民政部令第48号《养老机构设立许可办法》(2013年6月27日民政部部务会议通过)公布,自2013年7月1日起施行。

中华人民共和国民政部令第49号《养老机构管理办法》(2013年6月27日民政部部务会议通过)公布，自2013年7月1日起施行。

2013年7月30日

民政部印发《关于推进养老服务评估工作的指导意见》(民发〔2013〕127号)。

2013年9月6日

国务院印发《关于加快发展养老服务业的若干意见》(国发〔2013〕35号)。

市政协副主席何道华带领市政协学习宣传法制委员会和部分政协委员组成的工作组，视察全市社会养老服务体系建设工作，并听取了市民政局《全市社会养老服务体系建设情况汇报》，政协委员对市民政局办理《关于建立居家养老服务组织管理体制的建议》(市政协六届二次会议第208号提案)进行了评议。

2013年10月12日

在全国第一个法定的“老年节”和甘肃省第26个“老人节”来临前夕，市四大组织领导分两组赴秦州、麦积两区走访慰问老年人。

市老龄办、市老年书画研究会联合举办“天水市重阳节老年书画展”，市四大组织分管领导参加开幕式并观看老年人书画作品。

2013年10月13日

市委、市政府在《天水日报》刊发《致全市老年人的慰问信》。

市委老干部局、市体育局、市老龄办、市体育总会联合举办“天水市第27届重阳节老年人登山活动”。

2014年4月30日

甘肃省人民政府印发《关于加快发展养老服务业的实施意见》(甘政发〔2014〕50号)，提出到2020年养老服务的目标任务，即养老设施服务覆盖所有城市社区及90%以上的乡镇和60%以上的农村社区，甘肃省社会养老床位数平均达到每千名老年人35张。

2014年6月30日

全国老龄工作委员会办公室、中共中央宣传部、教育部、民政部等10个部门印发《关于培育和践行社会主义核心价值观　加强老龄宣传教育工作的通知》(全国老龄办发〔2014〕36号)。

2014年9月26日

天水市卫生局、天水市民政局印发《关于对“天水十大寿星”评选结果进行公示的通知》(天市卫发〔2014〕205号)。天水市武山县四门镇周咀村潘定娃、清水县白沙乡鲁弯村温宝珠、秦安县西川镇侯辛村王平儿、武山县桦林乡赵坪村孙云云、秦安县叶堡乡叶堡村冯黑黑、麦积区新阳镇王家庄村裴如香、秦安县王尹乡王川村寇顺顺、武山县洛门镇金川村张调尕、武山县矿料家属院张自立等被评选为“天水十大寿星”。

2014年12月23日

省老龄办印发《关于表彰首届甘肃省“老有所为”先进个人的决定》(甘老龄办发〔2014〕25号)。原天水广播电视台副台长辛启荣被评为首届甘肃省“老有所为”先进个人。

省老龄办印发《关于表彰首届甘肃省“孝亲敬老模范”的决定》(甘老龄办发〔2014〕26号)。天水市秦安县职业学校学生刘亮霞、天水市甘谷县新兴镇康家滩村支部书记康自俊、天水市武山县城关镇上沟村农民张丑子、天水市清水县红堡镇敬老院院长曹桂荣、天水市张家川镇中城社区医保办工作人员刘芳菊、天水市社会福利院护理人员薛晓慧、天水公路管理局清水公路管理段工人郑岚被评为首届甘肃省“孝亲敬老模范”。

2015年1月19日

省民政厅、中国保监会甘肃监管局、省老龄办联合印发《关于推进养老服务机构责任保险工作的意见》(甘民发〔2015〕8号)。明确了养老机构保险范围,共有7个方面:意外伤残或身故责任、意外医疗责任、法律费用、第三者责任、骨折或残疾用具、住院津贴、紧急救援。

2015年2月13日

省民政厅、省老龄办印发《关于进一步规范社区老年人日间照料中心建设管理工作的通知》(甘民发〔2015〕23号)。

2015年3月27日

省财政厅、省民政厅、省老龄委办公室印发《甘肃省城乡社区老年人日间照料中心建设省级补贴资金管理办法》的通知(甘财社〔2015〕26号)。

2015年4月2日

民政部、住房和城乡建设部印发《社区老年人日间照料中心标准设计样图》的通知(民函〔2015〕116号)。

2015年4月7日

省建设厅、省民政厅、省残联、省老龄办印发《甘肃省创建无障碍环境市县检查验收工作实施方案》的通知(甘建标〔2015〕101号)。

省建设厅、省民政厅、省残联、省老龄办印发《关于转发〈住房和城乡建设部等部门关于加强村镇无障碍环境建设的指导意见〉》（甘建标〔2015〕102号）。

2015年4月13日

省老龄办印发《甘肃省农村示范老年人日间照料中心（互助老人幸福院）标准（试行）》的通知（省老龄办发〔2015〕9号）。要求中心范围用房建筑面积一般不少于150平方米，室外有300平方米以上的活动场所。

2015年4月20日

全国老龄办关于印发《民政部副部长邹铭关于全国老龄委第十七次全会精神传达提纲和常务副主任王建军总结讲话》的通知（全国老龄办发〔2015〕22号）。

2015年4月30日

省老龄办印发《关于进一步加强基层老年协会规范化建设的实施意见》的通知（甘老龄办发〔2015〕15号）。要求2015年基层老年协会覆盖面在城市社区达到95%以上，在农村行政村达到90%以上，到2018年实现基层老年协会全覆盖。

2015年5月5日

省民政厅印发《省级福利彩票公益金支持社会组织参与社会服务项目实施方案》的通知（甘民发〔2015〕63号）。

2015年5月15日

省司法厅、省老龄办印发《关于转发〈司法部、全国老龄办关于深入开展老年人法律服务和援助工作的通知〉的通知》（甘司办发〔2015〕67号）。

2015年6月12日

省发改委、省民政厅、省老龄办印发《关于进一步做好养老服务业发展有关工作的通知》（发改办社会〔2015〕646号）。

2015年6月16日

省民政厅印发《甘肃省养老服务评估暂行办法》的通知（甘民发〔2015〕90号）。

省民政厅关于印发《甘肃省老年人入住公办养老机构评估暂行办法》的通知（甘民发〔2015〕91号）。

2015年6月19日

天水市民政局印发《天水市社区老年人日间照料中心（互助老人幸福院）建设标准与管理办法（试行）》的通知（天市民发〔2015〕113号）。规定日间照料中心房屋建筑面积，城市应不少于200平方米，农村应不少于120平方米（一院多处、设分院的可以合并计算，创建甘肃省示范日间照料中心的单处面积应达到150平方米）。

2015年6月29日

省老龄办、省民政厅、省财政厅印发《甘肃省第四次中国城乡老年人生活状况抽样调查实施方案》的通知（甘老龄办发〔2015〕19号）。天水市甘谷县、武山县被确定为抽查点。

2015年8月4日

市政府办公室印发《天水市加快推进养老服务业发展实施方案》的通知（天政办发〔2015〕104号）。至2020年，全面建成以居家为基础、社区为依托、机构为补充，且功能完善、规模适度、覆盖城乡的医养结合的养老服务体系，设施覆盖所有城市社区及90%以上的乡镇和60%以上的农村社区，社会养老床位数平均达到每千名老年人35张。统筹规划养老服务项目，市、县、区两级各规划建设一处养护型或照料型养老机构，每年建成11个以上乡镇养老服务机构（或老年活动设施）、15个以上城市社区老年人日间照料中心、160个农村老年人日间照料中心或互助老人幸福院。

2015年8月14日

省财政厅、省民政厅下达《2015年中央专项彩票公益金支持农村幸福院项目资金》的通知（甘财综〔2015〕94号）。天水市共下达农村幸福院项目160个，每个项目补助3万元，计480万元。其中，秦州区21个63万元、麦积区25个75万元、秦安县29个87万元、甘谷县30个90万元、武山县21个63万元、清水县20个60万元、张家川县14个42万元。

2015年8月24日

省老龄办、省高级人民法院、省委宣传部等32部门联合印发《关于进一步完善老年人优待工作的意见》(省老龄办发〔2015〕31号)。

2015年9月15日

市规划局印发《天水市建设用地容积率奖励办法》的通知（天规发〔2015〕107号）。

2015年10月13日

市委、市政府办公室印发《关于开展庆祝老年节活动》的通知（市委办函字〔2015〕21号）

2015年10月20日

省老龄办印发《关于表彰甘肃省第二届“老有所为”先进典型人物》的决定（甘老龄

办发〔2015〕35号)。甘谷县柳湖小学杨朝晖、清水县人大常委会副主任申焕德、秦安县政协干部王志人、天水腾跃活塞厂职工俞文龙4人被评选为甘肃省第二届“老有所为”先进典型人物。

省老龄办印发《关于命名表彰甘肃省第二届“敬老文明号”先进集体》的决定(甘老龄办发〔2015〕36号),天水市甘谷县大像山景区管理局被命名为甘肃省第二届“敬老文明号”先进集体。

2015年10月21日

在全国第3个法定的“老年节”和甘肃省第28个“老人节”来临前夕,市四大组织领导赴天水市社会福利院、秦州区社会福利中心老年护理院走访慰问老年人。

市老龄办、市老年书画研究会联合举办“2015年庆祝老年节(重阳节)老年书画展”,市四大组织分管领导参加开幕式并观看老年人书画作品。

市委、市政府在《天水日报》刊发《致全市老年人的慰问信》。

2015年11月5日

市政府成立天水市加快推进养老服务业工作领导小组,并下发《关于成立天水市加快推进养老服务业工作领导小组》的通知(天政办函字〔2015〕55号),市委常委、副市长张明泰任组长,市政府副秘书长米万平、市民政局局长王永祥任副组长,成员由市发展改革委等36个单位组成。

2015年11月18日

市委、市政府下发《关于调整市老龄工作委员会组成人员的通知》(市委办函字〔2015〕26号),调整市老龄工作委员会的组成人员。调整后的组成人员为:市委常委、组织部部长王光庆任主任,市委常委、副市长张明泰任常务副主任,市政府副秘书长米万平、市民政局局长王永祥、市人社局局长郭明兴、市委老干部局局长魏胜奎任副主任,成员由市委宣传部等29个部门的领导组成。

2015年11月26日

省老龄办、省民政厅下发《关于推进基层老年协会与农村互助老人幸福院协同发展的实施意见》(甘老龄办发〔2015〕43号)。

2015年12月21日

省老龄委印发《关于做好〈甘肃省老年人权益保障条例〉宣传贯彻工作》的通知(甘老龄办发〔2015〕43号)。《甘肃省老年人权益保障条例》已于2015年11月27日经省十二届人大常委会第20次会议审议通过,将于2016年1月1日起施行。

2015年12月22日

省老龄办、省民政厅下发《关于命名甘肃省农村示范互助老人幸福院（老年人日间照料中心）的决定》（甘老龄办发〔2015〕49号），天水市秦州区关子镇严家河村、秦安县陇城镇凤尾村、甘谷县六峰镇姜家庄村、甘谷县新兴镇康家滩村、武山县洛门镇下康村、清水县草川铺乡水泉村、张家川县大阳乡刘沟村等7个农村互助老人幸福院被命名为“甘肃省农村示范互助老人幸福院”，并且这7个村通过“以奖代补”的方式各获资助3万元。

2015年12月23日

省老龄办下发《关于确定甘肃省创建示范城乡社区老年协会的通知》（甘老龄办发〔2015〕50号），天水市甘谷县新兴镇康家滩村、秦州区东关街道办事处、武山县西关社区、秦安县郭家镇暖泉村、张家川县大阳乡小阳村老年协会为“2015年甘肃省创建示范城乡社区老年协会”。

省老龄办、省民政厅印发《关于推进基层老年协会与农村互助老人幸福院协同发展的实施意见》（甘老龄办发〔2015〕43号）。

2015年12月30日

省老龄办印发《关于取消“甘肃省老年人优待证”制作工本费的通知》（甘老龄办发〔2015〕43号），规定从2016年1月1日起，取消“甘肃省老年人优待证”制作工本费。

第十三章　社会福利与慈善事业

第一节　社会福利事业的发展历程

天水市社会福利经历从无到有、拾遗补阙、适度普惠，到全面覆盖等阶段。2006年10月，党的十六届六中全会通过的《中共中央关于构建社会主义和谐社会若干重大问题的决定》指出，要发展以“扶老、助残、救孤、济困”为重点的社会福利。

一、建立高龄老人津贴制度

20世纪90年代，天水市已率先实行百岁老人生活补贴制度，为当时全国实行该制度的3个城市（上海市、福州市、天水市）之一，且执行时间最早、发放标准最高（每人每年1200元），由原市老龄办摸底统计、天水市民政局原救灾救济科负责实施。

自2004年起，根据《甘肃省关于进一步对老年人实行优待的规定》的精神，天水市高龄补贴发放范围延伸到90岁以上的所有老年人，发放标准按年龄划分为3个档次，即：90～94岁的老人，每人每年300元；95～99岁的老人，每人每年500元；100岁以上的老人，每人每年1000元。当年享受政府发放生活补贴待遇的90岁以上老人共1950多名。

2009年12月，省委办、省政府办印发《关于加强新时期老年人优待服务工作的意见》后，天水市提高了高龄老人生活补贴发放标准，新标准从2010年开始执行，即：90～94岁的老人，每人每年500元；95～99岁的老人，每人每年700元；100岁以上的老人，每人每年1200元。高龄老人生活补贴实行“属地管理、分级负担”的原则，即：100岁以上的老人，由省级财政承担；95～99岁的老人，由市级财政承担；90～94岁的老人，由县级财政承担。

至2013年初，天水市符合享受高龄老人生活补贴的90岁以上老人已达2817人。2013年，天水市民政局根据省、市《老龄事业发展“十二五”规划》中“将高龄津贴范围扩大至80周岁以上老年人”的要求，市、县、区民政部门采取救助救济、走访慰问等不同形式，给一些生活特别困难的80～89岁老人发放了生活补贴。

自2014年起，全市除省级财政承担的百岁老人的高龄补贴没有发放外，其余市县财政承担的全部发放到位。

2015年1月1日起，财政部门将老年人高龄补贴调整为由市人社局统一发放。发放标准为：80岁以上的老人，每月25元；90岁以上的老人，每月60元；100岁以上的老人，每月100元。

二、落实孤儿最低养育标准

天水市根据《甘肃省人民政府办公厅转发国务院办公厅关于加强孤儿保障工作的通知》（甘政办发〔2011〕63号）和《甘肃省民政厅、甘肃省财政厅转发民政部财政部关于发放孤儿基本生活费的通知》（民发〔2010〕152号），从2011年1月1日起，全面建立孤儿基本生活保障制度。

天水市确定孤儿基本生活费保障标准为：机构供养840元/月，城市供养640元/月，农村供养440元/月。截至2015年，累计发放基本生活费5207.48万元。2015年11月，根据国家和省政府"建立孤儿基本生活最低养育标准自然增长机制"和省民政厅、省财政厅《关于提高甘肃省孤儿基本生活费保障标准的通知》（甘民发〔2015〕208号）文件要求，天水市在原标准基础上，将机构供养标准提高为1000元/月，散居孤儿供养标准为640元/月，且不再区分城市和农村。

三、实施重度残疾儿童救助抚养政策

重度残疾儿童的救助抚养由过去只对残疾弃婴的集中收养过渡到对所有贫困家庭（家庭年收入在2300元以下）的重度残疾儿童收养，在本人及法定监护人同意集中收养的前提下，由县（区）或市社会福利机构集中收养。2012年5月10日，根据省政府精神，除秦州区外，天水市在6个国扶贫困县（区）中实施农村贫困家庭中的重度残疾儿童救助抚养政策，加强对贫困农村家庭重度残疾儿童的救助抚养。

第二节　社会福利机构

截至2015年底，天水市已建成并录入全国养老数据直报系统的养老服务机构共927个，其中，城市养老机构12个，城市社区老年人日间照料中心52个，农村敬老院40个，农村五保家园116个，农村老人幸福院707个。共设置养老服务床位14200张，平均每千名老人拥有养老服务床位28.67张。市级公办社会福利机构3个，即天水市社会福利院、天水市老年公寓、天水市儿童福利院。

天水市养老服务机构设施情况见表13-1。

表 13-1　天水市养老服务机构设施情况统计表

类别	截至2014年										截至2015年									
	床位合计	机构总数	老年公寓	福利院	养护院	福利中心	城市日间照料中心	敬老院	五保家园	农村日间照料中心（互助老人幸福院）	床位合计	机构总数	老年公寓	福利院	养护院	福利中心	城市日间照料中心	敬老院	五保家园	农村日间照料中心（互助老人幸福院）
市级	420	3	1	1	1	—	—	—	—	—	420	3	1	1	1	—	—	—	—	—
秦州区	2265	170	—	—	—	1	13	9	44	103	2812	203	—	—	1	1	22	9	44	126
麦积区	1877	80	—	1	—	—	9	5	6	59	2284	109	—	1	—	—	12	5	6	85
秦安县	1589	89	—	—	—	1	3	4	3	78	2016	121	—	—	—	1	5	4	3	108
甘谷县	1493	105	1	1	—	—	3	4	11	85	1901	138	1	1	—	—	4	4	11	117
武山县	1463	119	—	1	—	—	2	4	52	60	1758	143	—	1	—	—	3	4	52	83
清水县	1045	68	—	—	—	1	1	9	—	57	1358	91	—	—	—	1	3	9	—	78
张家川县	1444	103	—	1	—	—	2	5	—	95	1651	119	—	1	—	—	3	5	—	110
合计	11596	737	2	5	1	3	33	40	116	537	14200	927	2	5	2	3	52	40	116	707

一、天水市社会福利院

1949年之前，天水市社会福利院名为天水县救济院。

1949年8月3日，天水县接管天水县救济院，院址在城北弥陀寺；12月7日，救济院移交天水市，改称天水市生产教养院。

1952年1月，生产教养院搬迁至南郭寺。

1953年4月16日，天水市教养院移交天水专区，改名为天水专区生产教养院；7月，院部搬迁至石马坪。

1955年12月26日，将生产教养院下放天水市，改名为天水市生产教养院。

1957年11月，南郭寺移交天水市文教科管理，院民全部移住石马坪。

1960年，生产教养院与盲、聋、哑技术学校合并成立“天水市社会福利院”。

1965年，将张家川县、西河县、礼县、徽县儿童教养院和天水县墁坪新民农场并入天水市社会福利院，移交专区，改名为天水专区儿童教养院，院址仍在石马坪。

1970年5月21日，儿童教养院全部搬迁至墁坪。

1976年4月27日，天水地区儿童教养院改名为天水地区教养院。

1979年4月17日，天水地区教养院改名为天水地区社会福利院，同年，天水地区社会福利院迁回石马坪原天水专区儿童教养院旧址。

1980年1月，天水地区复退军人精神病疗养所成立，福利院原20名军队精神病员移交复退军人精神病疗养所。

1985年，天水地区社会福利院改名为天水市社会福利院。

天水市社会福利院位于秦州区南郊，东邻李广墓，西邻秦州区玉泉镇石马坪村，占地面积为4396平方米，设置床位150张，是天水市唯一一所综合性的社会福利机构，为全额拨款的正科级事业单位。全院有职工49名，其中，管理人员8名、专业技术人员7名、技术工人31名、工勤人员3人。内设“2股1室1部1中心”，即业务股、后勤股、办公室、公寓部、收养中心。天水市社会福利院已建设成为省二级福利院和市级文明单位，被市政府命名为“残疾人之家”，被省残工委授予“全省志愿者助残先进集体”荣誉称号，被区精神文明建设委员会和区环境保护委员会授予“绿色机关”荣誉称号。

市社会福利院承担着社会上“三无”（无劳动能力、无生活来源、无法定抚养人或赡养人）人员、孤寡老人、孤儿、弃婴、残疾人和精神病人的供养、医疗、康复、娱乐和教育等服务。到2015年底，全院共有服务对象103人，其中，弃婴、孤残儿童32人，在校学生27人，老人及残疾人26人，重度残疾儿童9人，自费代养人员6人，家庭寄养3人。

二、天水市老年公寓

天水市老年公寓成立于2004年4月，建筑面积为3283平方米，共有房间69套，其中，豪华间8套、标准间28套、普通间33套，设置床位120张。其功能是，为天水市及周边省、市和地区的老年人提供生活、居住、文化娱乐、医疗保健和生活照料等多项服务。为天水市第一家政府主办的示范性老年公寓，也是当前天水市唯一一所经营性质的公办养老机构，位于市社会福利院院内。

截至2015年底，共入住33名老人，其中，60岁以下2人、60～80岁23人、80岁以上8人。这些人中，生活完全不能自理的15人，具有部分生活自理能力的4人，生活能够自理的14人。

三、天水市儿童福利院

天水市儿童福利院建设项目是民政部“儿童福利机构建设蓝天计划”项目之一，是天水市唯一一个被列入国家“蓝天计划”的项目。该院位于天水市麦积区花牛镇曹埂村，占地面积为18600平方米。一期工程建筑面积为10686.9平方米，主体工程概算为2593.58万元，连同辅助设施总投资4044万元。按国家二类儿童福利机构标准设计床位305张。于2007年8月立项，2011年4月26日开工，2015年10月正式投入使用。

第三节　老年人社会福利

“十二五”时期以来，天水市人口老龄化进入快速发展阶段。一是老龄化现象进一步加速：老年人口增长速度由“十一五”时期后3年的0.33个百分点上升到0.46个百分点，平均每年净增老年人口由1.57万人增长到2.23万人。二是高龄化进一步加速：2010年，全市共有80岁以上的高龄老人3.47万人，占老年人口总数的8.73%；2014年，已达5.07万人，占老年人口总数的10.45%。三是“空巢”化进一步加速：2008年，天水市刚进入老龄化社会时，“空巢”、留守、独居老人仅有5.4万人，占老年人口总数的14.67%；2014已增加到16.72万人，占老年人口总数的34.45%。四是“失能化”进一步加速：截至2015年，全市共有病残、失能老人2.83万人，占老年人口总数的6.1%；随着高龄化的进一步加速发展，失能、半失能老人数量将迅速增长。

2015年5月，根据《甘肃省人民政府关于加快发展养老服务业的实施意见》（甘政发〔2014〕50号），结合全市实际情况，制定下发了《关于加快推进养老服务业发展的实施方案》。到2020年，全面建成以居家为基础、以社区为依托、以机构为补充，医养相结合、功能完善、规模适度、覆盖城乡的养老服务体系，设施覆盖所有城市社区及90%以上的乡镇和60%以上的农村社区，平均每千名老人拥有养老服务床位35张以上。

一、居家养老

天水市按照“试点先行、逐步推开、量力而行、稳步发展”的思路，制定《天水市示范化城乡社区居家养老服务试点工作实施方案》，并于2015年在秦州区开展了城市居家养老服务的试点工作。

支持民营企业、社会组织等民办机构参与居家养老服务和信息平台建设。2015年，成立民办天水市虚拟养老院，至年底完成系统平台硬件建设，开通服务热线965888，并与39家企业、132个服务网点签订加盟协议。平台建成后将为全市老年人提供包括送餐送医、家政服务、心理慰藉等十大类230多项服务。

二、机构养老

（一）公办养老服务机构

1.天水市社会福利院

天水市社会福利院承担着社会上“三无”（无劳动能力、无生活来源、无法定抚养人或赡养人）人员、孤寡老人、孤儿、弃婴、残疾人和精神病人的供养、医疗、康复、娱乐和教育等服务。到2015年底，全院共有服务对象103人。其中，弃婴、孤残儿童32人，在校学生27人，老人及残疾人26人，重度残疾儿童9人，自费代养人员6人，家庭寄养3人。

2.天水市老年公寓

天水市老年公寓建筑面积3283平方米，共有房间69套，其中，豪华间8套、标准间28套、普通间33套，设置床位120张。到2015年底，共入住33名老人。其中，60岁以下的2人、60～80岁的23人、80岁以上的8人；这些人中，生活完全不能自理者15人、生活部分不能自理者4人、生活能够自理者14人。

3.各县（区）社会福利中心

天水市秦州区综合社会福利中心老年护理院位于秦州区玉泉镇王家磨村，总投资1343万元，占地面积13329平方米，建筑面积7949.27平方米，设置床位300张。

麦积区综合社会福利院。该院位于麦积区麦积镇后川村，占地面积15567平方米，建筑面积6384平方米，设置床位150张。工程项目建设投资2096.10万元，香港特别行政区定向捐赠资金851.5万元。

甘谷县社会福利中心。该中心位于甘谷县城西5千米处的大像山镇樊家村的甘谷县中心敬老院内西面，总投资225万元，建筑面积1500平方米，设置床位50余张。

秦安县社会福利中心。该中心位于兴国镇凤山村，占地面积3535.1平方米，建筑面积2153.96平方米，设置床位120张。

武山县社会福利中心。该中心位于城关镇毛纺厂社区院内，占地面积3333平方米，建筑面积2960平方米，设置床位120张。

清水县老年养护院。该院已有到位资金390万元，初步设置床位100张。市发改委已完成立项，至2015年底，已完成选址和场地平整工作。

张家川县中心敬老院。该院于2008年8月9日动工，设计主体4层框架结构楼房一幢。

（二）民办养老服务机构

麦积区憩园生态山庄老年公寓。该公寓为2007年4月省民政厅批准成立的一所社会福利机构，位于麦积区甘泉镇白石村，占地面积7365平方米，建筑面积6272平方米，有房屋48间、简易房23间、凉亭10个、休闲鱼塘3亩、总床位45张。配套设施较为齐全。至2015

年底，该公寓从业人员16人，实际入住老年人27人。

（三）其他类型养老服务机构

天水市麦积区全国综合养老示范基地。选址在天水市麦积区东柯河谷（甘泉镇八槐村和麦积镇街亭村交界处），总建筑面积20.86万平方米，容积率0.543，建筑密度14.7%，绿化率41.29%，设置床位3500张，总投资6亿元。主要建设内容有“三公寓六中心”，即护理型、酒店型、居家型养老公寓，医疗康复、生活服务、物业管理、文化活动、健身娱乐、护理培训中心。均为明清仿古建筑风格，同时配套建设道路、景观绿化、停车场、户外活动场地等附属设施。该项目《修建性详细规划》《整体建设方案》已编制完成，用地规划许可证、建设工程规划许可证已办理，于2013年3月启动项目建设，累计完成投资3.67亿元。

天水新天坛医院老年康复中心。该中心于2013年9月批准成立，由天水新天坛医院主办，位于天水市秦州区西十里铺。总投资3000万元，设置床位200张。

三、社区养老

2008年，天水市老龄办制定《天水市社区居家养老服务工作实施方案》，督促、指导基层建立了以社区工作人员、公益性岗位服务人员、志愿者为主体的社区养老服务队伍，并联系辖区家政服务、医疗卫生、快餐配送点等服务机构加盟，全面组织开展社区居家养老服务，重点为高龄、“失能”、“空巢”老人提供生活照料、家政服务、康复护理、精神慰藉等。全市城市社区养老服务队伍组建已经实现全覆盖。

2012年11月19日，市政府下发《天水市人民政府办公室关于加快推进全市社区老年人日间照料中心建设的通知》（天政办发〔2012〕224号），决定自2012年起，利用4年时间在全市范围内建设65个城市社区老年人日间照料中心，每个中心建筑面积不低于200平方米，床位不少于30张。镇政府所在村（社区）和1247个行政村建立日间照料中心。截至2015年，全市共建成52个城市社区老年人日间照料中心和707个农村社区日间照料中心及农村老人互助幸福院。

（一）城市社区老年人日间照料中心建设

1.秦州区老年人日间照料中心（20个）

天水郡街道西十里社区、七里墩街道罗一社区、天水郡街道王家磨社区、西关街道永庆路社区、东关街道盛源社区、西关街道自由路社区、中城街道伊民巷社区、七里墩街道东十里社区、石马坪街道莲园社区、天水郡街道皂郊路社区、大城街道光明巷社区、东关街道十方堂社区、石马坪街道石马坪社区、天水郡街道、秦州老年人日间照料中心、七里墩街道长开社区、西关街道环西社区、西关街道西站社区、七里墩街道长控社区、石马坪街道南二社区。

2.麦积区老年人日间照料中心（12个）

桥南街道埠南社区、北道埠街道大桥社区、马跑泉镇柳林社区、北道埠街道羲皇社区、桥南街道埠天河社区、道北街道下曲社区、道北街道北山路社区、道北街道滨河路社区、道北街道道北社区、道北街道前进社区、社棠镇向阳社区、桥南街道陇林社区。

3. 秦安县老年人日间照料中心（5个）

秦安县大城社区、秦安县凤山社区、秦安县映南社区、秦安县北关社区、秦安县南关社区。

4. 甘谷县老年人日间照料中心（4个）

甘谷县大像山镇东关社区、甘谷县富强社区、甘谷县六峰镇六峰社区、甘谷县磐安镇磐安社区。

5. 武山县老年人日间照料中心（3个）

武山县城关镇渭北社区、武山县城关镇东关社区、武山县四门镇四门社区。

6. 清水县老年人日间照料中心（3个）

清水县金集镇金集社区、清水县永清镇西关社区、清水县永清镇城南社区。

7. 张家川县老年人日间照料中心（3个）

张家川镇中城社区、张家川镇西城社区、张川镇南城社区。

（二）星光计划

天水市“星光计划”自2001年启动，至2004年结束。3年来，省民政厅共为天水市下达44个项目，其中，秦州区23个、麦积区16个，5个县各1个。共分3批建设，第一批12个、第二批20个、第三批12个。44个项目中，新建项目29个、街道中心和社区服务站联建项目5个、社区合建项目2个、利用原居委会办公用房改建项目4个、从房产公司以优惠价购买的项目4个。项目总投资1049.5万元，其中，省厅投入540万元，市局投入福利彩票公益金219.5万元，各县（区）投入福利彩票公益金20万元，县（区）财政投入40万元，县（区）民政、街道、社区自筹210万元，社会力量投入20万元。驻社区单位无偿提供土地10000平方米。现有41个项目已投入使用。

天水市相关养老机构基本情况统计见表13-2、13-3。

表 13-2　天水市敬老院基本情况统计表

县（区）	机构概况			基础建设						工作人员（人）				入住人数（人）			备注
	五保供养服务机构名称	建成年份	管理性质	占地面积（亩）	建筑面积（m^2）	建筑结构		床位数（张）	床位利用率	总计	职位类别			总计	职位类别		
						楼房	平房				行政编制	事业编制	其他		五保供养对象	其他人员	
秦州区	太京镇中心敬老院	1988	乡镇人民政府办	3	743	✓		30	66.7%	3			3	20	20		
	天水镇中心敬老院	2009	乡镇人民政府办	5	500	✓		40	82.5%	4			4	33	33		
	关子镇中心敬老院	1989	乡镇人民政府办	2	230		✓	8	75%	2			2	6	6		
	秦岭乡中心敬老院	2001	乡镇人民政府办	2.6	280	✓		8	37.5%	2			2	3	3		
	中梁乡敬老院	2000	乡镇人民政府办	3.5	265		✓	8	37.5%	2			2	3	3		
	牡丹镇中心敬老院	1998	乡镇人民政府办	2.2	260		✓	8	37.5%	2			2	3	3		
	平南镇敬老院	2011	乡镇人民政府办	1.8	500	✓		17	29.4%	3			3	5	5		
麦积区	甘泉中心敬老院	2010	乡镇人民政府办	8	1424.53	✓		48	31.25%	3			3	15	15		
	元龙中心敬老院	2011	乡镇人民政府办	16.5	1945.5	√		68	17.65%	4			4	12	12		

续表13-2

县（区）	机构概况			基础建设						工作人员（人）				入住人数（人）			备注
	五保供养服务机构名称	建成年份	管理性质	占地面积（亩）	建筑面积（m^2）	建筑结构		床位数（张）	床位利用率	总计	职位类别			总计	职位类别		
						楼房	平房				行政编制	事业编制	其他		五保供养对象	其他人员	
麦积区	石佛中心敬老院	2011	乡镇人民政府办	15	2700	√		100	16%	5			5	16	16		
	新阳镇凤凰敬老院	2013	乡镇人民政府办	3	950		√	40	52.5%	3		1	2	21	21		
	利桥乡百花敬老院	2011	乡镇人民政府办	3	550		√	25	22%	2			2	18	18		
秦安县	中心敬老院	2013	县级民政部门	5.3	3442.3	√		144	10.42%	6			6	15	15		
	郭嘉中心敬老院	2012	县级民政部门	3.2	1150	√		80	12.5%	4			4	10	10		
	刘坪乡敬老院	1987	乡镇人民政府	0.4	144		√	6	16.67%	1			1	1	1		
	中山乡敬老院	1996	乡镇人民政府	1.2	168		√	6	16.67%	1			1	1	1		
甘谷县	中心敬老院	2009	县级民政部门办	5	1700	√		80	53.75%	8			8	43	43		
	谢家湾乡中心敬老院	2013	乡镇人民政府办	3.5	574.1	√		40	25%	3	3			10	10		
	金山乡中心敬老院	不详	乡镇人民政府办	2.5	931.2	√		50									

续表13-2

县（区）	机构概况			基础建设						工作人员（人）				入住人数（人）			备注
	五保供养服务机构名称	建成年份	管理性质	占地面积（亩）	建筑面积（m^2）	建筑结构		床位数（张）	床位利用率	总计	职位类别			总计	职位类别		
						楼房	平房				行政编制	事业编制	其他		五保供养对象	其他人员	
甘谷县	西坪乡敬老院	不详	乡镇人民政府办	1	265.2		√	20									
武山县	城关中心敬老院	2010	县级民政部门	5	2960	√		120	11.67%	11		1	10	14	14		
	洛门中心敬老院	2011	乡镇人民政府	3	2004	√		100	22%	3		1	2	22	22		
	温泉乡温泉村敬老院	1985	乡镇人民政府	2.1	100		√	6	100%	1			1	6	6		
	温泉乡草川村敬老院	1985	乡镇人民政府	3	60		√	4	75%	1			1	3	3		
清水县	中心敬老院	2009	县人民政府办	2.8	1451	√		70	82.86%	15			15	58	58		
	红堡镇中心敬老院	2012	乡人民政府办	1.5	300	√		24	66.67%	2			2	16	16		
	白驼镇中心敬老院	2012	乡人民政府办	1.5	300		√	26	30.77%	2			2	8	8		
	山门镇中心敬老院	2009	乡人民政府办	1.6	594	√		20	70%	2			2	14	14		
	金集镇敬老院	2009	乡人民政府办	1.5	508		√	20	55%	2			2	11	11		
	秦亭镇敬老院	2009	乡人民政府办	1.5	502		√	20	80%	2			2	16	16		

续表13-2

县（区）	机构概况			基础建设						工作人员（人）				入住人数（人）			备注
	五保供养服务机构名称	建成年份	管理性质	占地面积（亩）	建筑面积（m^2）	建筑结构		床位数（张）	床位利用率	总计	职位类别			总计	职位类别		
						楼房	平房				行政编制	事业编制	其他		五保供养对象	其他人员	
清水县	郭川乡敬老院	2001	乡人民政府办	1.8	240		√	18	72.22%	2			2	13	13		
	土门乡敬老院	1996	乡人民政府办	1.9	260		√	12	41.67%	2			2	5	5		
	远门乡敬老院	2011	乡人民政府办	5	110		√	16	75%	2			2	12	12		
	松树乡敬老院	2013	乡人民政府办	1.4	286		√	18	44.44%	2			2	8	8		
	王河乡敬老院	1989	乡人民政府办	2.5	210		√	10	70%	2			2	7	7		
	陇东乡敬老院	2014	乡人民政府办	1.2	307.9		√	16	68.75%	2			2	11	11		
张家川县	中心敬老院	2011	乡人民政府办	0.15	293.2		√	18	55.56%	2			2	10	10		
	恭门镇敬老院	1995	恭门镇政府	1.54	172		√	12	8.33%	1			1	1	1		
	马鹿乡敬老院	2001	马鹿乡政府	2.05	184		√	12	50%	1			1	6	6		
	平安乡敬老院	1997	平安乡政府	1.38	150		√	19	31.58%	1			1	6	6		
	张棉乡敬老院	1987	张棉乡政府	1.3	152		√	13	53.85%	1			1	7	7		

表 13-3 天水市五保家园基本情况统计表

县（区）	机构名称	建成年份	管理单位	占地面积（亩）	建筑面积（m^2）	楼房	平房	床位数（张）	床位利用率
秦安县	刘坪乡墩湾村五保家园	2008	其他	0.5	205		√	12	33.3%
	陇城镇凤尾村五保家园	2008	其他	0.39	160		√	7	42.86%
	云山乡下寨村五保家园	2008	其他	0.35	200		√	7	14.29%
甘谷县	谢家湾乡汪坪村五保家园	2009	乡人民政府办	0.7	100		√	4	75.0%
	谢家湾张转地村五保家园	2009	乡人民政府办	1.2	180		√	7	14.3%
	谢家湾乡年家湾村五保家园	2009	乡人民政府办	0.3	50		√	2	50.0%
	金山乡金山村五保家园	2009	乡人民政府办	1.2	200		√	8	12.5%
	武家河乡石庙嘴村五保家园	2009	乡人民政府办	0.4	80		√	3	13.3%
	古坡乡古坡村五保家园	2009	乡人民政府办	1.5	150		√	6	100%
	古坡乡上店子村五保家园	2009	乡人民政府办	1.5	100		√	3	100%
	古坡乡下店子村五保家园	2009	乡人民政府办	1.5	220		√	9	100%
	古坡乡瓦泉峪村五保家园	2009	乡人民政府办	1.5	300		√	12	25%
	古坡乡羌甘峪村五保家园	2009	乡人民政府办	0.7	120		√	5	20%
	古坡乡杨家坪村五保家园	2009	乡人民政府办	0.3	50		√	2	100%

续表13-3

县（区）	机构名称	建成年份	管理单位	占地面积（亩）	建筑面积（m^2）	楼房	平房	床位数（张）	床位利用率
武山县	马力镇余寨村五保家园	2009	乡镇人民政府	0.3	200		√	6	33%
	榆盘乡下沟村五保家园	2009	乡镇人民政府	0.1	70		√	3	67%
	龙台乡董庄村五保家园	2009	乡镇人民政府	0.03	20		√	1	100%
	龙台乡青山村五保家园	2010	乡镇人民政府	0.04	30		√	3	67%
	马力镇王门村五保家园	2009	乡镇人民政府	0.25	168		√	5	60%
	马力镇榜沙村五保家园	2009	乡镇人民政府	0.05	30		√	5	40%
	马力镇山庄村五保家园	2009	乡镇人民政府	0.08	50		√	6	17%
	滩歌镇元崖村缸厂组五保家园	2009	乡镇人民政府	0.08	50		√	2	50%
	榆盘乡河程村五保家园	2009	乡镇人民政府	0.12	80		√	5	40%
	龙台乡大庄村五保家园	2009	乡镇人民政府	0.08	50		√	3	67%
	城关镇西岔村五保家园	2009	乡镇人民政府	0.05	30		√	2	50%
	滩歌镇柳坪村五保家园	2009	乡镇人民政府	0.03	20		√	1	100%
	滩歌镇魏山村八爷庙组五保家园	2009	乡镇人民政府	0.06	40		√	2	50%
	滩歌镇费庄村五保家园	2009	乡镇人民政府	0.05	30		√	2	50%
	滩歌镇漆庄村二组五保家园	2009	乡镇人民政府	0.03	20		√	1	100%

续表13-3

县（区）	机构名称	建成年份	管理单位	占地面积（亩）	建筑面积（m^2）	楼房	平房	床位数（张）	床位利用率
武山县	龙台乡杨咀村五保家园	2009	乡镇人民政府	0.09	60		√	2	50%
	滩歌镇魏屲村魏屲组五保家园	2009	乡镇人民政府	0.06	40		√	2	50%
	滩歌镇本深沟村三组五保家园	2009	乡镇人民政府	0.03	20		√	1	100%
	滩歌镇赵沟村五保家园	2009	乡镇人民政府	0.03	20		√	1	100%
	榆盘乡堡东村五保家园	2009	乡镇人民政府	0.09	60		√	4	50%
	温泉乡温泉村五保家园	2009	乡镇人民政府	0.18	120		√	5	40%
	马力镇南阳村五保家园	2009	乡镇人民政府	0.24	160		√	4	50%
	滩歌镇本深沟村一组五保家园	2009	乡镇人民政府	0.03	20		√	1	100%
	滩歌镇兴成村五保家园	2009	乡镇人民政府	0.08	50		√	3	33%
	滩歌镇本深沟村二组五保家园	2009	乡镇人民政府	0.03	20		√	1	100%
	龙台乡沟门村五保家园	2009	乡镇人民政府	0.03	20		√	1	100%
	马力镇年坪村五保家园	2009	乡镇人民政府	0.3	200		√	5	40%
	滩歌镇漆庄村一组五保家园	2009	乡镇人民政府	0.03	20		√	1	100%
	城关镇磨儿村五保家园	2009	乡镇人民政府	0.08	50		√	5	20%
	温泉乡棋盘村五保家园	2009	乡镇人民政府	0.15	100		√	6	50%

续表13-3

县（区）	机构名称	建成年份	管理单位	占地面积（亩）	建筑面积（m^2）	楼房	平房	床位数（张）	床位利用率
武山县	滩歌镇代沟村五保家园	2009	乡镇人民政府	0.08	50		√	3	33%
	滩歌镇黑池殿村五保家园	2009	乡镇人民政府	0.06	40		√	2	50%
	马力镇北顺村五保家园	2009	乡镇人民政府	0.16	105		√	5	40%
	滩歌镇黄山村五保家园	2009	乡镇人民政府	0.06	40		√	2	50%
	滩歌镇南沟村五保家园	2009	乡镇人民政府	0.02	15		√	1	100%
	滩歌镇北山村五保家园	2009	乡镇人民政府	0.06	40		√	2	50%
	龙台乡三羊坪村五保家园	2009	乡镇人民政府	0.03	20		√	1	100%
	沿安乡川儿村五保家园	2009	乡镇人民政府	0.15	100		√	3	67%
	滩歌镇董坪村五保家园	2009	乡镇人民政府	0.03	20		√	1	100%
	榆盘乡榆盘村五保家园	2009	乡镇人民政府	0.11	70		√	3	67%
	杨河乡小庄村五保家园	2009	乡镇人民政府	0.35	230		√	16	31%
	沿安乡马蹄沟村五保家园	2009	乡镇人民政府	0.3	200		√	6	83%
	鸳鸯镇颉家门村五保家园	2009	乡镇人民政府	0.08	50		√	7	29%
	鸳鸯镇丁家门村五保家园	2009	乡镇人民政府	0.08	50		√	8	12.5%
	滩歌镇王磨村一组五保家园	2009	乡镇人民政府	0.05	30		√	1	100%

续表13-3

县（区）	机构名称	建成年份	管理单位	占地面积（亩）	建筑面积（m^2）	楼房	平房	床位数（张）	床位利用率
武山县	滩歌镇王磨村二组五保家园	2009	乡镇人民政府	0.08	50		√	2	50%
	四门镇三衙村五保家园	2009	乡镇人民政府	0.24	160		√	8	12.5%
	城关镇邓堡村五保家园	2009	乡镇人民政府	0.08	50		√	5	20%
	城关镇康瓦坪村五保家园	2009	乡镇人民政府	0.05	36		√	7	14%
	四门镇上湾村五保家园	2009	乡镇人民政府	0.32	210		√	7	14%
	榆盘乡梁沟村五保家园	2009	乡镇人民政府	0.12	80		√	4	75%
	滩歌镇元崖村熊沟组五保家园	2009	乡镇人民政府	0.08	50		√	2	50%
清水县	黄门乡王店村五保家园	2012	其他	0.1	40		√	10	60%
	黄门乡杨李村五保家园	2012	其他	1.5	40		√	10	50%
	松树乡大庄村五保家园	2013	其他	0.1	60		√	10	40%
	松树乡友爱村五保家园	2013	其他	0.8	30		√	10	40%
	松树乡大柳村五保家园	2013	其他	1	50		√	10	50%
	松树乡椅山村五保家园	2013	其他	1	40		√	10	50%
	远门乡远门村五保家园	2013	其他	0.7	30		√	10	40%
	远门乡单魏村五保家园	2013	其他	1.2	60		√	10	40%

续表13-3

县（区）	机构名称	建成年份	管理单位	占地面积（亩）	建筑面积（m^2）	楼房	平房	床位数（张）	床位利用率
清水县	远门乡夜明村五保家园	2013	其他	0.8	60		√	10	40%
	远门乡王付村五保家园	2013	其他	0.7	60		√	10	40%
	丰望乡徐山村五保家园	2012	其他	0.3	100		√	10	40%
	丰望乡磨上村五保家园	2012	其他	0.3	100		√	10	40%
	秦亭镇赵尧村五保家园	2013	其他	1	100		√	10	30%
	白驼镇白驼村五保家园	2014	其他	0.9	80		√	10	10%
	陇东乡朱湾村五保家园	2014	其他	0.9	60		√	10	10%
	陇东乡赵峡村五保家园	2014	其他	0.7	50		√	10	10%
	永清镇暖湾村五保家园	2014	其他	1.8	120		√	10	10%
	永清镇张杨村五保家园	2014	其他	1.2	120		√	10	10%
	红堡镇蔡湾村五保家园	2013	其他	0.8	40		√	10	10%

第四节 儿童福利事业

儿童福利是福利机构向特殊儿童群体提供的一种福利服务。其主要范围是处于不幸境地的儿童，包括弃婴、残疾儿童、孤儿、流浪儿童等；服务内容倾向于救治、矫治、扶正等恢复性作用。

一、弃婴福利

弃婴即被丢弃的婴儿。一般是因为婴儿自身有严重缺陷、疾病，或父母无抚养能力。

(一) 弃婴的认定

儿童福利机构及时发布寻亲公告，2个月公告期满后，仍查找不到生父母和其他监护人的，即可认定为弃婴。

(二) 弃婴的安置

自2000年至2014年底，天水市社会福利机构共接收、安置弃婴461名。其中，2000年28名、2001年25名、2002年18名、2003年24名、2004年27名、2005年26名、2006年17名、2007年32名、2008年33名、2009年40名、2010年37名、2011年37名、2012年40名、2013年28名、2014年21名、2015年28名。

天水市从2007年开始进行涉外送养。2007年送养2人，2008年送养1人，2009年送养3人，2010年送养8人，2011年送养5人，2012年送养10人，2013年送养3人，共32人。其中，送养至美国18人，荷兰2人，西班牙6人，加拿大3人，法国、芬兰、冰岛各1人。2014年国内送养3人。

2013年9月23日，天水市民政局、天水市发改委、天水市公安局、天水市司法局、天水市财政局、天水市卫生局、天水市人口计生委、天水市宗教事务局联合下发《关于进一步做好弃婴相关工作的通知》(天市民福发〔2013〕168号)，规定弃婴身份确定后，由社会福利机构申请，经民政部门审批同意后，办理正式进入儿童福利机构的手续。对公安机关移送的弃婴，儿童福利机构应及时送卫生部门指定的医疗机构进行体检和传染病检查，并出具体检表。对患病弃婴，医疗机构应按照“先救治，后结算”的原则，积极救治，出院时出具治疗证明。

公安部门根据弃婴入院登记表、弃婴捡拾证明办理户籍登记。社会福利机构收养无户口的弃婴、孤儿，可凭县（区）民政部门和社会福利机构的书面意见及弃婴捡到人的证明材料，作为特殊情况，按非农业人口办理出生登记落户。其出生日期有明确记载的，按记载日期登记；如无明确记载的，可按捡到或收养日期登记。对于有户口的，属农村户口的，由该机构填写“农转非”审批表，并附村委会和乡镇政府出具的证明，经县（区）民政部门审查，由公安局审批办理“农转非”户口，不占当地“农转非”指标；属于城镇居民户口的，按非农业人口迁移手续，将户口迁至社会福利机构驻地。

社会福利机构对智力基本正常的弃婴，到入学年龄时应安排及时入学；有智力发育问题的，在福利院继续供养；患有严重疾病，经医治无效而死亡的，健全档案。

二、残疾儿童福利

（一）一般残疾儿童福利

一般残疾儿童福利主要是为具有手术适应证的、福利机构内的或贫困家庭的孤残儿童提供的免费手术和康复治疗。

1."明天计划"

"明天计划"即"孤残儿童手术康复明天计划"，于2004年5月启动。具体对象是城乡各类福利机构（福利院、敬老院及其他收养性福利单位）中0～18周岁具有手术适应证的残疾孤儿，以及因当地无福利机构或者其他原因而实施家庭寄养的残疾孤儿。具体内容是对符合条件的残疾孤儿全部实行免费手术矫治，以及术后帮助恢复。经费渠道是由民政部福利彩票公益金、省级财政和社会捐赠组成。天水市定点医院是天水市第一人民医院。经费承担比例为：民政部70%、省厅20%、市州10%。天水市共对110名残疾孤儿实施了免费手术，其中，2004年4名、2005年38名、2006年50名。2007年以后转入长效机制。2007年1名、2008年2名、2011年1名、2012年1名、2013年3名、2014年2名、2015年8名。

2.福康工程

福康工程是2011年5月19日由民政部发起，使用民政部本级福利彩票公益金，由国家康复辅具研究中心具体组织实施的资助西部地区福利机构残障人配置康复辅具、开展康复训练、增强生活自理能力的社会福利项目。为西部地区社会福利院、城市老年福利机构及其他福利机构集中供养的"三无"人员、贫困残障者、长期安置的流浪乞讨残障者及民政救助的社会残障者免费配置假肢、矫形器、轮椅、助行器等辅具产品，以及为福利机构示范性免费配置轨道型楼梯升降机、室内移动辅具、残障者专用生活起居床、可折叠洗浴床等无障碍辅具产品。对由福利机构集中供养的"三无"人员、贫困残障者、长期安置的流浪乞讨残障者及社会贫困家庭残障者中的肢体畸形患者进行手术矫正，结合辅具实施个体化康复训练，之后逐步扩展为为部分肢体残疾及畸形人员免费实施矫治与康复训练等。

至2014年底，全市共免费为10名残疾儿童实施康复手术，其中，天水市社会福利院5名、麦积区3名、清水县1名、武山县1名，均由国家康复医院实施手术，手术成功率百分之百。

3."疝气手术康复计划"

"疝气手术康复计划"即"西部贫困家庭疝气儿童手术康复计划"项目，是民政部和李嘉诚基金会合作实施的一项帮助西部地区贫困家庭疝气儿童接受良好手术治疗、尽早摆脱疾病困扰、健康成长的公益项目。其主要内容是对西部贫困家庭（家庭年收入低于2300元）患有先天性心脏病、疝气、脑瘫的儿童实行免费治疗。天水市定点医院为天水市第一人民医院，实施手术费包干制，每名患儿手术费2100元，由李嘉诚基金会资助1000元，县（区）民政部门从医疗救助资金中资助600元，患儿家庭从其合作医疗中报销500元。至

2015年底，共为43名疝气儿童、7名脑瘫儿童实行免费医疗手术，共为患者家庭免去手术费10.5万元，手术成功率百分之百。

（二）重度残疾儿童福利

重度残疾儿童指0～14岁的，肢体一级、二级残疾或智力、精神一级残疾的儿童。

2012年，甘肃省人民政府办公室下发《关于我省集中连片特困地区贫困县农村贫困家庭重度残疾儿童实施救助抚养意见的通知》（甘政办发〔2012〕112号），对符合具有本地户籍、人均年纯收入低于2300元的农村贫困家庭重度残疾儿童，在不改变监护人（生身父母）法定义务的前提下，按照属地管理的原则，采取监护人自愿申请、逐级审批、福利机构分批安排入住的程序，经家长或者其他法定监护人申请，由监护人、所在社区或者村委会、社会福利机构三方签订合同，由社会福利机构集中供养。被救助抚养的重度残疾儿童，享受所在福利院养育的孤残儿童同等的生活、医疗、教育待遇。

2012年起，执行每人每月840元的救助抚养费标准。所在县（区）有儿童福利机构的，由当地儿童福利机构接收并供养；所在县（区）没有儿童福利机构的，由该县（区）民政部门呈文申请市民政部门，经审核同意后送市级儿童福利机构。这项工作自2011年开始，2011年集中供养39人，2012年集中供养60人，2013年集中供养103人，2014年集中供养130人。

三、孤儿福利

孤儿就是失去父母的未成年人。

2010年前，孤儿同其他亲属或者其他家庭、个人一起生活的，属于特困家庭的，由民政部门酌情予以一定的救济；孤儿由社会福利机构收养的，由社会福利机构提供食宿、医疗、入学等条件。

从2010年起，国家对孤儿发放基本生活费，每人每月360元，所需资金由中央财政承担。2011年起，对失去父母、查找不到生父母的未满18周岁的未成年人，以及年满18周岁后仍在校就读的原孤儿，实行基本生活保障制度。

（一）集中供养

在本人和法定监护人自愿的前提下，由社会福利机构集中供养。

2011年，孤儿基本生活保障最低标准为城市福利机构集中供养孤儿每人每月800元，农村福利机构集中供养孤儿每人每月550元。

2012年起，孤儿基本生活保障最低标准为城市福利机构集中供养孤儿每人每月840元（市级福利机构除省上下拨840元外，市财政补助540元，供养标准为每人每月1380元）；农村福利机构集中供养孤儿每人每月840元。

至2013年底，市、县、区社会福利机构共收养孤儿68名，其中，市社会福利院46名、县（区）22名。

2015年，根据省民政厅、省财政厅《关于提高我省孤儿基本生活费保障标准的通知》，全市孤儿基本生活机构提高供养标准至每人每月1000元，散居孤儿为每人每月640元，不再区分农村城市。

儿童入住市社会福利院的程序是：

一是看该儿童是否有法定抚养人。如无法定抚养人，属孤儿，由村委会、社区居委会申报乡（镇）政府、街道办事处审核，审核同意后，上报县（区）民政局审核，审核同意后再上报市民政局审批。市民政局审批同意后，送市福利院办理入院手续。

二是看该儿童是否属于贫困县（区）贫困家庭重度残疾儿童。如属于贫困县（区）贫困家庭重度残疾儿童，由村委会、社区居委会申报乡（镇）政府、街道办事处审核，审核同意后，上报县（区）民政局审核，审核同意后再上报市民政局审批。市民政局审批同意后，送市福利院办理入院手续。

（二）分散供养

即对和其他亲属一起生活的孤儿，从2010年起，由民政部门发放基本生活费。2010年，发放标准为每人每月360元。2011年，孤儿基本生活保障最低标准为城市散居孤儿每人每月600元，农村散居孤儿每人每月400元。2012年起，孤儿基本生活保障最低标准为城市散居孤儿每人每月640元，农村散居孤儿每人每月440元。2010年，全市共给855人发放369万元；2011年，全市共给1546人发放856万元；2012年，全市共给1888人发放986.644万元；2013年，全市共给1928人发放1140万元；2014年，共给2058人发放1216万元；2015年，共给1969人发放1121.472万元。

（三）适龄孤儿职业技能培训

对16～18岁孤儿，甘肃省民政厅从2011年开始，在孤儿本人和监护人自愿的前提下，免费进行职业技能培训。天水市2011年培训14人，2012年培训9人，2013年培训10人，2014年培训5人，2015年培训2人。

四、儿童福利机构建设

（一）公办儿童福利机构建设

1.天水市儿童福利院

该院是天水市唯一一项被列入国家“蓝天计划”项目的福利院。位于天水市麦积区花牛镇曹埂村，占地27.9亩，一期工程建筑面积为10686.9平方米，主体工程概算2593.58万元，连同辅助设施总投资4044万元。目前到位资金3404万元，其中，中央福彩公益金760万元、国际定向捐赠900万元、省福彩公益金720万元、市财政补助50万元、市福彩公益金874万元（含征地574万元）、市慈善总会100万元。按国家二类儿童福利机构标准设计床位305张。2015年10月正式投入运营。

2.天水市流浪未成年人救助保护中心

该中心选址位于麦积区马跑泉镇三十甸子村，市武警支队正北，占地27亩，设计床位120张，建筑面积3690平方米，总投资1826.3万元。

3.甘谷县儿童福利院

该院位于甘谷县特教学校西侧，占地面积5亩，总投资800万元，设计床位100张。已到位资金160万元，为部级、省级彩票公益金补助地方项目。主要服务于全县农村贫困家庭重度残疾儿童、孤儿和弃婴，承担农村贫困重度残疾儿童救助抚养和孤儿及弃婴的收养、管护、医疗、康复及教育等职能。

4.武山县社会福利中心儿童部

该中心儿童部现已建成并投入使用。共有职工19人，床位数30张，入住12人。

5.秦安县社会福利中心儿童部

该中心儿童部位于秦安县兴国镇凤山村周庄组原县建材厂西南侧的社会福利中心3楼。现已建成并投入使用，总床位60张，入住3人。

6.张家川县儿童福利院

该院位于张家川县张家川镇上磨村县中心敬老院院内。占地面积6亩，建筑面积4000平方米。项目总投资680万元。已到位资金80万元，现正在筹备建设之中，总床位100张。

7.清水县社会福利中心儿童部

该中心儿童部和清水县老年养护院整合修建，已到位资金80万元，设计床位100张。2015年开工建设。

（二）民办儿童福利机构建设

天水市的民办儿童福利机构张家川县孤儿院，资金来源主要靠社会捐助。位于张家川县城中城南路，建筑面积110平方米，共有平房6间，其中，图书室1间、宿舍3间、厨房1间、办公室1间，配备高低床2张、桌子10张、椅子20把。现有2名工作人员，其中，1名服务人员，负责儿童日常生活照料；1名专职厨师。至2015年底，共有孤儿9名，其中男6名、女3名，全部在校就读。

第五节 福利彩票发行与管理

一、天水市福利彩票

（一）即开型福利彩票

即开型福利彩票是天水市最早发行的福利彩票票种，经历了从分散式销售到大奖组销售再到计算机系统管理网点销售模式。

1988年到2004年，天水市即开型福利彩票采取分散式销售以及大奖组销售模式，运用家电实物设奖，彩票分为刮开式、撕开式和揭开式等类型，采取手工兑奖的方式，返奖率为50%，每张面值2元。

2004年5月，受西安体彩“宝马事件”和即开型福利彩票管理缺陷的影响，天水市即开型福利彩票全面停销。

1988—2004年、2008—2015年天水市即开型福利彩票销售情况见表13-4、13-5。

表13-4　1988—2004年天水市即开型福利彩票销售情况

单位：万元

年份	1988	1989	1990	1991	1992	1993	1994	1995	1996
销量	60	30	26	90	287	308	472	1000	1082
年份	1997	1998	1999	2000	2001	2002	2003	2004	
销量	349.7	300	352	44	28	20	28	155.4	

2005年，即开型福利彩票的返奖率从原先的50%调整至65%，成为返奖率最高的票种。2008年，天水市采用计算机管理，重新启动即开型福利彩票销售，实行中心站配送模式。共建立了6个中心站，覆盖全市所有县（区）。票种也从原先单一的2元票种，增加到5元、10元、20元多个票种。

表13-5　2008—2015年天水市即开型福利彩票销售情况

单位：万元

年份	2008	2009	2010	2011	2012	2013	2014	2015
销量	421	1135	1317	2412	2728	3117	2173	2099

（二）电脑型福利彩票

2000年，中国福利彩票发行中心授权的“黄河风采”电脑福利彩票在甘、青、宁三省发行。2000年10月18日，“黄河风采”在天水正式发行上市。“黄河风采”前期采用农业银行代销为主、个人销售为辅的形式搭建销售网络，销售规模为36个投注站点。2003年，“双色球”全国统一上市后，天水市电脑型福利彩票从农行代销为主逐渐转为个人代销为主，销售规模增加到63个投注站点。2004年，“3D”全国统一上市，销售规模增加到69个投注站点。2007年，“七乐彩”全国统一上市，销售规模增加到87个投注站点。“七乐彩”上市后，“黄河风采”退出了市场。至此，地方发行的电脑型福利彩票正式退出历史舞台，天水市电脑型福利彩票销售全国统一的“双色球”“3D”“七乐彩”三大品牌，实行统一标识。2013年，全市投注站销售网点234个，同年8月，由甘肃省统一发行销售的“快3”在天水上市销售。至2015年底，投注站点增加至254个，覆盖全市五县两区76个乡镇。2000—2015年天水市电脑型福利彩票销售情况见表13-6。

表13-6　2000—2015年天水市电脑型福利彩票销售情况

单位：万元

年份	2000	2001	2002	2003	2004	2005	2006	2007
销量	150	1120	1998.9	1999	1317	2024	2777	2566
年份	2008	2009	2010	2011	2012	2013	2014	2015
销量	5416	10500	9652	9611	10800	19877	34200	28658

图13-1　天水市中国福利彩票电脑票发行十周年庆典

（三）中福在线即开型彩票

2005年6月4日，天水市第一家中福在线销售厅在秦州区人民西路建成，共有20台投注终端机。2006年6月24日，麦积区中福在线销售厅在隆昌路建成，共有15台投注终端机。2011年1月，秦州区中福在线销售厅搬迁至青年南路，投注终端机增设到30台。2012年7月，麦积区中福在线销售厅投注终端机增加到30台。2014年4月，天水市新增甘谷县新城南路中福在线销售厅，配备投注终端机15台。2005—2015年天水市中福在线即开型福利彩票销售情况见表13-7。

表13-7　2005—2015年天水市中福在线即开型福利彩票销售情况

单位：万元

年份	2005	2006	2007	2008	2009	2010
销量	1348	679.6	713.5	2666	477.05	1584
年份	2011	2012	2013	2014	2015	
销量	2307	4630.3	5505	7321	7682	

（四）网点建设情况及历年总销量

1988年到2000年，天水市销售的福利彩票为大奖组即开型福利彩票，由民政局组织工作人员集中销售。2000年，电脑型福利彩票在天水市上市销售，在秦州、麦积两区设有36个投注站点。2003年，电脑票销售网点增加到69个。2005年，增设秦州区中福在线销售大厅。2006年，增设麦积区中福在线销售大厅。2007年，电脑型福利彩票网点增加到87个。2008年，增加到135个投注站点。2012年，电脑票投注站点增加到236个。2014年，增加甘谷县中福在线销售大厅。2015年，电脑票投注站点增加到254个，覆盖了全市五县两区76个乡镇。1988年至2015年天水市福利彩票总体销售情况见表13-8。

表13-8　1988—2015年天水市福利彩票总体销售情况

单位：万元

年份	1988	1989	1990	1991	1992	1993	1994	1995	1996	1997
销量	9.54	6.13	1.6	4.05	35	42	21	124	74	48
年份	1998	1999	2000	2001	2002	2003	2004	2005	2006	2007
销量	66	12.88	148	1124	1809	2049	1314	2023	2774	5309
年份	2008	2009	2010	2011	2012	2013	2014	2015		
销量	5463	10428	10317	15300	19300	258000	43694	38439		

（五）公益金的社会效益

天水市福利彩票自1988年上市销售以来，筹集公益金6.72亿元，市级留存0.97亿元，资助兴建福利院、敬老院、社区建设、“星光计划”等各种福利项目270多项，共投入资金8600多万元。

二、福利彩票公益金资助社会福利项目建设情况

（一）2000年资助社会福利项目建设情况

资助清水县社区服务中心办公设施费0.5万元，资助武山县社区服务基建补助款1.5万元，资助天水市社区服务中心房间改造款3万元，资助天水市收容遣送站维修费2万元，资助天水市复退军人精神病疗养院锅炉维修费3万元。

（二）2001年资助社会福利项目建设情况

资助甘谷县公寓建设款3万元，资助天水市社会福利院维修费8万元，资助天水市社区服务中心维修费2万元，资助社会公益性座椅制作费3.4万元。

（三）2002年资助社会福利项目建设情况

“星光计划”：资助秦城区6.1万元、北道区4.4万元、清水县2万元、秦安县3万元、武山县1万元、甘谷县2万元、张家川县7万元。资助天水市福利院老年公寓设施购置款20万元，资助天水市收容遣送站流浪儿童救助中心15万元，资助天水市墁坪农场3万元，资助天水市复退军人精神病疗养院购买医疗设备购置款20万元，资助天水市收容遣送站锅炉维修款1.2万元。

（四）2003年资助社会福利项目建设情况

资助秦城区民政局“星光计划”74万元，资助天水市社会福利院车辆更新款23万元，

资助天水市流浪儿童救助保护中心建设款11万元，资助社会公益性座椅购置费14.04万元，助残日资助福利院0.5万元，资助天水市聋哑学校购买桌椅15套0.84万元，六一节慰问福利院儿童款0.2万元，资助天水市社会福利院上水工程配套资金1.3万元，资助北道区民政局“星光计划”10万元。

（五）2004年资助社会福利项目建设情况

资助市复退军人精神病疗养院、市福利院、市社区服务中心踏花被等物品共计3.88万元，资助张家川县老年福利服务中心建设配套资金6.396万元，资助清水县农村老人活动场所建设款10万元，资助天水市复退军人疗养院地沟改造3万元，资助秦州区民政局阵地建设20万元，资助麦积区农村老人活动场所建设款10万元，资助秦州区民政局“星光计划”2万元，资助清水县敬老院建设款2.37万元，资助秦州区民政局老年服务中心建设款60.83万元，资助天水市聋哑学校食堂改造4.5万元，资助秦安县老年服务中心建设款11.65万元，资助武山县民政局老年活动中心建设款7.22万元，资助天水市聋哑学校12名特困生0.6万元，资助麦积区民政局老年活动中心建设款14.18万元，资助甘谷县老年服务中心建设款7.32万元，资助天水市老年大学4万元，资助社会公益性座椅购置费2.04万元，资助天水市老年公寓2.3万元，天水市计生委资助计生特困户3万元。

（六）2005年资助社会福利项目建设情况

资助天水市福利院修建后护坡款5万元，资助天水市老年公寓装修款0.2万元，资助秦州区民政局基础设施建设及“星光计划”5万元，资助秦安县民政局老年服务中心建设款2万元，资助张家川县民政局老年服务中心启动资金2万元，资助甘谷县民政局老年服务中心建设款2万元，资助社会公益性座椅购置费3.05万元。

（七）2006年资助社会福利项目建设情况

资助天水市老年公寓医疗器械款5万元，资助清水县民政局老年服务中心建设款5万元，资助贫困大学生0.6万元，资助秦州区民政局“星光计划”13万元，资助秦州区民政局社区服务款5万元，资助甘谷县民政局老年活动中心建设款2万元，资助天水市福利院院坪建设款12.9万元，资助麦积区民政局社区建设款2万元，资助武山县滩歌镇特困户杨改玉0.3万元，资助天水市墁坪农场双孢菇生产项目建设款5万元，资助武山县民政局老年活动室建设款2万元，资助武山县老年活动中心启动资金3万元，资助张家川县梁山乡困难户李万恒0.2万元。

（八）2007年资助社会福利项目建设情况

发放寒门学子资助款2.7万元，资助秦安县兴国镇困难户马有彤3万元，资助清水县民政局特困家庭1万元。

（九）2008年资助社会福利项目建设情况

资助秦州区阵地建设款1.1万元，资助麦积区阵地建设款0.9万元。

（十）2009年资助社会福利项目建设情况

资助天水市福利院购车及维修款30万元，资助天水市老年大学设备款5万元，资助张家川县中心敬老院30万元，资助天水市老干部活动中心10万元，资助天水市福利院餐厅维修资金5万元，资助武山县社会福利综合服务中心10万元，资助甘谷县社区服务中心5万元，资助天水市聋哑学校3万元，资助天水市慈善总会50万元，资助秦安县郭嘉中心敬老院建设资金10万元，资助天水市直门球分会老年门球场公益性座椅购置款2.64万元，资助天水市儿童福利院建设款574万元。

（十一）2010年资助社会福利项目建设情况

资助甘谷县中心敬老院5万元，资助秦州区农村敬老院维修费10万元，资助麦积区甘泉镇窑庄老年人活动中心建设款8万元，资助天水市社区服务中心楼房维修费60万元，资助秦州区太京镇老年活动中心10万元，资助麦积区老年活动中心修缮款5万元，资助武山县社会福利综合服务中心配套设施购置款3万元，资助天水市熳坪农场食用菌生产棚维修费5万元，资助天水市社会福利院供暖补助30万元。

（十二）2011年资助社会福利项目建设情况

资助武山县社会福利综合服务中心5万元，资助天水市殡仪馆50万元，资助天水老龄乐园10万元，资助甘谷县老年活动中心10万元，资助秦安县中心敬老院10万元，资助秦安县救灾物资储备库10万元，资助清水县中心敬老院10万元，资助麦积区老年活动中心10万元，资助秦州区老年护理院50万元，资助天水市救灾物资储备库15万元，资助天水市国防教育中心双拥展馆20万元，资助天水市干休所20万元，资助天水市殡葬管理所20万元，资助天水市熳坪安置农场20万元，资助天水市殡仪馆60万元，资助天水市募捐办63.32万元，资助天水市复退军人精神病疗养院100万元，资助天水市社会福利院150万元，资助天水市救灾应急物资储备库200万元。

（十三）2012年资助社会福利项目建设情况

资助秦州区光明社区6万元，资助麦积区东路中心敬老院10万元，资助秦州区秦岭乡敬老院20万元，资助秦州区秦岭乡老年活动中心20万元，资助天水市老年大学15万元，资助天水市熳坪安置农场100万元，资助天水市救灾物资储备库10万元，资助清水县丰望乡政府10万元。

（十四）2013年资助社会福利项目建设情况

资助秦州区汪川镇农村互助老人幸福院21万元，资助天水市救灾物资储备库15万元，资助天水市殡仪馆60万元。

（十五）2014年资助社会福利项目建设情况

资助天水市社会福利院360万元，资助天水市精神病康复医院300万元，资助天水市救助管理站200万元，资助天水市儿童福利院100万元，资助天水市殡仪馆48.40万元，资助天水市熳坪安置农场20万元，资助天水市慈善总会30万元，资助天水市救灾仓库10万元，资助天水市和雨东社会矛盾化解工作室10万元，资助甘谷县殡仪服务中心120万元，资助甘谷县大石乡互助老人幸福院50万元，资助清水县中心敬老院、秦亭敬老院、草川敬老院、陇东敬老院30万元。

（十六）2015年资助社会福利项目建设情况

资助天水市社会福利院1349.25万元，资助秦州区老年养护院3380万元，资助秦州区烈士陵园680万元，资助天水市麦积区综合社会福利院和老年活动中心800万元，资助天水市麦积区东岔敬老院400万元，资助甘谷县磐安镇金川中心敬老院315万元，资助秦安县大地湾中心敬老院900万元，资助清水县老年养护院865.83万元，资助张家川县东部中心敬老院380万元，资助天水市居家养老服务网络平台建设150万元，资助秦州区居家养老服务信息平台160万元，资助武山县居家养老服务信息平台150万元，资助甘谷县儿童福利院3500万元，资助秦州区儿童福利院1600万元，资助秦安县儿童福利院1080万元，资助张家川县儿童福利院1100万元，资助清水县儿童福利院80万元，资助天水市儿童福利院260.31万元，资助秦州区民政局130万元，资助甘谷县六峰社区20万元，资助甘谷县安远社区20万元。

第六节　慈善事业

天水市慈善总会成立于1998年12月18日，2007年9月12日，升格为天水市全额拨款正县级事业单位，经费列为市财政预算，核定编制4人。现设会长1名、副会长3名、秘书长1名，有专职工作人员5名。有理事57名，其中，常务理事32名。有会员单位46家、个人会员725名。

天水市慈善总会成立以来，募集善款情况如下：2008年1422万元，2009年1150.1万元，2010年1933万元，2011年1970.2万元，2012年437万元，2013年2670万元，2014年1184.36万元，2015年246.35万元。

多年来，天水市慈善总会运用筹措的慈善资金，启动实施了灾民民房重建、资助贫困大学生、援建震灾学校和敬老院、心脏手术救助等项目，并继续实施“微笑列车”、捐资助学、慈善水窖、慈善阳光医疗救助工程等项目。2008年，市慈善总会被评为“甘肃省社会组织抗震救灾先进集体”，1名个人被民政部评为“全国优秀慈善工作者”；2009年，市慈善总会荣获中华慈善总会授予的“‘微笑列车’项目突出贡献组织奖”“‘微笑列车’项目突出贡献支持奖”“‘微笑列车’项目突出贡献奉献奖”3个奖项。

一、慈善组织机构

（一）第一届领导机构

天水市慈善协会于1998年12月18日正式成立，同日，第一届会员代表大会选举了以下领导成员。

会长：邓炎喜

常务副会长：韩岱成

副会长：马德荣、杨万洪、杨向荣、郭天跃

秘书长：汪晓明

副秘书长：孙德堂

（二）第二届领导机构

2005年4月18日，天水市慈善总会召开天水市慈善总会第二届会员代表大会，产生新一届的领导成员。

会长：邓炎喜

常务副会长：张续善

副会长：马德荣、杨万洪、汪晓明（驻会）

秘书长：郭宏

副秘书长：牛宏斌

2008年9月27日，经中国共产党天水市委常委会研究决定（天任字〔2008〕30号），马勤学任天水市慈善总会副会长（正处级）。

2011年3月25日，根据中国共产党天水市委员会任免通知（天任字〔2011〕7号），晏平任天水市慈善总会专职副会长。

二、慈善工作

（一）扶贫济困

2000年至2003年募集善款26.7万元，资助贫困人群1000多人。

2008年，由省慈善总会通过中华慈善总会积极与中国银联2008年“银联励志助学基金”联系，为全市受灾地区的6名贫困大学生争取到每人5000元的助学基金，共计3万元。

2010年，市慈善总会通过在广州工作的天水籍爱心人士王明芳筹资建立“点点助学基金”，用于资助全市在校的优秀贫困大学生。截至2015年底已筹款6.58万元，资助贫困大学生18人。

2011年，市慈善总会筹集20万元，为全市50名高考考取二本以上因家庭困难，无力支付学费、路费、生活费的优秀大学生，每人发放救助金4000元。

2012年3月14日，市慈善总会在秦安县兴国中学举行天津市慈善协会为贫困学生发放助学金的活动，共为兴国中学发放救助金4万元，50个家庭困难学生每人领到救助金800元。

2013年，市慈善总会共接收资助金12.5万元。其中，杜瑞荣定向捐助王萍500元；天水华亿彩钢钢构有限公司捐助2万元，为4名考取一本的大学生每人发放5000元资助金；山东省烟台市李锋捐款10万元，为天水灾区20名困难大学生每人发放5000元资助金。

2014年，市慈善总会开展募捐救助活动，全年募集善款1324.12万元。其中，善款1184.12万元、善物（折价）140万元。对媒体报道和经常上访的患重病、面对高昂手术费无法医治、因病返贫的家庭共支出救助款2.9万元；市慈善总会与市烟草公司联合开展“救助贫困烟草零售户”活动，共救助215户，每户发放救助金1000元；争取到广州市泰斯特企业发展有限公司董事长陈红红捐助金10万元，为20名甘谷县籍贫困大学生每人发放资助金5000元；天水市烟草公司资助秦州区大学生6名，资助金额为每人2000元。同年，开展“点点助学金”第2次贫困大学生救助活动，共救助6名贫困大学生，共发放救助金1.4万元；市慈善总会与四川郎酒集团联合开展“郎助郎，上学堂”义卖捐赠建校活动，四川郎酒集团当场将义卖筹集的30万元全部捐赠市慈善总会，用于修建麦积区五龙乡大窑小学。

2015年，市慈善总会与市烟草公司共同开展助残活动，春节期间发放22万元，给220户贫困残疾户每户捐赠1000元；携甘肃省怡和拍卖公司给天水师院、天水一中共20名贫困学生每人发放2000元助学款，共计4万元；联系世界宣明会资助天水师院在校贫困大学生20名，每人每年资助4000元，资助4年，共计32万元。

（二）赈灾救难

2008年“5·12”汶川地震后，市慈善总会共接收救灾捐赠资金1012.2万元，接收救灾物资价值1422.1万元。其中，国际慈善组织世界宣明会捐赠价值52万元的帐篷200顶、棉被2000床。2008年11月26日，中华慈善总会给秦州区玉泉镇冯家山村捐赠毛毯1000条，价值14万元。省慈善总会给天水市受灾地区捐赠价值305万元的教学帐篷305顶，价值30万元的棉被衣物221包、毛毯1000条，价值385.6万元的衣服及生活用品。上海市慈善物资管理中心捐赠价值609.3万元的物资。英威达纺织品经营服务（上海）有限公司捐赠棉被1180条，价值17.6万元。魏氏骨伤医院捐赠魏氏骨痛贴5箱，价值4.2万元。天水四〇七医院捐赠药品2箱，价值1.1万元。其他单位和个人共捐赠3.3万元的物资。天水市慈善总会接收主要物资有：衣物266502件（旧衣物243698件、新衣物22804件）、羊毛衫（裤）84箱、矿泉水70箱、方便面22箱、小型帐篷17顶、学习用品8箱、小毛巾6430条、牙刷7272支、牙膏2支、护指板9415只、一次性餐具7.4万只、手套1800双、棉被4444条、毯子200条、枕头1935只、床单6箱、被套2箱、奶瓶1箱、西瓜太郎书包1箱，其他儿童衣物及用品共计18箱、内衣1箱、舒尔美90箱，散棉被、薄垫被共计277箱。

2010年，青海玉树发生7.1级强烈地震，市慈善总会接收全市近千家单位和多位个人救灾捐赠资金达229.8万元，全部送往灾区。

2010年8月7日，甘肃甘南藏族自治州舟曲县突发特大泥石流灾害，市慈善总会共筹集救灾捐赠资金102.5万元，全部送往灾区。

2010年，“8·12”特大洪涝灾害造成天水市秦州、麦积、秦安、清水、张家川五县（区）44228户201356人严重受灾，市慈善总会在全市范围开展“为天水市洪灾爱心捐助”活动，共接受社会各界捐赠善款335.9万元、善物（折价）500万元。省慈善总会捐赠面粉2604袋，价值20万元，发放到受灾最严重的秦州区娘娘坝镇、齐寿乡、杨家寺乡、汪川镇等14个乡镇，2000多户6000余人接受了爱心捐助。

2013年，受四川省芦山雅安地震及“7·22”岷县、漳县6.6级地震的影响，天水市受灾严重。市慈善总会在全市开展爱心捐助活动，共接受社会各界爱心捐款2131.9909万元。其中，芦山地震灾区募捐善款5.2827万元，岷县、漳县地震灾区募捐善款1.5931万元，天水抗灾救灾募捐善款2125.1151万元，善物（折价）351.2586万元。

（三）捐资建校

2000年至2007年，市慈善总会在“建校助学项目”上共投入善款168万元。建成清水县新城乡黄梁村小学、甘谷县西坪乡燕珍村小学、武山县咀头乡吴庄村小学、清水县土门乡梁山村小学、张家川县渠子乡高沟村小学、秦安县郭嘉镇张河慈善小学6所，使5个县18个乡54个村的7400多户村民子女“上学难”的问题得到解决。

2008年，市慈善总会共筹集善款650万元，援建8所学校。天津市慈善协会向天水市秦安县兴国镇初级中学资助100万元用于灾后重建；兰州民百集团向天水市秦安县兴国小学资助50万元用于灾后重建；11月17日，世界宣明会援建秦州区李子中心学校、武山县沿安乡中心小学、高楼乡泄兵小学、清水县秦亭镇中学等6所学校，共投入资金500万元。

2009年，市慈善总会共筹集善款274.1万元，援建4所学校。甘肃省慈善总会援建天水市小学2所，投资达49万元，其中，向秦州区杨家寺小学投资30万元、张家川县梁山乡杨崖小学投资19万元；杭州萧山区慈善总会向秦州区齐寿中心小学捐资200万元，用于灾后学校重建；台湾红心基金会向秦州区汪川中学捐建校款25.1万元。

2010年，市慈善总会共筹集善款371万元，援建3所学校。甘肃省慈善总会援建张家川县木河乡庄河小学，投资50万元；援建杨家寺中学学生食堂，投资21万元。世界宣明会援建秦州区汪川中心小学，投资300万元。同年，发起“情系残疾儿童，共建和谐社会”行动，共筹款706万元，用于天水市特殊教育学校灾后重建项目、教学楼重建工程。甘肃省慈善总会捐助天水特教学校建校款200万元、天水市老年活动中心建设款21万元、清水县白沙乡小学建校款5万元、齐寿乡中心学校建校款100万元。天津市援助西部机场中学建校款80万元，天水兰天房地产开发公司捐助专项教育款30万元，香港谭先生捐助甘谷县六峰镇张家窑小学建校款10万元。

2011年，天津市慈善协会在秦安县兴国镇初级中学落成仪式上捐款20万元，用于购买教学设备。

2014年，天水星火机床厂向麦积区社棠中心小学捐资20万元，用于修建2500平方米的操场、围墙和校门。

2015年，天津市慈善协会捐款15万元，用于麦积区社棠中心小学操场建设。

（四）慈善水窖

2000年至2003年，全市共修建慈善积雨水窖3616个，解决了部分贫困干旱地区群众饮水困难的问题。

2008年，市慈善总会与香港华光功德会建立“援建天水市水窖”的合作项目，香港华光功德会向天水市资助281.3万元，在秦州区、秦安县共建水窖2558个。

图13-2 中华慈善水窖

（五）敬老院建设

2008年至2009年，市慈善总会共筹资672万元援建8所敬老院及2个养老机构。分别是：天水市社会福利院50万元、天水市老年福利活动中心50万元、秦州区天水镇中心敬老院12万元、秦州区皂郊镇中心敬老院80万元、秦安县郭嘉镇中心敬老院80万元、麦积区甘泉镇中心敬老院80万元、清水县中心敬老院80万元、张家川县龙山镇中心敬老院80万元、武山县城关中心敬老院80万元、甘谷县中心敬老院80万元。甘肃省慈善总会援建天水市农村敬老院8所，投资570万元。

2010年5月31日，甘肃省慈善总会投资200万元援建天水市农村敬老院4所。分别为：武山县洛门中心敬老院50万元、甘谷县谢家湾乡中心敬老院50万元、秦州区中心敬老院50万元、麦积区元龙中心敬老院50万元。

2013年，甘肃省慈善总会拨付55万元敬老院建设资金，分别为：秦州区社会福利中心25万元、武山县社会福利中心15万元、天水市老年活动中心15万元。

（六）医疗设施

2010年，南京剑桥医疗器械有限公司向天水市慈善总会捐赠血糖仪1500台，价值59.25万元，免费发放给各县（区）的生活贫困、特困群众。

（七）敬老助孤

2014年，"贝因美"集团捐赠1863箱价值140余万元的奶粉，分发给全市所有敬老院、社会福利单位和市特殊教育学校的孤残儿童、孤寡老人饮用。

2015年春节期间，市慈善总会向天水市社会福利院孤残儿童及全市部分敬老院孤寡老人发放善款善物共计20万元，其中，善款10.1万元、善物（折价）9.9万元。圣元营养食品有限责任公司给天水市社会福利院孤残儿童捐赠价值10万元的圣元奶粉94箱。

（八）社会福利

2014年，天水华天科技股份有限公司捐助5.17万元，支持秦安县留守妇女培训，并捐助了一批缝纫机、锁边机等设备；江苏商会举办慈善晚会，为200名老战士、老干部、老模范、老专家、老教师送上了敬老爱老的慰问品；天水市建设银行定向捐赠10万元，在武山县滩歌镇代磨村修建连心桥。

（九）“慈善超市”

慈善超市建设按照先“两区”后“五县”的整体思路，于2015年在秦州（新华路）、麦积（天河社区）两区建立了2家超市。

（十）“慈善情暖万家”

“慈善情暖万家”项目是中华慈善总会倡议在全国各地开展的一项大型慈善助困项目。天水市慈善总会自2003年启动该项目以来，已累计募集善款和善物（折价）300多万元，救助困难群众1.7万人。

2015年2月12日，天水市慈善总会向市福利院捐赠价值1.35万元的米、面、油、60床棉被、9辆单车和20条毛毯，并向各县（区）慈善总会捐赠善款和童车等。

三、慈善项目

（一）“微笑列车”

“微笑列车”项目为全市贫困的唇腭裂儿童患者进行免费的初期矫治手术。截至2015年底，累计实施手术人数达1134人。2000年至2003年，共为820名患者免费实施唇腭裂手术；2004年至2007年，共为57名患者免费实施唇腭裂手术；2009年，共为89名患者免费实施唇腭裂手术；2010年，共为43名患者免费实施唇腭裂手术；2011年，共为35名患者免费实施唇腭裂矫治手术，减免费用12.25万元；2013年，共为14名患者实施唇腭裂手术，全免医药手术费5.5万元。

（二）饮水工程

2002年，任法融投资150万元为麦积区凤凰乡建设凤凰泉饮水工程，解决了凤凰山周围的坚家山、廖岘、温缑等村方圆几十千米的6000多人饮水困难的问题。

2006年4月10日，天水市麦积区琥珀乡启动人饮解困工程，由任法融资助。该工程总投资218.4万元，使琥珀乡9个行政村、18个自然村的6000余人实现安全饮水，且能保证一定面积的耕地灌溉。

2007年4月中旬，任法融募集善款170万元，用于建设秦州区中梁乡人畜饮水、生态保护、卫生院改造等工程。

（三）“四个一万工程”

“四个一万工程”是指浙江万向集团在全国范围内对由于生活困难而面临失学的在校孤儿、在校残疾儿童、特困生及孤老人员给予每人各1万的资助工程。2009年7月，万向集团决定在天水市秦州区、麦积区、秦安县实施“四个一万工程”，并作为长期援助项目。2009年至2013年共资助人员2844人次，资助553.15万元。

2009年共资助551人，资助100.21万元。其中，资助孤儿学生52人，共计10.40万元；资助残疾学生57人，共计10.64万元；资助特困学生333人，共计67.07万元；资助孤老人员109人，共计12.10万元。

2010年共资助581人，资助103.77万元。其中，资助孤儿学生58人，共计12.04万元；资助残疾学生43人，共计9.13万元；资助特困学生375人，共计70.82万元；资助孤老人员105人，共计11.78万元。

2011年共资助589人，资助112.10万元。其中，资助孤儿学生60人，共计11.24万元；资助残疾学生31人，共计5.76万元。资助特困学生407人，共计85.68万元；资助孤老人员91人，共计9.42万元。

2012年共资助566人，资助117.81万元。其中，资助孤儿学生37人，共计13.04万元；资助残疾学生17人，共计3.42万元；资助特困学生430人，共计93.15万元；资助孤老人员82人，共计8.20万元。

2013年共资助557人，资助119.26万元。其中，资助孤儿学生28人，共计10.04万元；资助残疾学生10人，共计2.10万元；资助特困学生443人，共计99.36万元；资助孤老人员76人，共计7.76万元。

2014年共资助546人，资助121.34万元。其中，资助孤儿学生15人，共计6.43万元；资助残疾学生8人，共计2.28万元；资助特困学生459人，共计106.07万元；资助孤老人员64人，共计6.56万元。

图13-3 天水市“四个一万工程”资金发放仪式

（四）与慈善组织的合作

2002年，由中华慈善总会和北京中科天立科技有限公司共同组织的“慈善医疗阳光”项目启动，共向天水市第一人民医院、市福利院、市复退军人精神病疗养院等捐赠总价值487.27万元的医疗设备。

2006年，世界宣明会与天水市慈善总会合作，在救灾救济、灾后重建、教育、医疗卫生、农林环保，以及有特殊需要的儿童服务等多个方面，投入资金达3000多万元。

2007年7月11日，世界宣明会天水市武山县项目办正式挂牌成立。同年，在武山县投入30万元改造维修滩歌镇南沟小学基础设施；并投入7.8万元，为武山县10所学校更换了新的课桌凳并捐赠了体育用品。2007年9月27日，世界佛商联合会张籍圆会长在天水市实施“慈善复明行动”项目，为全市300名贫困的白内障患者免费实施手术，资助总额达40万元。

2008年3月，中华慈善总会捐赠价值400万元的B超机4台，分别援助秦安县、张家川县、天水四〇七医院。

2008年，“5·12”汶川地震发生后，世界宣明会调运棉被2000床，发往天水市受灾地区。在民房灾后重建工作中，世界宣明会无偿援建资金275万元，共资助秦州区、麦积区、甘谷县、武山县、清水县灾民275户。2008年10月15日，天水市慈善总会与美国视博恩公司北京代表处合作，资助全市10名患有先天性心脏病的孤儿；12月初，市慈善总会与华夏慈善基金会金峰教授对全市5名孤贫先天性心脏病患儿的手术治疗给予了资助。

2009年，世界宣明会给秦州区的中小学捐赠体育运动设施，总金额达到24万余元，包括篮球架、室外乒乓球桌、排球架、羽毛球架、少儿滑滑梯等设施。同时，世界宣明会还通过市慈善总会捐赠学生课桌椅8000多套。8月底，世界宣明会援助资金2000万元，主要通过以儿童为本的区域项目，带动乡村教育、人才培训、康复保健、医疗卫生等社会公益事业的开展。

2009年，甘肃省慈善总会为天水市生活困难的老人免费实施白内障手术，五县两区共30例。

2010年，世界宣明会为天水市18所中小学爱心捐赠课桌椅、体育器材，总价值70万元。

2011年，世界宣明会武山县项目办捐资130余万元，在武山县多个乡镇开展以儿童为本的救助活动。

2011年10月30日至11月1日，开展由省、市慈善总会主办，秦州区残疾人联合会协办的中华慈善总会“周大福爱心助听器”捐赠活动，共为秦州区21名孤残儿童免费佩戴了爱心助听器。

2012年4月6日，世界宣明会武山县项目办与市慈善总会、秦州教育局共同捐资28万元，用于秦州区汪川中心小学生态厕所的修建和学校图书室书籍的购买。

2012年开始实施“仁欣健康”先天性心脏病救助项目，该项目联合西安高新医院对已摸底的167名先天性心脏病儿童进行检查和筛选，对符合手术条件的57名先天性心脏病儿童每人资助2万元，全市共得到“仁欣健康”工程资助款114万元，并对17名先天性心脏病儿童实施了心脏病手术。同年，浙江佛教协会为麦积区石佛镇黄家村小学捐赠价值3万元的体育用品和学习用品，同时捐赠6.3万元用于学校的地面硬化和校舍的顶棚改造等工程，并分别给石佛镇朱家村10户特困户每户发放慰问金1000元，现场给20多户困难户每户发放慰问金500元，共发放慰问金2万余元。

2013年，华圆投资控股有限公司向天水市慈善总会捐赠价值71万元的医疗设备，设备有卧式压力蒸汽灭菌器、立式压力蒸汽灭菌器、远红外辐射中药煎药机、中药煎药包装机等，共计177台（件），全部分配给天水市五县两区的10家医疗机构和社会福利机构。同年，“仁欣健康”先天性心脏病救助项目共为11名先天性心脏病儿童实施救助手术，为每位患儿减免医药手术费2万元，共计22万元。

四、慈善人物

（一）任法融

任法融，原籍甘肃省天水县，生于1936年。1985年，被推选为陕西周至县政协委员。1986年，被推选为第4届中国道协常务理事，同年，陕西省道教协会成立，被推选为会长。1988年，任陕西省政协常委。1990年，被推选为周至县政协副主席。1992年3月，中国道协召开第五次全国代表大会，被推选为中国道协常务理事，并任中国道教学院副院长。2005年，当选为中国道教协会会长、第8—10届全国政协委员、第10届全国政协民宗委副主任、第11届全国政协常委。

2002年，任法融为天水市麦积区和甘谷、武山等县兴修水利、修建校舍、改造道路先后捐资200多万元。投资150万元为麦积区凤凰乡建设凤凰泉饮水工程，使凤凰山周围的坚家山、廖岘、温缑等村方圆几十千米的6000多人饮水困难的问题得以解决。

2003年，任法融捐资修建甘谷县西坪乡燕珍小学，解决了附近6个村200多名孩子上学难的问题。

2004年，任法融捐资修建武山县吴庄小学，并给20名贫困生每人资助300元学杂费，捐赠课桌凳、电脑、电视、体育等教学设施。

2005年，任法融捐资20万元，位于麦积区的新凤公路得以进行2次大型整修，麦积区新阳镇任公街进行了路面硬化。

2006年4月10日，天水市麦积区琥珀乡实施人饮解困工程。这项工程总投资218.4万元，主体工程由任法融资助。彻底解决了琥珀乡9个行政村、18个自然村6000余人的饮水问题，并惠及耕地灌溉。

2007年4月中旬，任法融捐资170万元，用于解决秦州区中梁乡人畜饮水、生态保护、卫生院改造等项目。

2009年，任法融捐款10万元，用于市文化广场交通道路硬化和停车场修建工程，并捐资100万元，用于市特教学校重建工程。

任法融为天水累计捐助善款1700多万元。

（二）程俊峰

图13-5　程俊峰

程俊峰为甘肃省天水昊峰矿业集团有限公司董事长。

2010年，昊峰集团向青海省玉树地震灾区捐款9.6万元，向甘肃舟曲泥石流灾区捐款103.6万元，向天水市特殊学校捐款50万元，为天水市秦安县尿毒症患者孙彩花捐助医疗费1万元。

2008年，昊峰集团被甘肃省人民政府评为“造福后代捐资助学”先进单位，2009年被中华慈善总会评为“全国慈善之星”单位。

截至2010年11月，昊峰集团累计向各类社会公益事业捐款达2253万元。程俊峰被评为天水市优秀共产党员、天水市优秀企业家、天水市第二届十大杰出青年、天水市十大青年企业家、天水市十佳光彩之星、天水市2008十大杰出贡献人物、甘肃省优秀企业家、甘肃省优秀中国特色社会主义事业建设者、全国工商联抗震救灾先进个人、中华慈善突出贡献人物，荣获甘肃省“五一劳动奖章”、甘肃省五四青年奖章。

（三）张建友

图13-6　张建友

张建友为兰天控股有限公司董事长。在企业发展的各个阶段一直秉承“企业生存于社会、发展于社会、服务于社会、回报于社会”的宗旨，积极致力于社会公益事业。8年来，在教育、城市基础设施、交通、扶贫济困、重大灾害等方面共捐资3600多万元。主要包括：捐建3所兰天小学，“5·12”汶川大地震献爱心，捐资100万元修建天水市一中校门，2010年为天水特殊教育学校灾后搬迁重建捐资100万元。

2009年，兰天控股有限公司被中华慈善总会授予“中华慈善突出贡献单位奖”，成为天水唯一一家获此殊荣的企业。

五、慈善工作记略

1998年

天水市慈善协会于1998年12月18日正式成立，在成立大会上选举了第一届领导成员。

会长：邓炎喜

常务副会长：韩岱成

副会长：马德荣、杨万洪、杨向荣、郭天跃

秘书长：汪晓明

副秘书长：孙德堂

1999年

2月8日，市慈善协会领导慰问市社会福利院残疾儿童，送去价值2000元的新衣服，为秦城区的10户特困户送去价值2000元的面粉和清油。

4月22日，市慈善协会给秦城区关子镇石耀村17户贫困户发放200件衣服和20袋价值1020元的面粉。

8月10日，中华慈善总会领导和专家对定点实施“微笑列车”手术的市第一人民医院进行了考察。

9月12日，台北曹氏基金会和甘肃省慈善总会共同捐助66辆轮椅，分别送给全市66名残疾人。市慈善协会与市残联共同出资6600元帮助残疾人付清运费。

12月10日，市慈善协会召开第二次常务理事会，收到12家单位共70.314万元的捐款。

2000年

6月12日，天水市慈善协会被天水市人民政府授予“先进社团”荣誉称号（天政发〔2006〕68号）。

7月10日至12月15日，全市共有161名唇腭裂患者免费“搭乘”了“微笑列车”工程。

11月27日，由甘肃省慈善总会组织的“天水慈善募捐动员会”在天水宾馆举行，共筹善款17.33万元，用于秦城区“慈善水窖”建设。

12月7日，市慈善协会开展贫困大学生资助活动，共资助善款3.65万元，资助19名贫困大学生。

2001年

1月10日，美国国际慈爱基金会向张家川县捐赠5万斤面粉。

2月8日，市慈善协会去市福利院看望20名孤残儿童，并送给孩子们过年的礼物。同时，给秦城区的10户特困户送去价值2000元的面粉和清油。

5月12日，在中心广场举行由天水市慈善协会、市募捐办等单位联合举办的“人间自有真情在”文艺演出。

5月24日，“微笑列车”工程为全市24名唇腭裂患者免费进行了修复手术。

6月18日，召开全市第三期唇腭裂矫治工作会议。

8月25日，天水市慈善协会第2次开展贫困大学生资助活动，共集善款7.5万元，资助25名贫困大学生。

9月18日，市慈善协会邀请省内外及天水市一些知名人士，首次举办“天水慈善联谊酒会”。

11月9日，市慈善协会召开理事会，依据协会章程，聘任市委副书记李世荣，市委常委、市委政法委书记韩岱成，市政府副市长马正录，市政协副主席王一为为协会名誉会长；市民政局局长张续善被推选为协会常务副会长，天水师院院长陈保平、天水市一中校长陈永清、市医学会会长王兰芳、市民革副主委任建昌增选为协会理事。

11月15日，中华慈善总会、美国“微笑列车”工程对全市唇腭裂手术患者的康复情况进行评估，对21名康复病员进行了检查。

11月28日，市民政局、市慈善协会为天水市一中应届毕业生、白血病患者李岱送去捐款。

12月10日，美国国际慈爱基金会投入50.7万元，在张家川县张良乡的阴山、杨店、上沟3个村打窖335个，在清水县玉屏乡的折湾、梨湾2个村打窖80个。

2002年

5月10日，市慈善协会联系美国视博恩公司北京代表处，在武山县修建125个慈善水窖。

8月12日，市慈善协会在五县两区开展第3次助学活动，资助43名应届录取的贫困大学生，共资助3.6万元。

9月2日，在清水县新城乡黄粱村举行“慈爱水窖”揭牌仪式。美国爱心基金会给每户资助1000元，并实施“慈爱水窖”资助项目，为2个村打水窖129个，解决了129户517人及447头（只）的人畜饮水困难问题。

慈善协会会长邓炎喜在2002年甘肃省首届公益人士评选中被评为“甘肃省公益人士”。

2003年

1月10日，省慈善总会给秦安县困难群众捐赠10万斤面粉。

1月15日，市人大常委会副主任、市慈善协会会长邓炎喜代表市慈善协会接受天水商厦股份有限公司捐赠的600件衣物。

6月7日，全国政协常委、中国道教协会副会长任法融，市人大常委会副主任、慈善协会会长邓炎喜及有关部门的负责人到甘谷县西坪乡参加燕珍小学开工奠基仪式。

6月11日，中华慈善总会和北京中科天立科技有限公司共同组织实施“慈善医疗阳光”项目，向天水市疾病预防控治中心、秦城区东关街道办事处及秦城区人民医院等单位捐赠了总价值超过300万元的设备。

2004年

2月15日，中华慈善总会、甘肃省慈善总会“微笑列车”工程检查组一行5人对天水市第一人民医院1999年至2003年的“微笑列车”项目进行全面检查。5年来，天水市第一人民医院共收治唇腭裂患者551例，其中，双唇裂39例、唇腭裂42例、其余470例，手术费用117万元，手术成功率达到100%。

2月20日，由会长任法融捐资20万元的甘谷县燕珍小学建成。

11月8日，市慈善协会经社团管理机关同意，更名为“天水市慈善总会”。

11月20日，市委、市政府批转了市民政局、市慈善总会、市直机关工委、市总工会联办《天水市开展“2004慈善一日捐”活动方案》。参加活动的捐款者和单位在自愿的基础上，捐出1天的工资及企业1天的利润。这次活动中，市慈善总会共收到捐款4.52万元。

12月7日，张家川回族自治县大阳乡高沟村慈善小学落成。

12月16日，省慈善总会和市慈善总会对援建的慈善学校清水县土门乡梁山小学工程进行了验收。

12月19日，全国政协委员、全国道教协会会长、陕西省道教协会会长任法融专程赴天水市武山县嘴头乡，参加由他捐助20万元修建的吴庄小学落成典礼，并给该小学的师生带去了价值6万余元的VCD、电脑等教学器材及体育用品。同时，还为20名贫困学生发放资助金6000元，为学校捐资4000元。

12月，郭宏被市委、市政府评为“天水市民族团结进步模范个人”。

2005年

4月18日，市慈善总会召开天水市慈善总会第二届会员代表大会，产生了新一届领导班子。

12月5日至12月6日，驻市某部队的负责人代表全体官兵先后将1.045万元现金和0.79万元现金以及1300多件衣物捐赠给市慈善总会。

12月12日，天水市“扶贫济困送温暖慈善捐助月”活动开展，市慈善总会共接收捐款0.225万元。

12月22日，驻市某部队官兵参加由部队组织的“扶贫济困送温暖”慈善捐助活动，现场捐助现金3.2672万元，捐助棉衣、棉被、鞋子等御寒物品500余件。

12月23日，兰州卷烟厂天水市分厂捐献0.48万元的爱心捐款。

2006年

1月14日，在清水县土门乡梁山小学，市民政局和市慈善总会的负责人受中华慈善总会的委托，为孩子们送去了价值1.55万元的500册图书、6套书柜、10套书桌和1台电脑，建起了甘肃省第一家由中华慈善总会援建的“爱心书屋”，并为20名贫困学生发放了2000元的救助金。

1月16日，中华慈善总会儿童关爱基金向清水县土门乡梁山慈善小学200名学生捐赠480册图书。

2月20日，市慈善总会将27万元捐款全部用于资助全市灾区家庭困难的学生，将3600件衣物全部捐赠给了清水县山门镇受灾群众，并为敬老院孤寡老人送去2000元的现金。

2月24日，在秦州区皂郊中学院内举行慈善总会助学捐赠仪式。为全市1050名家庭困难的中小学生发放了31.5万元的资助金，每人300元；市慈善总会还为该校捐赠了价值0.3万元的体育用品。

6月3日，全国政协常委、中国道教协会会长任法融为麦积区琥珀乡霍家沟人饮工程捐资210万元。

6月19日，由全国劳模、省市人大代表、天水市计算机专修学院院长王晋倡导，市委统战部、市慈善总会、市妇联等单位共同发起的“幼才”保护工程正式开始实施，“百万百人”活动由王晋个人率先筹集100万元，首批资助100名农村家庭困难的学生。

7月19日，天水魏氏骨伤医院在全市开展义诊赠药活动。为1371名困难群众免费看病；赠送价值3.06万元的药品；免费为10名患者做B超、心脏病检查，为99名特殊重病患者治疗；并在7个村选择了14个家庭困难的骨伤病人予以免费治疗，每位患者治疗费5000元，总计7万元。这次慈善医疗救助活动金额共计10.06万元。

同日，由山东邹城农民赵振东出资发起的“红色之旅——捐资助学中国行”活动在天水市开展，对天水四中10名品学兼优的贫困生给予了每人500元的捐助。

8月9日，市慈善总会收到省慈善总会“慈善扶贫项目”款30万元，用于秦州区太京镇和武山县城关镇所辖行政村的水窖建设，建成300个“慈善水窖”，解决了1450人及300头家畜的饮水问题。

9月4日至9月7日，世界宣明会中国办事处来天水考察在天水市开展的辅助发展项目。

9月8日，市委宣传部、市扶贫开发办公室、市文联、市慈善总会联合下发通知，向全市征集参加“中国·甘肃‘爱心水窖’扶贫慈善书画摄影展”作品。

11月20日，秦州区在皂郊镇举行由省慈善总会资助的“人饮工程”竣工典礼仪式。

2007年

1月16日，由省慈善总会组织的“慈善情暖万家”活动抵达武山县，给2006年受灾严重的武山县洛门镇等5个乡镇的受灾群众捐赠5万斤面粉。

2月8日，市慈善总会向市内200名优抚对象发放了由天水广济医院捐赠的3万元医疗卡。持卡人在广济医院就诊时可免费挂号，还可领取价值150元的免费药品。

4月28日，市总工会、市慈善总会在玉泉广场联合举办了“关爱劳模、共建和谐”的活动，为全市100名被授予省市劳模称号的人员捐赠了由天水魏氏骨伤医院提供的总价为5.4万元的药品。

5月18日，天水市启动“慈善复明工程”，为全市300名家庭贫困的白内障患者免费实施手术治疗。

6月22日，由中华慈善总会、省慈善总会和国内外慈善机构共同捐资400万元，在秦州区、清水县、武山县共修建“慈善水窖”4000个，解决了全市山区18000余人的用水困难问题。

7月9日，“微笑列车”工程为全市87名唇腭裂患者免费实施了唇腭裂矫正手术。

9月27日，市慈善总会和世界佛商联合会共同开展“慈善复明行动”，全部项目资金总计40万元。

12月13日，市慈善总会与世界佛商联合会的代表为天水市佛教协会捐赠经书2400册、光盘200张、佛灯24盏。

12月25日，市慈善总会与麦积区某商店北极绒专柜联合举办“献爱心、扶贫帮困、真情回报消费者”的募捐、赠券活动，共收到消费者捐赠的爱心款1100元。

2008年

5月8日，全国政协常委、中国道教协会会长任法融视察麦积区新阳镇和甘泉镇的道教文化设施建设，捐资20万元用于新阳镇席西村建设文化中心。

5月16日，由市委、市政府倡导，天水市联合工商会、市企业家协会、市光彩事业促进会联合发起并举办的全市工商界“抗灾救灾献爱心”捐款仪式在龙城广场举行，共募集资金600多万元。

8月13日，市慈善总会被甘肃省民政厅表彰为“抗震救灾先进集体”。

9月5日，“银联励志助学基金”救助贫困大学生发放助学金仪式在天水市举行，为6名特困家庭的大学生每人资助5000元。

9月27日，马勤学任天水市民政局副局长、市慈善总会副会长（正处级）。

10月9日，在秦安县兴国初级中学举行了由秦安县人民政府主办、天水市慈善总会协办的援建秦安县兴国镇初级中学灾后重建奠基启动仪式。

10月13日至10月14日，省慈善总会会长调研全市慈善工作，了解灾后重建及敬老院建设情况。

12月5日，在北京人民大会堂召开中华慈善大会，天水市慈善总会秘书长郭宏被民政部授予“全国优秀慈善工作者”荣誉称号，并受到胡锦涛总书记和李克强副总理等党和国家领导人的接见。

2009年

2月15日，天水市成纪房地产公司董事长李晓宏向张家川县龙山镇连柯村捐资16万元。

3月7日，甘肃省慈善总会灾后重建项目签约仪式在兰州宁卧庄宾馆举行。向武山县城关镇中心敬老院、甘谷县大像山镇敬老院、秦州区皂郊镇中心敬老院、麦积区甘泉镇中心敬老院、清水县中心敬老院、张家川县龙山镇中心敬老院、秦安县郭嘉镇中心敬老院捐资80万元，向天水市社会福利院、天水市社会福利服务中心分别投资50万元。随后，又向秦州区天水镇中心敬老院捐资12万元、秦州区杨家寺小学捐资30万元，向张家川县梁山乡小学捐资19万元。

8月28日，万向集团“四个一万工程”资助秦州区孤残老人和特困学生活动在龙城广场举行，给40名考取大学的特困新生每人发放了4000元助学金。

9月6日，市慈善总会的工作人员陪同市领导韩岱成到市福利院和敬老院慰问孤寡老人，并给老人们送去了慰问金、棉被和毛毯。

10月23日，在五县两区开展了“尊老、爱老、为孤寡老人献爱心”的慰问救助活动。

11月28日，在北京国家会议中心举办的“‘微笑列车’十年”颁奖大会上，中华慈善总会和美国“微笑列车”基金会授予天水市慈善总会“‘微笑列车’项目突出贡献组织奖”，市民政局副局长、天水市慈善总会副会长马勤学荣获“‘微笑列车’项目突出贡献支持奖”，秘书长郭宏荣获“‘微笑列车’项目突出贡献奉献奖”，天水市第一人民医院麻醉科大夫姬银明荣获“‘微笑列车’项目突出贡献天使奖”。

12月15日，市慈善总会发起“爱心牵手·光明同行”的白内障救助活动，给全市五县两区的30名白内障患者免费进行了手术。

2010年

3月16日，由南京剑桥医疗器械有限公司向市慈善总会捐赠1500台血糖仪（每台495元）的捐赠活动在秦州区举行。

4月27日，甘肃省慈善总会副会长李越检查指导天水广济医院开业准备工作。

5月17日，召开天水市慈善总会常务理事会，增选郭明兴、马勤学为慈善总会副会长。

7月29日，在天水市一中会议室举行贫困大学生发放“点点助学基金”仪式，为13名受助学生每人发放3000元助学金。

10月9日，全国政协常委、全国道教协会会长任法融捐赠100万元，用于天水市特殊教育学校的建设。

2011年

1月13日，在秦州区娘娘坝镇上店子村举行省慈善总会向天水灾区捐赠20万元面粉的发放仪式。

3月25日，经天水市委常委会会议研究决定，晏平任天水市慈善总会专职副会长。

6月14日至6月15日，天水市慈善总会分别深入秦州区、麦积区、秦安县民政局，就万向集团“四个一万工程”项目实施情况进行了调研。

8月12日，市慈善总会积极争取到省慈善总会捐赠的面粉2604袋，价值20万元，发放到受“8·12”天水特大洪涝灾害影响最严重的秦州区娘娘坝镇、齐寿乡、杨家寺乡、汪川镇等14个乡镇，2000多户6000余人接受了捐赠。

8月19日，市慈善总会筹集20万元，为全市50名考取二本以上因家庭困难，无力支付学费、路费、生活费的贫困家庭的优秀大学生每人发放救助金4000元。

9月25日，市慈善总会同市总工会在全市选择100名被授予全国和省级劳动模范称号且家庭困难的人员，每位给予1000元资助金。

10月15日，由市慈善总会、市广播电视台共同举办的“海尔·幸福家园”暨海尔集团天水金钟旗舰店开展向全市五县两区部分中心敬老院、福利院捐赠洗衣机的活动在秦州区兰天城市广场举行。

10月22日，市慈善总会与四川郎酒集团联合开展“郎助郎，上学堂”义卖捐赠建校活动。四川郎酒集团将义卖的30万元全部捐赠给市慈善总会，用于修建麦积区五龙乡大窑小学。

11月1日，市慈善总会在秦州区举行“周大福爱心助听器”捐赠活动，为秦州区21名孤残听障儿童免费佩戴了爱心助听器。

11月3日，世界宣明会武山县项目办年终总结会在武山县宁远宾馆举行。

2012年

1月13日，市民政局和市慈善总会共同筹措资金15万元，走访慰问了市社会福利院和部分敬老院，为他们送去了慰问金和生活必需品。

3月14日，市慈善总会在秦安县兴国中学举行天津市慈善协会为贫困学生发放助学金的活动，共为兴国中学家庭困难的学生发放救助金4万元，50个学生每人领取救助金800元。

4月6日，世界宣明会武山县项目办与市慈善总会、秦州区教育局共同捐资28万元，用于汪川中心小学生态厕所的修建和学校图书室书籍的购买。

4月21日，万向集团“四个一万工程”在天水实施资助贫困大学生活动。秦州区共资助43名贫困大学生，每人受助的资金为3000元，总计12.9万元。

5月29日，天水市机构编制委员会办公室印发《关于下达2011年度军队转业干部及随调家属编制的通知》（天机编办发〔2012〕75号），天水市慈善总会增加编制1名。

6月23日，在天水伏羲文化节期间，市慈善总会向社会募捐，共募集到110万元善款，用于天水文化建设。

8月16日，台州市佛教协会护法慈善功德会考察团前往天水市麦积区石佛镇黄家村小学，并捐赠价值近3万元的学习用品和体育用品，同时还走访了石佛镇朱家村10户特困户，给每户送去慰问金1000元，现场给20多户困难户每户发放慰问金500元。

9月14日，“微笑列车”工程为全市家庭贫困的唇腭裂患儿进行免费的初期矫治手术。

同日，在陕西省慈善协会的大力推介下，西安高新医院同天水市慈善总会签署了“仁欣健康”工程救助协议，救助天水贫困家庭中0～18周岁的先天性心脏病患儿100名，每例救助金额2万元。

10月11日，天津市慈善协会把秦安县兴国镇初级中学列入捐赠对象，并捐助100万元救灾资金，用于学校教学楼的重建。

10月22日，天津市慈善协会主要领导和省慈善总会主要领导参加了秦安县兴国镇初级中学的教学楼落成仪式。天津市慈善协会在落成仪式上为学校捐款20万元用于购买教学设备。

2013年

4月15日，市慈善总会被天水市人民政府表彰为“全市民政工作先进集体”。

4月20日，四川省雅安市芦山县发生7.0级地震，市慈善总会共筹款1.9万元，其中，个人捐赠0.17万元，企业捐赠（甘肃友联工贸有限公司）1.73万元。

8月6日，天水华亿彩钢总经理李桂彬和市慈善总会工作人员，为高考考取一本的家中因灾、因病致贫的4名大学生每人发放助学款5000元。

8月11日，在市民政局会议室举行了李峰先生携150万元捐助天水灾区贫困大学生仪式。全市20名贫困大学生每人获得5000元的捐助。

8月27日，甘肃烟草公司天水公司为救灾定向捐款1000万元。

11月14日，华圆投资控股有限公司向市慈善总会捐赠价值71万元的医疗设备，市慈善总会现场将这些医疗设备分配给了秦州区医院、市社会福利院等10家医疗机构和社会福利机构。

2014年

2月12日，开展“慈善情暖万家”活动，慰问了社会福利院和“双联”点，并为他们送去了毛毯、棉被和面粉。

3月18日，市慈善总会为身患重病的平南镇村民送去5000元的爱心捐款。

5月22日，市特教学校、市和康商贸公司为全市五县两区的敬老院、市社会儿童福利院、市救助站和市特殊教育学校捐赠了1863箱价值140万元的贝因美奶粉。

2015年

8月27日，市慈善总会开展金秋助学活动。

8月31日，市慈善总会调研张家川县连五乡中渠村涵洞项目，验收清水县草川铺镇冯山村通往学校的路面硬化工程以及麦积区社棠中心小学操场改造和校门建设项目。

9月10日，市慈善总会查看麦积区元龙镇桑渠村村民活动广场硬化建设情况。

9月15日，市慈善总会查看秦州区大门乡3个村级项目。

9月18日，市慈善总会参加香港世界宣明会在天水师院资助大学生协议签订仪式。

11月16日，市慈善总会验收秦州区大门镇村级竣工项目。

11月19日，市慈善总会参加世界宣明会资助大学生资金发放仪式。

12月5日，民政局党委成员、副局长李晋东任天水市慈善总会专职副会长（正处级）。

第七节　社会福利企业

天水市社会福利企业1995年达到顶峰，有85户。1996年有82户，1997年有51户，1998年有51户。1999年12月27日，根据市民政局、市国税局、市地税局对全市社会福利企业的审核结果，联合下发《关于对清水县民福包装制品厂等25户民政福利企业年检合格的通知》（天市民福发〔1999〕162号），认定25户企业符合国家规定的福利企业条件。另外6户企业中，3户停产、3户整改。保留企业有：清水县民福包装制品厂、清水县永清社会福利厂、秦安县凤山社会福利塑料厂、秦安县社会福利塑料厂、秦安县凤山福利鞋厂、秦安县社会福利新潮皮革厂、秦安县奔马皮鞋厂（甘肃电力股份有限公司劳保用品厂）、甘谷县社会福利工厂、甘谷县天马福利铸造厂、甘谷县福利钢窗厂、甘谷县福利誊印社、甘谷县残联纸袋制品厂、武山县社会福利厂、张家川县万祥福利皮毛制品厂、张家川县四方福利皮革厂、秦城区社会福利厂、天水市福利工业硅厂、天水市北道区锡龙冶炼厂、天水市北道区社会福利厂、天水市北道区蓄电池厂、天水市北道区中滩乡福利厂、天水医疗器械厂、天水市北道区振华针织厂、天水市北道区海洋汽车修理厂、天水市北道区绝缘材料厂。

2000年10月31日，根据省“一厅两局”《关于做好统一换发〈社会福利企业证书〉工作的通知》的要求，由市民政局牵头，连同市国税局、地税局对全市社会福利企业的管理制度、四表一册、财务账目、残疾人员数量及上岗情况等进行了检查，有31户企业符合换证条件，为此，市民政局呈请省民政厅为这些企业换发了“社会福利企业证书”（天市民福发〔2000〕141号）。这些企业名单如下：清水县民福包装制品厂、清水县永清社会福利厂、秦安县凤山社会福利塑料厂、秦安县社会福利塑料厂、秦安县凤山福利鞋厂、秦安县社会福利新潮皮革厂、秦安县奔马皮鞋厂（甘肃电力股份有限公司劳保用品厂）、秦安县亨威日用化妆品厂、秦安县星月民族福利皮革厂、秦安县王尹乡社会福利厂、甘谷县社会福利工厂、甘谷县天马福利铸造厂、甘谷县福利钢窗厂、甘谷县福利誊印社、武山县社会福利厂、张家川县万祥福利皮毛制品厂、张家川县四方福利皮革厂、张家川县龙山福利皮革厂、张家川县龙山综合福利厂、张家川县亨达福利厂、秦城区社会福利厂、天水市福利工业硅厂、秦城区李子福利综合厂、天水市北道区锡龙冶炼厂、天水市北道区社会福利厂、天水市北道区蓄电池厂、天水市北道区中滩乡福利厂、天水医疗器械厂、天水市北道区振华针织厂、天水市北道区海洋汽车修理厂、天水市北道区绝缘材料厂。

2001年12月14日，根据三方共同年检的结果，市民政局、市国税局、市地税局联合下发《关于秦州区社会福利厂等21户民政福利企业年检合格的通知》（天市民福发〔2001〕182号）。合格的福利企业如下：清水县民福包装制品厂、秦安县凤山社会福利塑料厂、秦安县社会福利塑料厂、秦安县凤山福利鞋厂、秦安县社会福利新潮皮革厂、秦安县奔马皮鞋厂（甘肃电力股份有限公司劳保用品厂）、甘谷县社会福利工厂、甘谷县天马福利铸造厂、甘谷县福利钢窗厂、甘谷县福利誊印社、张家川县万祥福利皮毛制品厂、张家川县四方福利皮革厂、张家川县龙山福利皮革厂、张家川县龙山综合福利厂、张家川县亨达福利厂、秦城区社会福利厂、天水市北道区锡龙冶炼厂、天水市北道区社会福利厂、天水宇龙工贸有限责任公司、天水医疗器械厂、天水市北道区振华针织厂。

2002年，根据三方共同年检的结果，市民政局、市国税局、市地税局于2003年3月13日联合下发《关于2002年度民政福利企业年检合格的通知》。11户合格的福利企业如下：甘肃电力股份有限公司劳保用品厂、甘谷县社会福利工厂、甘谷县天马福利铸造厂、甘谷县福利钢窗厂、甘谷县福利誊印社、张家川县万祥福利皮毛制品厂、天水市北道区锡龙冶炼厂、天水市北道区社会福利厂、天水市北道区海洋汽车修理厂、天水宇龙工贸有限责任公司、天水医疗器械厂。以下12户企业保留社会福利企业资格：清水县民福包装制品厂、清水县永清社会福利厂、天水市北道区振华针织厂、张家川县四方福利皮革厂、张家川县龙山福利皮革厂、张家川县龙山综合福利厂、张家川县亨达福利厂、秦安县凤山社会福利塑料厂、秦安县社会福利塑料厂、秦安县凤山福利鞋厂、秦安县社会福利新潮皮革厂、秦城区社会福利厂。

2003年，根据三方共同年检的结果，市民政局、市国税局、市地税局于2003年12月31日联合下发《关于2003年度民政福利企业年检合格的通知》(天市民福发〔2003〕211号)。11户合格的福利企业如下：甘肃电力股份有限公司劳保用品厂、甘谷县社会福利工厂、甘谷县福利钢窗厂、甘谷县福利誊印社、张家川县万祥福利皮毛制品厂、张家川县亨达福利厂、清水县民福包装制品厂、天水市北道区锡龙冶炼厂、天水市北道区社会福利厂、天水宇龙工贸有限责任公司、天水医疗器械厂。以下3户企业暂保留社会福利企业资格：张家川县四方福利皮革厂、秦城区社会福利厂、甘谷县天马福利铸造厂。

2004年，根据三方共同年检的结果，市民政局、市国税局、市地税局于2004年12月21日联合下发《关于2004年度社会福利企业年检合格的通知》(天市民福发〔2004〕213号)。7户合格的福利企业如下：甘肃亨利电力劳保用品有限公司、甘谷县福利钢窗厂、甘谷县福利誊印社、张家川县万祥福利皮毛制品厂、天水市北道区锡龙冶炼厂、天水宇龙工贸有限责任公司、天水医疗器械厂。以下5户企业暂保留社会福利企业资格：张家川县四方福利皮革厂、张家川县亨达福利厂、甘谷县天马福利铸造厂、甘谷县社会福利工厂、天水市北道区社会福利厂。

根据省民政厅、省国税局、省地税局《关于加强社会福利企业年检工作的通知》精神，市民政局、市国税局、市地税局于2006年1月9日下发《关于社会福利企业年检工作有关事宜的通知》(天市民福发〔2006〕2号)，决定从2005年起，社会福利企业年检工作由各县(区)民政局、国税局、地税局组织实施，结束后将结果抄报市民政局、市国税局、市地税局。市民政局、市国税局、市地税局必要时可组织联合检查组进行抽查。

2005年年检合格企业有：天水市麦积区锡龙冶炼厂、天水宇龙工贸有限责任公司、天水医疗器械厂、张家川县万祥福利皮毛制品厂、秦州区社会福利厂、甘谷县福利钢窗厂、甘谷县福利誊印社、甘谷县天马福利铸造厂。暂保留社会福利企业资格的企业有：天水市麦积区社会福利厂、张家川县四方福利皮革厂、张家川县亨达福利厂。

因自2000年以来一直停产，清水县民政局于2005年8月29日以《清水县民政局关于注销“清水县民福包装制品厂”的报告》上报市民政局正式将其注销。

2006年年检合格，换发“社会福利证书”的福利企业有：秦州区社会福利厂、张家川县万祥福利皮毛制品厂、张家川县四方福利皮革厂、张家川县亨达福利厂、甘谷县福利钢窗厂、甘谷县福利誊印社、甘谷县天马福利铸造厂。

截至2013年底，天水市社会福利企业仅有1家，即甘肃省张家川县万祥福利皮毛制品厂。

甘肃省张家川县万祥福利皮毛制品厂始建于1996年8月，是县残联用10万元的康复扶贫款与闫继荣个人筹集的88万元创办的，位于张家川县龙山镇韩川村的张家川县西部皮毛加工贸易工业园区内，秦张公路旁，距龙山镇皮毛市场西端2千米。占地面积2820平方米，建筑面积2860平方米。其中，生产车间面积1280平方米。现有多功能机械设备28台（套），职工37人，其中，残疾人11人。企业总资产1030万元，其中，固定资产785万元、流动资产245万元。该厂集羊剪绒、改良羊毛绒、裘皮制成品销售于一体。2012年，完成工业总产值3500万元，实现销售收入3462万元，上缴税金88.5万元。2013年，内销收入2875万元，外销创汇183万美元，各种产品升值率均在32%以上。累计安排残疾人126人，并不定期吸纳贫困和残疾人员共计90多人，间接带动下岗工人就业累计19人，临时来厂务工人员累计863人。2005年，该厂被天水市人民政府授予“重合同守信誉单位”称号；2006年，该厂的“伊金月”商标注册成功；2007年，该厂被授予天水市“农业产业化龙头企业”称号；2009年和2010年，该厂厂长被授予甘肃省政府“先进乡镇企业家”，并获天水市“非公有制模范企业家”奖励。

第十四章　规划与财务

民政事业经费是民政部门和所属事业单位做好社会救助、社会福利、优抚安置工作的物质基础和财力保证。民政事业经费包括：抚恤费、安置费、城乡居民最低生活保障费、农村及其他社会救济费、社会福利费、自然灾害生活救助费和用于民政事业基本建设的投资，具有涉及面广、法规政策性强、支出稳定等特点。专款专用、重点使用、民主管理是民政事业经费使用的基本原则。近年来，随着民政部门职能范围的增加、职责范围的加重，民政事业经费也在不断增加。民政事业经费的70%以上是民政对象的生活费、“救命钱”，直接关系到广大民政对象的切身利益，事关国家保障政策的落实、社会的稳定和谐。

第一节　经费筹集与使用

民政规划财务的实质是通过其保障、计划、监督职能体现出来的，并以此保证民政事业的协调稳步发展，维护社会的繁荣与稳定，维护民政对象的基本生活权益，保证民政事业资金运行、周转的计划性与不间断性，促进民政事业的不断发展。

1980年以前，国家预算拨款是民政事业经费的唯一来源。随着经济体制的改革和社会的进步，除国家财政预算安排的民政事业投入以外，近几年各类事业单位面向社会拓宽服务领域、增加服务项目，生产和经营活动的收入增加，发行社会福利彩票募捐公益金、慈善救灾捐赠等资金大幅度增长，但国家财政预算拨款仍然是民政事业经费的主渠道，在目前社会主义市场经济体制的条件下，民政事业经费的来源主要有以下四个方面：

一、政府拨款

政府拨款是民政事业经费来源的主渠道。其中，中央和地方财政部门预算是民政事业经费筹集的主渠道。1985年至2015年中央和地方财政部门共安排1099917.58万元，用于全市民政事业支出，见表14-1。

2002年以来，随着城乡居民最低生活保障、重点优抚对象的保障范围逐步扩大，保障标准逐年提高，民政事业经费支出大幅度增长，支出水平稳步上升。民政对象受益面进一步扩大，社会救助水平得以提升。

表 14-1 1985—2015年全市民政事业经费统计表

单位：万元

年份	1985	1986	1987	1988	1989	1990
政府拨款	581.64	394.43	806.29	415.18	424.8	495
年份	1991	1992	1993	1994	1995	1996
政府拨款	539.3	662.8	884.2	911.7	1164.8	1733.6
年份	1997	1998	1999	2000	2001	2002
政府拨款	2328	1055.74	1863.4	4150.48	3411.37	5547.18
年份	2003	2004	2005	2006	2007	2008
政府拨款	7677.86	7993.1	12927.5	16422.09	23423.79	121055.74
年份	2009	2010	2011	2012	2013	2014
政府拨款	141937.03	89133.78	114666.17	117448.87	152620.3	132202.65
年份	2015					
政府拨款	135038.79					

注：在发生重大灾害的年份，拨款较多。

二、生产经营收入

各级民政事业单位充分发挥了国家投入始终是民政事业发展资金来源的主渠道作用；同时也充分利用国家给予民政部门的优惠政策，积极探索和开辟生财、繁财的新途径，在扶持发展社会福利服务项目等方面取得了较好的社会效益和经济效益，极大地改变了事业发展单靠国家资金来源渠道单一的状况，积极吸收和引导社会资金发展民政事业，推进民政部门资金来源多元化，有效缓解了民政资金供需紧张的矛盾。1985年至2015年全市民政事业单位生产经营收入8987万元，弥补了资金的不足并借此扩大了福利事业的规模，见表14-2。

表 14-2 1985—2015年全市民政事业单位生产经营收入统计表

单位：万元

年份	1985	1986	1987	1988	1989	1990	1991
生产经营收入	1.16	1.99	3.43	4.61	7.99	7.04	10.01
年份	1992	1993	1994	1995	1996	1997	1998
生产经营收入	12.04	25.56	36.55	48.52	50.78	53.69	70.00
年份	1999	2000	2001	2002	2003	2004	2005
生产经营收入	75.96	129.03	160.90	230.00	260.86	285.90	313.38
年份	2006	2007	2008	2009	2010	2011	2012
生产经营收入	383.90	380.90	413.75	585.40	480.72	801.08	1067.78
年份	2013	2014	2015				
生产经营收入	1091.54	1137.77	854.76				

三、社会捐赠

在新的历史时期，市慈善总会通过加快慈善事业的发展，把传统的精神财富和现实的物质财富结合起来，通过组织经常性的社会捐助活动、民间的慈善捐助和各种义演、义卖等多种形式募捐资金，以及通过接受国外给予的救灾捐赠和援助资金等方式，自1999年至2015年，全市民政社会捐赠收入15873.24万元，主要用于发生重大灾害年份的以灾情救助、慈善医疗救助、慈善助学救助、慈善社会救助为重点的各类救助项目，见表14-3。

表14-3 1999—2015年全市民政社会捐赠收入统计表

单位：万元

年份	1999	2000	2001	2002	2003	2004
社会捐赠	70.31	82.02	13	15.01	24.84	41.61
年份	2005	2006	2007	2008	2009	2010
社会捐赠	50.79	277.92	223.41	4509.30	3658.07	1932.53
年份	2011	2012	2013	2014	2015	
社会捐赠	818.72	396	2319	1184.36	256.35	

四、福利彩票公益金

福利彩票公益金是通过发行销售福利彩票所筹集的福利彩票公益金。从2001年起，福利彩票公益金制度规定，从福利彩票销售收入中提取不高于35%的金额作为公益金，其中，将按销售额计算的20%的福利彩票公益金上缴中央财政。自2005年起，改为将按销售额计算的17.5%的福利彩票公益金上缴中央财政。随着全市福利彩票发行事业的较快发展，筹集的福利彩票公益金增多。全市各级民政部门紧紧围绕公益金“扶老、助残、救孤、济困、赈灾”的发行宗旨，管好、用好福利彩票公益金，做到“取之于民，用之于民”，充分发挥公益金在推动社会福利、社会救助、优抚保障乃至整个社会保障事业发展中的重要作用。1988年至2014年，全市共筹集福利彩票公益金9797.32万元，主要用于“扶老、助残、救孤、济困、赈灾”等社会福利事业，见表14-4。

表14-4 1988—2014年福利彩票公益金收入统计表

单位：万元

年份	1988	1989	1990	1991	1992	1993	1994
福利彩票公益金	9.54	6.13	1.6	4.05	35	42	21
年份	1995	1996	1997	1998	1999	2000	2001
福利彩票公益金	124	74	48	66	12.9	29	89.3
年份	2002	2003	2004	2005	2006	2007	2008
福利彩票公益金	162.9	169.96	105.41	205.14	334.32	507.07	521.36
年份	2009	2010	2011	2012	2013	2014	
福利彩票公益金	818	814.4	813.14	956.5	1380.6	2446	

此外，还有各种资金，包括经有关部门批准的行政事业性收费、非独立核算的附属单位上缴收入、银行利息收入、经有关部门批准的自筹基建资金、转让国有资产收入和其他收入等。

第二节　经费管理

民政事业经费的管理作为民政工作的一个重要职能，担负着为民政事业发展、民政对象的生产生活和机关建设筹集资金及保障供给的重要任务。

1994年实行的分税制财政体制改革，财政职能从经济建设型逐步转变为公共服务型，财政支出安排中加大了对公共事业的支出，相应加大了对民政事业的支出。随着城乡居民最低生活保障制度、城乡医疗救助制度、农村临时救助制度、五保供养制度的普遍建立和优抚安置政策的全面落实，以及社区建设、社会福利事业的整体推进，民政事业经费投入急剧增大，经费管理难度增加。为了提高经费使用效率，主要从以下几个方面制定了相关措施和管理办法，加强了对民政事业经费的管理。

一、实现了民政资金由分散管理向统一管理的转变

突出“专款专用、重点使用和勤俭办事”的原则，统筹安排，综合平衡，使有限的资金能够得到合理使用，充分发挥民政事业经费的整体效益。

二、坚持民政事业经费社会化发放

落实经费专户管理措施，减少民政资金的周转环节，大大降低资金被截留、拖欠、挪用的风险，有效地提高使用效率，对保障困难群体和特殊群体的基本生活发挥了极为重要的作用。

（一）救灾救济款物

实行“灾民申请、村委会公示、乡镇审核、县（区）民政部门审批”的工作程序。坚持公开上级下拨救灾款数额、公开发放救灾款数额、公开救济对象及标准、接受群众监督的“三公开一监督”制度。

（二）城乡低保资金

实行属地管理，低保对象在属地社区或街道办事处和乡（镇）政府进行申报、审核后，县（区）民政部门将批准名单和补助资金送交财政部门，财政部门直接将低保金拨付代发银行，由低保对象到储蓄网点领取低保金。

（三）抚恤补助费

各类优抚对象抚恤补助费全部按标准通过“一卡通”直接发放到优抚对象手中。

（四）安置资金

由县（区）民政、财政部门设立专项资金账户进行管理，发放时经县（区）民政部门核算后，由财政部门将应发资金打入指定个人账户，本人持相关证件到银行领取。

（五）基本建设资金

对将要运行的项目进行充分考察、论证，报发改部门批准，并制定实施方案；履行项目立项、申报、审批程序；按照拨款规定，及时下拨资金；严格执行财政、财务、会计、国有资产管理等法规和政策，建立健全专项资金内部财务管理和会计核算等规章制度。

三、加强对经费使用的监督和管理

为了保证政策统一、维护民政对象的根本利益，对各类经济主体和各种经济活动进行监督管理。监督自然灾害救济资金、最低生活保障金、社会福利资金等各项民政事业费用及时、准确、足额发放；监督优抚对象的抚恤金按政策标准兑现；监督福利彩票公益金筹措的合法性、投放的准确性及社会效果；监督社会各界的捐助和资金使用情况，并主动接受社会监督。强化民政资金管理和监督，坚持依法行政和依法理财，将财务管理工作纳入到法治化轨道。

四、精打细算，厉行节俭安排使用经费

紧紧围绕民政工作的总目标，坚持“实事求是”和“有多少钱，办多少事”的原则，正确处理刚性支出与弹性支出、重点支出与一般支出、维持经费与发展经费、业务经费与公用费用之间的关系。坚持“宏观调控、微观实施、集中财力、分类管理”的原则，运用行政、法律、经济手段，使民政财务管理能够有效地进行综合调控，达到建立制度机制、调控资金用项、提高使用效益的目标。

第三节 民政事业发展规划与项目建设

一、拟定报批全市民政事业发展规划

（一）天水市关中——天水经济区发展规划民政事业实施方案

2010年至2020年，项目共计27项，总投资271045万元。其中，防灾减灾项目5项，投资31102万元；基本养老项目7项，投资144500万元；社区服务项目4项，投资60375万元；双拥优抚安置项目4项，投资15300万元；社会福利和社会事务管理项目5项，投资13527万元；民政公共服务项目2项，投资6241万元。

（二）天水市发展与脱贫攻坚重大建设项目规划

2010年至2020年，计划项目共计103项，计划投资147642万元。2010年至2015年计划项目67项，计划投资87131万元，分布情况如下：基本养老项目64项，计划投资83231万元；儿童项目2项，计划投资2900万元；救助项目1项，计划投资1000万元。2016年至2020年计划项目36项，计划投资60511万元，分布情况如下：基本养老项目23项，计划投资52575万元；儿童项目7项，计划投资4686万元；救助项目6项，计划投资3250万元。

（三）天水市民政事业发展“十二五”规划

“十二五”期间，天水市民政事业发展重点建设项目共储备10大类246项，总投资35.07亿元，总建筑面积252.88万平方米。其中，养老项目88项，投资13.73亿元，建筑面积87.3万平方米；社区建设项目72项，投资2.47亿元，建筑面积17.26万平方米；救灾设施项目28项，投资2.76亿元，建筑面积40.9万平方米；精神卫生项目1项，投资0.11亿元，建筑面积0.75万平方米；儿童福利项目9项，投资0.76亿元，建筑面积3.9万平方米；救助项目7项，投资0.42亿元，建筑面积4.1万平方米；国防项目8项，投资1.5亿元，建筑面积10.1万平方米；婚姻登记和管理项目1项，投资0.08亿元，建筑面积0.6万平方米；殡葬项目17项，投资1.54亿元，建筑面积16.62万平方米；其他项目15项，投资11.7亿元，建筑面积71.35万平方米。

（四）天水市社会福利事业发展“十二五”规划

“十二五”期间，天水社会福利事业发展重点建设项目主要有5大类218项，总投资约34.7561亿元。其中，基本养老服务体系项目89项，投资15.6094亿元；社区服务体系项目72项，投资2.405亿元；双拥优抚安置体系项目9项，投资3.1941亿元；社会福利和社会事务管理服务类项目41项，投资11.7696亿元；民政公共服务保障体系项目7项，投资1.778亿元。

（五）天水市老龄事业发展“十二五”规划

天水市老龄事业发展“十二五”规划的重点项目共4类。一是城市老年综合社会福利服务设施建设，共计47项，投资6.901亿元。二是农村老年综合社会福利服务设施建设，新建和改扩建区域性中心农村敬老院29所，投资3.4亿元；新建2491个村级老年人活动站，投资1.879亿元；新建农村五保家园71个，投资1.134亿元。三是光荣院服务设施建设，扩建8个光荣院，投资1425万元。四是社区养老服务设施建设，新建4个社区服务中心、服务站，投资9375万元。

（六）天水市“3341”项目工程推进富民多元化重点项目规划

全市储备民政“3341”项目260项，总投资455606.6万元。其中，城市养老项目45项，投资67510万元；农村养老项目31项，投资76284万元；农村互助老人幸福院项目1项（950个行政村），投资28500万元；社区养老项目4项，投资9375万元；社区服务项目72项，投资24050万元；防灾减灾项目43项，投资29611万元；军供、军休项目3项，投资21600万元；烈士陵园、荣军养老项目14项，投资10435.6万元；儿童福利设施项目12项，投资7086万元；生活无着人员项目6项，投资6250万元；慈善服务机构项目4项，投资

82788万元；殡葬服务设施项目17项，投资15400万元；民政公共服务项目7项，投资16717万元；麦积全国综合养老示范基地项目1项，投资60000万元。

二、实施的重点项目

（一）各类民政项目

2006年至2015年底，全市争取中央、甘肃省安排天水市民政项目5类84个，总投资约9.23亿元。其中，防灾减灾项目24个，投资10961.63万元；社会福利项目11个，投资73286.56万元；基本养老项目12个，投资4867万元；社区建设项目35个，投资1800万元；殡葬项目2个，投资1360.5万元。截至2015年底，已建成79个项目，完成投资4.65亿元。

（二）全国综合养老示范基地项目

该项目是以省民政厅为投资主体，天水市政府、麦积区政府参加，通过吸纳社会资金参与的公益性项目。基地选址在天水市麦积区甘泉镇八槐村和麦积镇街亭村交界处，投资6亿元，占地面积34.27万平方米，建筑面积20.86万平方米，设置床位3500张。项目分老年公寓（内分高、中、低档）、老年活动中心、老年大学、老年医疗康复大楼、养老护理员实习（培训）等重点功能性建筑，以及食堂、附属用房、停车场、户外活动场地等附属设施。

三、财务管理与监督

2008年2月1日，天水市民政局设立规划财务统计科。职责有：负责拟订全市民政事业年度发展规划；组织协调全市民政基本建设项目的审查、报批；国家、省、市民政事业经费和专项资金的拨付；局机关及基层单位民政事业经费，机关行政经费的预算、决算，以及日常管理和系统内部审计工作；监督各类民政经费和事业经费的使用，指导、监督基层单位的财务管理工作；局机关和基层单位国有资产的管理工作；全市民政统计和信息化管理工作。

加强财务管理，严格遵守各项财经纪律，规范会计核算。合理安排各项资金的使用，特别是专项资金，做到专款专用，严禁挤占挪用。完成资金的拨付，依法合理有效地使用每一项资金，提高财务管理，保证收支平衡。完成日常报销、记账对账、住房公积金汇缴、离休人员医药费报销，以及支付会议费、办公费等财务管理工作。

（一）实施会计电算化

从2011年起，天水市民政局使用“行政事业单位资产管理信息系统”“固定资产投资决算报表软件”“地方财政分析评价系统”“部门决算报表软件”“部门预算管理信息系统”“用友R9财务软件”和“金码出纳管理系统”进行财务数据管理。

（二）内审工作

每年市民政局都会进行内部审计工作安排，依照各单位提供的会计资料进行就地审计，针对内审中发现的问题，责令相关单位尽快整改，继续加强财务管理，严格遵守各项财经纪律，规范会计核算。

（三）审计工作

协助市审计局每年对局机关、局属单位年度财政预算执行及收支情况进行审计。市民政局严格遵守各项审计制度，要求局机关及所属事业单位在会计核算工作中严格执行相关会计制度和准则，准确使用会计科目，严格控制各项支出，完善经费支出审核和审批手续，并对审计查出的问题进行及时整改落实。

四、统计与信息化管理

以“真实、准确、完整、及时”为原则，按照指标健全、方法科学、技术手段先进的要求，实时录入“社会服务业统计信息管理系统”。按时汇总上报全市民政事业统计台账、月报、季报等报表，确保报送数据的真实、完整、准确。做到报表与统计台账一致率达到100%。实时维护“全国养老机构基本信息数据库”“甘肃省民政公共服务设施管理系统”。从1987年起，我市民政工作连续28年获得甘肃省统计工作好评。

第十五章　民政法制建设和政务公开与信息化建设

第一节　相关立法工作

改革开放以来，我国坚持以经济建设为中心，着手进行了一系列经济领域的立法，同时不断发展社会主义民主政治，在保障公民权利、推进社会事业、健全社会保障、规范社会组织、加强社会管理等方面修订出台了一大批法律法规。

一、保障民生方面

主要涉及社会救助、社会福利、慈善事业、优抚安置事业。

1954年，中华人民共和国第一部宪法明确规定公民有获得物质帮助的权利，国家发展社会救济事业。

1982年，宪法进一步明确公民获得物质帮助的权利、国家建立优待抚恤、国家保障残疾人权利等制度。

1994年，国务院颁布《农村五保供养工作条例》，正式建立了农村“三无”人员的“吃、穿、住、医、葬”五保供养农村集体福利事业制度。2006年，新修订的《农村五保供养工作条例》正式将农村五保供养资金纳入财政预算，真正实现了农村“三无”人员国家扶助的目标。1999年，国务院颁布《城市居民最低生活保障条例》，全面建立城市居民最低生活保障制度。2007年，国务院出台《关于在全国建立农村最低生活保障制度的通知》，人均收入低于当地居民最低生活保障标准的居民，可以获得政府的物质帮助。农村五保供养制度和城乡低保制度的建立，形成了城乡社会救助体系的雏形。

2006年，国务院发布《国家突发公共事件总体应急预案》。2007年，《中华人民共和国突发事件应对法》实施。2008年，“5·12”汶川大地震后，国家着力制定自然灾害救助方面的法律法规。2010年，国务院出台《自然灾害救助条例》，应对突发事件更加规范化、法治化。

1990年，《中华人民共和国残疾人保障法》颁布，残疾人实现了平等地充分参与社会生活、共享社会物质文化成果的权利。1992年，《中华人民共和国未成年人保护法》颁布实施，完善了保障未成年人合法权益的措施和制度。1996年，《中华人民共和国老年人权益保障法》颁布实施，正式确立了“老有所养、老有所医、老有所为、老有所学、老有所乐”的老年人社会保障制度。2009年，《彩票管理条例》颁布实施。

1999年，颁布实施《中华人民共和国公益事业捐赠法》，全面规范了捐赠和受赠行为，推动了公益事业快速发展，促进了全社会慈善文化和慈善意识的形成。

1950年，经政务院批准，内务部公布《革命军人牺牲、病故褒恤暂行条例》《革命烈士家属、革命军人家属优待暂行条例》《革命残废军人优待抚恤暂行条例》《民兵民工伤亡抚恤暂行条例》《革命工作人员伤亡褒恤暂行条例》等条例。20世纪80年代，《中华人民共和国兵役法》《革命烈士褒扬条例》《军人抚恤优待条例》《退伍义务兵安置条例》相继颁布，优待抚恤制度逐步完善。

二、发展民主方面

1982年，宪法明确规定了城市和农村按居住地区设立的居民委员会或者村民委员会是基层群众性自治组织。

1987年，《中华人民共和国村民委员会组织法（试行）》颁布；1998年，《中华人民共和国村民委员会组织法》颁布实施。该法进一步确立了村民委员会是村民自我管理、自我教育、自我服务的基层群众性自治组织，实行民主选举、民主决策、民主管理、民主监督。该法保障了基层民主，保证了基层群众直接行使民主权利，维护了农村的稳定与发展。1989年，《中华人民共和国城市居民委员会组织法》颁布实施，确立了城市居民依法办理自身事务的制度。

1998年，国务院先后颁布《社会团体登记管理条例》《基金会管理条例》《民办非企业单位登记管理暂行条例》。

三、服务社会方面

主要包括行政区划管理、行政区域界线管理、地名管理、婚姻登记、收养登记、殡葬管理、社会工作人才队伍和社会志愿服务体系建设等。

1985年，国务院发布《关于行政区划管理的规定》；1986年，国务院发布《地名管理条例》；1989年，国务院发布《行政区域边界争议处理条例》；2002年，国务院颁布《行政区域界线管理条例》。

1950年，《中华人民共和国婚姻法》颁布实施，正式以法律的形式废除封建主义婚姻，实行男女婚姻自由、一夫一妻、男女权利平等、保护妇女和子女合法权益的婚姻制度。1992年，《中华人民共和国收养法》颁布实施。

2015年，国家出台涉及民政工作的法律法规达37部，其中，条例11项。国家、省、市制定民政政策规定194项。

第二节　相关法律法规

天水市民政局作为政府组成部门，为法定行政执法机关，拥有行政执法主体资格，履行依法行政、依法执政、担负规范民政管理执法的职能。

一、规范政府共同行为的法律规范

天水市民政局执行的有关法律、行政法规和规章共11部，见表15-1。

表15-1　天水市民政局执行的有关法律、行政法规和规章一览表

序号	名称	颁布机关	实施时间
1	《中华人民共和国行政诉讼法》	全国人大	1990年10月
2	《中华人民共和国国家赔偿法》	全国人大	1995年1月
3	《中华人民共和国行政处罚法》	全国人大	1996年10月
4	《中华人民共和国行政复议法》	全国人大	1999年10月
5	《中华人民共和国行政许可法》	全国人大	2004年7月
6	《中华人民共和国公务员法》	全国人大	2006年1月
7	《国家赔偿费用管理办法》	国务院	1995年1月
8	《罚款决定与罚款收缴分离实施办法》	国务院	1998年1月
9	《违反行政事业性收费和罚没收入收支两条线管理规定行政处分暂行规定》	国务院	2000年2月
10	《行政执法机关移送涉嫌犯罪案件的规定》	国务院	2001年7月
11	《国务院对确需保留的行政审批项目设定行政许可的决定》	国务院	2004年6月

二、民政专业法律规范

民政部门为社会性工作部门，主要承担社会救助、社会工作、社会事务、基层政权、慈善福利、助老扶幼、拥军优抚、退役安置、防灾救灾、区划地名、民间组织等事务的管理、服务职能。涉及民政专业法律规范共82部，见表15-2。

表15-2 民政专业法律规范一览表

序号	类别	名称	颁布机关	实施时间
1	民间组织管理	《社会团体登记管理条例》	国务院	1998年10月
2	民间组织管理	《社会团体分支机构、代表机构登记办法》	民政部	2001年7月
3	民间组织管理	《社会团体设立专项基金管理机构暂行规定》	民政部	1999年9月
4	民间组织管理	《社会团体印章管理规定》	民政部、公安部	1993年10月
5	民间组织管理	《企业事业单位和社会团体代码管理办法》	国家技术监督局等	1993年7月
6	民间组织管理	《基金会管理条例》	国务院	2004年6月
7	民间组织管理	《基金会名称管理规定》	民政部	2004年6月
8	民间组织管理	《基金会年度检查办法》	民政部	2006年1月
9	民间组织管理	《基金会信息公布办法》	民政部	2006年1月
10	民间组织管理	《民办非企业单位登记管理暂行条例》	国务院	1998年10月
11	民间组织管理	《民办非企业单位登记暂行办法》	民政部	1999年12月
12	民间组织管理	《民办非企业单位名称管理暂行规定》	民政部	1999年12月
13	民间组织管理	《民办非企业单位年度检查办法》	民政部	2005年6月
14	民间组织管理	《民办非企业单位印章管理规定》	民政部、公安部	2000年1月
15	民间组织管理	《体育类民办非企业单位登记审查与管理暂行办法》	国家体育总局、民政部	2000年11月
16	民间组织管理	《科技类民办非企业单位登记审查与管理暂行办法》	科技部、民政部	2000年5月
17	民间组织管理	《外国商会管理暂行规定》	国务院	1989年7月
18	民间组织管理	《取缔非法民间组织暂行办法》	民政部	2000年4月
19	优抚安置	《军人抚恤优待条例》	国务院、中央军委	2004年10月
20	优抚安置	《军人残疾等级评定标准（试行）》	民政部、劳动保障部、卫生部、总后勤部	2004年11月
21	优抚安置	《伤残抚恤管理暂行办法》	民政部	1997年4月
22	优抚安置	《革命烈士褒扬条例》	国务院	1980年6月
23	优抚安置	《革命烈士纪念建筑物管理保护办法》	民政部	1995年7月
24	优抚安置	《关于军队干部离职休养的暂行规定》	国务院、中央军委	1982年1月
25	优抚安置	《关于军队干部退休的暂行规定》	国务院、中央军委	1981年10月

续表 15-2

序号	类别	名称	颁布机关	实施时间
26	优抚安置	《军队离休退休干部休养所暂行规定》	民政部	1990年9月
27	优抚安置	《关于〈国务院、中央军委关于军队干部退休的暂行规定〉的实施细则》	民政部、总政治部	1981年10月
28	优抚安置	《退伍义务兵安置条例》	国务院	1987年12月
29	优抚安置	《中国人民解放军士官退出现役安置暂行办法》	国务院、中央军委	1999年12月
30	优抚安置	《〈退伍义务兵安置条例〉若干规定的说明》	民政部	1988年5月
31	优抚安置	《关于义务兵提前退出现役的暂行规定》	民政部等4个部门	1988年5月
32	优抚安置	《军用饮食供应站供水站管理办法》	民政部、总后勤部	1989年11月
33	救灾	《军队参加抢险救灾条例》	国务院	2005年7月
34	救灾	《灾情统计、核定、报告暂行办法》	民政部	1997年3月
35	救灾	《救灾捐赠管理暂行办法》	民政部	2000年5月
36	救灾	《受灾人员冬春生活工作规程》	民政部	2014年7月
37	救灾	《天水市自然灾害救助办法》	市政府	2014年11月
38	最低生活保障	《农村五保供养工作条例》	国务院	2006年3月
39	最低生活保障	《城市居民最低生活保障条例》	国务院	1999年10月
40	最低生活保障	《农村敬老院管理暂行办法》	民政部	1997年3月
41	基层民主政治建设	《中华人民共和国村民委员会组织法》	全国人大	1998年11月
42	基层民主政治建设	《城市街道办事处组织条例》	全国人大	1954年12月
43	基层民主政治建设	《中华人民共和国城市居民委员会组织法》	全国人大	1990年1月
44	婚姻登记	《中华人民共和国婚姻法》	全国人大	1981年1月
45	婚姻登记	《婚姻登记条例》	国务院	2003年10月
46	区划地名	《国务院关于行政区划管理的规定》	国务院	1985年1月
47	区划地名	《地名管理条例》	国务院	1986年1月
48	区划地名	《行政区域边界争议处理条例》	国务院	1989年2月
49	区划地名	《行政区域界线管理条例》	国务院	2002年7月
50	区划地名	《地名管理条例实施细则》	民政部	1996年6月

续表 15-2

序号	类别	名称	颁布机关	实施时间
51	区划地名	《省级行政区域界线联合检查实施办法》	民政部	2005年6月
52	社会福利	《社会福利企业招用残疾职工的暂行规定》	民政部等4个部门	1989年8月
53	社会福利	《社会福利企业管理暂行办法》	民政部等7个部门	1990年9月
54	社会福利	《社会福利机构管理暂行办法》	民政部	1999年12月
55	社会福利	《假肢和矫形器（辅助器具）生产装配企业资格认定办法》	民政部	2005年10月
56	收养登记	《中华人民共和国收养法》	全国人大	1992年4月
57	收养登记	《中国公民收养子女登记办法》	民政部	1999年5月
58	收养登记	《外国人在中华人民共和国收养子女登记办法》	民政部	1999年5月
59	收养登记	《华侨以及居住在香港、澳门、台湾地区的中国公民办理收养登记的管辖以及所需要出具的证件和证明材料的规定》	民政部	1999年5月
60	殡葬管理	《殡葬管理条例》	国务院	1997年7月
61	殡葬管理	《公墓管理暂行办法》	民政部	1992年8月
62	殡葬管理	《关于尸体运输管理的若干规定》	民政部等8个部门	1993年3月
63	殡葬管理	《关于贯彻执行〈殡葬管理条例〉中几个具体问题的解释》	民政部	1998年9月
64	殡葬管理	《甘肃省公墓管理暂行办法》	省民政厅等11个厅局委	2014年6月
65	流浪乞讨人员救助	《城市生活无着的流浪乞讨人员救助管理办法》	国务院	2003年8月
66	流浪乞讨人员救助	《城市生活无着的流浪乞讨人员救助管理办法实施细则》	民政部	2003年8月
67	流浪乞讨人员救助	《城市生活无着的流浪乞讨人员救助管理机构工作规程》	民政部	2014年8月
68	流浪乞讨人员救助	《生活无着的流浪乞讨人员救助档案管理办法》	民政部	2015年1月
69	未成年人管理	《关于依法处理监护人侵害未成年人权益行为若干问题的意见》	最高人民法院等4个部门	2014年12月
70	慈善事业	《国务院关于促进慈善事业健康发展的指导意见》	国务院	2014年11月
71	社会养老	《关于加快发展养老服务业的实施意见》	甘肃省人民政府	2014年4月

续表 15-2

序号	类别	名称	颁布机关	实施时间
72	社会养老	《关于加强养老服务标准化工作的指导意见》	民政部等4个部门	2014年1月
73	社会养老	《关于推进养老机构责任保险工作的指导意见》	民政部等3个部门	2014年2月
74	社会养老	《关于印发甘肃省城乡居民基本养老保险实施办法的通知》	甘肃省人民政府	2014年6月
75	社会养老	《关于加快发展养老服务业的实施意见》	甘肃省人民政府	2014年4月
76	社会救助	《社会救助暂行办法》	国务院	2014年5月
77	社会救助	《国务院关于全国建立临时救助制度的通知》	国务院	2014年10月
78	社会救助	《民政部关于居民家庭经济状况核对信息系统建设的指导意见》	民政部	2014年4月
79	综合	《民政信访工作办法》	民政部	1999年12月
80	综合	《民政部行政复议与行政应诉办法》	民政部	1999年12月
81	综合	《民政部门实施行政许可办法》	民政部	2004年7月
82	综合	《民政部职能配置内设机构和人员编制规定》	国务院办公厅	1998年6月

三、相关法律规范

其他相关法律规范8部，见表15-3。

表15-3　相关法律规范一览表

序号	名称	颁布机关	实施时间
1	《中华人民共和国残疾人保障法》	全国人大	1991年5月
2	《中华人民共和国未成年人保护法》	全国人大	1992年1月
3	《中华人民共和国老年人权益保障法》	全国人大	1996年10月
4	《中华人民共和国预防未成年人犯罪法》	全国人大	1999年11月
5	《中华人民共和国公益事业捐赠法》	全国人大	1999年9月
6	《中华人民共和国兵役法》	全国人大	1984年10月
7	《残疾人教育条例》	国务院	1994年8月
8	《残疾人专用品免征进口税收暂行规定》	海关总署	1997年4月

第三节 政务公开与信息化建设

2001年至2012年，天水市各级民政部门本着便民利民、公开公正的原则，探索政务公开工作，不断完善政务公开内容，丰富公开形式和载体，推动全市民政工作创新发展，树立了良好的社会形象。随着现代信息技术的广泛应用，全市民政信息化建设取得突飞猛进的发展，2010年，贯通部、省、市、县的民政信息网络初步形成。

一、政务公开

《中华人民共和国政府信息公开条例》和《甘肃省政府信息公开试行办法》于2008年5月1日起施行，根据甘肃省民政厅《关于做好〈政府信息公开条例〉施行工作的通知》的精神，天水民政网站于2009年5月建成并试运行，9月正式开通并与民政部网站群联网。站内开设信息公开专栏，制定《天水市民政局信息公开制度》《信息公开指南（试行）》，将信息目录、意见邮箱等内容公开，有效地方便了群众关注民政工作。

二、信息化建设

1997年3月，市民政局机关各科（室、局）配备电脑，信息网络建设开始启动。

2003年，对机关办公楼线路进行改造，建成局机关局域网，机关工作人员初步实现办公自动化。

2006年，与市政府实现宽带联网。

2007年，局机关工作人员实现人手1台电脑，各科（室、局）购买配备了1台笔记本电脑、1部摄像机、1部照相机、1个移动硬盘，实现了办公自动化。

2009年，与民政部网站群联网。

2001年至2012年，市民政系统使用的17种民政业务系统和软件有：国家自然灾情管理系统、民政救助信息管理系统、烈士褒扬管理系统、全国优抚信息管理系统、婚姻登记系统、军休干部服务管理机构信息系统、国家数据库、低保信息管理系统、志愿者队伍建设信息系统、社会服务业统计信息管理系统、国家养老服务信息系统、甘肃民政公共服务信息系统、财政管理信息系统、行政事业单位资产管理信息系统、金码出纳管理系统、固定资产投资决算软件、用友R9财务管理软件。

第十六章　先进集体、先进个人与历任局长简介

一、先进集体

2000年至2015年，获省部级以上表彰奖励的先进集体见表16-1。

表16-1　2000—2015年获省部级以上表彰奖励的先进集体统计表

序号	获奖单位	表彰奖励项目名称	表彰奖励机构	获奖时间
1	天水市	全国“双拥模范城”	民政部、解放军总政治部	2000年1月
2	天水市	全国“双拥模范城”	民政部、解放军总政治部	2003年12月
3	市民政局	全国民政政务信息工作先进单位	民政部	2004年1月
4	市复退军人精神病疗养院	全国民政系统行风建设先进单位	民政部	2004年12月
5	市民政局	全国民间组织工作先进单位	民政部	2004年12月
6	市救助管理站	全国维护妇女儿童权益贡献奖	全国维护妇女儿童权益协调组	2006年1月
7	市民政局	全国民间组织登记管理工作先进单位	民政部	2006年12月
8	市民政局	全国民间组织管理先进单位	民政部	2007年4月
9	市民政局	民政系统抗震救灾先进集体	民政部	2008年6月
10	市殡仪馆	民政系统抗震救灾先进集体嘉奖单位	民政部	2008年9月
11	市慈善总会	“微笑列车”项目突出组织奖	中华慈善总会	2009年
12	天水市	全国“双拥模范城”	民政部、解放军总政治部	2011年
13	殡葬管理所	全国民政系统先进集体	民政部	2011年
14	市救助站	“寒冬送温暖”专项救助行动中表现突出的救助管理机构	民政部	2014年7月
15	市复退军人精神病疗养院	职工职业道德先进单位	省委宣传部、省经贸委、省总工会	2002年10月

续表 16-1

序号	获奖单位	表彰奖励项目名称	表彰奖励机构	获奖时间
16	市复退军人精神病疗养院	甘肃省民政系统先进单位	省民政厅	2002年11月
17	市民政局	甘肃省民政系统先进单位	省民政厅	2002年11月
18	市民政局	甘肃省第二次全国基本单位普查先进集体	甘肃省第二次全国基本单位普查领导小组	2003年4月
19	市民政局	甘肃五四红旗团支部（总支）称号	团省委	2005年
20	市民政局	民政工作目标责任一等奖	省民政厅	2006年2月
21	市民政局	甘肃省民政政务信息工作先进单位	省民政厅	2006年2月
22	天水市	甘肃省“双拥模范城”	省委、省政府、省军区	2006年7月
23	市民政局	甘肃省民政财务统计一等奖	省民政厅	2007年
24	市募捐办	甘肃省民政系统先进单位	省民政厅	2007年3月
25	市民政局	甘肃省民政信访工作先进单位	省民政厅	2008年2月
26	市慈善总会	甘肃省社会组织抗震救灾先进集体	省民政厅	2008年7月
27	市民政局	“五一劳动奖章”	省总工会	2008年8月
28	市民政局	甘肃省地名理论研究讨论文组织奖	省民政厅	2008年12月
29	市民政局	民政工作特等奖	省民政厅	2009年2月
30	市民政局	甘肃省扶残助残先进集体	省政府残工委	2009年6月
31	市民政局	军民共建天兰双拥文明线活动先进单位	省双拥工作领导小组	2009年12月
32	市民政局	全国军民融合式发展重大典型	省委宣传部、省军区政治部、省民政厅、省双拥办	2010年
33	市民政局	人民防灾减灾知识大赛甘肃选拔赛三等奖	省减灾委	2010年
34	市民政局	甘肃省民政信访工作先进单位	省民政厅	2010年2月
35	市民政局	甘肃省民政政务信息工作先进单位	省民政厅	2010年2月
36	市民政局	2009年度甘肃省民政工作先进单位	省民政厅	2010年2月
37	市募捐办	福利彩票销售总量奖一等奖	省民政厅	2010年3月

续表16-1

序号	获奖单位	表彰奖励项目名称	表彰奖励机构	获奖时间
38	市民政局	甘肃省精神文明建设工作先进单位	省委、省政府	2010年12月
39	市老龄办	甘肃省老龄单项工作（老年人活动阵地建设）先进单位	省老龄委办公室	2011年
40	市民政局	甘肃省民政工作先进单位	省民政厅	2011年
41	市军队离退休干部休养所	和谐军休家园	省民政厅	2011年
42	市军队离退休干部休养所	甘肃省民政系统行风建设示范单位	省民政厅	2011年
43	市民政局	甘肃省第十批省级精神文明建设工作先进单位	省委、省政府	2011年1月
44	市民政局	甘肃省民政工作先进单位	省民政厅	2011年2月
45	市双拥办	甘肃省先进双拥办公室	省双拥领导小组	2011年9月
46	天水市	甘肃省双拥模范城	省委、省政府、省军区	2011年10月
47	市民政局	拥军优属工作先进单位	省委、省政府、省军区	2011年10月
48	市民政局	甘肃省民政系统先进集体	省人社厅	2012年
49	殡葬管理所	全国民政系统先进集体	省民政厅	2012年
50	市军队离退休干部休养所	甘肃省民政系统先进单位	省人社厅、省民政厅	2012年
51	市民政局	甘肃省民政工作一等奖单位	省民政厅	2013年1月
52	市民政局	甘肃省妇女“两癌”检查工作先进集体	省妇联	2013年2月
53	市民政局	2013年度甘肃省民政工作目标责任制一等奖	省民政厅	2014年1月
54	市殡葬管理所	甘肃省殡葬行风建设先进单位	省民政厅	2014年11月
55	市福彩中心	2014年各市（州）信息统计表彰单位	省福利彩票发行管理中心	2015年3月
56	市民政局	2014年甘肃省福利彩票销售总量前5名的地区	省福利彩票发行管理中心	2015年3月
57	市民政局	甘肃省“双拥模范城”	省委、省政府、省军区	2015年7月

二、先进个人

2000年至2015年，获省部级以上表彰奖励的先进个人见表16-2。

表16-2　2000—2015年获省部级以上表彰奖励的先进个人统计表

序号	姓名	表彰奖励项目名称	表彰奖励机构	获奖时间
1	邓玉枝	全国民政系统先进工作者，民政系统最高荣誉奖——孺子牛奖	人事部、民政部	2002年5月
2	曹怀义	全国勘界工作记一等功人员	人事部、民政部	2003年1月
3	马勤学	全国实施“星光计划”先进个人	民政部	2004年5月
4	汪晓明	民政系统法制宣传教育工作先进个人	民政部	2006年
5	吴晓萍	全国老年人口抽样调查优秀访问员	全国老龄办	2006年12月
6	姚俊杰	全国民间组织登记管理工作先进个人	民政部	2006年12月
7	成根喜	全国“孝亲敬老之星”	全国老龄办、中宣部、教育部、共青团中央、全国妇联	2006年12月
8	李太世	全国职工职业道德建设“双十佳”先进个人	总工会、中宣部	2007年
9	王海峰	民政系统抗震救灾先进个人一等功	民政部	2008年
10	舒　岚	2008年奥运会期间表现突出的婚姻登记先进个人	民政部	2008年
11	焦宝泉	“5·12”抗震救灾嘉奖	民政部	2008年6月
12	郭中强	“5·12”抗震救灾嘉奖	民政部	2008年6月
13	郭　宏	全国优秀慈善工作者	民政部	2008年12月
14	吴晓萍	全国“孝亲敬老之星”	全国老龄办、教育部、国家广电总局、共青团中央、全国妇联	2008年12月
15	马勤学	全国贯彻落实居民委员会组织法先进个人	民政部	2009年
16	刘琳仲	全国优秀儿童福利院院长	民政部社会福利和慈善事业促进司	2009年1月
17	郭　宏	全国“微笑列车”奉献奖	中华慈善总会	2009年11月
18	陈亚萍	全国农村五保工作先进个人	民政部	2010年
19	吴晓萍	全国老龄工作先进个人	全国老龄委	2010年10月
20	郭明兴	全国“孝亲敬老之星”	全国老龄办、民政部、教育部、国家广电总局、共青团中央、全国妇联、中国关工委	2010年12月

续表16-2

序号	姓名	表彰奖励项目名称	表彰奖励机构	获奖时间
21	曹怀义	甘肃省勘界工作先进个人（记二等功）	省政府	2001年
22	张续善	全国双拥工作先进个人	省委、省政府、省军区	2003年
23	韩　莉	全国双拥工作先进个人	省委、省政府、省军区	2003年
24	吴晓萍	甘肃省老龄工作先进个人	省老龄委	2004年9月
25	魏芳伟	甘肃省法制宣传教育先进个人	省委、省政府	2006年
26	韩　莉	拥军优属工作先进个人	省委、省政府、省军区	2006年8月
27	秦定明	甘肃省城市居民最低生活保障工作先进工作者	省民政厅	2008年1月
28	王有智	甘肃省和谐军休家庭	省民政厅	2008年
29	姚俊杰	甘肃省社会组织抗震救灾先进个人	省民政厅	2008年7月
30	牛宏斌	舟曲抢险救灾模范	省委、省政府、省军区	2010年12月
31	薛晓慧	甘肃省优秀共产党员	省委、省政府	2011年6月
32	陈文晓	甘肃省民政系统先进工作者	省人社厅、省民政厅	2012年
33	苟茂同	甘肃省民政系统先进工作者	省人社厅、省民政厅	2012年
34	杨　林	甘肃省民政系统先进工作者	省人社厅、省民政厅	2012年
35	黄进忠	甘肃省民政系统先进工作者	省人社厅、省民政厅	2012年
36	缑胜利	甘肃省民政系统先进工作者	省人社厅、省民政厅	2012年
37	庞　娟	甘肃省民政系统先进工作者	省人社厅、省民政厅	2012年
38	黄进忠	甘肃省民政系统先进工作者	省人社厅、省民政厅	2012年7月
39	郭明兴	甘肃省民兵预备役工作先进个人	甘肃省民兵预备役工作会议筹备办公室	2013年6月
40	李晋东	甘肃省殡葬行风建设先进个人	省民政厅	2014年11月
41	刘五合	甘肃省殡葬行风建设先进个人	省民政厅	2014年11月
42	程　晨	双拥工作先进个人	省委、省政府、省军区	2015年7月

三、历任局长简介

李升桂

李升桂，男，1930年8月出生，甘肃礼县人，1949年9月参加工作，1952年8月加入中国共产党。

1949年9月—1950年10月，在武都地干校学习，任西和长道区青年干事、民政助理员、副局长；1950年10月—1951年9月，在兰州革大学习，任皋兰县减租反霸组长、西北革大土改班学习；1951年9月—1956年8月，任西和县粮食科长、财贸部长，任县委副书记；1956年8月—1957年8月，在西安中央中级党校学习；1957年8月—1959年6月，任西和县委副书记，在天水地委经委工作；1959年6月—1970年2月，任天水专署机械局、农机局、工业局、物资局局长，天水地区计委副主任；1970年2月—1972年9月，任甘谷县委常委、革委会副主任；1972年9月—1983年10月，任武山县委副书记、书记；1983年10月—1987年1月，任天水市民政局局长；1987年1月—1991年，任天水市民政局调研员。

马　铭

马铭，男，汉族，1940年3月出生，甘肃陇西人，1958年8月参加工作，1960年2月加入中国共产党。

1958年8月—1960年4月，任武山县鸳鸯中学教师；1960年4月—1961年9月，任甘谷县盘安中学教育主任；1961年9月—1962年7月，任武山县洛门师范团委书记；1962年7月—1965年9月，任武山县人委文卫局干事；1965年9月—1970年10月，任武山县电影站站长；1970年10月—1973年3月，任武山县革委政治部干事；1973年3月—1982年2月，任武山县委办公室副主任；1982年2月—1983年10月，任武山县委副书记；1983年10月—1986年11月，任武山县委书记；1987年1月—1991年5月，任天水市民政局局长；1991年5月—1994年2月，任天水市民政局党组书记、局长；1994年2月—1996年3月，任天水市民政局调研员；1996年3月，任天水市人大常委会专职委员。

韩岱成

韩岱成，男，汉族，1952年10月出生，甘肃武山人，1971年3月参加工作，1973年7月加入中国共产党。曾任中共天水市人民代表大会第三、四、五、六届人大代表；中共天水市委第二、三、四、五、六届市委委员，其中，第三、四、五届为市委常委。

1971年3月—1975年4月，在武山县电信局工作；1975年4月—1979年3月，在天水地委组织部工作；1979年3月—1984年2月，在天水地委编制委员会工作；1984年2月—1991年6月，在天水市计划委员会办公室工作，后任办公室主任；1991年6月—1994年2月，任天水市民政局副局长；1994年2月—2001年4月，任天水市民政局局长、党委书记。

韩岱成在担任市民政局局长期间获得多项表彰奖励。1994年以来，市民政局连续被省民政厅评为目标管理先进单位，连续3年获天水市人民政府目标管理一等奖。韩岱成个人先后被市委授予“民族团结进步先进个人”“优秀共产党员”称号，被省委、省政府授予“甘肃省政法系统先进工作者”称号。

张续善

张续善，男，汉族，1948年10月出生，甘肃秦安人，1969年参加工作，1973年加入中国共产党。曾任中共天水市第三、四、五届人大代表，第四届天水市政协副主席。

1969年以来，先后在秦安县陇城乡王李中学、秦安县科委、中共秦安县委办公室工作。1981年3月—1987年4月，任中共秦安县委办公室副主任；1987年4月—1991年2月，任秦安县副县长；1991年2月—1995年4月，任甘谷县副县长；1995年4月—1996年4月，任甘谷县委副书记；1996年4月—1997年4月，任天水市畜牧中心副主任；1997年4月—2001年3月，任天水市畜牧局局长；2001年3月—2002年3月，任天水市民政局局长、党委书记；2002年3月—2002年12月，任天水市民政局局长、党委副书记；2002年12月—2006年3月，任天水市民政局局长、党委副书记、天水市老龄委办公室主任，兼任天水市预备役旅副参谋长、天水市慈善总会常务副会长；2006年3月—2006年6月，任天水市政协副主席、天水市民政局局长、党委副书记、天水市老龄委办公室主任。

张续善在任期间，市民政局连续5年荣获省民政厅和市政府目标管理一等奖。张续善个人曾被原国家计生委、全国生育节育抽样调查领导小组评为“先进工作者”，被甘肃省委、省政府、省军区授予“甘肃省拥军优属先进个人”荣誉称号，连续5年被评为天水市优秀公务员。

马万有

马万有，男，甘肃张家川县人，1954年3月出生，1973年3月参加工作。

1973年3月—1987年6月，在张家川县教育系统从事教育工作；1987年6月—1996年1月，在张家川县财政部门工作，任总会计、副局长、局长；1996年1月—2002年12月，在张家川县政府工作，任副县长、县长；2002年12月—2005年6月，在天水市司法局工作，任党组书记、局长；2005年6月—2006年12月，在天水市民政局工作，任党组书记、副局长、局长。

郭明兴

郭明兴，男，汉族，1963年8月出生，甘肃天水人，1982年7月参加工作，1985年5月加入中国共产党。

1982年7月—1989年5月，先后在原天水团地委和市委秘书处工作；1989年5月—1994年5月，任市委秘书处副科级、正科级秘书；1994年5月—1997年12月，任天水市土地局副局长；1997年12月—2001年5月，任原秦城区副区长；2001年5月—2002年3月，任原秦城区委常委、常务副区长；2002年3月—2004年6月，任天水市计划生育委员会党组书记、主任；2004年6月—2006年12月，任天水市人口和计划生育委员会党组书记、主任；2006年12月—2014年11月，任天水市民政局党委书记、局长。

郭明兴在任期间，市民政局被授予“全国民间组织管理先进单位”“2007年全国减灾宣传先进单位”“2011—2012年度中国社会报民政宣传工作先进单位”称号，被民政部记抗震救灾集体一等功，先后4次被授予省、市“社会治安综合治理先进单位”称号。2007—2013年，市民政局被省民政厅评为“甘肃省民政工作目标责任一等奖”“甘肃省民政工作特等奖”，其中，2008年被评为“甘肃省扶贫助残先进集体”，被省双拥工作领导小组评为“军民共建天兰双拥文明线活动先进单位”；被省委、省政府、省军区表彰为“拥军优属工作先进单位”，被授予“省级文明单位”称号；被市人大常委会、市政府、市政协评为“2006—2007年度人大代表建议和政协提案办理先进单位”。郭明兴个人曾被全国老龄委被授予全国“孝亲敬老之星”称号，被甘肃省人民政府评为“甘肃省民兵预备役工作先进个人”。

王永祥

王永祥，男，汉族，1963年6月出生，甘肃甘谷人，1982年7月参加工作，1985年6月加入中国共产党。

1982年7月—1996年11月，先后任共青团甘谷县委副书记、书记，渭阳乡乡长；1996年11月—2003年7月，任原天水市食品公司经理；2003年7月—2004年9月，任原天水市世行项目办公室副主任；2004年9月—2010年1月，任天水市扶贫办公室副主任；2010年1月—2011年3月，任天水市委农工部副部长；2011年3月—2014年12月，任天水市直属机关工委书记；2014年12月，任天水市民政局党委书记、局长。

王永祥任职以来，民政工作获得多项表彰奖励。市民政局被市委评为2014年度市直部门“优秀”等次领导班子，被市政府评为2014年度目标管理一等奖，被市委、市政府授予“2014年度天水市综治（平安建设）工作先进单位”称号，被市委、市政府表彰为“2014年度全市信访工作先进单位”，被市政府表彰为“2014年度关中—天水经济区发展规划实施工作先进单位”，被市双联行动推进领导小组评为“全市联村联户为民富民行动先进单位”，获市委宣传部、市直属机关工委、共青团市委组织的天水市“学党章、树信念”青年党员庆“七一”演讲比赛优秀奖，被市直属机关工委评为先进基层党组织，被市政府妇儿工委授予“2014年全市实施妇女儿童发展规划先进集体”荣誉称号，被市卫计委评为“2014年人口与计划生育目标管理责任先进单位”，被市委评为2015年度市直部门“优秀”等次领导班子，被市政府评为2015年度目标管理一等奖。王永祥个人于2014年、2015年连续2年被天水市委评为市直部门“优秀”领导干部。

第十七章　各县与各区民政

第一节　秦州区[①]民政

一、机构设置

1985年7月，秦城区民政局成立，配备局长1人、副局长2人、办事员9人。各乡镇、街道办事处配备专（兼）职民政助理员各1人。1988年，“秦城区外流人口收容遣送站”重新恢复。1989年，恢复社团登记工作。1990年，成立社团管理办公室；为适应农村基层政权建设的需要，同年又设基层政权建设股；1990年10月12日，秦城区殡葬管理所成立并开始运行。1990年底，民政局共设有5个职能股室：救灾救济股、优抚安置股、基政股、社团办、办公室，下属单位有：福利厂、秦城军干所、收容遣送站。同时，受区政府委托代管残疾人联合会的工作。1995年6月，设立农保办和边界办公室。1995年12月，区民政局设立婚姻登记中心。1999年2月，秦城军干所移交市民政局管理。2000年7月，成立秦城区殡葬管理所。2002年底，区民政局设老龄工作委员会办公室。2004年3月，成立秦城区居民最低生活保障办公室，“秦城区外流人口收容遣送站”更名为“秦城区流浪乞讨人员救助站”。2009年5月，在全区16个乡镇、7个街道设立了科级建制的“民政工作服务所”，设定专职民政工作岗位80个，平均增设岗位3～4个。至2012年底，秦州区民政局共设有9个职能股室：局办公室、救灾救济股、双拥优抚安置股、基层政权建设股、城乡居民最低生活保障办公室、老龄工作委员会办公室、民间组织管理局、婚姻登记中心、区慈善协会，下设社会救助站、殡葬管理所2个事业单位，全系统共有工作人员83人。

二、行政区划与地名管理

1985年7月，在原行政区划基础上，将原天水县西、南路的中梁、关子、藉口、铁炉、秦岭、牡丹、杨家寺、店镇、平南、齐寿、娘娘坝、天水、华岐、汪川、苏成、大门、李子等乡划归秦城区。其余划归北道区，撤销天水县建制。秦城区有22个乡：关子、藉口、太京、中梁、环城、玉泉、铁炉、秦岭、牡丹、店镇、皂郊、华岐、天水、平南、齐寿、

① 秦州区由秦城区更名而来，详见第二章。本志依更名时间节点，对更名前后的两个名称均有使用。

汪川、大门、李子、苏成、吕二沟、杨家寺、娘娘坝。有578个行政村、7个办事处（大城、中城、东关、西关、天水郡、石马坪、七里墩），以及108个居委会，共计106271户497124人。市区面积13平方千米，耕地973301亩，土地总面积为2442平方千米。2001年8月，为适应城市经济发展，撤销117个居委会建制，成立40个社区居委会。2001年12月24日，将皂郊、娘娘坝、关子、牡丹、平南5个乡撤乡建镇，实行镇管村体制。2002年4月20日，将天水、汪川、太京、藉口4个乡撤乡建镇，实行镇管村体制。2003年12月26日，吕二沟、环城、玉泉3个乡合并为玉泉镇；同时，撤李子乡并入娘娘坝镇，撤铁炉乡并入藉口镇，撤店镇乡并入皂郊镇，撤苏成乡并入汪川镇。2005年5月12日，区政府批准撤销230个村，新成立54个村，全区行政村由原来的596个撤并为420个。从2002年至2005年历时4年完成撤乡建镇工作，由22个乡并为10个镇6个乡、420个行政村。2015年，又先后对中梁乡、齐寿乡、大门乡、杨家寺乡实施撤乡改镇，至年底，全区10个镇6个乡改为14个镇2个乡。

三、勘定行政区域界线

从1992年到1999年，秦城区历时7年开展了行政区域界线勘定工作。1992年5月18日成立区勘界领导小组，对区、乡行政区域界线实施全面勘定，规范区界行政管理。1993年5月12日，又调整领导小组，共确定全区22个乡有41条边界线，全长497千米；勘定县级边界线5条，总长324千米。其中，秦城区与徽县边界线长58千米，秦城区与西和边界线长5千米，秦城区与礼县边界线长90千米，秦城区与甘谷县边界线长32千米，秦城区与北道区边界线长139千米。界桩设定方面，县级边界线共埋设界桩27个（三面桩6个，为秦城区、徽县、西和县1个，秦城区、徽县、北道区1个，秦城区、西和县、礼县1个，秦城区、徽县、北道区1个，秦城区、甘谷县、北道区2个；两面桩21个，为秦城区、徽县5个，秦城区、甘谷县3个，秦城区、北道区13个）。2010年，按照省、市安排部署，开展行政区域界线联合检查，实地勘察12个沿线设埋的界桩，联检边界线150多千米，补栽了秦礼3号界桩。2013年，完成第3轮县级行政区域界线联合检查工作，联检秦麦、秦甘边界线183.8千米，界桩17个。2014年，完成天水与陇南县级行政区域界线第3轮联合检查工作。

四、地名管理

1996年9月，对新建成的“东团庄藉河大桥”和“合作路”“环城路”进行命名。1997年，根据省上有关部门的通知，在全区境内国道、省道、旅游景点线路设置青石材质地名标志碑46块，其中，在316国道沿线设立35块村碑，同时还加强了对地名标志的日常维护和管理。2001年6月，市政府对市区部分城市地名进行了命名、更名。2004年10月，抽调了10名大中专毕业生，深入7个街道办事处调查摸底，完成秦州区道路、街、巷、住宅小区及门牌号码的整顿清理工作。全区现有街3条、大道3条、路46条（新增8条，消失12条）、巷56条（新增7条，消失10条）。共整理装订门牌号码、整顿清理表40套，绘制地名示意图48套，实现了微机管理。2004年9月30日，经国务院批准，“秦城区”恢复历史名称，更名为“秦州区”。2006年11月，市政府对市区部分城市地名进行了命名、更名。从2006年起，秦州区民政局对全区地名实体、街区路巷、居民庭院等地标进行了全面调查，到2010年完成120余条城市街区路巷的调查论证工作，制定《秦州区城市标准地名标志实施方案》和《秦州区门牌设置操作规范》，制作楼门牌12817块。2012年，区民政局实施城区标准地名设标工作，共设置地名标牌1196块。2014年，开展文化资源普查和分类分级评估工作，对现有的地名资料进行摸底、整理、汇总，完善地名数据库。2015年，全面开展第2次全国地名普查工作，对地名普查涉及11个大类的地名调查目录进行了审定，通过归纳整理，编制地名调查目录10760条。

五、地名数据库工作

2012年以来，秦州区按照省民政厅办公室《关于做好地名和区划数据库数据更新上报工作的通知》和市民政局《关于进一步做好天水市国家地名和区划数据库建设工作的通知》的要求，完成3513个地名的录入和1553个地名的图库匹配工作，基本建成了较为完善的属性数据库，并完善修正区划管理部分、地名管理部分的项目内容；完成勘界批复、方案请示、会议纪要、年度联检报告、界桩位置略图、界桩照片等有关界桩和界线的文字记载多媒体信息录入工作。

六、基层政权建设

（一）村委会的建设

1985年建区时，城市设7个街道办事处、108个居民委员会，农村设22个乡、578个行政村、1116个自然村。同年，对改选离任的老居民主任（男60岁以上、女55岁以上）共117人给予退养。其中，连续在居委会工作10至30年的，按15年为档：15年以下的每人每月发退养金15元，15年以上的每人每月发退养金18元。

1989年，全区贯彻《中华人民共和国村民委员会组织法》，先行在铁炉乡进行试点。根据试点的基本经验，于1990年制定实施三年规划，并按规划组织实施该法。1990年，第一批在全区各乡169个村开展，占全区行政村的29%；1991年，第二批有204个村，占全区行政村的35%；1992年，第三批有205个村，占全区行政村的36%。从1992年9月开始，先后于1992年、1995年、1998年、2001年、2004年5次组织全体村民进行村委会换届选举工作。通过换届选举，村级干部的年龄从50岁左右下降至36岁，村级干部的文化程度逐届提高。

1995年，为贯彻民政部《全国农村村民自治示范活动指导纲要》，逐步推进民主政治和村民自治，强化村级管理和服务功能，充分发挥村委会在实行村民自治、办理本村公共事务与公益事业、维护村民的合法权益等方面的作用，在推广村民自治示范活动中，秦城区太京乡、皂郊乡、李子乡、吕二沟乡、牡丹乡、娘娘坝乡、关子乡被市政府命名为市级“村民自治模范乡”，有378个行政村被区政府命名为“区级村民自治模范村”。

2001年至2003年，对全区22个乡按区域特点和经济结构进行了撤乡并镇工作，共设10个镇6个乡，撤并7个乡，占乡镇总数的31.8%；乡镇法人单位由126个撤并到99个，撤并

27个，占乡镇法人单位总数的21.4%。

2005年，将全区原596个行政村设置为420个，撤并176个，占全区行政村的29.5%。

2007年，组织开展全区第6次村民委员会换届选举工作，全区新当选主任160人，连任260人。另外，在全区范围积极开展村务公开，下发《秦州区村务公开内容目录》，涉及财务收支、计划生育、宅基地审批、电费、水费、救济款发放等10余项内容。要求各村设置村务政务公开栏，区民政局联合区委组织部等部门进行检查督导，指导村委会深入开展村务、财务公开，推动基层民主建设，及时纠正农村村务、财务公开和民主管理中存在的问题。

2008年，秦州区被民政部确定为全国农村社区建设实验区，先后在天水镇嘴头村、太京镇窝驼村、平南镇孙集村进行试点并逐步推广。2011年以来，已建成48个农村示范社区。

2010年，按照中央12个部委《关于开展村务公开和民主管理“难点村”治理工作的若干意见》要求，组织开展全区第7次村民委员会换届选举工作。

（二）居委会的建设

1992年1月20日，全区抽调40名干部贯彻实施《中华人民共和国居委会组织法》，举办各类培训班67期，参加培训达2203人。首批在48个居委会组织民主选举，居民主任推荐候选人54人，其中，当选48人、落选6人、连任42人、新增6人，年龄由56～69岁降至43岁，文化程度提高；副主任推荐候选人59人，其中，当选48人、落选11人、连任34人、新增14人，年龄降至29岁。各居委会建立调解、治保、公共卫生、计划生育、老龄、青少年帮教、残疾人协会等组织，分工细、责任明，制定居民公约，开展“明星街道”“模范居委会”争创活动。

2001年5月，秦城区组织人员调查全区117个居委会的基本情况。下发《秦城区社区建设工作试点实施方案》。将原有的117个居委会调整为40个社区居委会、6个乡镇辖居委会，压缩率为61%，每个社区居委会按照1500户以上的规模设立。到2002年，争取“星光计划”项目23个，建成16个城市社区。

2005年，结合“十一五”规划编制“秦州区城市社区建设5年发展规划”，即从2005年开始，利用5年时间，在全区进一步推进社区建设，加强社区管理，理顺社区关系，完善社区功能，提高社区居民综合素质和城市文明程度，积极创建管理有序、服务规范、生活便利、治安良好、环境优美、人际关系和谐的文明社区。

2010年以来，城市社区建设先后完成社区服务设施“四站一中心”建设项目，即七里墩街道社区服务中心、罗一社区服务站、长控社区服务站、东十里社区服务站、中城街道伊民巷社区服务站和光明巷等社区阵地，并投入使用。截至2015年底，41个城市社区中，有综合办公室的35个，“五室一场”（老年日间照料室、娱乐活动室、图书阅览室、综合办公室、警务室及活动场所）健全的有14个。全区41个社区均设立“一站式”服务大厅。创建了8个省级城乡示范社区和2个全国防灾减灾示范社区，发展各类服务组织1286个。同年，区委、区政府召开全区街道社区工作会议，下发《进一步加强街道社区建设的意见》《进一步规范城市社区工作职责的通知》《进一步加强和规范街道工作职能的通知》3个文件，对全区41个星级社区进行了命名授牌，对社区工作进行了细化，厘清了社区工作职责，建立了社区工作准入制度。

（三）“两委”换届工作

2013年，秦州区开展了第8次村委会和第5次社区居委会换届工作，区民政局制定换届工作方案，认真组织全区各村（居）委会进行换届选举，同时积极协调配合纪委、监察、宣传、公安和司法等部门参与换届选举工作。2014年，完成全区第8次村委会和第5次社区居委会选举工作，共选出村委会班子成员2146人、社区居委会班子成员325人。

七、双拥工作

秦城区“双拥工作协调领导小组”成立于1991年1月25日。1991年4月1日，区委、区政府制定“秦城区双拥模范城建设规划”，在八一建军节和元旦春节慰问活动中，39个单位建立军民共建关系，前后为驻区16个部队单位送去西瓜12200斤、毛巾4030条、手套2982双、鞋垫941双、清酒1242瓶、饮料1942瓶、香皂2643块、牙膏422支、洗衣粉409袋，价值2.5万元。太京乡政府组织群众给驻地汽车连送去鸡蛋2000个、西瓜1000斤、鲜桃100斤。东关街道办事处组织居民40余人，为武警一中队、消防中队战士拆洗被褥、床单、衣物等120余件。

1992年，全区22个乡、7个街道办事处、24个区直属单位建立起双拥岗位责任制，组建61个拥军小组、679个烈军属服务小组、687个烈军属代耕小组。

1993年，在元旦春节慰问活动中，双拥工作小组给部队送去洗衣机22台，价值2.9万余元，慰问品20多种，价值1.7万多元。组织7个服务小组，参加群众达280余人，为驻地战士洗衣物400余件，理发60余人，组织慰问演出12场，写慰问信1000多封。

1994年，元旦、春节慰问中，双拥工作小组与驻区35个营连单位开展联欢、联谊、座谈等多种活动，送去慰问品30余种，价值6万余元。还组织走访全区8000余名优抚对象，为900户困难家庭拨款4.5万元优抚款解决他们的生活困难问题，为80户复退老志愿兵拨款3.6万元解决其生活、住房、治病“三难”问题。

1998年，在元旦、春节和八一建军节慰问中，双拥工作小组组织与驻区部队联欢、联谊活动56场，送去各种慰问品价值7万余元，办理实事12件，解决部队子女入学、入托56人。平南、李子等14个乡为265名现役军人办理了农村社会养老保险投保手续，交纳投保资金9.15万元。走访慰问了军烈属困难户58户，发放慰问金6.2万元，对55户“三属”、6户“三红”、58户在乡伤残军人提高了定期抚恤补助金标准。

1999年7月4日，全区105个单位与158位革命功臣结对帮扶。乡镇、街道组建“功臣志愿服务小组”156个，卫生系统对功臣实行“四免一减”（免咨询费、出诊费、诊断费、注射费，减收医药费），结对帮扶单位的317名责任人开展“逐户走一遍、逐人见一面、无事问一声好、有事一帮到底”的“四个一”活动。广大群众为功臣捐款31960元，衣物、棉被388套，面粉76袋，大米32袋，清油420斤，民政局给他们送去慰问金5.4万元。

2000年，元旦、春节和八一建军节慰问活动中，区领导给驻区6个部队单位送去彩电、冰箱等价值10.83万元的物资及其他慰问品3万余元，组织军地联欢、联谊文艺演出活动130

余场；同时，组织自愿服务活动，为官兵拆洗被褥、衣物4000余件。在纪念抗美援朝胜利50周年前夕，组织部分志愿军老战士下乡座谈，并为28位抗美援朝功臣赠送价值1万余元的慰问品。同年，组织对各乡优抚款的发放情况进行了一次认真检查。

从1991年开展军民共建以来到2000年，驻区部队在秦城区中心广场建设、南山体育场建设、滨河路拓建等公益工程及南北二山绿化、豹子沟造林、南郭寺公园建设、城市环境卫生整治中共投入兵力2.2万多人次，出动车辆3000多台次，拉运及开挖土石方6万多立方米，造林6500多亩，植树40.5万多株，清运城市垃圾300多吨。截至2002年，驻区部队共培养军地两用人才1300余人，秦城区共接收668人；部分两用人才回乡后，地方政府和各类企业开发使用的达630人，使用率在90%以上。

2002年，在全区各窗口单位和旅游景点设立“军人优先”“军人免费”标牌360余块，在主要交通要道繁华地段，设立永久性宣传标牌18块，总投资达72万元。到2005年，优抚工作达到8个100%，即：一是抚恤补助款100%到位；二是复员军人定补100%覆盖；三是义务兵家属优待金100%兑现；四是现役军人奖励100%落实；五是六级以上残疾军人医药费100%报销；六是重点优抚对象资料100%建卡归档；七是退役士兵生活补助100%发放；八是重点优抚对象“三难”（生活难、住房难、医疗难）底子100%摸清。

秦州区从1991年到2006年在甘肃省“双拥模范城”创建活动中，分别于1992年10月、1996年11月、1999年6月、2002年5月、2006年8月5次被省委、省政府、省军区授予“双拥模范城”称号，连创“五连冠”佳绩。“十一五”期间，还开展“天兰双拥文明线”共建、科技文化拥军、扶贫济困及军地援建“双十工程”和重大节日期间走访慰问活动等双拥创建工作，建立完善双拥宣传工作长效机制。连续多年荣获全市民政工作综合考核一等奖，被评为甘肃省、天水市拥军优属先进单位。2011年10月9日，被省委、省政府、省军区命名为甘肃省“双拥模范城”，至此，荣膺“六连冠”。2011年9月，区双拥办被省双拥工作领导小组评为“甘肃省先进双拥办公室”。

2012年以来，按照省、市《关于开展甘肃省双拥模范城（县）届中检查评估工作的通知》精神，制定《秦州区双拥模范城（县）届中检查评估工作实施方案》，成立全区双拥模范城（县）届中检查评估工作领导小组，在全区乡镇、街道和机关单位等公共场所设立更新双拥宣传橱窗80余个，更新人口密集区域和交通要道旁大型双拥标牌15个，制作大型的双拥共建专题宣传片，全区举办双拥宣讲30余次，参观军营、国防教育基地2万余人，下发宣传材料1万余份，军地双拥共建联谊活动50余次。

2014年，围绕“推动军民融合深度发展”新思路和创建“甘肃省双拥模范城七连冠”的新目标，开展了“丝绸之路双拥文明线”、“双十工程”、“双四好”、八一走访慰问驻区部队活动和领导干部“军事日”活动，促进了全区双拥创建工作经常化、规范化发展。

2015年，积极打造“双拥城”品牌，摄制了反映创建工作的《双拥共建》专题片，在市区主要街道、路口、广场及商场、车站等服务场所设置了大型双拥标牌15个、宣传橱窗40个。与某部队建成双拥宣传“连心桥”，在藉河风情线利用灯箱路牌建成双拥宣传路。深入开展“双拥百日集中宣传”、纪念抗日战争胜利70周年双拥主题宣传教育和八一走访慰问驻区部队活动。组织召开了全区双拥工作命名表彰大会，对15个乡镇（街道），46个拥军优属模范村（社区），31个拥军优属、拥政爱民先进单位和33名先进个人进行了表彰。同年7月，被授予“甘肃省双拥模范城七连冠”称号。

八、优待抚恤

1986年，区政府制定《农村群众优待烈军属暂行办法》。1987年12月，结合贯彻党的十三大会议精神，采取多种慰问形式，走访优抚对象，座谈了解情况，解决他们的实际困难。召开军地联席会议，解决随军家属就业、子女上学入托等实际问题。从1987年到1990年，共组织慰问团159个，给部队赠送各类慰问品价值达7.26万元，给天水籍服役战士写慰问信400余封，鼓励他们安心服役，在部队多做贡献。解决了80户农村复员军人的住房困难，解决了部队随军家属47户98人农转非户口，安排其子女18人就业。同时，还发挥地方优势，为驻区部队培养厨师45人，拓宽服务领域，完善服务网络。

1990年10月24日，在抗美援朝胜利40周年之际，召开全区赴朝志愿军在乡军人代表座谈会。

1997年11月，区政府制定《秦城区义务兵家属优待金社会统筹办法（试行）》，规定职工按上年工资总额的2%缴纳优待金，个体工商户按每户每年20元缴纳优待金，按全区当年人均纯收入100%的标准兑现，对在部队荣立一等功的义务兵增发80%，二等功增发40%，三等功增发15%。当年义务兵家属的优待金较上年有大幅度提高，其中，2001年，全区380多户，平均每户兑现828元，环城乡最高达到每户1200元，优待面达到100%。把义务兵家属的优待工作纳入法治化、规范化的轨道。

1985年建区时，从天水县划入的17个乡中，移交在乡、实行定期定量补助的残废军人73人。1994年6月，全区伤残军人301人，其中，农村73人、城市228人。2000年，全区伤残军人303人，为55人补助2750元，解决其生活困难。在2004年普查中，伤残军人312人，对42名老志愿兵补助2.1万元。2006年，全区伤残军人318人，对转地方的残疾军人，按其残疾等级和补助标准，均由民政部门供给。

2004年，对全区优抚对象进行普查，经普查共有优抚对象1439人，其中，“三红”6人、“三属”92人、革命残疾军人312人、在乡老复员军人903人、带病回乡退伍军人126人。

2007年，全区共有重点优抚对象2226人，其中，“三红”3人、“三属”83人、革命残疾军人350人、在乡老复员军人891人、带病回乡退伍军人348人、参战参试人员551人。

2010年，全区共有各类重点优抚对象2465人，其中，“三红”3人、“三属”98人、革命残疾军人361人、在乡老复员军人875人、带病回乡退伍军人418人、参战参试人员710人。“十一五”期间，累计发放优待抚恤补助资金2506.9万元、优抚对象医疗补助经费336.5万元，在乡老复员军人定补标准达到每人每月360元，带病回乡退伍军人、参战参试人员定补标准达到每人每月220元，1～4级革命残疾人员护理费标准提高到每人每年6000元。

2011年以来，对全区101名“三红”人员及“三属”人员、361名革命残疾军人、418

名带病回乡退伍军人、875名在乡老复员军人、710名参战参试人员和1065名60周岁以上农村籍退役士兵全面落实了优抚政策，为他们建立以“医疗优待减免、门诊差额补助、医院参保报销、重病实施救助”为主体的优抚医疗保障体系，对重点优抚对象实施医疗救助“一站式”服务等工作，实施重点优抚对象医疗救助345人（次），解决了400余户优抚对象生活和住房困难的问题，发放自谋职业补助资金524.9万元。

2013年，对185名“对越作战”下岗失业人员落实了特殊优惠政策，因人因事解决了其养老保险金等问题，不断完善解困稳控工作长效机制。

2014年，市局在秦州区召开全市现场会，总结推广了定点医院优抚医疗费用“一站式”即时结算服务的工作经验。

2015年10月，按要求提高伤残军人（含伤残人民警察、伤残国家机关工作人员、伤残民兵民工）的残疾抚恤金、烈属（含因公牺牲军人遗属、病故军人遗属）的定期抚恤金，在乡老复员军人生活补助标准提高到每人每月820元，带病回乡退伍军人定期生活补助标准提高到每人每月460元，60岁以上农村籍退役士兵老年生活补助提高到每人每月20元。

九、复退军人安置

1985年至1990年，全区共接收的城市退伍义务兵640人均得到安置。1990年7月31日，区委调整了领导小组，成立了由区政府分管领导，武装部部长、民政局局长组成的安置领导小组，具体负责复转、退伍军人的接收安置工作。1992年，接收城镇退伍士兵128人，当年全部安置。1993年，接收145人，当年全部安置。随着社会主义市场经济体制的建立，企业在转制改革时期面临的困难越来越多，退役义务兵安置工作困难也越来越大，为了加强对等待安置的退伍士兵的管理，1996年4月2日，民政局成立退伍士兵临时党支部，张天恩担任书记。1997年，接收军地两用人才460人，开发利用446人，两用人才的使用率达到97%。到2005年底，累计接收军地两用人才668人，被地方各有关单位开发利用627人，人才使用率达到94%。

2000年至2006年，共接收城镇退役士兵482人，10年以上转业士官，立功、残疾义务兵共计159人被安置到区属基层事业单位，其余人员安排自谋职业并给予经济补偿。每一名义务兵补助1.2万元，每一名10年以下转业士官补助2万元，共发放补助金383万元。

“十一五”期间，秦州区民政部门坚持安置就业、自谋职业、扶持就业相结合的办法，妥善安置退役士兵，办理自谋职业人数110人，其中，一、二期士官22人，发放自谋职业补助金150多万元，培训退伍军人350多人，自谋职业率达到90%以上。

2010年以来，秦州区拓宽就业安置渠道，多次举办退役士兵职业教育和技能培训班，到2015年底，累计培训退役士兵689人，累计将110名符合安置条件的转业士官安置到区属事业单位。

十、减灾救灾

建区后，秦城区救灾工作主要是依靠群众、依靠集体、生产自救、互助互济，辅之以国家必要的救济和扶持。20世纪80年代后期，因暴雨而形成的山体滑坡等危及群众生命财产安全的地质性灾害频频发生，特别是城区泰山庙一带的山体滑坡，危及人数众多。为此，民政部门把灾民搬迁列入救灾工作的重要内容之中。近20年来，民政部门为解决山体滑坡带来的问题，改善村民居住条件，前后为28个村、1700多户6000余人按房屋损坏每户500元、危房每户1000～1500元、重建每户2000～2500元的标准，共下拨415.15万元。从1992年开始，在全区实施农村茅草房改造工作，到1996年底全部结束。纳入改造的共512户1775人，居住的茅草房共计1257间，全区总投资89万元，其中，市民政局下拨补助款19万元、区政府筹集4万元、群众自筹66万元。同时，组织群众投劳帮工8万个，党员义务投工5000个，茅草房改造工作如期完成。

1998年6月，市民政局下发《农村最低生活保障制度试行办法》《农村灾民救济制度》《优抚安置制度》《社会互助制度》《社会福利制度》等5项农村社会保障制度，使农村的救济和农民的生活保障纳入制度化管理。建立各级救灾工作责任制，整合救助资源，形成救助合力，增强抗御灾害的能力。举办救灾救济培训班，参加人数有80多人，掌握农村5项社会保障制度，以及报灾、查灾、计灾、救灾款发放等方面的业务知识。建立救灾救济工作责任制，签订救灾目标管理责任书。2000年，全面推进救灾工作责任制，做到分级负责，责任到人，层层签订救灾目标管理责任书，建立救灾款专户管理办法，保证救灾款项专款专用。

2006年，逐步完善城乡救助体系建设，制定《秦州区抢险救灾预案》，建立抢险救灾工作队伍，完善应急机制。2007年，成立秦州区减灾防灾委员会，负责全区减灾、防灾综合协调和灾害应急管理，由民政部门牵头，水利、城建、气象、地震、农业、国土资源、统计、卫生等相关部门组成，在政府统一领导下部署防灾、减灾、抗灾、救灾工作；同年，开展社区减灾、防灾宣传教育。设置以救助站为中心的城市避难场所及水利局救灾物资储备仓库。建立救灾款专户管理办法，保证救灾款项专款专用。

2008年，区委、区政府成立秦州区抗震救灾指挥部，开展抗震救灾工作。5月15日，区委、区政府成立23个工作组，由区四大组织领导带队派往各乡、镇、街道开展抗震救灾工作。6月1日，区政府决定成立秦州区农村居民住房灾后重建维修工作领导小组，指导协调全区农村灾后重建维修工作的开展。

“十二五”期间，建立灾害救助工作“三个工作规程”“四个程序”，完善救灾款物发放制度、救灾款物发放监督员制度、“三公开、一监督”制度，实行区、乡（镇）、村三级包干责任制，做到受灾群众生产生活安排、救灾款物发放、救灾责任“三落实”。健全和完善《突发自然灾害救助应急预案》，组建区、乡（镇）、村三级自然灾害信息员队伍，实施自然灾害应急救助指挥系统和区级中型避难场所建设，会同商务部门与兰天商厦、百货大楼，以及宝商、森美等大型商贸企业签订救灾物资储备协议，做好各类救灾物资储备工作。2011年9月开始，从乡镇低保对象中遴选村级灾害信息员，组建461名村级灾害信息员队伍，并配发雨衣、雨鞋、手电筒、铜锣等救灾专用装备。连续多年组织开展村级灾害信息员的职业技能培训和“5·12”防灾减灾周宣传活动。利用电视、网络、报纸等媒体进行防灾减灾知识宣传，组织开展防灾减灾演练活动等形式多样的防灾减灾宣传教育和防灾减灾进社区、进学校、进机关、进家庭活动。在龙城广场成功举办多次防灾减灾专题展览，并通过在社区、学校、街道及人口密集场所悬挂横幅、张贴防灾减灾知识挂图、发放科普读物，定期组织群众参与各种防灾演习、演练等方式，宣传和提高防灾减灾知识和技能。全区共创建3个全国“综合减灾示范社区”和5个省级“综合减灾示范社区”，累计发放各类宣传单30余万份，以及《城乡社区防灾减灾手册》等近25万本。

1986年，由于春旱和严重雹洪灾害，全区28.3万亩农田遭灾，造成粮食减产近三分之一。为531个村、15830户87065人返销口粮800万斤，下拨口粮救济款40万元，下拨社会救济款5.9万余元；并为人均口粮每年300斤以下、现金收入每年120元以下的8.5万农村贫困人口赊销棉布255万尺（每人30尺）、棉花34万斤（每人4斤）。

1987年至1989年，寒潮、霜冻等自然灾害频繁，成灾面积达28.3万亩。1990年，15个乡156个村发生暴洪灾害，造成17714户89259人受灾，农作物受灾面积达5.2万亩。1987年，区民政局组织城市各单位职工、居民开展募捐救助灾民活动，捐款1.8379万元，捐赠粮票30130斤、衣物28793件、面粉4000斤，全年下拨返销口粮1080万斤，下拨口粮款54万元。1988年，为农村17190户89377贫困人口返销口粮900万斤，下拨口粮救济款16.4万元、临时社会救济款7.2万元、临时优抚款6.45万元。1989年底至1990年底，为农村贫困户和受灾户安排返销粮1262万斤，下拨口粮款18.38万元，组织干部、职工、居民募捐现金3.03万元，捐赠粮票22400斤、面粉1360斤、衣物31800件。

1992年，发生暴雨、冰雹等自然灾害，造成部分地方山体滑坡，使3.54万户17.7万人生活困难，下拨回销粮877万斤、口粮款19.57万元，下拨募集的衣物4000件，下拨粮票36000斤。

1993年，多次发生暴雨、冰雹等自然灾害，造成多处山体滑坡，使8.09万亩农田受灾，294间民房倒塌，形成389间危房，全区13个乡254个村的3.42万户19.21万人受灾。在组织群众开展生产自救的基础上，对8116户无自救能力的特困户、五保户、重灾户下拨口粮救济款16.23万元；为房屋倒塌又无自救能力的38户灾民下拨补助款0.58万元、滑坡险区治理费3.8万元；为城乡下拨临时社会救济款6.2万元，救济3100户。

1994年，春季、夏季持续干旱，6月至9月又连续暴雨。旱灾造成19.5万亩农作物减产，暴雨又使关子乡等7个乡81个村的5.1万亩农田减产、房屋倒塌49间。为特困户、重灾户、五保户下拨口粮款23.49万元，下拨建房补助费4.5万元；同时，参加夏粮保险投保5万元的受灾群众获赔9.4万余元。

1997年，全区持续干旱，农作物病虫害严重，全区重灾户和特重灾户达8646户43222人，下拨救灾款12.3万元；同时，下拨救灾款3.3万元购“墨麋一号”种子2.6万斤，组织群众赶茬种植，减少灾害损失；动员机关干部为灾民募捐现金1.8万元、衣物16299件、布匹36米。在农村开展救灾储备粮的筹集工作，当年筹集粮食37.29万斤、现金4.63万元。有重点贫困村237个，重点户6222户，共27892人，列入全区扶贫规划，统筹安排，重点帮扶。

1999年，发生持续7个月的大旱，全区受灾面积47.6万亩，造成粮食减产，下拨口粮救济款116.9万元、救灾款25万元，募集救灾储备粮31.6万斤。

2000年，下拨救济款165.2万元，其中，口粮款116.3万元、救灾款48.9万元，解决受灾群众中的特困户、贫困户1.5万户7.02万人的基本生活问题。

2001年，因降雨量较多，秋粮受灾严重，部分乡村发生山体滑坡，造成房屋裂缝、倒塌。全年下拨救灾款141.4万元，解决受灾群众、贫困户、特困户4.86万户的基本生活问题。

2004年，全区有20.1万亩农作物遭受霜冻，部分乡村发生山体滑坡，造成房屋裂缝、倒塌。区民政局下拨灾民建房补助款60万元，完成705户的灾后重建工作。

2006年，秦州区部分乡镇发生暴雨洪涝灾害，全区受灾人口17.11万人，因灾死亡3人，农作物受灾面积达13.36公顷，房屋倒塌3305间、损坏1640间，直接经济损失达2038万元。下拨救济及群众生活安排款176万元。

2007年，全区共下拨救济及群众生活安排款193.3万元，其中，安排口粮救济款138万元，安排灾民恢复建房补助款47.3万元，安排敬老院修缮款8万元。

2008年5月12日，秦州区在"5·12"汶川地震中受灾严重，全区地震烈度为Ⅶ度，部分地区达Ⅷ度，地震和连绵不断的余震在全区引发多处山体滑坡、崩塌和裂缝等次生灾害。地震造成6人死亡、349人不同程度受伤，其中，重伤29人。地震造成农村16个乡镇不同程度受灾，受灾面大，灾情严重。据统计，全区有24696户78931间房屋不同程度受损。其中，倒塌房屋和严重受损需拆除重建的有12457户22635间，损坏房屋急需维修的有12239户56296间，倒塌围墙1153户8607米，造成无房屋居住的有6541户19623人。全区受灾人口达105645人，地震造成房屋损坏的经济损失达14789万元。

在地震发生后，区委、区政府组织附近居民就地疏散，搭建帐篷，在户外避震。在市区内开阔安全地域共搭建各类帐篷3万余顶，保障10余万市民的生命安全。地震波及农村16个乡镇40个自然村12475户农户家庭房屋倒塌22635间，12239户56296间房屋严重损坏，造成6600余户五保户、低保户、二女结扎户、残疾户、优抚安置户、单亲户生活困难。对于无力进行自救的300余户，区民政局召开查灾、救灾紧急会议，组织全局职工成立4个临时工作组，分赴各乡、镇、街道开展灾情核查工作。5月13日，成立民政局抗震救灾办公室，前后下拨各类救灾物资18批，妥善安置受灾农户，其中，下拨帐篷5448顶，下拨彩条布28吨，帮助受灾农户及时转移到安全地段，并为房屋倒塌且无自救能力的受灾群众全部搭建了帐篷或临时过渡房，及时进行应急性过渡安置。7月中旬，全区下拨救灾资金3241万元，发放救灾粮89.3万斤。落实中央、省、市政策文件精神，对无房住、无生产资料、无收入来源的"三无"户，在3个月过渡期内，按每人每天1斤粮、10元钱发放过渡期的生活补助。共为受灾的5539户24662名"三无"人员发放临时生活补助金739.86万元和成品粮73.99万斤；为1069户1215名"三孤"人员发放临时生活补助58.2万元。搭建活动板房和帐篷，对房屋倒塌户进行应急过渡性安置，确保他们有住处，及时搭建活动板房2395套，重点解决灾区学校和学生上课问题和乡镇卫生院医疗使用问题，于8月底前全部完成安装并投入使用。地震发生后，民政局的慈善机构向社会印发倡议书5000份，号召社会各界帮助受灾群众战胜灾害，共渡难关。各级组织在全区城乡、机关、单位、社区、乡村共设捐款点423个，动员区直部门干部职工、辖区企业、个体户和社会各界人士参与救灾行动并筹资捐款。截至9月16日，全区共接受社会各界捐款674.4万元。10月，区民政局确定全区灾后重建的农户24798户112821人，其中，重建户13192户。因山体滑坡需要整村搬迁、异地重建的涉及12个乡、镇，30个自然村的2038户8994人；分散就地自建的涉及16个乡、镇，420个自然村的10911户；在地震中房屋遭受不同程度的损坏，需要进行维修的农户为12239户，房间为56296间；在全区确定五保户、低保户、二女结扎困难户、优抚困难户、残疾人困难户共354户为重点帮扶户。秦州区先后争取国家及省市农村住房灾后恢复重建资金2.46亿元，办理灾后重建资金专项贷款1.4892亿元，争取国家基础设施建设资金696万元，红十字会援建资金645万元，世界宣明会援建资金61万元，群众自筹资金3671万元。2010年，完成灾后恢复重建工作。

2010年8月12日，秦州区普降暴雨，局地发生暴雨泥石流灾害，造成娘娘坝、华岐、皂郊等乡镇134个行政村34852户156834人不同程度受灾。在应急抢险期间，全区共搭建临时安置点14处，安置灾民1614人，紧急调运救灾帐篷200顶、胶木床板360张、棉被1644床，及时提供方便面、矿泉水、食用油、面粉等各类生活用品，采取安置点开火办灶、发放快餐食品、投亲靠友等方式解决受灾群众的吃饭及饮水问题，下拨受灾群众过渡期生活补助、冬令生活口粮补助及灾后重建资金2863.21万元。

2011年，开展暴雨泥石流灾害灾情核查和统计工作，对全区1147户5161人的受灾情况进行调查，对缺粮群众发放生活补助资金300万元，对滑坡较为严重的娘娘坝镇张山村34户村民实施了紧急转移安置，及时解决受灾群众的房屋重建维修以及滑坡区域内受灾群众临时安置期间的生活补助问题。全年共下拨各类救灾资金1914.05万元，其中，受灾群众生活款1379万元、灾后重建资金535.05万元。

2013年，全区遭受持续干旱、低温霜冻、暴雨洪涝、冰雹和地震波及等自然灾害。“6·20”以来的多次暴洪灾害和地震波及，造成全区24387户109758人受灾，直接经济损失达29.546亿元。秦州区采取集中安置和分散安置相结合的办法及时转移安置受灾群众16841人，争取省市下拨和投入抢险救灾资金5343万元，调拨帐篷1310顶、折叠床1340张、床板2529张、棉被11622床，以及衣物2万多件、方便面10726箱、矿泉水2275件、面粉6779袋、大米1045袋、食用油29130斤及大量生活日用品等。发放受灾群众过渡期生活补助资金569.4万元，按每户500元的标准发放了越冬生活补助资金，为重建户下拨临时救助资金1660万元。同年，建成秦州区中型应急避难场所（包括指挥中心和综合减灾教育基地）。

2015年，藉口等5个乡镇遭受“5·30”冰雹灾害后，区民政局制定冬令春荒期间特困户和灾民生活救助方案，及时下拨冬令春荒生活救助资金812万元及受灾群众生活补助资金65万元，救助受灾群众54484人。

十一、民间组织管理

1990年，秦城区开始实施对社团的登记管理工作，在民政局内设“社团办”机构开展此项业务。1991年4月，举办有关单位28人参加的社团登记、清理整顿培训班，清理工作结束，登记发证的单位有15个。1992年，清理整顿了23个社团，其中，整顿4个行业性社团、1个学术性社团、1个联合性社团、16个专业性社团，撤销1个社团。

1993年，撤销7个体育性社团组织，登记法人社团1个。1994年，对已登记的27个社团建立健全编码登记，完成“企业家协会”等社团的换届选举工作，并对10个社团的财务进行审计，登记了民间商会和私营企业联谊会，开展了乡村、街道的社团摸底。

1997年5月，对全区民办非企业单位进行调查摸底，对全区现有的27家社会团体进行了清理整顿，合并2家，撤销6家。全区共有民办非企业单位303家，从业人员689人，其中，卫生系统有民办诊所264家，从业人员456人（城市134家326人、农村130家130人）。教育系统：民办学校、培训中心、托儿所共21家，从业人员23人；职业技术培训机构5家（企业办1家、个人办4家），从业人员60人，每年培训1500人。文化、体育系统有剧团4家，从业人员87人（城市1家40人、农村3家47人）；体育3家，从业人员5人。科技系统共7家，从业人员58人（城市4家40人、农村3家18人）。

1999年，组织开展全区社团和民办非企业单位组织活动情况执法检查行动，并组织全区社团主要负责人对邪教组织进行揭发、批判。1999年11月，中央办公厅和国务院办公厅联合下发《关于进一步加强民间组织管理工作的通知》，把社会团体、民办非企业单位统称为民间组织，并对民间组织的管理提出具体要求。根据通知要求，秦城区于2000年7月27日召开全区民办非企业单位登记管理动员大会，从2000年8月开始，组织相关力量对全区城乡的社会团体和民办非企业单位进行排查摸底。全区共有各类民办非企业单位1518家，其中，教育23家、科研11家、文体21家、中介服务15家、卫生1448家。2002年注册登记社团28家，2004年对农村专业经济协会注册登记33家，2005年注册登记社团9家。

从2000年之后，区民政局就民间组织管理局的机构、编制、经费等事宜向区政府上呈专题报告。2004年，民间组织管理局正式成立。2011年11月，在区民政局成立秦州区社会组织党工委。至2015年底，全区共登记成立社会组织261家，成立党组织69个（1个党工委、1个党总支、67个党支部），见表17-1。

表17-1　秦州区民间组织注册年度登记表

序号	社团名称	负责人	业务主管部门	办公地址	成立时间	类别
1	秦城区农村卫生协会	郭宝禄	秦城区卫生局	北园子17号	1991年9月	社会团体
2	秦城区计划生育协会	崔永强	秦城区计生局	成纪大道（区计生局）	1992年8月	
3	秦城区个体私营企业协会	王春祥	秦城区工商分局	滨河西路23号	1992年8月	

续表 17-1

序号	社团名称	负责人	业务主管部门	办公地址	成立时间	类别
4	秦城区道教协会	赵明运	秦城区宗教事务局	玉泉观	1992年8月	社会团体
5	秦城区基督教三自爱国运动委员会	顾　钊	秦城区宗教事务局	精表路（三院旁边）	1992年9月	
6	秦城区伊斯兰教协会	马宗武	秦城区宗教事务局	红台清真寺	1992年9月	
7	秦城区佛教协会	释一钦	秦城区宗教事务局	瑞莲寺	1992年9月	
8	秦城区畜牧兽医学会	史　文	秦城区科协	畜牧兽医局	1992年8月	
9	秦城区职工技术协会	苗平渊	秦城区总工会	滨河东路8号	1993年9月	
10	秦城区民间商会	胡起瑞	秦城区统战部	民主西路18号	1994年5月	
11	秦城区非公有制林业经济协会	刘生东	秦城区林业局	林业局综合办公楼	2000年1月	
12	秦城区植物保护学会	张志鸿	秦城区农业局	莲亭路88号	2000年10月	
13	秦城区农学会	李天祥	秦城区农业局	莲亭路88号	2000年10月	
14	秦城区三佑幼儿园	赵巧花	秦城区教体局	南明路皮件大楼	2001年6月	民办非企业单位
15	秦城区星星幼儿园	刘亚琴	秦城区教体局	罗峪小区东方红2楼	2001年6月	
16	秦城区向阳幼儿园	安卫民	秦城区教体局	皇城路向阳小区39号	2001年6月	
17	秦城区长虹职业培训学校	刘　莹	秦城区人社局	双桥南路15号	2001年6月	
18	秦城区林学会	李天祥	秦城区林业局	人民西路4号	2002年6月	社会团体
19	秦城区西十里农产品协会	张　兴	秦城区开发办	西十里蔬菜园区	2004年7月	
20	秦城区长开厂幼儿园	王天乙	秦城区教体局	岷山路113号	2004年3月	民办非企业单位

续表17-1

序号	社团名称	负责人	业务主管部门	办公地址	成立时间	类别
21	秦州区[1]消费者协会	马念平	秦州区工商分局	滨河西路23号	2005年5月	社会团体
22	秦州区农村合作经济组织联合会	李亚洲	秦州区合作联社	石马坪	2005年2月	
23	秦州区再生资源行业协会	李书玉	秦州区合作联社	藉河北路	2005年6月	
24	秦州区蓝翔职业培训学校	王　军	秦州区人社局	坚家河原雕漆二厂院内	2005年9月	民办非企业单位
25	秦州区藉口镇郑集寨果品产业协会	杨根定	秦州区藉口镇政府	藉口镇郑集寨	2006年1月	社会团体
26	秦州区农村能源协会	张　良	秦州区合作联社	永庆路	2006年9月	
27	秦州区关子镇西沟村农民用水户协会	杨想存	秦州区水务局	西沟村	2006年11月	
28	秦州区关子镇西华村农民用水户协会	黄永德	秦州区水务局	西华村	2006年11月	
29	秦州区皂郊镇下寨子村农民用水户协会	刘德政	秦州区水务局	下寨子村	2006年11月	
30	秦州区杨家寺乡三湾村农民用水户协会	张生荣	秦州区水务局	三湾村	2006年11月	
31	秦州区三蒜行业协会	黄亚军	秦州区合作联社	向阳小区（生资公司院内）	2006年12月	
32	秦州区腾飞电脑培训学校	王晓明	秦州区教体局	羲皇大道莲亭村	2006年3月	
33	秦州区后街清真寺文物保护管理所	杨继生	秦州区教体局	后街清真寺	2006年3月	
34	秦州区藉口镇四十铺村果树专业技术协会	裴仲林	秦州区藉口镇政府	藉口镇四十铺	2007年5月	民办非企业单位
35	秦州区太京镇大草坪庙子村农民用水户协会	张俊君	秦州区水务局	大草坪庙子村	2007年7月	
36	秦州区娘娘坝镇柳林村农民用水户协会	杨建国	秦州区水务局	娘娘坝镇柳林村	2007年7月	

①2004年9月，天水市秦城区更名为天水市秦州区。

续表 17-1

序号	社团名称	负责人	业务主管部门	办公地址	成立时间	类别
37	秦州区齐寿乡柳沟村农民用水户协会	杨存太	秦州区水务局	齐寿乡柳沟村	2007年7月	民办非企业单位
38	秦州区齐寿乡铁佛村农民用水户协会	高和平	秦州区水务局	齐寿乡铁佛村	2007年7月	
39	秦州区慈善协会	王惠麟	秦州区民政局	成纪大道398号	2007年6月	社会团体
40	秦州区农民用水行业协会	甄东红	秦州区水务局	莲亭路94号	2007年9月	
41	秦州区关子镇梨尧村农民用水户协会	张宝生	秦州区水务局	关子镇梨尧村	2007年9月	
42	秦州区关子镇冯集村农民用水户协会	冯亚武	秦州区水务局	关子镇冯集村	2007年9月	
43	秦州区关子镇后沟村农民用水户协会	卢岁求	秦州区水务局	关子镇后沟村	2007年9月	
44	秦州区关子镇松树村农民用水户协会	黄虎林	秦州区水务局	关子镇松树村	2007年9月	
45	秦州区关子镇朱槽村农民用水户协会	王玉良	秦州区水务局	关子镇朱槽村	2007年9月	
46	秦州区关子镇杨柳村农民用水户协会	柳岁世	秦州区水务局	关子镇杨柳村	2007年9月	
47	秦州区关子镇韩家湾农民用水户协会	王保进	秦州区水务局	关子镇韩家湾村	2007年9月	
48	秦州区关子镇西宛村农民用水户协会	杨进修	秦州区水务局	关子镇西宛村	2007年9月	
49	秦州区藉口镇何家尧村农民用水户协会	王明生	秦州区水务局	藉口镇何家尧村	2007年9月	

续表 17-1

序号	社团名称	负责人	业务主管部门	办公地址	成立时间	类别
50	秦州区藉口镇老庄村农民用水户协会	石玉海	秦州区水务局	藉口镇老庄村	2007年9月	社会团体
51	秦州区藉口镇东林村农民用水户协会	王孝祖	秦州区水务局	藉口镇东林村	2007年9月	
52	秦州区农资行业协会	马进喜	秦州区合作联社	莲亭路39号	2007年9月	
53	秦州区烟花爆竹行业协会	张　明	秦州区合作联社	民主西路109号	2007年9月	
54	秦州区反邪教协会	伏承祥	秦州区科协	青年北路13号	2007年12月	
55	秦州区中城街道绿色市场社区卫生服务站	郑大同	秦州区卫生局	泰山路润苑小区	2007年7月	民办非企业单位
56	秦州区劳务派遣服务中心	杨维强	秦州区政府劳务工作办公室	双桥南路15号	2007年9月	
57	秦州区齐寿乡稍子坡村农民用水户协会	赵平安	秦州区水务局	齐寿乡稍子坡村	2008年5月	社会团体
58	秦州区汪川镇郭山村农民用水户协会	郭克锋	秦州区水务局	汪川镇郭山村	2008年5月	
59	秦州区养鸡协会	赵爱璧	秦州区农牧局	农牧局	2008年4月	
60	秦州区藉口镇缑家庄村互助发展资金协会	赵秦虎	秦州区扶贫办	藉口镇缑家庄村	2008年8月	
61	秦州区中梁乡金李村农民用水户协会	金付生	秦州区水务局	中梁乡金李村	2008年11月	
62	秦州区中梁乡三湾村农民用水户协会	王全录	秦州区水务局	中梁乡三湾村	2008年11月	
63	秦州区中梁乡龙凤村农民用水户协会	赵福海	秦州区水务局	中梁乡龙凤村	2008年11月	
64	秦州区中梁乡杨家山村农民用水户协会	李贵忠	秦州区水务局	中梁乡杨家山村	2008年11月	

续表 17-1

序号	社团名称	负责人	业务主管部门	办公地址	成立时间	类别
65	秦州区中梁乡向阳村农民用水户协会	张成西	秦州区水务局	中梁乡向阳村	2008年11月	社会团体
66	秦州区太京镇川口村农民用水户协会	刘灵通	秦州区水务局	太京镇川口村	2008年11月	
67	秦州区太京镇靳家崖村农民用水户协会	靳玉峰	秦州区水务局	太京镇靳家崖村	2008年11月	
68	秦州区太京镇郑家磨村农民用水户协会	郑　湃	秦州区水务局	太京镇郑家磨村	2008年11月	
69	秦州区康源特色农业研究所	何玉龙	秦州区中梁乡政府	中梁乡三湾村	2008年1月	民办非企业单位
70	秦州区天水郡街道瀛池社区卫生服务站	李纲要	秦州区卫生局	长仪路38号	2008年1月	
71	秦州区大城街道共和巷社区卫生服务站	何建勋	秦州区卫生局	共和巷9号	2008年1月	
72	秦州区石马坪街道东团庄社区卫生服务站	唐彦龙	秦州区卫生局	南郭路38号	2008年1月	
73	秦州区大城街道进步巷社区卫生服务站	王国章	秦州区卫生局	进步巷	2008年3月	
74	秦州区大城街道高层楼社区卫生服务站	何建勋	秦州区卫生局	公园路139号	2008年3月	
75	秦州区七彩阳光美术工作室	韩　琦	秦州区教体局	东方红市场	2008年4月	
76	秦州区中城街道重新街社区卫生服务站	张幕南	秦州区卫生局	工农路亚都商场2号	2008年4月	
77	秦州区七里墩社区卫生服务中心	刘临生	秦州区卫生局	南郭路11号	2008年5月	
78	秦州区成功高考补习学校	刘　勋	秦州区教体局	岷山路20号	2008年10月	
79	秦州区贝贝乐幼儿园	许瑞英	秦州区教体局	迎滨路2号	2008年10月	
80	秦州区双桥幼儿园	孙　明	秦州区教体局	双桥南路	2008年10月	
81	秦州区聪聪星幼儿园	何琳霞	秦州区教体局	轴仪厂家属区	2008年11月	

续表17-1

序号	社团名称	负责人	业务主管部门	办公地址	成立时间	类别
82	秦州区七里墩岷山社区卫生服务站	蔡俊良	秦州区卫生局	岷山路37号	2008年11月	民办非企业单位
83	秦州区天水郡街道西十里社区卫生服务站	贾亚军	秦州区卫生局	西十里119号	2008年11月	
84	秦州区天水郡暖和湾社区卫生服务站	于亚平	秦州区卫生局	玉泉镇暖和湾新村	2008年11月	
85	秦州区石马坪街道盛世桃园社区卫生服务站	张昊鹏	秦州区卫生局	盛世桃园5号楼1号2号铺面	2008年11月	
86	秦州区老年协会	金学明	秦州区民政局	藉河北路金华大厦8楼	2009年9月	社会团体
87	秦州区见义勇为协会	赵虎生	秦州区政法委	民主西路18号	2009年11月	
88	秦州区中梁乡果品产业协会	张吉祥	秦州区科协	中梁乡政府	2009年12月	
89	秦州区易文化研究院	张跃庆	秦州区教体局	伏羲城2-2号	2009年3月	民办非企业单位
90	秦州区星艺舞蹈中心	马桂花	秦州区教体局	安居小区中心园所	2009年7月	
91	秦州区西关街道宏昇戏剧艺术团	马明霞	秦州区西关办事处	伏羲广场东侧	2009年8月	
92	秦州区大门乡王沟村农机协会	王北海	秦州区农业局	大门乡王沟村	2010年1月	社会团体
93	秦州区天水镇元树村互助发展资金协会	张北方	秦州区扶贫办	天水镇元树村	2010年1月	
94	秦州区质量技术协会	于和平	秦州区质量监督局	解放路崔家巷商住楼1号	2010年3月	
95	秦州区蜂产业协会	张振中	秦州区农牧局	东十里工业园	2010年4月	
96	秦州区华岐乡李秦村互助发展资金协会	秦禄英	秦州区扶贫办	华岐乡李秦村	2010年6月	
97	秦州区皂郊镇董家坪村果农协会	刘桂生	秦州区科协	皂郊镇董家坪	2010年6月	

续表 17-1

序号	社团名称	负责人	业务主管部门	办公地址	成立时间	类别
98	秦州区天水镇嘴头村互助发展资金协会	刘安奇	秦州区扶贫办	天水镇嘴头村	2010年6月	社会团体
99	秦州区秦岭乡马安山村互助发展资金协会	罗具才	秦州区扶贫办	秦岭乡马安山村	2010年6月	
100	秦州区汪川镇柏家庄村互助发展资金协会	柏永康	秦州区扶贫办	汪川镇棉虎柏庄	2010年6月	
101	秦州区中梁乡龙凤村互助发展资金协会	陈百林	秦州区扶贫办	中梁乡龙凤村	2010年6月	
102	秦州区杨家寺乡跃马村互助发展资金协会	郑和平	秦州区扶贫办	杨家寺乡跃马村	2010年6月	
103	秦州区大门乡高坪村互助发展资金协会	黄慧君	秦州区扶贫办	大门乡高坪村	2010年6月	
104	秦州区藉口镇高庙村互助发展资金协会	赵军阳	秦州区扶贫办	藉口镇高庙村	2010年6月	
105	秦州区工商行政管理学会	魏焕祖	秦州区工商分局	滨河西路23号	2010年7月	
106	秦州区书法家协会	刘玉璞	秦州区文联	文联	2010年9月	
107	秦州区关子学生公寓	甄全义	秦州区教体局	关子镇关子村	2010年1月	民办非企业单位
108	秦州区英才职业技能培训学校	杨　军	秦州区人社局	劳动和社会保障局赢池路55号	2010年7月	
109	秦州区皂郊镇植保协会	韦合兴	秦州区农业局	皂郊镇政府	2011年5月	社会团体
110	秦州区平南镇植保协会	张桂柏	秦州区农业局	平南镇政府	2011年5月	
111	秦州区齐寿乡植保协会	张合理	秦州区农业局	齐寿乡政府	2011年5月	
112	秦州区果品产业协会	郭永红	秦州区林业局	团庄路24号	2011年6月	

续表17-1

序号	社团名称	负责人	业务主管部门	办公地址	成立时间	类别
113	秦州区西关街道西站社区卫生服务站	李　莉	秦州区卫生局	坚家河4号	2011年4月	民办非企业单位
114	秦州区天水郡街道信号厂社区卫生服务站	耿　燕	秦州区卫生局	红山路98号	2011年9月	
115	秦州区天北幼儿园	马雪梅	秦州区教育局	莲亭路69号	2011年9月	
116	秦州区大城街道奋斗巷社区卫生服务站	马　鑫	秦州区卫生局	奋斗巷幼儿园西侧	2011年10月	
117	秦州区凯撒英语学校	张洁敏	秦州区教体局	青少年活动中心4楼	2011年11月	
118	秦州区罗玉信息服务中心	黄自强	秦州区民政局	罗玉小区市场西门	2011年4月	
119	秦州区信达信息服务中心	赵丽君	秦州区民政局	双桥中路18号	2011年4月	
120	秦州区农民专业合作社联合会	冯东帆	秦州区林业局	皂郊路阳光新天地B1103号	2012年9月	社会团体
121	秦州区杨家寺乡高效农业技术协会	杨建太	秦州区科协	杨家寺	2012年11月	
122	秦州区商标协会	聂惠仁	秦州区工商分局	滨河西路23号	2012年7月	
123	秦州区广告协会	郭向民	秦州区工商分局	滨河西路23号	2012年8月	
124	秦州区东方幼儿园	毛晓莹	秦州区教体局	安居小区	2012年12月	民办非企业单位
125	秦州区聪聪星宝宝园	何俊霞	秦州区教体局	藉河南路市职校西侧	2012年12月	
126	秦州区春风幼儿园	何春梅	秦州区教体局	春风路1号	2012年12月	
127	秦州区关子镇杨柳村果品产业协会	张录福	秦州区科协	关子镇杨柳村	2013年1月	社会团体
128	秦州区农业产业化龙头企业协会	蒋建雄	秦州区委农工部	东达大厦6楼	2013年10月	

续表17-1

序号	社团名称	负责人	业务主管部门	办公地址	成立时间	类别
129	秦州区天水镇果品产业协会	焦玉中	秦州区科协	天水镇焦李村	2013年11月	社会团体
130	秦州区关子镇严家河村互助发展资金协会	陈亚锋	秦州区扶贫办	关子镇严家河村	2013年12月	
131	秦州区关子镇寨子村互助发展资金协会	赵双林	秦州区扶贫办	关子镇寨子村	2013年12月	
132	秦州区汪川镇糜川村互助发展资金协会	刘维维	秦州区扶贫办	汪川镇糜川村	2013年12月	
133	秦州区汪川镇棉虎村互助发展资金协会	汪　堆	秦州区扶贫办	汪川镇棉虎村	2013年12月	
134	秦州区华岐乡常沟村互助发展资金协会	周彦军	秦州区扶贫办	华岐乡常沟村	2013年12月	
135	秦州区华岐乡双王村互助发展资金协会	刘会学	秦州区扶贫办	华岐乡双王村	2013年12月	
136	秦州区庆华幼儿园	崔丽敏	秦州区教体局	天光家属院	2013年1月	
137	秦州区春苗幼儿园	何丽萍	秦州区教体局	工会院内	2013年1月	
138	秦州区纪缨幼儿园	邱娟娟	秦州区教体局	罗玉小区	2013年1月	
139	秦州区残疾人慈善事业技能培训学校	马荣华	秦州区人社局	妇女儿童活动中心	2013年4月	
140	秦州区电缆厂幼儿园	李梅菊	秦州区教体局	坚家河电缆厂院内	2013年4月	
141	秦州区七彩虹幼儿园	常丽红	秦州区教体局	张家沟	2013年8月	
142	秦州区左家场村委会幼儿园	郭素琼	秦州区教体局	左家场村委会	2013年8月	
143	秦州区金摇篮幼儿园	李小敏	秦州区教体局	玉泉观步行街	2013年8月	
144	秦州区星月幼儿园	陈玉琴	秦州区教体局	玉泉花苑小区	2013年8月	

续表17-1

序号	社团名称	负责人	业务主管部门	办公地址	成立时间	类别
145	秦州区海星幼儿园	邹月娥	秦州区教体局	精表路安民家园	2013年8月	民办非企业单位
146	秦州区小风车幼儿园	赵娜娜	秦州区教体局	解放路17号	2013年8月	
147	秦州区峪河幼儿园	秦　静	秦州区教体局	罗玉路峪河新居	2013年8月	
148	秦州区小百灵幼儿园	吴寅霞	秦州区教体局	莲亭村52号	2013年8月	
149	秦州区长控金太阳幼儿园	邵　英	秦州区教体局	南郭路11号	2013年9月	
150	秦州区新苗幼儿园	蔺娅妮	秦州区教体局	双桥路永红厂家属院14号	2013年9月	
151	秦州区卓成职业技能培训学校	韦　静	秦州区人社局	天庆嘉园12号商铺	2013年9月	
152	秦州区喜洋洋幼儿园	刘　斌	秦州区教体局	东十里村	2013年10月	
153	秦州区韦达数学培训中心	蔡小龙	秦州区教体局	建设路112号	2013年7月	
154	秦州区皂郊镇东沟村互助发展资金协会	高存喜	秦州区扶贫办	皂郊镇东沟村	2014年9月	社会团体
155	秦州区皂郊镇杨湾村互助发展资金协会	张给生	秦州区扶贫办	皂郊镇杨湾村	2014年9月	
156	秦州区皂郊镇冯家坪村互助发展资金协会	冯学进	秦州区扶贫办	皂郊镇冯家坪村	2014年9月	
157	秦州区秦岭乡竹林村互助发展资金协会	杜务田	秦州区扶贫办	秦岭乡竹林村	2014年9月	
158	秦州区天水镇石徐村互助发展资金协会	石和平	秦州区扶贫办	天水镇石徐村	2014年9月	
159	秦州区天水镇安家村互助发展资金协会	马永红	秦州区扶贫办	天水镇安家村	2014年9月	
160	秦州区关子镇梨尧村互助发展资金协会	高富贵	秦州区扶贫办	关子镇梨尧村	2014年9月	
161	秦州区关子镇西沟村互助发展资金协会	罗宝林	秦州区扶贫办	关子镇西沟村	2014年9月	

续表 17-1

序号	社团名称	负责人	业务主管部门	办公地址	成立时间	类别
162	秦州区关子镇孙家坡村互助发展资金协会	孙宝林	秦州区扶贫办	关子镇孙家坡村	2014年9月	社会团体
163	秦州区中梁乡三湾村互助发展资金协会	何殿坤	秦州区扶贫办	中梁乡三湾村	2014年9月	
164	秦州区中梁乡座崖村互助发展资金协会	李得昌	秦州区扶贫办	中梁乡座崖村	2014年9月	
165	秦州区中梁乡红卫村互助发展资金协会	王文彬	秦州区扶贫办	中梁乡红卫村	2014年9月	
166	秦州区汪川镇杏树村互助发展资金协会	颜金全	秦州区扶贫办	汪川镇杏树村	2014年9月	
167	秦州区杨家寺乡士子村互助发展资金协会	赵江珍	秦州区扶贫办	杨家寺乡士子村	2014年9月	
168	秦州区杨家寺乡北具村互助发展资金协会	郭加东	秦州区扶贫办	杨家寺乡北具村	2014年9月	
169	秦州区华岐乡宋湾村互助发展资金协会	宋川林	秦州区扶贫办	华岐乡宋湾村	2014年9月	
170	秦州区润林职业技能培训学校	胡旭春	秦州区人社局	岷山路16号	2014年1月	民办非企业单位
171	秦州区爱民心理咨询服务中心	陈维宏	直接登记	藉河南路中段	2014年1月	
172	秦州区灵鸽幼儿园	陈永红	秦州区教体局	东十里污水处理厂综合办公楼	2014年7月	
173	秦州区仁瑞福养老服务中心	雒　永	直接登记	玉泉观仿古街8号	2014年7月	
174	秦州区金盾职业技能培训学校	石永明	秦州区人力资源和社会保障局	双桥中路	2014年8月	
175	秦州区双桥幼儿园	孙　明	秦州区教体局	双桥中路	2014年9月	
176	秦州区京师畅和幼儿园	武　煜	秦州区教体局	玉泉观步行街4-6号仿古建筑楼	2014年10月	
177	秦州区贝贝乐园幼儿园	许瑞英	秦州区教体局	天庆路天府华庭8号	2014年10月	
178	秦州区苗苗乐园	胡桂兰	秦州区教体局	安居小区中心会所2楼	2014年10月	

续表17-1

序号	社团名称	负责人	业务主管部门	办公地址	成立时间	类别
179	秦州区太京窝驼幼儿园	坚瑞霞	秦州区教体局	太京镇窝驼村	2014年10月	民办非企业单位
180	秦州区莲亭幼儿园	马玉琛	秦州区教体局	莲亭路110号	2014年11月	
181	秦州区综合社会福利中心老年护理院	张小韦	直接登记	王家磨片区(山水嘉园东侧)	2014年12月	
182	秦州区豆豆幼儿园	豆蕾静	秦州区教体局	南明路东段	2014年12月	
183	秦州区平南镇敬老院	李月胜	直接登记	平南镇王坡村	2014年12月	
184	秦州区牡丹镇敬老院	王海元	直接登记	牡丹镇转咀村	2014年12月	
185	秦州区关子镇敬老院	刘应志	直接登记	关子镇关子村	2014年12月	
186	秦州区中梁乡敬老院	王金全	直接登记	中梁乡何家湾村	2014年12月	
187	秦州区秦岭乡敬老院	张三宝	直接登记	秦岭乡中心村	2014年12月	
188	秦州区太京镇敬老院	闫　彦	直接登记	太京镇甸子村	2014年12月	
189	秦州区瀚博幼儿园	邓　婷	秦州区教体局	双桥北路金信御园1号	2014年12月	
190	秦州区关子镇流水村爱心公益事业协会	王新堂	秦州区扶贫办	关子镇流水村	2015年10月	社会团体
191	秦州区皂郊镇刘家沟村互助发展资金协会	韩世明	秦州区扶贫办	皂郊镇刘家沟村	2015年10月	
192	秦州区皂郊镇马家河村互助发展资金协会	万八十	秦州区扶贫办	皂郊镇马家河村	2015年10月	
193	秦州区皂郊镇浮托子村互助发展资金协会	贾芳芳	秦州区扶贫办	皂郊镇浮托子村	2015年10月	
194	秦州区皂郊镇谢崖村互助发展资金协会	马宝生	秦州区扶贫办	皂郊镇谢崖村	2015年10月	

续表17-1

序号	社团名称	负责人	业务主管部门	办公地址	成立时间	类别
195	秦州区藉口镇寨子村互助发展资金协会	张红军	秦州区扶贫办	藉口镇寨子村	2015年10月	社会团体
196	秦州区大门乡穆沟村互助发展资金协会	穆玉海	秦州区扶贫办	大门乡穆沟村	2015年10月	
197	秦州区大门乡三合村互助发展资金协会	张余良	秦州区扶贫办	大门乡三合村	2015年10月	
198	秦州区关子镇唐家山村互助发展资金协会	李福全	秦州区扶贫办	关子镇唐家山村	2015年10月	
199	秦州区关子镇后沟村互助发展资金协会	黄忠林	秦州区扶贫办	关子镇后沟村	2015年10月	
200	秦州区华岐乡文庄村互助发展资金协会	文　勇	秦州区扶贫办	华岐乡文庄村	2015年10月	
201	秦州区华岐乡李沟村互助发展资金协会	李晓春	秦州区扶贫办	华岐乡李沟村	2015年10月	
202	秦州区秦岭乡罗家河村互助发展资金协会	郭鹏举	秦州区扶贫办	秦岭乡罗家河村	2015年10月	
203	秦州区杨家寺镇水滩坪村互助发展资金协会	谢双全	秦州区扶贫办	杨家寺镇水滩坪村	2015年10月	
204	秦州区杨家寺镇黑引坡村互助发展资金协会	陈　鹏	秦州区扶贫办	杨家寺镇黑引坡村	2015年10月	
205	秦州区汪川镇旗沟村互助发展资金协会	孙宝林	秦州区扶贫办	汪川镇旗沟村	2015年10月	
206	秦州区汪川镇大吕村互助发展资金协会	吕大商	秦州区扶贫办	汪川镇大吕村	2015年10月	
207	秦州区玉泉镇王家坪用水协会	杜　义	秦州区水务局	玉泉镇王家坪	2015年11月	
208	秦州区杨家寺镇大庄村互助发展资金协会	蔺小换	秦州区扶贫办	杨家寺镇大庄村	2015年10月	
209	秦州区杨家寺镇立志村互助发展资金协会	张奇秀	秦州区扶贫办	杨家寺镇立志村	2015年10月	

续表 17-1

序号	社团名称	负责人	业务主管部门	办公地址	成立时间	类别
210	秦州区杨家寺镇芦子滩村互助发展资金协会	李彦芳	秦州区扶贫办	杨家寺镇芦子滩村	2015年10月	社会团体
211	秦州区杨家寺镇煤湾村互助发展资金协会	邵克山	秦州区扶贫办	杨家寺镇煤湾村	2015年10月	
212	秦州区杨家寺镇土盆村互助发展资金协会	周引成	秦州区扶贫办	杨家寺镇土盆村	2015年10月	
213	秦州区娘娘坝镇长河村互助发展资金协会	刘继红	秦州区扶贫办	娘娘坝镇长河村	2015年11月	
214	秦州区娘娘坝镇花园村互助发展资金协会	曹拜祥	秦州区扶贫办	娘娘坝镇花园村	2015年11月	
215	秦州区娘娘坝镇金池村互助发展资金协会	夏三兴	秦州区扶贫办	娘娘坝镇金池村	2015年11月	
216	秦州区娘娘坝镇庙川村互助发展资金协会	闫强留	秦州区扶贫办	娘娘坝镇庙川村	2015年11月	
217	秦州区娘娘坝镇南峪村互助发展资金协会	刘万成	秦州区扶贫办	娘娘坝镇南峪村	2015年11月	
218	秦州区娘娘坝镇牛峡村互助发展资金协会	牛国海	秦州区扶贫办	娘娘坝镇牛峡村	2015年11月	
219	秦州区娘娘坝镇西峪村互助发展资金协会	刘旺中	秦州区扶贫办	娘娘坝镇西峪村	2015年11月	
220	秦州区娘娘坝镇上寨村互助发展资金协会	钱永清	秦州区扶贫办	娘娘坝镇上寨村	2015年11月	
221	秦州区娘娘坝镇小南峪村互助发展资金协会	童治林	秦州区扶贫办	娘娘坝镇小南峪村	2015年11月	
222	秦州区娘娘坝镇许家庄村互助发展资金协会	许瑞军	秦州区扶贫办	娘娘坝镇许家庄村	2015年11月	

续表 17-1

序号	社团名称	负责人	业务主管部门	办公地址	成立时间	类别
223	秦州区娘娘坝镇张山村互助发展资金协会	张爱国	秦州区扶贫办	娘娘坝镇张山村	2015年11月	社会团体
224	秦州区娘娘坝镇赵峡村互助发展资金协会	赵顺福	秦州区扶贫办	娘娘坝镇赵峡村	2015年11月	
225	秦州区华岐乡北杨村互助发展资金协会	杨在徐	秦州区扶贫办	华岐乡北杨村	2015年11月	
226	秦州区华岐乡草滩村互助发展资金协会	王红儿	秦州区扶贫办	华岐乡草滩村	2015年11月	
227	秦州区华岐乡范山村互助发展资金协会	陈　景	秦州区扶贫办	华岐乡范山村	2015年11月	
228	秦州区华岐乡罗台村互助发展资金协会	罗占堂	秦州区扶贫办	华岐乡罗台村	2015年11月	
229	秦州区华岐乡谢小村互助发展资金协会	曹吉学	秦州区扶贫办	华岐乡谢小村	2015年11月	
230	秦州区大门镇彭寨村互助发展资金协会	李永护	秦州区扶贫办	大门镇彭寨村	2015年11月	
231	秦州区大门镇王沟村互助发展资金协会	王中峰	秦州区扶贫办	大门镇王沟村	2015年11月	
232	秦州区大门镇阴湾村互助发展资金协会	贺仑保	秦州区扶贫办	大门镇阴湾村	2015年11月	
233	秦州区大门镇于山村互助发展资金协会	于全堂	秦州区扶贫办	大门镇于山村	2015年11月	
234	秦州区秦岭乡董集寨村互助发展资金协会	董晓明	秦州区扶贫办	秦岭乡董集寨村	2015年11月	
235	秦州区秦岭乡麻山头村互助发展资金协会	赵海玉	秦州区扶贫办	秦岭乡麻山头村	2015年11月	
236	秦州区秦岭乡斜坡村互助发展资金协会	张秦槐	秦州区扶贫办	秦岭乡斜坡村	2015年11月	

续表 17-1

序号	社团名称	负责人	业务主管部门	办公地址	成立时间	类别
237	秦州区秦岭乡白集寨村互助发展资金协会	赵保周	秦州区扶贫办	秦岭乡白集寨村	2015年11月	社会团体
238	秦州区汪川镇柏磨村互助发展资金协会	闫勤学	秦州区扶贫办	汪川镇柏磨村	2015年11月	
239	秦州区汪川镇郭山村互助发展资金协会	吕刘娃	秦州区扶贫办	汪川镇郭山村	2015年11月	
240	秦州区汪川镇黄柏村互助发展资金协会	陈金苍	秦州区扶贫办	汪川镇黄柏村	2015年11月	
241	秦州区汪川镇刘斜村互助发展资金协会	刘志奇	秦州区扶贫办	汪川镇刘斜村	2015年11月	
242	秦州区汪川镇苏成村互助发展资金协会	汪新社	秦州区扶贫办	汪川镇苏成村	2015年11月	
243	秦州区汪川镇闫沟村互助发展资金协会	闫和平	秦州区扶贫办	汪川镇闫沟村	2015年11月	
244	秦州区汪川镇银河村互助发展资金协会	陈卫平	秦州区扶贫办	汪川镇银河村	2015年11月	
245	秦州区汪川镇郑山村互助发展资金协会	郑卫明	秦州区扶贫办	汪川镇郑山村	2015年11月	
246	秦州区汪川镇双集村互助发展资金协会	温长弟	秦州区扶贫办	汪川镇双集村	2015年11月	
247	秦州区皂郊镇店镇村互助发展资金协会	张天林	秦州区扶贫办	皂郊镇店镇村	2015年11月	
248	秦州区皂郊镇池金村互助发展资金协会	高兴周	秦州区扶贫办	皂郊镇池金村	2015年11月	
249	秦州区皂郊镇老湾里村互助发展资金协会	王自玉	秦州区扶贫办	皂郊镇老湾里村	2015年11月	
250	秦州区皂郊镇潘集寨村互助发展资金协会	董旺胜	秦州区扶贫办	皂郊镇潘集寨村	2015年11月	

续表 17-1

序号	社团名称	负责人	业务主管部门	办公地址	成立时间	类别
251	秦州区皂郊镇田家山村互助发展资金协会	田爱坪	秦州区扶贫办	皂郊镇田家山村	2015年11月	社会团体
252	秦州区皂郊镇杨川村互助发展资金协会	杨旺生	秦州区扶贫办	皂郊镇杨川村	2015年11月	
253	秦州区皂郊镇杨家沟村互助发展资金协会	张同求	秦州区扶贫办	皂郊镇杨家沟村	2015年11月	
254	秦州区皂郊镇榆林村互助发展资金协会	安代存	秦州区扶贫办	皂郊镇榆林村	2015年11月	
255	秦州区天水镇大山村互助发展资金协会	吴利民	秦州区扶贫办	天水镇大山村	2015年11月	
256	秦州区天水镇李尧村互助发展资金协会	丁宁宁	秦州区扶贫办	天水镇李尧村	2015年11月	
257	秦州区天水镇上游村互助发展资金协会	陈志杰	秦州区扶贫办	天水镇上游村	2015年11月	
258	秦州区天水镇苏寨村互助发展资金协会	丁长江	秦州区扶贫办	天水镇苏寨村	2015年11月	
259	秦州区天水镇杏沟村互助发展资金协会	杨岩菲	秦州区扶贫办	天水镇杏沟村	2015年11月	
260	秦州区天水镇铁堂峡村互助发展资金协会	杨志海	秦州区扶贫办	天水镇铁堂峡村	2015年11月	
261	秦州区藉口镇埂子村互助发展资金协会	王建双	秦州区扶贫办	藉口镇埂子村	2015年11月	
262	秦州区藉口镇南峪村互助发展资金协会	裴彦福	秦州区扶贫办	藉口镇南峪村	2015年11月	
263	秦州区藉口镇王家河村互助发展资金协会	王继成	秦州区扶贫办	藉口镇王家河村	2015年11月	
264	秦州区藉口镇寨柯村互助发展资金协会	邵安全	秦州区扶贫办	藉口镇寨柯村	2015年11月	
265	秦州区藉口镇朱芦村互助发展资金协会	赵海玉	秦州区扶贫办	藉口镇朱芦村	2015年11月	
266	秦州区关子镇大湾村互助发展资金协会	万彦林	秦州区扶贫办	关子镇大湾村	2015年11月	

续表 17–1

序号	社团名称	负责人	业务主管部门	办公地址	成立时间	类别
267	秦州区关子镇董家山村互助发展资金协会	李玉春	秦州区扶贫办	关子镇董家山村	2015年11月	社会团体
268	秦州区关子镇冯集村互助发展资金协会	郝小军	秦州区扶贫办	关子镇冯集村	2015年11月	
269	秦州区关子镇高炉子村互助发展资金协会	甄东鹏	秦州区扶贫办	关子镇高炉子村	2015年11月	
270	秦州区关子镇韩安村互助发展资金协会	韩瑞峰	秦州区扶贫办	关子镇韩安村	2015年11月	
271	秦州区关子镇松树村互助发展资金协会	康军武	秦州区扶贫办	关子镇松树村	2015年11月	
272	秦州区关子镇西华村互助发展资金协会	黄永德	秦州区扶贫办	关子镇西华村	2015年11月	
273	秦州区关子镇西宛村互助发展资金协会	杨志强	秦州区扶贫办	关子镇西宛村	2015年11月	
274	秦州区关子镇杨柳村互助发展资金协会	柳建东	秦州区扶贫办	关子镇杨柳村	2015年11月	
275	秦州区中梁镇金李村互助发展资金协会	金志民	秦州区扶贫办	中梁镇金李村	2015年11月	
276	秦州区中梁镇杨家山村互助发展资金协会	王宝才	秦州区扶贫办	中梁镇杨家山村	2015年11月	
277	秦州区天助慈善爱心会	张育龙	秦州区民政局	岷玉路11号	2015年11月	
278	秦州区汪川镇高效农业技术协会	万君君	秦州区科协	汪川镇万家庄村	2015年11月	
279	秦州区传统养生文化研究会	张建军	秦州区文广局	玉泉观1号楼1楼	2015年12月	
280	秦州区晨曦爱心公益协会	范军强	秦州区民政局	藉河南路天桥建筑公司二楼	2015年12月	
281	秦州区文博幼儿园	温博雄	秦州区教育局	自由路天创花园西侧	2015年2月	民办非企业单位
282	秦州区金太阳幼儿园	张　森	秦州区教育局	泰山东路南山房产1号	2015年12月	

十二、社会事务管理

（一）殡葬管理

1985年2月，国务院发布《关于殡葬管理的暂行规定》。省、市人民政府相继颁发《甘肃省殡葬管理实施办法》《殡葬管理实施细则》，划定火化区。秦城区的火化区，市区的包括7个街道办事处，城郊的包括太京、皂郊、吕二沟、玉泉、环城5个乡。

1991年，秦城区殡葬管理所在市区各个街道办事处及吕二沟、玉泉、环城、太京、皂郊、藉口等乡进行废除土葬、推行火葬、移风易俗的宣传教育工作。同年，在市南郊燕窝山，建成占地4亩的秦城区南山公墓，在泰山庙北建泰山公墓，占地19.54亩，总投资42万余元。开展公墓安葬业务，改修建墓穴261处，其中，单葬墓穴77处、夫妻合葬墓穴184处。在太京乡窝驼村、藉口乡船北村、皂郊乡袁家河村、店镇乡谢崖村、铁炉乡下磨村建立公益性公墓5处，并在牡丹乡、关子乡等8个乡开展自然村在荒坡建立公益性公墓的宣传试点工作。

2001年，对全区村级公益性公墓进行整顿，新修、改造墓穴56个，实现收入28.98万元。

2002年，改造墓穴177个，实现收入10.5万元。

2004年，在北山选址30亩土地筹建回民公墓。

2006年以来，开展以“讲诚信、促服务、创示范”为主题的“行风建设月”活动，集中清理解决殡葬服务收费、服务环境、服务质量、服务态度等方面的问题。

2009年清明节期间，区民政局制定烈士陵园祭扫接待、交通疏导及突发事件应对预案，通过巡回宣传、悬挂标语、网络信息、制作宣传栏等形式的活动，引导和鼓励群众选择健康文明的新祭扫形式。区烈士陵园成功争创甘肃省第5批爱国主义教育基地。

2010年，对革命烈士及烈士纪念性建筑物进行全面普查，建立完善档案资料、数据库及烈士纪念陈列室等软件和硬件设施。

2012年，制定秦州区殡葬服务设施“十二五”规划，促进全区殡葬事业可持续发展，在玉泉镇皇城湾300亩政府权属土地内续建秦州区南山公墓“第二墓区”，皇城湾南山公墓第二墓区计划建公墓墓穴6万个。

2014年，完成秦州区皇城湾生态骨灰安葬公墓和中梁龙凤生态土葬改革区项目土地测绘及围网管理工作。

（二）婚姻登记

1986年，全区各乡、街道普遍建立婚姻登记档案制度。1993年9月，成立秦城区婚姻登记服务中心，将原市区分散在各街道办事处的婚姻登记工作集中到区民政局进行，直接办理登记。同时，开展法规咨询、礼品销售等业务。2010年，区民政局将原位于新华门小学对面的婚姻登记服务中心并入民政服务大厅，并配备微机及数据传输系统，购置了复印机、身份证号码阅读器等设备，实现全国联网。同时，推进婚姻登记规范化示范窗口建设，落实区婚姻登记中心与3处乡镇登记网点的调整和场所设立、设施配备等工作，实现了规范化办公、一站式服务。1993年至2015年秦州区婚姻登记统计见表17-2。

表17-2　1993—2015年秦州区婚姻登记情况统计表

年份	结婚登记数（对）	离婚登记数（对）	补发证书（对）	出具婚姻登记记录证明（份）
1993	549	29	—	—
1994	1459	94	—	—
1995	1626	80	—	—
1996	1639	89	—	—
1997	1503	111	—	—
1998	1477	108	—	—
1999	1407	125	—	—
2000	1382	114	27	—
2001	1269	180	47	—
2002	1209	168	53	—
2003	1371	217	25	—
2004	1554	309	59	1
2005	1290	327	53	14
2006	1590	322	52	12
2007	1746	395	83	14
2008	1870	427	107	20
2009	1969	430	115	62
2010	1782	394	139	126
2011	2023	460	208	464
2012	2076	458	167	487
2013	4223	641	276	1182
2014	4004	815	393	2587
2015	4088	699	480	1900

十三、老龄工作

老龄工作从1986年11月20日经区委批准成立“秦城区老龄问题委员会”开始，归属党群系列。

1987年正式运行，其主要任务是贯彻《中华人民共和国老年人权益保障法》，维护老年人合法权益；关怀、照顾好老年人的生活，落实“老有所养、老有所医、老有所为、老有所学、老有所乐”的五有方针；对有关老龄问题和老年工作进行调查研究、组织协调、督促检查、综合治理，制定《尊老、爱老、养老公约》。

1988年到1989年，相继在全区各大系统，乡、街道成立老龄工作领导小组和6个老年协会、1个辅导站，即离退休教育工作者协会、离退休医务工作者协会、关心下一代协会、门球协会、书画协会、花鸟协会、老年迪斯科辅导站，各协会有会员280余人，在全区上下形成6.3万余老人工作的组织网络。

1998年底，在全区城乡60万人口中，60岁以上的老年人48236人，占全区人口的8%，其中，90岁以上的老年人共84人，占老年人口的0.17%。

到2007年4月，全区人口达到64.1万人，60岁以上的老年人63050人，占全区人口的9.8%，其中，90岁以上的老年人共300人，占老年人口的0.48%。2002年4月，老龄工作移交民政局归口管理，更名为“老龄办”。区政府每年给90～94岁的老人每人发放高龄补贴300元，95～99岁的老人发放高龄补贴500元，100岁以上的老人每人发放高龄补贴1200元。在乡镇宣传《中华人民共和国老年人权益保障法》，制定《乡村赡养老年人保证书》。

2009年以来，全区虐待、不赡养老人案件发生率小于2起/万户。每年召开重阳节老年人联谊座谈会等。老年人合法权益得到有效维护，“五有”方针全面落实，敬老、爱老、养老的良好社会风气基本形成。“十二五”期间，秦州区在全市率先实现了90岁高龄补贴社会化发放，给90～94岁的老年人每人每年发放高龄补贴500元，95～99岁的老年人每人每年发放高龄补贴700元，100岁以上的老年人每人每年发放高龄补贴1200元。

十四、社会救助

（一）生活救济

从1986年开始，区委、区政府提出以“力争三年解决温饱”为目标的脱贫攻坚战。组织社会各界力量，对全区2万多户贫困户展开帮扶工作。

1986年至1987年两年下拨口粮款55.15万元，返销粮1446万斤，解决7个乡10.5万农民的生活困难问题。

1989年，下拨900万斤回销粮，解决8.9万人的生活困难问题。

20世纪90年代，区政府利用外资，争取上级支持，发动群众建设饮水工程和集雨水窖，解决了全区34万缺水农民的饮水困难问题。同时，每年除对优抚对象、五保户开展慰问外，还组织乡镇、街道相关人员对城乡特困户、重大患病户进行慰问。其中，1991年拨款3.6万元，1997年拨款1.7万元，2001年拨款3万元，2003年拨款10万元，购置慰问品。

2003年，秦城区启动“扶危济困 送温暖 献爱心”社会捐赠活动。2004年，在全区建立和完善农村特困群众生活救助制度。2006年，共接收社会各界202个单位及个人捐款37.7456万元，衣物、被褥、文具等物品1万余件，救助特殊困难家庭163户。2007年，接收捐款38.1228万元，救助特殊困难群众327人。争取到省、市慈善项目资金30万元，在干旱缺水的乡村修建慈善水窖300个，解决1800余人及100余头大牲畜的饮水困难问题，并为全区94名家庭贫困的白内障患者免费进行慈善手术。

2007年，成立秦州区慈善协会，共接收慈善捐款37万余元，并将第一批善款10万元捐赠给当年考上大学的家庭困难的学生。2008年以来，按照省上关于“三孤”“三无”人员临时生活救助政策，对因地震造成的1069户1215名“三孤人员”、5539户24662名“三无”人员共下拨临时生活补助1595.59万元，为城乡困难群众和优抚对象发放一次性生活补贴23.48万元。通过社会救助工程，对17户51名城区困难群众发放社会救助资金11.35万元。配合住房保障政策的推广实施，对申请办理低收入资格家庭严格履行三级受理审核审批程序。在全市率先开展低保边缘家庭认证工作，审批城乡低保边缘家庭140户276人，并进行助学减免和优惠部分医疗费用等方面的救助。同时，组织开展“四联四促”和“送温暖、献爱心”扶贫济困帮扶活动，落实3000余名区直单位领导干部对困难户的“一对一”帮扶工作，帮扶资金27万元、衣物360件。

（二）五保户的供养

1985年建区时，由天水县移交西南路17个乡，五保户509户593人，此时，全区共有五保户623户723人。

1986年10月，区民政局给全区五保户重新发放“五保户供应证”，记录粮油等供养实物的发放情况，为检查、监督五保户供养标准是否及时与足额发放提供依据，使新划入的17个乡的五保户被纳入统一管理的范围。从1987年起，太京乡自筹2万元，区民政补助3万元，建房45间，办起乡敬老院，建院初期，入院的老人有36人。关子乡划地2.5亩，乡上筹资筹劳，民政补助2万元，建房20间，办起乡敬老院。1991年，全区统一提高五保户供养标准，口粮由1982年确定的每人每年420～480斤提高到600斤，清油每人每年6斤，零用钱由每人每年3～5元提高到20元。全区农村共有五保户489户503人，入敬老院供养的13人，分散供养的489人。1994年8月，省民政厅下发《农村五保户供养工作条例》，结合条例的贯彻执行，对全区五保户进行普查，全区共有五保户428户470人，其中，4个乡级敬老院中有48人集中供养，其他人分散供养。

20世纪90年代，李子园、娘娘坝、天水、皂郊、牡丹、华岐、秦岭、中梁、玉泉、环城等乡镇先后建成10所敬老院，到2001年底全区12所敬老院共有85人参加集中供养。

2006年3月，根据国务院新修订颁布的《农村五保户供养工作条例》，对全区五保户进行了普查，把全区1020户1169人无劳动能力、无生活来源、无法定扶养人或者虽有扶养人但扶养人无扶养能力的老年人、残疾人和未满16周岁的未成年人确定为五保对象。自2006年9月实施新的《农村五保供养工作条例》以来，五保供养经费由省、市、区三级财政承担，有87名农村五保对象到乡敬老院集中供养，供养标准为每人每年1200元，分散供养的有2481人。同年，争取到“霞光计划”项目2个，共计55万元，为太京镇、天水镇维修敬老院。

2007年，五保供养保障标准提高到每人每年1452元。2008年10月，完成太京敬老院的扩建，并对天水镇敬老院进行搬迁新建。2009年以来，建成平南镇敬老院，新建皂郊镇中心敬老院，可入住五保对象100人，并附有相应的卫生、医疗、厨房仓储等附属生活配套设施。至2015年底，全区共有农村五保对象1397户1479人，供养标准为每人每年4512元。

（三）城市最低生活保障

秦州区的城市居民最低生活保障制度从1997年11月启动，1998年开始实行。1997年11月15日，区政府成立城市居民最低社会保障工作领导小组。1998年8月，在进行调查摸底的基础上，经过6次复核、筛选，全区初步确定纳保对象1237户3189人，分别占全区城市居民总户数58451户的2.12%，占总人口181376人的1.76%。

2002年，纳保范围扩大到改制企业下岗职工。2003年3月，抽调84名基层低保干部和160名待分配大学毕业生，到全区40个社区，历时16天，采取查账对证、逐户走访、逐人见面的方法，从低保对象是否准确，低保申报、调查、审查、审批、发放等环节工作程序是否规范，属地张榜公布和民主监督工作是否落实，低保资金的管理使用是否规范，低保制度是否健全和完善，社会化发放是否落实，低保工作是否公开透明等7个方面对全区低保工作进行了集中复查核实和清理整顿，共清理出1708户4511人。

2004年，根据省、市出台的《关于进一步加强和规范城市低保工作意见的通知》精神，建立“政府领导、民政主管、街道主抓、社区主办、部门配合、社会参与”的管理体制，先后制定《秦州区城市低保财务管理制度》《低保对象家庭备案制度》《低保档案管理制度》《低保监督检查制度》《社区服务和责任追究制度》《低保社会金发放制度》《低保工作阳光操作制度》《低保审核签字制度》《低保工作人员及申请或享受低保待遇人员诚信承诺制度》《低保工作八不准》等规章制度。在全区40个社区建立社区民主评议小组，261人受邀参加，同时聘请15位人大代表和部分政协委员、离退休老干部、居民代表担任低保监督员。

2005年，清理出家庭经济收入增加、超出低保标准的纳保对象346户902人。

2006年，经过4次复查核实，清理出超过标准的纳保户476户1237人。2007年，秦州区城市低保标准提高到每月173元，提标后，按照新的低保标准，对16782户42889人的低保补差作了适当调整，人均补差由每月91元增加到每月103.9元，清理出超过标准的1109户2883人，新增1794户4606人，全区共纳保17635户46132人，占全区城市总人口31万人的14.9%。月发放保障金475.8万元，人均补差每月103.9元，全年累计发放低保金5420.5万元，发放副食品补助512.8万元，共计5933.3万元。

2008年3月，开展城市低保户清理整顿和提标工作，累计清理出超标户436户1132人，新增424户1281人。全区共纳保17883户46986人，占全区城市总人口36.2万人的12.98%。月发放物价补贴27.25万元，月发放保障金485.32万元，人均补差每月103.3元，累计发放低保金4822.27万元。

2009年，城市低保标准在上年基础上提高了10%，月发放保障金553万元，人均补差每月110.35元。对农村低保实施较大幅度的扩面，保障人数同比增加了25684人，保障标准由每年685元提高到每年728元，月人均补差标准增长为50元，季度发放保障金538万元，累计发放1609万元，低保对象增加到10237户35884人，低保人数占农村人口总数的8%，比2008年提高了6个百分点。五保供养标准提高到每人每年2046元，五保供养经费全部纳入财政社会保障补助资金专户，按季度实行一卡通发放制度。

2010年，区民政局落实列入省委、省政府“十四件实事”的城乡低保提标提补、临时救助制度建立、医疗救助制度完善“三件实事”，完成了城乡低保10%的提标提补任务，城市低保标准由每人每月190元提高到209元，农村低保标准由年人均728元提高到850元，五保供养标准提高到每人每年2046元。全区城市低保共纳保18046户47278人，共发放城市低保保障金9751.4万元，其中，低保金6461.98万元、副食补贴3289.42万元；农村低保共纳保10237户35884人，共发放农村低保保障金2861万元；城乡低保对象一次性价格补贴293.32万元，城市低保对象取暖补助449万元；医疗救助金1020万元，救助城乡困难对象1892人。启动实施城乡居民临时救助制度，对因灾因病等特殊情况造成基本生活出现暂时困难的贫困家庭，给予非定期、非定量临时生活救助，救助困难群众170人，发放救助金71.9万元。

2011年的城市低保标准在2010年的基础上提高了10%。目前，城市低保共纳保17909户47536人，保障标准为每人每月230元，月人均补差125.08元，共发放保障金10370万元，其中，低保资金7084.72万元、副食补贴3285.28万元。

（四）农村最低生活保障

2006年，市政府下发《关于贯彻落实甘肃省农民居民最低生活保障制度试行办法的通知》（天政发〔2006〕120号），农村居民最低生活保障工作正式启动。2007年，第一季度确定农村低保纳保1194户4299人，占农村总人口的1.3%，季度发放保障金44.7万元；第二、三季度纳保1202户4310人，发放保障金40.6万元；第四季度增至2743户10200人，季度发放61.2万元，年累计发放1465万元。

2009年，对农村低保实施较大幅度的扩面，保障人数同比增加了25684人，保障标准由每年685元提高到每年728元，低保对象增加到10237户35884人，低保人数占农村人口总数的8%。

2010年，农村低保标准由年人均728元提高到850元。2010年、2011年两年全区农村低保标准连续提高10%，农村低保标准由2010年年人均728元提高到1096元，平均补助水平提高到月人均77.5元，保障对象增加至12910户37384人。

2012年4月，按照《2012年提高城乡低保标准和补助水平及提高农村五保供养省级补助标准实施方案的通知》规定，城市低保标准平均提高了15.5%，由每人每月230元提高到266元，人均补差由每月171元提高到每月202.5元；农村低保标准平均提高了35.8%，由每人每年1096元提高到1488元，月人均补差由72元提高到93.3元。2012年，共为全区17902户47646人城市低保对象累计发放低保金8203.43万元、副食补贴3300.73万元、取暖补助734万元，为农村低保对象13948户37384人累计发放保障金4188万元。

2013年，城市低保标准在2012年基础上再次提高了15%，由每人每月266元提高到306元，月人均补差218.7元；农村低保标准平均提高了28%，由每人每年1488元提高到1905元，月人均补差105.9元。全区共保障城市低保对象17945户47922人，累计发放保障金12491万元，发放取暖补助736万元；共保障农村低保对象12501户37384人，累计发放保障金4740万元。

2014年，城市低保标准由每月306元提高到每月352元，共提标14888户39454人，月人均补差251元；农村低保标准由年人均1907元提高到2193元，共提标7442户22432人，月人均补差132.7元。新纳入城乡低保对象588户2508人，其中，城市143户505人、农村445户2003人。全区城市共纳保15699户41644人，全年共发放城市低保资金13388.9万元。农村共纳保11414户37384人，全年共发放农村低保资金5952万元。

2015年，全区城市低保标准在2014年的基础上提高10%，提标后城市低保标准为387元/月，人均补差279.34元；农村低保标准由2014年的人均每年2193元提高到每年2434元，农村低保一类对象5980人的补助水平由每人每月246元提高到每人每月275元，即由每人每年2952元提高到每人每年3300元；农村低保二类对象14952人的补助水平由每人每月192元提高到每人每月234元，即由每人每年2304元提高到每人每年2808元。对城市全额保障对象及农村一、二类保障对象实行2年期有效管理，城市差额保障对象及农村三、四类保障对象实行1年期有效管理，每季度对低保对象人口、财产和收入等情况进行核查。全区城市共纳保12232户34226人，共发放城市低保保障资金12116.5万元；农村共纳保11416户37384人，共发放农村低保保障资金7783.5万元。

（五）医疗救助

2004年，建立医疗救助、教育救助、计生贫困户救助制度，当年收到社会各界为三项救助制度的捐款165万元。

2005年，秦州区被列为甘肃省20个农村医疗救助试点县（区）。4月，《秦州区农村医疗救助实施细则》（暂行）开始实施，首次获得救助的对象共55户，救助资金7.0621万元。5月初建立“秦州区农村医疗救助基金”，筹集基金116万元，其中，区政府投入基金34万元，省民政厅下拨基金82万元。首批试点救助32户共计2.524万元，救助第二批183户共计13.61万元，确定两批救助215户共计16.134万元。民政部门组织力量对全区农村重病患者进行了摸底，经过摸底，共有4918名重病患者，根据其家庭经济情况，确定对1957人实施救助，并发放“救助证”，农村医疗救助工作正式启动。

2006年4月，《城市医疗救助实施方案》开始运行。2006年，全区农村救助医疗对象1829人，发放救助金208.4万元；城市救助1237户，发放救助金140万元。

2007年9月，区政府召开第八次常务会议，对城乡医疗救助的有关内容进行修订。2007年，城市医疗救助共救助725户，发放救助金146.4万元；农村医疗救助共救助1709户，发放救助金241万元。

2008年，全区共救助医疗对象12012人，发放医疗救助金195.659万元，其中，农村医疗救助对象246人，资助困难群众参加新型农村合作医疗11414人，发放救助金95.38万元；

城市救助医疗对象352人，发放救助金100.279万元。

2009年，共救助城市医疗救助对象1987人，累计发放救助金508万元；救助农村医疗救助对象457人，发放救助金196.94万元。为五保对象等农村特困群众16325人交纳新农合医疗保险16.3万元，为2996名一、二类城市参加医疗保险低保的人员交付2.996万元参保金。

2010年，为农村五保、低保对象资助新农合医疗保险17.28万元，为城市一、二类低保对象交纳医疗保险5.51万元；救助城乡困难对象1659人，发放医疗救助金588.6万元。

2011年，共救助城乡困难对象3578人，累计发放救助金3363万元。

2012年，修改完善《秦州区医疗救助实施办法》，加强了与基本医疗保险、新型农村合作医疗制度的配合衔接，确定了第三人民医院、市中医院、四〇七医院、秦州区医院和魏氏骨科医院5所医疗救助定点医院，积极实施医疗救助"一站式"服务，简化申报审批环节，极大地方便了困难群众就医，惠及城乡困难群众26134人，发放医疗救助资金2180万元。

2013年，共实施医疗救助87937人，发放医疗救助资金973.98万元。开展贫困家庭26种重大、特大疾病提高医疗救助标准摸底调查宣传工作。

2014年，为86358名城乡低保对象、五保对象资助参合参保资金104.4万元。对100多名符合26种重大、特大疾病条件的贫困家庭按标准积极实施了救助，健全了5所医疗救助定点医院"一站式"服务平台，惠及城乡困难群众2877人，共发放医疗救助资金2023万元。

2015年，为49371名城乡低保对象、五保对象资助参合参保资金77.9万元，对280名符合26种重大、特大疾病条件的贫困家庭按标准实施了救助，落实救助资金86万元，全年共救助城乡困难群众2868人，共发放医疗救助资金1632万元。

（六）临时救助

2010年，制定《秦州区城乡居民临时救助办法》，救助临时生活困难对象104人，发放临时救助金48万元。

2011年，救助困难群众1651人，发放临时救助金173.12万元。

2012年，救助各类救助对象2300余人，发放救助资金280余万元。

2013年，完善对因病因灾致贫、社会流浪乞讨人员等特殊群体的临时救助制度，救助各类救助对象460多人，发放救助资金100.6万元。

2014年，完善临时救助制度和流浪乞讨人员救助联动协作机制，临时救助因灾等生活困难群众654人，发放临时救助资金216.3万元。

2015年，设立区社会救助服务大厅，积极完善乡镇、街道"一门受理、协调办理、统一受理"社会救助申请的窗口，下拨急难救助资金237万元，在全区范围内开展城乡困难群众"救急难"工作。

（七）流浪乞讨人员的社会救助

从1988年恢复秦城区外流人口收容遣送站到2003年，共收遣外流人员4174人、弃婴84人，处理无名尸体85具。自2003年改为救助站后，截至2006年，共救助外流乞讨人员284

人、弃婴30人，处理无名尸体36具。

2010年，区民政局投资56万元对救助站办公危房进行了改造，建筑面积600平方米。2012年，共救助流浪乞讨人员513人，救助未成年人47人，救助患重病人11人，救助弃婴25人，处理无名尸体27具。对3名患重病和22名精神病流浪乞讨人员送定点医院救治或通过市民政局在市福利院进行了妥善安置。2013年，建立流浪乞讨人员救助联席会议制度和无家可归、无法就医、无亲可投人员的分类安置机制，救助流浪乞讨人员651人，先后救助流浪乞讨儿童和精神病人89人，收容弃婴11人。2014年，救助流浪乞讨人员474人，先后救助流浪乞讨儿童和精神病人70余人。2015年，救助流浪乞讨人员399人、流浪未成年人12人，处理无名尸体15具。

十五、社会福利

（一）社会福利厂

社会福利厂创办于1958年“大跃进”期间，为了解决盲、聋、哑等残疾人的生活困难问题，由中城街道办事处大众市场居委会主任郭占元带头组织20余名残疾人和30余名街道闲散人员，办起以生产暖水瓶外壳为主的“竹壳厂”，同时，还生产麻刀、褙子、竹筐、苍蝇拍等产品。1986年4月，吸收部分雕漆生产个体户，合作成立雕漆车间，生产雕漆圆桌、茶几、沙发、屏风等4种产品。4月7日，省民政厅投资新产品开发费4万元。12月，民政部又下达贴息贷款15万元，修建雕漆生产线。1987年，雕漆产品在广交会上由外商订货24万元。次年，省民政厅又投资20万元，省工商银行贷款5万元，民政部拨贴息贷款40万元，修建雕漆生产大楼1栋5层，建筑面积1950平方米，造价44万元。1989年10月5日，社会福利厂与省民政工业公司合营，定名为“甘肃省雕漆工艺厂”。1990年底，福利厂总资产达216万元，负债总额108万元。1997年全面停产，职工每人每月发生活费130元。2006年实行改制，民政局出资123万元，一次性安置68名职工退休，进入社保；79名职工买断工龄，与企业脱钩。

（二）福利彩票

1988年1月15日，成立秦城区社会福利有奖募捐委员会，在全区范围开始发行社会福利有奖募捐券。从1998年到2001年，13年间共发行募集券1370余万元，给区级提留福利基金170余万元，全部用于残疾人活动中心及希望小学建设等福利事业。2001年，这项工作由天水市收回，统一组织社会化销售。

（三）社会福利机构建设

秦州区综合社会福利中心老年护理院2010年4月开工建设，总占地面积13329平方米，建筑面积6945.67平方米，投入资金1400万元，该项目属社会福利性质机构，实行无偿服务，集食宿、办公、保健、休闲娱乐、医疗卫生、读书阅览及老年日间照料服务于一体，设床位260张，主要收养城市“三无”对象、城郊“五保”对象、城乡孤儿、有特殊困难的残疾儿童及老年人。

2012年，通过置换购买、完善配套设施，总投资360万元的区日间照料中心项目投入使用。2015年，按照省市要求，正式启动城市居家养老服务的试点工作，建立秦州区居家养老服务中心和14个城市社区居家养老服务站，并与中国电信公司天水分公司正式签订《城市居家养老合作协议》，合作建成居家养老服务网络平台呼叫中心，初步构建了区、街道、社区“三级管理”和“多级服务”的居家养老服务模式。同年7月，秦州区综合社会福利中心老年护理院通过委托经营管理正式投入运营。全区共建成城乡老年日间照料中心（农村互助老年幸福院）156个。每千名老人养老机构床位达30张以上，养老机构护理员达65名，城乡社区老年人日间照料中心占比分别达到了60%和30%。

十六、民政财务

1985年建区时，民政事业费83.2万元（占当年财政总支出的4.3%），到2005年达到4583万元（占当年财政总支出的11.8%），20年时间，财政收入增长，民政事业费也在增长。“十一五”期间，全区累计发放城乡低保资金37741.03万元，城乡医疗救助和临时救助累计投入资金2657.93万元，累计发放供养资金963.42万元，累计发放各类自然灾害应急救灾资金1169.51万元，累计发放优待抚恤补助资金2506.9万元，累计发放优抚对象医疗补助经费336.5万元。2011年，各项民政经费达2.47亿元。

十七、获得荣誉

（一）先进个人

1987年5月，退伍军人张清明荣获“全省扶贫扶优治穷致富”先进个人奖，团中央授予其“全国新长征突击手”称号。12月，秦城区马爱琴（三中教师）、张凯（南湖影剧院职工）、白亚文（福利厂工人）被授予全省“盲人聋哑人之友”称号。

1990年8月，驻区某部志愿兵李润虎被授予“全国十大杰出青年”称号。9月，秦城区部队离休干部朱三拴被授予“省军队离休干部先进个人”称号。10月，崔兴美被省委追认为“优秀共产党员”；同月，秦城区离休干部、老年实体办主任金学明荣获甘肃省“开拓老年事业活动”三等奖。

1998年4月，离休干部、老年实体办主任金学明荣获“甘肃省老有所为奉献奖”。

1999年7月，区委副书记刘宝珍荣获全国老龄委“重视老年工作领导者功勋奖”，太京乡川口村80岁老人王天安荣获“老有所为奉献奖”。

2003年9月，西关办事处环西社区居委会主任董楠被中央组织部、民政部授予“全国优秀社区工作者”称号。

2004年4月，老年实体工作人员徐瑞明被授予“中华孝亲敬老之星”称号。5月，婚姻登记中心王春华被授予民政部“全国先进婚姻登记员”称号。

2006年11月，区民政局局长侯知己被人事部、民政部授予“全国民政系统先进工作者”奖。

2009年7月，区民政局局长李仲强被省军队转业安置工作领导小组、省委组织部、省人事厅表彰为“模范军队转业干部”。

2011年8月，区民政局局长侯知己被授予“全省勘界工作先进个人”称号。

（二）先进集体

1991年，秦城区老龄委被评为“甘肃省老龄工作先进单位”。10月3日，石马坪街道办事处被授予全省“婚姻登记管理先进单位”称号。

1992年10月，省委、省政府命名秦城区为全省“双拥模范城”。

1993年5月，秦城区七里墩办事处被省民政厅、司法厅表彰为“全省街道之星”，仁和里、双桥、长开3个居委会被表彰为“模范居委会”“优秀街道”。

1996年9月，中宣部、全国精神文明委授予秦城区吕二沟乡暖和湾村“全国精神文明乡、村先进单位”称号。11月，省委、省政府命名秦城区为全省“双拥模范城”。

1999年4月，秦城区长开居委会被省政府授予“省级模范居委会”称号。6月，省委、省政府命名秦城区为全省“双拥模范城”。

2002年3月，秦城区长开社区被民政部、团中央、建设部、工商行政管理总局授予“全国青年文明社区”称号（第三批）。5月，省委、省政府命名秦城区为全省“双拥模范城”。

2005年3月，秦州区东关尚义巷社区被民政部评为“全国百佳学习型社区”。

2006年8月，省委、省政府命名秦州区为全省“双拥模范城”。

2007年4月，秦州区被评为全省“民政工作先进县（区）”。

2008年1月，秦州区民政局低保办被省民政厅表彰为全省“城市居民最低生活保障工作先进集体”。12月，秦州区民政局被命名为全国“农村社区建设实验区”，被省民政厅命名为全省“第四批村民自治模范区”；同月，区民政局被民政部表彰为全国“民政系统抗震救灾先进集体”，区婚姻登记中心被民政部表彰为“2007年至2008年度全国婚姻登记规范化单位”。

2009年11月，秦州区天水郡街道西十里社区被国家减灾委和民政部授予全国“综合减灾示范社区”称号。同年12月，秦州区民政局被民政部表彰为全国“贯彻实施居民委员会组织法先进单位”。

2011年9月，秦州区民政局双拥办被省双拥工作领导小组评为全省“先进双拥办公室”。10月，秦州区被省委、省政府、省军区命名为全省“双拥模范城六连冠”。

2012年7月，秦州区民政局被省人力资源和社会保障厅、省民政厅评为全省“民政系统先进集体”。9月，秦州区民政局被授予“全国社会组织创先争优活动优秀指导单位”称号。

2014年2月，秦州区中梁乡杨家山村、皂郊镇董家坪村被省司法厅、省民政厅命名为全省“民主法治示范村”；七里墩街道东十里社区、罗玉一社区老年日间照料中心被省民政厅命名为全省“示范社区老年日间照料中心”。

2014年5月，秦州区中城街道伊民巷社区、东关街道盛源社区被省民政厅命名为全省“和谐社区建设示范单位”。同年11月，区民政局殡葬管理所被省民政厅评为全省“殡葬行业行风建设先进单位”。

2015年7月，秦州区民政局双拥办被省双拥工作领导小组评为全省“先进双拥办公室”。11月，秦州区仁瑞福老年日间照料中心、东关街道盛源社区老年日间照料中心被省民政厅命名为全省“示范城市社区老年日间照料中心”。

第二节　麦积区[①]民政

一、机构设置

（一）民政局

1985年12月12日，原“天水县民政局”更名为“天水市北道区民政局”。2004年9月30日，“天水市北道区民政局”随区级更名为“天水市麦积区民政局”。

2002年6月28日，北道区人民政府办公室印发《天水市北道区民政局职能配置、内设机构和人员编制方案的通知》（北政办发〔2002〕42号），内设办公室、救灾救济股、城市居民最低生活保障股、优抚安置股（加挂“北道区双拥工作领导小组办公室”牌子）、基层政权和社区建设股、社会福利和社会事务股（加挂“北道区婚姻登记管理中心及区收容站”牌子）6个职能股室，核定区民政局机关行政编制11名，机关后勤服务事业编制1名。2010年11月26日，天水市麦积区人民政府办公室印发《天水市麦积区民政局主要职责内设机构和人员编制规定的通知》（麦政办发〔2010〕93号），内设办公室、救灾救济股（加挂“麦积区区减灾委员会办公室”牌子）、基层政权和社区建设股（加挂“区划地名办公室”牌子）、优抚安置股（加挂“双拥工作领导小组办公室”“区复员退伍军人安置办公室”牌子）、社会福利和社会事务股（加挂“流浪乞讨人员救助管理站”牌子）、婚姻登记股等6个职能股室。区民间组织管理局、区老龄办公室、区军供站、区军队离退休干部服务所均隶属于区民政局管理。

（二）老龄办

1987年7月1日，区委、区政府决定，恢复成立北道区老龄工作委员会，办公室设在区政府，编制2人。1988年5月，区委、区政府对区老龄工作委员会进行调整，配备办公人员。1989年，老龄办编制定为5人。1990年5月5日，区委常委会会议研究决定，将区老龄委员会办公室归属党群口，进入党群序列，并对区老龄委员会组成人员作了调整。1991年9月，区老龄委办公室办公地点迁至道北体育场。1996年11月6日，区老龄工作委员会职能并入区委老干部工作局，归口组织部门管理，保留牌子。2002年4月24日，机构改革将区老龄委并入区民政局，核定编制10人。

（三）慈善协会

2008年7月，成立麦积区慈善协会。

（四）事业单位

1999年6月，成立北道区民间组织管理局，为副科级事业单位，设副局长1名，核定事

① 麦积区由北道区更名而来，详见第二章。本志依更名时间节点，对更名前后的两个名称均有使用。

业编制4名。2005年4月，成立麦积区城市居民最低生活保障办公室，为全额股级事业单位，隶属于区民政局，核定事业编制3名。2012年9月，区城市居民最低生活保障办公室编制增加到11名。2002年6月，成立区殡葬管理服务中心，为副科级企业化管理事业单位，设主任1名。2013年5月，区殡葬管理服务中心由企业化管理变更为全额拨款事业单位，核定事业编制3名，其中，主任1名。2002年，保留北道区收容遣送站事业编制2名。2012年4月，核定麦积区流浪乞讨人员救助管理站编制2名，为股级全额事业单位。2013年6月，成立麦积区居民家庭收入核对中心，为股级事业单位，核定事业编制9名。

（五）党群组织

1994年12月，撤销民政局党总支，成立北道区民政局党委，下设民政局机关支部、复员退伍军人安置办公室支部、军休站支部、军供站支部、残联支部。2005年1月，更名为“中共天水市麦积区民政局委员会”。

二、行政区划与地名管理

（一）行政区划

1985年7月，天水地区改为天水市，市辖五县两区。原天水县所辖西南部关子、中梁、铁炉、杨家寺、秦岭、牡丹、店镇、华岐、平南、齐寿、天水、娘娘坝、汪川、大门、李子、苏成、藉口17个乡组建秦城区。琥珀、凤凰、新阳、五龙、西山坪、中滩、渭南、石佛、南河川、东岔、立远、吴寨、元龙、伯阳、利桥、党川、麦积、甘泉、街子、二十里铺、社棠、马跑泉22个乡和北道镇组建北道区。

1985年8月5日，撤销北道镇，其地划分为道南、道北及寨子农业管理区。

1986年1月，马跑泉乡改称马跑泉镇，社棠乡改称社棠镇。寨子农业管理区从道北街道办事处划入4个居民委员会后组建寨子街道办事处，从道南办事处划出9个居民委员会后组建桥南街道办事处。至1986年底，北道区辖20个乡、2个镇、4个街道办事处。

1999年1月15日，甘泉乡撤乡建镇，改称甘泉镇。

2001年12月13日，东岔乡、渭南乡撤乡建镇，改称东岔镇、渭南镇；二十里铺乡撤乡建镇后更名花牛镇。

2003年4月，中滩乡、新阳乡、元龙乡、伯阳乡、麦积乡撤乡建镇，改称中滩镇、新阳镇、元龙镇、伯阳镇、麦积镇。

2004年1月，北道区实行撤乡并镇，将西山坪、凤凰、南河川、街子、立远5个乡及寨子街道办事处撤销。将西山坪乡撤并于五龙乡、中滩镇，将凤凰乡撤并于新阳镇、琥珀乡，将南河川乡撤并于渭南镇、花牛镇、石佛乡，将街子乡撤并于麦积镇、甘泉镇，将立远乡撤并于东岔镇、吴砦乡，将寨子办事处撤并于道北办事处。撤并同时，吴砦乡更名为三岔乡。

至2004年6月，北道区共辖11个镇、6个乡、3个街道办事处。11个镇为马跑泉镇、花牛镇、社棠镇、甘泉镇、中滩镇、渭南镇、新阳镇、元龙镇、伯阳镇、东岔镇、麦积镇；6个乡为石佛乡、五龙乡、琥珀乡、三岔乡、党川乡、利桥乡；3个街道办事处为道北街道办事处、道南街道办事处、桥南街道办事处。

2011年11月，石佛乡撤乡建镇，改称石佛镇。

2015年3月，三岔乡撤乡建镇；10月，利桥乡、琥珀乡撤乡建镇，改称利桥镇、琥珀镇。

2015年，麦积区辖15个镇、2个乡、379个村民委员会，以及3个街道办事处、35个社区居委会。面积3480平方千米，总人口63万。

（二）地名管理

1985年4月，于1984年9月设立的北道区撤销，属地仍归天水县。同年7月，国务院批准撤销天水县，组建北道区，隶属甘肃省天水市。2004年9月30日，经国务院批准，北道区更名为麦积区。

1986年至2015年，马跑泉乡、甘泉乡、社棠乡、东岔乡、渭南乡、二十里铺乡、中滩乡、新阳乡、元龙乡、伯阳乡、麦积乡、石佛乡、吴砦乡、琥珀乡、利桥乡撤乡建镇，更名为马跑泉镇、甘泉镇、社棠镇、东岔镇、渭南镇、中滩镇、新阳镇、元龙镇、伯阳镇、麦积镇、石佛镇、琥珀镇、利桥镇。其中，二十里铺乡更名为花牛镇，吴砦乡更名为三岔镇，政府驻地及行政区域、管辖不变，实行镇管村体制。2006年5月，道南街道办事处更名为北道埠街道办事处。

1986年至2011年，先后对16个乡镇的28个自然村进行了更名。

2001年6月15日，市政府第3次常务会议研究，对北道区14条道路、2座桥梁予以命名、更名，对天水经济技术开发区地名予以命名、更名。

2006年12月8日，市政府第79次常务会议对麦积区新建巷等19条街、路、巷和天乐苑等44个住宅小区进行了命名。2015年，对麦积区区府路等15条街、路、巷，以及电杆厂家属院等14个住宅小区、金地大酒店等2个商务酒店、卜王村等55个公交车站进行了摸底登记，报市区划地名委员会审定。

（三）地名设标

2013年，麦积区统一对城区街、路、巷进行了地名设标工作，共设置标准路牌302块。

（四）边界联检

麦积区县级行政区域界线共4条，全长308.9千米，涉及麦积区17个乡镇101个行政村。共埋设界桩26个，其中，三面界桩5个。秦州麦积线13个，麦积甘谷线双面界桩3个，麦积秦安线双面界桩4个，麦积清水线双面界桩6个。2004年、2008年、2013年分别进行联合检查。

麦积区乡镇界线的勘定于1992年开始。1996年，乡镇界线成果资料经市勘界办审核后返回北道区修正。1997年10月，省边办验收县界资料时，一并给予指导和验收。1998年，市勘办将乡镇界线成果资料汇总上报市政府审批。1999年9月，市政府批复了乡镇行政区域界线，北道区共58条，全长450.85千米。

三、基层政权建设

（一）村民委员会变更

1985年，北道区辖462个村民委员会。至1990年底，增至476个村民委员会。2005年2

月2日，麦积区政府第24次常务会议决定撤并97个村委会，现辖379个村民委员会。

（二）村民委员会换届选举

1993年、1996年、1999年、2002年、2005年、2008年、2011年、2013年，全区村民委员会进行了8次换届选举。

1995年12月9日至10日，美、法、德三国记者团一行6人，在民政部、外交部的陪同下，对北道区甘泉乡文家庄、二十里铺乡纸碾村、赵崖村举行的村委会第2次换届选举大会进行现场考察、采访。中央电视台记者彭红军、刘俊辉现场报道了北道区甘泉乡毛集村民主选举情况，后录制成3集电视片《选举村长》。12月28日、29日，在中央一台、二台、四台连续播放。同年，北道区被民政部命名为“村民自治模范区”，北道区桥南办事处被命名为“全国街道之星”，北道区道南办事处人民路居委会主任王素琴被评为全国“优秀居民委员会主任”。1998年、2003年北道区被民政部命名为“村民自治模范区”。

（三）居民委员会变更

1985年，北道区辖46个居民委员会。2001年，北道区对居民委员会进行了撤并，组建社区居委会，将当时的57个居委会调整为25个社区居委会。2003年10月，花牛居委会分为地校、地质队、二一九3个社区居委会。截至2015年底，北道区共辖城镇社区居委会28个。2015年，麦积区新增桥南街道新苑社区、马跑泉镇瑞新社区、社棠镇成纪社区3个社区，从原龙园社区分设出兴陇社区、泉湖社区2个社区；撤销原陇林社区和花牛社区，设立陇林社区、瑞苑社区、林苑社区、书苑社区等，共计增加7个社区。调整后，麦积区城市社区为35个。

（四）社区建设

2001年，区委、区政府研究决定成立天水市北道区城市社区建设领导小组。2001年8月4日至9日，桥南、道南、道北3个街道办事处的主要领导赴兰州学习考察社区建设工作。9月30日至10月6日，开展“社区文化活动周”活动，各社区组织合唱、舞蹈、戏曲等演出活动，以及象棋、门球、篮球等活动。

2001年至2002年，按照中共中央办公厅、国务院办公厅《关于在全国推进城市社区建设的意见》精神，调整了居委会规模，为已退休的10名居委会主任落实了退休金。建立服务网点80余个，解决闲散人员及下岗职工就业1200余人。各级网点实行门前卫生“三包”责任制，在城区繁华地段增设垃圾箱40多处，桥南街道办事处社区各单位集资28万元，整修污水渠加盖284米。种树4.6万株，修建花池22个，栽花种草5.5万平方米。采取租、借、集资建的办法，解决25个社区居委会办公阵地问题。筹建埠南社区综合市场，方便了6000余名居民吃饭、购物等，同时解决了多年占道为市影响行路难的问题。

2003年，按照“七有”标准，完善社区居委会基础设施建设。

2004年，根据《天水市北道区发展城市社区卫生服务实施办法》，北道区在3个街道和马跑泉镇、社棠镇开展创建全国社区卫生服务示范区活动，创建桥南、道南、道北、社棠、马跑泉5个社区卫生服务中心，下设龙园等18个社区卫生服务站。

2005年至2006年，下发《关于切实加强社区建设工作的通知》，对今后社区建设工作提出了新要求，并建立健全《社区居委会工作制度》《社区代表会议制度》等各项制度，明确社区各办事机构的政策，议事、协调监督和咨询职能。采取社区自筹、社会捐助、政府补贴等办法，解决部分社区居委会的办公用房。开展社区建设示范活动，建立区、街、居三级社区服务网络。至2006年底，全区服务网点达800余个，从业人员有5000余人。

2006年至2007年，麦积区开展“创建和谐社区示范单位活动”。

2010年6月，区委、区政府对全区28个社区党支部书记进行了公开招考，通过笔试、面试、民主测评等环节，选派28名社区党支部书记到社区居委会任职，并配置10名以上的社区工作者。

2012年以来，天河社区以争创“星级社区”为目标，以“社区服务中心”为平台，以实施“民情流水线”工程为载体，搭建“天河一刻钟”“四点半学校”等社区服务平台，在服务居民和改善民生上创造出新路子。滨河社区率先建立日间照料中心，组建20余人的志愿者队伍，为空巢老人开展健康、生活、精神、应急等方面的服务。

（五）阵地建设

截至2015年底，麦积区35个社区中，自建的有3个，购买的有12个，租借的有20个。

（六）居委会换届

2010年、2013年，麦积区先后进行了2次社区居委会换届选举工作。

四、双拥工作

麦积区现有驻区部队9个，其中，师团级部队6个、营级部队3个。

1992年，北道区双拥工作领导小组成立，并下设办公室，办公室设在区民政局。区委、区政府分别于1993年、2002年、2004年、2006年、2009年、2010年、2012年和2015年对领导小组进行调整。

1987年，给参战凯旋部队赠送各种慰问品4400件，金额达31655元。完成迎送赴老山前线参战凯旋军列40列的任务。1993年8月27日，四大组织和人武部领导及有关部门负责同志，组成30余人的慰问团，带着2100斤大肉、2000斤粉条、2000斤苹果，以及价值1万余元的慰问品和小型文艺演出队到某部队、陆军29医院、兰空天水飞行团及兰空天水场站先后进行慰问；9月1日至3日，马跑泉镇、二十里铺乡及桥南、道南、道北、寨子4个街道办事处分别组成慰问团，对驻地部队进行慰问、座谈，共出动慰问车辆45辆、人员300余人，赠送慰问品达18种，价值1.3万余元；9月，驻军某部队奉命到西部参加军事演习，北道区成立了支前领导小组，在部队出发前夕，组织区、乡两级对驻地部队进行了慰问活动。

1999年，全区开展“爱心献功臣活动”，解决了部分优抚对象的生活、医疗、住房困难问题。

2004年以来，开展创建“天兰双拥文明线活动”。

2008年，在某部队陇南抗震救灾过程中，区委、区政府派出慰问团赴灾区慰问救灾官兵。

2009年5月17日，在某部队完成“跨越2009—洮南”军事演习返回时，麦积区组织欢迎仪式。10月27日，区委、区政府组织欢送跨区域应急处置突发事件实兵演习天水预备役步兵旅活动。

2010年5月12日，由人民日报、新华社、中央人民广播电台等12家中央新闻媒体组成的记者团采访报道麦积区的双拥工作。

2013年，区委、区政府派出慰问团，赴宁夏银川慰问某部队。

具体工作有：

（一）“双十工程”

麦积区“双十工程”建设以解决部队和地方实际困难和互办实事为重点，解决部队征用土地，随军家属就业、调动、子女入学入托等问题。为某部队修建拥军桥一座，完成区人武部、武警区中队、预备役炮兵团等整体搬迁工程。驻区部队营区全部实行了绿化、亮化、美化，门口全部开通了公交车站，有力支援了部队建设。

驻区部队先后援建了李家湾村新农村建设，以及马跑泉镇杨湾村、刘家堡村、花牛镇水眼寨村的灾后重建和整体搬迁工程；参与了南山万亩苹果基地建设、石佛导流山苹果基地建设和颍川河流域综合治理工程。某部队在马跑泉镇东柯河修建“金刚钻团爱民桥”一座，为马跑泉镇花南片区拓宽沙化道路20千米。

（二）抢险救灾

2008年5月12日，四川汶川发生特大地震灾害后，某部队奉命在陇南地区的文县、康县和武都等灾区实施救援。从5月17日至7月4日，驻区某部队紧急转运救灾物资19884吨。某部队先后出动官兵2324人、车辆513台、飞机171架，为汶川、武都、徽县等灾区空投救灾物资125吨。

驻区部队官兵先后参与了舟曲特大泥石流灾害、岷县雹洪泥石流灾害、秦州区娘娘坝镇和张家川县官泉村暴雨灾害的抢险救援工作。2013年6月19日，麦积区麦积镇、甘泉镇、马跑泉镇、党川乡等乡镇遭受了百年不遇的洪涝灾害，在道路、交通、电力等中断的情况下，某部队帮助地方政府和人民群众固堤坝、清淤泥、通道路、架桥梁、排险情、疏群众，保护了人民群众的生命财产安全。

五、优待抚恤

（一）农村义务兵家庭的优待

1987年，群众优待现役军人家属992户，优待金19.58万元，户均197.4元，优待面和优待金额都达到100%。

1990年，下拨优抚款10万元，落实现役军人优待款16.17万元，人均197元，优待面达100%。

1991年，全区落实现役军人优待款15.94万元，人均200元，优待面达100%。

1992年，落实现役军人群众优待款46.55万元，人均519元，比上年人均增加319元。

1994年，为切实解决现役军人家属困难，做好现役军人群众优待工作，各乡、村普遍减免了义务工，并建立了代耕代种、帮工服务小组470个。二十里铺乡对现役军人家属实行“三优先”，即子女入学优先，供种子、化肥优先，划宅基地优先。帮助现役军人家属发展生产，脱贫致富，为现役军人家属举办果树栽培、饲养、编织等培训班23期，参加人员4821人，其中，有640户栽培各类经济果树，720户饲养各种家畜家禽，均初见成效。麦积区现有志愿兵950人，定补的有880人，占总数的92.6%；另有70人，每月定补20～25元，每年预算需2.1万元。

1995年，落实农村义务兵家属的群众优待政策，按照以乡镇为单位，坚持“四统一”的优待办法，对农村义务兵家属897人按1994年人均纯收入标准全部落实兑现，北道区平均优待标准800元，优待面达100%。

1996年，全面落实现役军人家属群众优待改革，优待标准户均840元，达到上年人均纯收入水平，优待面达100%。

1997年，现役军人家属群众优待得到落实，由乡镇统筹，对全区现役军人家属平均每户实发优待金800元，加上其他应摊的各种费用，达到人均纯收入的标准，优待面达100%。

1999年，北道区义务兵505人，农村义务兵群众优待款由原来的613元提高到826元，优待面达到100%。

2002年，落实388名义务兵家属优待款34.82万元，优待面达100%，义务兵家属优待社会统筹金收缴15万元。

2003年，北道区结合农村税费改革，按照“依法优待，规范运作”的原则，建立了优待工作的新机制。由财政全额负担优待金，年内共兑现义务兵家属优待金57万元。

2005年，兑现农村义务兵家属优待款58万元。

2006年之后，农村义务兵家庭优待金由区民政局审核造册，区财政从转移支付中统一划拨，当年兑现农村义务兵家属优待款57万元。2007年、2008年、2009年、2010年、2011年分别拨付农村义务兵家庭优待款57万元、58万元、63万元、63.5万元、71万元。

2012年起，停发农村义务兵家庭优待金。

（二）其他优待内容

麦积区落实国家各项优待政策，区内公园、旅游景点免费向现役军人开放；各交通运输售票处、医院挂号收费处设有军人优先窗口；军车免费停车、免费通行；残疾军人凭残疾证免费乘坐公交车；住院享受“一站式”结算服务等；符合城乡救助条件的重点优抚对象，同等条件下优先享受社会救助。

（三）抚恤

麦积区落实国家各项抚恤政策，按时提高优抚对象抚恤补助标准，及时足额社会化发放抚恤金和生活补助费，落实重点优抚对象医疗保障政策，实现重点优抚对象参合参保全覆盖，大病住院“一站式”结算报销。给1～6级伤残军人按政策规定发放门诊补助费，1～4级伤残军人按政策规定发放护理费，退出现役的伤残军人及时更换伤残证。对申请优待抚恤条件的人员，严格按照政策规定进行审核审批，将符合条件的及时纳入抚恤范围。及时清理关系转移和自然减员人员。

2007年8月起，一次性纳入参战退役人员307人，参试退役人员71人；2011年，将1721名农村籍60岁以上退役士兵全部纳入补助范围，将6名60岁以上烈士子女纳入补助范围。截至2015年底，全区有重点优抚对象920人，其中，残疾军人227人、烈士家属9人、因公牺牲军人家属23人、病故军人家属18人、在乡老复员军人234人、带病回乡退伍军人60人、参战人员349人。另外，还有参试人员180人、农村老年退役士兵2397人、60岁以上烈士子女8人。

（四）烈士

武喜全，男，汉族，生于1968年9月，天水市麦积区马跑泉镇新胜村人，1985年1月在中国人民解放军某部队参军服役，1987年1月7日在云南老山前线牺牲。

吴升明，男，汉族，生于1967年7月，天水市麦积区马跑泉镇石嘴村人，1985年1月应征入伍，在解放军某部队服役，1986年8月20日在云南老山对越防御作战中牺牲。

辛虎生，男，汉族，1949年12月生，天水市秦城区人，中共党员，1965年11月入伍，1967年入党，三级警督警衔。1992年，被甘肃省小陇山林业实验局黑虎林场评为“护林防火先进工作者”。1994年，被甘肃省小陇山林业实验局公安处评为“优秀人民警察”。2001年5月22日，辛虎生为保护国家林木，在与不法分子斗争中被侵害，于21时20分因公牺牲。2002年1月18日，被国家林业局追授“森林卫士”称号；2002年2月8日，被国家林业局森林公安局追记一等功；2002年4月18日，被省民政厅批准为革命烈士。

郝文平，男，汉族，1967年4月生，甘肃武山县人，中共党员，1998年入党，一级警司警衔。1991年，被甘肃省漳县公安局评为“先进工作者”。1995年，被甘肃省小陇山林业实验局公安处评为“先进工作者”。2001年5月22日，在处理毁林开荒事件时遭不法分子侵害，于23日17时30分因公牺牲。2002年1月18日，被国家林业局追授“森林卫士”称号；2002年2月8日，被国家林业局森林公安局追记一等功；2002年4月18日，被省民政厅批准为革命烈士。

何成明，男，汉族，生于1995年2月，天水市麦积区道北办事处吕家村人。2015年8月12日22时50分许，天津港跃进路区域发生火灾，天津港公安局消防支队一大队迅速报警，何成明跟随消防车出警。在火灾现场，何成明奋不顾身，英勇抢险，为抢救国家财产、保护人民群众生命安全光荣牺牲。2015年8月28日，被天津市人民政府批准为烈士。

麦积区境内现散葬10名烈士。2012年，维修了武喜全等烈士坟墓，制作了墓碑，并为武喜全烈士亲属修建了住房5间。2014年6月，在社棠镇半山村征地2亩，建成散葬烈士墓群，将卜荣才、陈天成、侯凤云、卢桂清、王永长、何世玖、张宁西、吴升明8名散葬烈士墓进行集中保护，并制作了墓碑。

六、复退军人安置

（一）接收安置

1985年至2012年，共接收安置城镇退伍军人6188人。1985年至2012年，共接收安置转业士官320人。2001年至2012年，共接收复员士官121人。2001年至2012年，给1474名城镇退役士兵发放待安置期间生活费246万元。2013年至2015年，接收退役士兵1077人，安置专业士官40人。

麦积区从2006年开始为城镇退役士兵办理自谋职业，5年累计为185人发放退役士兵自谋职业补助金265万元。2011年至2012年，为239人发放退役士兵一次性兵役优待补助金600.5万元。2013年至2015年，为496人发放兵役优待补助金1776万元。1995年至2005年，共接收移交复员干部11人，2015年，接收复员干部1人，总计12人；截至2015年底，退休进社保4人、去世1人、转出3人。

（二）退役士兵培训

2010年至2011年，有56名城镇退役士兵参加创业培训，6人通过培训办理了小额贷款，走上自主创业的道路，184名退役士兵参加汽车驾驶员培训班，28人参加了挖掘机专业技能培训班，90人参加了职业教育培训，全部拿到了结业证。2012年至2015年，参加职业教育的城镇退役士兵有448人，参加技能培训班的有479人。

（三）军休工作

麦积区军休所（原北道区军休站），位于麦积区桥南林水巷，占地面积3.17亩，于1994年11月动工修建住宅楼一栋，建筑面积1156.2平方米，住宅18套，其中，团职住宅6套、营职住宅12套；内有会议室、活动室、办公室各1套，柴房18间，并进行了集中供热改造，投资70万元。2009年，新建麦积区军队离退休干部活动中心，建筑面积1100平方米，设有办公室、活动室、会议室、阅览室、财务室。

北道区1985年开始接收安置军队离退休干部。1989年成立北道区军队离退休干部服务站，为股级事业单位，编制2人，工作人员2人（含站长1人），隶属区民政局。1990年，更名为北道区军队离退休干部服务站。2011年，更名为麦积区军队离退休干部休养所，增加编制3人，之后编制增加到5人。1986年至2015年，共接收安置军队移交地方政府离退休干部（含退休士官）33名，截至2015年，共有军队离退休干部24人。

1994年开始，民政部门接收的无军籍退休职工交军休站管理，无军籍退休职工的住房由原部队解决，军休所负责落实各项政策。至2015年，累计接收无军籍退休职工37人。

（四）军供工作

天水军供站成立于1953年5月。2002年，建成框架结构二层餐饮楼，建筑面积1281平方米。有干部职工26人，其中，干部6人、工人20人。有机械设备多功能蒸饭机2台、消毒保鲜柜1台、绞肉机1台、冰柜1台、17座依维柯车1辆，日供应能力8000人。近5年来，共接待过往部队230余批43356人，尤其在2008年汶川大地震后，天水军供站全体干部职工连续接待抗震救灾部队125批20181人。2011年至2015年，接待过往部队180批36281人。2013年4月，天水军供站被确定为全国重点军供站。

七、减灾救灾

（一）自然灾情

麦积区遭遇的较为严重的灾情有：

1985年5月13日，暴雨导致元龙乡冯川村山体滑坡，造成2人死亡；同年6月17日，南河川乡马家山村山体滑坡，2户民房被埋，死亡3人。1987年6月4日，暴雨冲走街子乡街亭村沿河居民住房3间，6户人被迫临时转移；同年9月8日，街子乡连续遭遇冰雹、暴雨袭击，冰雹厚度达6厘米，局部院落、洼地塌陷厚度近1米，洪水造成2人失踪，冰雹砸伤5人，40%的耕作土层被冲走，经济作物几近绝收。

1990年8月11日，暴雨导致天水锻压机床厂厂区北侧山体滑坡，土方堆积约200万立方米，将6个车间、24个站房、2个库房、300米铁路专用线压埋，致7人死亡。

2005年6月至8月，连续强降雨导致全区11个乡镇和1个街道办事处的43个村、576户农民的1478间房屋倒塌，3所学校248平方米的教室垮塌，300余米的学校围墙冲毁，三岔乡一干部在抢险时被洪水冲走，甘泉镇2名村民被倒塌围墙压死，公路塌方22处近40千米，农路塌方172条350千米，桥梁冲毁32座，其中，水泥桥12座、涵洞261处，毁坏电线杆26根、变压器2台、河堤7处5千米，冲毁小型水坝1座，毁坏人饮工程设施16处、机井15眼、人饮管道26.4千米，全区10.7万亩粮食作物受灾，6.29万亩经济作物受灾。

2008年5月12日14时28分，四川汶川发生特大地震，之后又发生余震超过3万次，5.0级以上余震有数十次。地震及余震波及麦积区17个乡镇、3个街道办事处。全区倒塌房屋13892户37348间，损坏房屋4328户9223间，其中，农村倒塌房屋13650户35670间，损坏房屋3780户7562间，因多处出现大面积山体裂缝，33个行政村共2484户需要整村搬迁重建，受灾71989户320450人，紧急转移安置人口43252人。全区315所学校、6家区级卫生单位、2个社区卫生机构、22个乡镇卫生院、62个村卫生所不同程度受灾。社会事业设施普遍受灾，区广播电视局办公楼成为危楼。损坏道路480千米、桥梁2座、变压器137台、蓄水池14座。各行政企事业单位办公或生产设施均有不同程度毁损，各种直接经济损失总计10.69亿元。

图17-1　麦积镇居民房屋倒损情况

2013年，全区先后遭遇“6·20”“7·8”“7·21”“7·25”特大暴洪自然灾害和“7·22”岷县、漳县6.6级地震灾害。6月20日，麦积镇仙人崖、麦积山降水量分别高达298.8毫米和277.3毫米，城区降雨量达到146.6毫米，超过有气象记录以来的最高值。7月8日，仙人崖、麦积山降水量超过170毫米。7月21日，马跑泉坳子坡降雨量114.1毫米，城区降雨量达93.6毫米。“7·21”暴洪导致4人死亡。“6·20”暴洪导致甘泉镇高庄村9户63间、峡门2户14间房屋，以及伯阳镇一座渭河桥被冲毁；马跑泉镇大沟村发生泥石流，将9户86间居民房屋、新建的3层36间办公楼的村委会，以及原村委会8间平房及3间戏楼全部冲毁掩埋；胡王村后坪自然村崖体垮塌7处，塌方200多方，严重受损房屋27户82间，196户896人的生命财产安全受到威胁。“7·25”暴洪导致庄天公路社棠镇石岭段发生严重塌方，路基被牛头河水冲垮20多米，路面最宽处仅剩8米；伯阳镇毛峪河公路南河段榆树坡出现大量塌方，形成长500米左右、宽60米、离河床高40多米的堆积体，将毛峪河堵死，形成堰塞湖，距下方韩河村仅1500米，附近巩坪、南河、韩河、下河等4村406户2082名村民全部转移。洪涝造成13.78万亩农田受灾，成灾面积12.51万亩，绝收面积0.97万亩；倒塌、严重受损或需搬迁房屋3557户15591间，一般损坏需维修房屋3555户13480间；损毁县、乡、村级道路519条1354千米，损毁道路护坡72处9267立方米、涵洞89道、边沟27880米，冲毁桥梁及便桥63处812米；损毁渠道172处、防洪设施162.74千米、人饮工程21.15千米，伯阳镇一座提灌机井被淹，影响1000多亩果树灌溉；损毁公共设施42处，强降雨多次造成道北街道中立交、区府路，北道埠街道商埠路步行街以及桥南街道羲皇大道淤泥堆积、积水严重；31处电力设施毁损，输配电线路毁损184千米；48所中小学不同程度受损，冲毁围墙1369米、护坡1290立方米、校门3个，学校操场、道路、校园塌陷2.906万立方米，7间教师宿舍受损；麦积镇卫生院街子分院2栋楼房受损，住院楼部分倒塌，大部分医疗设备被冲走，其他乡镇卫生院都有不同程度损坏；仙人崖景区受损文物6处，石门景区受损文物2处，龙园景区受损文物3处，房屋多处损坏；多家企业、库房、商铺严重进水，产品设备不同程度受损。共造成经济损失200461.97万元。

2014年4月24日夜至25日早，麦积区出现大范围降温天气，山区出现降雪、冰冻天气。全区17个乡镇、道北街道的165个村的19.02万亩果树及农作物受灾，成灾面积14.579万亩，受灾人口4.84万户21.78万人，造成经济损失24621.18万元，其中，果树23569万元、农作物1052.18万元。7月1日，接近24小时，麦积区发生雷雨天气，石佛、中滩、五龙3个乡镇的24个村遭受冰雹，造成0.92万亩农作物和果树受灾，成灾面积0.5万亩，受灾人口0.14万户0.64万人，造成经济损失525.6万元。8月，干旱造成全区17个乡镇、道北街道的253个村的2.54万户10.78万人受灾，1.31万人饮水困难，果树、农作物受灾面积10.73万亩，成灾10.08万亩，造成经济损失3678万元。

1984年至2015年麦积区自然灾害受灾面积见表17-3。

表17-3 1984—2015年麦积区自然灾害受灾面积情况表

单位：万亩

年份	洪涝受灾面积	风雹受灾面积	低温冷冻受灾面积	干旱受灾面积
1984	18.92	1.22	0.58	46.98
1985	5.01	1.48	0.68	26.68
1986	2.61	3.45	2.42	18.76
1987	4.54	3.46	2.83	16.1
1988	1.2	2.5	2.9	15.8
1989	5.1	3.6	—	1.4
1990	1.9	1.9	0.8	16.8
1991	0.7	7.3	0.21	31.13
1992	5.73	1.9	0.2	21.43
1993	5.9	1.94	0.1	30.64
1994	0.3	0.19	1.5	25.57
1995	0.2	1.2	1.6	24.52
1996	0.8	1.47	0.73	21.43
1997	0.2	1.28	—	52.18
1998	0.56	—	0.54	20.3
1999	1.32	7.8	—	31.39
2000	1.09	—	1.77	51.16
2001	0.98	1.8	15.37	16.34
2002	0.93	1.66	1.3	14.73
2003	3.92	—	—	15.13
2004	2.45	0.03	4.5	15.58
2005	17.49	0.15	1.99	15.04
2006	1.8	1.65	—	16.54
2007	7.97	0.47	—	28.23
2008	—	0.24	21.09	—
2009	1.25	—	—	15.87
2010	1.8	0.12	46.37	28.5
2011	1.1	0.35	—	19.6
2012	0.3	9.52	2.41	5.1
2013	13.78	—	26.41	9.1
2014	0.82	0.92	19.02	10.73
2015	—	—	—	0.3

（二）救灾

2011年4月14日，麦积区人民政府办公室印发《麦积区自然灾害救助应急预案》。2011年11月14日，麦积区民政局印发《麦积区民政局地震应急预案》。2012年6月4日，麦积区民政局印发《成立防汛和抢险救灾工作领导小组》的通知。2012年6月7日，麦积区出台《麦积区自然灾害生活救助金管理实施细则》。2012年10月17日，麦积区减灾委办公室印发《麦积区“十二五”防灾减灾规划》。2013年4月1日，麦积区政府办公室印发《关于印发天水市麦积区综合防灾减灾责任体系的通知》。1984年至2015年麦积区拨付救灾款情况见表17-4。

表17-4　1984—2015年麦积区拨付救灾款情况表

单位：万元

年份	1984	1985	1986	1987	1988	1989	1990	1991	1992	1993	1994
拨付救灾款额	84.6	19.8	22.8	34	49.8	33	58.9	28	41.6	18	35.2
年份	1995	1996	1997	1998	1999	2000	2001	2002	2003	2004	2005
拨付救灾款额	48.8	39.9	44.8	42.6	57.6	69	58.2	113	120.1	185.9	107.3
年份	2006	2007	2008	2009	2010	2011	2012	2013	2014	2015	
拨付救灾款额	257.5	268.7	603	402	807.5	716	577	3496	827	964	

（三）灾后重建

“5·12”地震灾后重建户，每户按房屋3间45平方米规模补助，中央补助1万元，省级补助1万元，即每户发放2万元补助；维修户每户按房屋3间补助，每间1000元，3间补助3000元。“5·12”地震灾后麦积区农民住房重建情况见表17-5。

表17-5　“5·12”地震灾后麦积区农民住房重建情况表

乡镇	重建		维修		合计	
	户数（户）	间数（间）	户数（户）	间数（间）	户数（户）	间数（间）
花牛镇	1108	2933	325	650	1433	3616
马跑泉镇	1156	3058	318	636	1474	3694
甘泉镇	1307	3359	268	536	1575	3895
中滩镇	791	1809	254	508	1045	2317
石佛乡	1250	3134	385	770	1635	3904
渭南镇	1064	2847	320	640	1384	3487

续表17-5

乡镇	重建		维修		合计	
	户数（户）	间数（间）	户数（户）	间数（间）	户数（户）	间数（间）
新阳镇	1023	2671	265	530	1288	3201
社棠镇	620	1620	176	352	796	1972
伯阳镇	714	1871	184	368	898	2239
元龙镇	630	1630	191	382	821	2012
三岔乡	582	1805	205	426	787	2231
东岔镇	554	1434	124	248	678	1682
麦积镇	613	1584	158	316	771	1900
五龙乡	782	1964	172	344	954	2308
琥珀乡	544	1432	126	252	670	1684
党川乡	332	863	108	216	440	1079
利桥乡	296	771	115	230	411	1001
道北办	284	852	86	158	370	1010
合计	13650	35637	3780	7562	17430	43232

注：石佛乡于2011年9月变更为石佛镇。

2013年7月26日，中共天水市麦积区委办公室、天水市麦积区人民政府办公室联合印发《麦积区暴洪地震灾后恢复重建实施方案》（区委办发〔2013〕55号），对因暴雨或地震造成住宅倒塌或严重受损（需拆除重建）的农村住房，每户按3间45平方米2万元进行补助，对受损需要维修的农村住房，每户按3间补助，每间补助1000元，共补助3000元。特困户、五保户、低保户、伤残军人、军烈属、现役军人家属、独生子女领证户、二女结扎户需要重建住房的，每户增加补助1500元。2013年7月26日，中共天水市麦积区委办公室、天水市麦积区人民政府办公室联合印发《关于成立暴洪地震灾害麦积区灾后重建工作领导小组的通知》（区委办发〔2013〕56号）。

2013年11月11日，麦积区人民政府办公室印发了《关于认真做好农村居民住房灾后恢复重建工作的通知》（麦政办发〔2013〕116号），明确农村居民易地重建涉及渭南镇蒲石村、左尧村，马跑泉镇大沟村、胡王村、大穆湾村、甘泉镇朝阳村、徐家湾村、柳家坪自然村、云雾村、景家山自然村、胡家庄自然村、社棠镇柏林村、步沟村、槐荫村、麦积镇永庆村、花牛镇白家河村、巧河自然村、石佛镇杨家坪自然村、三岔乡新岔村、利桥乡利桥村南沟组。原址分散自建涉及17个乡镇及道北街道办事处778户。2013年麦积区暴洪、地震灾害致农村居民住房倒塌原址分散自建情况见表17-6。

表17-6 2013年麦积区暴洪、地震灾害致农村居民住房倒塌原址分散自建情况表

乡镇	马跑泉镇	甘泉镇	社棠镇	花牛镇	东岔镇	渭南镇	麦积镇
住房倒塌户数	130	45	27	58	1	48	66
乡镇	新阳镇	元龙镇	党川乡	利桥乡	伯阳镇	琥珀乡	三岔乡
住房倒塌户数	25	28	3	0	54	2	7
乡镇	五龙乡	石佛镇	中滩镇	道北办			
住房倒塌户数	59	79	45	101			

八、民间组织管理

（一）社会团体管理

1989年10月，《社会团体登记管理条例》公布实施后，北道区基本理顺了社团登记管理机关、业务主管部门和社会团体三者之间的关系。1990年9月，区民政局调配1名干部专门从事社团登记管理工作。1999年4月，经北道区政府第6次常务会议研究决定，“天水市北道区社会团体和民办非企业单位管理办公室”更名为“天水市北道区民间组织管理局”，新增民办非企业单位登记管理业务。同时，为进一步规范民间组织管理工作，统一归口登记，实行登记管理机关和业务主管单位双重管理的体制。

（二）社团登记

1989年，根据《社团管理条例》精神，开展社会团体登记业务，包括成立登记、变更登记和注销登记，此外，还包括社会团体分支机构、代表机构的设立、变更和注销登记。

1990年10月，区民政局开展境内社会团体调查摸底工作，按政策规定登记成立34家，社会团体登记管理开始走向正轨。

1992年至1997年，区民政局对区乡级社团进行全面的清理整顿，依法撤销、取缔了一批社会团体。截至1997年底，全区共有社会团体35家。

1999年至2000年，对全区气功等组织进行了清理整顿，按照“以气功功法类型成立的社团和分支机构，一律予以注销和取缔”的精神，撤销了北道区气功协会和香功协会。2002年底，全区共有社会团体26家。2002年至2004年，对社会团体进行了第2次全面的清理整顿和复查工作。

2005年，区民政局对已成立登记的社会组织开展全面的年度检查。年检合格的社会组织共96家，其中，社会团体36家。

2006年，根据省、市大力发展农村专业经济协会的精神，区民政局成立专门工作组，调查摸底各乡镇农村专业经济协会情况。至2006年底，全区社会团体发展到54家。从2007年开始，按照“对社会组织走上日常管理分类指导，完善以章程为核心的社会组织自律运行机制”的要求，区民政局对存在的社会组织进行同类归并，复查清理整顿，并通过积极

引导培育，使得各类社会组织以较快的速度发展。

2011年，区民政局在培育发展社会组织的同时，对74家长期未按章程开展活动且没有进行年度检查的社会团体予以撤销登记。

2013年底，全区共有社会团体112家。

2015年，根据《社会团体登记管理暂行条例》，依法注册登记社会团体197家，分别为：麦积区体育指导员协会、麦积区花椒协会、麦积区石佛镇陶小村扶贫互助社、麦积区石佛镇张湾村扶贫互助社、麦积区石佛镇王窑村扶贫互助社、麦积区石佛镇洩山村扶贫互助社、麦积区石佛镇严山村扶贫互助社、麦积区石佛镇窝驮村扶贫互助社、麦积区花牛镇翟山村扶贫互助社、麦积区社棠镇嘴头村扶贫互助社、麦积区社棠镇税柳村扶贫互助社、麦积区中滩镇种田村扶贫互助社、麦积区中滩镇余峡村扶贫互助社、麦积区伯阳镇木湾村扶贫互助社、麦积区伯阳镇范河村扶贫互助社、麦积区伯阳镇红崖村扶贫互助社、麦积区伯阳镇石门村扶贫互助社、麦积区马跑泉镇龙槐村扶贫互助社、麦积区花牛青军果品协会、麦积区桃花沟养蜂协会、麦积区农经科技服务协会、麦积区五龙乡雷家湾村扶贫互助社、麦积区五龙乡中石沟村扶贫互助社、麦积区五龙乡凌温村扶贫互助社、麦积区五龙乡张家湾村扶贫互助社、麦积区五龙乡杨王村扶贫互助社、麦积区五龙乡石洞沟村扶贫互助社、麦积区五龙乡温家坪村扶贫互助社、麦积区五龙乡安家山村扶贫互助社、麦积区五龙乡刘家湾村扶贫互助社、麦积区五龙乡岳王村扶贫互助社、麦积区五龙乡梁家庄村扶贫互助社、麦积区元龙镇元龙村扶贫互助社、麦积区元龙镇李家沟村扶贫互助社、麦积区元龙镇杜家坪村扶贫互助社、麦积区元龙镇后庄村扶贫互助社、麦积区党川乡党川村扶贫互助社、麦积区新阳镇石坡村扶贫互助社、麦积区新阳镇张家坪村扶贫互助社、麦积区新阳镇坚山村扶贫互助社、麦积区新阳镇赵家庄村扶贫互助社、麦积区新阳镇蛐蜒嘴村扶贫互助社、麦积区中滩镇杨成村扶贫互助社、麦积区马跑泉镇大沟村扶贫互助社、麦积区琥珀乡马家坡村扶贫互助社、麦积区琥珀乡霍家川村扶贫互助社、麦积区三岔镇前进村扶贫互助社、麦积区三岔镇王山村扶贫互助社、麦积区三岔镇秦岭村扶贫互助社、麦积区三岔镇小坪村扶贫互助社、麦积区石佛镇石崖村扶贫互助社、麦积区花牛镇上湾村扶贫互助社、麦积区花牛镇安坪村扶贫互助社、麦积区花牛镇张家河村扶贫互助社、麦积区花牛镇田家窑村扶贫互助社、麦积区花牛镇毛集村扶贫互助社、麦积区花牛镇元柳村扶贫互助社、麦积区花牛镇巷口村扶贫互助社、麦积区花牛镇高集村扶贫互助社、麦积区花牛镇董家塬村扶贫互助社、麦积区花牛镇东缑村扶贫互助社、麦积区花牛镇沽沱村扶贫互助社、麦积区花牛镇师白村扶贫互助社、麦积区花牛镇河湾村扶贫互助社、麦积区花牛镇白家河村扶贫互助社、麦积区花牛镇杨家河村扶贫互助社、麦积区花牛镇沈家河村扶贫互助社、麦积区马跑泉镇石嘴村扶贫互助社、麦积区马跑泉镇杨湾村扶贫互助社、麦积区马跑泉镇李家坪村扶贫互助社、麦积区马跑泉镇大柳树村扶贫互助社、麦积区马跑泉镇南崖村扶贫互助社、麦积区马跑泉镇崖湾村扶贫互助社、麦积区马跑泉镇东柯村扶贫互助社、麦积区马跑泉镇闫家庄村扶贫互助社、麦积区甘泉镇黄庄村扶贫互助社、麦积区甘泉镇金胡村扶贫互助社、麦积区甘泉镇高庄村扶贫互助社、麦积区甘泉镇玉兰村扶贫互助社、麦积区甘泉镇甘江村扶贫互助社、麦积区甘泉镇朝阳村扶贫互助社、麦积区甘泉镇吴河村扶贫互助社、麦积区甘泉镇石沟村扶贫互助社、麦积区麦积镇陈山村扶贫互助社、麦积区麦积镇滩子村扶贫互助社、麦积区麦积镇杨何村扶贫互助社、麦积区麦积镇北湾村扶贫互助社、麦积区麦积镇草滩村扶贫互助社、麦积区麦积镇卧虎村扶贫互助社、麦积区党川乡冷水河村扶贫互助社、麦积区党川乡新庄村扶贫互助社、麦积区党川乡花庙村扶贫互助社、麦积区党川乡马坪村扶贫互助社、麦积区党川乡石嘴村扶贫互助社、麦积区利桥镇秦岭村扶贫互助社、麦积区利桥镇杨河村扶贫互助社、麦积区利桥镇吴河村扶贫互助社、麦积区利桥镇蔚民村扶贫互助社、麦积区社棠镇郭坪村扶贫互助社、麦积区社棠镇石岭村扶贫互助社、麦积区社棠镇步沟村扶贫互助社、麦积区社棠镇刘尧村扶贫互助社、麦积区社棠镇李家渠村扶贫互助社、麦积区伯阳镇保安村扶贫互助社、麦积区伯阳镇复兴村扶贫互助社、麦积区伯阳镇半坡村扶贫互助社、麦积区伯阳镇南集村扶贫互助社、麦积区伯阳镇巩坪村扶贫互助社、麦积区伯阳镇高坪村扶贫互助社、麦积区元龙镇井儿村扶贫互助社、麦积区元龙镇青龙村扶贫互助社、麦积区元龙镇关峡村扶贫互助社、麦积区元龙镇桑渠村扶贫互助社、麦积区元龙镇青崖村扶贫互助社、麦积区元龙镇冯川村扶贫互助社、麦积区元龙镇花石崖村扶贫互助社、麦积区元龙镇园子村扶贫互助社、麦积区元龙镇和平村扶贫互助社、麦积区元龙镇白家庄村扶贫互助社、麦积区元龙镇石家湾村扶贫互助社、麦积区元龙镇底川村扶贫互助社、麦积区元龙镇佃儿下村扶贫互助社、麦积区东岔镇月林村扶贫互助社、麦积区东岔镇桃花坪村扶贫互助社、麦积区东岔镇土桥村扶贫互助社、麦积区东岔镇东岔村扶贫互助社、麦积区东岔镇大沟里村扶贫互助社、麦积区东岔镇立远村扶贫互助社、麦积区东岔镇腰庄村扶贫互助社、麦积区东岔镇盘龙村扶贫互助社、麦积区东岔镇交川村扶贫互助社、麦积区东岔镇龙凤村扶贫互助社、麦积区东岔镇乍岭村扶贫互助社、麦积区三岔镇太禄村扶贫互助社、麦积区三岔镇黄龙村扶贫互助社、麦积区三岔镇佘家门村扶贫互助社、麦积区三岔镇关庄村扶贫互助社、麦积区三岔镇水关村扶贫互助社、麦积区三岔镇北峪村扶贫互助社、麦积区三岔镇集村扶贫互助社、麦积区三岔镇葡萄村扶贫互助社、麦积区三岔镇新岔村扶贫互助社、麦积区中滩镇霍坪村扶贫互助社、麦积区中滩镇丁赵村扶贫互助社、麦积区中滩镇后川村扶贫互助社、麦积区中滩镇蒲甸村扶贫互助社、麦积区中滩镇汪李村扶贫互助社、麦积区中滩镇文沟村扶贫互助社、麦积区石佛镇康庄村扶贫互助社、麦积区石佛镇大坪村扶贫互助社、麦积区石佛镇于堡村扶贫互助社、麦积区石佛镇腰庄村扶贫互助社、麦积区石佛镇三阳村扶贫互助社、麦积区石佛镇董家河村扶贫互助社、麦积区石佛镇马家山村扶贫互助社、麦积区石佛镇夏家村扶贫互助社、麦积区石佛镇张坪村扶贫互助社、麦积区石佛镇陶崖村扶贫互助社、麦积区石佛镇黄家新庄村扶贫互助社、麦积区石佛镇朱家河村扶贫互助社、麦积区石佛镇赵沟村扶贫互助社、麦积区五龙乡小窑村扶贫互助社、麦积区五龙乡柏树王村扶贫互助社、麦积区五龙乡舍安子村扶贫互助社、麦积区五龙乡周山村扶贫互助社、麦积区五龙乡谢嘴村扶贫互助社、麦积区五龙乡大窑村扶贫互助社、麦积区五龙乡陈家湾村扶贫互助社、麦积区五龙乡雷家窑村扶贫互助社、麦积区五龙乡岳家湾村扶贫互助社、麦积区五龙乡温家湾村扶贫互助社、麦积区渭南镇蒲石村扶贫互助社、麦积区渭南镇左尧村扶贫互助社、麦积区渭南镇营房村扶贫互助社、麦积区渭南镇西湖湾村扶贫互助社、麦积区渭南镇缑庄村扶贫互助社、麦积区渭南镇马嘴村扶贫互助社、麦积区渭南镇苏景村扶贫互助社、麦积区渭南镇王新村扶贫互助社、麦积区渭南镇崔范村扶贫互助社、麦积区渭南镇霍卢村扶贫互助社、麦积区渭南镇沈家村扶贫互助社、麦积区渭南镇景湾村扶贫互助社、麦积区渭南镇程村扶贫互助社、麦积区渭南镇雷下村扶贫互助社、麦积区渭南镇雷尹村扶贫互助社、麦积区渭南镇王李村扶贫互助社、麦积区渭南镇能干村扶贫互助社、麦积区渭南镇青宁村扶贫互助社、麦积区渭南镇马王村扶贫互助社、麦积区新阳镇姚家沟村扶贫互助社、麦积区琥珀镇西山村扶贫互助社、麦积区琥珀镇郭文关村扶贫互助社、麦积区琥珀镇杨家湾村扶贫互助社、麦积区琥珀镇唐温村扶贫互助社、麦积区琥珀镇康李村扶贫互助社、麦积区琥珀镇新军沟村扶贫互助社。

2015年10月，省民政厅制定出台《甘肃省四类社会组织直接登记管理暂行办法》。2015年11月，市民政局制定出台《天水市四类社会组织直接登记管理规程》。至2015年底，全区共有社会团体315家。

（三）民办非企业单位管理

1999年4月，天水市北道区民间组织管理局成立，新增民办非企业单位登记管理业务。是年，区委办、区政府联合印发《关于开展民间组织调查摸底的通知》，对全区各乡镇、街道办事处的民间组织进行全面调查摸底，统计得出，全区共有民办非企业单位537家。

2000年7月，根据市民政局文件精神，区民政局启动全区民办非企业单位复查登记工作。12月底，有14家民办非企业单位经审查登记注册，纳入民间组织管理。

2004年，对社会组织进行清理整顿和复查登记工作结束后，区民政局对全区社会组织进行了第一次全面、正规的年检，民办非企业单位共63家，年检合格59家。

2006年，全区已发展各类民办非企业单位79家。

2007年10月，区民政局对现有的民办非企业单位进行了同类归并，并积极引导培育。

2011年，通过年检，区民政局对长期未按章程开展活动、没有接受年检和日常管理、社会组织机构名存实亡的75家民办非企业单位进行了撤销。

2013年，区民政局对全区65家民办非企业单位进行了年检，年检合格65家，合格率100%。截至2013年底，全区共登记成立民办非企业单位88家。2013年，区民政局开始进行社会组织评估工作，主要对全区申请评估的15家民办幼儿园进行了认真评估。经过评估，有2家获得3A等级，有3家获得2A等级，有2家获得1A等级。

2014年，根据《社会团体登记管理暂行条例》，依法注册登记社会团体11家，分别为：麦积区马跑泉镇余家山村扶贫互助社、麦积区马跑泉镇东山村扶贫互助社、麦积区马跑泉镇王家沽沱村扶贫互助社、麦积区新阳镇肖王村扶贫互助社、麦积区新阳镇新寨村扶贫互助社、麦积区新阳镇温缑村扶贫互助社、麦积区新阳镇赵胡村扶贫互助社、麦积区东岔镇曹坪村扶贫互助社、麦积区马跑泉镇闫家庄果树专业协会、麦积区卦台山伏羲文化旅游促进会、麦积区龙园社区合唱团。2014年，根据《民办非企业单位登记管理暂行条例》，依法注册登记民办非企业单位5家，分别为：麦积区青体跆拳道俱乐部、麦积区龙园幼儿园、麦积区中滩阳光幼儿园、麦积区花牛社区卫生服务中心、麦积区篮球俱乐部。

2015年，根据《民办非企业单位登记管理暂行条例》，依法注册登记民办非企业单位16家，分别为：麦积区甘泉镇小红帽幼儿园、麦积区麦积山居德育幼儿园、麦积区元龙镇小天使幼儿园、麦积区伯阳镇曹石幼儿园、麦积区社棠社区卫生服务站、麦积区道北街道区府路社区卫生服务站、麦积区金算盘会计培训学校、麦积区桥南街道社区卫生服务中心、麦积区中滩镇金童幼儿园、麦积区桥南街道天河社区卫生服务站、天水市麦积区刘万年美术馆、天水市麦积区甘泉镇甘泉幼儿园、天水市麦积区社棠镇星火幼儿园、天水市麦积区天锻家园启星幼儿园、天水市麦积区阳光幼儿园、天水市麦积区捷希足球俱乐部。

九、社会事务管理

（一）殡葬服务与管理

1987年9月，北道区人民政府根据国务院《关于殡葬管理的暂行规定》和甘肃省人民政府《甘肃省殡葬管理实施细则》，制定《北道区殡葬管理细则》，规定北道区4个街道办事处、二十里铺乡，以及马跑泉、社棠2个镇为火化区。细则中均对推行火葬、改革土葬提出具体要求，火化区内禁止出售墓穴和棺木，职工死亡不火化的不发丧葬费和遗属生活困难补助费，火化区外川区提地深埋，不留坟头，山区要建立公墓。并把推选火葬、改革土葬引入《居民公约》，作为评选文明单位的条件之一。1996年8月16日，在市民政局、工商局、公安局的组织下，北道区人民政府收缴火化了一批出售带有封建迷信色彩的殡葬用品，次年3月20日，再次对市场进行清理整顿，使出售殡葬迷信用品的店铺、摊位能够规范经营。1993年1月7日，市民政局意见性批复寨子街道办事处筹办北山公墓事宜，该公墓为经营性骨灰安葬公墓，不准安葬遗体或遗骸。1999年9月15日，区民政局在社棠镇半山村选荒坡地48.6亩，投资5万元成立了“天水市北道区半山公墓管理所”，性质为经营性公墓，采取边营运边建设的方法。2000年，成立麦积区殡葬管理服务中心，负责全区殡葬管理工作。截至2015年底，共埋葬尸体736具。

（二）禁毒

1989年10月14日，国务院召开“扫黄除六害”电话会议，根据会议精神，经区政府研究同意，成立“天水市北道区戒烟所”，由区民政局管理，主要工作职责是负责接收管理吸毒人员，强制戒毒。同年，收戒烟民57名。1990年，收戒烟民188名。1991年，收戒烟民240名。1992年，收戒烟民206名。1993年，收戒烟民329名。1995年，收戒烟民213名。1995年12月，戒毒工作移交公安机关管理，戒毒所场地产权隶属关系不变。

（三）婚姻登记工作

1985年至1994年，婚姻登记工作由各乡镇、办事处直接办理。

1994年1月，成立北道区婚姻登记管理中心，负责办理桥南、道南、道北3个辖区内居民的婚姻登记。

1996年10月3日，寨子办事处张家、吕家、何家、寨子等4个村的结婚登记手续由寨子办事处办理，辖区的城镇居民领取结婚登记仍然由区婚姻登记服务中心办理。

2004年4月，设立北道区民政局婚姻登记处，并在甘泉镇、麦积镇、吴砦乡、东岔镇、新阳镇、元龙镇、伯阳镇、利桥乡、中滩镇、五龙乡、琥珀乡、党川乡设立婚姻登记处。

2005年6月，吴砦乡人民政府婚姻登记处改为三岔乡人民政府婚姻登记处。12月，增设石佛乡、渭南镇、马跑泉镇、花牛镇、社棠镇5个婚姻登记处。

2012年6月，设立麦积区民政局婚姻登记处，负责花牛镇、马跑泉镇、社棠镇，以及桥南、道南、道北3个街道办事处婚姻登记工作。2012年8月，设立麦积区民政局中滩镇、元龙镇、甘泉镇、新阳镇4个婚姻登记处。麦积区民政局中滩镇婚姻登记处负责中滩镇、石佛镇、渭南镇婚姻登记工作。麦积区民政局元龙镇婚姻登记处负责元龙镇、伯阳镇、东岔镇、三岔镇婚姻登记工作。麦积区民政局甘泉镇婚姻登记处负责甘泉镇、麦积镇、党川乡、利桥乡婚姻登记工作。麦积区民政局新阳镇婚姻登记处负责新阳镇、琥珀乡、五龙乡婚姻登记工作。2012年8月20日，撤销花牛镇、马跑泉镇、渭南镇、社棠镇、伯阳镇、麦积镇、东岔镇、石佛镇、五龙乡、三岔乡、琥珀乡、利桥乡、党川乡人民政府婚姻登记处。次年3月15日，开始网上登记。

图17-2　婚姻登记现场

（四）婚姻登记情况

中华人民共和国成立前，没有独立的婚姻法，也不进行婚姻登记，婚姻依靠“父母之命”“媒妁之言”。1950年，《中华人民共和国婚姻法》颁布后，开始实行婚姻登记，男女双方经过婚姻登记机关登记并领取结婚证才算合法婚姻。同样，经婚姻登记机关登记离婚，并领取离婚证书，或经司法部门判决准予离婚的，才能解除婚姻关系。

1980年9月，国家颁布第二部婚姻法，规定最低婚龄为男22周岁、女20周岁。11月，民政部发布《婚姻登记办法》。

1984年3月开始，天水地区实行婚姻登记证明制度。申请结婚的男女双方所在村、街道或工作单位出具户口和出生年月、民族、婚姻状况证明，男女双方持证明书亲自到婚姻登记机关申请登记结婚。经婚姻登记机关审查，符合中华人民共和国婚姻法规定条件的，准予结婚，并发给结婚证一式两份，男女各执一份。

从1986年开始，国家开展婚前健康检查，防止麻风病患者和其他医学上认为不适宜结婚的疾病者结婚，减少生育缺陷，提高人口素质。1994年2月1日，国务院发布《婚姻登记条例》。根据甘民函〔1997〕80号文件要求，从1999年1月1日起，使用全国统一式样的婚姻状况证明、结婚登记申请书和离婚登记申请书，旧式的婚姻登记申请书和婚姻状况证明同时作废，并要求各乡镇、街道办事处、村委会、居委会、单位统一使用新婚姻状况证明，原使用的结婚证明、黄色单页离婚证同时作废。

2015年8月27日，民政部印发《民政部关于进一步规范（无）婚姻登记记录证明相关工作的通知》（民函〔2015〕266号），为落实国务院简政放权，方便群众办事创业的有关要求，经与教育部、公安部、司法部、住房和城乡建设部、银监会协商，自文件发布之日起，除对涉台和本通知附件所列清单中已列出国家的公证事项仍可继续出具证明外，各地民政部门不再向任何部门和个人出具（无）婚姻登记记录证明。甘肃省民政厅于2015年9月28日的甘民发〔2015〕147号转发了此文，天水市民政局于2015年10月22日的天市民发〔2015〕220号转发了此文。1986年至2015年麦积区婚姻登记情况见表17-7。

表17-7　1986—2015年麦积区婚姻登记统计情况表

年份	结婚登记数（对）	离婚登记数（对）	夫妻证明书新开与补领数（对）	年份	结婚登记数（对）	离婚登记数（对）	夫妻证明书新开与补领数（对）
1986	964	4	0	2001	1985	32	13
1987	1071	5	0	2002	2069	83	13
1988	1026	7	0	2003	2079	101	18
1989	1131	7	0	2004	2586	196	24
1990	1197	11	0	2005	2606	274	27
1991	1253	18	0	2006	2858	253	34
1992	1202	23	0	2007	3034	359	50
1993	1213	33	0	2008	3298	363	76
1994	1460	28	3	2009	3443	372	102
1995	1544	26	4	2010	3677	397	135
1996	1580	34	6	2011	3927	403	160
1997	1662	30	11	2012	4103	419	500
1998	1704	21	12	2013	4399	477	501
1999	1731	15	11	2014	4966	664	743
2000	1871	31	10	2015	4984	688	924

十、老龄工作

（一）基层老龄组织机构建设

1988年12月底，全区成立乡（镇）、街道办事处老龄工作委员会23个。老龄工作委员会主任由乡（镇）、街道办事处党委正、副书记或正、副乡长兼任，民政助理员负责老龄工作具体事务。

1989年，新成立乡（镇）、街道办事处老龄工作委员会3个，全区26个乡（镇）、街道办事处全面建立了老龄工作机构。1989年3月，在经委等7个离退休职工多的部门成立了老龄工作委员会，老龄委主任由副局长兼任。1989年底，全区建立村（居）委会老龄工作小组293个。

1990年，将村（居）委会老龄工作小组统一改名为老年协会。对乡（镇）、街道办事处和区直7个部门的老龄委的组成人员进行调整，确定主办人员。没有成立老龄委的单位确定1名干部负责老龄工作。村（居）委会成立老年协会131个，全区建立村（居）老年协会共计424个。

1991年，区委下发《关于加强基层老龄组织建设的通知》，明确乡（镇）、街道办事处老龄委主任由分管组织工作的副书记兼任。

1992年4月13日，经区委常委会会议研究决定：各乡（镇）、街道办事处老龄委设置专职副主任1名，并任命了新阳等21个乡（镇）、街道办事处老龄委专职副主任。

1999年12月，区委组织部下发《关于加强和整顿全区老龄组织的通知》，用1个月时间对全区各乡（镇）、街道办事处，以及区直部门老龄工作委员会、村（居）委会老年协会进行全面整顿。整顿后的老龄组织组织健全、机构完善、人员到位。

（二）争先创优活动和老年活动场所建设

1988年4月，在全区开展“老有所为精英奖”“敬老好儿女金榜奖”“老有所为奉献奖”等评选活动，还开展“全国敬老模范村居（社区）”“孝亲敬老之星”等活动，开展“敬老爱老助老”主题教育活动。活动期间共评选出出席全国表彰的先进人物3名、先进单位1个，出席甘肃省表彰的先进人物2名，出席全市表彰的先进人物4名。

1990年5月10日，申报立项，筹建区老年人活动中心，在道北体育场修建一座建筑面积460平方米的三层楼房。11月初动工兴建，投资13万元，其中，省老龄委拨基建补助款8万元。

1991年9月建成并投入使用。建成的老年活动中心设有游艺室（棋牌室）、阅览室、乒乓球室、健身房、门球场。1991年10月1日，区老年人活动中心对老年人开放，每年参加活动的老年人达2万人。

2004年，成立麦积区老年大学，开设舞蹈班、声乐班、书法班、绘画班、诗词班等培训班，为老年人提供了学习活动场所。

（三）敬老养老服务机构建设

2011年以来，建成麦积区石佛、甘泉、元龙3所中心敬老院，以及依托村委会办公阵地以及其他方式建成农村互助老人幸福院63个，新建城市社区日间照料中心8个。

1.甘泉（中路）中心敬老院

由区发改局（麦发改〔2009〕2号）立项，甘泉镇政府负责实施，选址在甘泉镇高庄村。2009年5月开工建设，2010年4月完成主体工程，2011年8月完工。工程结构为四层框架结构，建筑面积1424.53平方米，设置床位48张，附属用房面积288.7平方米。

2.元龙（东路）中心敬老院

由区发改局（麦发改〔2009〕10号）立项，元龙镇政府负责实施，选址在元龙镇佃儿村。于2009年11月开工建设，2010年7月完成主体楼建设，2011年10月完工。工程主体为四层框架结构，建筑面积1485.5平方米，设置床位68张，附属用房面积460平方米。

3.石佛（北路）中心敬老院

由区发改局（麦发改〔2009〕10号）立项，石佛镇政府负责实施，项目选址在石佛镇石佛村，占地15亩，将麦积区石佛（北路）中心敬老院和麦积区流浪未成年人救助保护中心项目整合实施。2010年7月开工建设，12月底完成主体楼建设，2011年4月启动附属设施建设，10月完工。工程主体为三层框架结构，设置床位80张，面积2370平方米，附属用房面积330平方米。

2012年，建成麦积镇红崖村、新阳镇王家庄村、花牛镇二十里铺村3个互助老人幸福院以及马跑泉镇柳林社区日间照料中心。

2013年，建成石佛镇石佛村、严山村、利桥乡百花村、渭南镇毛村、中滩镇渠刘村、新阳镇沿河村、琥珀乡罗家村、甘泉镇甘江村、社棠镇下曲村、马跑泉镇什字坪村、潘集寨村、三岔乡吴寨村、东岔镇龙凤村、党川乡花庙村、五龙乡凌温村等15个农村互助老人幸福院以及道北街道滨河路社区、桥南街道埠南社区2个城市社区日间照料中心。

2014年，建成马跑泉镇南崖村、慕滩村、李家坪村、龙槐村、王家沽沱村、甘泉镇高庄村、麦积镇滩子村、石佛镇大坪村、张湾村、朱家河村、中滩镇张白村、渭南镇渭西村、五龙乡刘家湾村、新阳镇席寨村、伯阳镇曹石村、元龙镇佃儿下村、东岔镇东岔村、党川乡石嘴村、道北街道张家村、何家村等20个农村互助老人幸福院，以及道北街道道北社区、北道埠街道羲皇社区2个城市社区日间照料中心。

2015年，建成元龙镇上崖村、后庄村、井儿村、桑渠村、李家沟村、三岔乡集村、太碌村、关庄村、嘴头村、闫西村、马跑泉镇傲子坡村、吴家崖村、三十甸子村、黑王村、新胜村、社棠镇半山村、东山村、税柳村、绵诸村、党川乡新庄村、中滩镇雷王村、渭南镇渭红村、渭南镇营房村、新阳镇赵家庄村、东岔镇盘龙村等25个农村老年人日间照料中心，以及道北办事处前进社区、社棠镇向阳社区、桥南办事处陇林社区3个城市社区日间照料中心。

（四）尊老敬老活动和优待政策

1987年至2013年，区老龄办每年在“老人节”期间都要组织离退休干部职工、农民老年人代表、区直有关部门和办事处负责人、区老龄工作委员会委员召开庆祝“老人节”座谈会，举办老年人运动会，组织离退休职工和老年人代表进行游园、划船、象棋、篮球、门球、武术、迪斯科等比赛。

1989年，在全区青少年中开展“敬老爱老月”活动，区教育局在城镇中小学开展敬老爱老征文比赛。10月5日，区老龄办与团委、妇联等单位举办“尊老、爱老、老少同乐文艺晚会”，参加的老年人1000余名。

1991年5月，区老龄办与道北办事处举办居民运动会，开展了祖孙三代“讲卫生”“搬砖”“托球”等趣味比赛，参加运动会的老人285名。

1998年，根据省委发〔1998〕32号文件精神，对全区老年人办理“甘肃省老年人优待证”。

1999年8月，老年人优待证发放对象的年龄由65岁以上调整为60岁以上。

1988年至1996年，对80岁以上高龄老人进行了春节慰问。1997年至2002年，对百岁老人发放了营养补助费。2003年至2007年，对90岁至94岁、95岁至99岁、100岁以上高龄老人，分别按每人每年300元、500元、1000元标准落实了高龄老人特殊生活补贴；截至2014年，补贴标准已分别提高到每人每年500元、700元、1200元。从2015年起，由人社局统一发放高龄补贴。

十一、社会救助

（一）农村最低生活保障

1998年底，北道区制定出台《北道区农村村民最低生活保障试行办法》，次年开始试行农村低保制度。试行2年后，因各种客观原因被迫中止。2007年，麦积区再次启动农村居民最低生活保障制度，保障时间从2006年10月1日起，低保资金由国家、省、市、区财政分别负担，乡镇、村不再负担。确定第一批农村低保人员5900人，平均每人每月15元。从2007年7月1日起，发放月补助金增至每人每月20元，保障人数增至1.87万人。2008年1月，人均月保障补助金增至40元。7月，人均月保障补助金又提高至50元。从2009年1月1日开始，全区城市低保保障标准由每人每月173元调整为190元，农村低保标准由年人均685元提高到728元。截至2009年底，全区共有城市低保对象10486户25196人，人均月补差98元（不含物价补贴58元），月发放低保金247万元及各种补贴146万元。累计下拨城市低保金2884万元及各种补贴1677万元。

按照省级部门要求，从2010年1月1日起，农村低保标准由年均728元提高到850元，平均补助水平由月人均50元提高到65元。2011年，农村低保标准一类人员为每人每月100元，二类人员为每人每月73元，三类人员由每人每月58元调整为65元，四类人员由每人每月45元调整为54元。

从2012年1月1日起，农村低保标准一类为每人每月124元，二类为每人每月97元，三类为每人每月82元，四类为每人每月57元。从2013年1月起，农村低保标准调整到一类每人每月159元，二类每人每月121元，三类每人每月82元，四类每人每月57元。同年9月，农村低保实行了清理清查整顿工作，对原有低保对象重新评审，全部按照户推荐、组排序、村评议、乡审核、区审批程序审批发放。低保工作实行了分类施保、收入核算、有效期管理、按月发放等制度。2014年1月1日起，农村低保进行了2次提标，一类标准为每人每月205元，二类标准为每人每月160元，三类标准为每人每月84元，四类标准为每人每月58元，对三、四类人员进行了有效管理（一、二类人员有效期为2年，三、四类人员有效期为

1年)。2015年1月1日起，农村低保进行了2次提标。一类标准为每人每月275元；二类标准为每人每月234元；三、四类没有调标，仍按原标准执行（三类为每人每月84元，四类为每人每月58元）。

（二）城市居民最低生活保障

1998年1月，北道区首次建立城市居民最低生活保障制度，保障标准为每人每月100元。同年，全区首批749户2360人纳入城市低保，占非农业人口的2.76%。保障金实行差额补助，人均月补差28.50元，全年共发放保障金56.43万元。1999年7月1日，全区城市居民最低生活保障标准在原来的基础上提高30%，保障标准提高为每人每月130元，全年共发放保障金85.38万元。至2002年12月底，北道区共有城市低保对象5939户14985人，占全区非农业人口的7.87%。全年发放保障资金626万元。至2004年12月底，北道区共有保障对象6842户16885人，占全区非农业人口的6.46%，人均月补差80.54元，其中，新增保障对象企业军转干部132人，全年发放保障资金1273.70万元，区财政配套列支30万元。

从2005年4月1日起，麦积区城市居民最低生活保障标准在原来的基础上提高10%，保障标准由原来的每人每月130元提高到每人每月143元。对保障对象中的“三无”人员、患大病重病人员、严重残疾人员、高龄老人及父母均为下岗职工的学生本人等特殊困难群众3664人给予了重点提标，低保补助资金在原补差的基础上增加10%～20%。是年，麦积区共新增保障对象3691人，清理停发不符合条件的低保对象1977人。2006年、2007年连续2年保障标准提高10%，从2005年的每人每月143元提高到2007年的每人每月173元。至2007年12月，全区共有城市保障对象9383户22709人，占全区非农业人口的7.86%。全年发放保障资金2720.83万元，人均月补差93.59元，区财政配套列支318.6万元。2008年，共有城市低保对象9339户22674人，占全区非农业人口的7.87%，全年共发放保障金2512.9256万元，人均月补差173万元。至2011年，城市低保由每人每月230元提高到了每人每月266元。2013年，低保标准为每人每月306元。经过考核后，进行差额补助，达到最低标准。在2014年，城市低保进行提标后，低保标准调整为每人每月352元。2015年，城市低保再次进行提标后，低保标准调整为每人每月387元。

（三）农村五保户供养

中华人民共和国成立后，农村五保户由村集体筹资供养，政府给予适当补助，提供吃、穿、住、医、葬。

2006年9月起，农村五保供养人员生活费用由区政府财政统一补助。2006年9月至12月，凡纳入农村五保供养人员的，政府财政年人均补助870元。

2007年1月起，年人均补助增至1452元，其中，省财政补助600元、市财政补助170.4元、区财政补助681.6元。

2008年7月至12月，对每位农村五保户实行每月20元的物价临时补贴，即月人均补贴由121元增至141元。

2009年1月起，农村五保供养年人均补助增至2046元，其中，省财政补助1000元、市财政补助209.2元、区财政补助836.8元。

2011年1月起，农村五保供养年人均补助增至2413元，其中，省财政补助1400元、市财政补助202.6元、区财政补助810.4元。

2012年1月起，农村五保供养年人均补助增至2796元，其中，省财政补助1800元、市财政补助199.2元、区财政补助796.8元。

2013年1月起，农村五保供养年人均补助增至3180元，其中，省财政补助2000元、市财政补助236元、区财政补助944元。

2014年1月起，农村五保供养年人均补助由3180元增至3504元，其中，省财政补助2510元、市财政补助198.8元、区财政补助795.2元。

2015年1月起，农村五保供养年人均补助由3504元增至4512元，其中，省财政补助3514元、市财政补助199.6元、区财政补助798.4元。

2006年至2015年农村五保供养人数及拨付资金数统计情况见表17-8。

表17-8　2006—2015年农村五保供养人数及拨付资金数情况表

年份	人数（人）	拨付五保资金（万元）
2006	1047	69.17
2007	1027	168.07
2008	1154	176.04
2009	1183	238.75
2010	2189	446.49
2011	2149	523.63
2012	2077	588.77
2013	1958	633.89
2014	1848	656.53
2015	1713	789.66

（四）城乡医疗救助

2006年6月27日，麦积区政府出台《天水市麦积区农村医疗救助实施办法》；2007年8月7日，出台《天水市麦积区城市医疗救助实施办法》。两个办法均规定了医疗救助对象的范围、救助标准、救助程序等。

2011年6月9日，麦积区政府出台《天水市麦积区城乡居民医疗救助实施细则》。实施细则规定了医疗救助对象范围、救助标准、救助程序等。

截至2013年12月5日，上级下拨麦积区医疗救助资金7242.3万元，其中，农村医疗救助资金4131.2万元，城市医疗救助资金3111.1万元。全区共救助困难群众181912人，发放医疗救助资金7017.2906万元，其中，救助城市困难群众54978人，发放医疗救助资金

3070.9605万元。救助农村困难群众126934人，发放医疗救助资金3946.3301万元，其中，资助农村贫困群众参加新型农村合作医疗117627人，资助资金443.362万元；代缴城市低保一、二类人员城镇居民基本医疗保险24511人，代缴资金32.191万元。

2014年，城市农村医疗救助资金合并，统称城乡居民医疗救助，当年共发放资金2727.288万元，救助74835人次，其中，救助住院困难群众3200人，发放医疗救助资金2499.64万元，资助参合参保71635人，发放医疗救助资金227.65万元。2015年，共发放医疗救助资金1070.9166万元，救助66409人，其中，救助住院困难群众1186人，发放医疗救助资金812.01万元，资助参合参保65223人，发放医疗救助资金258.9066万元。

（五）城乡居民临时生活救助

2010年8月2日，《天水市麦积区城乡居民临时救助实施办法》出台，规定了救助原则、救助办法、适用范围、救助标准、救助程序等。2010年至2015年，共救助6711户29252人，发放临时救助资金1442.5266万元。

十二、社会福利

（一）儿童福利

2011年1月起，全区散居孤儿由政府财政发放孤儿基本生活保障补助，补助资金由上级财政负担。补助时间从2010年1月起，人均月补助资金360元。2011年1月起，城市散居孤儿月补助资金增至600元，农村散居孤儿月补助资金增至400元。2012年1月起，城市散居孤儿月补助资金增至640元，农村散居孤儿月补助资金增至440元。2010年至2015年麦积区拨付散居孤儿生活补助资金统计见表17-9。

表17-9　2010—2015年麦积区拨付散居孤儿生活补助资金表

年份	城市散居孤儿数（人）	农村散居孤儿数（人）	拨付基本生活补助资金（万元）
2010	9	35	19.008
2011	8	88	48
2012	8	88	53.2
2013	9	85	51.612
2014	10	64	47.016
2015	10	62	40.416

（二）慈善工作

麦积区慈善协会成立于2008年6月20日，民政局局长兼任会长，现有会员135人，兼职工作人员3人，财政没有拨款。

2009年至2015年，杭州万向集团共资助麦积区特困生1093人，发放特困生助学款216.26万元。

2009年5月，省慈善总会下拨甘泉敬老院建院资金80万元，2010年4月完工（总造价

400万元)。2009年11月，省慈善总会下拨元龙东路中心敬老院建院资金50万元。2009年，杭州万向集团开展“四个一万”工程，定向资助特困生150人，资助资金30万元。

十三、民政财务

(一) 财务管理

麦积区民政财务管理大体分为两个阶段。2001年以前，民政财务单独设账，配有会计和出纳，上级下拨的资金全部到达民政账户，由民政局按规定下拨乡镇使用，每年进行2次检查。2002年后起，麦积区实行财政统管，取消各单位账户，民政资金进入惠民专户和社保专户，民政局只设报账员，每次下拨资金都由民政局与财政局联合行文，乡镇全部实行社会化发放，进入一折统。区财监局、区审计局对各项资金使用情况进行监督检查和审计。

(二) 财务变化

1985年，民政资金仅有口粮款和优抚款2种，上级下拨北道区资金35万元，到1997年增至338.7万元。从1998年起，新增城市低保业务，当年拨付63.8万元。2006年，新增了大病医疗补助业务，当年拨付292万元；五保供养业务，当年拨付58万元。2007年，新增了农村低保业务，当年拨付199万元。2008年，又新增了灾后重建业务，当年拨付2.3166亿元。2010年，新增了临时救助业务，当年拨付74万元。2011年，新增了散居孤儿生活补助业务，当年拨付57万元。随着各类对象的增加和补助标准的逐年提高，民政资金每年大幅度增加，到2015年，全区民政经费已达17540万元。

十四、获得荣誉

(一) 先进个人

安九花，麦积区甘泉镇屈家坪村农民，1988年10月被评选为全国“敬老好儿女金榜奖”先进人物。

杨苍英，麦积区中滩乡四合村农民，1999年4月被评选为全国“敬老好儿女金榜奖”先进人物。

霍金娥，麦积区三岔乡农民，2005年1月3日被全国“敬老爱老助老”主题教育活动组委会授予“孝亲敬老之星”荣誉称号。

王素琴，北道区道南办事处人民路居委会主任，1995年被评为“全国优秀居民委员会主任”。

雷世来，麦积区石佛乡涧沟村党支部书记，2009年8月31日，被授予“全国优秀复员退伍军人”称号。11月2日，雷世来在北京参加全国优秀复员退伍军人表彰大会时，受到胡锦涛总书记、温家宝总理接见。

温晓阳，麦积区民政局副局长兼军供站站长，2009年被民政部评为“抗震救灾先进个人”。

王洪超，武警麦积消防中队队长，2009年被评为“抗震救灾先进个人”。

王政，天水市麦积区北道埠办事处干部，2013年被评为全国“孝亲敬老之星”。

（二）先进集体

1992年4月，北道区被省委、省政府评为全省“双拥模范城”。

1995年11月、1999年4月、2003年11月，北道区先后3次被民政部命名为“村民自治模范区”。

1995年，北道区桥南办事处被命名为全国“街道之星”。

2002年8月，北道区民政局被民政部新闻办、乡镇论坛杂志社、社区杂志社评为“甘肃省先进通联站”。

2003年3月，北道区被省委、省政府、省军区评为全省“双拥模范城”。

2006年8月，麦积区被省委、省政府、省军区评为全省“双拥模范城”。

2006年11月20日，麦积区道北街道办事处北山路社区被全国老龄办授予全国“敬老模范村居（社区）”。

2006年1月，麦积区伯阳镇曹石村被司法部、民政部命名表彰为全国“民主法治示范村”。

2011年10月，麦积区被省委、省政府、省军区评为全省“双拥模范城”。

2015年7月，麦积区被省委、省政府、省军区评为全省“双拥模范城”。

第三节　秦安县民政

一、机构设置

1975年5月，设立县民政局，撤销原县民卫局。

1990年，成立社会福利生产办公室，为股级事业单位，核定事业编制4名，负责城乡福利企业的审查和管理。

1995年，成立双拥领导小组办公室，负责拥军优属、拥政爱民工作，协调解决军地关系，指导双拥模范县建设和军民共建单位的活动。

1997年，成立老龄工作办公室，为科级事业单位，核定事业编制5名。

2000年，成立民间组织管理办公室，为股级事业单位，核定事业编制6名，负责社会团体和民办非企业单位的登记审查，年检和监督管理。

2002年，并入民政局，负责落实国家、省、市对老年人的优惠政策，维护老年人的合法权益，协调全县老龄工作。

2004年，成立婚姻登记中心，为股级事业单位，核定事业编制4人，负责和指导全县婚姻登记工作，督查婚姻法的贯彻落实情况。

2005年，成立城乡低保办公室，为股级事业单位，核定事业编制7名，负责城乡低保工作的审查和调查。

2013年，成立秦安县居民家庭经济状况核对中心，为股级事业单位，核定事业编制2名，负责对全县民政对象的户籍状况、财产状况和经济情况进行调查核实；同年9月，成立秦安县救灾物资储备中心，为股级事业单位，核定事业编制2名，负责救灾物资的采购、加工、储备、发放和运输等日常管理工作。

2015年，成立秦安县社会福利综合服务中心，为副科级事业单位，核定事业编制6名，负责残疾人等弱势群体的医疗保障、康复训练、护理服务工作。

二、行政区划与地名管理

（一）行政区划

2015年，秦安县辖12个镇5个乡、8个社区居委会、428个村民委员会、1318个村民小组。

12个镇：兴国镇、西川镇、莲花镇、陇城镇、郭嘉镇、千户镇、五营镇、叶堡镇、安伏镇、王尹镇、兴丰镇、魏店镇。

5个乡：王窑乡、中山乡、刘坪乡、云山乡、王铺乡。

2001年9月，经省民政厅批准，秦安县西川乡、莲花乡撤乡建镇。

2002年7月，省民政厅批复同意秦安县郭嘉乡、陇城乡撤乡建镇，撤乡建镇后政府驻地、行政区域、管辖范围不变，建镇后实行镇管村体制。

2015年3月，省民政厅批复同意秦安县五营乡、魏店乡、叶堡乡撤乡建镇，撤乡建镇后，政府驻地、行政区域、管辖范围不变，建镇后实行镇管村体制。同年10月，省民政厅批复同意秦安县安伏乡、千户乡、王尹乡、兴丰乡撤乡建镇，撤乡建镇后，政府驻地、行政区域、管辖范围不变，建镇后实行镇管村体制。

2003年，按照中央和省市的统一部署，根据民政部等七部委《关于乡镇行政区划调整工作的指导意见》及省政府办公厅关于《甘肃省开展乡镇行政区划调整工作实施意见的通知》精神，秦安县人民政府于2003年12月下发《秦安县开展乡镇行政区划调整工作实施方案的通知》，报市政府审查同意，经省民政厅批复，决定撤销郭集、吊湾、郑川、好地、古城等5个乡。

2006年，根据中央、省、市的有关要求，为了推动乡镇职能转变，深化农村税费改革，减少村组干部，减轻农民负担，县委、县政府制定《关于开展撤并村组，精简村组干部，加强村民自治建设的意见（试行）》，在撤并过程中，按照利于村民自治、利于群众办事的标准设立村委会。通过同类合并、优势互补、区域联合的方式撤并村组。全县17个乡镇上报撤并111个村委会，经调查论证，最终确定撤并87个村委会，精简村组干部771人，其中，村干部249人、组干部522人。并村减干后，全县村委会总数由515个减少到428个。其中，千户乡撤并17个，西川镇撤并13个，王尹乡和陇城镇各撤并8个，刘坪、云山、五营、兴丰4个乡各撤并1个，莲花镇、魏店乡和王窑乡各撤并2个，叶堡乡撤并3个，安伏乡撤并4个，王铺乡撤并5个，中山乡和兴国镇各撤并6个，郭嘉镇撤并7个。

（二）勘定行政区域界线

1992年7月20日，秦安、清水、北道（麦积）联合勘界第1次会议在秦安饭店召开，会议研究并通过各方边界线的走向原则、勘界实施方案，各方交换了各自标绘的边界线走向地形图和三方交会点地形图。是年10月，完成秦安、清水段64.1千米的市内县级界线的勘定。1993年，全面勘定秦安县与张家川县、甘谷县、北道区、通渭县4条县级界线。1994年，全面勘定秦安县与庄浪县、静宁县的2条地市级界线。

（三）地名管理

1995年，县民政局对县城区地名管理现状进行调查，在1982年地名普查中，城区有街（路）15条、巷112条，其中，有名称的巷79条。1995年街（路）20条、巷127条，其中，有名称的巷98条，街（路）比1982年增加了5条，巷增加了15条，有名称的巷增加了8条。这些街（路）、巷名称除历史遗留名称和中华人民共和国成立初期命名的外，5条新开辟的街（路）名称和19条巷的名称，一部分是城建部门在城区建设规划时命名的，一部分是公安部门在设置门牌时命名的。这些地名均由这两个部门的业务人员根据当地群众的习惯叫法或处所位置命名，不属法定名称。

2006年4月，陇城镇陇城村更名为娲皇村。5月，西川镇农民村恢复为神明川村。

2007年6月，对城区街（路）、巷进行了标准化处理。经县政府批复对城区12条街（路）和89条巷进行了命名，对8条街（路）和11条巷进行了更名。

2014年12月，全国第二次地名普查全面开始，为期4年，对全县11大类地名进行全面普查。

（四）地名标志设置

1984年，城建部门在城区主要街道设置了简易地名标志，由于质量问题和管理不善，1年左右均被损坏。

1997年，按照省、市安排，在省道207线（定西—天水）、304线（秦安—隆德）两侧500米以内的村庄设置地名标志。经过摸底，在省道304线两侧沿线的莲花城、曾家梁、张家那面、四十里墩湾、杏树滩、刘家铺、杜家寨、杜家窑、关家新庄、杨家大湾、秦家洼村设立了地名牌。在省道207线西侧沿线的张家窑、杨家店、王家铺、半墩、郭嘉、洛泉、贠王川、寺咀、槐树庙、杨家沟、金城、王家坡、叶家堡、侯家滩子、石窑子、十里铺、蔡家店、杨家坪、王家新庄（王尹）、王家湾、云山、吴大等乡镇设立地名牌。

2006年，省政府办公厅下发《关于实施地名公共服务工程有关问题的通知》，要求在甘肃省开展城市标准地名标志设置工作，县政府成立秦安县城市标准地名标志设置领导小组，领导小组下设办公室。分别从成员单位和各社区抽调16人，对城区街（路）、巷、门牌号、小区等逐街逐巷逐户进行了摸底登记，并对部分街（路）、巷作了命名、更名和标准化处理。

2013年，在城区主要街道设置地名标志牌150个（块）。

三、基层政权建设

1985年，全县辖1个镇、21个乡、7个居民委员会、514个村民委员会、1356个村民小组。1991年，辖1个镇、21个乡、515个村民委员会、1385个村民小组。2002年，辖3个镇、19个乡、6个社区居委会、515个村民委员会、1384个村民小组。2003年，辖5个镇、17个乡。2004年，辖5个镇、12个乡、6个社区居委会、515个村民委员会、1384个村民小组。2006年至2012年，辖5个镇、12个乡、6个社区居委会、428个村民委员会、1384个村民小组。2015年，辖12个镇、5个乡、8个社区居委会、428个村民委员会、1318个村民委员会。

2006年，按照天水市乡镇职能转变实施意见要求，乡镇机构设党政综合办公室（挂"社会治安综合办理办公室""计划生育办公室"的牌子），主要承担党委、人大、政府、纪委、组织宣传、纪检监察、司法综治、计划生育、信访群团、武装、民政等职能。

（一）村委会选举

《中华人民共和国村民委员会组织法》规定，村民委员会主任、副主任和委员，由村民直接选举产生，任何组织或个人不得指定、委派或者撤换村民委员会成员。

1990年至2008年，全县共进行了8次村民委员会换届选举工作。

1991年，《中华人民共和国村民委员会组织法》在全县160个村委会全面实施。

1995年，县民政局会同县委组织部、宣传部在党校举办了一期有190名村干部参加的培训班，全年共召开党员干部会15814次、团委会5046次、群众大会5339次，书写标语72761条，办专栏3647期，办墙报5641期。这次选举，采取差额和无记名投票方式，选举村主任513名、副主任320名、委员1150名，其中，妇女委员246名、少数民族委员4名。

1998年，秦安县根据《中华人民共和国村民委员会组织法》制定《秦安县第三次村委会换届选举实施方案》《秦安县村委会选举暂行办法》等。这次选举，产生了512名村主任、318名副主任、1143名委员，其中，妇女干部292名、新当选的村委会干部234名。

2002年，《中华人民共和国村民委员会组织法》颁布后的第1次选举，全县515个村全面进行选举。选举村委会干部1975名，其中，村主任514名、副主任296名、委员1165名（其中，女委员498名）。

2004年10月9日至2005年1月30日，依法选举村委会干部1976名，其中，村主任515名、副主任318名、委员1143名。有72名村主任、33名副主任、47名委员落选。

2008年，全县共有村委会428个，登记选民352345人，其中，女性选民172649人。在村委会班子中，女性干部326名、少数民族干部22名，40岁以下的村干部占64%以上。

2010年，全县共组织313108名选民参加投票选举，依法选举产生了村委会干部2716名，其中，村主任428名、副主任396名、委员1892名。

2013年，全县428个村共依法选举产生了村委会干部3077名，其中，村主任428名、副主任845名、委员1804名，共选举产生村务监督委员会主任428名、委员1016名。

（二）社区及社区居委会建设

1991年3月28日，天水市政府印发《天水市社区服务三年发展规划》，提出了三年发展规划的指导思想和奋斗目标。

由于受各方面条件、因素限制和影响，社区建设工作进展比较缓慢，直到2001年社区建设工作才全面启动，成立秦安县社区建设领导小组，制定《秦安县城市社区建设2001年度实施方案》。将原来的南关、合作、先农、上关、北关、大城、映南居委会，按照社区建设要求，在充分掌握原有居委会地域分布和人员等情况的基础上，合理划分为南关、何川、北关、大城、映南、蔡店六大社区居委会。

2011年4月2日开始，至5月10日结束，秦安县6个社区全面开展居委会换届选举工作，选举产生社区居委会主任6名、副主任及委员24名。

2015年7月23日，按照方便管理、便于服务的原则，在兴国镇新设立凤山社区和杨坪社区，对大城、南关、北关、何川、蔡店、映南等6个社区的辖区范围进行了调整，截至年底，全县城市社区数达到8个。

四、双拥工作

1995年，成立秦安县双拥工作领导小组，县委书记任领导小组组长，隶属县委。

每年县人武部、县双拥办及双拥成员单位都要举行仪式为新兵送行。在老兵退伍之前，县四大组织及领导对退伍老兵进行欢送。2012年8月1日，在庆祝建军85周年之际，秦安解放纪念馆建成开馆，并正式免费开放。2013年2月25日，秦安县公安消防大队举办派出所消防监督业务培训班，来自全县17个基层派出所的42名民警参加了此次培训；4月3日上午，秦安县直机关干部职工和武警官兵到县烈士陵园开展祭扫烈士陵园活动。2014年6月27日，在建党93周年纪念日来临之际，秦安县在葫芦河生态公园举行红军长征东渡葫芦河纪念碑揭碑仪式。

图17-3　2010年7月16日，雷鸣副市长检查双拥工作

每年春节和八一建军节期间，县领导和双拥成员单位领导组成慰问团，代表全县人民慰问秦安县驻军和优抚对象。同时，举行座谈会和军民联欢晚会，征求秦安县驻军及优抚对象对地方党委、政府的意见，对提出的有关问题给予适当解决。

在县双拥办的协调下，县人武部、县武警中队、县公安消防科等驻县部队，参加秦安县抢险救灾、扶贫帮困、植树造林、军民共建社会主义新农村、国防教育、维护社会稳定等各项工作。

1993年5月17日，县大物铺（新华商店）发生火灾，县中队官兵抢救出价值3万余元的物资，保护了上百万元的货物。大火扑灭后，又清理垃圾20余吨。

1996年5月24日下午3时许，西川乡新兴、桥西两个塑料厂发生火灾，县武装部战士抢救出价值80余万元的原料、成品、设备和材料，保护了近200万元的资产。

1999年3月27日，映南街居民区民房发生火灾，县中队李冠春冲入火海，抱出煤气罐，避免了爆炸事故。县武警中队在“2·5”解救人质战斗中，配合公安、政法部门勇擒凶手，保护了人民群众的生命安全，天水市武警支队给予县中队通令表彰。县预备营在古城乡康坡梁共建枣粮间作田300亩。

2001年11月20日晚，兴国镇凤山村发生山体滑坡，县人武部、县武警中队等驻地官兵和城周围4个乡镇的民兵应急分队投入抢险救灾中，经过14个小时的战斗，从4米深的土层中刨出4名被埋群众，完成抢险救灾任务。

2012年5月18日，秦安县人武部官兵和中国红十字会天水秦安仁康医院的医疗专家一行21人，来到崔河村为广大村民开展免费义诊活动。

2013年7月12日，由于受持续强降雨影响，叶堡乡三棵树村王山组一水坝出现险情，水坝出现多处裂缝，威胁下游侯滩村石窑组100余户村民的生命财产安全。县人武部参加防汛抢险工作，通过采取开挖引流渠、填土加固地基和水泵排水等措施排除险情。

2014年1月13日14时19分，秦安县消防大队接到县公安局“110”指挥中心指令称：秦安县五营乡赵宋村发生一起麦草火灾。消防大队立即出动1台消防车、7名消防队员火速赶往火灾现场，于19时15分扑灭大火。

五、优待抚恤

人民公社化时期，对农村义务兵家属实行代耕代种和优待劳动日制度。改革开放后，农村实行家庭联产承包责任制，农村义务兵家属优待金的发放采取乡镇统筹的办法，就是由村上向农户按每人每年1元的标准收取，交乡镇政府统一按本乡镇上年农民人均纯收入的标准发放，但在实际发放过程中，由于种种原因，各乡（镇）发放标准不一，均未达到上年农民人均纯收入的标准。1985年至2000年，发放优待金最高的兴丰乡每年每户300元，其他乡均为每年每户180元。

1990年4月，革命伤残人员换证工作开始，当年共换证263人，其中，伤残军人260人、伤残机关工作人员2名、伤残民兵1人。在伤残军人中，特等功1人、一等功3人、二等功甲13人、二等功乙67人、三等功甲100人，三等功乙79人。

1999年，秦安县开展了“爱心献功臣”活动。先后对298名重点优抚对象与全县各部门、各单位、驻县各部队结成帮扶对子，通过“一助一”的形式，采取多种渠道进行社会帮扶。

2001年，农村义务兵家属优待金实行社会统筹，采取财政代扣、乡村征收和驻区单位由民政部门上门收缴的办法。秦安县建立《优抚对象补助标准自然增长机制》，确保优抚对象的生活水平不低于当地群众的生活水平。

是年，由区民政、财政牵头，会同有关单位成立“优抚安置普查办公室”，对全县15000余名重点优抚对象逐户逐人调查、核实、登记造册。全县共有各类优抚对象1325人，其中，革命伤残军368人（在乡212人、在职156人），“三属”119人（烈士家属50人、未抚恤15人，因公牺牲军人家属31人、未抚恤7人，病故军人家属38人、未抚恤9人），伤残国家机关工作人员2人、伤残民兵3人（新增2人），在乡复员军人768人（未定补14人），带病回乡退伍军人164人（新增78人），无军籍退休职工4人，优抚安置事业单位1处（县烈士陵园）。

2002年，农村实行税费改革，农村义务兵家属优待金改革由财政转移支付，当年全县优待金标准统一提高到每户1100元，全县有农村义务兵534人，共发放优待金58.74万元。2003年，有农村义务兵571人，共发放优待金62.81万元。2004年，有农村义务兵540人，共发放优待金5.94万元。2005年，优待标准提高到1200元，有农村义务兵519人，共发放优待金62.28万元。2006年，有农村义务兵483人，共发放优待金57.96万元。2007年，有农村义务兵490人，共发放优待金58.8万元。随着人民生活水平的提高，农村义务兵家属的优待金也随之提高。

2004年，为886名在乡老复员军人、在乡伤残军人进行了健康检查。

2007年，按照《天水市重点优抚对象医疗救助方案》，秦安县对全县烈士家属、因公牺牲军人家属、病故军人家属、在乡老复员军人、退出现役的残疾军人等重点优抚对象进行了医疗救助。至2007年底，共救助重点优抚对象23人，救助资金18.77万元。

2008年，为67名六级以上残疾军人在社保局医保中心统一办理了城镇基本医疗保险，人均1143元，共支付资金7.66万元。县民政局组织专人为2006年、2007年入伍的490名农村现役军人家属发放优待金79095万元，人均1550元；为秦安籍及驻县部队官兵于2007年度在部队立功受奖的，按一等功500元、二等功300元、三等功200元、优秀士兵100元的标准给予了一次性奖励。

是年，为在乡的1038名重点优抚对象支付新农合参合资金2.08万元，为168名患重大疾病的优抚对象解决医疗费42.8万元。

自2010年以来，秦安县连续提高各类优抚对象抚恤和生活补助标准。

2011年，解决了对越作战下岗失业人员48人。将本人及家属全部纳入城乡低保范围，安排公益性岗位。核定每人每月工资1000元，其中，县财政每月补助500元，公益性岗位每月补助500元。补缴续缴养老金，由县财政局将补缴续缴的养老金人均5000元共计24万元拨入社保局养老保险专户。解决廉租住房问题，在本人书面申请的基础上，解决住房需求48套。

2012年，完成11处零散烈士墓和1处零散烈士纪念碑的自愿迁移和就地修缮工作。

2014年，完成260名残疾军人的换证工作，收集并按程序上报48名烈士的证书换证资料。

六、复退军人安置

1990年，共接收退伍军人和转业志愿兵408名，其中，农村退伍的246名；需在城镇安置工作的162名；非农业户口的112名；转业志愿兵8名；农村户口的二、三等伤残军人6名；家庭户口变迁的4名；在云南前线荣立二、三等功的32名；服役5年以上的12名，3年以上的396名；党员179名、团员221名；有一技之长的“军地两用人才”10名；带病回乡的退伍军人4名、精神病患者1名。至年底，需安排工作的162名退伍军人全部得到安置。回农村的246名退伍军人，由乡镇政府在安排好他们生产、生活的同时，充分发挥他们的一技之长，通过和劳动部门配合，接收的10名“军地两用人才”，已有6人得到安置。

1991年，共接收退伍军人279名。其中，农村退伍的130名；需在城镇安置工作的149名，其中，城镇户口的109名，转业志愿兵9名，农村户口的二、三等残疾军人7名，家庭户口变迁的6名；在云南前线荣立二、三等战功的18名。“军地两用人才”20名、带病回乡的退伍军人4名、精神病患者1名。他们大部分安置在乡（镇）县直部门和企事业单位工作，上挂单位的实行包干安置。对回农村的130名退伍军人，县政府作了具体安排，在农用短缺物资供应、宅基地审批、村级班子建设等方面，均给予优先照顾。

1992年，接收转业志愿兵和退伍军人154人，需在城镇安置工作的68人。

1993年，共接收退伍军人、转业志愿兵294人（农村籍109人、城镇籍185人），其中，转业志愿兵17人，符合安置政策的90人优先得到安置。是年，市民政局下达秦安县安置指标：县事业单位4人、企业31人、省属企业23人。

1994年，接收安置退伍军人、转业志愿兵214人，其中，城镇籍99人、转业志愿兵18人。

1995年、1996年、1997年3年接收的转业志愿、城镇义务兵未安置，1998年安置166人，2000年安置了1999年接收的69名志愿兵和城镇退伍军人，全部安置在企业和自收自支的事业单位。经调查，除粮食系统和招待所上岗情况较好外，其余单位均存在退伍军人不能及时上岗或上岗后又下岗的现象。由于企业体制改革，总体就业环境欠佳，全县共有上岗后又下岗的退伍军人92名，占安置总数的39.1%，安置后未上岗的23名，占安置总数的9.7%。2002年，安置了2000年接收的转业志愿兵和城镇退伍军人。2001年，接收转业志愿兵共89人。

2002年，秦安县认真贯彻《甘肃省退役士兵自谋职业经济补助暂行办法》，积极探索退伍军人安置工作新思路，尝试走经济补偿、自谋职业和指令性安置相结合的新路子。

2003年开始，在城镇退伍军人、转业士官的安置上，实行自谋职业、政府给予经济补助的办法。退役士兵自谋职业经济补助的标准为：甘肃省下达安置计划部门的退伍义务兵，补助1.2万元；服现役不满10年的复员士官，补助2万元；服现役满10年以上的转业士官，补助3万元。秦安县按照此标准，为2001年209名退伍军人及2002年至2007年1099名退伍军人、转业士官实行了自谋职业、经济补偿的安置办法。2008年至2011年，共接收退伍军人75人，全部实行了经济补偿安置。2011年，国家对退役士兵安置政策进行了较大调整，同年11月1日颁布实施了《退役士兵安置条例》。该条例规定：在部队未选择自主就业的12年（含）以上转业士官、因战致残被评定为五至八级的伤残军人、服役期间平时荣获二等功以上或战时荣获三等功以上荣誉奖励的和烈士子女由地方政府安排工作。

2012年，是贯彻落实《中华人民共和国兵役法》和《退役士兵安置条例》的第一年，也是退役士兵安置体制改革的第一年，对安置就业和自主就业的退役士兵进行了分类登记。

图17-4　秦安县2013年冬季退役士兵职业教育培训开班仪式

七、减灾救灾

秦安县是一个自然灾害较多的县，每年各种自然灾害给农业生产造成很大损失，给人民群众的生活造成一定的困难。主要灾害有：旱灾、冰雹、暴雨、霜冻、滑坡、地震、农作物病虫害等。

1985年7月，郭集、郭嘉、兴丰、千户、云山、莲花等乡遭受不同程度的冰雹灾害，涉及14个乡84个村的7893户4.621万人，成灾面积4.629亩，减产粮食1609万斤，死亡大牲畜1头、猪羊30只、鸡106只，倒塌房屋3768间。灾后，县委、县政府第一时间组织干部群众抗灾救灾，组织群众开展生产自救。

1986年7月，吊湾、魏店、王铺、刘坪、中山、王窑、安伏、古城、千户、陇城等乡连续5次遭受冰雹灾害，受灾面积49.85万亩，受灾群众31万余人。发放救济款69万元，并组织群众开展生产自救。

1987年，自然灾害频繁，受灾面积达23.67万亩，减产粮食1768万斤，成灾人口22.4万。共发放救济款66.2万元，回销粮1720余万斤。

1988年7月，2次特大暴雨致中山、刘坪、五营、王尹、郑川、云山、陇城等7个乡的10个村滑坡，险区内的108户597人受灾。灾后，县、乡组织干部群众救灾，发放搬迁补助4万元，并根据群众受灾具体情况和乡政府签订了搬迁协议书。

1989年，全县发生旱灾、冰雹和病虫害等自然灾害，受灾面积23.5万亩，减产粮食1205万斤，受灾人口9.6万。共发放救济粮182.2万斤。

1990年7月16日凌晨，刘坪、叶堡2个乡遭受特大暴雨袭击，造成叶堡乡新联村杨湾小组村前南北方向出现滑坡，道路中断，2根4000伏农电线杆被冲倒，砖瓦厂5间房屋被压，7户居民的24座66间房屋倒塌。新联村穆家山村民小组村前50米处出现滑坡，村中心裂开长300米、最宽处约30厘米的裂缝，造成11户55人急需搬迁。叶堡乡侯滩村秦家嘴村民小组村中心出现长300米、宽0.4～1米的裂缝，造成30户147人急需搬迁；叶堡乡新渠村丁家湾村民小组1户4间房屋被洪水冲走。刘坪乡树桩村山背后村民小组村中心、村后12米处出现2条长300米～550米、宽0.3米～1.7米的裂缝，造成险区20户98人急需搬迁。灾害共造成4个乡镇、7个村委会、10个村民小组的122户611人需要搬迁。天水市民政局下拨滑坡搬迁补助费6.1万元。秦安县成立救灾领导机构，抽调专人，四大组织领导分乡包干，深入灾区，全力以赴，奋起抗灾。先后下拨救灾粮250万斤、救灾款14万元、化肥340吨、柴油65吨、种子粮食指标500吨，发放贷款10万元。同时，组织社会力量，支援灾区抗灾生产，共捐助柴油100吨、现金2.69万元、粮食4545斤、面粉1200斤、衣物7345件，6个未受灾的乡给灾区支援洋芋籽5.5万公斤。

1991年7月5日，西川乡小庄村，因暴雨造成1户村民院子右侧山崖塌方、2间南房被压，造成3死1伤，县上补助现金1660元。

1992年7月9日零时、10日下午3时，王窑、郭嘉、郭集3个乡遭受冰雹、暴雨袭击，农作物受灾面积12742亩，其中，粮食作物1.26万亩、果园116亩，毁坏农电线路杆2根，造成3个乡14个村的1968户7986人受灾，经济损失27.28万元。

1993年5月25日，莲花、好地2个乡遭受冰雹袭击，造成18个村、38个村民小组的2775户15122人受灾，农作物受灾面积2.69万亩、成灾面积1.11万亩，约减产粮食267.3万斤。

1994年6月25日、7月8日、7月18日，先后3次发生冰雹、暴雨灾害，魏店、郭嘉、王窑、郭集、五营、刘坪、莲花、叶堡8个乡镇29个村的4905户25411人受灾，受灾面积3.09万亩、成灾面积1.43万亩，成灾人口3204户16022人。

1996年6月24日下午4时20分，莲花、五营、中山、刘坪4个乡的12个村遭受暴雨冰雹袭击，造成2939户13890人受灾，受灾面积达17918亩。中山乡九龙村王新田家后院10余米高的崖塌方，压死猪1头，压坏房屋3间，直接经济损失1万元。

1997年，60年不遇的特大旱灾造成夏粮大幅度减产，秋粮大面积绝收。

1998年前，救灾款随粮走，群众只拿供应证在粮站领粮。1998年，实行“钱粮脱钩”，各乡镇用救济款从市场购买粮食救济灾民。

1999年7月10日下午，五营乡王店、蔡何2个村遭受近70年未遇的特大暴雨、冰雹灾害，降雨时间持续70分钟。2个村受灾共6个村民小组603户3170人。受灾面积3600亩、成灾面积2775亩，成灾人口210户1050人。暴雨造成王店村10户村民麦场上的麦垛被洪水冲走，损失小麦1万余斤，14棵大树被风刮倒，农电线路被吹断，4条农路被冲毁，120户村民院子进水，损坏民房7间。11日上午，民政、防汛办工作人员仔细查看并核实了灾情，积极组织群众抢收抢运小麦、抢扶玉米、抢修公路，寻找人畜饮水水源，开展生产自救。

2000年5月10日，西川、郑川2个乡的12个村受冰雹灾害，受灾面积1.4万亩，其中，夏粮0.27万亩、经济作物0.18万亩、果园0.95万亩，受灾人口2968户15405人，因灾减产粮食35.2万斤，直接经济损失151.7万元。

2001年11月20日晚，兴国镇凤山村马家崖山体滑坡，使6户44人受灾，摧毁民房90间，死亡4人，直接经济损失35万元。发放救灾款7.4万元、棉被7床、衣物40余件。

2003年6月，秦安县人民政府制定并印发《秦安县抗灾救灾应急预案》，预案共分六章二十八条。

2005年6月30日晚至7月2日上午，秦安县普降中到大雨，致使安伏乡大坪村渠沟自然村、莲花镇冯沟村七组、五营乡麻沟村冯湾自然村3处出现了山体裂缝，兴国、兴丰、王铺、魏店4个乡镇出现了房屋倒塌现象。

2008年5月12日，四川汶川发生强烈地震，波及秦安县17个乡镇428个村的6个社区，93030户372618人受灾，倒塌民房25194间，严重受损6863间，死亡1人，受伤199人，死亡大牲畜2054头，转移安置人口7106户20037人，因灾造成直接经济损失70220.143万元。水利、交通、供电、通信等基础设施均遭受不同程度的破坏，县政府下拨抗震救灾应急资金580万元，专用于震灾倒房恢复重建、灾民生活应急救助和受损设施补助。市政府先后20次下发了帐篷4324顶、彩条布100块、面粉277袋、火腿肠30箱、方便面498箱、食用油160箱、矿泉水8763件、饼干176箱、棉衣187包、棉被6228床、其他衣物3127包、床上用品671包、海绵垫13包、毛巾被1610条、铝壶1箱、电池7箱、手电筒3箱、蜡烛43箱、雨衣5箱、雨鞋15箱、鞋1500双、其他物品3427件、发电机1台。秦安县民政局除留20顶帐篷、1台发电机用于应急外，其余按乡镇人口受灾程度全部予以分配。

2011年5月12日，在兴国文化广场举行防灾减灾宣传活动，在县五中、兴国三小组织灭火消防演练和中小学生地震逃生演练。12月14日，秦安县在应急避难场所举行防灾减灾应急演练。

2012年3月以来，气温偏高、降水偏少，旱情有了一定程度的发展，土壤失墒严重，对越冬作物返青及春耕生产造成影响，造成部分偏远山区群众生活困难。经核查，干旱灾害涉及秦安县8个乡（镇）168村31756户149255人，需救助人口24100人。农作物受灾面积6100公顷，成灾面积1440公顷，农作物因灾直接经济损失318.99万元。6月18日8时，秦安县遭受严重的冰雹袭击，降雹时间持续10～25分钟，冰雹直径5～20毫米，厚度10～30毫米。本次冰雹灾害涉及全县五营、莲花、中山、兴丰、云山、刘坪6个乡（镇）87个村，受灾人口24532户114693人，受灾面积17.93万亩，其中，果园2.46万亩、小麦6.74万亩、玉米5.25万亩、油料1.78万亩、蔬菜0.02万亩、洋芋1.68万亩；成灾面积13.3万亩，其中，果园1.96万亩、小麦4.38万亩、玉米4.72万亩、油料1.24万亩、蔬菜0.02万亩、洋芋1.01万亩。因灾造成直接经济损失16594.17万元。7月5日凌晨5时30分，秦安县兴国镇、西川镇的部分村组遭受了冰雹、暴雨灾害的袭击，降雹持续8分钟，降雨持续20分钟，致使苹果、花椒、桃等作物受损较重。经核查，冰雹灾害造成兴国镇、西川镇两镇5个村的2045户8553人受灾，农作物受灾面积3020亩，其中，苹果896亩、桃1894亩、花椒140亩、梨

60亩、蔬菜30亩；成灾面积2367亩，其中，苹果730亩、桃1437亩、花椒140亩、梨60亩，造成直接经济损失308.45万元。王尹乡赢砖厂采土区、距孙湾村草湾组800米的浅山区出现裂缝，裂缝长度250米左右。8月20日下午5时，秦安县兴国镇的部分村组遭受了冰雹、暴雨灾害的袭击，降雹持续15分钟，降雨持续40分钟，造成兴国镇的5个村的1187户5679人受灾，农作物受灾面积4826亩，其中，苹果3064亩、桃1332亩、梨230亩、蔬菜200亩；成灾面积4626亩，其中，苹果3064亩、桃1332亩、梨230亩，造成直接经济损失161.9万元。枣滩至赵庙农路1千米，损坏房屋8间、杂物间2间，4户村民宅基地下沉，果窖1座倒塌。

2013年1月至4月中旬，秦安县月均降水量为4.4毫米，偏少8成，降水偏少程度近50年不遇；气温偏高2.4℃，偏高程度近30年罕见，土壤失墒严重，对越冬作物返青及春耕生产造成影响，造成部分偏远山区群众饮水困难。经核查，干旱灾害涉及全县17个乡（镇）178个村的15652户72000人，造成人口饮水困难13700人，大牲畜饮水困难609头，需救助人口13600人。农作物受灾面积5513公顷、成灾面积908公顷、绝收面积21公顷，农作物因灾直接经济损失214万元。4月6日，受新疆东移冷空气的影响，秦安县出现持续低温和大面积降雪降温天气，致使正在开花的果树大面积受冻。灾害涉及全县17个乡镇372个村的102873户473218人。农作物受灾面积44.86万亩，其中，花椒16.3万亩、苹果19.4万亩、梨1.17万亩、桃7.6万亩、杏0.39万亩；成灾面积26.92万亩，其中，花椒8.07万亩、苹果15.93万亩、梨1.05万亩、桃1.51万亩、杏0.36万亩；绝收面积2.08万亩，其中，花椒0.43万亩、苹果0.34万亩、梨0.95万亩、杏0.36万亩，直接经济损失4.16亿元。5月28日上午10时，秦安县陇城镇崇仁村赵山组一处不稳定斜坡发生崩塌，造成1死1伤。6月19日夜间至6月21日，秦安县出现强降雨天气，全县气象监测点超100毫米降雨量的站点7个，其中，降雨量最大的站点达146.7毫米，在局部地域形成洪涝灾害，造成农村群众房屋围墙倒塌，农户院内、屋内和农田进水，道路河堤等基础设施严重受损。洪涝灾害造成全县17个乡镇271个村的11573户53237人受灾，122户435人153间房屋倒塌或严重受损，950户4104人的1416间房屋受损，损坏道路1606.15千米，河堤受损5处2300米，围墙倒塌246户2036米，学校围墙倒塌2处56米，水毁农田18540亩，形成地质灾害点12处，无人员伤亡，因灾造成直接经济损失4952.85万元，其中，基础设施损失2874.86万元，居民家庭财产损失1064.6万元，农作物损失1013.39万元。6月26日20时30分左右，秦安县局部地域出现雷雨天气，降雨过程历时大约3小时，其间夹杂较长时间的冰雹，冰雹持续时间20分钟左右，最大颗粒直径2～3厘米。风雹灾害致使秦安县郭嘉、魏店、安伏3个乡（镇）34个村7363户30864人受灾，农作物受灾面积6.59万亩，其中，夏粮1.59万亩、秋粮2.46万亩、苹果1.91万亩、花椒0.36万亩、其他作物0.27万亩；成灾面积2.16万亩，其中，夏粮0.61万亩、秋粮0.25万亩、苹果0.94万亩、花椒0.36万亩。由于正值夏粮成熟期和农果生长的关键阶段，因灾造成直接经济损失3306.49万元。7月7日夜间开始，受北方下滑冷空气和副热带高压外围暖湿气流的共同影响，秦安县出现大范围持续降雨天气，全县普降大到暴雨，造成全县17个乡（镇）382个村的46298户212948人受灾，房屋倒塌561户730间，严重受损

1778户2312间，一般受损9366户14940间，紧急转移安置1032户4836人，农户围墙倒塌33户385米；水毁县道6条、乡道7条、村道27条，国道310线秦安段1524千米+400米处道路发生塌陷（塌陷面积约12米×28米），1524千米+450米发生护坡塌方100余方，莲花至叶堡公路193千米+700米处发生塌方约10000方，186千米+800米处发生泥石流2000余方；水毁河堤7处6900米，水毁人饮工程跨河管道10处900米、输水管线179处17.5千米、村级管网151千米；农作物受灾面积15951.6公顷、成灾面积12485.4公顷、绝收面积4060公顷；6所学校，校舍受损32间，围墙倒塌2处51米，冲毁电线杆1根、果窖41座、水窖2口，山体塌方3处，形成滑坡、泥石流地质隐患点4处，因灾受伤1人，造成直接经济损失约58334.91万元，其中，基础设施损失44708.49万元、工业损失512.77万元、农业经济损失4812.29万元、公益设施损失481.41万元、居民财产损失7819.95万元。7月21日，受副高外围降水云系影响，秦安县普降中到大雨、局地暴雨，形成洪涝灾害，造成农村群众房屋、围墙倒塌和房院进水，农作物倒伏和果园受淹，道路、水利（河堤、人饮工程、农田灌溉设施）、校舍等基础设施受损。洪涝灾害造成全县17个乡（镇）219个村的3215户14727人受灾，房屋倒塌64户96间，房屋受损454户1236间，农户围墙倒塌32户309米；水毁县道7条、乡道3条、村道27条；水毁河堤7处4100米、跨河管道19处1800米、拦水挡墙400米；冲刷输水管线428处27.5千米、村级管网407千米、护坡塌方95米、排洪渠冲毁200米、施工道路水毁5千米；农作物受灾面积1.4万亩，其中，玉米0.02万亩、果园0.30万亩、其他1.08万亩；成灾面积4355亩，其中，玉米86亩、果园1008亩、其他3261亩；91所学校受损，校舍倒塌408平方米，严重受损16476平方米，校门倒塌5座，围墙倒塌3527米，冲毁电线杆1根、果窖4座、水窖1口、蔬菜大棚1座，山体塌方6处，因灾受伤3人，造成直接经济损失约8666.3万元，其中，农村居民住房损失362.7万元、道路设施损失4103万元、水利设施损失1198.5万元、农业经济损失302.1万元、社会事业损失2613.6万元、居民财产损失86.4万元。7月22日7时45分，定西岷县漳县交界发生6.6级地震，波及秦安县，震感强烈，造成崖体塌方、居民房屋倒塌、物品受损、牲畜伤亡，道路、水利、教育等基础设施受损严重。地震灾害造成全县17个乡（镇）317个村的2252户10359人受灾，居民倒塌房屋248户1143人325间，严重受损452户588间，一般受损841户1094间；受伤2人，大牲畜死亡1268头（只），受损道路37条275.137千米（县道7条、乡道3条、村道27条）、桥梁5座、河堤4900米、跨河管道1800米、输水管线27.5千米；91所学校受损，校舍倒塌408平方米，严重受损16476平方米，校门倒塌5座，围墙倒塌3527米；因灾造成直接经济损失约13449.23万元。7月25日，受副高外围降水云系影响，秦安县普降中到大雨、局地暴雨，形成洪涝灾害，造成农村群众房屋、围墙倒塌和房院进水，道路、水利（河堤、人饮工程、农田灌溉设施）、校舍等基础设施受损。洪涝灾害造成全县17个乡（镇）301个村的7076户32557人受灾，紧急转移安置人口920户4233人，房屋倒塌1129户4367间，严重受损1307户5150间、一般受损1379户6181间，农户围墙倒塌137户822米；受损县道4条、乡道2条、村道17条；受损河堤5处1800米、跨河管道11处860米、输水管线428处7.9千米、村级管网225千米，护坡塌方135米，排洪渠冲毁630米；55所学校受损，校舍倒塌

278平方米，严重受损6278平方米；97所乡镇卫生院和村卫生室受损，严重受损2753平方米；冲毁电线杆5根、果窖10座、水窖9眼、蔬菜大棚4座，造成直接经济损失约21262.5万元，其中，农村居民住房损失10869.44万元、道路设施损失2606.5万元、水利设施损失1751.3万元、社会事业损失3567.9万元、居民财产损失2467.36万元。9月12日16时18分左右，受强对流天气影响，秦安县局部地域出现雷雨天气，降雨过程历时大约1小时，其间夹杂较长时间的冰雹，冰雹最长时间达30分钟左右，最大直径约4厘米，由于正值苹果成熟采摘阶段，果园受损严重。冰雹灾害致使全县魏店、安伏、刘坪、兴国、王尹、叶堡和云山7个乡（镇）69个村的15339户72246人受灾，果园及农作物受灾面积2.206万亩，其中，苹果2.18万亩、荞麦0.026万亩；成灾面积1.7365万亩，其中，苹果1.71万亩、荞麦0.0265万亩；绝收面积0.32万亩，即苹果0.32万亩。直接经济损失8802.06万元。

2014年4月24日18时至25日9时，受强冷空气东移南下的影响，从秦安县自西向东出现降雨和强降温天气。25日凌晨，全县普降雨夹雪，最大降雨夹雪18.1毫米，山区积雪厚度达6厘米，26日、27日部分乡镇山区出现霜冻。由于正值粮食作物、经济作物等成长期和果树开花坐果的关键阶段，农作物、林果业受灾严重。低温冷冻灾害致使全县17个乡（镇）426个村的112147户514930人受灾，农作物受灾面积79.22万亩、成灾面积49.32万亩，直接经济损失45091万元。7月13日16时左右，受强对流天气影响，秦安县王铺乡出现雷雨天气，降雨并夹杂冰雹持续10分钟左右，冰雹最大直径约1厘米。冰雹灾害致使秦安县王铺乡6个村的980户4728人受灾，果园及农作物受灾面积9105亩，其中，小麦1770亩、玉米2740亩、果树355亩、胡麻2510亩、土豆1730亩；成灾面积4325亩，其中，小麦886亩、玉米1096亩、果树145亩、胡麻1506亩、土豆692亩。灾害造成直接经济损失579.2万元。5月以来，由于气温持续偏高，降水少，造成部分乡镇干旱灾害。秦安县兴国、陇城、西川、莲花、郭嘉、五营、刘坪、中山、叶堡、安伏、王窑、千户、王铺、魏店、云山、王尹、兴丰17个乡镇396个村的112145户505271人受灾。2.5万人畜饮水受到影响，其中，饮水困难人口8174人，1.4万头大牲畜饮水受到影响，其中，3235头饮水困难。农作物受灾面积34033公顷，其中，桃4333公顷、苹果13298公顷、梨527公顷、花椒1423公顷、玉米2332公顷、马铃薯1753公顷、其他农作物10367公顷；成灾面积20755公顷，其中，桃2165公顷、苹果9143公顷、梨237公顷、花椒850公顷、玉米1973公顷、马铃薯1615公顷、其他农作物4772公顷；绝收面积63公顷。因灾造成直接经济损失21984万元。9月12日夜间开始，受北方下滑冷空气和副高外围暖湿气流的共同影响，秦安县出现连续降雨天气，普降中雨到大雨，在局部地区形成洪涝灾害，造成农村群众房屋围墙受损、农户房院进水，农田、果园受淹，道路、水利等基础设施受损。经核查，洪涝灾害造成全县17个乡镇203个村的13573户61579人受灾，房屋受损58户89间；农作物受灾面积12113亩，其中，玉米226亩、果园8017亩、其他3870亩；成灾面积3755亩，其中，玉米86亩、果园2008亩、其他1661亩；无人员伤亡，直接经济损失1852.8万元，其中，房院损失171.2万元、农作物损失1125.3万元、基础设施损失469.9万元、居民财产损失86.4万元。10月4日9时左右，受强对流天气影响，秦安县出现雷雨天气，降雨过程持续2小时左右，局部地区降雹时间达15

分钟左右，冰雹最大直径约1.5厘米，由于正处于苹果摘套采摘阶段，经济作物损失严重。冰雹灾害致使秦安县陇城、莲花、兴国、郭嘉、叶堡、中山、兴丰、云山8个乡镇43个村的7531户33892人受灾，果园及农作物受灾面积29905亩，其中，苹果28198亩、荞麦805亩、其他作物902亩；成灾面积2153亩，其中，苹果1973亩、荞麦60亩、其他作物120亩。直接经济损失1863.1万元。

从2014年12月以来，秦安县气温持续偏高，降水持续偏少，农田土壤贮水匮乏，对农作物生长和部分山区人畜饮水造成影响，出现了干旱灾害，造成全县的17个乡镇225个村的8597户38692人受灾。造成饮水困难人口3803人，饮水困难大牲畜164头，农作物受灾面积7373公顷，因灾直接经济损失474万元。

八、民间组织管理

1990年11月29日，秦安县人民政府批转县民政局《关于开展清理整顿社会团体工作的意见》的通知，在全县范围内开展了社会团体清理整顿工作。

1991年4月8日，召开各有关单位和社会团体负责人参加的全县清理整顿社会团体工作会议，共清理登记的社会团体41个。

1993年4月至11月底，对乡镇社团进行了清理。1996年，中办、国办下发《关于加强社会团体和民办非企业单位登记管理工作的通知》（中办发〔1996〕22号），将民办非企业单位交由民政部门管理。

2000年，对全县的气功类社团进行了清理，将对社会有危害的气功类组织依法予以取缔，对从事强身健体类的、对社会无危害的气功类组织，规范其行为，加强对其管理。

2004年6月29日，县民政局向各乡镇下发《关于农村专业经济协会登记有关事项的通知》，并对登记应具备的条件和应提交的文件作了相应的规定。在登记中采取先登记、再规范、后管理的办法，将农村专业经济协会纳入登记管理。

2005年，加大对农村专业经济协会的培育和发展，对全县17个乡镇的各类农村专业经济协会进行了培育或登记管理，初步探索了“支部+协会”的发展思路。全年新登记农村专业经济协会4家。

2007年，要求各民间组织的业务主管部门选定专人负责联络登记管理机关等部门，依法做好民间组织管理工作。

2008年，社会团体积极参与社会活动，在汶川“5·12”特大地震发生后，大多数团体积极参与抗震救灾，想灾区人民之所想，急灾区人民之所急，慷慨解囊，为灾区群众捐献钱物。

民政局把日常管理与年度检查相结合，主要检查社会组织遵纪守法情况和财务收支情况等；同时，帮助社会组织建立各种规章制度，解决他们的实际困难，寓管理于服务之中。1991年至2015年秦安县社会组织统计情况见表17-10。

表17-10　1991—2015年秦安县社会组织情况统计表

单位：个

年份	社会团	民办非企业	合计	年份	社会团体	民办非企业	合计
1991	18	—	18	2004	31	7	38
1992	26	—	26	2005	33	5	38
1993	26	—	26	2006	39	12	51
1994	29	—	29	2007	35	13	48
1995	30	—	30	2008	38	14	52
1996	31	—	31	2009	41	14	55
1997	31	—	31	2010	56	17	73
1998	32	—	32	2011	62	22	84
1999	31	—	31	2012	66	32	98
2000	32	—	32	2013	81	39	120
2001	32	2	34	2014	113	43	156
2002	32	4	36	2015	337	48	385
2003	31	5	36				

九、社会事务管理

（一）婚姻登记管理

1991年5月14日，县司法局、民政局、人民法院、工会、妇联、团委6个部门联合发出《关于在全县开展婚姻纠纷专项治理的联合通知》，开展《中华人民共和国婚姻法》《中华人民共和国继承法》《中华人民共和国民法通则》等和计划生育有关条例的宣传学习活动。建立健全民调制度，贯彻“调防结合，以防为主”的方针。

1994年6月，县民政局、卫生局联合下发《关于认真做好婚前健康检查的通知》，确定县城及周边乡镇的婚检由县妇幼保健站承担，边远山区不具备婚检条件的医疗单位一律停止婚检工作。

2004年，根据《婚姻登记条例》关于“婚姻登记工作在交通方便、人口相对集中的地方要逐步集中到县民政部门办理，交通不便、人口相对分散的县，可以在中心乡镇设立婚姻登记点或指定乡镇人民政府办理婚姻登记。一个登记机关负责周围几个乡镇人口的婚姻登记，不必在所有乡镇都设立”的规定，秦安县将原来的22个乡镇婚姻登记处调整为10个和1个县民政局婚姻登记中心。

2005年，县民政局设立婚姻登记室、婚姻档案室，制定《婚姻登记机关职责》，健全了工作制度，规范了婚姻登记工作。

2012年6月，根据省民政厅统一部署，将原10个婚姻登记处合并为2个，同时，将原秦安县民政局婚姻登记中心更名为秦安县民政局婚姻登记处，为股级事业单位，配备专职婚姻登记员4名，配置电脑2台、打印机和身份证识别仪各台等。7月，婚姻登记实现甘肃省联网。1993年至2015年秦安县婚姻登记情况见表17-11。

表17-11　1993—2015年秦安县婚姻登记情况统计表

单位：对

年份	结婚登记数	离婚登记数	年份	结婚登记数	离婚登记数
1993	2901	89	2005	1612	20
1994	2205	93	2006	1590	22
1995	1931	84	2007	1682	35
1996	1962	92	2008	2599	38
1997	2008	103	2009	4151	37
1998	2240	115	2010	4274	53
1999	1830	122	2011	4609	126
2000	1780	189	2012	4519	193
2001	1700	174	2013	5180	275
2002	1540	154	2014	4800	330
2003	1556	124	2015	4980	342
2004	1594	23			

（二）殡葬管理

秦安县属于土葬区，按照土葬区的改革要求，1990年9月19日，县政府拨款5万元，在兴国镇东山征用山脊地5亩作为经营性公墓用地，以解决辖区居民在死亡之后的埋葬问题。经物价局批准，公墓每位墓穴收费200元。随着经济的发展和人民生活水平的提高，收费标准从1991年的200元提高到2012年的800元。截至2012年底，已埋葬尸体300余具。

2012年12月，编制《秦安县殡葬服务设施建设规划》，本次规划在全县共规划殡仪服务中心1处、公益性公墓67处，规划面积624.23亩；规划经营性公墓1处，规划面积85.25亩；规划集中安葬区436个，规划面积519.69亩。

十、老龄工作

1987年，成立秦安县老年问题委员会及其办公室，负责全县的老龄工作。1989年8月，更名为秦安县老龄工作委员会及其办公室。2002年，并入民政局。主要职责是贯彻党和国家关于老龄工作“老有所养、老有所医、老有所为、老有所学、老有所乐”的方针，贯彻实施《中华人民共和国老年人权益保障法》，维护老年人的合法权益，开展尊老、敬老、爱老、养老的宣传教育和服务老年人的工作。

(一)老年人权益保障

1988年7月,《甘肃省人民代表大会常务委员会关于维护老年人合法权益,提倡尊老爱老社会风尚的决议》(简称《决议》)颁布实施。1989年,开展维护老年人合法权益大检查,全县受歧视及虐待的老年人828人,占老年人总数的1.7%。其中,受歧视的729人,占老年人数的1.67%;受虐待的99人,占老年人数的0.3%。1990年,配合第4次人口普查,对全县的老年人(男60岁、女55岁)进行了摸底。全县有老年人45783人,占全县总人口的9.2%。组建基层老龄组织28个,其中,乡镇22个、县直部门6个。组建村级老年协会480个。1997年以后,先后组织老干部到革命圣地延安,旅游胜地崆峒山、六盘山、麦积山和相邻县学习旅游。1999年,秦安县聘请北京心脑血管病专家为老年人免费检查身体。每年的重阳节,县老龄工作委员会都要组织老年书画笔会,以及老年象棋、乒乓球、武术等比赛活动,丰富老年人的文化生活。

(二)老年人优待

秦安县人民医院、中医院设老年人优先窗口,泰山庙免费向老年人开放,为60岁以上的老年人办理“老年优待证”。截至2015年,累计为12965名老年人办理了“老年优待证”。

2005年开始,为90岁以上的老年人发放高龄老人补助:90～94岁的每人每年300元;95～99岁的每人每年500元;100岁以上的每人每年1000元。2005年,全县有百岁老人10名,95～99岁的97名,90～94岁的265名,发放高龄老人生活补助费12.9万元。2006年,有百岁老人12名,95～99岁的97名,90～94岁的275名,发放高龄老人生活补助费1.454万元。2007年,有百岁老人12名,95～99岁的100名,90～94岁的387名,发放高龄老人生活补助17.81万元。2008年,有百岁老人12人,95～99岁的126人,90～94岁的428人,发放高龄老人生活补助费18.09万元,为220名老人办理了“老年优待证”。2009年,申报的高龄老人482人,其中,90～94岁的376人,95～99岁的98人,100岁以上的8人。在兴国文化广场开设老年人维权咨询点,接待老年人106人,组织医务人员开展健康养老保健咨询及义诊活动,接诊老年人98人。

(三)老年服务设施建设

2003年,秦安县民政综合福利楼竣工,内设老年活动中心,有老年活动室、图书室,活动室有乒乓球、象棋等。老干部局有老干部活动室,活动室有彩电、乒乓球、象棋、麻将等娱乐工具,同时,为老干部订阅各种报纸、杂志等。同年,成立秦安县老年大学,开设舞蹈班、音乐班、武术班等课程,在校老年人216人。兴国文化广场为老年人提供了晨练的场所,每天在广场晨练的老年人有300余人。

2009年10月,郭嘉中心敬老院立项修建,占地面积3.2亩,总建筑面积1726平方米。内设五保老人居室、阅览室、娱乐室、棋牌室、医务室、洗衣室、会议室等,共有五保老人居室32间,可供64名五保老人居住。郭嘉中心敬老院集中供养郭嘉、王铺、魏店、安伏4个乡镇的五保老人。

2013年8月20日,郭嘉中心敬老院落成开院,首批入住五保老人14人。

2010年9月，秦安县中心敬老院、秦安县社会福利综合服务中心楼相继立项建设，2012年主体完工。总占地面积10.6亩，总建筑面积5596.26平方米。秦安县中心敬老院工程设计四层、双面、框架结构楼，占地面积5.3亩，共修建100间房屋，建筑面积为3442.3平方米，可容纳五保老人160名。楼内设有工作人员办公室、医务室、电视室、活动室、阅览室、会议室等，工程预算总投资580万元。秦安县社会福利综合服务中心工程设计一栋四层、双面、框架结构楼，占地面积5.3亩，修建房屋96间，建筑面积为2153.96平方米。一楼为餐厅、活动室，二楼为城镇“三无”老人居室，三楼为孤残儿童居室，四楼为流浪乞讨人员居室，楼内设有工作人员办公室、医疗护理室、文化活动室等。建成后可容纳各类人员100名，工程预算总投资390万元。

2014年8月25日，秦安县中心敬老院、社会福利综合服务中心落成开院，首批入住五保老人16人。

截至2015年底，建成城市社区老年人日间照料中心3所（大城社区、凤山社区、映南社区），建成农村互助老人幸福院85所。

十一、社会救助

（一）城市居民最低生活保障

秦安县的城镇低保制度是从1998年开始实施的。从1998年9月至1999年12月，主要以抓启动实施为主，先在兴国镇实施城镇低保制度。2000年1月至2000年12月，在兴国镇实施的基础上，扩大到全县，形成了覆盖全县的城镇低保制度。2001年以来，全县的城镇低保标准每年以10%递增，经历了多次的提标扩面，由1999年的80元递增到2015年的310元，城镇低保对象已达到2906户8807人，占全县非农业人口的8.77%。

城镇低保实行动态管理，要求做到低保对象有进有出、补助标准有升有降。2000年至2015年秦安县城镇低保情况统计见表17-12。

表17-12　2000—2015年秦安县城镇低保情况统计表

年份	参保户数	参保人数	月人均标准（元）	年份	参保户数	参保人数	月人均标准（元）
2000	511	1176	104	2008	2418	7285	138
2001	639	1890	104	2009	3026	8505	152
2002	919	2934	104	2010	3196	8805	167
2003	1678	5111	104	2011	3481	9805	184
2004	1678	5111	104	2012	3285	9132	213
2005	1831	5609	114	2013	3271	9106	273
2006	2198	6155	125	2014	3203	8817	282
2007	2418	7285	138	2015	3202	8807	310

（二）农村最低生活保障制度

秦安县农村低保制度从1999年7月1日起实施。农村低保制度的实施大体经历了2个阶段，1999年7月至2006年9月为前一个阶段，其主要特点是农村低保所需资金实行县、乡、村三级负担的办法，即从县、乡镇财政预算和村集体经济收入、村提留的公益金中统筹解决，县级财政支付40%，乡镇、村支付60%。2006年10月之后为后一个阶段，其主要特点是农村低保所需资金实行省、市、县三级负担的办法。

2006年11月3日，甘肃省人民政府印发《甘肃省农村居民最低生活保障制度试行办法》，规定从2006年起，在甘肃省建立农村低保制度。同年11月22日，天水市人民政府下发《关于贯彻落实甘肃省农村居民最低生活保障制度试行办法的通知》，规定全市农村低保制度自2006年10月1日起重新启动实施。同年12月7日，秦安县召开农村低保和五保供养工作会议，安排全县农村低保对象的调查审核认定工作，重新启动实施秦安县农村居民最低生活保障制度。2007年至2015年秦安县农村低保情况统计见表17-13。

表17-13　2007—2015年秦安县农村低保情况统计表

年份	参保户数	参保人数	年人均标准(元)
2007	6108	23300	685
2008	6108	23300	685
2009	12032	44869	728
2010	18180	69443	850
2011	18180	69443	1096
2012	18946	69443	1488
2013	20824	69443	1907
2014	20436	69443	2193
2015	20359	69443	2434

（三）农村五保供养

五保供养的形式分为分散供养和集中供养。分散供养就是五保对象生活在自己家里，生活来源由集中供给。集中供养就是把五保对象集中在敬老院，由集体供养。秦安县五保供养大多实行分散供养的办法。1990年以后，五保供养对象的供养主要从村提留、乡（镇）统筹中支出，全县各乡镇标准基本上是每人每年500斤粮食、10斤清油。

1995年，贯彻落实《农村“五保”供养工作条例》，在全县开展了五保普查工作。全县共有五保对象1037户1193人，占全县农业总人口的0.24%。

2005年，在全县开展五保供养情况调查，全县共有五保对象1395户1513人，其中供养方式有两种：一是全县7所乡镇敬老院集中供养48户54人，占五保人数的3.57%；二是分散供养1180户1243人，占五保供养人数的82.15%。另外，应保未保的167户216人，占五保人数的14.28%。

2007年，为了加强五保资金管理，减少资金中转，对五保供养费实行银行卡直接发放制度，一人一卡，由五保对象凭卡和身份证到指定银行领取。五保标准由2003的每年800元提高到2015年的4512元。

（四）城乡居民医疗救助

医疗救助从农村医疗救助基金中统一为五保对象缴纳新农合参合费，将五保对象纳入农村新型合作医疗救助范围。五保对象申请农村医疗救助时，取消了起付线、封顶线和病种限制，提高了救助标准。

1.农村居民医疗救助

2006年，共救助737名重大病患者，发放农村医疗救助资金78万元，人均救助1058元。其中，对家庭生活十分困难的、医疗费用数额巨大的26名重大病患者，人均救助3000元。

2007年，共救助1366名重大病患者，发放农村医疗救助资金141万元，人均救助1032元，其中，对家庭生活十分困难的、医疗费用数额巨大的49名重大病患者，人均救助6000元。

2008年，完善医疗救助运行机制。设立医疗救助窗口，实行“一站式”救助，共解决2053户农村重大病患者的实际困难，发放农村医疗救助金266.8万元，人均救助1299元。为264名城镇无业人员发放城镇医疗救助金40.816万元，人均救助1543元，同时，为享受城镇低保生活困难人员统一缴纳城镇低保人员医疗保险1.184万元。

2009年，共发放农村医疗救助资金260万元，除资助五保对象和高龄老人参加新农合支出7.02万元外，其余252.98万元共救助农村重大病患者2123名，人均1200元，并对新农合报销后生活仍困难的49名病人每人救助了6000元。

2010年，共发放医疗救助资金805.24万元，救助城乡患者6710人。

2011年，按照“救急、救难、公平、简便”的原则，全面推行临时救助、参合（参保）救助、住院救助“三位一体”的社会救助模式，共为67443名农村低保对象、3138名农村五保对象、265名孤儿、487名高龄老人资助参加新农合资金213.999万元。

2012年，共为农村低保一、二类对象30400名，农村五保对象3138名，农村籍孤儿387名，农村籍高龄老人577名，资助参加新农合资金172.51万元。

2013年，共发放农村医疗救助资金1113.71万元，救助3108人，人均救助3583元，共为73761名农村低保对象、农村五保对象、农村籍孤儿、农村籍高龄老人资助参加新农合资金155.59万元。

2.城镇居民医疗救助

2007年，共发放城镇医疗救助资金20万元，除资助低保一、二类人员参加医疗保险支出1.184万元外，其余18.816万元救助城镇低保对象、“三无”人员、下岗职工中的重大病患者165人，人均救助1140元。

2008年，共发放城镇医疗救助资金30.2万元，除资助低保一、二类人员参加医疗保险支出1.184万元外，其余29.016万元救助城镇低保对象、“三无”人员、下岗职工中的重大病患者188人，人均救助1543元。

2009年，共发放城镇医疗救助资金76万元，除资助低保一、二类人员参加医疗保险支出1.184万元外，其余74.816万元救助城镇低保对象、“三无”人员、下岗职工中的重大病患者733人，人均救助1021元。

2011年，共为1282名城镇低保一、二类人员资助参加医疗保险支出1.282万元。

2012年，共为城镇低保一、二类人员2265名，城镇籍孤儿7名，城镇籍高龄老人21名，资助参加医疗保险4.586万元。

2013年，共发放城镇医疗救助资金327.4万元，救助948人，共为9264名城镇低保对象、城镇籍孤儿、城镇籍高龄老人资助参加医疗保险18.7万元。

2014年，共发放城乡医疗救助资金1586万元，救助87737人，其中，住院救助4292元每人，发放资金1392.33万元，平均救助3244元每人；资助参保参合83445人，资助参保参合资金193.67万元。

2015年，共发放城乡医疗救助资金1343万元，救助87043人，其中，住院救助3248元每人，发放资金1145.7万元，平均救助3527元每人；资助参保参合83795人，资助参保参合资金197.3万元。

（五）流浪乞讨人员救助

城市生活无着落的流浪乞讨人员的救助管理工作，是新时期加强社会建设和管理的重要内容，也是维护社会和谐稳定的重要基石。按照“自愿求助，无偿救助”的原则，坚持依法救助、主动救助、文明救助，保障了城市生活无着落的流浪乞讨人员的合法权益。

2011年，秦安县民政局成立生活无着的流浪乞讨人员救助工作领导小组，抽调工作人员对街道繁华地段、农贸市场、车站、桥梁、涵洞等流浪乞讨人员相对集中地点和露宿区域等重点场所进行24小时排查、巡查，对发现的每一名救助对象，都是先救助救治，再进行甄别。特别是对未成年人、精神病人、危重病人、残疾人、老人等予以及时、分类施救。

2011年、2012年，全县共救助流浪乞讨人员124人，其中，站内救助97人，主动救助27人；外县受助人员55人，本县受助人员69人。重点开展了对危重病人、未成年人、精神病人的救助。

十二、社会福利

（一）孤儿保障

2010年前，秦安县的孤儿享受五保待遇。2010年后，按照国家和省、市有关政策标准，建立孤儿基本生活保障制度，城镇孤儿每人每月补助640元，农村孤儿每人每月补助440元。2011年，全县共有孤儿411人；2012年，全县共有孤儿487人，其中，城镇孤儿11人；2013年，全县共有孤儿467人，其中，城镇孤儿11人；2014年，全县共有孤儿476人，其中，城镇孤儿14人；2015年，全县共有孤儿488人，其中，城镇孤儿14人。

（二）福利企业

秦安县社会福利厂是1989年由民政局征用兴国镇大北村4.6亩土地、投资146.7万元修建的。院内有砖混结构大楼一幢，220平方米的钢梁大车间一座，还有锅炉房、餐厅、仓库、车间等砖木结构的平房29间。于1990年12月15日竣工，地点位于葫芦河大桥东，工程性质为办公及厂房，结构类型为四层砖混，建筑面积1540.66平方米，工程总造价404859.07元。楼高13米、层高3.1米。装饰为普通木门及钢窗。2002年，由于拓宽成纪大道，社会福利综合楼及生产车间全部无偿拆除。

经过1989年的清理整顿，至1990年，全县福利企业发展到5个，共有职工1182人，其中，残疾职工48人、贫困户47人。总投资57万元。

1991年5月，经县政府批准，成立秦安县社会福利工业公司，有职工7人。

1993年，全县共有福利企业15个、经济实体1个、直属福利企业8个，从业人员316人，其中，残疾人111人。总投资389.6万元。

1995年，共有福利企业15个，其中，民政直属企业8个、乡镇办7个。从业人员316人，其中，残疾人115人。总投资546.5万元，其中，民政周转金182.3万元。完成年产值452万元。

1996年，共有福利企业14个，从业人员317人，安排残疾人116人，完成年产值446.6万元，实现利税20万元。

1997年，共有福利企业16个，其中，停产5个，从业人员247人，安排残疾人107名，完成产值480万元，实现利税10.08万元。

1998年，共有福利企业10个，从业人员182名，安排残疾人82名，完成产值392.9万元，实现利税17.5万元。

1999年，共有福利企业16个，从业人员109名，安排残疾人51名，完成产值256万元，实现利税8.4万元。

2000年，共有福利企业8个，从业人员165人。

2011年，共有福利企业13个，从业人员213人。2012年，由于经济体制的变化，大部分福利企业倒闭或转行，此后再无福利企业。

（三）慈善活动

2007年12月，秦安县成立慈善协会。在2008年“5·12”汶川大地震中，慈善协会为灾区募集善款208万元。2010年，协会为青海玉树地震灾区募集善款78万元。2011年，协会为甘肃舟曲泥石流灾区募集善款39万元。

（四）敬老院建设

1985年，始建乡镇敬老院，按照上级“一乡一院”的要求，至1990年前建成王尹乡敬老院、叶堡乡敬老院、好地乡敬老院。敬老院建设以乡镇为单位、民政局给予适当补助的办法建院。

1990年后，王尹乡、王铺乡、刘坪乡、王窑乡4所敬老院入住五保老人20人。1991年8月30日，下拨好地乡敬老院入院购置费3500元。9月11日，下拨郑川乡修建敬老院和入院补助费4000元。9月20日，下拨刘坪乡维修敬老院和入院补助费600元。12月19日，下拨王窑乡敬老院800元、好地乡敬老院1500元、王铺乡敬老院200元、刘坪乡敬老院1000元、王尹乡敬老院1000元维修补助费。11月15日，好地乡敬老院建成，共有敬老院5所，在院老人25人。

1992年，郑川乡敬老院建成，共有敬老院6所，在院老人28人。

1993年，新建古城、中山2所敬老院，共有敬老院8所，在院老人38人，最多时在院老人58人。

2009年，秦安县郭嘉中心敬老院动工修建。

2010年，秦安县中心敬老院动工修建。

图17-5　2012年8月7日，甘肃省民政厅厅长田宝忠检查秦安县敬老院建设情况

（五）有奖募捐

1989年，天水市民政局下达秦安县即开型2元募捐社会福利彩票4万元。县民政局组织人员在新华街十字，首次以实物兑奖的形式销售。

1993年9月19日至10月6日，秦安县民政局联合天水市民政局在秦安体育场门口组织销售即开型双开式（2元券）社会福利奖券50万张100万元。这次采取大奖组、高奖额的实物销售办法，共设5个奖组，每组20万元，每组设奖金11.081万元，共设奖金55.405万元。奖品有：一等奖，北京18寸彩色电视机；二等奖，春风17寸黑白电视机；三等奖，永久17型自行车；四等奖，永久女式彩车；五等奖，尿素化肥；六等奖，热水瓶；七等奖，脸盆；八等奖，现金1元。

1994年，销售社会福利奖券54万元。1995年，销售社会福利奖券200万元。1996年，市级单位下达秦安县40万元的销售任务，因无奖券而未销售。1997年，销售社会福利奖券132万元。1999年，在县总工会场内销售社会福利奖券112万元。2000年后，社会福利彩票销售改为电脑销售。

十三、民政财务

民政经费均属专项经费，县民政局严格经费管理，做到专款专用，管好用好每一分钱。抚恤金属人头费，按规定时间足额拨付给各乡镇，各乡镇统一发放到民政对象手中。社会救助废除精简退岗老职工和定期定量救济外，其他由本人向村委会提出申请，村委会审查同意后报乡镇政府，经乡镇政府审查同意后报民政局，民政局按照困难大小给予适当救助。自然灾害救助款由民政局提出分配意见，报主管县长审查后下拨各乡镇。每年民政局都要组织人员对各乡镇经费使用情况进行一次全面检查，对发现的问题及时解决。

民政局建有严格的财务管理制度。民政局《依法治局管理办法》第十条规定：办公室、会计室配出纳员各1名，实行账款物分管，严格财经纪律，加强对财物和资金的严格管理，做到会计凭证、账本和各种会计资料真实、准确、完整。

一是严格财经审批制度。所有现金支出必须经过办公室统一办理，由局长审批。数额较大的开支经局务会研究后，由局长审批。不准私人借公款，用“白条子”抵库，超存限额，不准挤占、挪用公款，不超标准报销出差交通、住宿的费用，出差人员回单位后必须5日内报销结算。严禁乱收费、乱提留、乱支出，严禁利用职务之便贪污挪用公款和玩忽职守。

二是加强现金、票据管理制度。财务人员必须按银行规定和限额保存现金，超出部分应及时存入银行。县内临时开支，按现金支付限额支出，印章盒、空白支票分开管理，现金、票据不得存放在办公室过夜。领取支票购物必须当天结账，离开办公室要关锁好门窗、保险柜。

三是严格财务人员管理制度。一是财务人员必须忠于职守、廉洁奉公，严禁违反会计核算规定，伪造、编造或故意毁灭会计凭证和账本；严禁私自处理账本记录与实物款项不符的凭证，严禁随意接受并办理不真实、不合法的原始凭证和违反财经制度的收支；严禁对财政、审计机关拒绝、流报、隐匿会计资料。二是财务人员要定期向主管局长汇报财务收支情况，并做到民主理财，接受干部职工的监督。

十四、获得荣誉

（一）先进个人

1980年9月17日，甘肃省人民政府授予王郑保“革命烈士”称号；甘肃省人民政府、甘肃省军区授予王郑保“雷锋式的民兵”荣誉称号，并追记一等功。

2013年12月27日，郑建军被评为“全省扶创活动致富带头人”。

2015年7月27日，武警秦安县中队队长曹京被评为“全省拥政爱民模范”。

（二）先进集体

1996年，秦安县被省政府、省军区命名为全省“双拥模范县”。

1999年，秦安县被省政府、省军区命名为全省“双拥模范县”。

2003年，秦安县被省政府、省军区命名为全省“双拥模范县”。

2008年，秦安县民政局城镇低保办公室被省民政厅评为全省“城市低保工作先进集体”。

2010年，秦安县民政局被省政府、省军区评为全市“双拥工作先进单位”。

2011年，秦安县被省委、省政府、省军区命名为全省“双拥模范县”。

2015年，秦安县被省委、省政府、省军区命名为全省“双拥模范县”。

第四节 甘谷县民政

一、机构设置

1949年以后，甘谷县政府设民政科，乡镇人民政府设民政委员会。1958年人民公社化后，公社管理委员会设民政助理员。1962年1月，县政府设民政局，同年7月撤民政科。1968年7月，县革命委员会设3部1室，民政业务归生产指挥部。1970年8月，设民政卫生局。1975年1月，恢复民政局，机关设置有办公室、救济股、优抚股、福利企业股、行政区划股。

1989年，民政局有行政人员14人，局机关下设办公室、民政、优抚、社救、企业5个股。乡镇设民政助理员，受乡镇人民政府和民政局双重领导。民政局下属2个事业单位，即殡葬管理所和收容遣送站。

1991年，成立甘谷县拥军优属、拥政爱民工作领导小组（简称“双拥工作领导小组”），并在县民政局设立双拥工作办公室，具体业务由优抚股承办。

1997年，机构调整后，县民政局内设1室5股。即办公室、社救股、基层政权股、优抚安置股、社会福利企业股和财务管理股。核定人员编制12名（其中，行政编制11名、事业编制1名），局长1名、副局长2名。2000年4月，股级编办发〔2000〕01号文，成立甘谷县革命烈士纪念馆与甘谷县殡葬管理所，实行“两块牌子，一套人马”的管理体制。

2000年12月，根据市委办发〔2000〕50号文件精神，成立甘谷县民间组织管理办公室，为全额拨款的副科级事业单位，核定事业编制3名，隶属县民政局管理（谷机编发〔2000〕08号）。2002年，根据甘谷县人民政府办公室关于印发《甘谷县民政局职能配置内设机构和人员编制方案》的通知（谷政办发〔2002〕38号文件），重新核定甘谷县民间组织管理办公室事业编制为4名。2006年10月，从本单位提拔1名干部任民间组织管理办公室副主任。2011年12月，设民管办主任1名（谷政任〔2011〕9号）。

2002年，甘谷县人民政府办公室印发《甘谷县民政局职能配置内设机构和人员编制方案》的通知（谷政办发〔2002〕38号文件），确定民政局为主管全县民政行政事务的政府组成部门。机构改革时，民政局内设机构中设立了低保办公室（谷政办发〔2002〕38号文件）。2002年11月，根据《中共中央、国务院关于加强老龄工作的决定》，县老龄委办公室整建制划入县民政局，对外挂牌，核定事业编制4名。至2002年底，县民政局内设办公室、低保办公室、救灾救济股、优抚安置股、综合事务管理股、老龄办公室、民间组织管理办公室7个职能股（室）。

2004年7月1日，甘谷县婚姻登记处成立并挂牌，无正式编制，聘用工作人员2名。

2005年4月，经县委、县政府研究决定，甘谷县编委批准成立甘谷县城市居民最低生活保障办公室（谷机编发〔2005〕04号），为全额拨款股级事业单位，隶属县民政局管理，核定事业编制4名。7月，甘肃省老龄工作委员会举行了授牌仪式（甘老龄委发〔2005〕03号）。12月，甘谷县收容遣送站更名为甘谷县流浪乞讨人员救助管理站，为股级事业单位（谷机编办发〔2005〕09号文件）。

2006年，工资改革时，县民间组织管理办公室和县老龄工作委员会办公室参照为公务员管理的事业单位。2007年12月，甘谷县殡葬管理所编制由原来的8名增加到12名（谷机编办发〔2007〕24号）。

2008年4月，县城市居民最低生活保障办公室升格为副科级全额拨款事业单位（谷机编发〔2008〕3号），核定人员编制10名，其中，主任1名、工作人员9名。该年同月，成立中共甘谷县民政局总支委员会（机关工委〔2008〕8号），总支下设民政局机关党支部、老龄办党支部、救助站党支部、殡葬所党支部。

2010年11月，按照《中国共产党和国家机关基层组织工作条例》有关规定，根据基层党建实际和政府机构改革工作部门更名需要，经县委研究决定，成立中国共产党甘谷县民政局委员会，下设局机关、殡葬所、老龄办、救助站、低保办、双拥办6个支部。

2010年12月，根据《政府机构改革实施意见》，核定甘谷县最低生活保障办公室事业编制20名（谷机编〔2010〕6号文件），领导职数2名，即主任1名、副主任1名。

2013年6月，根据《甘谷县机构编制委员会办公室关于成立甘谷县居民家庭经济状况核对中心的通知》（谷机编〔2013〕23号文件），成立甘谷县居民家庭经济状况核对中心，核定编制5名。

至2015年12月底，局内设6个职能股（室），即办公室、救灾股、福利股、优抚安置股（和双拥办合署办公）、基层政权和社区建设股、综合股。局属事业单位7个，其中，县老龄办、慈善协会为正科级事业单位，老龄办、民间办为参照公务员管理的单位，救助站、殡葬所、县居民家庭经济状况核对中心为股级事业单位。局共有在编干部职工52人（男32人、女20人），副科级以上干部12人（党委书记、局长1人，党委副书记、副局长1人，副局长、双拥办主任1人，副局长1人，慈善协会专职副会长1人，党工委纪委书记1人，纪委书记1人，专职副主任2人，副主任科员1人，副科级干部1人）。

1985年至2003年，甘谷县辖2个镇18个乡，设有1名专职民政助理员。2003年至2008年，甘谷县辖5个镇10个乡，设有1名专职民政助理员。2008年，在全县15个乡镇设立乡镇民政工作办公室，共有工作人员45人。2015年底，甘谷县15个乡镇实有专兼职工作人员68人。

二、行政区划与地名管理

（一）行政区划

甘谷县位于甘肃省东南部、天水市西北部，渭河上游，属黄土高原丘陵沟壑区第三副区。地处东经104°58′至105°31′、北纬34°31′至35°03′。东起新兴镇渭水峪，西至磐安镇刘家墩，长约49千米；南起古坡乡沟门，北至大庄镇魏家峡，宽约49千米。总面积1572.6平方千米，占甘肃省总面积的0.037%，占天水市总面积的10.68%。

甘谷县属天水市辖县，东与麦积区、秦州区接壤，南与礼县为邻，西与武山县相邻，北与通渭县毗邻，东北与秦安县相连。

1949年8月5日，甘谷县解放。同年10月12日，将通渭县安远区的14个乡划归甘谷县管辖。1958年12月，甘谷县并入武山县。1962年1月，恢复甘谷县，属天水市管辖。1984年底，甘谷县设1个镇19个公社、396个生产大队、2345个生产队、5个居民委员会。1990年底，甘谷县设3个镇17个乡、5个居民委员会、403个村委会、2227个村民小组。

2002年1月，甘谷县六峰乡、安远乡经省民政厅批准撤乡建镇，撤乡建镇后政府驻地、行政区域、管辖范围不变，实行镇管村体制。

2003年7月，撤渭阳乡，建渭阳镇；同年12月，撤销十里铺乡，并入城关镇，合并后的城关镇更名为大像山镇，撤并调整后，大像山镇由11个村民委员会增加到25个村民委员会；撤销渭阳镇并入新兴镇，新兴镇由32个村民委员会（含康家滩乡10个）增加到46个村民委员会。撤销康家滩乡，将康家滩乡走马梁以南的孙家坪、半亓、芦家山、上阳山、侯家沟、康家滩、姚家沟、牛家坪、雒家坪、衡家坪10个村并入新兴镇，走马梁以北的阴坡、阳坡、李家堡、何家坪、阳赛、山庄川、何家山、老庄、庙滩、马坪10个村并入安远镇，撤并调整后，安远镇由26个村民委员会增加到36个村民委员会；撤销金坪乡，并入六峰镇，撤并调整后的六峰镇由15个村民委员会增加到29个村民委员会；撤销金川乡，并入磐安镇，撤并调整后的磐安镇由30个村民委员会增加到52个村民委员会。

至2004年底，全县设5个镇10个乡、405个行政村、2212个村民小组、7个社区。2012年7月，新增安远社区、六峰社区2个社区。2013年7月，新增新兴镇甘摩社区。2014年，开展撤乡改镇工作。2015年3月，省民政厅批准金山乡改为金山镇。2015年10月，省民政厅批准大石乡、礼辛乡、武家河乡、大庄乡改为大石镇、礼辛镇、武家河镇、大庄镇。截至2015年底，甘谷县共辖10个镇5个乡、405个行政村、2207个村民小组、10个城镇社区。

（二）勘定行政区域界线

1992年5月，甘谷县成立勘界领导小组，办公室设在县民政局。7月至11月，完成了与秦城、北道两区的联合勘界工作。秦城区与甘谷县边界线接壤处共有3个乡，边界线总长35.7千米，共埋设界桩4个，其中，0号桩为北道、甘谷、秦城3个县区交汇点界桩；北道区与甘谷县边界线接壤处共有5个乡，边界线总长21千米，共埋设界桩5个，其中，0号桩为北道、甘谷、秦安3个县（区）交汇点界桩。1992年11月至12月，完成全县20个乡镇的行政区域界线的勘定工作。乡界涉及20个乡（镇），长400千米，完成乡镇边界线协议书、边界走向说明书各43件、215份，转绘1：50000正式边界线地形图5幅。1993年4月至8月，完成了武山县、秦安县界线勘界工作，两县边界线长134千米。地市间县界1条，即甘谷县与通渭县85千米。1994年，完成地市界线甘谷县与礼县勘界工作，边界线长度为10.7千米。1994年12月，完成县内乡界线43条，共400千米。1996年，完成乡镇界线3项成果资料。至此，全县乡界勘定工作全面完成，共勘定乡（镇）界线43条，共400千米，报市人民政府后，于1999年9月9日批准。2004年6月至7月，甘谷县先后与通渭县、礼县，天水市秦安县、武山县、北道区、秦城区联合，对行政区域界线进行检查，根据上级安排的每5年1次开展边界联合检查工作，2004年、2009年、2014年先后与定西市通渭县、天水市武山县、陇南市礼县、天水市秦城区进行了第一、二、三轮联合检查。2004年、2008年、2013年先后与秦安县、武山县、秦城区、北道区联合，完成第一、二、三轮行政区域界线联合检查。

（三）地名管理

1981年12月，甘谷县在全县范围内开展地名普查。1982年，县地名普查领导小组改名为地名委员会。在地名普查中，对全县重名的生产大队和自然村作了更名。1984年7月，完成了地名表、地名卡、地名图及概况资料4项成果，建立地名档案。1986年，县地名委员会撤销，保留地名办公室。地名普查工作全部结束后，地名办公室撤销，工作移交民政局。同年，由县民政局牵头，编纂出版《甘肃省甘谷县地名资料汇编》，共收录地名2307条，其中，行政区划名称423条、自然村名称1576条、自然地理实体名称230条、人工建筑及名胜古迹名称27条、有地理方位作用的企事业单位名称51条。2012年，印制3000份《甘谷县地图》，编辑出版《甘谷县政区概览》，规范化、标准化、拼音化录入地名行政村405个、自然村1553个、社区居民委员会等9类地名。2014年，开展地名普查工作，成立全县第2次全国地名普查工作领导小组和办公室，刻制印章，制定普查宣传方案，制作地名调查目录5324条。

（四）地名标志设置

1987年7月，完成全县405个村委会所在地和交通沿线的自然村、地理实体地名标志设置。2004年6月，完成摸底、资料汇总和核对。2005年8月，对24条街道、3个广场、2座大桥命名、更名。2013年，在城区全面开展标准地名标志设置工作，共设置标牌169块。2014年，在城区安装40块城区巷牌和14块路牌标志。

（五）地名数据库

按照民政部发布的《基础地名数据库数据分类与数据项设置》标准，结合甘谷县实际，采集的地名数据大体涉及国家标准11个大类，以及62个类别中的31个类别、37个细目，完成全县地名属性4800余条信息的采集入库工作。

三、基层政权建设

1983年12月，取消“政社合一”的体制，改人民公社为乡镇，改大队为村民委员会，改生产队为村民小组，全县设1个镇19个乡人民政府，下辖405个村民委员会、2212个村民小组、8个居民委员会。乡镇人民政府按辖区大小定编，乡（镇）长、副乡（镇）长由本级人民代表大会选举产生，并执行代表大会的决议和上级国家行政机关的决定和命令，管理本乡镇境内的行政事务。

1988年6月，《中华人民共和国村民委员会组织法》颁布实施。1989年7月，省人大常委会颁布《甘肃省实施村民委员会组织法办法（试行）》，按照天水市在各县（区）试点的基础上，采取“每年三分之一，三年完成实施任务”的办法，于1990至1992年分3批在冬春农闲时开展实施“村民委员会组织法”工作。

1989年试点12个村，1990年实施105个村，1991年实施120个村，1992年实施150个村。

1994年，贯彻民政部《全国农村村民自治示范活动指导纲要》和省厅《关于进一步搞好村民自治示范活动的意见》，以及《天水市1994—1996年村委会建设规划》，在全县开展村民自治示范工作，贯彻实施《中华人民共和国村民委员会组织法》，逐步推进民主政治建设和村民自治。1995年底，全县开展第2次村委会换届选举工作。

1998年底、2001年底、2004年底、2007年底、2010年底又分别进行了第3次、第4次、第5次、第6次和第7次村民委员会换届选举工作。

2011年3月底，完成甘谷县村级党组织和第8次村民委员会换届选举工作。全县共辖15个乡镇、405个行政村、2212个村民小组，总人口63.3万人。经过依法依规选举，共选出村民委员会主任405人、副主任及委员1046人。

2011年6月，完成全县社区党组织和居民委员会换届选举工作。全县共有9个社区（其中，大像山镇5个，新兴镇、磐安镇、六峰镇、安远镇各1个）、6339户23459人。经过依法依规选举，共选出社区居委会主任9人、副主任及委员80人。在村（居）委会组成人员中，平均年龄有所下降，女性委员、少数民族委员、高中以上文化程度委员所占比例有所上升。2013年，完成第8次村委会换届选举工作，全县选举产生村民委员会主任405人，其中，女性7人，中共党员232人，平均年龄40岁，大专以上文化程度64人，“一肩挑”16人，连任278人；村委会副主任及委员1436人，其中，女性382人、中共党员477人、致富能人255人、大专以上文化程度96人。2013年，全县405个村建立了村务监督委员会和村民议事委员会工作机制，选举产生405名村务监督委员会主任，村务监督委员会委员870人。

四、双拥工作

1991年，成立甘谷县拥军优属、拥政爱民工作领导小组（简称双拥工作领导小组），并在县民政局设立双拥工作办公室，具体业务由优抚股承办。1992年至2015年，因人事变动，又多次调整了该领导小组成员。

2004年7月，在省城兰州召开了甘肃省“天兰双拥文明线”创建启动大会。2005年1月，甘谷县成立由军地双方参加的甘谷县“天兰双拥文明线”创建领导小组。

2009年至2015年，先后共投入资金2800余万元，完成县人武、预备役营、县中队、消防大队整体搬迁工程，以及以国防和爱国主义教育基地建设等工程为代表的“双十工程”建设项目。2001年以来，驻县军警部队积极参与2005年天门山火灾、2008年“5·12”汶川地震、2012年“7·21”特大暴雨灾害、2013年“7·21”暴洪等抢险救灾160余次，挽回国家、集体和群众经济损失1300余万元。2001年至2015年，驻县5个驻军单位和大像山镇东关社区、新兴镇雒家村、磐安镇南街村、安远镇店子村、甘谷二中等19个单位结成共建对子，开展各项双拥创建活动。

五、优待抚恤

1984年至2009年，优待对象包括现役军人家属、“三红”、“三属”、退伍残疾军人、在乡老复员军人、带病回乡退伍军人、参战退役人员等重点优抚对象，以及参试退役人员和其他退伍军人。从1984年开始，对农村义务兵家属优待由实物优待为主改为发放优待金为主，同时采取政治优待、实物优待，以及社会给予的优先、优惠、照顾的方式落实优待政策。1984年至1990年，优待金以乡统筹、县统筹为筹款方式，优待标准较低。1991年，双拥模范县创建工作开始后，按照甘肃省《双拥模范县创建标准》要求，优待金标准达到了上年农民人均纯收入水平，并随农民人均纯收入水平不断提高。2003年，农村税费改革后，甘谷县将优待金列入转移支付，每年列支68万元，保障了资金来源，统一了全县发放标准，使优待金标准从1988年的山区180元、川区300元，不断提高到2008年的1801元。

2001年至2010年，甘谷县根据未修订的《中华人民共和国兵役法》有关规定，针对农村户籍入伍的义务兵，在2年义务期内按照上年全县农民人均纯收入标准，给其家庭发放优待金，资金由县财政在转移支付中列支。2011年至2012年，根据新修订的《中华人民共和国兵役法》《退役士兵安置条例》和《甘肃省自主就业退役士兵兵役优待补助金管理办法》规定，对退役时选择自主就业、服役年限在12年以下的退役士兵，不论城镇还是农村户籍，均按照上年甘肃省城镇居民人均可支配收入的2倍发给兵役优待补助金，资金按照省财政承担60%、县财政承担40%的比例解决。

2001年至2015年，全县共有515人受到了部队的立功受奖通知，其中，被授予“优秀士兵”称号的190人，荣立三等功的320人、二等功的5人。

2015年底，共有享受定期抚恤的“三属”人员76人，其中，烈属18人（城镇1人、农村17人）、因公牺牲军人遗属18人（城镇3人、农村15人）、病故军人遗属40人（城镇10人、农村30人）。2001年至2015年，甘谷县根据民政部有关通知精神，已连续11次提高“三属”抚恤金标准。

至2015年底，全县有重点优抚对象3759人，其中，残疾军人191人、“三属”76人、在乡老复员军人374人、带病回乡退伍军人402人、参战参试退役人员356人、60岁以上农村籍退役士兵2350人、老年烈士子女10人。

2006年至2015年底，共有1586名退伍军人享受重点优抚对象医疗救助，总计救助资金为546.89万元。其中，2006年，救助资金29.88万元，救助人数34人；2007年，救助资金39.33万元，救助人数43人；2008年，救助资金64.93万元，救助人数183人；2009年，救助资金70.75万元，救助人数181人；2010年，救助资金34.43万元，救助人数94人；2011年，救助资金130.57万元，救助人数201人；2012年，救助资金48万元，救助人数80人；2013年，救助资金40万元，救助人数77人；2014年，救助资金34万元，救助人数65人；2015年，救助资金55万元，救助人数628人。

六、复退军人安置

1984年以来，甘谷县对需要农村安置的退役士兵，按照“从哪里来到哪里去”的办法进行安置，哪个乡镇入伍的，仍回哪个乡镇妥善安置。1990年至2008年，共安置农村义务兵2602人。1990年至2004年，对需要城镇安置的退役士兵，实行岗位安置的办法予以安置，其间，共安置城镇退役士兵1110人。2005年至2010年，对农村退役士兵仍回原籍安置，城镇退役士兵从2005年度开始，一律实行自谋职业的货币安置政策，不再实行岗位安置。2011年至2012年，根据新修订的《中华人民共和国兵役法》和《退役士兵安置条例》规定，对选择自主就业的城乡退役士兵采取发放兵役优待补助金的方式给予经济补偿安置；2012年，共为符合条件的127名2011年底退役士兵发放兵役优待补助金291.7611万元；2013年，为符合条件的121名2012年底退役士兵发放兵役优待补助金331.1万元；2014年，为符合条件的109名2013年底退役士兵发放兵役优待补助金361.1万元；2015年，为符合条件的128名2014年底退役士兵发放兵役优待补助金470.2万元。

2005年至2010年，对属县内安置的所有城镇退役士兵全部采取自谋职业经济补助的方式进行安置，并按照省级规定的义务兵1.2万元，一、二级士官2万元的标准发放自谋职业补助金，共安置城镇退役士兵97人。2011年至2012年，按照新修订的《中华人民共和国兵役法》和新的《退役士兵安置条例》，对自主就业的城乡退役士兵采取发放兵役优待补助金的方式给予经济补偿安置。

2001年至2004年，对转业士官实行岗位安置，共安置22人。2005年至2010年，均实行补偿安置政策，并按照每人3万元的标准发放自谋职业补助金，共安置转业士官39人（2005年至2010年度转业士官22名，2001年至2014年度转业士官17名）。2011年开始，根据新颁布的《退役士兵安置条例》，对服役12年以上的2011年度和2012年度转业士官均按照全部安置在机关行政、事业工勤岗位的办法安置。2011年至2012年，对服役12年以上转业士官均安置在财政全额拨款工勤岗位，共安置10人。2012年至2015年，对服役12年以上转业士官均安置在财政全额拨款工勤岗位，共安置45人。

七、减灾救灾

甘谷县农业生态环境差异较大，南部高寒阴湿，有森林和草原，北部干旱少雨，沟壑纵横。自然灾害具有发生频率高、种类多、分布广、危害大、损失重等特点。灾害种类主要包括大气圈灾害、水圈灾害、地质圈灾害、生物圈灾害。分布地域为渭北干旱山地区、中部川道地区、渭南高寒阴湿地区。

地质灾害、洪涝、干旱、风雹等灾害频繁发生。大多数乡镇每年遭受不同程度的自然灾害，年均20万人受灾。

1985年8月14日23时，暴雨形成山洪冲毁位于城关镇小沙沟小庙湾沟口的西关砖厂，造成经济损失0.92万元。

1987年7月26日晚，六峰乡觉皇寺村、牛家庄村、麦堆坪村遭受严重水灾，因灾造成经济损失14.16万元。

1989年4月19日，西坪乡郭家湾、石坪、红凡沟等12个村遭受风雹袭击，造成经济损失86.96万元。

1990年5月11日至12日，礼辛乡、谢家湾乡、磐安镇遭受严重的冰雹和暴洪灾害，造成重大损失。

1992年5月1日0时30分，县内普降暴雨，西南部山区降雨40分钟，积水超过60毫米，冲毁学校1所，冲死17人、伤27人，造成损失1188.6万元。

1995年4月19日7时，甘谷县武家河乡石灰岩矿山滑塌，滑落石块沙土4000余立方米，死亡10人。

1998年6月1日18时30分至19时30分，磐安镇遭受暴风袭击，风力8～9级，造成经济损失1417.5万元。1998年，春旱、伏旱连秋旱，全县近60万亩农作物不同程度受灾，损失5137.3万元。

2001年4月8日至10日，全县范围内发生沙尘暴，风力高达7级，造成经济损失5970万元。

2003年8月25日23时许，全县境内连续降大暴雨，渭河、散渡河河水陡涨，磐安、安远、六峰、新兴、渭阳、十里铺、谢家湾、大庄8个乡镇遭受洪水袭击。灾害共造成54181人、11296亩作物受灾，损失983万元。

2007年7月24日22时15分至23时、7月26日18时至20时，安远、大庄、西坪、八里湾、新兴、大像山、金山、武家河、古坡等9个乡镇的119个村先后遭受特大冰雹灾害，造成经济损失6769.3万元。

2008年5月12日14时30分左右，受四川省汶川县8.0级地震影响，顷刻间，全县范围内通信中断直至晚上，部分房屋倒塌，部分房屋屋脊落地、挡门顶脊崩塌，水窖破裂，县城楼房摇摆，街头巷道行人行走困难，电线杆摇摆不定，余震不断。此次受灾35.58万人，农村住房倒塌9709户、23219间，严重受损1156户2614间，一般损坏3457户7107间，造成直接经济损失3.1亿元。全县共投入抗震救灾资金249万元，发放“三孤”“三无”人员临时生活补助1350万元、面粉729.2吨，发放后续生活补助500万元。先后接收发放了19批4590顶帐篷等救灾物资。在全县开展抗震救灾捐款活动，累计接收捐款166万元、衣被等400余件。全县共核定农村居民住房受灾恢复重建10865户，维修3457户。共下拨各乡镇由国际、中央、省级农村灾后重建筹集资金17116万元，其中，农村居民住房重建资金16851万元，整村重建基础设施配套资金265万元。发放农村居民住房重建贷款1.7亿余元。全县15个乡镇394个村10865户重建户全部完工，完工率为100%，入住10225户。维修完成3457户，占任务的100%。列入整村搬迁的磐安镇北坡寺等8个村742户全面竣工，完工率为100%，入住519户，巷道硬化、水、电等基础设施配套基本完成。全县15个乡镇386村10123户进行了分散重建，完成10123户，完工率为100%，入住9706户。

2009年5月19日14时，磐安、新兴2个镇遭受冰雹灾害，损失2484.6万元。

2011年，全县组建434人的灾害信息员队伍，其中县级3人、乡镇级15人、村级407人、社区9人。

2012年8月25日18时至20时，6个乡镇先后遭受大风、冰雹、暴雨、洪涝灾害，造成经济损失3639.2万元。

2012年，成立甘谷县防灾减灾委员会，由分管副县长任主任，县政府办、民政、水务、国土、住建、气象等47个单位负责人为成员，县政府有关部门和乡镇政府为成员单位。县防灾减灾委员会办公室设在县民政局，县民政局局长兼任秘书长，县民政局分管副局长兼任办公室主任。2003年，县政府印发《甘谷县救灾工作应急预案》，2012年，县政府印发

《甘谷县自然灾害救助应急预案》，进一步细化了51个成员单位的职责任务，明确了应急准备、预警预报、灾情上报、应急响应、灾后重建等工作流程和要求。全县15个乡镇和405个行政村制定分级预案，形成了县、乡、村三级预案网络体系。同年，完成应急避难场所项目建设，依托冀城广场，占地面积54亩，其中，投资170万元的应急指挥中心办公用房100平方米、应急物资储备用房200平方米，与行政中心东面的后勤服务设施整合建设。广场四周灯柱上设置应急标示牌18个。投资146万元，在冀城广场安装1块户外双面全彩LED显示屏。投资30余万元，储存应急发电机、应急水泵、应急电缆线、应急工具、应急食品和应急饮用水、应急衣被等各类应急物资51种4800余件。2012年，投资18万元，依托县老年活动中心建成综合减灾教育培训基地，购置课桌、电视机、投影仪、电脑、摄像机、应急包等仪器设备。2012年，建成从村、乡镇、县民政部门到县委、县政府、市民政部门的逐级报灾体系，利用中国移动“农政通”信息平台，向乡村两级灾害信息员发布预警信息，使用最先进的信息技术开发预警系统，提高公众，特别是农村地区公众的减灾意识。2015年，在武家河乡武家河村组织完成2次多部门联合协作的遭遇山洪突发灾害避险逃生实战大演练，创立防灾减灾一线救灾工作机制。

2013年，受“7·12”特大暴洪灾害和“7·25”岷县漳县地震波及，甘谷县多处山体滑坡、房屋倒塌、路基塌陷、设施毁坏，造成直接经济损失12.02亿元。县防灾减灾委员会启动应急预案，组织救灾工作组赴灾区查灾核灾，紧急转移安置群众468户1962人，为296名“三无”“三孤”人员发放临时生活救助资金86.96万元。“7·21”特大暴洪灾害和“7·25”岷县、漳县地震发生后，全县城乡居民住房需重建1738户，其中，易地整村重建6个乡8个村299户，分散重建1439户，需维修3266户。给1738户重建户每户按2万元标准进行重建整合补助，其中，民政整合临时救助资金1129.7万元，每户按6500元标准分三批次发放到户；整合住建危旧房改造资金2346.3万元，每户按13500元的标准发放到户。

八、民间组织管理

（一）社会组织

2000年12月，根据市委办发〔2000〕50号文件精神，成立甘谷县民间组织管理办公室，为全额拨款的副科级事业单位，核定事业编制3名，隶属县民政局管理（谷机编发〔2000〕08号）。

2003年，登记成立软科学研究会。

2004年，登记成立辣椒行业协会、中药材行业协会。

2005年，登记成立质量技术协会，戏剧协会，新兴镇福庆养殖协会，磐安镇联谊养殖协会、药学会、慈善协会、农村合作经济组织联合会、毛家坪村辣椒种植协会、燕家韭菜经济技术协会。

2006年，登记成立养鸡协会、磐安果品蔬菜协会、菌茵协会、磐安镇果品协会、新兴镇雒家村大葱蒜苗产销协会。同年5月，县民政局、县农牧局、县工商行政管理局联合下发《关于对农民专业合作经济组织审批登记注册管理的办法》（谷农发〔2006〕30号），规定县、乡、村区域内成立资金应不低于2万元、有规范的名称、固定的场所、入会会员10人以上，有相应的组织机构，并能独立承担民事责任的非营利性的农民专业合作经济组织，持登记申请书、组织章程、县农牧局批准成立的文件、组织的法定代表人身份证明、主管单位或有关单位出具的办公地点、场所和验资证明，可到县民政局登记。

2007年，登记成立六峰镇红崖沟花椒协会、新兴镇兴旺养殖协会、磐安镇原家庄果品协会、个体私营经济协会建筑业分会、个体私营经济协会文化广告业分会、个体私营经济协会家电业分会、个体私营经济协会餐饮业分会、个体私营经济协会印刷业分会、个体私营经济协会货运业分会、个体私营经济协会果品蔬菜业分会、个体私营经济协会磐安农贸业分会、个体私营经济协会磐安市场分会、个体私营经济协会磐安建材业分会。2007年4月，按照《天水市民政局关于做好社团评比达标表彰活动清理工作的通知》（天市民管发〔2007〕56号）精神，从2007年4月20日开始至5月底，对全县各社团进行了评比达标表彰活动清理。经对社团调查清理，各社团不存在以收费为前提的乱评比、乱达标、乱表彰活动以及以举办活动为名义向会员单位强行摊派、索要赞助费的行为。

2008年，登记成立磐安镇南坡寺扶贫互助协会、大庄城子村扶贫互助协会、磐安镇灌区农民用水者协会。

2009年，登记成立浙江商会。

2010年，登记成立见义勇为协会、农产品流通经纪人协会、六峰镇将军岭畜牧养殖协会、礼辛乡李家门村扶贫互助协会、礼辛乡河沟村扶贫互助协会、大庄乡小河口村扶贫互助协会、碌碡村扶贫互助协会、松树岔村扶贫互助协会、席家沟村扶贫互助协会、甘谷县大石乡王湾村扶贫互助协会、北山村扶贫互助协会、南山村扶贫互助协会、榆川村扶贫互助协会、李川村扶贫互助协会、甘谷县安远镇阳赛村扶贫互助协会、李家堡村扶贫互助协会、甘谷县谢家湾乡白家曲村扶贫互助协会、甘谷县新兴镇蔬菜营销协会。

2011年，登记成立党外知识分子联谊会、白家湾乡果业协会、安远镇安坡村扶贫互助协会、蒋山村扶贫互助协会、苏家沟村扶贫互助协会、黄河村扶贫互助协会、后川村扶贫互助协会、甘谷县西坪乡红凡沟村扶贫互助协会、郭家湾村扶贫互助协会、甘谷县谢家湾乡阳山村扶贫互助协会、赵家窑村扶贫互助协会、谢家湾村扶贫互助协会、甘谷县姜维文化研究会。

2012年，登记成立农民专业合作社联合会、甘谷县磐安镇郭家山村扶贫互助协会、甘谷县白家湾乡苟家岘村扶贫互助协会、甘谷县新兴镇康家滩村扶贫互助协会、衡家坪村扶贫互助协会、侯家沟村扶贫互助协会、牛坪村扶贫互助协会、甘谷县古坡乡瓦泉峪村扶贫互助协会、沟门村扶贫互助协会、大卜峪村扶贫互助协会、上店子村扶贫互助协会、甘谷县谢家湾乡勿铺岘村扶贫互助协会、东庄村扶贫互助协会、丁家沟村扶贫互助协会、西庄村扶贫互助协会。

2013年，登记成立甘谷县河南商会、甘谷县磐安镇田家庄村扶贫互助协会、甘谷县大庄乡杨家坡村扶贫互助协会、甘谷县六峰镇铁坡山村扶贫互助协会、甘谷县西坪乡石沟村扶贫互助协会、甘谷县武家河乡武家河村扶贫互助协会、甘谷县安远镇史川村扶贫互助协会、甘谷县新兴镇柏林沟村扶贫互助协会、甘谷县金山乡上滩子村扶贫互助协会、甘谷县金山乡刘家山村扶贫互助协会、甘谷县白家湾乡李家湾村扶贫互助协会、甘谷县白家湾乡狄家山庄村扶贫互助协会、甘谷县大像山镇马鞍山村扶贫互助协会、甘谷县古坡乡瓦泉峪村畜牧养殖协会、甘谷县白家湾乡苟家岘村果农协会、甘谷县礼辛乡水泉湾村扶贫互助协会、甘谷县礼辛乡董岘村扶贫互助协会、甘谷县礼辛乡徐坡村扶贫互助协会、甘谷县礼辛乡柏林村扶贫互助协会、甘谷县礼辛乡贾山村扶贫互助协会、甘谷县西坪乡莲花台村扶贫互助协会、甘谷县谢家湾乡大坪村扶贫互助协会、甘谷县大石乡丁窑村扶贫互助协会、甘谷县大石乡黄坪村扶贫互助协会、甘谷县大石乡曲坪村扶贫互助协会、甘谷县大石乡李湾村扶贫互助协会、甘谷县大石乡梨沟村扶贫互助协会、甘谷县地方志协会、甘谷县清溪书画家协会。

2014年，登记成立甘谷县诗词楹联学会、甘谷县礼辛乡石岘村扶贫互助协会、甘谷县礼辛乡冯山村扶贫互助协会、甘谷县戏剧家协会、甘谷县六峰镇黄家窑村扶贫互助协会、甘谷县六峰镇李家坪村扶贫互助协会、甘谷县六峰镇程家窑村扶贫互助协会、甘谷县六峰镇武家湾村扶贫互助协会、甘谷县礼辛乡高湾村扶贫互助协会、甘谷县礼辛乡倪山村扶贫互助协会、甘谷县礼辛乡上窑村扶贫互助协会、甘谷县大庄乡蔺坪村扶贫互助协会、甘谷县大庄乡苏家湾村扶贫互助协会、甘谷县安远镇麻池窑村扶贫互助协会、甘谷县安远镇阳屲寺村扶贫互助协会、甘谷县安远镇北川村扶贫互助协会、甘谷县金山乡常家庙村扶贫互助协会、甘谷县金山乡半山村扶贫互助协会、甘谷县金山乡七家山村扶贫互助协会、甘谷县金山乡邓家嘴村扶贫互助协会、甘谷县磐安镇李家窑村扶贫互助协会、甘谷县武家河乡黑吓沟村扶贫互助协会、甘谷县武家河乡吕家岘村扶贫互助协会、甘谷县武家河乡姚家湾村扶贫互助协会、甘谷县八里湾乡上岔村扶贫互助协会、甘谷县八里湾乡中岔村扶贫互助协会。

2015年，登记成立甘谷县新兴镇刘家村果园沼气协会、甘谷县阳光公益志愿者协会、甘谷县王权学术研究会、甘谷县磐安镇马家滩村扶贫互助协会、甘谷县磐安镇张家窑村扶贫互助协会、甘谷县磐安镇新窑村扶贫互助协会、甘谷县磐安镇好稍科村扶贫互助协会、甘谷县磐安镇西坪村扶贫互助协会、甘谷县安远镇任山村扶贫互助协会、甘谷县安远镇石方村扶贫互助协会、甘谷县安远镇菜子山村扶贫互助协会、甘谷县安远镇王窑村扶贫互助协会、甘谷县安远镇董川村扶贫互助协会、甘谷县大石乡冰滩村扶贫互助协会、甘谷县大石乡中庄村扶贫互助协会、甘谷县大石乡下山村扶贫互助协会、甘谷县金山镇段家沟村扶贫互助协会、甘谷县金山镇张家沟村扶贫互助协会、甘谷县金山镇郑家山村扶贫互助协会、甘谷县金山镇王家山村扶贫互助协会、甘谷县金山镇蒲家山村扶贫互助协会、甘谷县礼辛乡董渠村扶贫互助协会、甘谷县大庄乡付家河村扶贫互助协会、甘谷县大庄乡王家河村扶贫互助协会、甘谷县西坪乡马家河村扶贫互助协会、甘谷县西坪乡四方嘴村扶贫互助协会、甘谷县西坪乡朱阳屲村扶贫互助协会、甘谷县西坪乡陈家湾村扶贫互助协会、甘谷县大像山镇马务沟村扶贫互助协会、甘谷县新兴镇孙家坪村扶贫互助协会、甘谷县磐安镇十甲坪村扶贫互助协会、甘谷县六峰镇蒋坪村扶贫互助协会、甘谷县安远镇沙滩村扶贫互助协会、甘谷县安远镇老庄村扶贫互助协会、甘谷县金山镇苏家山村扶贫互助协会、甘谷县西坪乡石坪村扶贫互助协会、甘谷县大庄镇小庄村扶贫互助协会、甘谷县八里湾乡谢家沟村扶贫互助协会、甘谷县八里湾乡城峪沟村扶贫互助协会、甘谷县大石镇王川村扶贫互助协会、甘谷县大石镇马川村扶贫互助协会、甘谷县礼辛镇尉坪村扶贫互助协会、甘谷县谢家湾乡马家窑湾村扶贫互助协会、甘谷县谢家湾乡鲜家坪村扶贫互助协会、甘谷县武家河镇武家堡村扶贫互助协会、甘谷县古坡乡杨家坪村扶贫互助协会、甘谷县磐安镇洪家湾村扶贫互助协会、甘谷县磐安镇侯家山村扶贫互助协会、甘谷县磐安镇董家坪村扶贫互助协会、甘谷县磐安镇山庄村扶贫互助协会、甘谷县磐安镇莫周兰村扶贫互助协会、甘谷县磐安镇尉家庄村扶贫互助协会、甘谷县磐安镇石沟村扶贫互助协会、甘谷县磐安镇庄儿沟村扶贫互助协会、甘谷县磐安镇东坪村扶贫互助协会、甘谷县磐安镇毛河村扶贫互助协会、甘谷县新兴镇柏林峪村扶贫互助协会、甘谷县新兴镇半屲村扶贫互助协会、甘谷县新兴镇雒家坪村扶贫互助协会、甘谷县新兴镇姚家沟村扶贫互助协会、甘谷县新兴镇皂角树村扶贫互助协会、甘谷县新兴镇椿树坪村扶贫互助协会、甘谷县新兴镇史家坪村扶贫互助协会、甘谷县新兴镇韩家墩坪村扶贫互助协会、甘谷县安远镇韩家湾村扶贫互助协会、甘谷县安远镇厚家坪村扶贫互助协会、甘谷县安远镇王台村扶贫互助协会、甘谷县安远镇南城村扶贫互助协会、甘谷县安远镇北城村扶贫互助协会、甘谷县安远镇阴坡村扶贫互助协会、甘谷县安远镇阳坡村扶贫互助协会、甘谷县安远镇马坪村扶贫互助协会、甘谷县安远镇何家坪村扶贫互助协会、甘谷县安远镇何山村扶贫互助协会、甘谷县六峰镇白家窑村扶贫互助协会、甘谷县六峰镇张家窑村扶贫互助协会、甘谷县六峰镇半沟村扶贫互助协会、甘谷县六峰镇周家川子村扶贫互助协会、甘谷县六峰镇蒋家窑村扶贫互助协会、甘谷县六峰镇麦堆坪村扶贫互助协会、甘谷县六峰镇红崖沟村扶贫互助协会、甘谷县金山镇张家岔村扶贫互助协会、甘谷县金山镇吕家湾村扶贫互助协会、甘谷县金山镇下山庄村扶贫互助协会、甘谷县金山镇魏家山村扶贫互助协会、甘谷县金山镇移家湾村扶贫互助协会、甘谷县金山镇水家岔村扶贫互助协会、甘谷县金山镇米谷川村扶贫互助协会、甘谷县金山镇田家山村扶贫互助协会、甘谷县金山镇颉家山村扶贫互助协会、甘谷县金山镇红岘村扶贫互助协会、甘谷县金山镇二家坪村扶贫互助协会、甘谷县金山镇二家湾村扶贫互助协会、甘谷县金山镇谢家川子村扶贫互助协会、甘谷县八里湾乡上坪村扶贫互助协会、甘谷县八里湾乡红土坡村扶贫互助协会、甘谷县八里湾乡阴湾村扶贫互助协会、甘谷县八里湾乡张家庄村扶贫互助协会、甘谷县八里湾乡马耳峪村扶贫互助协会、甘谷县八里湾乡椿树岘村扶贫互助协会、甘谷县八里湾乡唐家湾村扶贫互助协会、甘谷县八里湾乡徐家岔村扶贫互助协会、甘谷县八里湾乡赵家湾村扶贫互助协会、甘谷县八里湾乡寨子山村扶贫互助协会、甘谷县八里湾乡王家沟村扶贫互助协会、甘谷县八里湾乡金家湾村扶贫互助协会、甘谷县八里湾乡杨家沟村扶贫互助协会、甘谷县八里湾乡陡湾村扶贫互助协会、甘谷县八里湾乡大塔坪村扶贫互助协会、甘谷县西坪乡上硬王村扶贫互助协会、甘谷县西坪乡柴家湾村扶贫互助协会、甘谷县西坪乡马家湾村扶贫互助协会、甘谷县西坪乡冯寨村扶贫互助协会、甘谷县西坪乡燕珍村扶贫互助协会、甘谷县西坪乡颉刘家村扶贫互助协会、甘谷县西坪乡海子湾村扶贫互助协会、甘谷县西坪乡姚家山村扶贫互助协会、甘谷县西坪乡鸡毛峡村扶贫互助协会、甘谷县西坪乡湾儿河村扶贫互助协会、甘谷县西坪乡马家山村扶贫互助协会、甘谷县西坪乡董堡村扶贫互助协会、甘谷县大庄镇朱权村扶贫互助协会、甘谷县大庄镇巩家山村扶贫互助协会、甘谷县大庄镇苍王山村扶贫互助协会、甘谷县大庄镇魏家峡村扶贫互助协会、甘谷县大庄镇芦家湾村扶贫互助协会、甘谷县大石镇河南村扶贫互助协会、甘谷县大石镇武峃村扶贫互助协会、甘谷县礼辛镇杨湾村扶贫互助协会、甘谷县礼辛镇上街村扶贫互助协会、甘谷县礼辛镇下街村扶贫互助协会、甘谷县谢家湾乡韩家窑湾村扶贫互助协会、甘谷县谢家湾乡年家湾村扶贫互助协会、甘谷县谢家湾乡张家沟村扶贫互助协会、甘谷县谢家湾乡地儿湾村扶贫互助协会、甘谷县武家河镇石庙嘴村扶贫互助协会、甘谷县武家河镇王家窑村扶贫互助协会、甘谷县武家河镇元高山村扶贫互助协会、甘谷县武家河镇杨河村扶贫互助协会、甘谷县武家河镇尚家山村扶贫互助协会、甘谷县武家河镇周元坪村扶贫互助协会、甘谷县武家河镇格板峪村扶贫互助协会、甘谷县武家河镇艾家坪村扶贫互助协会、甘谷县武家河镇秦家坪村扶贫互助协会、甘谷县白家湾乡马家河沟村扶贫互助协会、甘谷县白家湾乡宋家庄村扶贫互助协会、甘谷县白家湾乡蒜黄嘴扶贫互助协会、甘谷县白家湾乡斜坡村扶贫互助协会、甘谷县白家湾乡李家大山村扶贫互助协会、甘谷县白家湾乡尹家湾村扶贫互助协会、甘谷县白家湾乡廉家庄村扶贫互助协会、甘谷县白家湾乡梁家庄村扶贫互助协会、甘谷县白家湾乡蒋家湾村扶贫互助协会、甘谷县白家湾乡安家湾村扶贫互助协会、甘谷县白家湾乡小沟门村扶贫互助协会、甘谷县古坡乡樊家寺村扶贫互助协会、甘谷县古坡乡大坪寺村扶贫互助协会、甘谷县古坡乡麻岔子村扶贫互助协会、甘谷县古坡乡上店子村扶贫互助协会、甘谷县古坡乡羌甘峪村扶贫互助协会、甘谷县白家湾乡康家坪村果业协会、甘谷县白家湾乡刘家湾村果业协会、甘谷县六峰镇姜维故里武术协会。

图17-6　以甘谷县民间社团为主的广场文化活动丰富多彩

2003年，天水市民政局、卫生局联合转发《关于甘肃省城镇非营利性医疗机构进行民办非企业单位登记有关问题的通知》，登记成立城关镇模范村卫生所等68个民办非企业单位(其中，城关镇13个、磐安镇33个、新兴镇22个)。2004年，登记成立甘谷县书画院。2005年，登记成立伏羲画院、爱佳电脑培训中心、信实电脑培训中心、科华电脑培训中心。2006年，登记成立科盛电脑培训中心、佳音婚姻中介所。2007年，登记成立珍妮英语学校、劳务派遣服务中心。2008年，登记成立西强机电培训学校、高翔木艺装饰职业培训学校。2009年，登记成立碧霞幼儿园、大庄乡席家局幼儿园。2010年，登记成立安邦车友服务部、金苹果幼儿园、新城幼儿园、白云村永恒幼儿园、新兴镇莹启幼儿园、六峰镇蒋家寺幼儿园。2011年，登记成立腾达职业介绍所、博达职业培训学校。2012年6月6日，甘谷县民政局下发《关于对甘谷县农业生产资料行业协会等106个社会组织注销登记的通知》，依法对89家民办非企业进行注销登记。2013年，登记成立甘谷县农村土地流转服务中心、中国书法家协会西部教育基地甘谷工作站。2014年，登记成立甘谷县尚道国际幼儿园、甘谷县谢家湾乡张家沟村综合文化活动中心、甘谷县新兴镇童悦幼儿园、甘谷县新天地乒乓球俱乐部、羲皇美术学校。2015年，登记成立甘谷县磐安镇育才幼儿园、甘谷县大像山镇恒盛幼儿园、甘谷县新兴镇新天地幼儿园、甘谷县六峰镇爱心幼儿园、甘谷县大像山镇东方之星幼稚园、甘谷县大像山镇哈佛幼儿园、甘谷县大像山镇颐年嘉园开心幼儿园、甘谷县磐安镇小红帽幼儿园、甘谷县磐安镇幸福幼儿园。

（二）社会组织党建

2011年6月，开展甘谷县社会组织党建暨创先争优活动，宣传贯彻全市社会组织党建工作暨创先争优活动推进会主要精神及贯彻意见，制定甘谷县社会组织创先争优活动方案及领导小组。

2012年3月9日，召开2011年度社会组织年检工作会议，会议就全县社会组织拟建党组织安排了前期调研工作，开展党员“亮身份”活动。8月8日，中共甘谷县委下发《关于成立中国共产党甘谷县社会组织工作委员会的通知》，甘谷县社会组织工作委员会设在县民政局。8月14日，中共甘谷县委组织部、甘谷县社会组织党工委联合下发《关于社会组织近期党建工作重点任务的通知》（谷组发〔2012〕26号），中共甘谷县委办公室下发《关于启用中国共产党甘谷县社会组织工作委员会印章的通知》（县委办发〔2012〕50号）。8月15日，召开全县社会组织党建工作会议，举行全县社会组织党工委揭牌仪式。同年8月24日，中共甘谷县委组织部、甘谷县社会组织党工委联合下发《关于下派社会组织党建指导员的通知》（谷组发〔2012〕26号），共对全县30个社会组织下派党建指导员23名，督促社会组织开展党建工作。9月26日，中国共产党甘谷县社会组织党工作委员会组织召开甘谷县社会组织党支部书记培训班及社会组织新组建党支部授牌仪式。10月10日，天水市“两新”组织党建现场会在甘谷召开，交流介绍“加强两新组织党建，助推经济社会发展”的做法。2013年，召开社会组织党工委党建指导员暨入党积极分子培训班会议。2014年，全县社会组织党支部开展党的群众路线教育实践活动，完善社会组织党建指导员档案资料。2015年，开展社会组织基层建设年活动，甘谷县阳光公益志愿者协会成立党支部，甘谷县王权学术研究会成立党支部，甘谷县姜维武术学校成立党支部，甘谷县六峰镇姜维故里武术协会成立党支部。

九、社会事务管理

（一）婚姻登记

1984年，开始实行婚姻登记证明制度，即申请结婚的男女双方所在村、街道或工作单位出具户口和出生年月、民族、婚姻状况证明，双方持证明书到婚姻登记机关申请登记结婚。1998年1月1日起，开始使用全国统一式样的婚姻状况证明、结婚登记申请书和离婚登记申请书。2002年，安远、六峰2个乡撤乡建镇后，原两乡的婚姻登记仍由新建两镇登记。2003年7月，渭阳乡撤乡建镇后，原渭阳乡婚姻登记仍由新建镇登记。2003年12月，因撤并乡镇，原来的20个乡镇撤并为15个乡镇，原乡镇婚姻登记处也相应进行了撤并，乡镇撤并后，全县有婚姻登记处15个。

2005年，设立甘谷县民政局婚姻登记处，撤销大像山镇、新兴镇、六峰镇、大石乡婚姻登记处，甘谷县民政局婚姻登记处负责办理大像山镇、新兴镇、六峰镇的婚姻登记工作，安远镇人民政府婚姻登记处负责办理安远镇、大石乡婚姻登记。

2012年7月，县民政局婚姻登记处实现了与全国联网登记，县民政局婚姻登记处2名婚姻登记员参加了甘肃省婚姻登记员培训。2012年8月，对全县婚姻登记处进行调整，撤销7个乡镇人民政府婚姻登记处（安远镇、金山乡、谢家湾乡、白家湾乡、八里湾乡、西坪乡、武家河乡）；保留县民政局、磐安镇、礼辛乡、大庄乡、古坡乡婚姻登记处。2012年12月，县民政局下发《关于撤销有关乡镇人民政府婚姻登记处的通知》（谷民发〔2012〕58号），对原12个婚姻登记处印章进行收缴，对保留更名的婚姻登记网点配发甘肃省统一印章，将已撤销婚姻登记业务的婚姻档案按规定和程序移交本乡镇档案部门或县档案馆统一保管。2012年12月，磐安镇、礼辛乡、大庄乡、古坡乡等4个乡镇婚姻登记处网点实行与全国联网登记。2014年，将婚姻登记处搬至县政务服务中心。

2000年至2015年底，甘谷县婚姻登记情况见表17-14。

表17-14　2000—2015年甘谷县婚姻登记情况统计表

年份	结婚登记数（对）	离婚登记数（对）	年份	结婚登记数（对）	离婚登记数（对）
2000	2853	12	2008	2874	65
2001	2775	15	2009	1930	57
2002	2795	12	2010	2214	57
2003	2668	14	2011	3681	97
2004	2980	18	2012	2550	80
2005	3020	22	2013	6277	309
2006	1764	41	2014	4600	286
2007	1527	48	2015	3983	190

（二）殡葬管理

2010年，制定下发《甘谷县关于进一步深化殡葬改革、促进殡葬事业科学发展的贯彻意见》。2012年，完成全县殡葬服务设施规划编制，对全县火葬区和土葬改革区重新调整划定。将大像山镇29个村、新兴镇7个村、磐安镇7个村（社区）、六峰镇4个村、安远镇3个村列入火化区域。

甘谷县殡仪馆地处新兴镇孙家坪村，占地30亩，馆内建筑设施为火化车间、悼念厅、休息室、骨灰寄存室等，占地920平方米，现有工作人员10人。1985年7月，开展火化业务，承担甘谷县大像山、新兴、磐安、六峰4个乡镇及武山县城关、洛门、东顺、龙泉4个乡镇的遗体火化任务和殡仪服务。2008年，对殡仪馆火化炉维修改造，投资29.5万元新购置山东威海产灵天牌中档平板式火化炉1台。2010年，投资10万余元对殡仪馆基础设施进行全面维修，栽植松柏等树木2000余株，绿化馆内环境。2011年，维修烟囱，改造线路，硬化馆内道路。2012年，对院内场地进行了硬化。2013年，对院外路面进行了硬化。

（三）流浪乞讨人员救助

2005年12月，甘谷县收容遣送站更名为甘谷县流浪乞讨人员救助管理站，为股级事业单位（谷机编办发〔2005〕09号）。2000年以来，共救助流浪乞讨人员3968人，救助流浪未成年人316名，全部护送回家。

十、老龄工作

1987年，甘谷县成立县老龄委办公室。2002年11月，机构改革时，根据《中共中央、国务院关于加强老龄工作的决定》，县老龄委办公室整建制划入县民政局，对外挂牌，核定事业编制4名。2003年，老龄工作委员会组成单位为18个部门。2005年，增加机关党委，共19个部门。2007年，取消建设环境保护局，共18个部门。2008年，全县15个乡镇陆续成立老龄工作委员会，全县405个村民委员会都成立了老年人协会，形成了县、乡镇、村三级老龄工作机构网络，并建立各级老龄组织的工作职责、工作制度、议事规则和老年人协会章程。

2011年，全县405个村，在老龄办的指导下，通过宣传发动，组织村民按照自愿原则成立农村养老互助协会。2012年，全县15个乡镇都成立了由1名副书记或副乡（镇）长任主任、民政助理员等3～5人为成员的乡镇老龄委。2012年至2015年，405个村委组建成立老年人协会，83个村组建成立老年互助协会。建成农村互助老人幸福院135个、城市老年人日间照料中心3个、民办社会养老机构2所，设置床位2106张。

从2001年开始，甘谷县老年人口不断增多，在总人口中的比例不断上升，人口结构呈现老龄化特征。

2005年，老年人优待政策全面开展落实，公交车半价购票，收费公厕免费使用，大像山、蔡家寺等多处旅游景点免购门票，县医院门诊处悬挂“老年人半价挂号”“老年人优先就诊”“老年人优先取药”“老年人优先住院”的标志牌等，老年人优待服务落实到位。2006年，县老龄办建立老年人来信来电来访制度，县法院设立老年人法律咨询窗口，专人负责为老年人提供法律援助。2007年，在全县开展法律咨询，提高全社会的老龄法治意识。2009年，结合“五五”普法活动，老龄办配合公安、司法等部门积极开展了各种法律咨询、司法援助等活动，鼓励引导老年人利用法律武器维护个人的合法权益。先后为50余名在法律上需要帮助的老年人解决了一些实际问题。2012年，在每个城乡社区设立法律援助联系点。2015年，在每个村设立老年维权室，通过发放法律援助联络卡及宣传资料，公示空巢老人法律援助的范围、申请程序和联络方式，扩大社会知晓面，方便空巢老人就近、及时有效申请法律援助。2004年至2015年甘谷县老年人口情况统计见表17-15。

表17-15 2004—2015年甘谷县老年人口情况统计表

单位：人

年份	60岁（含）以上	占总人口百分比	80～89岁	90～94岁	95～99岁	100岁（含）以上
2004	55944	9.4%	4571	244	30	9
2005	56842	9.5%	4628	183	33	8
2006	57834	9.7%	4600	191	27	6
2007	60658	9.9%	4800	253	42	7
2008	62313	10.1%	5959	363	58	8
2009	64265	10.5%	5745	350	70	10
2010	67557	10.9%	5869	390	85	10
2011	70343	11.3%	5368	343	76	11
2012	72778	11.5%	6178	366	81	15
2013	81388	12.7%	7127	442	95	16
2014	84350	13.1%	8035	464	87	12
2015	86686	13.6%	8313	602	80	20

2003年，成立甘谷县老年大学，开设书法、美术、音乐、舞蹈、武术和戏曲等6个专业，确定“2332”学制，学员累计人数1500人。2009年，建成800平方米的三层仿古式老年活动中心，设有老龄办公室、电教室、棋牌室、乒乓球室、阅览室、医疗保健室、书画室、多功能厅，可同时接纳300余人参加活动，为全县老年人提供了休闲空间、活动平台、娱乐场所和教育基地。

2009年，根据天水市民政局《关于进一步做好老年人优待证办理工作的通知》（天市老发〔2009〕21号）的文件精神，为265人办理老年证。2010年，为218人办理老年证。2011年，为194人办理老年证，2012年，为201人办理老年证。2013年，为315人办理老年证。2014年，为486人办理老年证。2015年，为685人办理老年证。2007年至2009年，为户籍在本辖区内、年满90周岁的所有老年人发放高龄老人生活补贴；对90～94岁的老年人，每人每年发放300元的高龄生活补贴；对95～99岁的老年人，每人每年发放500元的高龄生活补贴；对100岁及以上的老年人，每人每年发放1000元的高龄生活补贴。2010年至2014年，对90～99岁及以上的老年人，每人每年发放500元的高龄生活补贴；对100岁及以上的老年人，每人每年发放1200元的高龄生活补贴。2015年，对80～89岁的老年人，每人每年发放

300元的高龄生活补贴；对90～99岁的老年人，每人每年发放720元的高龄生活补贴；对100岁及以上的老年人，每人每年发放1200元的高龄生活补贴。

图17-7　天水市委常委、政法委书记赵卫东慰问高龄老人

十一、社会救助

（一）城市居民最低生活保障

甘谷县1999年1月起实施城市居民最低生活保障制度，在大像山镇试点起步，经试点后扩展到新兴镇。到2002年，城市低保工作在甘谷县全面展开。

按照中央和省、市文件精神，城市低保标准不断提高，由1999年的月人均104元到2005年的月人均114元。2006年月人均125元，2007年月人均138元，2009年月人均152元，2010年月人均167元，2011年月人均184元，到2012年提高到了月人均213元。随着低保标准的提高，人均补差也随之增高，从1999年的月人均24.5元增高至2012年的月人均197元，城市低保户的生活水平也不断得以提升。

2007年5月，按照民政部及省、市民政部门《关于开展基层城市低保工作规范化建设活动的通知》要求，全县开展为期3个月的低保排查工作。清理核查结束后，在全县7个社区、15个乡镇民政办设立低保档案专柜，一户一档。8月，县民政局组织社区干部将所有低保对象的信息资料录入微机，实现了低保数据信息化管理。9月，县民政局与县农行协调，为3435户城市低保户重新换发了银行存折，城市低保资金全面实现社会化发放。

2011年，结合甘肃省城乡低保规范宣传年活动，在全县各乡镇、社区和村委开展城乡低保提标、清理核查和规范宣传年活动。2012年，县委办和县政府办联合印发《关于对城乡低保对象实施部门联动审核的通知》，全面启动由民政与组织、人社、财政、交通、工商、房管等部门组成的部门联动审核机制，并在全县建立城乡低保信息网络系统。2014年，出台《甘谷县城市居民最低生活保障实施细则》（谷政发〔2014〕80号），县政府办公室印发《甘谷县城乡低保不规范问题的通知》（谷政办发〔2014〕24号）、《关于在全县开展城乡低保“保重点、促公正”清理清查专项行动的通知》（谷政办发〔2014〕64号）和《甘谷县社会救助申请家庭经济状况核对办法的通知》(谷政办发〔2014〕69号)。2014年，建立城市低保听证会制度，每个社区建立了由乡镇负责人、低保专干、社区干部、各辖区内的“两代表一委员”和居民代表等组成的“低保听证五大员”共30人的听证会代表库，每次召开听证会需三分之一以上听证代表和县民政局低保办、镇政府、社区负责低保工作的人员参加。对新申请城市低保家庭，经参加听证会三分之二以上代表投票表决同意、签字确认后，将评议结果在辖区内公示。1999年至2015年甘谷县城市居民最低生活保障情况统计见表17-16。

表17-16 1999—2015年甘谷县城市居民最低生活保障情况统计表

年份	保障户数(户)	保障人数(人)	月保障资金(万元)
1999	169	306	0.75
2000	483	847	3.15
2001	2058	3392	12.62
2002	3245	5043	21
2003	3249	4968	21.6
2004	4133	5233	26.3
2005	4187	5275	41.7
2006	4679	6025	51.7
2007	3535	8174	77.8
2008	3435	8174	124.5
2009	3723	8741	142.6
2010	3839	8879	153.2
2011	4037	9265	168.9
2012	4056	9221	181.6
2013	4056	9221	214.9
2014	3924	8981	245.9
2015	3756	8633	268.6

注：数据以年终统计为准。

(二)农村最低生活保障制度

农村低保制度实施以来，保障标准逐年提高，保障面逐年扩大。

2006年10月，在安远镇开展试点工作，按照年人均纯收入低于600元的保障标准，纳入农村居民最低生活保障范围的有251户1099人。

2007年1月至6月，农村居民最低生活保障工作由安远镇扩展到新兴、六峰、金山、武家河、谢家湾等乡镇，全县共纳入低保对象1491户6000人。同年，在全县15个乡镇全面开展农村居民最低生活保障对象的扩面提标工作，全县农村低保对象增加到8833户37200人。

2009年4月，农村低保对象增至11732户44948人。

2010年10月，根据省委、省政府关于城乡低保“调、减、免”政策，全县农村低保对象扩面后增加到32968户77916人，农村低保对象保障类别由三类划分为四类。

2011年7月至2012年底，农村低保对象增加到79556人。

2013年，开展农村低保清理和规范工作，召开全县农村低保清理和规范工作会议，县政府与各乡镇人民政府签订《城乡低保工作目标管理责任书》，出台《甘谷县农村居民最低生活保障实施细则》（谷政发〔2013〕111号）。按照县委编办《关于成立甘谷县居民家庭收入核对中心的通知》（谷机编办发〔2013〕23号），成立县居民家庭收入核对中心。

2014年至2015年，在全县开展“百村示范千人审核万人评议”行动，对219个问题村或复杂村现有农村低保对象进行民主评议。

图17-8　副省长王玺玉调研甘谷县城乡低保工作

农村居民最低生活保障资金通过政府补助、福利彩票公益金及社会捐助等渠道筹集。政府补助资金由省、市、县三级财政共同负担。

2010年10月，根据省委、省政府关于城乡低保“调、减、免”政策的规定，甘谷县为甘肃省52个贫困县之一，农村低保资金全部由省财政负担。

2006年10月至2008年6月，农村低保资金通过低保专用存折发放到户。从2008年7月起，农村低保资金全部通过强农惠农“一折统”发放到户。农村低保对象一、二类人员每1年审核1次，三、四类对象每半年审核1次。符合农村低保条件的保障对象，根据其家庭收入和贫困程度确定其保障类别。

1999年至2015年甘谷县农村最低生活保障情况统计见表17-17。

表17-17　2006—2015年甘谷县农村居民最低生活保障情况统计表

年份	保障标准（元/人·年）	保障人数（人）	年发放资金（万元）
2006	600	1099	3.7
2007	680	37200	452.5
2008	728	37200	2007.7

续表17-17

年份	保障标准（元/人·年）	保障人数（人）	年发放资金（万元）
2009	728	44948	2052.2
2010	850	77916	4690.1
2011	1096	79556	6862.9
2012	1488	79556	8051
2013	1907	79556	11253.3
2014	2193	79556	10362.9
2015	2434	79556	12469.4

（三）农村五保供养

1994年1月23日，国务院颁布实施《农村五保供养工作条例》，第一次用行政法规的形式明确五保的性质，统一规范五保对象，确定对象的程序、供养的内容、经费的来源等。从2006年12月起，凡纳入农村五保供养人员，政府财政年人均补助720元。后补助标准逐年提高，到2015年，全县有农村五保供养对象2729户3044人，年人均补助增至4512元，县财政列支219万元。2007年至2015年甘谷县五保资金供养人数及发放情况统计见表17-18。

表17-18　2007—2015年甘谷县五保资金供养人数及发放情况统计

年份	保障标准（元/人·年）	保障人数（人）	年发放资金（万元）
2007	1452	1535	2228820
2008	1452	1670	2424840
2009	2046	1826	3735996
2010	2046	2666	5454636
2011	2460	3101	7628460
2012	2796	3095	8653620
2013	3180	3095	9752000
2014	3504	3101	10575000
2015	4512	3044	13710000

（四）医疗救助

甘谷县城乡医疗救助制度从2006年开始试行，经历了试点运行、全面实施和不断健全完善3个阶段。

2006年8月，县政府制定《甘谷县农村医疗救助实施方案》（谷政办发〔2006〕57号），规定救助对象和救助程序，甘谷县农村医疗救助开始实施。规定救助比例为住院费用的

10%，全年个人累计享受救助金额不超过3000元，当年共救助177名因特大疾病住院治疗的患者。

2007年7月，制定出台《甘谷县城市医疗救助实施办法》（试行）（谷政办发〔2007〕44号），甘谷县城市医疗救助工作开始试行。在城市“三无”人员医疗保险报销后，将剩余部分据实救助。其他对象的资金筹措情况，按不低于10%的比例予以救助，但每年个人救助标准最高不超过3000元。

2010年，根据《甘肃省城乡医疗救助试行办法》（省政府令2009年第62号）和《天水市城乡居民医疗救助实施办法》（天政发〔2010〕48号），制定《甘谷县城乡居民医疗救助实施细则》（谷政发〔2010〕108号），救助比例按个人负担费用的40%～80%开展救助，救助标准为个人年救助金总额最高不超过3万元。

2011年，拓宽医疗救助对象覆盖面，开展医疗救助规范化管理建设工作。救助形式采取医前、医中和医后相结合，救助措施实行门诊救助和大病救助相结合。救助资金实行专户管理，封闭运行，资金由财政通过惠农“一折统”直接进账到户，实行社会化发放。

2012年，开展医疗救助工作政策宣传，提高儿童七种特重大疾病救助标准。白血病儿童救助控制在6万元，脑瘫儿童救助控制在1.2万元，儿童先天性心脏病救助控制在2.5万元。妇女“两癌”低保家庭患者一次性救助1万元，城乡低收入患者家庭救助7000元。

2013年7月，在县医院和中医院启动“一站式”结算平台。10月，在天水市第三人民医院对农村贫困家庭重度精神病患者实施“一站式”即时结算救助服务。

截至2015年12月底，全县累计发放医疗救助资金8129万元，救助城乡困难群众27.4万余人，其中，救助住院患者5.2万人，为困难群众代缴参合参保费人数达22.2万人。

2006年至2015年甘谷县城乡医疗救助情况统计见表17-19。

表17-19　2006—2015年甘谷县城乡医疗救助情况统计表

年份	救助比例	救助人数	年发放资金（万元）
2006	10%	177	32
2007	10%	912	129.03
2008	10%	1509	290.33
2009	10%	3768	317.62
2010	40%～80%	4688	595.6
2011	40%～80%	15481	2506.8
2012	40%～80%	15953	2007.18
2013	40%～80%	2894	1677.4
2014	20%～80%	2950	1625.5
2015	40%～80%	2439	1745.5

（五）临时救助

2010年6月，县政府制定印发《甘谷县城乡居民临时生活救助实施细则》（谷政发〔2010〕70号），全面实施城乡困难居民临时救助制度。至2012年底，共收到上级下达临时救助资金465万元，救助困难群众1269户4789人。其中，2010年，救助796户3666人，发放资金342.03万元（内含学生救助31人9.3万元）；2011年，救助251户1065人，发放资金64.97万元（内含学生救助55人12万元）；2012年，救助222户1099人，发放资金58万元（内含学生救助74人16.2万元）；2013年，救助223人，发放资金52万元（内含学生救助84人13万元）；2014年，救助2289人，发放资金119万元（内含学生救助90人21.3万元）；2015年，救助11786人，发放资金691.3万元（内含学生救助592人167.3万元）。

（六）敬老院建设

1.甘谷县中心敬老院

甘谷县中心敬老院建成于2009年11月，是全市第一个建成入住的农村中心敬老院。该院占地面积5亩，建筑面积1700平方米，总投资185万元，有大小房50间，设置床位80张。2015年，敬老院有五保对象45人，其中，年龄最大的92岁、最小的13岁，有公益性岗位管理人员8人。

2.谢家湾中心敬老院

谢家湾中心敬老院于2011年6月开工建设。2012年，续建了围墙、花园、大门、门卫室，以及给排水、院面硬化等附属工程。总占地面积3.5亩，建筑面积574.1平方米，主体楼为两层砖混结构单面楼，有房屋24间，设置床位40张，总投资110万元。2013年，该院投入使用，入住五保对象10人。

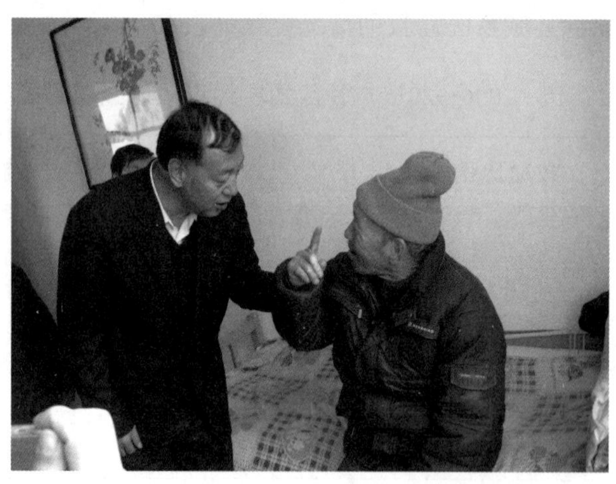

图17-9　2010年11月4日，省民政厅厅长田宝忠看望慰问敬老院老人

3.金山中心敬老院

金山中心敬老院地处东北片，周边有金山乡、西坪乡、八里湾乡、大庄乡4个乡，总占地面积2.5亩，主体楼为一栋三层框架结构单面楼，内设宿舍、餐厅、医务室、办公室、活动室、卫生间等，建筑面积931.2平方米，有房间30间，设计床位50张，总投资208万元。

十二、社会福利

（一）孤儿保障

2010年，甘谷县建立健全孤儿基本生活保障体系，实现“生有所养、病有所医、住有所居、学有所教、壮有所用”。确定18周岁以下父母双亡的孤儿享受孤儿基本生活保障，年满18周岁以上在校上学的孤儿享受到完成学业的生活保障。建立保基本、保长远的孤儿基本生活费的“两卡”实名发放机制，即给每名孤儿办理2张银行卡，在每月生活费中，将农村散居孤儿的340元、城市散居孤儿的440元存入卡1，交由孤儿监护人保管使用，用于其衣食、教育、医疗等日常开支；将农村散居孤儿的100元、城市散居孤儿的200元暂存入卡2，卡2密码由县民政局代为保管，待孤儿年满18周岁时交给孤儿本人或其监护人，用于其就学、就业或创业使用。

截至2015年底，共清理出年满18周岁未上学的孤儿198人。按照“户申请、村（社区）调查、乡（镇）审核、县民政局审批”的程序，新增父母双亡的孤儿186名、艾滋病患儿4名，全县共有孤儿456人，按照城镇集中供养孤儿每人每月840元、城镇散居孤儿每人每月640元、农村散居孤儿每人每月440元的标准，2011年以来，共发放孤儿生活保障费1106万元。

2010年以来，先后对当年考入高等院校的29名孤儿发放临时救助金16万元；为36名毕业的孤儿推荐就业；为17名城镇籍孤儿安排廉租住房，优先办理住房贴息贷款34万元；为22名孤儿办理自主创业和妇女小额担保贷款60余万元。

（二）农村贫困家庭重度残疾儿童救助抚养

2012年，甘谷县民政、卫生、残联等多部门联合组成工作组，对全县重度残疾儿童进行摸底检查，共摸底出14周岁以下，肢体一、二级和智力、精神一级的残疾儿童261人。将祖父母年迈、无人抚养的45名残疾儿童，通过全面体检，在市、县社会福利中心集中抚养，因儿童身体或父母难舍等原因，先后有20名重残疾儿童离院。公开招聘10名工作人员，加强县社会福利中心力量，负责孤残儿童的养育、护理、康复、教育工作，6名孤残儿童在十里铺小学随班就读，14名孤残儿童在福利中心开班就读，促进了孤儿救助事业的全面发展。

（三）福利企业

1986年至1998年3月，民政局共创办管理了23家福利企业，20世纪90年代后期，有19家“双扶”企业随着市场竞争机制的影响被陆续淘汰，甘谷县社会福利工厂企业改制后私有化。2005年，全县有福利企业3家，其中，甘谷县社会福利誊印社正常运营；甘谷县天马福利铸造厂停产；甘谷县社会福利钢窗厂承包给个人至今，保留福利企业资格。2012年，因城镇建设需要，甘谷县天马福利铸造厂按照法律程序破产，并全厂拆迁。甘谷县社会福利誊印社自行倒闭。

（四）福利中心

甘谷县社会福利服务中心建成于2012年8月，位于县中心敬老院内，为四层框架结构，建筑面积1500平方米，设计床位50张，总投资400万元。现有孤残儿童20人、管理人员10人。该中心集养护、医疗、康复、教育等功能为一体，为农村贫困家庭重度残疾儿童和孤儿服务。

(五)有奖募捐

1991年至2001年,甘谷县开展有奖募捐工作,累计销售奖券300余万元。自2001年以后,再无发行过福利彩票。至2012年底,全县的电脑福利彩票投注点的申报审批全部在市级福利彩票发行与管理部门直接办理。自2007年以来,省、市对甘谷县福利彩票公益金的下达随着福利彩票销售量逐年加大,截至2015年底,累计下达福利彩票公益金2115万元。

(六)慈善活动

2008年"5·12"汶川大地震后,县民政局组织全县捐款,共捐赠款物100余万元。2009年,争取到省慈善总会援助县中心敬老院建设资金80万元。2009年,争取到省慈善总会援助贫困山区学校电脑30台,价值15万元,分别赠给十里铺小学、慈光中学、六峰初中,受益学生3000余人。2010年,成立甘谷县慈善协会,争取到西部机场项目资金10万元支助谢家局小学教学楼建设,受益学生200人。2011年,争取到省慈善总会50万元援助谢家湾中心敬老院建设。2012年,争取到中华慈善总会宝马爱心基金助学项目40万元,资助40名贫困应届毕业大学生,每人资助1万元。2014年,陈红红女士个人出资的"宸帮助学基金"按照每人5000元的标准救助贫困大学生20人,发放救助金10万元。2015年,争取到中华慈善总会宝马爱心基金助学项目50万元,资助50名贫困应届毕业大学生,每人资助1万元。

十三、民政财务

甘谷县民政事业经费主要来自省、市、县三级财政拨款。二十世纪八九十年代,上级下达的民政事业经费每年在60万元左右,2000年后增幅明显加大。2003年,省、市、县累计投入各类民政资金786.59万元,至2012年底达到1.49亿元。甘谷县民政局在专项资金使用上,按计划、按预算安排分配和使用,所有民政专项资金封闭运行,专款专用,社会化发放,规范化管理,做到了资金流向畅通、及时、公开。城市低保、城市医疗救助资金通过银行打卡发放,农村"低保"、农村五保、农村医疗救助、救灾资金通过强农惠农"一折统"发放。2003年以来,逐步完善财务统计制度,提高了财务数据的准确性和报送的及时性。

十四、获得荣誉

(一)先进集体

2002年11月,甘谷县民政局被甘肃省民政厅评为全省"民政系统先进单位"。

2003年3月,甘谷县被省委、省民政厅、省军区表彰命名为全省"双拥模范县";8月,被省民政厅命名为全省"第三批村民自治模范县"。

2005年,甘谷县被省老龄委评为全省"老龄工作先进县",新兴镇蔡家寺村老年活动中心被评为全省"老龄工作先进单位"。

2006年3月,甘谷县被省老龄委评为全省"老龄工作先进县";8月,被省委、省民政厅、省军区表彰为全省"双拥模范县";10月,大像山镇东关社区被评选为全国"敬老模范社区"。

2007年3月，甘谷县民政局被省民政厅评为全省“民政系统先进单位”。

2009年12月，甘谷县六峰镇人民政府被省双拥领导小组授予创建“天兰双拥文明线”先进单位。

2011年1月，甘谷县老龄办被全国老龄委会授予全国“老龄工作先进单位”称号；10月，被省委、省民政厅、省军区表彰命名为全省“双拥模范县”；12月，县民政局被授予“2011年度《中国民政》宣传发行先进单位”称号；同月，大像山镇东关社区被国家减灾委、民政部评为全国“综合减灾示范社区”。

2015年1月，甘谷县民政局被省双联工作领导小组评为全省“双联民心奖”；8月，被省委、省政府、省军区表彰为全省“双拥模范县”；12月，大像山镇富强社区被评为全国“综合减灾示范社区”。

（二）先进个人

2004年3月，王晓玲获中国社会报征文优秀奖。

2005年3月，全国敬老爱老主题教育活动组委会评选薛保明为全国“孝亲敬老之星”；同年，授予谢锡文老人“陇原十大杰出老人”的光荣称号。

2006年，柳选植被全国“敬老爱老主题教育”活动组委会评选为全国“孝亲敬老之星”。

2007年3月，柳选植被评为全国“孝亲敬老先进个人”。

2008年1月，郭彦林被省民政厅评为全省“城市居民最低生活保障先进工作者”；9月，柳选植被市委、市政府评为“抗震救灾先进个人”；11月，柳选植被民政部评为全国“抗震救灾先进个人”。

2008年9月，杨帆被“全国敬老爱老助老主题教育”活动组委会评选为全国“孝亲敬老之星”。

2009年6月，谢家湾乡马家窑湾村张娇梅被中国老年学会助老公益事业研究委员会评为“2009年度中国长寿明星”；12月，柳选植被省双拥领导小组授予创建“天兰双拥文明线”先进个人。

2012年12月，“全国敬老爱老助老主题教育”活动组委会授予雒家村党支部书记丁进义全国“孝亲敬老之星”荣誉称号。

2014年9月，新兴镇康家滩村党支部书记康自俊被授予2014年度全国“孝亲敬老之星”荣誉称号。

第五节　武山县民政

一、机构设置

1949年8月，武山县人民政府设民政科，负责救济、优待抚恤、收容遣送、复退安置、区划调整、婚姻管理、殡葬管理、劳动人事、选举等工作，不设内部机构。1957年2月，劳资业务分属县计划科管理。1958年12月，民政业务归属福利部办理。1959年3月，民政科恢复。1968年4月，业务归县革委生产指挥部办理。1970年11月，成立县民卫局领导小组。1975年2月，改称民卫局。1976年11月，分设民政局，有局长1人、工作人员2人。1989年底，配备正、副局长3人，工作人员8人，开始设办公室、优抚安置股、区划地名股、救灾救济股和救助站5个股室。

2000年，增设民间管理办公室，为股级事业单位，核定编制3名。2002年7月，武山县老龄委办公室由县委机构划归民政局管理。2002年10月，增设双拥办，老龄办和双拥办。2004年，成立武山县城市居民最低生活保障办公室，为股级财政全额拨款单位，核定编制3名。2008年3月，成立武山县社会福利综合服务中心，为副科级事业单位，核定编制7名。2010年1月，成立武山县慈善协会，为副科级事业单位，核定编制3名。2010年8月，武山县城市居民最低生活保障办公室升格为副科级机构，更名为武山县城乡居民最低生活保障办公室，人员编制增至5名。2012年12月，武山县民间组织管理办公室机构规格由股级升格为副科级，更名为武山县民间组织管理局。2013年4月，成立武山县婚姻登记中心，为股级全额拨款事业单位，隶属于县民政局，核定事业编制3名。6月，成立武山县城乡居民家庭经济状况核对中心，为股级财政全额拨款事业单位，隶属于县民政局，核定事业编制3名。2015年1月，将原挂牌在县民政局优抚安置股的县双拥办公室单独设置为县民政局内设机构。10月，成立中共武山县社会组织工作委员会，为县委派出机构，与民政局合署办公。社会组织工作委员会书记由县民政局局长兼任，核定专职副书记职数1名（副科级），纪委书记由县民政局纪委书记兼任。

二、行政区划与地名管理

（一）行政区划

1985年7月，天水地区改称天水市，武山属天水市管辖，全县辖2个镇18个乡、2个居民委员会（洛门和城关）、380个村委会、1104个村民小组。

1992年5月，鸳鸯乡改为鸳鸯镇，辖区未变。郭槐乡的冶扶村划归洛门镇、山丹乡的清池村划归城关镇管辖。

1998年3月，撤销龙泉乡宋庄村、郭槐乡文家寺村、湾儿村3个村委会。新设村委会13个，分别为：龙泉乡宋东村、宋西村、窠墒村、改口村，郭槐乡上文家寺、下文家寺、上湾、下湾、谢沟村，嘴头乡王山村，沿安乡桥子村、马蹄沟村，龙台乡贾山村。新增城关镇道南居委会和鸳鸯居委会。

1999年12月，将温泉乡东梁村划分为东梁村委会、旧庄村委会和白湾村委会，至此，全县共有407个行政村。2001年9月，四门乡、滩歌乡改为四门镇、滩歌镇，辖区未变。

2002年6月，马力乡改为马力镇，辖区未变。

2003年10月，经省政府批准实行乡镇撤并，撤销草川乡、袁河乡、东顺乡、郭槐乡、龙泉乡5个乡。2003年12月，撤并工作全面结束。武山县共辖6个镇9个乡。

2005年3月，撤并63个村委会，全县行政村数由原来的407个减少到344个，有8个社区居委会、1604个村民小组。

2008年4月，成立渭北社区居民委员会，城关镇毛纺厂社区居民委员会更名为西关社区居民委员会，城关镇居民委员会更名为东关社区居民委员会，城关镇道南社区居民委员会更名为南关社区居民委员会。

2009年9月，成立洛门镇富源社区，洛门镇洛门居民委员会更名为乐善社区。

至2012年末，全县共辖6个镇9个乡、344个行政村、10个社区居民委员会、1604个村民小组。

2015年，山丹乡、桦林乡、龙台乡、温泉乡、榆盘乡5个乡实现撤乡改镇，辖区未变，全县共辖11个镇4个乡。

（二）地名管理

1981年10月，武山县按照甘肃省人民政府和天水市地区行署的统一部署，成立武山县地名普查领导小组和办公室。以国务院《关于地名命名、更名的暂行规定》和省地名委员会颁布的《甘肃省地名普查实施细则》为依据，开展武山县地名普查工作。1984年3月，编纂出版《武山县地名资料汇编》，汇编共列入标准地名2005条，其中，行政区划单位388条，自然村、街道、居民区、公社及公社以上企事业单位1243条。2014年7月1日，启动开展第二次地名普查工作。

2012年11月，开始进行《武山县行政区划图》及《武山县地图册》的资料收集整理工作。2013年4月，行政区划调整后的《武山县行政区划图》（第1版）出版。2013年10月，《武山县地图册》出版。

（三）地名命名

2006年12月，对县城7条路、7条街、22条巷，以及渭北小区、宁远广场、火车站广场、鸳鸯湖公园等街、路、公益场所进行了命名。2011年8月，结合新城区建设，对渭北小区和火车站新区新开发的10条街路进行了命名。2011年9月，完成县城宁远大道等9条路、富强街等15条街的设标工作，共设置标牌89块。

（四）地名数据库建设

2007年底，武山县按照省、市要求，对地名数据中行政区划、群众自治组织、居民点、建筑物、单位、道路、河流、湖泊、山峰、山脉、旅游景点基础地名数据进行摸底，形成成果数据1800余条，并全面录入地名数据库管理系统中，实现了区划、地名、边界信息的综合管理。2009年，按照省、市要求，开展全国第二次地名普查试点工作，形成各类基础成果数据3081条。2012年，建成较完善的属性库，完成1：500000图库中行政区划数据以及主要公路、车站等数据的连接；建立1：500000图库中行政区划、群众自治组织、居民点、纪念地及旅游景点、陆地地形等数据中1542条地名数据的连接，基本实现了图库互查。

（五）全面勘界工作

1993年4月，武山县勘界工作开始，成立武山县勘界领导小组，下设办公室，办公室设在民政局。

1993年7月至1997年10月，完成84.3千米甘武界线的勘定工作，共埋设双面型界桩7个、三面型界桩2个，将边界线具体走向标绘在总参测绘局出版的1：50000地形图上。历史遗留有争议的石庙湾段界线经2个县同意后，天水市人民政府作了裁决。1993年5月至1994年7月，完成77千米漳县、武山界线的勘定工作，共埋设界桩6个，其中，三面桩2个、两面桩4个。1993年5月11日，完成13千米通武界线的勘定工作，共埋设界桩4个，其中，三面桩1个、两个桩3个。1993年5月至8月，完成47千米陇西、武山边界的勘定工作，共设埋界桩4个，其中，三面桩1个、双面桩3个。1993年5月至1994年7月，完成38千米岷县、武山界线的勘界工作，全线共设埋5个界桩，实设埋界桩4个（不包括岷、武、礼0号桩），其中，三面桩1个、两面桩2个。1993年6月至1994年5月，完成26千米礼县、武山界线的勘定工作，全线设埋界桩3个，其中，三面桩2个、两面桩1个。1993年10月，开始对县内乡镇界线进行勘界，印发《武山县人民政府关于勘定县内乡镇界线实施方案》。

1996年10月底，完成20个乡镇的43条、460.67千米乡镇界线的勘定工作。

2004年，进行第一轮县级行政区域界线的联合检查工作。武山县涉及的县级界线共6条，其中，市内界线1条，即甘武界线；市界线5条，即岷武界线、礼武界线、漳武界线、通武界线、陇武界线。此后，县界每5年联合检查1次。2009年，进行第二轮县级行政区域界线联合检查。

2014年，进行了第三轮县级行政区域界线联合检查。

三、基层政权建设

1983年12月，实行农村体制改革，改人民公社为乡建制，生产大队、生产小队改为村委会、村民小组，全县设2个镇18个乡、380个村委会、1104个村民小组。至1989年底，全县调整为395个村委会、1587个村民小组、2个居民委员会。村委会是实行村民自我管理、自我教育、自我服务的基层性自治组织。村委会由主任、副主任和委员3～7人组成，由村民选举产生，不脱离生产。村委会内设人民调解委员会、治安保卫委员会、公共卫生委员会等组织，在村委会的统一领导下工作。

1988年6月，《中华人民共和国村民委员会组织法》颁布实施。1989年7月，天水开始在各县（区）试点实施《中华人民共和国村民委员会组织法》，武山县被列入的试点村有9个，主要抓村委会班子建设、阵地建设和村干部报酬的落实、提高工作效率。同年10月，各乡镇增设乡人大主席团，配备专兼职常务主席。

1995年开始，全市村委会进行换届选举工作，至此，武山县进行村民委员会第2次换届选举工作。全县共登记选民215845人，民主选举出村委会主任395人、副主任177人、村委会委员1975人，其中，妇女干部395人。此后，选举工作每3年举行1次。

1998年，全县250个行政村村务公开。提出财务公开7项、社会管理5项、发展经济2项，共14项为公开项目。8月，在郭槐乡召开村务公开现场会，创造“三清三查三结合”经验，试行“一栏一簿二会”办法。

1999年11月，武山县人民政府转发《甘肃省民政厅关于在甘肃省农村全面推进村民自治工作的意见的通知》，在全县范围内开展村务公开工作，至2000年，全县407个村民委员会，95%的建有公开栏，公开基本做到“三为主”，即事先公开为主、对外公开为主、上栏公开为主。同时，各村都建立了村民代表议事会和村务公开监督小组。

2001年，设立社区服务中心和社区服务站。在4个社区成立3个社区党支部，建立社区居民代表大会、社区议事协商委员会、社区居民委员会的组织网络机构。

2011年3月下旬至5月下旬，武山县社区居民委员会换届选举。全县10个社区实行直选，6个社区书记、主任“一肩挑”。全县共选出居委会成员43人。其中，中共党员24人，占56%；女性31人，占72%。选举产生社区居委会主任10名，其中，中共党员9人、女性6人；任党支部书记6人、连任5人。选举产生社区居委会副主任及委员33人，其中，中共党员15人、女性25人，任党支部委员10人、连任7人。从2013年9月15日开始换届选举。全县344个行政村参选选民共242013人，占选民总数271072人的89.3%。选举共产生村委会主任344人，其中，中共党员297人、女性7人，30岁以下29人、31～50岁245人、51岁以上69人、大专以上文化程度36人、高中或中专文化程度228人、初中以下文化程度79人。选举产生村委会主任259人。选举产生村委会副主任及委员1215人（村委会副主任108人、委员1107人），其中，中共党员736人、女性346人，30岁以下261人、31～50岁773人、51岁以上181人、大专以上文化程度110人、高中或中专文化程度720人、初中以下文化程度449人。村党支部书记和村委会主任“一肩挑”的共18人，村党支部和村委会成员交叉任职的共646人。大学生村官进村委会班子的共24人，其中，担任村委会主任的共1人，担任村委会副主任的共19人，担任村委会委员的共4人。全县共推选出村务监督委员会主任344人、村务监督委员会委员720人、村民代表10508人、村民小组长1526人。

四、双拥工作

1990年12月，武山县成立双拥工作协调领导小组，中共武山县委书记王义贤任组长，县委副书记李春发、县政府副县长丁海全、县人武部政委田龙任副组长。领导小组下设办公室，由县政府和人武部分设。县政府双拥办公室办公地点设在县民政局，汪清兼主任；人武部双拥办公室设在人武部，兰海峰（县人武部军事科长）任主任。规定今后如有人事变动，领导小组人员另行调整。

每年春节及八一建军节期间，县乡两级领导干部组成县乡慰问组，深入农村和驻县部队走访慰问，或邀请驻军首长座谈，征求意见，解决有关问题。从2003年开始，武山县政府每年财政列支10万元用于慰问驻县部队。同时，开展双拥先进单位、模范乡镇、文明社区、文明新村、文明站点等创建活动，积极治理农村乱堆、乱放、乱倒的“三乱”现象，清理部队营区垃圾，促进了城乡环境面貌的改善。开展民兵“护厂、护林、护路”、排除安全隐患等活动，有力地维护了社会稳定，提高了部队保障能力。还坚持开展了“双四好”活动、“双献”活动及“六共”活动，丰富了双拥创建工作内容。

五、优待抚恤

（一）农村入伍义务兵优待

1990年至1993年，武山县采用实物和现金相结合的办法对农村户口义务兵家属进行优待。1994年至1996年，对农村户口义务兵家属的优待提高到所在乡镇上年度人均纯收入标准。2006年至2010年，武山县有农村入伍义务兵850人，发放家属优待金320余万元。1997年至2003年期间，农村户口的现役军人家属按照现役军人所在乡镇上年人均收入的70%计算发放，每人每年按1元的标准以户落实优待金，一次兑现，资金从乡镇提留统筹经费列支。2011年，对2011年11月1日以后退出现役的农村籍义务兵发放兵役优待补助金。2012年，优待对象共90人，发放238万元。2013年，优待对象共90人，发放309万元。2014年，优待对象共89人，发放332万元。2015年，优待对象共86人，发放322万元。

（二）“三属”抚恤

“三属”是烈士、因病、因公牺牲人员家属的简称。县民政局根据《军人抚恤优待条例》第十七条、第十八条规定，将其无生活来源的父母、未满18周岁的子女、兄弟姐妹等，分别确定为烈士遗属、因公牺牲军人遗属、病故军人遗属，发给“定期抚恤金领取证”，领取定期抚恤金。烈士遗属、因公牺牲军人遗属、病故军人遗属死亡的，增发6个月其原享受的定期抚恤金作为丧葬补助费。

从1985年1月1日起，武山县“三属”的定期定量抚恤金发放改为定期抚恤金发放，县民政部门对不同时期的82户烈属和31户病故、失踪的军属，均按中央优抚条例规定的指标发给抚恤金，妥善安排其家属生活。至1989年，武山县烈属、因公牺牲军人家属，居住农村的，每人每月调整为发放35元；居住城镇的，每人每月发放45元。病故军人家属，居住农村的，每人每月调整为发放30元；居住城镇的，每人每月发放40元。1994年3月，武山县人民政府颁发《武山县军人抚恤优待暂行办法》，规定现役军人及武装警察的死亡抚恤、伤残抚恤发放按照国家标准实行；“三属”人员抚恤优待不低于或略高于当地一般群众的生活水平；在乡革命伤残军人、复员和带病回乡的退伍军人，视其困难程度适度适当优待。1997年，武山县民政局对县内革命烈士、因公牺牲、病故军人家属优待情况进行了摸底，其中，革命烈士家属11户13人、因公牺牲军人家属26户30人、病故军人家属16户17人、发放抚恤金3.89万元。至2012年，武山县“三属”人员57人，发放抚恤金36.509万元。2013年，“三属”人员共53人，发放抚恤金90万元。2014年，“三属”人员共46人，发放抚恤金43万元。2015年，“三属”人员共45人，发放抚恤金50万元。

（三）残疾军人抚恤

现役军人伤残，根据伤残性质和伤残程度确定为不同类别和等级。评残由部队负责，发给“革命伤残军人证”。退役后由民政部门负责发给本人伤残抚恤（保健）金，并享受相应的医疗待遇。

1985年起，武山县对伤残军人给予新的生活补贴，特等、一等每人每月发放12元，二等、三等每人每月发放6元。1986年，武山县共有革命伤残军人135名，共发放抚恤金

30915元。1988年，审查合格，符合补贴抚恤手续的，有2人。1989年，调高抚恤标准，在全县原发放抚恤金10.88万元的基础上增至14.069万元。从1997年10月起，对武山县特等革命伤残军人张本厚发放定期定量生活补助每月30元。根据天市民优发〔2003〕76号文件，武山县伤残军人张富喜等21名同志从2004年1月起改领伤残抚恤金。2004年8月1日，新的《军人抚恤优待条例》发布以前，军人伤残分为因战伤残、因公伤残、因病伤残。根据伤残程度，因战、因公致残的分为特等、一等、二等甲级、二等乙级、三等甲级、三等乙级，因病致残的分为一等、二等甲级、二等乙级。新条例颁布后，残疾等级由重到轻分为一至十级，原革命伤残军人改称残疾军人，伤残等级改称残疾等级。武山县伤残军人132人，其中：在乡60人、在职72人；特等2人、一等8人、二等甲级7人、二等乙级21人、三等甲级49人、三等乙级45人。2005年，武山县伤残军人129人。2012年，武山县伤残军人134人，发放伤残抚恤金126.34万元。2013年，武山县伤残军人共125人，发放伤残抚恤金143万元。2014年，武山县伤残军人共126人，发放伤残抚恤金172万元。2015年，武山县伤残军人共124人，发放伤残抚恤金184万元。

（四）优抚定补

1986年至1988年，武山县对408名在乡老复员军人依次按每人每月15元、25元、30元的标准发放生活补助。从1989年起，调整为每人每月发放25元。1997年，再次调整为每人每月发放30元，县落实7万元的定补金。2001年，又一次调整为每人每月发放60元（乡拨10元、县拨50元）。至2012年，武山县老复员军人522人，发放生活补助263.856万元。2013年，武山县老复员军人471人，发放生活补助259万元。2014年，武山县老复员军人263人，发放生活补助167万元。2015年，武山县老复员军人242人，发放生活补助173万元。

（五）西路红军老战士定补

武山县西路老红军1989年生活定补标准为每人每月不低于60元。1992年，调至每人每月90元。1995年，再次调整为每人每月135元。1999年，提高至每人每月330元。2001年10月，天市民优发〔2001〕157号文件认定王春梅为西路红军老战士。2002年，武山县为西路老红军7人发定补金4.158万元。2004年，武山县为西路老红军6人发定补金4.32万元。2005年，武山县为西路老红军6人发定补金6.48万元。2007年，武山县为西路老红军4人发定补金4.42万元。2012年，武山县为西路老红军2人发定补金4.574万元。2013年，武山县为西路老红军2人发定补金5.26万元。2014年，武山县为西路老红军1人发定补金3.2万元。2015年，武山县为西路老红军1人发定补金3.63万元。

（六）参战参试人员抚恤

2007年，根据天水市《关于落实优抚对象和部分军队退役人员有关政策的实施意见》（天民优发〔2007〕134号）文件精神，对参战参试人员发放生活补助从2007年8月1日起执行。2007年，武山县参战参试人员368人，发放抚恤金18.4万元。2008年，武山县参战参试人员395人，发放抚恤金47.4万元。2012年，武山县参战参试人员451人，发放抚恤金138.486万元。2013年，武山县参战参试人员443人，发放抚恤金152万元。2014年，武山县参战参试人员409人，发放抚恤金161万元。2015年，武山县参战参试人员404人，发放抚恤金173万元。

（七）60周岁农村籍退役人员补助

2011年，根据《天水市民政局关于转发〈民政部、财政部关于给部分农村籍年龄在60周岁以上的退役士兵发放老年生活补助的通知〉的通知》（天水市民办发〔2011〕146号），自2011年8月1日起，给部分农村籍年龄在60周岁以上的退役士兵发放老年生活补助，补助标准为每服兵役1年（不满1年的按1年计算），每人每月发放10元。2011年，武山县60周岁以上农村籍退役士兵1330人，发放资金35.9万元。2012年，武山县60周岁以上农村籍退役士兵1684人，发放资金110.086万元。2013年，武山县60周岁以上农村籍退役士兵1857人，发放资金122.45万元。2014年，武山县60周岁以上农村籍退役士兵2035人，发放资金151.77万元。2015年，武山县60周岁以上农村籍退役士兵2265人，发放资金218.99万元。

（八）部分烈士子女补助

2012年，根据民政部、财政部《关于给部分烈士子女发放定期生活补助的通知》（民发〔2012〕27号），自2011年7月1日起，给部分烈士子女（含中华人民共和国成立后被平反人员的子女）每人每月发放130元定期生活补助。2012年，武山县有部分烈士子女2人，发放定期生活补助4680元。

（九）医疗优待

武山县优抚对象除享受定期抚恤补助外，在生活、住房、医疗等方面均受到优惠和照顾。1998年起，把生活困难的优抚对象纳入城乡低保范围。1998年以后，优抚对象除优先享受扶贫救济外，武山县先后开展“扶贫扶优”“解三难”“爱心献功臣行动”等专项活动，解决优抚对象在生活、住房、医疗方面的困难。2000年至2001年，民政局给每户补助3000～5000元，为22户老复员军人每户建成了3～5间砖木结构新瓦房或平板房。2005年，支助所有农村重点优抚对象参加新型农村合作医疗，并优先享受医疗救助。2007年，支助一至六级残疾军人（含在乡的）参加城镇职工基本医疗保险；支助无工作单位的城镇重点优抚对象参加城镇居民基本医疗保险；支助农村重点优抚对象参加新型农村合作医疗，武山县按规定逐人予以落实。2012年，发放重点优抚对象门诊补助55.42万元，发放医疗大病救助资金5.134万元。2013年，发放重点优抚对象门诊补助54.12万元，发放医疗大病救助资金5.1万元。2014年，发放重点优抚对象门诊补助48.6万元，发放医疗大病救助资金3.4万元。2015年，发放重点优抚对象门诊补助44.92万元，发放医疗大病救助资金11.16万元。

（十）烈士纪念建筑物

1985年4月5日，为纪念革命烈士郭化如，中共武山县委、武山县人民政府在武山县洛门镇郭家庄村西南100米处建鸳鸯玉石烈士纪念碑。纪念碑正面刻有“功业垂青史，丹心启来人”十个大字，背面刻着烈士的生平功绩。

2002年8月10日，为纪念红一方面军强渡渭河的英勇壮举，在武山县鸳鸯镇渭河大桥西南建成红一方面军强渡渭河纪念碑，碑座高0.9米、宽6.6米。2011年，武山县红军长征强渡渭河纪念馆被中共甘肃省委宣传部命名为“甘肃省第5批爱国主义教育基地”。

六、复退军人安置

1950年，武山县成立复员军人安置委员会，负责退伍义务兵及转业复员士官的安置工作。1987年，开始对服役前没有参加工作的城镇户口的退伍义务兵统一分配工作，实行按系统分配任务、包干安置的办法，各接收单位必须妥善安排。对农业户口的，在服役期间荣立二等功（含二等功）以上的安排工作；对有一定专长的，向有关部门推荐录用。2002年，城镇退役士兵的安置，全面推行安置就业与自谋职业相结合的办法，并可实行安置任务有偿转移。

2008年，县政府征兵办公室、原县人事局、县退伍军人安置办公室联合印发《关于2008年度征集普通高校毕业生入伍的通知》（武人事发〔2008〕46号），规定：对服役期满且在县人事部门报到注册的国家计划内统招大专毕业生，通过考试择优安置。2011年11月，该文件废止。

1987年至2004年期间，城镇退役士兵，服现役期间荣获二等功以上奖励的士兵，转业志愿兵，因战、因公致残被评为5至8级的伤残士兵，一、二期士官，全部安置工作。

从2003年开始，武山县根据甘民优〔2002〕35号文件精神，实行按系统分配任务和包干安置、有偿转移安置、乡镇企业安置、扶持自谋职业安置的办法。对符合政府安置的城镇退役士兵进行自谋职业安置，并发放自谋职业补助金。凡自谋职业的城镇义务兵，一、二期复员士官及转业志愿兵，分别一次发放自谋职业补助金1.2万元、2万元和3万元。对服役10年以上的转业士官，全部安排到武山县乡镇或行政事业单位工勤岗位工作，同时，共发放待安置期间生活补助费14.256万元。2014年至2015年，共接收12年以上转业士官及荣立二等功以上奖励的退役士兵49人，全部安排到乡镇或行政事业单位工勤岗位工作，同时，发放待安置期间生活补助费23.256万元。

七、减灾救灾

武山县历来自然灾害频繁，干旱、风雹、洪涝、滑坡等灾害时有发生，其中，以洪涝灾害及风雹灾害发生率最高。

1985年8月12日，桦林乡天衢村遭受毁灭性洪灾，桦林乡桦林沟山洪暴发，天衢村因灾死亡81人、伤212人，82头大家畜、1412只猪羊被冲走，408间民房被冲毁。山丹清池村山洪翻越铁路，列车受阻停运4小时。县机关干部及驻县部队停止工作全力救灾，捐现金37290元、面粉49280斤、大米4200斤、粮票36800斤、衣物18795件，帮助58户灾民重建家园，灾民一年的生活费和学生的学费等也由国家包干解决。

1986年7月6日，高楼乡玉林、八营等8个村948户5148人遭受暴洪灾害袭击，农作物受灾面积6206.5亩、绝收面积670亩，淹死大牲畜5头、羊2只，房屋倒塌13间。

1987年5月20日，山丹乡车川、渭河等12个村2268户11264人遭受雹洪灾害袭击，农作物受灾面积11899亩，冲死大牲畜3头、羊4只，损坏塑料大棚1669个，直接经济损失221.513万元。

1988年5月17日，榆盘乡的店子、马寨等7个村的558户3284人遭受暴洪灾害袭击，农作物受灾面积6850亩，冲毁耕地面积365亩，淹死牛1头、羊1只。

1989年7月12日，沿安乡南川8个村的596户2971人遭受暴洪灾害，农作物受灾面积4045.5亩、成灾面积3663.5亩、绝收面积1259亩，淹死羊11只、猪4头，直接经济损失33698元。

1990年7月5日，大雨和冰雹袭击高楼、马力一带，引发的山洪冲走、淹没粮田8235亩，倒塌房屋63间，造成危房116间，死亡3人，死亡大牲畜8头、猪羊136只。1990年9月1日，龙泉乡刘坪等9个村受到暴洪灾害袭击，因灾死亡3人、失踪1人、受伤5人，牲畜死亡41头，农作物受灾面积4591亩，直接经济损失64万元。

1991年6月15日13时，鸳鸯乡新庄村西北角韩水沟西面山体发生滑坡，历时2小时，滑坡面积7.99万平方米，裂差200米、长220米，堆积物南端高达41米。

1993年，东顺、四门、嘴头、榆盘、滩歌、杨河、桦林、高楼、城关、沿安10个乡镇57个村的6030户30150人受到雹洪灾害袭击，农作物受灾面积64575亩、成灾面积42071亩、绝收面积5154亩，受伤10人，冲走猪10头、羊23只，损坏房屋401间，直接经济损失565.7万元。1994年，全县15个乡镇85个村223个村民小组的10007户52581人受到干旱、冰雹、洪涝等自然灾害袭击，受灾面积88.19万亩、成灾面积45.15万亩，因灾死亡2人、受伤23人，死亡大家畜35头，倒塌房屋143间，造成直接经济损失4285.795万元。

1995年6月6日19时30分，杨河、沿安、城关等7个乡镇49个村遭受冰雹、暴洪灾害。农作物受灾面积24558.1亩、成灾面积14855.1亩，洪水淹没、冲倒房屋9座10间、畜圈6座12间，冲死大牲畜骡子1匹、羊43只、猪11头、鸡20只，冲毁冬暖棚9个，因灾死亡3人，造成直接经济损失共455.5万元。

1997年6月23日17时40分，四门、草川、龙台3个乡21个村的2635户12691人遭受冰雹袭击，农作物受灾面积16025.5亩、绝收面积10617.5亩，冰雹打伤村民56人、耕畜24头，打死牛犊7头、猪54头、鸡200余只，直接经济损失430.6万元。1997年入春后，全县20个乡镇365个村的69571户320027人的夏秋作物54.89万亩受旱，夏粮中绝收面积为5.2万亩，造成饮水困难的有112个村2.7万户的12.5万人及1.3万头大牲畜。

1998年6月24日18时，马力、滩歌、袁河、山丹、龙台、四门、杨河、沿安、鸳鸯9个乡的66个村的8497户39937人遭受雹洪灾害，农作物受灾面积53460亩、成灾面积36237亩、绝收面积15417亩，山洪冲死6人、失踪1人、伤112人，死亡大牲畜17头、猪23头、羊73只，直接经济损失1318万元。

1999年8月22日，榆盘乡四湾等10个村发生特大雹灾，使1740亩夏秋作物受灾，打伤村民7人，受损房屋200间，打坏室外电视接收器3台，直接经济损失337.3万元。

2000年3月4日，城关镇南关的40米长、7米多高的城墙突然倒塌，推倒城墙下的一栋2层140多平方米的楼房和3间平房，使3户人财产损失30多万元，并造成4人受伤。

2001年，全县遭受旱灾、霜冻、雹洪、沙尘暴等灾害，使11899户47468人受灾，农作物受灾面积45341亩、绝收面积6450亩，倒塌冬暖棚134个，直接经济损失3160万元。

2002年7月2日19时30分，榆盘乡发生特大暴雨，持续40分钟，形成暴洪灾害，造成1200户6000人5000亩夏秋作物受灾，冲毁河堤156米、耕地150亩，鲁班村1名妇女因灾死亡，冲走牛、猪各1头，直接经济损失87万元。2006年8月13日，滩歌、榆盘、四门、洛门、杨河、城关、山丹等7个乡镇9个村遭受强暴雨灾害，185户5300人受灾。暴雨持续时间约50分钟，引起山洪暴发，造成四门镇周湾村韩山组母子2人死亡、洛门镇改口村1人失踪、13人受伤、102间房屋倒塌，直接经济损失5200万元。

2007年7月26日，鸳鸯、高楼、桦林、四门、滩歌5个乡镇40多个村的17825户80215人遭受暴雨和洪水袭击。农作物和果园遭受严重损失，受灾总面积9567亩，冲毁土地300亩，毁坏护村河堤7段890米、水渠4处440米，部分交通道路受阻。洛礼公路上湾至四门段6处山体滑坡。高楼乡李坪村死亡1人、13户房屋倒塌，40多头家畜被冲走，共造成直接经济损失1280多万元。

2008年5月12日，汶川地震造成武山县15个乡镇344个村的68546户272314人受灾，有8806户17465间房屋倒塌或严重损坏，6653户17889间房屋损坏，部分公共基础设施受损，造成直接经济损失3.6亿元。

2010年，干旱灾害共造成全县15个乡镇103个行政村的15221户65450人受灾，致使315.3公顷冬作物绝收，直接经济损失达261.48万元；同时，造成全县21个行政村的2017户8672人、1797头大牲畜饮水困难。全年总共下发救灾救济款777万元。

2011年，旱灾、冰雹、暴洪、雪灾等自然灾害涉及全县15个乡镇255个行政村，39040户158422人受灾，受灾面积15191.69公顷、成灾面积15161.69公顷、绝收面积6926.31公顷，直接经济损失11424.35万元。特别是1月后，长期没有有效降雨，土地墒情差，使12526.8公顷农作物受旱，农作物成灾面积12526.8公顷、绝收面积6263.43公顷。旱灾共造成15个乡镇的206个行政村的32120户125271人受灾，造成13537人、3390头大牲畜饮水困难，直接经济损失达8502.78万元。全年总共下发救灾救济款775万元。

2012年5月10日，岷县暴雨，使武山县与岷县、漳县相邻的马力镇、滩歌镇、鸳鸯镇、沿安乡4个乡镇15个行政村的2057户9713人受灾，受灾面积354.09公顷、绝收面积354.09公顷，马力镇南阳村1座吊桥被冲毁，乡村公路4处冲毁，1辆面包车冲毁，共造成直接经济损失553.7万元。武山县10人在漳县境内割竹子夜宿时遭遇暴洪，造成7人死亡（马力镇4人、滩歌镇3人）、3人失踪。当年共下发救灾救济款775万元。

2013年4月27日，洛门镇、温泉乡、嘴头乡、榆盘乡共4个乡镇遭受冰雹袭击，灾害造成4个乡镇39个行政村的3272户14451人受灾，农作物受灾面积2126.4公顷，直接经济损失455万元。其中，粮食作物受灾面积1654.8公顷、经济作物受灾面积427.7公顷、果园受灾面积43.9公顷。“7·22”岷县漳县地震波及武山县，使257户1081人紧急转移安置，致使398户464间房屋倒塌、782户1252间房屋严重损坏，形成“三无”人员387户1045人。7月24日18时22分至7月25日发生暴洪灾害，全县15个乡镇326个行政村的26345户120723人受灾，农作物受灾面积3275.58公顷，直接经济损失5842.9万元。1478户1836间房屋倒塌，534户805间房屋严重损坏，4814户8331间房屋损坏，直接经济损失11452万元。385公顷耕地被水毁，直接经济损失16738.31万元。8.9千米国省干线公路被水毁，其他公路74.79千米被水毁，直接经济损失1026万元。26座桥梁被水毁，直接经济损失12026.34万元。堤防灌渠3896米被水毁，直接经济损失10023.3万元。四门镇侯堡小学等学校进水受损，直接经济损失839.41万元。514头大牲畜死亡，504只小家畜死亡，直接经济损失1650.9万元。部分电力设施损坏，直接经济损失264.5万元。通信设施及光缆损坏，直接经济损失1145.91万元。温泉矿泉疗养院进水受损，直接经济损失450万元。商贸市场4处受损，直接经济损失57万元。部分森林受损，直接经济损失1933.1万元。部分市政设施受损，直接经济损失7671万元。合计直接经济损失71120.67万元。1人因灾死亡，紧急转移安置人口470户2051人。累计下拨救灾救济资金2554余万元。

2014年4月25日，遭受雪灾。4月27日凌晨，海拔1800米以上的区域又遭受了低温冻害，共造成15个乡镇302个行政村的61036户278154人受灾，农作物受灾面积16592.7公顷、成灾面积12392.73公顷、绝收面积6486.3公顷，直接经济损失6458.3万元。8月，干旱共造成嘴头、洛门、四门、城关、山丹、鸳鸯、桦林、高楼、马力、榆盘、温泉、滩歌12个乡镇129个行政村的18169户82666人受灾，农作物受灾面积18000公顷、成灾面积3133.5公顷，直接经济损失2980万元，饮水困难人口1971户5922人。累计下拨救灾救济资金774万元。

2015年3月，干旱使洛门、城关、桦林、高楼、马力、嘴头6个乡镇20个行政村的600户2420人受灾，农作物受灾面积80公顷、成灾面积24公顷，直接经济损失15万元，饮水困难人口226户972人，饮水困难大牲畜210头。9月23日，强降雨加风雹灾害使洛门、鸳鸯、桦林、滩歌、沿安5个乡镇15个行政村的4113户18512人受灾，农作物受灾面积281公顷，成灾面积34.5公顷，直接经济损失64万元，累计下拨救灾资金854万元。

2003年6月10日，武山县人民政府印发《武山县抗灾救灾应急预案》。2012年6月，武山县救灾物资储备库和武山县综合减灾教育基地工程完工并交付使用。2009年5月，武山县政府印发《武山县自然灾害救助应急预案》。

八、民间组织管理

1989年10月25日，国务院发布实施《社会团体登记管理条例》，规定社会团体的登记管理机关是中华人民共和国民政部和县级以上地方各级民政部门，武山县于1990年12月25日开始正式启用武山县民政局社团登记管理专用章和武山县社会团体登记证件专用钢印，依法实施对全县社团的登记管理工作。1990年5月，省政府下达社团登记管理工作会议纪要，要求从1990年5月1日起，凡成立甘肃省内或跨地区的各类社团，均应按《社会团体登记管理条例》规定登记，方可开展工作；对已成立的各类社团，从6月至10月补办登记注册手续；要求所有社团都必须有各自的业务主管部门，已批准成立的社团仍按原来体制领导或指导，民政部门侧重于依法管理，业务部门侧重于业务管理。1991年1月21日，武山县对全县社会团体进行了清理整顿，评选出先进社团，分别是武山县个体劳动者协会、武山县个体消费者协会、武山县水泥厂职工技术协会。1998年，《民办非企业单位登记管理暂行条例》出台，按照新条例规定，对全县境内的社会团体和民办非企业单位的成立条件、章程、组织机构、活动经费等逐项进行复核，从完善制度、增强活力、增强社会团体工作人员素质、促进稳定方面入手，撤销、合并社会团体14个。2000年，武山县民间组织管理办公室成立。2003年，开展了全县民间组织执法检查工作，对20个乡镇的民间组织进行了一次认真细致的检查和摸底。确认全县民间组织共58个。其中，社会团体30个、民办非企业28个；已注册登记的有21个、未注册登记的有37个。2011年，武山县治理“小金库”工作领导小组办公室与各乡镇治理“小金库”工作领导小组办公室、县直各部门治理“小金库”工作领导小组办公室签订《“小金库”专项治理工作承诺书》，并开展内部公示工作，对社会团体进行了专项治理。2012年，经武山县委、县政府研究决定，成立武山县社会组织党工委。2012年12月，经武山县委、县政府研究决定，将武山县民间组织管理办公室更名为武山县民间组织管理局。2013年7月29日，启用武山县民间组织管理局印章。

1991年，武山县钱币学会、县科学技术协会、县气象学会、县中医学会、县花卉协会登记注册。

1993年，武山水泥厂、西北探矿机械厂职工技术协会登记注册。

2002年，社会团体武山县滩歌镇黑池殿村无公害蔬菜协会、甘肃宁远文学社、洛门镇书画协会、武山县古文化研究会和民办非企业武山县大林服装技校注册登记。

2003年，社会团体武山县青龙易经研究会、武山县农资行业协会注册登记，已“自行解散”的社会团体武山县花卉协会再次注册登记，民办非企业武山县宁远电脑培训中心、武山县城关镇春苗幼儿园注册登记。

2004年，社会团体武山县蚕豆行业协会、武山县城乡发展协会、武山县草编行业协会、武山县农民经纪人协会、武山县农村合作经济组织联合会注册登记，民办非企业武山县马力镇春蕾幼儿园注册登记。

2005年，社会团体武山县能源协会注册登记，武山县信鸽协会再次注册登记，民办非企业武山县劳务派遣服务中心注册登记。

2006年，社会团体天水蔬菜技术工程研究中心、武山县洞天民间艺术团和宁远书画院注册登记，武山县个体私营协会和武山县消费者协会再次注册登记，民办非企业武山县杨河乡经济作物产销合作社注册登记。

2007年，社会团体世界宣明会武山项目办公室、武山县老北灌区农民用水户协会、武山县医药学学会和武山县东梁灌区农民户协会注册登记，民办非企业武山县红舞鞋艺术活动中心、武山县洛门镇宏武劳务公司注册登记。

2008年，社会团体武山县滩歌镇黑池殿村养殖协会、武山县滩歌镇“武山旋鼓”民俗文化研究会、武山县沿安乡西沟村村级发展户主资金协会、武山县菜农协会、武山县洛门镇炒货行业协会、武山县马力镇北顺灌区农民用水户协会注册登记，民办非企业武山县杨河乡西建劳务有限公司、武山县城关镇东关社区南城楼老年活动中心、武山县电动缝纫职业培训学校、陇粤职业介绍所注册登记。

2009年，社会团体武山县马力镇北顺村蔬菜协会、武山县见义勇为协会、武山县沿安乡爱心助学协会注册登记，民办非企业武山县新强职业技能培训学校注册登记。

2010年，社会团体武山县杨河乡小庄村养殖协会、马力镇王门村扶贫互助社、马力镇付门村种植互助社、嘴头乡王山村资金互助社、洛门镇李思训美术馆和李思训研究院注册登记，民办非企业武山县大林职业介绍所、武山县渭滨中老年休闲娱乐室、武山县城关镇红裕老年活动室注册登记，民办非企业武山县电动缝纫职业培训学校更名为武山县科大职业技校。

2011年，社会团体武山县高楼乡秦湾村扶贫互助社、高楼乡柴坪村扶贫互助社、武山县乒乓球协会、武山县有机蔬菜协会、温泉乡聂河村扶贫互助社、杨河乡牛山村扶贫互助社、杨河乡闫山村扶贫互助社、武山县慈善协会、武山县榆盘乡下河村扶贫互助社、武山县榆盘乡盘龙村扶贫互助社注册登记，民办非企业武山县科达职业介绍所注册登记。

2012年，社会团体武山县扶贫互助协会、武山县马力镇北顺村扶贫互助协会、武山县桦林乡兰沟村扶贫互助协会、武山县沿安乡郭山村扶贫互助协会、武山县马力镇苗丰才扶贫互助协会、武山县马力镇余寨村扶贫互助社、武山县马力镇黎堡村扶贫互助协会，民办非企业武山县马力镇北顺村幼儿园、武山县忠镒医疗康复中心注册登记。

2013年4月2日，县民政局组建武山县社会组织评估委员会和社会组织复核委员会，评估委员会下设办公室，负责全县社会组织的评估、复核等日常工作。年底，完成对4个社会组织的评估工作，计划在2015年底完成对所有社会组织的评估工作。同年7月29日，启用武山县民间组织管理局印章。是年，社会团体武山县洛门镇新观等7个村扶贫互助协会、武山县山丹乡车岸村等4个农民用水者协会注册登记。

2014年，社会团体武山县高楼乡柳滩等12个村的扶贫互助协会，以及武山县渔业协会、武山县农业产业化协会、武山县象棋协会注册登记。

2015年8月，登记成立农村扶贫互助协会158个，有力支持精准扶贫、精准脱贫工作。是年，武山县渭水妇女发展协会、武山县关心下一代爱心协会注册登记。

九、社会事务管理

（一）婚姻登记

武山县从1950年开始办理结婚、离婚登记，具体由各乡镇人民政府负责，民政局只负责向乡镇提供结婚、离婚证及出具婚姻登记状况证明，以及解决婚姻登记工作中出现的问题，不具体办理结婚、离婚登记。至2003年10月1日，经省人民政府批准，武山县婚姻登记处撤并至8处，并划定了各自的管辖范围，民政局开始正式办理结婚、离婚登记工作。2005年7月，正式使用新式结婚证办理婚姻登记。同时，将原使用的结婚证作废。2012年6月13日，经甘肃省民政厅批复，撤销武山县的7个乡镇婚姻登记处，设立武山县民政局婚姻登记处。至此，武山县的婚姻登记全部由县民政局办理，并首次联网省级系统办理婚姻登记，证件统一用打印机打印，从而结束了长达60多年手写证件的历史。同年9月，武山县开始将1992年以后各乡镇新办理的婚姻登记记录录入互联网。2000年至2015年武山县婚姻登记情况统计表见17-20。

表17-20　2000—2015年武山县婚姻登记情况统计表

年份	结婚登记（对）	补发登记（对）	离婚登记（对）	出具婚姻登记记录证明
2000	1521	—	17	—
2001	1621	—	13	—
2002	1481	—	14	—
2003	989	—	4	—
2004	581	186	9	—
2005	637	216	10	—
2006	863	117	9	—
2007	791	214	11	—
2008	832	263	17	—
2009	924	166	14	21
2010	1647	326	64	24
2011	1064	374	42	72
2012	1231	436	59	81
2013	826	3313	215	496
2014	4170	1524	285	680
2015	4392	720	162	775
合计	23570	7855	945	2149

（二）婚姻登记制度沿革

1950年5月1日，武山县开始依据《中华人民共和国婚姻法》办理婚姻登记。1952年5月开始，要求结婚的男女实行婚前检查，并携带单位介绍信进行登记。1955年6月1日，内务部首次公布《婚姻登记办法》，武山县依法实行婚姻登记。同年，登记结婚264对。1981年1月11日，武山县在登记结婚时，主要审查婚姻当事人以下情况：一是本人户口和所在单位出具的关于本人出生年月、民族和婚姻状况的证明；二是结婚男女双方必须自愿；三是是否达到法定结婚年龄（男22周岁、女20周岁）。2003年10月1日，武山县依据新的《婚姻登记条例》进行登记，取消强制婚检制度及由村委会开具婚姻状况的证明书，婚姻登记当事人携带双方身份证、户口本及本人的《申请结婚登记声明书》就可办理婚姻登记。

（三）婚姻管理机构

1980年，全县共设21个婚姻登记机构，至2003年10月1日，全县将婚姻登记机构合并为县民政局、马力镇政府、鸳鸯镇政府、滩歌镇政府、洛门镇政府、四门镇政府、榆盘乡政府、温泉乡政府8个婚姻登记处。2012年6月13日，经报省民政厅批复，武山县将原来8

个婚姻登记处撤销，并批准成立武山县婚姻登记处。2012年12月6日，县委编办将武山县婚姻登记处批准为股级单位，核定编制3名。

（四）收养登记

武山县的收养登记工作开始于1992年6月，根据1992年4月1日施行的《中华人民共和国收养法》和1992年4月1日民政部发布的《中国公民办理收养登记的若干规定》，武山县共办理收养登记12件。1999年5月12日，国务院批准了《中国公民收养子女登记办法》，5月25日，民政部部长签署第14号民政部令，发布了《中国公民收养子女登记办法》。至此，武山县的收养登记工作步入正轨。2010年开始，收养登记工作启用全国收养登记管理信息系统，收养登记工作统一在网上进行。至2015年底，武山县共办理收养登记38件。

（五）殡葬管理

1986年4月，天水市人民政府颁布《天水市殡葬管理实施细则》，规定以天水市和甘谷县2个火葬场为中心，划定火化区。武山县的洛门、城关2个乡镇属甘谷火化区火化范围。1986年，武山县人民政府要求全县共产党员和国家工作人员从简办丧事，带头实行火葬。接近甘谷火葬场的洛门、城关2个乡镇尽量动员家属将火化人员送甘谷火葬场火葬。山丹等15个乡镇群众实行墓葬，不留坟头，有条件的乡村可实行公墓，但群众旧习一时难改，直至1989年底，县内火葬者仍然极少，老坟地恢复，丧事奢办风盛行。2004年7月29日，《天水市殡葬管理实施细则》印发，进一步破除封建迷信和丧葬陋习，提倡移风易俗，文明节俭办丧事。2012年3月9日，制定并上报《武山县民政局关于上报火化区及土葬改革区划分方案的报告》，重新确定城关镇、洛门镇2个镇的52个行政村、6个社区为火化区域，涉及25771户115973人。2012年12月13日，编制的《武山县殡葬服务设施建设规划》报武山县人民政府批准。

十、老龄工作

1987年，成立武山县老龄工作委员会，核定编制2名，与县委老干部局合署办公，两套人马，两块牌子。县老龄委受县委、县政府双重领导，以县政府领导为主，县老龄委办公包干经费按新增编制人数增加，县财政适当拨付开办费，由老干部局统一管理，分别使用。1988年，全县有13个乡镇先后成立了老龄工作委员会。2002年，老龄办建制列入民政局，具体负责老龄服务管理工作。

（一）乡镇（街道）老龄工作委员会

1988年，全县最早的20个乡镇有13个乡镇先后成立了老龄工作委员会，至今，全县15个乡镇已全部成立了乡镇老龄工作委员会和老年人协会总会，由现任领导担任老龄委主任。344个行政村、10个社区居委会都相应成立了老年人协会（分会），形成了“上下联动、左右联系，一级抓一级、层层抓落实”的老龄工作格局。为适应新形势下老龄工作的开展要求，县老龄办在制定《武山县老龄工作委员会议事条例》《成员单位职责》《成员单位联络员职责》《乡镇老龄委职责》《基层老年人协会申报管理制度》《老年人活动室管理办法》等规章制度和工作职责的基础上，统一制作了各类老年人口统计登记表册。

（二）农村社区老年协会

1995年7月，武山县滩歌镇离退休老干部和邻村30多名老年人成立了“老人会”，尝试开展基层老龄工作，后在县老龄办和镇党委的支持指导下，“老人会”更名为滩歌镇老年人协会，成立了离退休党支部，并在全镇29个村建立了老年人协会分会，已有会员1834人。在武山县老年协会的带动指导下，天水市树立滩歌镇老年协会为典型，示范推动全县15个乡镇成立了乡镇一级的老年协会，10个社区、344个行政村95%以上成立了村一级的老年协会，形成了村、乡镇 、县自下而上、齐抓共管的工作格局。现共有老年协会368个，会员8960人。

（三）农村养老服务互助协会

2011年，武山县在每个乡镇选择几个条件较好的村，启动试点农村养老互助工作。在村委会的指导下，通过宣传发动，组织村民按照自愿原则成立农村养老互助协会。2012年底，共成立了365个农村养老互助协会，并初步形成具有本地特色的农村互助式养老服务模式，着力解决农村老年人，尤其是留守老人、空巢老人日间生活照料、情感交流、文体娱乐、精神慰藉等问题。

（四）高龄老人生活补贴

2003年，省政府制定下发《甘肃省关于进一步对老年人实行优待的规定》，规定给90岁老人发放生活补贴。其中，90～94岁的，每人每年300元；95～99岁的，每人每年500元；100岁以上的，每人每年1000元，并给百岁老人颁发“寿星牌”。凡年满90周岁的所有老年人，可向户口所在地的村委会或居委会提出书面申请，也可委托赡养人代理申请，填写《高龄老人生活补贴申报表》，并提交本人身份证或户口簿原件。村委会或居委会初审，上报乡镇或社区民政办。乡镇或社区民政办复审，上报县老龄办审查。县老龄办审查完毕，整理汇总后上报市老龄办。符合条件的高龄老人每年按以上程序申报，实施动态管理。至2012年，全县有百岁老人13人，男6人、女7人，按照每人每年1200元标准，共发放高龄老人生活补贴15600元。95～99岁老人51人，男14人、女37人，按照每人每年700元标准，共发放高龄老人生活补贴35700万元。90～94岁老人256人，男82人、女174人，按照每人每年500元标准，共发放高龄老人生活补贴12.8万元。2013年，为323人发放高龄老人生活补贴17.7万元。2014年后，高龄老人生活补贴职能划转社保局。

十一、社会救助

（一）农村最低生活保障

1.基本救助情况

武山县农村低保工作开始实施于2006年10月，最先在洛门镇、四门镇开展试点工作。

2007年1月，开始在全县范围内推广，共纳入低保对象1436户6320人。2007年1月至2008年12月，农村低保资金通过乡镇造册，低保对象统一在乡镇领取低保金。至2008年，全县共有低保对象4558户14700人，人均年保障标准由600元提高到685元，全年发放低保资金792万元。

从2009年1月起，农村低保资金全部通过强农惠农“一折统”发放到户，同时按照“应保尽保、分类施保”的原则，扩大救助范围，农村低保对象增加到10215户32736人，人均年保障标准由685元提高到728元，全年发放低保资金1878.3万元。

2010年10月，根据省委、省政府关于城乡低保“调、减、免”政策规定，武山县被列入甘肃省43个国扶县之一，农村低保资金全部由省财政负担。2010年4月，按省、市要求，对农村低保进行了提标提补工作。提标提补后，年人均保障标准由728元提高到850元。同年10月，根据省委、省政府关于城乡低保“调、减、免”政策精神，全县农村低保对象扩面后达到15598户52280人。其中，一类对象2724户7676人，每人每月补助100元；二类对象3560户11652人，每人每月补助73元；三类对象3884户13408人，每人每月补助58元；四类对象5430户19544人，每人每月补助不高于45元。全年共发放农村低保资金3242.598万元。

2011年4月，全县共有农村低保对象15589户52280人。按照省、市要求，对农村低保进行了提标提补工作。提标提补后，人均年保障标准由850元提高到1096元，人均月补差由65元提高到72元。2011年7月，全县农村低保对象增加到16357户54280人，农村低保对象保障类别分为四类。其中，一类对象2724户7676人，人均月补助107元左右；二类对象3559户11652人，人均月补助80元左右；三类对象3884户13408人，人均月补助65元左右；四类对象5985户21544人，人均月补助52元左右。全年共发放农村低保资金4821万元。

2012年4月，全县共有农村低保对象16357户54280人。按照省、市城乡低保提标提补的工作要求，对农村低保进行了提标提补工作。从2012年1月起，人均年保障标准由1096元提高到1488元，保障标准提高35.8%，人均月补差由72元提高到89元，提高16%。提标提补后：一类对象2745户7676人，人均月补助124元；二类对象3590户11652人，人均月补助97元；三类对象3923户13408人，人均月补助82元；四类对象6099户21544人，人均月补助57元。全年共发放农村低保资金5732万元。

2013年，农村低保提标后，农村低保年人均保障标准由1488元提高到1907元，月人均补助由89元提高到101元，月人均补助水平提高13.5%。调整后，农村低保对象达17013户54280人。其中，一类对象2809户7676人，人均月补助183元；二类对象3727户11652人，人均月补助145元；三类对象4066户13408人，人均月补助82元；四类对象6411户21544人，人均月补助57元。2013年，全年发放农村低保资金6759万元。

2014年，提标后的农村低保人均年保障标准由1907元提高到2193元。其中，一类对象2697户7676人，补助标准由月人均183元提高到205元；二类对象3432户11652人，补助标准由月人均149元提高到160元；三类对象3692户13408人，补助标准由月人均82元提高到84元；四类对象5778户21544人，补助标准由月人均57元提高到58元。2014年，全年发放农村低保资金6977万元。

2015年，一类对象月人均补助标准由205元提高到246元，二类对象月人均补助标准由160元提高到192元，三类对象月人均补助标准84元，四类对象月人均补助标准58元。2015年，全年发放农村低保资金8656万元。

2.其他救助待遇

对因病住院治疗的农村低保对象，医疗救助报销比例较高，经新农合报销后自付部分可按照60%～80%的比例进行救助（一般低收入家庭的救助比例为40%～60%）。上学子女在校享受贫困生救助，在高校就读的可以优先申请助学贷款。

（二）“精简退职”的老职工救济

20世纪60年代初，对农村“精简退职”的职工尚未享受生活补助的家庭，符合低保条件的，可纳入农村低保保障范围。截至2012年底，全县共有20世纪60年代初“精简退职”的职工227人。其中，享受“精简退职”的职工生活补助的177人，未享受的50人。对因各种原因未享受生活补助且符合农村低保条件的35名“精简退职”的人员，将其纳入农村低保保障范围。

（三）城市居民最低生活保障

武山县城市居民最低生活保障制度从1999年1月实施以来，经历了试点起步、提标扩面、规范管理3个阶段，逐步形成了政府主导、民政主管、财政拨款、属地管理、社会参与的良性运行机制。1999年，武山县城市低保工作在城关镇试点。到2000年，在全县范围内展开。低保覆盖面逐年扩大，保障水平逐年提高，将符合条件的困难群众纳入保障范围。补助标准由1999年的104元提高到2012年的213元，月人均补差由28元提高到204元。1999年至2004年，保障标准月人均104元，月人均补差由28元提高到70元。2005年至2008年，城市低保保障标准连续3年提标10%，保障标准由104元提高到138元，月人均补差由78元提高到95元。2009年至2012年，城市低保保障标准连续4年提标10%，保障标准由138元提高到213元，月人均补差由153元（含58元副补）提高到204元（含58元副补）；同时，通过与公安、工商、社保等单位信息进行比对，对低保对象家庭拥有机动车辆、营业执照、领取退休金等不符合条件的7类人员进行了严格细致的清查清退，把不符合条件的城市低保对象全部清退出了低保范围，确保了城市低保政策的公平、公正。2012年底，低保对象3161户7121人，全年发放保障金1741.2万元（含副食补贴）。2013年底，全县城市低保对象达3060户7085人，城市低保标准由213元提高到245元，月人均补差由204元提高到224元，发放低保金1400.06万元。2014年3月，全县城市低保对象达2560户5933人，城市低保保障标准及月人均补助水平均提高15%，提标后的保障标准由2013年的245元提高到282元，月人均补差由224元提高到258元，发放低保金2063.78万元。2015年3月，全县城市低保对象达2539户5960人，城市低保标准及月人均补助水平在2014年的基础上均提高10%，提标后的保障标准由282元提高到310元，月人均补助水平由258元提高到275元，发放低保金2010万元。

（四）城市低保金的发放

1999年至2003年，城市低保金凭低保户的身份证、户口本和低保证，由社区干部直接将现金发放到低保对象手中。2004年，探索社会化发放模式，由社区给每个低保户开具低保金收据，凭社区开具的低保金收据，低保户携身份证、户口本和低保证，由信用社给低保户发放低保金。2007年，县民政局、财政局通过与农村信用合作联社协商，为全县的城市低保对象办理了低保金存折，从3月开始，城市低保金由该社直接打入该存折，实行社会化发放。低保金的社会化发放，减少了中间环节，确保了资金按时足额发放到低保户手中。城市低保资金专户储存、专账管理、专款专用、封闭运行、按月发放。严格坚持审发分离，由县民政部门负责审核对象，县财政部门负责资金的拨付，信用社负责将资金发放到户。

（五）医疗救助

2005年3月27日，武山县政府第15次常务会议研究农村医疗救助实施的具体办法，成立由民政、财政、卫生和扶贫等部门组成的医疗救助试点工作小组，制定《武山县农村医疗救助实施细则》。确定医疗救助标准为500～2000元，重点救助对象是五保户和特困户。2007年，城市医疗救助工作参照农村医疗救助实施细则开始试行，将农村贫困计生“两户”纳入医疗救助基金资助参合范围。2008年，资助五保户、低保户、高龄老人和计生“两户”参合标准从原来的每人每月10元提高到20元。2009年，取消城乡救助病种的限制，对患癌症、尿毒症等重大疾病所需诊疗费数万元的患病困难户，救助资金在救助标准为2000元的基础上还可适当上浮，最高可达5000元。2010年9月28日，县政府第41次常务会议审议制定《武山县城乡医疗救助实施细则》。2011年，制定《武山县医保制度与城乡医疗救助有效衔接工作实施方案（试行）》，将新型农村合作医疗的定点医疗机构全部列为武山县实施住院医疗救助同步结算工作的定点医疗机构。重点对在县人民医院、县中医院、社区医院住院治疗的城乡低保对象及农村五保对象实行医疗救助“一站式”即时结算服务。2012年，资助参合资金从每人每月30元提高到50元。2013年3月，制定《武山县农村重特大疾病新型农村合作医疗保障实施方案（试行）》。5月，武山县与天水市第三人民医院签订医疗救助协议，对在该院住院治疗的精神病患者实行医疗救助“一站式”即时结算服务，累计救助8000元。2005年至2013年11月，全县累计发放农村医疗救助金4617.57万元，救助33.8万人；累计发放城市医疗救助金812.925万元，救助6.76万人。2014年，共救助城乡困难群众72023人，发放医疗救助金约达1662万元。其中，资助61896人参加新农合，发放参合资金139.936万元；资助5965人参加城镇居民医疗保险，发放参保资金23.86万元；定点机构同步结算874人，救助资金143.50万元；住院医疗救助3288人，发放救助资金1354.44万元。2015年，共救助城乡困难群众82760人，发放医疗救助资金约达1265万元。其中，定点医院“一站式”结算101.34万元，救助909人；资助四类人员61947人参加2016年合作医疗，资助参合资金244.75万元；资助城市低保户5960人参加2016年医疗保险，资助入保资金35.76万元；资助参加2015年医疗保险12070人，资助入保资金10.46万元；住院医疗救助1874人，下拨资金872.55万元。

（六）农村五保供养

2002年，武山县落实税费改革政策，农村五保户供养费由以乡统筹改变为财政转移支付，农村五保户由农村群众供养转变为国家供养。2004年，根据省、市要求，将五保户的批准权限由乡政府改为县民政局，五保供养实行应保尽保。从2005年开始，资助五保对象参加合作医疗。2006年1月，国务院颁发新的《农村五保供养工作条例》规定，农村五保供养资金在地方人民政府财政预算中安排，享受农村五保供养待遇，应当由村民本人提出申请，村民委员会评议，乡镇人民政府审核，县级民政部门批准。同年，全县五保供养年供养标准提高到1452元。2008年7月，根据甘肃省财政厅、民政厅《关于下达五保供养人员临时性物价补贴补助资金的通知》精神，农村五保对象每人每月增加临时生活补贴20元。2009年，五保供养标准由年人均1452元提高到2046元。2010年，共有农村五保供养对象2014户2079人。2011年，农村五保供养标准由年人均2046元提高到2413元。2012年，农村五保供养标准由年人均2413元提高到2796元。2013年，农村五保供养标准由2796元提高到3180元。2014年，农村五保供养年供养标准由3180元提高到3504元。2015年，农村五保供养标准由3504元提高到4512元。

（七）农村五保供养服务机构发展历程

1958年，全县兴办敬老院189所，集中供养五保老人1596名。1984年，城关镇家坡村敬老院扶养5名五保老人，院内置有彩电、象棋等娱乐用品，管理经费由国家拨付和镇办企业筹集。1987年，在武山县温泉乡温泉村、草川村各办1所敬老院。1990年，在武山县杨河乡、沿安乡各办1所敬老院，全县敬老院发展到5所，给全县分散供养的759位五保对象发放救济款5.31万元，每人每月70元。1990年至2000年，建成袁河、嘴头、榆盘、马力、郭槐、桦林6所敬老院，全县敬老院发展到11所。敬老院管理由各乡镇负责配套，所需资金由县财政统一拨付。2000年后，武山县实行“大集中、小分散”的形式，除温泉、草川2个敬老院保留外，其余小乡镇敬老院由于房屋损坏、设备不健全、管理人员配备不齐等诸多原因自行解散，解散后的五保户回到自己家中，由政府统一发放五保金、面粉及平时的衣物等生活用品。2008年，县政府在武山县毛纺厂社区院内无偿划拨5亩土地作为建设用地，修建综合性社会福利服务中心，于2008年初动工修建，2009年7月竣工。2009年，武山县结合灾后重建工程，在全县52个行政村建立了52处“五保家园”，共设床位173张。县政府投入灾后重建资金10万元对温泉乡敬老院进行维修重建，共维修宿舍6间，建筑面积120平方米。2010年6月，武山县社会福利综合服务中心投入使用，设置床位120张，入住五保供养老人95名。2010年6月，县编委批复成立武山县社会福利综合服务中心，为副科级事业单位，核定编制4名，设院长1名、文秘人员1名、财务人员1名、保健医生1名，经费由县财政全额供给，隶属于县民政局管理。2011年10月，在原郭槐乡政府旧址改建成洛门镇中心敬老院，建筑面积2004平方米，设置床位50张。

（八）城乡居民临时救助

2010年10月，武山县人民政府印发《武山县城乡居民临时救助实施细则》（武政发〔2010〕80号），城乡居民临时救助制度在全县全面启动实施。2010年，全县共救助191户662人。其中，农村居民135户480人，城市居民56户182人，发放临时救助资金68.6万元。2011年，全县共救助352户1060人。其中，农村居民280户850人，城市居民72户210人，发放临时救助资金84万元。2012年，全县共救助418户1426人。其中，农村居民310户1034人，城市居民108户392人，发放临时救助资金88万元。2013年，全县共救助99户406人，发放临时救助资金40万元。2014年，全县共救助103户人434人，发放临时救助资金32万元。2015年，全县共救助5586户22461人，发放临时救助金493万元。

（九）流浪乞讨人员救助管理

武山县收容遣送站成立于1949年初期，于1981年3月被撤销。1990年1月4日，武山县人民政府向天水市人民政府申请《关于恢复武山县收容遣送站的请示报告》，要求将原收容遣送站恢复，增加3～5名编制。1991年，经甘肃省人民政府批复，恢复武山县收容遣送站。8月6日，县政府常务会议研究决定，同意恢复武山县收容遣送站。1992年，收容遣送站设站长1名、会计1名。1999年，收容遣送站业务由县民政局救灾股管理，其间，在县民政局的直接领导下开展业务工作，负责收容全县流浪乞讨人员，接收转送天水市、兰州市收容遣送站送至武山县的外流人口，经甄别、教育后遣送返乡。由于当年外流人口多、业务量大，救灾股全股工作人员轮流执行遣送任务。2003年7月17日，县政府召开常务会议，决定设立武山县城市生活无着的流浪乞讨人员救助管理站。2009年，武山县民政局业务调整，救助管理站划归基层政权股，工作人员1名，救助管理工作走上法治化、规范化轨道。2012年4月，开展“接送流浪孩子回家，保护儿童，告别流浪”专项行动，成立2个救助队，每个队3名工作人员，由分管局长和站长任队长，在城关、洛门两镇城区，上街救助流浪未成年人，派专人专车送未成年人回到家中。同年12月，县民政局实行早晚2次对城区主要街道、乡镇驻地的巡查救助。2010年，救助45人，其中，未成年人6人、大病救治2人、资助返乡24人、护送返乡13人。2011年，救助126人，其中，未成年人8人、老年人54人、残疾人47人、其他17人。2012年，救助97人。2013年，救助111人，含精神病人16人。2014年，救助144人，其中，男119人、女25人，未成年人4人、精神病人4人。2015年，救助144人，其中，男115人、女29人，未成年人6人、精神病人8人。

十二、社会福利

（一）慈善事业发展

2010年1月，成立武山县慈善协会，为副科级单位，核定编制3名，其中，秘书长1名，经费纳入财政预算。2010年，全国受灾严重，武山县慈善协会号召全县各企事业单位、广大干部和群众自愿为灾区捐款3次，共计71.46万元。其中，为青海玉树灾区捐款36.78万元，为甘肃舟曲灾区捐款30.53万元，为天水灾区“送温暖，献爱心”活动捐款4.15万元。

2011年，县慈善协会向省慈善总会积极争取项目资金130万元（县社会福利综合服务中心80万元、洛门镇中心敬老院50万元）。

2012年5月，在“联村联户、为民富民”行动中，借助慈善力量，号召武山县水裕建筑公司等5家企业捐资助学，为马力镇姚峰学校修建新校舍1所、教室3间、办公室1间，建筑面积125平方米。

（二）儿童福利事业

2010年4月，开展“西部贫困家庭疝气儿童手术康复计划”，为10名疝气儿童减免医疗费用2万元；9月，开展“适龄孤儿职业技能培训计划”，免费培训4人。

2011年1月，按照中央、省、市文件要求，建立孤儿基本生活保障制度，给全县93名社会散居孤儿按照每人每月360元的标准发放2010年孤儿基本生活费40.1万元；6月，开展

“爱心希望——走进甘肃贫困家庭病残救助活动”，为9名先天性心脏病患儿免去医疗费用17.7万元；8月，给武山县5名贫困大学生资助2万元，开展“适龄孤儿职业技能培训计划”，免费培训4人；8月，配合甘肃省工商企业成人中专，在全县招收6名符合条件的贫困学生免费就读。

2012年7月，开展“爱心希望——走进甘肃贫困家庭病残救助活动”，为3名先天性心脏病患儿免去医疗费用5.4万元。

2013年1月，按照中央、省、市文件要求，建立孤儿基本生活保障制度，按照城市散居孤儿每人每月640元、农村散居孤儿每人每月440元的标准，为全县165名社会散居孤儿发放2012年基本生活费共计80.08万元；6月，开展“爱心希望——走进甘肃贫困家庭病残救助活动”，为12名先天性心脏病患儿免去医疗费用23.1万元；7月，武山县受“7·20”甘肃漳县岷县地震和“7·25”暴洪灾害的影响，全县群众受到重大财产损失，武山县慈善协会筹款55.54万元，社会福利中心接收到兰州城临石油钻采设备有限公司等4家企业捐赠的棉被210条、棉衣300件，收到爱心人士颉自强捐赠的衣物62箱，收到天水祁连山水泥有限公司捐赠的水泥100吨，收到甘肃新闻出版系统捐赠的图书和挂图4560册，收到世界宣明会捐赠的4台发电机、2台污水泵和100个急救包，收到武山县藏龙酒店捐赠的44箱方便面、50箱矿泉水等物资；8月，在开展“适龄孤儿职业技能培训计划”中，为参加技能培训的5名社会散居孤儿免去了兰州通用技校培训的费用，同时，在北京管理职业技术学院免费就读孤儿1人；11月，通过对散居孤儿生活情况的走访，对1名考上大学的孤儿发放入学救助金5000元；12月，武山县民政局认真做好重度残疾儿童救助抚养工作，按照“村级上报，乡（镇）审定，市、县审批”的程序，在福利中心救助抚养重残疾儿童15人。

2014年3月，在北京工作的赵先生先后为王育红等10户（含8户双联户）困难群众送去捐款共计3000元；同时，为县一中的10名困难学生发放慰问助学金5000元，赠送书籍16套。同年，开展“明天计划”，为实现具备手术适应证的患儿在最佳治疗时机得到手术康复的目标，由北京国家康复医院的专家在北京为武山重残疾儿童王应龙进行了手术矫正。

2015年2月，武山县慈善协会在社会福利中心举行“慈善情暖万家”捐助发放活动，为社会福利中心发放慰问金1万元、童车3辆。同年，根据省、市文件要求，按照农村散居孤儿每人每月440元、城市散居孤儿每人每月640元、重残儿童每人每月840元的标准，及时为全县203名孤儿发放了生活补助金107.904万元，为全县15名重残儿童发放生活补助金15.12万元。

（三）残疾人社会福利

1990年11月，武山县残疾人联合会成立。县政府下发《关于组建武山县残疾人联合会的通知》（武政发〔1990〕第176号），县残联为科级事业单位，由县民政局代管。

1991年7月，县政府下发《关于贯彻落实〈中华人民共和国残疾人保障法〉的通知》（武政发〔1991〕117号）；11月，县政府下发《关于对全县残疾人进行摸底普查和登记建卡工作的通知》（武政办发〔1991〕57号），开展残疾人摸底普查和登记建卡工作。

1992年5月17日，开展“全国助残日”活动；7月，武山县残疾人芦有明、芦远平、郭爱红（女）作为全市代表队成员参加甘肃省第2届残疾人田径、射击锦标赛；12月，武山县组织广大残疾人开展庆祝首次“国际残疾人日”活动。

1993年5月16日，开展第3个“全国助残日”。

1994年3月，县政府下发《关于贯彻执行市政府印发〈天水市精神病防治工作实施方案的通知〉的意见》（武政综发〔1994〕13号），全县共有精神病患者829人，涉及671户，其中，男522人、女307人。

1995年5月21日，开展全国第5个法定“全国助残日”活动。

1996年5月19日，开展全国第6个法定“全国助残日”活动；9月，召开武山残联第2次代表大会，共有代表54名。

1997年8月，县残联、县民政局、县卫生局批复成立“武山县白内障复明中心”，由卫生局领导，接受县残联下达的白内障复明手术及低视力康复任务。

1998年3月30日，县政府下发《关于印发〈武山县残疾人联合会机关职能配置内设机构和人员编制方案〉的通知》，确定县残联为正科级建制，设2股1室，核定事业编制8名；同年，单设为武山县群团机关。

十三、民政财务

民政事业费是政府实施保障城乡困难群众、优抚安置、救灾救济、城乡最低生活保障、城乡医疗救助、社会福利工作的主要财力保证。

1984年，民政部、财政部发布《民政事业费管理使用办法》（民〔1984〕办33号），至2012年，民政事业费按款项分为：抚恤、复退军人安置、社会福利、城乡居民最低生活保障、其他城镇救济、自然灾害生活救济、其他农村社会救济、医疗救助、民政管理事务及其他。民政事业费按照《民政事业费管理使用办法》规定的使用范围，实行部门负责、权责结合的原则，由财政、民政部门负责管理使用，由各乡镇人民政府按照有关方针政策和各项财务制度办事，严守财经纪律，加强财务管理，实行专款专用，讲求使用效果。至2009年底，除救灾资金采用“三联单”发放外，其余资金全部实行惠农专户“一折统”发放。

十四、获得荣誉

（一）先进个人

2004年，魏友谊被国家老龄办、民政部评为全国“孝亲敬老之星”。

2005年，陈吉成被省老龄委评为全省“老龄工作先进个人”。

2008年，武山县民政局局长苟茂同、办公室主任马兴平二人被评为民政部民政系统“抗震救灾先进个人”。

2009年，武山县民政局局长苟茂同被省拥军优属拥政爱民工作领导小组评为创建“天兰双拥文明线”先进个人。

2012年，武山县民政局局长苟茂同被省人社厅、民政厅评为全省“民政系统先进工作者”。县民政局王义被国家老龄办、民政部评为全国“孝亲敬老之星”。

2015年7月，武山县民政局科员冯永新被省委、省政府、省军区评为全省“爱国拥军模范”。

（二）先进集体

2003年，武山县民政局被省委、省政府、省军区评为全省“拥军优属工作先进单位”。

2007年，武山县民政局被省民政厅评为全省“民政系统先进单位”。

2008年，武山县城关镇民政办公室被评为民政部民政系统“抗震救灾先进集体”。

2009年，县民政局被省双拥工作领导小组评为“军民共建天兰双拥文明线活动先进单位”。

2010年，武山县滩歌镇老龄委被全国老龄委评为全国“老龄工作先进单位”。武山县城关镇渭北社区被省民政厅评为全省“示范社区”。

2011年，武山县城关镇东关社区被国家减灾委、民政部评为全国“综合减灾示范社区”。武山县被省委、省政府、省军区评为全省“双拥模范县”。武山县滩歌镇老年协会被省老龄委评为全省“优秀老年协会”。

2012年，武山县社会福利服务中心被民政部授予“全国民政系统窗口单位为民服务创先争优活动优秀服务品牌”称号。武山县城关镇东关社区被国家减灾委、民政部评为全国“综合减灾示范社区”。

2013年，武山县社会福利综合服务中心被全国老龄委评为“敬老文明号集体”。

2015年7月，武山县双拥工作领导小组办公室被甘肃省双拥工作领导小组评为“甘肃省先进双拥工作办公室”。武山县被省委、省政府、省军区评为全省“双拥模范县”。

第六节　清水县民政

一、机构设置

清水县民政局，1975年3月从民政卫生局分设，正式成立，迄今未改变。

1981年，按照省人民政府和天水地区行署的统一部署，成立清水县地名普查领导小组和办公室。

1987年8月，清水县老龄委员会成立，配备专职工作人员4名。

1990年，清水县老龄委办公室成立。

1991年8月21日，县民政局清民发〔1991〕28号文件通知，正式启用清水县残疾人联合会印章，残疾人业务从民政局分出，由分设出的县残联直接办理。1996年12月6日，县残疾人联合会单独分设。

1991年，基层21个乡镇均配备兼职民政助理员1人，共21人。

1997年4月，成立县婚姻登记中心，隶属于县民政局，核定事业编制2名，负责婚姻登记管理与婚姻档案保存工作。

2002年4月，县老龄工作委员会办公室设在民政局，核定事业编制7名，其中，主任1名、副主任1名。

2005年，根据《关于在甘肃省设置标准地名标志的通知》（甘民发〔2005〕18号）和《天水市城市标准地名标志设置实施方案》（天政发〔2005〕103号）精神，成立县城（镇）标准地名标志设置工作领导小组，下设办公室，设在民政局。

2006年12月，成立民间组织领导小组，组长由分管副县长担任，成员由卫生、公安、教育、人事劳动、工商、税务、编办、文化、体育、财政、司法、科委等部门负责人组成。民间组织领导小组下设办公室，地点设在县民政局，配备专业工作人员3名，办理民间组织管理日常业务。

2008年7月，成立清水县最低生活保障办公室，隶属于县民政局，为副科级事业单位，核定编制5名，设主任1名，负责全县城乡居民最低生活保障工作。

根据《清水县机构编制委员会办公室关于调整部分单位编制的通知》（清机编办发〔2012〕27号）精神，增加编制数7名，增加后共计12名。

二、行政区划与地名管理

（一）区划变更

1983年12月，撤销人民公社建制，恢复乡（镇）、村体制。原城关公社改为永清镇，辖1个居委会、5个村委会。增设上邽乡，辖12个村委会，原太阳乡更名太坪乡，柳林乡更名秦亭乡，草川乡更名草川铺乡。全县设有1个镇、21个乡、299个村委会、1个居委会。

1986年，增设玉屏、小泉2个乡，永清镇增东关、西关、城北、城南4个居委会。全县行政区划为1个镇、23个乡、299个村委会、4个居委会。

2003年12月，撤销玉屏乡、白驼乡，合并组建白驼镇；撤销小泉乡、太坪乡、红堡乡，合并组建红堡镇；撤销百家乡、秦亭乡，合并组建秦亭镇；撤销旺兴乡，整体并入山门镇；撤销上邽乡，将该乡整体并入永清镇。撤并后，全县辖6个镇、12个乡、344个村委会、5个居委会、1525个村民小组。

2004年12月，根据《关于实施清水县乡镇行政区划调整方案的意见》（中共清水县委〔2003〕46号、清政发〔2004〕69号）文件精神，撤并瓦沟村等61个行政村。全县共辖6个镇、12个乡、283个村委会、1118个村民小组。

2005年，按照全县乡镇职能转变工作要求，依据天政发〔2003〕131号、市组发〔2002〕117号文件精神，对永清等14个乡镇行政村进行撤并，通过撤并，全县行政村从283个减少到260个。

2010年，全县辖6个镇、12个乡，共260个村委会、1125个村民小组、5个居委会。

2010年末，全县32.08万人，其中，农业人口为29.69万人，占总人口的92.56%。少数民族有回族、藏族、朝鲜族、土家族、白族。

2015年3月，根据甘肃省民政厅《关于天水市秦州区中梁乡等9个乡镇撤乡改镇的批复》（甘民复〔2015〕112号）精神，同意清水县撤销白沙乡，设立白沙镇。2015年10月，根据甘肃省民政厅《关于天水市秦州区齐寿乡等22个乡镇撤乡改镇的批复》（甘民复〔2015〕113号）精神，同意清水县撤销黄门乡、郭川乡、王河乡，设立黄门镇、郭川镇、王河镇。至此，全县辖10个镇、8个乡。

（二）勘定行政区域界线

2008年，根据《天水市内部县级行政区域界线联合检查实施方案》，开展清水县与秦安县、张家川县、麦积区共3条边界线设界桩工作，全长260.4千米，共埋设界桩20个，其中，双面界桩18个、三面界桩2个。

2013年，根据《天水市内部县级行政区域界线联合检查实施方案》，县民政局开展清水县与秦安县、张家川县、麦积区共3条边界线联合检查工作，共埋设界桩20个。

（三）地名管理

清水地名历史悠久，源远流长。《太平御览》引述："《三秦记》云：'其坂九回，七日得越，上有清泉，四注而下。'下有县，因此而名。""清水"作为地名，距今已有2120多年的历史；而"清水县"（公元前115年）作为行政区划的专用地名，距今也已有2120多年的历史。

1981年，成立清水县地名普查领导小组和办公室，开始全县地名普查工作，于1983年4月提交地名表、地名卡、地名图、概况资料等4项成果，并以此地名普查成果建立了地名档案，定员保管配套的表、卡、图等资料，绘制出版《甘肃省清水县地名资料汇编》。

2005年，根据县人民政府《关于印发清水县城镇标准地名标志设置实施方案通知》要求，对县城的居民院落、新开发的住宅楼、商店、单位等门店街路巷的标志进行普查，对新建、改建、扩建的轩辕大道等20条道路、清林巷等5个巷道、政府广场等2个广场进行了命名更名并上报县政府审议，于2007年5月正式启用。

2008年，对县城改建、扩建、新建成的1条街道、18条路、3条巷、2个广场、11个小区和7个商贸市场进行了命名更名。

2010年，对县城区域内所有街道进行清理整顿，对原有不规范的街道起止点进行重新确定，并建立地名数据库。

2014年7月开始，实施全国第2次地名普查工作。

三、基层政权建设

1983年12月，撤销人民公社建制，恢复乡（镇）、村体制。原城关公社改为永清镇，辖1个居委会、5个村委会；增设上邽乡，辖12个村委会。

1986年11月，全县调整为1个镇23个乡、299个村委会、4个居委会。

1989年10月，将33个村委会划小，增设34个村委会，共设67个村委会。

至1990年，全县设1个镇、23个乡、333个行政村、4个居委会。

2003年12月，撤乡并镇，全县调整为6个镇、12个乡、344个村委会、5个居委会、

1525个村民小组。

2004年，撤销部分行政村，全县辖6个镇、12个乡、260个村委会、5个居委会、1118个村民小组。

2007年11月至2008年3月，全面完成村委会换届选举任务。全县260个村民委员会共选出村委会主任260人、副主任及村委会委员717人（委员分别兼任妇女、治保、调解主任和村民小组长）。新当选的村委会班子成员中，村委会主任连任连选的有200人，占74.6%；村委会副主任连选连任的有60人，占25.4%。

截至2015年底，全县辖10个镇、8个乡、260个村委会、1118个自然村。

四、双拥工作

（一）双拥共建

在县双拥办的协调下，县人武部、武警中队、县公安消防等驻县部队参加全县抢险救灾、扶贫帮困、植树造林等工作。

2007年以来，先后为县人武部、县武警中队、消防队和预备役建设投入资金456.16万元。其中，专项经费28万元，县财政安排部队建设各类经费361.51万元，人员经费66.65万元。在人武部建设方面，每年除保证供给5万元的训练经费、搞好预备役训练工作外，先后为县人武部解决专武培训、车辆维修、取暖设施改造和兵器库建设等资金问题155.83万元，为预备役四营解决各类经费问题52万元；在消防队建设上，2007年，从当年退役的现役军人中公开招聘消防队员，为县消防队配备消防员10名，人员工资由县财政负担，并购置车辆、消防器材及服装等，共解决资金问题191.82万元。

2009年，以“双十工程”建设为重点，征用建设用地7亩，筹措资金200万元建设营房。先后支持经费36.5万元，解决营房基础设施建设。

2013年，“6·19”暴洪地质灾害发生后，驻地部队官兵在牛头河、后川河、白驼河、南道河参加抢险防洪工程，到远门乡曹王村、红堡镇曹冯村、草川乡腰林村等重灾村转移安置受灾群众。先后为搬迁困难户捐助资金5万多元共建家园，在村内帮助硬化4.5米宽的主巷道500米、小巷道24条。县中队成立反恐防暴巡逻队，巡回在居民区及公共场所，预防灾害发生。

（二）优抚抚恤

1985年以前，优抚抚恤工作一直执行“面向生产，自力更生，群众互助，政府补助”的总方针，对无固定收入、无依无靠、生活不能自理的优抚对象均给予定期定量补助。

1985年，对原享受定期定量补助的烈军属、病故军属中的直系亲属已死亡或超过16周岁的予以注销外，其余享受定期定量补助对象，全部按“甘肃省定期定量抚恤金领取证”凭证领取抚恤金。

2002年开始，义务兵家属优待金由民政局直接发放，标准为本地区上年度农民人均纯收入水平（以统计局数字为准）。2002年，每人每年1104元。2003年，每人每年1189元。2004年，每人每年1189元。2005年，每人每年1295元。2006年，每人每年1410元。2007

年，每人每年1543元。

服役期间发2年，从2002年至2007年，共发1167人、166.4万元。2008年，人均标准1692元，当年发放155人、26.23万元。2009年，人均标准2042元，当年发放142人、29.33万元。2010年，人均标准2304元，当年发放146人、34.05万元。

2012年，全县共有各类重点优抚对象1863人，其中，参战人员354人、在乡老复员军人257人、带病回乡56人、“三属”人员35人、伤残军人67人、农村籍60岁退伍军人1094人，共发放各类优抚资金461.57万元。

2013年，全县共有各类重点优抚对象1672人，其中，参战人员224人、在乡老复员军人120人、带病回乡56人、“三属”人员31人、伤残军人66人、农村籍60岁退伍军人1175人，共发放各类优抚资金371.12万元。

2014年，全县共有各类重点优抚对象1778人，其中，参战人员286人、在乡老复员军人120人、带病回乡56人、“三属”人员31人、伤残军人71人、农村籍60岁退伍军人1214人，共发放各类优抚资金385.54万元。

2015年，全县共有各类优抚对象1756人，其中，参战人员254人、在乡老复员军人58人、带病回乡47人、“三属”人员23人、伤残军人73人、农村籍60岁退伍军人1301人，共发放各类优抚资金430万元。

除伤残军人、“三属”人员享受定期抚恤金外，清水县享受定期抚恤（补助）的重点优抚对象还有在乡老复员军人、红军失散人员、带病回乡退伍军人。2007年8月以前，执行民政部、财政部通知，按照每人每月6～60元的定补标准补贴。2007年8月，组织专门队伍，严格政策界限要求，对全县326名参战、参试人员进行调查、摸底、登记核实，并进行身份认定建档工作，将符合条件的人员由所在乡（镇）和村（居）委会张榜公示后，上报省、市民政部门，填写《部分军队退役人员信息采集表》，与其他重点优抚对象一样纳入日常管理。是年底，对8名城镇退役士兵每人每月发放最低生活保障金128元，共发资金2.92万元。

优抚对象除享受定期抚恤补助外，在生活、住房、医疗等方面均享受优惠和照顾。1998年以后，除通过临时救济解决优抚对象“三难”问题，优抚对象优先享受扶贫救济，同时开展“扶贫扶优”“解三难”“爱心献功臣行动”等专项活动，解决优抚对象在生活、住房、医疗等方面的困难。

1999年，优抚对象生活困难的人员优先享受城乡低保。2006年，资助所有农村重点优抚对象参加新型农村合作医疗，并优先享受医疗救助。2007年，一至六级残疾军人（含在乡的）参加城镇职工基本医疗保险，无工作单位的城镇重点优抚对象参加城镇居民基本医疗保险，农村重点优抚对象参加新型农村合作医疗。

（三）复退军人安置

清水县对农村入伍退役的义务兵一律动员回乡参加农业生产。根据相关文件精神，农村退伍义务兵在服役期间荣立二等功以上的应当安排工作，对有一定专长的应向有关部门推荐录用，各用人单位在农村招收工人时，在同等条件下应优先录用退伍义务兵。

城镇退伍义务兵，服役前没有参加工作的，国家统一分配工作，采取“按系统分配任务，包干安置”的办法进行安置。属于企业的，由企业单位负责安置，属党政军团体的职工子女退役者，由劳动部门确定接收单位，由安置部门统一分配。对参战者有功的优先安排，并允许其自选工种和分配单位。

1997年，企业单位按照职工、事业单位工人总数千分之五的比例下达安置指标。

2002年，实行“全面推行安置就业和自谋职业相结合”的办法和“按照国防义务均衡负担原则，将所有机关团体、企事业单位，包括国有经济单位、民办企业单位全部纳入安置城镇退役士兵的范围，科学合理地制定安置计划”的办法实施，并可实行安置任务有偿转移。

2003年起，县政府决定对城镇指标入伍的服役10年以上士兵实行“经济补助，自谋职业”的安置办法，对10年以上转业士官安置到乡镇或县直事业单位，对省级下达安置计划部分的退伍义务兵经济补助1.2万元，服役不满10年的复员士官补助2万元，服役满10年以上的转业士官按3万元的标准一次性发放自谋职业补助金，并对非农指标入伍的城镇退役士兵在待安置期间全额享受最低生活保障金。在成人和普通教育、个体经营、税收、贷款、户籍等方面凭“城镇退役士兵自谋职业证”和相关证件享受国家优待政策。

1950年至1955年，清水县接收复退军人545人，其中，有一定文化程度和专业技术的92人安置就业，453人回乡参加农业生产。

1957年，接收安置复员军人129人、退伍军人7人。

1985年至1990年，全县共接收安置复退军人896人，其中，农村717人、城镇179人，就业安置194人、介绍回乡702人。

自1991年至2010年，全县共接收安置复退军人1671人，城镇493人、农村1178人，其中，安置就业和自谋职业的城镇退役士兵493人、介绍回乡的农村退役士兵1178人；同时，向县级企事业单位、乡镇企业、个体户和联营经济实体推荐“两用人才”。全县共介绍到企事业单位的有84人、乡镇企业有35人、个体和联营体单位的有142人。

五、减灾救灾

清水地处陇山西南麓、渭河流域北岸，属黄土梁峁沟壑区。地势东北高、西南低，最高海拔2201米，最低海拔1025米。年均气温8.8℃，属温带大陆性季风气候。历年干旱、霜冻、冰雹、暴洪等自然灾害不断。

1985年5月2日，上邽乡苏□村骤降雷雨冰雹，长达20分钟。冰粒直径达5～10毫米，积冰层约15厘米厚，受灾面积2591亩。是年，暴雨、冰雹成灾，金集、新城、松树等乡12个村滑坡、墙体裂缝，倒塌房屋501间、窑洞63孔，泄压农田1.8万亩，县民政局下拨搬迁救灾款3.78万元，为12个村受灾群众建房602间。

1987年4月19日，清水遭遇特大暴雨，溺死10人，9万亩农田遭冰雹、洪水侵害。5月，新城乡郭湾村庄基崩开150米长、50厘米宽的大裂缝，出现滑坡，县民政局拨付搬迁补助资金。

1988年8月7日至次日晨，全县普降大暴雨，部分地区夹杂冰雹，山洪暴发，牛头河及其支流水势猛涨，有14个乡的农作物受损，面积达87058亩，其中，成灾面积50683亩，倒塌民房131间，损坏民房365间。

1991年6月5日下午，金集、草川、陇东、旺兴4个乡（镇）部分村遭受冰雹袭击。有29个村、87个村民小组的2195户10738人不同程度受灾，成灾面积15645亩，经济损失达29.1万元。

1993年6月25日，上邽乡张杨、温沟、杜沟村，新城乡李湾村，白沙乡温泉村遭受大风、冰雹袭击。

1999年5月6日，白沙、黄门等15个乡遭特大冰雹袭击，37.01万亩农作物、果园严重受灾，绝收面积达9.45万亩，直接经济损失5953万元。24日，王河等6个乡遭受冰雹灾害，经济损失约766万元。

2008年5月12日，受"5·12"汶川特大地震及其余震影响，全县260个村、39545户189812人不同程度受灾，造成2人死亡、207人受伤，8888户群众的21527间民房倒塌，2184户群众的6144间民房遭到严重损坏，直接经济损失60995.79万元。6月，启动实施农村居民住房灾后重建工作。截至2010年底，完成全县8888户农村居民住房重建工作，共新建房屋42393间，总建筑面积602767平方米，其中，11个村556户完成了整体搬迁，共新建房屋3169间。57个统规统建村完成2414户，共新建房屋13517间。分散自建户完成5918户，共新建房屋25707间，所有重建户全部入住新居。2184户6144间维修房屋全部完成维修。累计完成总投资54176万元，其中，中央、省、市共下拨农村居民住房重建补助资金17776万元，协调县信用联社落实灾后重建贴息贷款16687万元，农户自筹19713万元。

2013年6月19日至7月22日，受暴洪、地震、地质灾害叠加影响，造成全县18个乡（镇）260个行政村均不同程度受灾，受灾人口达到39358户184962人，累计造成直接经济损失140543.12万元。共倒塌房屋2226户6515间，严重损坏房屋2550户8825间，一般损坏房屋3645户13602间。紧急疏散、转移安置177个行政村413个自然村的7004户29612名群众，其中，整自然村转移的有53个1972户8491人，转移安置10户以上的自然村有136个2846户13136人，10户以下分散安置2186户7985人，直接经济损失30612.3万元。全县18个乡（镇）采取"投亲靠友、搭建临时帐篷安置点、利用学校和村委会集中避险"和"一帮一""多帮一"等多种方式，紧急疏散转移安置群众7004户29612人，发放救灾帐篷1959顶、彩条布9捆、面粉722袋、大米500袋、方便面145箱、矿泉水1403捆、棉被1864床、褥子1225床、被套1240条、床单1240条、枕头400个、枕巾790条、枕套790条。过渡安置受灾群众4994户21227人。对住房无安全隐患的，每户发放应急转移安置补助费100元，动员其回迁居住；对房屋倒塌或地质灾害隐患大，不能回迁的，每户发放过渡安置租房补助费200元，动员其通过投亲靠友、亲邻相帮、租借闲置房和公用房等方式，全部进行了妥善安置。先后共下拨救灾资金125.94万元，其中，发放灾民应急生活救助资金59万元，为4994户受灾转移安置群众发放一次性生活补助费49.94万元，为无法回迁的850户受灾群众发放过渡性安置租房费17万元。

全县共规划灾后恢复重建农户住宅建设任务9072户，其中，房屋受损需维修加固6192户，房屋倒塌需分散自建1381户，受地质灾害影响需整自然村搬迁重建1499户。按新建每户不少于3间45平方米住房及2万元（“两半户”补助1.5万元）的标准予以补助，累计完成投资3.56亿元，实际到位资金3.56亿元，其中，民政局向分散重建户下拨财政专项补助资金2601.5万元，发改局安排国家易地扶贫搬迁专项资金5989.6万元，金融办落实“双联”贴息贷款841户4205万元，群众自筹2.28亿元。

六、民间组织管理

（一）社会组织

1989年，清水县对实有社团组织进行清理登记。共登记清水县计生协会、清水县集邮协会2家社团组织。依法登记的社团组织有清水县园艺协会、清水县气象协会、清水县地震协会、清水县中华医学会、清水县中医协会、清水县伊斯兰教协会、清水县林学会7家。

1993年，依法登记清水县红十字协会1家。

1994年，依法登记清水县佛教协会、清水县道教协会2家。

1998年，登记清水县扶贫经济协会1家，重新对社团组织进行了核查登记。

2003年，依法登记清水县中老年书画协会1家。

2004年，依法登记清水县果农协会、清水县劳动模范协会、清水县农副产品协会、清水县农业生产资料协会、清水县农村合作经济组织联合会5家。

2005年，依法登记清水县养鸡协会、清水县单魏村专业合作社、清水县蜂蜜产业协会3家。

1989年至2005年，共登记和实行年检、换证39家，从业人员768人、法定代表人39人。

2008年，对新成立的清水县王河乡马铃薯种植协会、清水县远门乡种植协会、清水县青年书法协会、清水县个体私营协会、清水县马铃薯行业协会、清水县建材行业协会、清水县土门乡金蔡养鸡合作社、清水县太阳良种猪合作社8个专业协会和清水县扶贫科技服务中心1个民办非企业依法进行登记。

2009年，登记社团2个，全县共有446个民间组织，其中，社团48个、民办非企业398家，均依法进行了年检。

2010年，全县民间组织达到58个。

2014年，共依法登记成立法人社会团体32个、民办非企业2个，全县共有社会组织92家。其中，法人社团81个、民办非企业单位11个。共有会员33295名、从业人员454名、党员499名。

2015年，共依法登记成立法人社会团体119个（扶贫互助协会115个）、民办非企业单位5个、社会组织211个（其中，社会团体195个、民办非企业16个）。共有会员39173名、从业人员916名、党员1271名，建立党组织的社会组织177个。

（二）民间组织

1997年至1998年底，对县内各种民间企业组织进行全面整顿清理，共注册登记民办非企业单位395个，登记率100%。2007年底，对新成立的9个村级用水协会和4个专业性协会全部进行依法登记。

2006年12月，清水县成立民间组织领导小组，下设办公室，地点设在县民政局，配备专业工作人员3名，办理民间组织管理日常业务。全县民间组织从此在组织领导、事务管理、登记、年检等体系上有了规范程序和运行机制。

七、社会事务管理

（一）婚姻登记管理

1997年4月，清水县婚姻登记中心成立，隶属于县民政局，配备专职婚姻登记员2名。除永清镇外，其余17个乡镇各配备1名婚姻登记员，专门负责婚姻登记管理与婚姻档案保管工作。

2003年11月，对全县婚姻登记机关进行调整，县民政局主管全县的婚姻登记工作，乡镇人民政府为各乡镇婚姻登记机关，各乡镇的民政助理员为婚姻登记员。

1985年至1989年，清水县结婚登记5852对。1990年至2007年，结婚登记14982对。2008年至2010年，结婚登记2110对。2011至2015年，结婚登记11704对。

1977年至1990年，准予离婚登记的595对，其中，感情不和的537对、一方受虐待的54对、重婚的4对。1991年至2007年底，全县依法办理离婚登记手续的272对，其中，感情不和的272对、离婚后又复婚的12对。2008至2010年，登记离婚的147对。2011至2015年，登记离婚的263对。

（二）殡葬习俗

清水县城乡群众葬祭风俗和礼仪习惯，以往大多是延续传统做法，普遍以挂幛、献花圈等做法安葬，焚香、化马、供奉食品等习俗还在延续。

1990年，推行公墓制，建设“南山公墓”，占地17.5亩，公墓处设灵车停车场1处，占地0.7亩，周围植松柏2000株。回族、汉族墓地各1处，其中，回族居民墓地占区2.5亩，汉族居民墓地占区l4.3亩。截至2015年底，共安葬578人。

八、社会救助

（一）城市居民最低生活保障

城市居民最低生活保障操作分个人申请、社区居委会评议、乡镇审核、县级审批4个环节，含个人（户主）申请、入户调查、社区审核、组织调查、二榜公示、县民政局审批、集体评议、三榜公示、资金发放9个步骤。符合条件的居民由户主写出书面申请交户口所在地社区居委会或乡镇人民政府，并提供收入证明、户口簿、身份证，填写城市低保对象申请审批表1式3份。社区居委会派人到申请人家中调查核实，如符合条件，在城市低保对象申请审批表上加注意见，填写该户收入及享受低保数额，报乡镇人民政府。乡镇人民政府派人对申请享受低保的家庭逐一进行审查，如收入核定不准，可据实调整；如情况属实，在城市低保对象申请审批表上加注意见，并将拟上报县民政局的家庭在辖区公示，公示无异议后汇总上报县民政局。县民政局对各乡镇上报的申请享受城市低保的家庭，组织人员入户抽查。抽查后逐户审批，按户发放低保证。各乡镇将批准享受城市低保的对象在辖区再进行公示。不符合条件的，书面通知本人。

城市低保对象实行动态管理，按月申报、审批，并根据低保对象家庭收入变化情况停发或调整低保金数额。民政局按月编制城市低保金发放册，财政局按月拨付代发银行进行发放。

从1999年开始，按照“重点保障，分类施保”的要求，积极配合全县企业改革，及时将符合条件的城市贫困居民，特别是下岗特困职工，在调查摸底认真核实的基础上，全部纳入最低生活保障享受范围。当年纳入最低生活保障范围的城镇居民76户182人，发放城镇居民最低生活保障金62.9万元。

2000年，城市低保扩面，共有保障对象569户1126人，全年发放低保金75.3万元。2001年，在全县范围内实施城市居民最低生活保障制度，全县共有保障对象642户1419人，全年发放低保金85.6万元。2005年，全县共有保障对象2101户3968人，全年发放低保金309.5万元。2010年，城市居民最低生活保障标准由每人每月138元提高到172元。是年，全县城市低保对象为1771户4083人。

按照国家相关政策规定，根据居民生活必需品价格上涨、生活节奏加快等实际情况，全县曾6次提高城市居民最低生活保障享受标准，将其副食补助由28元提高到58元。全县月支付副食补助共24.2万元，实现动态管理下的“应保尽保”。

（二）农村居民最低生活保障

2006年10月，清水县制定农村居民最低生活保障管理制度，印发《清水县农村居民最低生活保障金暂行办法》。11月，县政府印发《关于开展农村居民最低生活保障工作的通知》（清政办发〔2006〕86号），在全县实施农村低保制度。是年，全县共确定农村低保对象5487户21960人，占全县农业人口的7.5%，月发保障金65.9万元。

2006年，农村居民最低生活保障制度开始实施时，农村低保标准暂定为每人每年600元，月人均补差标准为17.5元。2006年第四季度，全县共有农村低保户3724户14425人，发放低保金61.2万元。农村低保标准根据本县经济、社会的发展以及人民生活水平的提高、物价指数的变动，给予适时调整。

2007年，保障标准提高到每人每年685元，农村低保人数增至5057户20015人，月人均补差标准达到19.5元，全年发放低保金362.2万元。

2008年，保障标准为每人每年685元，二季度和四季度2次提标，至年底，月人均补差标准达到50元，人数稳定在5000户20000人左右，全年发放低保金1004.12万元。

2009年，保障标准提升至每人每年696元，人数增至5928户23198人，月人均补差标准为50元，全年发放低保金1481.78万元。

2010年，保障标准2次提标至每人每年850元，人数增至11894户45604人，月人均补差标准2次提标至69.5元，全年发放低保金2130.07万元。农村低保金实行社会化发放，发放时间为批准之日的次月起按季发放。所有农村居民最低生活保障金全部由乡镇信用社代发，确保资金的安全和及时发放。

（三）城乡医疗救助

2006年7月，清水县政府制定《农村医疗救助实施方案》，从享受原则、救助对象、病种范围、救助标准、审批程序、资金管理等方面作了明确规定。是月，全县开始实施农村医疗救助。

2007年6月，在原有基础上，重新制定《清水县居民医疗救助暂行办法》，救助范围覆盖县内全体居民。同时提高了救助标准，简化了救助程序，增加了救助形式，并明确规定对重大疾病患者开展医前、医中救助。

制定出台《清水县城乡居民医疗救助实施细则》，实行以住院救助为主，门诊救助、参保参合救助、其他特殊救助为辅的方式，解决城乡低保对象、五保对象和其他特殊困难群众因病造成的就医难题。救助比例由起始的10%～20%提高到40%～100%。截至2015年底，共发放农村医疗救助资金5000多万元，救助4万多人。

清水县自2007年6月开始建立实施城市医疗救助制度，救助范围覆盖县内全体居民。凡符合享受城市医疗救助的家庭，由患者本人（户主）申请，社区居委会进行调查初审，乡镇人民政府进行复查，县民政局核实审批，确定救助金额。城市医疗救助实行分类管理、现金补偿的办法，凭住院医疗费用的有效票据进行救助。城市低保对象中一、二类保障对象按照个人自付费用的80%予以报销，低保对象中的三、四类保障对象按照个人自付费用的60%予以报销，城市低保边缘户、低收入家庭及其他困难家庭按照个人自付费用的40%予以报销。医疗救助对象年度救助次数一般不超过2次，个人年度救助总额限定在3万元以内。

清水县自2006年7月1日起开始建立实施农村医疗救助制度。2010年8月，清水县人民政府制定下发《清水县城乡居民医疗救助实施细则》，从当月起实施农村医疗救助。凡符合享受农村医疗救助的家庭，由患者本人（户主）申请，村委会调查初审，乡镇人民政府复查，县民政局审批，确定救助金额。农村医疗救助与新型农村合作医疗相结合，实行分类管理、现金补偿的办法，凭住院医疗费用的有效票据进行救助。农村五保户按照个人自付费用的全额予以报销，农村低保对象中一、二类保障对象按照个人自付费用的80%予以报销，低保对象中的三、四类保障对象按照个人自付费用的60%予以报销，农村居民中因病、因灾致贫的其他困难家庭按照个人自付费用的40%予以报销。医疗救助对象年度救助次数一般不超过2次，个人年度救助总额限定在3万元以内。

（四）五保供养

清水县五保供养分为集中供养与分散供养2种形式。集中供养主要依托乡（镇）敬老院实施；分散供养由乡民政助理员负责，依靠所属村委会具体实施。

1985年，上邽乡首批建起敬老院，收养10人、管理员2人。

1988年，草川铺乡建起敬老院，收养7人、管理员2人。

1989年，先后建起王河敬老院（收养5人、管理员2人）、松树乡敬老院（收养4人、管理员2人）、陇东乡敬老院（收养5人、管理员2人）。

对因未办起敬老院仍分散在各村、组的五保对象，由县民政局每2年发放棉衣1套，每5年发放被褥1床。

2008年，全县有敬老院14家，分别是永清敬老院、红堡敬老院、白驼敬老院、松树敬老院、王河敬老院、远门敬老院、土门敬老院、郭川敬老院、贾川敬老院、金集敬老院、山门敬老院、黄门敬老院、陇东敬老院、草川铺敬老院。总占地面积15800平方米，建筑面积3727平方米，床位157个，工作人员27人，供养99位五保老人。

2009年，对永清、金集、山门敬老院进行了扩建，使全县敬老院总占地面积增加到了16522.5平方米，建筑面积增加到5430平方米，供养96位五保老人。清水县社会福利中心2009年建成并投入使用，和清水县中心敬老院合用。清水县中心敬老院前身为永清镇敬老院。

2010年，全县有敬老院15所。在原有14所的基础上，2009年，动工建成秦亭敬老院，于2010年投入使用。扩建远门、草川铺敬老院，使全县敬老院总占地面积增加到20797平方米，建筑面积增加到5833.2平方米，固定资产总值490.8万元。工作人员27人，床位248个，供养94位五保老人。15家敬老院全部由所在乡镇政府管理。

九、老龄工作

1987年8月，清水县成立老龄委员会，配备专职工作人员4名。24个乡镇和部分县直单位成立老龄工作委员会，全县333个村委会、4个居委会成立老龄工作小组，负责老龄工作。

2002年4月，老龄工作委员会设在县民政局，核定事业编制7名，其中，主任1名、副主任1名。管理机构延伸至18个乡镇、260个村委会、5个社区，乡镇成立老龄工作委员会，村级设立老年协会，建立起县、乡、村三级老龄工作网络。

1985年以前，由统计部门年终统计和人口普查登记情况，掌握全县人口的年龄构成。

1989年，为25名老人办理了优待证。

1999年，开始办理甘肃省老年人优待证。

2003年以来，在县民政局一楼设老龄活动中心1处，配备常规娱乐、文体活动器材10件左右。

截至2007年，共办理老年优待证102本。2009年，办理老年优待证58本。2010年，办理老年优待证34本。

2011年，根据甘民电〔2011〕63号文件，启动老年人摸底工作，全县共摸出60岁以上老年人1.8万人；90岁以上老年人享受高龄补贴，共计63人。高龄补贴发放标准为：90～94岁老年人，每年每人发放500元；95～99岁老年人，每年每人发放700元；百岁以上老年人，每年每人发放1200元。

2011年，为63名高龄老人发放高龄补贴3.51万元。2012年，为70名高龄老人发放高龄补贴3.87万元。2013年，为95名高龄老人发放高龄补贴4.39万元。2014年，为111名高龄老人发放高龄补贴5.79万元。

根据清政发〔2014〕78号文件精神，2015年1月起，高龄老人补贴交由社保局统一发放。

十、社会福利

（一）福利企业

清水县自1987年开始兴办福利企业。1994年，税制改革之前，福利企业享受免税政策。税制改革之后，实行“先交后返”的税收优惠政策。主要福利企业有永清镇社会福利厂，该厂是1987年由县民政局投资14.16万元开办的社会福利企业，主要以生产各种针织品为主，全厂职工26名，残疾人占11名。

1989年10月至1990年7月，进行了企业整顿，并调整了产业结构。1990年，生产针织品24000件，产值达7万余元。

（二）福利彩票

清水县福利彩票的发行销售由天水市民政局负责，县民政局加强对福利彩票销售网点的检查和管理，规范其经营范围。

十一、民政经费

清水县民政事业费除上级拨付外，全部由县级财政列支、民政局掌管使用，民政局建有民政经费专账，设专职会计管理。乡镇发放的民政经费由民政局拨付，各乡镇建立民政事业费专账，由民政助理员管理。

1985年，全县民政事业费支出总额为44万元，至2010年，支出总额增长至4169.8万元。至2010年底，除救灾资金采用“三联单”发放外，其余资金全部采用“一册明”“一折统”方式发放。截至2015年，支出总额增长至71832.5万元。

十二、获得荣誉

（一）先进个人

1991年7月，高金生被省委、省政府授予“甘肃省军队转业干部先进个人”称号。

2011年10月，清水县委书记王震宇被授予省级“双拥先进个人”称号。

（二）先进集体

2011年10月，清水县被授予全省“双拥模范县”称号。

2015年7月，清水县被授予全省“双拥模范县”称号。

第七节　张家川回族自治县民政

一、机构设置

1953年7月，张家川回族自治县（简称“张家川县”）成立。是年10月，设立民政科，配备科长、副科长各1名，办事员3名，各区公所、乡政府配备专（兼）职民政委员各1名。后五易其名，从民政科、民政局革命领导小组、民卫组（科）、民卫局到1975年3月更名为民政局。1989年底，民政局配备局长、副局长各1名，办事员9名，19个乡（镇）配备民政助理员各1名。

1993年9月初，按照县禁毒工作领导小组的安排部署，民政局会同公安、卫生等部门，借用县卫生学校校舍10间，创办县戒烟所，由民政局1名负责人担任所长。9月20日，正式收容戒烟者入所。之后，县戒烟所归公安局管理。

1997年6月，在县乡党政机构改革中，民政局加强了基层政权建设、军队综合服务、社会福利和社会保障、行政区划、边界纠纷调处、社团管理为主要内容的行政管理职能和审计工作职能，不设内部机构。核定行政编制10名，其中，设局长1名、副局长2名、科办员7名。

1997年9月，张家川县农村社会养老保险办公室成立，为副科级事业单位，隶属县民政局，核定人员编制3名，其中，领导职数1名。

2002年7月底，民政局移交农村养老保险行政职能给社保局，并入县老龄委员会办公室承担全县老龄服务管理职能，新增城乡居民最低生活保障工作和社区建设工作。随之，设办公室、优抚安置股、基层政权建设和社区建设股、救灾救济股。行政编制10名，机关后勤事业编制1名，其中，局长1名、副局长2名。

2010年12月20日，县民政局机构设置调整了三方面的职能。强化社会救助职责，统筹城乡社会救助体系建设，指导社区服务体系建设，会同有关部门拟订社会工作发展规划、政策和职业规范，推进社会工作人才队伍和相关志愿者队伍建设。内设4个职能股（室），即办公室、优抚安置股、救灾救济股、基层政权和社会事务股。行政编制10名，后勤服务事业编制1名，其中，设局长1名、副局长3名。

2013年12月26日，经张家川县机构编制委员会批准，张家川县居民家庭经济状况核对中心成立，为股级全额拨款事业单位，隶属县民政局，核定事业编制5名，设主任1名。

2015年3月23日，张家川县民政局职责调整，取消已由县人民政府公布取消的行政审批事项。

2015年底，张家川县民政局职能再无变化，机关内设有办公室、救灾救济股、优抚安置股、基层政权和社区建设股、张家川县双拥工作领导小组办公室、中共张家川县委社会组织工作委员会办公室共6个股（室），下属有张家川县老龄工作委员会办公室（正科级）、张家川县民间组织管理局（副科级）、张家川县城市居民最低生活保障办公室（副科级）、张家川县民政局婚姻登记处（股级）和张家川县居民家庭经济状况核对中心（股级）共5个事业单位及县中心敬老院。县民政局行政编制10名，后勤服务事业编制1名。其中，局长兼县社会组织党工委书记1名，副局长兼县双拥办主任1名（正科级），副局长2名，县社会组织党工委专职副书记1名。民政系统（包括局机关和下属事业单位）共有在职干部职工43人。其中，男33人、女10人，回族30人、汉族13人。35岁以上32人、35岁以下11人，科级以上16人、一般干部25人、工勤人员2人，大专及以上文化程度38人（本科21人、大专

17人），中共党员40人。

1985年至2001年，张家川县辖2个镇17个乡，设有1名专职民政助理员。2008年5月，在全县的15个乡（镇）设立乡（镇）民政工作办公室，共有工作人员56人。2010年，机构改革后，全县15个乡（镇）民政工作办公室归属党政办管理，设有核定编制，人员从内部调整。2015年底，张家川县15个乡（镇）实有专兼职工作人员42人。

二、行政区划与地名管理

张家川县位于甘肃省东南部、天水市东北部、陇山西麓，属六盘山南沿地段。地处东经105°54′至106°35′、北纬34°44′至35°11′之间。东起恭门镇秦家塬，西至梁山乡樱桃沟，长约62千米；南起胡川乡柳湾村，北至张棉驿乡白草洼，宽约48千米。总面积1311.8平方千米，占甘肃省总面积的3.13%，占天水市总面积的9.17%。

张家川县属天水市辖县，东接陕西省宝鸡市陇县，南邻清水县，西连秦安县，北与平凉市华亭、庄浪两县毗邻。

1953年7月6日，成立张家川回族自治区，属甘肃省天水区专员公署管辖。自治区建置前，分属甘肃省清水县、秦安县、庄浪县、华亭县和陕西省陇县管辖。1955年6月8日，经甘肃省人民委员会批准，张家川回族自治区更名为张家川回族自治县。1958年12月20日，撤销张家川回族自治县、清水县，置清水回族自治县。1961年12月15日，撤销清水回族自治县，恢复张家川回族自治县、清水县。1969年10月，张家川回族自治县属天水地区革命委员会管辖。1978年11月，张家川回族自治县属天水地区行政公署辖区。1985年7月，张家川回族自治县属天水市管辖。

1984年底，张家川县设2个镇17个乡、266个村民委员会、1294个村民小组、4个居民委员会。

2002年7月，张家川县恭门乡经省民政厅批准撤乡建镇，撤乡建镇后的政府驻地、行政区域、管辖范围不变，实行镇管村体制。2003年12月，张家川县开展乡镇撤并工作，撤销了四方、上磨、张良和渠子共4个乡。2004年2月，撤并工作全面结束。调整后，全县共辖3个镇12个乡，分别为张家川镇、龙山镇、恭门镇、马鹿乡、闫家乡、平安乡、刘堡乡、张棉驿乡、胡川乡、大阳乡、木河乡、川王乡、连五乡、马关乡、梁山乡。合并乡镇的政府驻地及其他情况未发生新的变更。至2004年底，全县设3个镇12个乡、269个行政村、1295个村民小组、4个社区。

2008年7月15日，对张家川镇、木河乡和马关乡村组行政区划进行了调整。张家川镇由35个村调整到29个村，木河乡由15个村调整到13个村，马关乡由20个村调整到17个村。调整后，全县共辖3个镇12个乡、258个行政村。

2011年9月，平安乡赵安村、大麻村、牛曲河村3个村居民整体搬迁至新疆各地。全县的行政村由原来的258个减少到255个。

2012年7月，对张家川镇社区重新设置，将原有东街社区、中街社区、西街社区等3个社区，根据地域重新划分为5个社区，其中，原东街社区、中街社区、西街社区分别更名为东城社区、中城社区、西城社区；另新增南城社区、北城社区2个社区。重新设置社区区域划分及人口分布情况为：东城社区以东城路以东为界，共辖1128户4491人；中城社区东以东城路为界，南至解放东路，西止西城路，北止和平东路，共辖1781户6590人；南城社区居解放东路以南、桥南路以东，共辖1281户4709人；西城社区东以西城路为界，南至解放西路，北止和平西路，共辖610户2330人；北城社区占和平路以北的所有地域，共辖654户2454人。

2015年3月23日，甘肃省民政厅下发《关于天水市秦州区中梁乡等9个乡撤乡改镇的批复》，张家川县撤销马鹿乡，设立马鹿镇。同年10月9日，省民政厅下发《关于天水市秦州区齐寿乡等22个乡撤乡改镇的批复》，张家川县又撤销梁山乡、马关乡，设立梁山镇、马关镇。

至2015年底，张家川县共辖6个镇、9个乡、255个行政村、6个城镇社区。

三、勘定行政区域界线

（一）省级与县级界线勘定

1992年5月，张家川县成立勘界领导小组，办公室设在县民政局。7月至10月，完成张家川、清水2个县联合勘界工作，两县边界线接壤处共有11个乡、3个林场、52个行政村，边界线总长92.2千米，共埋设界桩10个，其中，0号桩为张家川、清水、秦安3个县交汇点界桩。

1993年4月至8月，完成了张家川、秦安界线勘界工作，两县边界线长29.4千米，涉及张家川县4个乡、14个行政村，全线共埋设双面型界桩4个。

1994年5月，开始张家川—庄浪、张家川—华亭界线勘定工作。至年底，完成张庄农区段50千米界线勘定。张家川—庄浪30千米、张家川—华亭30千米因各方面的原因还未勘定。

1998年4月，国务院勘界领导小组办公室在天水市主持召开甘、陕两省联合勘界天水定界会议，经过4天的协商，一次性协商勘定甘肃省天水、平凉、陇南与陕西省宝鸡、汉中接壤的行政区域界线853千米，其中，勘定张家川县与陇县界线34.5千米，剩余22.5千米，因历史原因未能一次性解决。1998年10月22日至26日，在国务院勘界工作领导小组的指导下，甘肃、陕西两省勘界工作领导小组在陕西省西安市进行协商，商定行政区域界线勘定后，原2个县商定的副业线和森林防火线至划定的边界线之间范围内的牧区，由张家川县群众继续放牧，解决了张家川县与陇县的边界问题。

2001年12月28日，省政府第144次常务会议研究张家川县与平凉地区庄浪、华亭2个县勘界遗留问题，29日下发《甘肃省人民政府关于天水市张家川回族自治县与平凉地区华亭县行政区域界线的批复》（甘政函〔2001〕196号）和《甘肃省人民政府关于天水市张家川回族自治县与平凉地区庄浪县部分行政区域界线的批复》（甘政函〔2001〕197号），对张家川县与华亭县、庄浪县的行政区域界线进行了裁决。

2003年，甘肃省启动了第一轮县级行政区域界线联合检查工作。

2004年6月至7月，张家川县先后与秦安县、清水县进行了首次行政区域界线联合检查，后根据上级安排每5年1次，定期开展了边界联合检查工作，对丢失的界桩进行了补栽。

2007年，按照《甘肃省与陕西省行政区域界线联合检查实施方案要求》，完成了第一轮省级行政区域界线联合检查工作。

2008年，完成了张家川与庄浪段、张家川与华亭段县级行政区域界线联合检查工作。是年，完成了清水县与张家川县、秦安县与张家川县第二轮县级行政区域界线联合检查工作。

2013年，由张家川县牵头完成了与清水县第三轮县级联合检查。是年，由庄浪县、华亭县牵头完成了天水、平凉线第三次县级联合检查。

（二）县内乡级界线勘定

1993年4月至9月，全县9个乡镇地名补更工作基本结束。乡界涉及龙山等7个乡（镇），长216千米。完成乡镇《边界线协议书》《边界走向说明书》各28件、1120份，转绘1：50000正式边界线地形图5幅。

1994年12月，完成县内乡界线12条的勘定，共179千米。

1996年，完成乡镇界线三项成果资料，全县共勘定乡（镇）界线40条，共326.1千米，报市人民政府后，于1999年9月9日批准。

四、地名管理

1981年12月，张家川县在全县范围内开展地名普查，对全县各类地名进行实地调查和核实。

1982年，县地名普查领导小组改名为地名委员会。在地名普查中，对全县重名的29个生产大队和15个自然村作了更名。

1984年7月，完成地名表、地名卡、地名图及概况资料4项成果，建立地名档案，编纂出版了《甘肃省张家川回族自治县地名资料汇编》一书。同年，编写全县19个乡（镇）驻地名及石峡口水库、东峡口水库、清真西大寺、关山林场等23条词典释文。

1985年4月，普查工作结束，共普查地名1647条。

1986年，县地名委员会撤销，保留地名办公室。地名普查工作全部结束后，地名办公室撤销，工作移交民政局。

1988年1月，省地名办确定《甘肃省地名词典》释文张家川县词目20条。

1991年，由县民政局牵头完成《张家川县县情大全》的编纂工作。

2012年，完成《张家川县政区大典》编纂工作。

2014年7月1日，第二次全国地名普查工作全面启动。

2015年1月，张家川县成立由分管副县长任组长，民政、国土、水利交通，发改等50余个县直单位和乡镇负责人为成员的领导小组，并印发了实施方案和各项工作制度，有序开展地名普查前期准备工作。2015年6月26日，召开全县动员大会，地名普查工作迅速推进。2015年7月15日，在民政局会议室举办了第二次全国地名普查培训会议，培训业务人员50多名，为全国第二次地名普查工作打下基础。

五、地名标志设置

1987年7月，县地名办公室会同公安、城建等部门在城镇的街、道、巷、居民住宅以及交通要道、车站等场所安装门牌和地名标志，给全县266个村委会所在地和交通沿线的自然村、地理实体设置地名标志。

2005年12月，在张家川镇、龙山镇、恭门镇、马鹿乡、张棉驿乡、梁山乡6个乡（镇）的城区全面开展标准地名标志设置工作。

2006年6月，完成了摸底、资料汇总和核对，6个乡（镇）城区共有街道44条、巷道133条、单位299家、家属楼90栋、住宅小区4个、城区住户2735户。通过广泛征求各单位、社会各界的意见，是年8月，对18条街道、61条巷道命名、更名。12月，完成街、巷、门、楼、小区牌的制作。

六、基层政权建设

1983年12月，取消“政社合一”的体制，改人民公社为乡（镇），改大队为村民委员会，改生产队为村民小组，全县设1个镇16个乡人民政府，下辖266个村民委员会、1294个村民小组、3个居民委员会。乡（镇）人民政府按辖区大小定编，乡（镇）长、副乡（镇）长由本级人民代表大会选举产生，并执行代表大会的决议和上级国家行政机关的决定和命令，管理本乡镇境内的行政事务。

1984年2月，张家川镇分设为张家川镇、上磨乡；龙山乡分设为龙山镇、四方乡，成立龙山镇南街居民委员会。

至1989年12月，县人民政府所辖的基层政权为2个镇17个乡、266个村民委员会、1294个村民小组、4个居民委员会。

至2015年12月，县人民政府所辖的基层政权为6个镇9个乡、255个村民委员会、1275个村民小组、7个社区居委会。在村民委员会均设主任、文书、村民小组组长，社区居委会均设主任，均由村（居）民大会选举产生。

1988年6月，《中华人民共和国村民委员会组织法》颁布实施。

1989年7月，省人大常委会颁布《甘肃省实施村民委员会组织法（试行）办法》，按照天水市在各县（区）试点的基础上采取“每年三分之一，三年完成实施任务”的办法，于1990至1992年分3批在冬春农闲时开展实施村委会组织法工作。1989年，试点8个村。1990年，实施91个村。1991年，实施87个村。1992年，实施88个村。在贯彻实施村委会组织法期间，各村由村民民主讨论制订村规民约，并结合农村社教，开展以“整顿、升级、达标、创优”为中心内容的村委会建设工作。

1994年，贯彻民政部《全国农村村民自治示范活动指导纲要》和甘肃省民政厅《关于进一步搞好村民自治示范活动的意见》，以及《天水市1994—1996年村委会建设规划》，在全县开展村民自治示范工作，逐步推进民主政治建设和村民自治工作的开展。

1995年底，全县开展第2次村委会换届选举工作，经过思想动员、准备、选举、整章建制、检查验收、总结等几个阶段，按照直接、差额、公开竞争、秘密写票、过半数当选、及时公开选举结果等6项原则完成了换届选举工作。

1998年，全县村务公开工作全面开展。把开展村级事务和财务清理整顿作为村务公开的基础和中心内容。取消农业税后，杜绝了乱收费、乱集资、乱摊派现象，切实减轻了农民负担，村干部报酬和村办公经费由财政统一支付。自1998年以来，全县15个乡（镇）所有村全部实行了村务公开，建立了民主管理制度。

1998年底、2001年底、2004年底、2007年底、2010年底、2013年底又分别进行了第3次、第4次、第5次、第6次、第7次和第8次村民委员会换届选举工作。

2014年3月底，张家川县村级党组织和第8次村民委员会换届选举工作全面完成。全县共辖15个乡镇、255个行政村、1296个村民小组、64122户，农业人口319732人。经过依法依规选举，共选出1195名村民委员会成员（女委员245名），其中，村名委员会主任255名（女主任2名）、副主任48名（女副主任14名）、村文书252名。村委会成员中大学生村官人选为29人，其中，女14名，3名当选为村主任，23名当选为村副主任。书记、主任“一肩挑”的15人，副书记兼文书的1人，主任兼文书的1人，副主任兼文书的1人。新当选村委会主任的平均年龄为44.7岁，较上届下降4.9%；副主任平均年龄为35岁，较上届下降20.5%；委员平均年龄为44.8岁，较上届下降6.7%；大专及以上学历委员78人，较上届增长41.8%。交叉任职委员313人，主任46人、副主任12人。2014年6月，完成全县社区党组织和居民委员会换届选举工作。全县共有6个社区（其中，张家川镇5个、龙山镇1个）、6507户32015人。经过依法依规选举，共选出社区居委会主任6人、副主任6人，委员32人。社区党组织书记兼任居委会主任6人，其他“两委”班子成员交叉任职2人，支部委员与居委会委员交叉任职23人。通过选举，在村（居）委会组成人员中，平均年龄有所下降，女性委员、少数民族委员、高中以上文化程度委员所占比例有所上升。

七、双拥工作

1991年7月，张家川回族自治县双拥工作领导小组成立，办公室设在县民政局。1995年至2012年，因人事变动又多次调整了双拥领导小组成员。

每年县人武部、县双拥办及双拥成员单位都要举行仪式为新兵送行。在老兵退伍之前，县四大组织领导都会对退伍老兵进行欢送。1985年至1986年，先后有17人参军支援老山前线。1954年11月1日，实行义务兵役制以后到1989年，参军人数近3200多名。1990年至2012年底，参军近1930人。在天水市双拥领导小组的统一指导下，先后于1996年、1999年、2002年、2005年、2010年和2015年开展了双拥模范县创建工作，逐步提升了全县的双拥工作水平，推动了军政军民融合式发展。

每年春节和八一建军节期间，都要由县四大组织领导和双拥成员单位领导组成慰问团，代表全县人民慰问张家川驻军和优抚对象。同时，举行座谈会和军民联欢晚会，征求他们对地方党委、政府的意见，对他们提出的有关问题给予适当解决。

2001年至2006年，开展“爱心献功臣”行动，为优抚对象捐款，捐赠衣物、面粉、化肥等物资，解决部分重点优抚对象的生活困难。2007年以来，张家川县先后援建军营图书室2个，赠送图书2000余册、电脑18台，投入资金5万余元，为部队配备办公设备，改善办公条件。在县财政困难的情况下，2011年9月，县委、县政府筹资建成了集办公、战备学习和训练、征兵、仓储等为一体化的张家川县人武部综合楼，建筑面积1930.48平方米，累计总投资541.6万元。解决公安消防科建设用地3亩，投入资金120余万元支持公安消防科新组建的营房建设。

在县双拥办的协调下，县人武部、县武警中队、县公安消防科等驻县部队参加全县抢险救灾、扶贫帮困、植树造林、军民共建社会主义新农村、国防教育、维护社会稳定等各项工作。在胡川乡开展军民共建现代农业示范园建设，配合民兵预备役参加庄浪—天水二级路、仓下村新农村排洪沟、马鹿乡金川村河堤防建设等。

2008年5月12日，四川汶川发生特大地震波及张家川县，驻县官兵迅速投入抗震救灾和灾后重建工作之中。先后共出动200多人赴马鹿乡、平安乡等灾区实施救援，救治和转移受伤群众68人，疏通道路72千米，帮助群众从废墟中清理粮食3600公斤，拆除危房200余间，救助群众100余人。

至2012年，全县建成双拥共建点13个，有3个单位已成为各级文明单位。

八、优待抚恤

（一）概况

1990年，全县有各类优抚对象309人，其中，烈属26人、牺牲病故军人家属8人、在乡复员军人185人、伤残军人53人、在乡西路红军老战士3人、带病回乡退伍军人34人。

2008年，登记参战人员191人、参加核试验人员26人。

2012年4月，为339名部分农村籍退役士兵落实老年生活补助。

至2015年底，全县有重点优抚对象1171人，其中，在乡老复员军人89人、伤残军人51人、“三属”人员13人、带病回乡退伍军人42人、参战人员415人、参加核试验人员29人、60岁以上农村籍退伍军人526人、60岁以上烈士子女4人。

从1950年开始，国家对贫苦烈军属、复员军人、伤残军人、现役军人家属和流落红军实行群众优待。

自1985年以来，张家川县全面发放退役军人群众优待款，优待标准逐步提高。1990年，人均100元。1994年，各村普遍减免了义务工，并建立了代耕代种、帮工服务小组，为现役军人家属举办果树栽培、饲养、编织等培训班，帮助现役军人家属发展生产，脱贫致富。

1995年，以乡（镇）为单位，实行“四统一”的优待办法，对180名农村义务兵家属按1994年人均纯收入标准全部落实兑现，全县平均优待标准352元，优待面达100%，使义务兵家属生活与当地群众生活同步提高。

2003年，张家川县结合农村税费改革，改革义务兵家属优待金征集办法，由财政全额负担优待金，年内共兑现义务兵家属优待金11.2万元。

自2011年冬季，退役士兵接受安置开始，停止发放农村义务兵家庭优待金。

张家川县从1985年1月1日起，将全县12户革命烈士家属、5户因公牺牲军人家属、9户病故军人家属的定期定量补助一律改为定期抚恤金。对于革命烈士家属、因公牺牲军人家属居住农村的，每人每月25元；居住县、乡、镇的，每人每月30元。病故军人家属，居住农村的，每人每月20元；居住县、乡、镇的，每人每月25元。

从1988年起，根据国家政策，及时相应提高“三属”人员、“三红”人员、伤残军人等重点优抚对象抚恤补助标准。

2012年，全县各类优抚对象抚恤补助金全部达到国家规定标准。其中，全县烈属、因公牺牲军人遗属、病故军人遗属定期抚恤金标准，城镇分别为每人每年12050元、10340元、9730元，农村分别为每人每年6930元、6620元、6340元。

至2015年底，全县各类优抚对象抚恤补助金全部达到国家规定标准，其中，在乡老复员军人的定补标准达到每人每月815元，参战、参加核试验退役人员的生活补助达到每人每月460元，带病回乡退伍军人的生活补助达到每人每月410元，60岁以上烈士子女的生活补助达到每人每月300元。

从2008年开始，对全县农业户口的重点优抚对象全额支付参合费用，对残疾军人、在乡老复员军人等对象给予了大病医疗费补助，把全县重点优抚对象门诊费用逐步列入救助范围，救助标准逐年提高。2015年，开始试行重点优抚对象“一站式”即时结算服务。

（二）开展烈士褒扬工作

烈士刘新来系张家川县龙山镇人，1964年6月出生，1983年10月由龙山镇入伍，在武警阿克苏边防支队服役，历任司务长、副连职治安干事、正连职政工干事，授上尉警衔，中共党员。1996年1月，任武警温宿县博孜墩边防派出所政治指导员。1996年2月10日，刘新来在追捕犯罪分子的战斗中，与罪犯英勇搏斗，不幸殉职。根据刘新来牺牲情节和生前表现，符合《革命烈士褒扬条例》规定，经中国人民武装警察部队政治部〔1996〕政组字第409号批复批准为革命烈士。刘新来牺牲后，全县广泛深入地开展了向革命烈士学习的活动，在县文化馆举办刘新来烈士事迹展览，县四大组织和县双拥领导小组组成慰问团，对烈士家属进行了慰问，落实了抚恤政策。

2011年，开展烈士纪念建筑物普查和保护工作，全县现有零散烈士墓4座，其中恭门镇3座、张棉驿乡1座，全部按照要求进行了维修保护。

九、复退军人安置

1950年到1957年间，主要接收安置革命战争年代和中华人民共和国成立后、1954年10月以前入伍的复员建设军人。1957年前的安置工作主要是帮助他们成家立业，解决生产、生活困难，教育他们坚持艰苦奋斗、自力更生的光荣传统，为家乡生产建设事业贡献力量。1958年到1990年间，主要是接收安置退伍义务兵，城市入伍的全部安排在国营企业、事业单位或国家机关工作，农村入伍的一般安排在农村，参加农业生产建设。1993年至1999年，共安置志愿兵和城镇退役士兵481人。

从2000年以来，采用经济补助安置（货币安置）和指令性安置相结合的办法，将志愿兵统一安置到全额拨款的事业单位；对持有省卡的退役士兵，采取“全县党政机关、事业单位收一点，部分单位捐一点，县财政拿一点”的办法，实行自谋职业，每人补助不少于1.2万元。由于受企业改制和机关、事业单位精简人员等因素影响，退役士兵安置难度逐渐增大。2000年至2005年，全县共接收复退军人58人，已安置58人。

2007年，开始对符合安置条件的城镇未安置退役士兵和转业志愿兵按照政策发放待安置期间生活费。2007年至2010年，对5名符合安置政策的转业志愿兵进行了安置；对32名城镇退役士兵进行了货币安置，每人发放安置费1.2万元。

2011年，对退役士兵的安置按照新修订的《中华人民共和国兵役法》《退伍军人安置条例》，按照城乡一体化的原则，对24名退役士兵每人发放26377.1元的兵役优待补助金，并对其中14名同志进行了职业教育和技能培训。2012年，对37名退役士兵每人发放29938元的兵役优待补助金，对4名转业志愿兵进行了妥善安置。2013年，对2012年以前尚未安置的10名退役人员进行了货币安置。2014年，妥善安置退役士兵2人。2015年9月，对8名符合安排工作条件的退役士兵安排了工作。当年为25名退役士兵发放自谋职业补助金94.8万元，为21名退役军人提供了免费职业技能培训。

十、减灾救灾

张家川县每年都有冻灾、干旱、风雹、暴雨洪涝、滑坡、崩塌等灾害发生，全县所有乡镇都不同程度地遭受过这些灾害的影响，以暴雨洪涝灾害每年发生为主，特别是以下年份受灾较重：

1990年，张家川县先后遭受各种自然灾害8次，直接经济损失143.4万元。

1993年6月23日，张家川镇、渠子等13个乡（镇）的97个村、449个组遭受多年罕见的特大风雹袭击，受灾群众19358户83790人，农作物受灾面积16.5万亩、成灾面积14.2万亩、绝收面积6万亩，因灾减产粮食3080万斤，造成直接经济损失3330.17万元。

1997年，遭受70年未遇的旱灾，干旱持续时间长，受灾面积大。

2008年，“5·12”汶川特大地震波及张家川县，造成全县15个乡（镇）、258个村普遍受灾，受灾人口18.6万人，占全县总人口的57%，城镇、交通、水利、教育、卫生等基础设施不同程度地损坏，因灾造成直接经济损失4.57亿元。

2011年7月中旬以来，全县大部分地区先后遭受冰雹、洪涝、强暴雨、泥石流等侵袭，特别是“7·17”“7·20”暴雨和“7·26”雹灾均属数十年罕见，灾害致使全县12个乡（镇）137个村的17735户90953人受灾，部分乡镇民房倒塌，乡村公路中断，农作物受灾严重，一些桥梁、堤防、宗教场所等基础设施受损，给人民群众生产生活造成极大困难，造成直接经济损失达4381.24万元。

救灾工作是张家川民政工作的一项经常性业务。在救灾工作中，民政部门贯彻“报灾要快、定灾要实、救灾要及时”的方针，调查核实灾情，发放救灾款物。在全面贯彻“生产自救为主，国家救济为辅”的同时，随着国家经济社会的发展，不断改革完善救灾款物管理使用办法。20世纪80年代，形成救灾无偿救济和有偿使用相结合的办法，积累并建立救灾扶贫周转金，增强了抗灾能力。2007年8月，张家川县减灾委员会成立。2008年，先后出台《救灾款物管理使用办法》《抗震救灾物资管理使用办法》；2010年，又出台《自然灾害救助应急预案》等，逐步完善县、乡、村三级灾害救援体系。2015年6月，出台《张家川县自然灾害救助实施办法》。

1990年至2000年，县级单位累计下拨救灾资金1420多万元解决群众生活困难。自2000年以后，县级单位每年配套的救灾资金由10万元提高到不少于20万元。县政府为确保救灾经费投入，将救灾资金列入当年财政预算，并视灾情轻重及时调整，同时安排好救灾业务工作经费。实行救灾资金专户储存、专户管理，保证救灾资金快速拨付和及时兑现。

2008年，受汶川特大地震波及，张家川县受灾严重。灾情发生后，县民政局迅速做出反应，按照县委、县政府的统一安排，积极采取有效措施，开展了抗震救灾工作。迅速与各乡（镇）联系了解乡（镇）受灾情况，及时收集和汇总灾情向市民政局、县委和县政府汇报。先后3次共抽调30名干部参加了由县上组织的灾害评估组，赴全县15个乡（镇），配合乡（镇）开展灾情的评估、核查和安抚灾民工作。认真做好省、市各级组织和社会各界陆续向张家川县受灾群众捐助救灾款物的接收和发放工作。全县共接收社会各界人士和企业、对口帮扶部门以及外籍友好团体捐款113万元，接收抗震救灾面粉100.52万斤、救灾物资17批。加强救灾资金物资管理，制定下发《张家川县抗震救灾资金和物资管理办法》，规范救济对象核定上报、资金筹措和补助资金的申请、办理等工作流程，严格救灾资金物资接收、登记、发放程序，建立抗震救灾专账，专人负责，专户存储。共下拨救灾资金1726万元，下发食品、纯净水、棉被、衣物、救灾帐篷等救灾物资18批，给“三无”人员每人每月发放300元、30斤面粉，给“三孤”人员每人每月按479元的标准给予补助，共发放临时生活救助资金1471万元，发放救灾面粉100.52万斤。在发放过程中，采取本人申请、村组评议、乡镇审查、民政局审批的办法，确保了1644户1717名“三孤”人员和2293户10929名“三无”人员的生活不出问题。对因灾倒塌和受损的房屋及时进行维修排险，提供帐篷，安排过渡性临时用房，确保受灾群众的基本生活。下拨各乡镇农村住房灾后重建资金7668万元，保证了灾后重建工作的顺利进行。

2010年，建立649人的村级灾害信息员队伍。同时，15个乡（镇）配备了45人的信息员队伍，解决灾情报送“最后一千米”的盲区。为村级灾害信息员队伍配备雨衣、雨鞋和铜锣，连续3年对15个乡（镇）258个村的649名灾害信息员进行了培训。2011年，县级救灾物资储备库的建设为张家川县防灾减灾能力建设的提高又注入了新的能量。有关部门根据职责范围和救灾应急实际需要储备适量的救灾物资，并建立紧急情况下救灾物资采购和调运制度。加强全县灾害信息管理和覆盖县、乡两级通信网络的建设和管理，确保24小时以内准确掌握重大自然灾害信息。县民政局配备了救灾必需的车辆、移动电话、摄像（录像）机等设备和装备。

2001年至2012年，全县累计下拨救灾资金达2900余万元。

十一、民间组织管理

张家川县民政局成立后，负责社团管理工作。1999年11月开始，把社会团体和民办非企业单位统称为民间组织。根据中央、省、市对民间组织管理工作的要求，2000年4月14日，张家川县民间组织管理局成立，为副科级建制全额拨款事业单位，核定编制3人，其中，领导职数1人，隶属县民政局。同时，配备了专职领导，建立健全了组织机构。2008年1月，被批准为参照公务员管理事业单位。

1987年10月，国务院颁布实施《社会团体登记管理条例》，确定社团双重分层管理体制和民政部门是社团登记管理的唯一机关，使公民的结社和社团活动纳入了法制管理轨道。

1990年11月下旬至1991年底，全县开展社团清理整顿工作，共清理出县级社团14个、乡镇社团19个。

1992年至1997年，继续开展清理整顿工作。

1998年，注销了9个未开展活动的社团，对保留的12个社团进行了年检和核发新证工作。

1999年，组织力量对全县的民办非企业单位进行了调查摸底。全县共有民办非企业单位739家，其中，个体诊所307家、清真寺428处、佛教寺院3处、民办学校1所。根据民政部取缔"法轮功研究会"的通知精神，民政局会同公安局对全县的10个"法轮功"练功点依法予以取缔，维护了社会的稳定。

2000年11月，清理整顿了对社会有危害的气功类组织，注销了"张家川县养生科技培训中心"。

2001年，全县13家社团有会员37127人，其中，单位会员263个、个人会员36864个。有180家民办非企业单位，其中，卫生类170家、科技类3家、教育类6家、中介组织1家。

2007年，对全县各类社团和民办非企业单位的登记证书统一进行了换发。

2012年5月，中国共产党张家川回族自治县社会组织工作委员会成立，隶属于中共张家川县委，挂靠县民政局。

每年对社团和民办非企业单位进行年检，开展执法检查，加强诚信与自律建设，经过多年的清理整顿和规范管理，至2015年底，全县共有各类社会组织321家，其中，社团309家、民办非企业单位12家。

结合开展基层组织建设年活动，至2015年底，全县社会组织中，成立党支部的49家，有党员311人。其中，社会团体40家，有党员290人；民办非企业9家，有党员21人。

十二、社会事务管理

（一）婚姻登记

1984年3月，张家川县开始实行婚姻登记证明制度，即申请结婚的男女双方所在村、街道或工作单位出具户口和出生年月、民族、婚姻状况证明，双方持证明书到婚姻登记机关申请登记结婚。

1995年起，县政府利用每月20日召开的阿訇座谈会议，宣传《中华人民共和国婚姻法》和《婚姻登记管理条例》，请宗教界人士带头学法、执法并提倡结婚的男女双方先办结婚登记手续。

1998年1月1日起，开始使用全国统一式样的婚姻状况证明、结婚登记申请书和离婚登记申请书。

2003年10月1日起，按照新颁布的《婚姻登记条例》办理结婚登记。办证居民只需出具本人的户口簿、身份证，以及本人无配偶以及与对方当事人没有直系血亲和三代以内旁系血亲关系的签字声明。

2004年7月开始，乡（镇）不再办理结（离）婚登记，集中在民政局、龙山镇、恭门镇3个婚姻登记中心进行结（离）婚登记。

2012年4月20日，张家川县民政局婚姻登记处挂牌成立；8月，编制部门正式批复为股级全额拨款事业单位，隶属于县民政局管理，核定人员编制3名，其中，设主任1名，编制和人员从民政局所属事业单位调剂。根据上级婚姻登记规范管理精神，撤销龙山、恭门两镇的婚姻登记点，全县范围内统一实行婚姻集中网上注册登记。对县婚姻登记处以民政部颁布的3A级标准进行建设，建有办证大厅、候登室、离婚登记室、婚姻家庭辅导室、颁证大厅、档案室，面积共计160平方米。对婚姻登记法律法规及办事须知上墙公示，方便办事群众查看。每年都组织婚姻登记业务人员参加省、市组织的业务培训，提高登记人员依法行政能力和为民服务水平。

（二）殡葬管理

张家川县是少数民族自治县，多年来由于受到传统丧葬习俗的影响，城乡居民均实行遗体土葬。2008年，新征白草洼公墓43.5亩，白草洼公墓和坪桃园公墓用于安葬城区内无地可葬的对象。截至2015年底，两块公墓仍处于初步建设之中。2012年，张家川县编制并上报《天水市张家川县殡葬服务设施规划》，科学划分土葬改革区，合理确定殡葬服务设施的数量、规模、布局和功能，严格控制农村集中安葬区，推行殡葬新风。

（三）流浪乞讨人员救助

按照“及时发现、有效救助、妥善安置”的模式，建立上下联动、部门配合、地区协作、社会参与、管理服务规范的救助管理机制，形成以县级救助管理机构为骨干，以乡镇(街道)、社区救助点为依托的救助管理工作网络。每年救助本地和外地流浪乞讨人员约200人，救助、遣送本县流浪儿童约10人，发给其食物、路费，或送其返乡。

十三、老龄工作

1987年9月，张家川县老龄工作委员会成立，下设办公室为常设的副科级行政办事机构。1990年，老龄办划归县委管理。1997年，改为事业单位。2002年7月，机构改革中，县老龄办划入县民政局，承担全县老龄服务管理职能。2004年11月，县委调整了张家川县老龄工作委员会，有18个成员单位，由县委分管书记和政府分管县长任县老龄委员会主任、副主任，办公室主任由民政局局长兼任，设副主任2名，有工作人员4名。2007年8月，被批准为参照公务员管理事业单位。

老龄工作按照全国、省、市老龄工作会议精神，以“老有所养”为重点，以搞好宣传为先导，以落实“老有所养、老有所医、老有所为、老有所学、老有所乐”方针为目标，按照县委、县政府的工作安排开展工作。每年利用春节、重阳节，采取多种形式大力宣传《中华人民共和国老年法》和《甘肃省老年人法实施办法》。2011年12月9日，张家川县老年大学成立，设书法、绘画、电脑技术、武术、舞蹈、阿拉伯语、时事政治、卫生保健等课程，让老年人以健康、科学、文明的方式安度晚年。

每年定期对全县60岁以上的老人从居住、生活、健康、就医、赡养等方面进行调查，了解老年人的基本状况。近年来，全县老年人口数呈上升趋势，农村老年人多于城镇，居住在辖区内的农村老年人口占老年人总人口的86%。女性老年人多于男性老年人。少数民族群众多于其他民族群众。2015年底，全县有60岁以上老年人口34369人，占全县总人口的10.48%，其中，女性占老年人口的51.05%；60～69岁老年人口20165人，占老年人总人口的58.67%；70～79岁老年人口10705人，占老年人口的31.15%；80～89岁老年人口3168人，占老年人总人口的9.2%；90～99岁老年人口302人，占老年人总人口的0.88%；100岁以上老年人30人，占老年人总人口的0.09%。

每年在元旦、春节、尔德节和老年节期间，县四大组织领导都要带队对全县退休的县级干部和离休老干部进行看望慰问，同时，对特困老年人给予一定的救助，保证他们能够安度晚年。做好与涉老部门之间的衔接，落实老年人优待政策。办理“老年人优待证”，为老年人外出旅游等提供便利，年办理“老年人优待证”约50本。按政策要求发放高龄老人生活补助，高龄老人补助标准逐年提高。从2006年开始，对90岁以上老人每人每年发放300元的生活补助。2012年底，为全县90岁以上老年人发放生活补贴共13.38万元。

2003年4月，张家川县老年福利服务中心开工建设，2005年10月竣工，总投资38.72万元，总建筑面积741.65平方米，其中，办公用房面积511.65平方米。建有老年人活动室、图书阅览室、休息室等，为城区老年人休闲娱乐提供了一个理想场所。

2012年，结合开展“联村联户，为民富民”行动，启动实施了农村互助老人幸福院建设，年底建成幸福院10个。

2015年底，全县已累计建成农村互助老人幸福院（日间照料中心）102个、城市社区老年人日间照料中心3个。

十四、社会救助

（一）城市最低生活保障

1998年10月初，在张家川镇的3个居委会开展调查摸底工作，经过研究分析和科学测算，初步确定全县最低生活保障线，后经报请县政府批准，确定保障标准为每人每月80元。通过入户核查，最后确定保障对象53户102人，分别占居民总户和总人口的1.65%和1.13%，年底，完成各类审批程序，从1999年1月开始实施。之后，城市低保标准逐步提高，保障人数逐年增加。

2001年，救济对象由纯无业居民扩大到部分下岗困难职工。

2003年，将待安置期间的城镇退役士兵纳入保障范围。

2006年3月17日，张家川县城市居民最低生活保障办公室经县编制部门批准设立（为股级全额拨款事业单位，隶属县民政局管理，核定人员编制8名，其中，设主任1名）。

2012年底，共有保障对象3419户6474人，最低生活保障标准213元，人均月补差206.61元（含每人每月58元补助），月发保障金133.77万元，年发保障金1606.35万元。

2014年2月10日，根据张家川县机构编制委员会《关于张家川县城市居民最低生活保障办公室机构规格升格的通知》（张机编发〔2014〕1号），张家川县城市居民最低生活保障办公室机构规格由股级升格为副科级，核定事业编制5名，其中，设主任1名，其机构性质、隶属关系、职责任务及经费供给形式等不变。

2015年7月，完善出台《张家川县城市居民最低生活保障制度实施细则》，至年底，全县共有保障对象3468户6552人，最低生活保障标准310元，人均月补差275元，月发保障金180.189万元，年发保障金2159.86万元。2015年10月，城市居民最低生活保障办公室被批准为参照公务员法管理事业单位。

（二）农村最低生活保障

从20世纪80年代开始，对贫困户的救济根据不同情况分别实行定期定量救济和临时救济。1999年至2006年，张家川县完成农村低保前期摸底准备工作。

2007年，开始全面实施农村最低生活保障制度。上半年保障对象3828户8040人，低保标准为每年600元，月人均补差15.89元，下半年5907户17722人，低保标准为每年685元，月人均补差15.8元，全年发放低保金224.66万元。

2009年，扩大救助范围，不断完善工作程序，农村低保人数增加到10298户34500人，低保标准为每年728元，人均补差65元，年发放低保资金2691万元。

2010年下半年，实施“调、减、免”政策，低保对象扩大到20336户68596人，月人均补差61元，年发放保障金3882万元。

2012年，开展规范管理和清理清查活动。至年底，全县有农村低保对象21219户70200人，低保标准提高到1488元，月人均补差提高到84元，年发保障金7077万元。

2013年9月，通过修订完善，出台了《张家川县农村居民最低生活保障实施细则》，全县农村低保工作更趋完善。

2015年6月，实施低保对象、五保对象数据录入工程，至年底，全县有农村低保对象26755户70200人，低保标准提高到每人每年2434元，月人均补助水平提高到129.15元，年发保障金10879.57万元。

（三）农村五保供养工作

1957年，开始实行五保制度。1980年后，农村五保户，一部分由集体经济提留供养，一部分分给责任田由亲戚代耕代养，一部分自耕自养，供养方式出现多样化。1982年，完善农村生产承包责任制的五保工作得到加强。从2006年9月起，凡纳入农村五保供养人员，政府财政年人均补助720元。后补助标准逐年提高，到2012年，全县有农村五保供养对象

1608户1669人，年人均补助增至2796元，县财政列支133.45万元。

1985年起，开始创办乡（镇）敬老院。至2001年，先后创办了马关乡、梁山乡、木河乡、连五乡、刘堡乡、张棉驿乡、张良乡、渠子乡、平安乡、马鹿乡等乡（镇）敬老院，由于后期受乡（镇）撤并、管理不善等因素影响，至2010年底，全县仅有乡（镇）敬老院4所，入院老人18人。

2008年8月，张家川县中心敬老院开始选址动工修建，2010年2月全面完工；10月，中心敬老院开院。总投资790万元，修建主体四层框架结构楼房一幢，建筑面积3760平方米，附属工程包括锅炉房、礼拜殿、仓库、水房、道路硬化等，总建筑面积4360平方米，占地面积6.12亩，设计床位150张，至2015年底，入院老人62人。2015年，启动实施张家川县东部中心敬老院建设项目，总投资380万元，建筑面积2100平方米。

（四）医疗救助

2006年以前，对城乡特困家庭医病患者以实施零星救助的方式，县财政每年列支社会救济款8.9万元，主要用于特困家庭重大疾病救助。2006年5月和8月，农村医疗救助制度和城市医疗救助制度相继试点实施，后正式施行。自2006年以来，资助农村合作医疗参合77.9万元、3.1万人，资助城市低保对象参合0.8万元、3000人。

截至2012年底，共发放农村医疗救助资金2809万元、城市医疗救助资金673万元，累计救助城乡群众2.4万户、4.5万人。之后根据省、市有关通知精神，逐步扩大医疗救助范围，加大对26种重特大疾病的救助力度，2013至2015年底，累计救助困难群众10.86万人，发放城乡医疗救助资金3300余万元。

（五）临时救助

2010年6月，张家川县开始实施城乡居民临时救助工作。对因突发性、临时性原因造成基本生活暂时困难的家庭给予非定期、非定量的生活救助。依据救助对象困难原因、程度、种类等因素，实施分类救助，原则上救助最高限额为4000元。

临时救助工作实施以来，至2012年底，累计救助困难群众2460户5164人，发放救助金180余万元。之后，逐步规范救助工作，加大救助力度，缩短救助时限。2013年至2015年底，全县累计救助困难群众3904户17584人，发放救助资金460余万元。

（六）“精简退职”职工救济

1990年，全县有“精简退职”职工132人，全年发放定补金17760元，按工资的40%领取，发放退休金32人，全年发放定补金9300元。2006年后半年，县人事、民政等部门对全县20世纪60年代“精简退职”职工进行全面摸底调查。2007年，通过对20世纪60年代退职职工建档、清查和审核，县人事局确定对60名20世纪60年代退职人员从2007年1月1日起每人每月享受生活补助110元，原已享受的生活补助标准随即停发。后“精简退职”职工救济由人社部门负责。

十五、社会福利

（一）孤儿保障

从2010年起，张家川县开始发放孤儿生活补贴，逐步建立孤儿保障制度。凡是符合条件的城市和农村孤儿都可以申请享受孤儿生活补贴，直到年满18周岁。

2010年，为160名孤儿发放基本生活补助69.12万元。2011年和2012年，又2次提高标准。2012年，为320名孤儿发放基本生活补助168.96万元，其中，农村散居孤儿每人每月440元，城市散居孤儿每人每月640元。至2015年底，全县有孤儿273人，其基本生活补助标准再无调整。

另外，每年都要进行适龄孤儿技能培训，对符合培训条件的孤儿送往定点院校免费进行培训，使他们都能有一技傍身。2015年，启动实施张家川县儿童福利院项目，总投资800万元，总建筑面积4000平方米。

（二）有奖募捐

1991年至2001年，张家川开展有奖募捐工作，累计销售奖券194.28万元。2001年至2011年，再无发行福利彩票。自2007年以来，省、市对张家川县福利彩票公益金的下达随着福利彩票销售量逐年加大。至2012年底，全县的电脑福利彩票投注点的申报审批全部在市级福利彩票发行与管理部门直接办理，累计下达福利彩票公益金390余万元。2013年至2015年，累计下达福利彩票公益金556万元。

（三）福利企业

1986年至1998年3月，民政局共创办并管理过9家福利企业，分别是龙山福利皮革厂、四方福利皮革厂、县福利厂、县福利誊印社、县福利制鞋厂、亨达福利皮革厂、万祥福利皮毛加工厂、龙山综合福利厂、残联福利厂，年均安排残疾人就业约50人，年均产值360余万元，年均利润10余万元。

20世纪90年代后期，随着市场经济体制的逐步建立，简单的粗加工越来越不适应市场经济的要求，有6家福利企业随着市场竞争机制的影响自行倒闭。

2005年，全县有福利企业3家，其中，万祥福利皮毛加工厂正常生产，四方福利皮革厂和亨达福利皮革厂停产，保留福利企业资格。至2015年底，再无变化发生。

（四）慈善活动

慈善活动主要靠争取上级慈善组织的教育、养老等援建项目。

2009年，共争取到慈善项目3个、资金73.6万元，其中，省慈善总会援助敬老院建设56万元，北京欧特软件公司捐赠16.4万元用于建设梁山乡杨崖小学，北京宝马公司捐赠1.2万元奖励抗震救灾工作中做出突出贡献的先进教师。

2010年，争取到南京剑桥医疗器械有限公司捐赠血糖仪305台，并在县行政中心广场举行现场发放仪式。

2012年4月19日，由甘肃省慈善总会、兰州伊兰慈善救助基金援建的张家川回族自治县木河乡庄河小学举行落成典礼。庄河小学由兰州伊兰盛鼎餐饮娱乐公司董事长捐资50万元，县政府配套65万元，修建教室4栋8个、教师宿舍14间、厕所1个，总建筑面积744.7平方米。

十六、民政财务

随着国家对民生保障事业的不断重视，国家、省、市、县对城乡低保、农村五保供养、城乡医疗救助、优抚安置、救灾救济、城乡临时生活救助、社会福利等各类民生保障资金的投入逐年增加。张家川县民政事业经费主要来自省、市、县三级财政拨款。

20世纪八九十年代，上级下达的民政事业经费每年在四五十万左右，2000年后增幅明显加大。2003年，省、市、县累计投入各类民政资金524.4万元；至2012年底，达到12289.4万元；2013年至2015年底，累计达4.76亿元。

张家川县民政局在专项资金使用上，按计划、按预算安排分配和使用，实行专户储存、封闭运行、专人负责、专项管理、专款专用，确保专项经费的使用效益和安全。对于上级下拨的各类民政资金，都严格按照资金的使用要求，按程序及时发放到困难群众手中，积极保障困难群众的基本生活权益。

2002年以来，逐步完善财务统计制度，提高了财务数据的准确性和报送的及时性。完善固定资产的登记管理制度，有效防止了国有资产的流失。

十七、获得荣誉

（一）先进个人

1991年10月，张家川县民政局副局长李军被评为全省“婚姻管理工作先进个人”。

2006年，张家川县张棉驿乡敬老院院长王漫漫被授予全国“爱老敬老之星”称号。

2007年3月，张家川县民政局干部闫田松被表彰为全省“民政系统先进工作者”。

2008年6月，张家川县民政局干部韩兆芳、梁建军被民政部表彰为“抗震救灾先进个人”。

2014年9月，张家川县民政局干部韩兆芳被民政部表彰为全国“农村五保供养工作先进个人”。

（二）先进集体

1996年，张家川县被省委、省政府授予全省“双拥模范城”的光荣称号。

2014年12月，张家川县张家川镇西城社区被国家减灾委员会和民政部评为“全国综合减灾示范社区”。

编后记

历经数个春秋，在市民政局党委的关注和支持下，经民政局同仁和机关各科室、局属各单位以及各县（区）民政局的共同努力，在查阅大量文字材料的基础上，经反复筛选、精心编纂的一百余万字的《天水市民政志（1985—2015）》终于正式面世。

《天水市民政志》记录上限追溯至天水建市的1985年，下迄至2015年底共三十年的民政事业发展史，同时是见证天水市三十年的成长史。设立了机构设置，行政区划，地名管理，减灾救灾，社会救助，基层政权和社区建设，优军优属与拥政爱民工作，优待抚恤，军人退役人员的接收安置，社会组织管理，社会事务管理，老龄工作，社会福利与慈善事业，规划与财务，民政法制建设和政务公开与信息化建设，先进集体、先进个人与历任局长简介，县区民政共十七章内容。

这也是第一轮《民政志》的续编。本志力求与爱国主义教育结合起来，与弘扬优秀文化结合起来，与社会主义核心价值观结合起来。始终坚持质量第一的原则，以科学认真的态度、精益求精的学风，贯穿修志全过程。全面真实反映历史发展脉络，充分展示历史细节。在章节设置上，处理了全局与局部的关系来谋章立节，尽可能按照志书体例做到了归属合理，达到了准确、简短、朴实、醒目等基本要求。准确把握了资料的翔实性、特点的明确性和观点的正确性。努力做到了以时为序，记述事物的要素特征，并在志书记录上以类采事、横排纵述，确立“三个基本点”，即起点、转折点、终点。力求准确严谨、实事求是，文约事半、简明扼要，直书其事、述而不论。从论述的笔法、方式、叙事等方面作了基本统一规范，语言文字方面尽力消除因“众手成志”而产生的各种语言风格。为确保体例规范统一、语体文风一致，实行“一笔统揽”负责制，同时根据内审意见，对志稿篇目结构进行再完善、再优化，对志稿内容进行再调整、再斟酌，对行文规范和语言文字进行再打磨、再锤炼；严格按照民政事业的发展阶段论述其兴衰起伏的全过程，全景式反映了天水民政三十年的发展变化，突出了时代特色和天水民政特色。

《天水市民政志（1985—2015）》的编修工作，得到了市民政局领导的高度重视和大力支持。抽调严冬梅参与编纂工作，一年后，她即离开编志办。随后，周泓参与了续修和编纂、校对等一系列工作。从2013年10月始，编志办在指导局机关各科室、各局属单位编修民政志的同时，着手本志的资料收集、整理、编写、修改和校正等工作。其间，编志办邀请市志办郑建新、台志杰二位为全局编写人员开展辅导讲座，系统地从志书的体例、格式、文字要求等方面给参训人员深入浅出地辅导。历经半年的查阅、摘记，在收集大量材料的基础上，日复一日，伏案疾书，反复核修，数易其稿，乃成篇章。编修期间，由时任局长郭明兴主持召开三次推进会，做部署、提要求、造氛围、加力度。其后在编纂过程中，几届领导多次安排推进要求，从志书目录的编制，资料的收集整理，志书各部分、各章节的文字撰写到为志书编修工作进行全面协调，付出了辛劳。局机关各科室、局属各单位、各县区民政局都严格按照局党委的统一部署，安排专人查阅档案资料，为本志的编修提供了大量弥足珍贵的资料。

《天水市民政志（1985—2015）》的编修历经四届领导，现任局长刘海明多次听取编志工作进展情况的汇报，并主持终审工作，从精神上、工作上、生活上给予编修人员诸多的指导、鼓励和帮助。离任领导积极参与，亲力亲为，提供资料，自撰简介，丰富了本志内容。市地方志办主任李宽余给予了本志更大的帮助和指导。借此机会向以上领导和同志们一并致谢！

很难想象一项工作放下又捡起，五拟纲目，三易其稿，三次内审，并需不断地弥合补充所带来的艰辛和困惑。历经数年淬炼，好在这本志书终能成印，这项工作终告结束。

“读志”“传志”“用志”究兴衰之由，除利弊之要，补救时政之缺失，研求民生之荣枯。本志历史时段跨越较大，时间、经费又有限，不容云游细考，故书成之后，难免存误处。于今，只好拜托读者本着“尽信书，不若无书”的态度，何况地理之情书，民政之读物，岂能作食古不化、无人问津之书藏！睿智取舍，心可安也！

搁笔掩卷之余，想起卡尔·马克思的那句名言：“我们的事业并不是显赫一时，但将永远存在。”

编　者

2019年10月31日

天水市地方志编纂委员会文件

天志委发〔2021〕9号

天水市地方志编纂委员会
关于《天水市民政志（1985—2015）》
终审报告的批复

天水市民政局:

《天水市民政志（1985—2015）》观点正确，体例比较完备；篇目结构比较合理，章、节、目领属基本得当，资料详实。全志设有概述、大事记、附录，17章73节90余万字，卷首彩照40余幅，综合运用图、表、照与文字资料，比较全面客观地记录了1985年到2015年天水市民政事业的发展历程和工作成绩。2021年8月12日市地方志审稿委员会召开终审评审会议，原则同意通过终审。会前该志编委会已结合大部分终审成员的意见对志稿进行多次修改、补充，终审会后又组织人员加班加点按照评审报告中提出的修改意见认真地进行了修改，8 月 18 日上报市地方志编纂委员会审批。修改后的志稿基本符合中国地方志指导小组《地方志书质量规定》《天水市地方志审稿验收实施方案》要求，具备印刷出版条件，同意出版发行。

天水市地方志编纂委员会

2021 年 8 月 20 日

天水市地方志办公室　　2021 年 8 月 20 日印发